KB210369

괴짜의사 Dr. Araw의
쉽고 바르게 읽는 사도행전 장편(掌篇) 강의

오직 성령이 너희에게 임하시면

D. M. Lloyd Jones를 꿈꾸는 괴짜의사 Dr. Araw의
쉽고 바르게 읽는 장편(掌篇) 강해서 7 – 사도행전

오직 성령이
너희에게 임하시면

이선일 · 이성준 지음

산지

공저자 이성준

나는 저자의 늦둥이 아들(5대째 기독교인)로서 아주 어릴적부터 성경암송과 더불어 복음과 교리에 대해 엄한 훈련을 받았다.
나는 나의 모친 사라가 만 45세때 Lee's family에 합류했다. 한국 나이로 둘째인 형과 16년 차이이다.

나는 2년 전에 주민등록증을 받았는데 그날의 감격을 기억에 담고 있다. 저자인 아빠로부터 공저자를 제안받고는 아무 주저함없이 합류했다. 나는 아빠의 마음을 확실히 꿰뚫고 있었기 때문이다.
아빠는 늦둥이인 내게 남다른 기대를 가졌다. 영민했던 나는 형과 누나로부터도 귀여움을 독차지했다. 함께 다닐 때마다 형과 누나의 아이로 오해받았던 것이 약간 어색했다.
나는 영어와 한글로 성경을 통째로 외워 저자인 아빠가 집회에 갈 때마다 집회 전에 강대상에서 성경을 외우곤 했다. 그러면서 아빠는 '성경암송'의 중요성을 강조했다.

이제 나는 주석에 도전하게 되었다. 저자인 아빠의 늦둥이를 향한 최고의 선물이자 숙제이기도 하다.

나는 공립중학교를 2학년 1학기까지 다녔다. 이후 자퇴하고는 기독교 대안학교(서산 꿈의 학교)에 들어갔다. 이곳에서 확실하게 신앙을 다졌다. 그 학교에는 헌신된 실력있는 선생님들이 있었고 소명의식이 뚜렷한 학교의 설립자가 있다. 그곳에서 나는 찬양을 인도하며 동역자가 될 동창들과 우정을 쌓아갔다.

뜻한 바가 있어 고2학년 1학기를 마친 후 자퇴하여 학원으로 들어가 대입을 준비했다. 고1때 미리 대입검정고시를 마쳤던 터라 몇 개월을 공부한 후 수능을 쳤다. 그리고 여기까지 왔다.

나는 아버지와 어머니, 누나와 형 등 네 사람의 캐릭터 중 장점을 모두 갖고 태어난 독특한 사람이다. 그러다보니 미스코리아 진이었던 누나의 지혜와 달란트, 외모를 닮았고 BAM의 리더이자 성경강해, 비즈니스, 마케팅, 언어의 달인인 형을 닮았으며 Dr. Araw 이선일 박사와 선교사 김정미 작가의 장점까지 갖고 있다.

나는 사도행전 장편 주석을 쓰며 역사를 이끌어가시는 성령님의 세미한 인도하심을 느끼고 또 느꼈다. 저자와의 여정을 함께 한 나는 책을 썼다는 것보다는 책을 쓰도록 허락하신 성령님의 은혜와 능력, 삼위하나님의 손길이 못내 고맙기만 하다.

프·롤·로·그

사도행전(The Acts of the Apostles)은 성령행전(The Acts of the Holy Spirit)이라고도 일컫는데[1] 특별히 나와 공저자는 '성령행전(Πράξεις Πνεύματος)'이라는 말에 적극 동의하고 있다. 왜냐하면 사도행전이 '사도들의 발자취(프락세이스 톤 아포스톨론, Πράξεις τὸν Ἀποστόλων)'인 것은 분명하지만 실상은 한 걸음 한 걸음 오직 성령님에 의해 인도되어지기에 '성령행전'이 조금 더 합당하게 여겨지기 때문이다.

사도행전은 처음부터 마지막까지 '성령님의 약속, 내주(內住) 성령, 성령의 은사, 성령세례와 성령충만, 성령님의 권능과 증거, 성령님의 인도하심' 등등 성령님의 강림과 활동에 관해 말씀하고 있다. 그렇기에 나는 사도행전 장편(掌篇) 주석의 제목을 〈오직 성령이 너희에게 임하시면〉이라고 명명(命名)했다. 마찬가지로 오늘을 살아가는 나와 모든 그리스도인들의 작은 발걸음, 그 삶의 자그마한 이야기 또한 한평생 쌓이고 쌓여 발자취 곧 족적(足跡, mark)으로 쌓이게 되면 그것은 '여러분들의 행전'이 되고 'Dr.

---

1   18세기 J. Albrecht Bengel은 '성령행전'이라는 제목을 제안했고 Arthur T. Piersom은 1895년에 〈성령행전〉주석을 썼다. 〈사도행전 강해〉, 존 스토트, IVP, 2017, p40

Araw 행전'이 될 것이다. 즉 프락세이스(Πράξεις, 행동들) 곧 '~의 작은 이야기, ~의 발자취'이다.

나는 정경 27권으로 기록되어 있는 하나님의 말씀, 신약성경을 열차에 자주 비교하곤 했다. 사복음서가 기관차라면 서신서는 객차이며 이 둘을 연결하는 고리는 사도행전이라는 것이다.

그렇다면 요한 계시록은 어디에 해당할까? 열차에서는 비유할 곳이 없어 항공기를 선택했다. 계시록은, 앞으로 나아가게 하는, 큰 힘으로 추진력을 발휘하게 하는 로켓 엔진에 해당한다. 즉 계시록이란 사복음서와 서신서, 그를 연결하는 고리인 사도행전을 종국적으로 뒤에서 힘있게 밀어주는 추진체인 로켓 엔진이다.

나는 지금까지 공저자들과 함께 요한계시록 〈예수 그리스도 새 언약의 성취와 완성〉, 〈예수 그리스도 복음의 계시라〉를 필두로 요한복음 〈은혜 위에 은혜러라〉, 사도행전 〈오직 성령이 너희에게 임하시면〉, 창세기 〈태초에 하나님이 천지를 창조하시니라〉의 장편(掌篇) 주석을 썼다. 물론 믿음 3총사인 로마서 〈살아도 주를 위하여 죽어도 주를 위하여〉, 히브리서 〈오직 믿음, 믿음, 그리고 믿음〉, 갈라디아서 〈오직 의인은 믿음으로 말미암아 살리라〉, 〈예수 믿음과 하나님의 계명을 붙들라〉도 저술했다.

이 모든 일들이 내게는 호락호락하지 않았다. 지난 3-4년간 나를 둘러싼 상황이나 환경이 안팎으로 정말 버거웠기 때문이다. 그래서 나는 더욱더 자의 반 타의 반으로 내 안의 힘을 뺄 수 있었다. 축 늘어진 나를 성령님께서 이끄시고 인도해 가셨다. 아니 정확하게는 끌고 가셨다.

그저 감사이며 그저 할렐루야이다.

매번 책에서 밝혔다. 다시 그날들을 회상해보려 한다.

3년 전부터 나의 몸과 체력은 급속도로 약해지기 시작했다. 자주자주 바닥을 쳤다. 여생에의 자신감이 줄어들며 지나온 삶을 하나씩 정리하기 시작했다. 동시에 여생을 조금 더 알차게 보내려고 가치와 우선순위를 정렬하기 시작했다. 그리고는 여생에 반드시 저술하고 싶었던 장편(掌篇) 주석들을 무섭게 써 내려갔다. 동시에 긴 복안을 두고 그동안 내게 양육받고 잘 훈련받았던 나의 아이들과 사위, 외조카, 나의 멘티들에게 공저할 것을 명(命)했다. 감사하게도 그들 중 일부는 아무 말 없이 나의 뜻을 따라주었다.

사실 그들의 승낙은 인간적으로 보면 엄청 힘든 올무에 빠진 것이다. 왜냐하면 원래 나는 무엇이든지 대충 넘기지 못하는 사람이기 때문이다. 그들을 괴롭히고 또 괴롭혀 하나씩 장편(掌篇) 주석을 출간했다. 그리하여 지금까지 요한계시록 〈예수 그리스도 새 언약의 성취와 완성, 이성진 공저〉, 〈예수 그리스도 복음의 계시라, 이성진 공저〉를 필두로 요한복음 〈은혜 위의 은혜러라, 이성진 공저〉, 사도행전 〈오직 성령이 너희에게 임하시면, 이성준 공저, 출간 예정〉의 장편(掌篇) 주석들을 썼다. 또한 믿음 3총사인 로마서 〈살아도 주를 위하여 죽어도 주를 위하여, 이선호, 윤요셉 공저〉, 히브리서 〈오직 믿음, 믿음, 그리고 믿음, 이성혜 공저〉, 갈라디아서 〈오직 의인은 믿음으로 말미암아 살리라, 황의현 공저〉, 〈예수 믿음과 하나님의 계명을 붙들라, 황의현 공저〉, 창세기 〈태초에 하나님이 천지를 창조하시니라, 최용민, 이상욱 공저〉 등을 썼다.

상기 책들의 엉성하고 미진한 많은 부분들은 그들에게 숙제로 남겼다.

내게 맡겨진 소임을 다한 후 미래형 하나님나라에 가고 나면 이 세상에 남은 그들이 개정판을 통해 업그레이드, 업데이트할 것이다.

지난 60여 년을 되돌아보면 실수와 허물이 많고, 지식에 일천하기까지 한 나를 택해주신 신실하시고 고마우신 삼위하나님께 그저 감사할 것뿐이다. 그렇기에 쉬지 않고 기도하며 그럼에도 불구하고 감사하고 흥얼거리며 하나님을 찬양한다. 오직 삼위하나님께만 영광이다.

특이하게도 지금까지 6권의 장편(掌篇) 주석을 출간함에 있어 처음 시작은 막막하고 답답했다. 한번도 빼놓지 않고 신기하게도 매번 거대한 벽이 나타나 앞을 가로막곤 했다. 그러다 보니 어떻게 시작해야 할지를 몰라 당황하곤 했다. 이미 여러 권의 주석을 썼기에 나만의 노하우(know-how)가 쌓여 있어 뭔가 익숙해질 만도 했건만······.

그때마다 망설이며 주저할 때마다 성령님의 음성은 분명했다.

'너는 기록자일 뿐이고 저자는 나다. 그리고 네가 쓰는 것이 아니라 내가 쓰는 것이다.'

나는 그 말이 떨어지기가 무섭게 '아멘'이라고 외치고는 거침없이 그분의 이끌림에 인도되어 비몽사몽(非夢似夢)간에 프롤로그부터 써 내려가곤 했다. 이번에도 그렇게 28장, 1007구절로 이루어진 사도행전의 장편 주석이 마무리될 것을 확신한다. 더 나아가 나의 막내(공저자 이성준)가 문맥과 더불어 전반적인 것을 돕기 위해 자처하여 나서 주었다.

2022년 12월!

임인년의 마지막 달을 보내고 있다. 사실 공저자인 막내아들과 사도행전에 대해 공부하면서 오랜 나눔 후 원고를 썼던 것이 벌써 1년이 훌쩍 지났다. 그때가 2021년 8월이었다. 당시 더운 여름이 끝나가던 때라 아침 저녁으로는 제법 선선했으나 한낮의 더위는 여전했다. 뚜렷하게 기억나는 것은 끝더위의 짜증과 함께 지난날의 부정선거, 불법선거의 증거가 여기저기서 터져 나오며 내 마음을 난도질하므로 많이 아팠던 때였다. 2017년 대선, 2018년 지방선거, 2019년 총선 등등 모든 선거마다 부정, 불법 투표가 있었음에 나는 확신을 했다.

언제부터인가 배달민족의 야성(野性)이 사라진 듯하다. 집단 지성(知性)마저 물질주의, 상업주의, 일등주의와 더불어 맘몬이즘에 잠식(蠶食)된 듯하다. 국민들의 입에서는 바른 말, 정의로운 말이 어느새 사라져버렸다. 뭔가 모를 거대한 수동적인 어떤 힘에 끌려가는 듯한 암울한 기분이다.

원래 우리가 노예였던가…….

당시 나는 우리 민족의 이상하면서도 낯선 특징들을 발견하고는 경악했다. 상대가 세게 누르면 숨을 죽이며 조용하고 수동적이 되다가 상대가 인격적으로 예의 바르게 대하면 끝을 모르고 날뛰는 것을 보았다. 참으로 이상했다.

이거 '노예근성(奴隷根性, a servile spirit)' 아닌가…….

우리 배달민족은 그렇지 않았는데…….

교회공동체와 지도자들, 성도들의 윤리적 무감각과 성경과 교리에의 무식, 무지를 보면서는 더 놀랐다.

이렇게 형편없는 실력이었던가…….

세월이 흘러 2022년(임인년) 12월이 되었고 곧 2023년(계묘년)이 된다. 정권이 바뀌고 인민민주주의가 자유민주주의로 대세가 기울었으나 영적인 추위는 여전하다. 겨울 추위가 맹렬하다. 조석(朝夕)으로는 어깨를 자주 움츠려 들게 만든다.

그래서 마지막 일곱 번째 장편(掌篇) 주석 사도행전 〈오직 성령이 너희에게 임하시면〉의 원고의 먼지를 털며 다시 시작하게 된 것이다.

제 2의 종교개혁의 불씨와 불꽃을 피우는 심정으로…….

나는 인생 60여 년을 맞게 된 5년 전부터는 '오직 말씀'에만 박차를 가해왔다. 그리하여 내겐 6 Sola 곧 오직 복음(오직 말씀), 오직 예수, 오직 믿음, 오직 은혜, 오직 성령, 오직 삼위하나님께만 영광뿐이다.

수년 전부터 점점 더 기이한 현상을 목도하기 시작했다. 예수쟁이라고 하면서도 말씀을 사모하는 무리와 아예 관심이 없는 듯 보이는 무리로 나뉘어지고 있는 것이다. 이전 장편(掌篇) 주석들에서도 밝혔듯이 나는 그런 '두 갈래의 물줄기'를 알곡과 쭉정이를 가르는 하나님의 손길이요 양과 염소, 참 믿음과 거짓 믿음을 가르는 하나님의 섭리 하(下) 경륜이라고 생각한다.

나는 정형외과 전문의(M.D)이며 생리학 박사(Ph D)이다. 임상의사(Clinician)이며 의학에 대한 기초적인 학문을 사랑하는 의사(Basic Scientist)이기도 하다.

물론 아주 많이 해박하지는 않지만……

특별히 나는 같은 칼잡이로서 앞서갔던 신앙 선배 중 영국 왕립의과대학 외과의사였던 마틴 로이드 존스(1899-1981, 사도행전은 가장 서정적인 책)를 뛰어넘으려고 얕은 물가에서 찰싹거려왔다. 나는 정규 신학의 커리큘럼을 온전히 거쳤다. 첫번째는 시원찮게 지나갔기에 좀 더 잘해보려고 신대원(M. Div.)을 두 번이나 다녔다.

돌이켜보면 너무나 바쁘게 왔다 갔다 했던 것이 못내 후회스럽다. 그렇다고 신학적인 학위(Th. D)를 위해 다시 공부하고 싶은 마음은 추호도 없다. 왜냐하면 성경과 교리만큼은 제대로 배웠기 때문이다. 나는 설교 목사와 교육선교사를 했다. 참으로 감사하게도 내게는 일곱 분의 멘토도 있었다. 살뜰했던 그러나 매서웠던 나의 멘토 중에 한 분이 나의 선친이신 이윤화 목사이다.

지난 30여 년 동안 의사로서 성경교사로서 청년사역자로서 치열하게 살아왔다. 진료와 시술, 수술 틈틈이 성경을 읽고 묵상하며 암송했다. 진료가 끝나면 혼자 진료실에 남아 밤 늦게까지 앞서가는 신앙 선배들의 책을 읽고 또 읽었다. 예전에는 다독을 즐겼다면 지금은 엄선한 책을 정독하며 몇 번이고 반복하여 읽는다.

　나의 장점은 한 번 시작한 일은 반드시 끝을 보고야 마는 것이다. 그리하여 최근 3-4년 사이에 10여 권의 책을 출간했다. 남들은 의아해하지만 나는 당연하게 생각한다. 그것은, 매사 매 순간 간섭하시고 함께하시며 뒤에서 밀어주시고 앞서서 이끌어가시며 인도하시는 삼위하나님이 계시기 때문이다.

　나하흐(ἐξάγω, נָחָה)의 성부하나님!
　에트(אֵת, 임마누엘)의 성자하나님!
　할라크(הָלַךְ, Πράξεις Πνεύματος)의 성령하나님!

　전체 28장 1007구절로 되어있는 사도행전이나 22장 404구절의 요한계시록, 21장 879구절의 요한복음, 6장 149구절의 갈라디아서, 13장 303구절의 히브리서, 16장 433구절의 로마서, 50장 1,534구절의 창세기 등등의 주석을 집필하는 동안 삼위하나님은 내게 엄청난 말씀들을 주셨다. 돌이켜보면 가장 풍성하게 누렸던 인생 최고의 항해였다.

　앞서 써왔던 양식에 따라 이번 사도행전의 장편 주석도 이전에 집필했던 6권의 장편(掌篇) 주석처럼 한 구절 한 구절씩 순서대로 청년들에게 강의를 하듯 선명하게 주석을 달 것이다.

　사도행전은 역사서인 만큼 역사적 사건과 인물, 지리 등등 역사적 배경(Historical background)과 함께 문화적 배경(Cultural background)을 최대한 드러내 보려고 노력할 것이다. 동시에 2,000년 전 그때의 지역과 지금의 지역들을 비교하면서 조금 소개하고자 한다.

분명한 것은 이 글 또한 크리스천 청년들을 대상으로 하는 장편(長篇)이 아니라 장편(掌篇) 주석임을 밝힌다.

충실한 디딤돌의 역할!

소량의 마중물의 역할!

이미 앞서 반복하여 언급했듯이 '장편(掌篇)'이란 손바닥 만한 지식의 '얕고 넓은 강의(장편(掌篇) 주석)'라는 의미이다. 마치 장풍(掌風)의 허풍(虛風)처럼……

미주에 참고도서 목록을 모두 다 밝혔다. 그러나 주로 참고한 도서는 그랜드 종합주석(14권, p17-640), 두란노 HOW주석(38권, p6-444), 존 스토트의 사도행전 강해(땅끝까지 이르러, IVP, 2017, p1-661), 박영선의 사도행전 강해(1, 2, 3, 4, 5, 6, 도서출판 엠마오, 1991), 에크하르트 J. 슈나벨의 강해로 푸는 사도행전(디모데, 2018), 메시지 신약(유진 피터슨, 복 있는 사람, 2009), 게제니우스 히브리어 아람어사전(생명의 말씀사), 스트롱코드 헬라어사전(로고스), 로고스 스트롱코드 히브리어 헬라어사전(개혁개정4판), 핵심 성경히브리어(김진섭, 황선우 지음, 2012), 핵심 성경히브리어(크리스챤출판사, 2013), 직독직해를 위한 히브리어 400 단어장(솔로몬), 직독직해를 위한 헬라어 400 단어장(솔로몬), 성경히브리어(크리스챤출판사), 신약성경 헬라어 문법(크리스챤출판사) 등이다.

더하여 사도행전의 이해에 있어 꼭 필요한 신앙 선배들의 고견이 있는데 John Chrysostom, J. Calvin(일종의 광대한 보물), Johann Albrecht Bengel, J. A. Alexander, Sir William Ramsey(사도행전에 관해 이전에 누군가

가 이미 언급하지 않은 그런 말을 찾기는 불가능하다), F. J. Foakes-Jackson, Kirsopp Lake, Ernst Haenchen, F. F. Bruce, Howard Marshall, Richard Longenecker 등등이다.

지난 원고를 토대로 진료실에 파묻혀 나의 생각을 다시 조정하고 주시는 말씀(요 14:26)에 귀를 기울이려 한다. 그렇게 육신의 장막을 벗는 그날까지 귀를 기울일 것이다. 반복하면서 성령님의 음성에 민감함으로 많은 부분을 첨삭할 것이다.

매번 주석을 쓸 때마다 정해 놓은 대원칙은 결코 흔들지 않으려고 무척이나 애를 쓰고 있다.

가장 먼저는 문자를 면밀하게 세심히 살피는 일이다. 한글번역과 영어, 헬라어, 히브리어를 모두 다 찾아 비교해보며 어려서부터 익숙한 개역한글판 성경을 이용할 것이다. 그러나 개역개정이나 공동번역조차도 터부시하지는 않는다. 더하여 표준새번역성경, 킹 제임스성경, 유진 피터슨의 메시지성경도 참고한다. 사족을 달자면, 너무 문자적으로 접근하다 보면 해석이나 적용에 있어 무리가 뒤따르기에 규범화하거나 원리화하는 것에는 반대한다. 예를 들면, 초대교회의 제비뽑기나 재산 공동 소유 등등을 문자적으로 해석 적용하여 오늘날에 그대로 적용하는 것은 무리라는 것이다.

둘째는 단락을 떼어 읽지 않고 전후 맥락을 늘 함께 읽는 것이다. 그리고는 왜 지금 이 사건을 그 부분에 기록했는지를 고민하며 이전 사건과 이후 사건의 연결고리를 파악하려고 애를 쓸 것이다. 동시에 이 부분을 해석하기 위해 성경의 다른 부분을 찾아 연결시키려고 최선을 다할 것이다.

셋째는 말씀이 상징(symbolic)하고 의미하는 바나 예표(typological)하는 바가 무엇인지를 면밀하게 살필 것이다. 이에 대해 존 스토트는 "교훈부가 설화부를 평가하고 해석하는 일에 인도자가 되어야 한다"라고 말했다. 그 말을 잊지않으려 한다. 특별히 전후 맥락과 다른 정경의 부분이나 전체 정경의 광범위한 맥락을 고려하되 구속사적 관점을 견지할 것이다. 예를 들면, 십자가 죽음, 부활, 승천, 오순절 사건, 사도권 등등은 되풀이될 수 없는 유일한 사건임을 전제한다라는 것이다.

넷째는 배경(background)을 면밀히 살피는데 특히 역사적 배경(Historical background)이나 문화적 배경(Cultural background)을 찾아 성경의 원자자이신 성령님께서 당시의 기록자들을 통해(유기영감, 완전영감, 축자영감) 하시고자 했던 말씀의 본래 뜻을 파악하려고 노력할 것이다. 더 나아가 오늘의 내게 주시는 말씀에 귀를 기울일 것이다.

종국적으로는 성경의 원저자이신 성령님께 무릎 꿇고 가르쳐 주시고 깨닫게 해주시라(요 14:26)고 조용히 듣는 기도를 올리려 한다. 아버지하나님의 마음을 정확하게 알게 해달라고 간구할 것이다.

이제 사도행전(使徒行傳, Acts of the Apostles, ΠΡΑΞΕΙΣ ΤΩΝ ΑΠΟΣΤΟΛΩ

N, 라틴 교부들은 ACT US APOSTOLORUM)의 개요를 소개하고자 한다.

나는 신약정경 27권을 크게 셋으로 나누어 역사서(5), 서신서(21), 예언서(1)로 분류[2]했다. 여기서 역사서인 사도행전은 사복음서와 서신서를 연결하는 고리의 역할이다. 기록자는 의사였던 누가(골 4:14, 딤후 4:11, 몬 1:24)이며 기록 연대는 AD 65년경 누가복음을 기록한 후, 그즈음일 것으로 나는 추정하고 있다. 그렇기에 사도행전을 '제2누가복음'이라고 일컫기도 한다.

이번 사도행전 장편 주석은 굳이 1부(1-12장)와 2부(13-28장)로 단락을 나누지는 않을 것이나 독자들은 경계를 두며 읽게 되면 나와 공저자의 의도를 쉽게 파악할 것이라 생각된다. 그리고 첨언할 것은, 지금까지 집필한 장편(掌篇) 주석들에서의 모든 연대들의 절대성에는 고집하지 않는다라는 것이다. 그러나 성경말씀을 연구하기 위해 역사적 배경의 기준이 필요하여 보편적인 연대를 기준으로 정하였음을 밝힌다.

먼저 사도행전 장편 주석의 1부(1-12장)는 예수 그리스도의 수난, 십자가 죽음과 부활, 승천과 재림, 오순절 성령강림, 이후 성령의 능력으로 예루살렘과 온 유대와 사마리아와 땅끝까지 복음이 전해지게 되는 것을 보여주고 있다. 그 일에 사도들과 바울이 부르심과 보내심을 받게 된다. 이

---

2 5권의 역사서는 사복음서와 사도행전을, 21권의 서신서에는 7권의 사도서신과 14권의 바울서신으로, 예언서는 1권으로서 요한계시록이다. 이른바 '역서예'라고 나는 칭한다. 사도서신이란 베드로, 요한, 유다, 야고보가 기록한 것으로 베드로전후서, 요한 1, 2, 3서, 유다서, 야고보서이다. 바울서신이란 히브리서를 포함하여 로마서, 고린도전후서, 갈라디아서, 에베소서, 빌립보서, 골로새서, 빌레몬서, 데살로니가전후서, 디도서, 디모데전후서이다.

른바 성령님의 인도하심과 성령님의 능력에 의한 '사도들의 발자취'이다. 대략 AD 26-AD 45년 정도의 이야기이다.

나와 공저자는 바울의 출생을 AD 5년으로, 예수님의 성육신을 BC 4년으로 정했다. 그렇기에 예수님의 공생애는 AD 26년이며 스데반의 순교는 AD 32년으로, 바울이 다메섹에서 부활의 주님을 만난 것은 AD 35년으로 생각하고 있다.

뒤이어 다메섹에서 나바티아 왕국 아레다 왕의 본격적인 핍박으로 예루살렘으로 피신하여 간 것을 AD 38년으로 생각한다. 그곳에서 바나바를 통해 제자들과 교제하며 복음을 전하다가 길리기아 다소로 가서 AD 45년까지 거한다. 바울은 그곳 다소에서 AD 41년에 삼층천을 경험하게 된다.

AD 45년이 되자 수리아 안디옥에 세워진 이방교회의 초대 담임목사로 부임한 바나바가 다소로 와서 바울과 동역할 것을 청한다. 바울은 이에 응하여 다소에서 남동쪽 39Km지점의 수리아 안디옥 교회로 간다. 그곳에서 1년간 두 사람은 열정적으로 아름다운 동역을 한다. 여기까지가 1부 12장까지의 내용이다.

2부(13-28장)는 가슴 설레는, 모험적인 선교여행으로 시작된다. '가슴이 설렌다'라는 것은 성령님의 이끄심과 능력으로 일어날 일들에 대한 가슴 벅참을 말하며 '모험적이다'라는 것은 인간적으로 보기에 엄청난 위험과 고생을 감수해야한다는 것을 함의한 것이다. 연도로 보면 대략 AD 46-AD 68년까지이다. 그러나 사도행전은 28장까지로 어정쩡하게 끝나기

에, 특히 28장 30-31절의 말씀으로 보아 로마 1차 감옥(상옥 (上獄))의 투옥
기간까지인 AD 61-63년까지의 기록이라고 해야 할 것이다.

나와 공저자는 4차까지 행했던 바울의 선교여행을 어느 신앙 선배의
아이디어를 빌어 'PACER'로 골격을 잡아 소개해왔다.[3] 일부 성경 내용과
상충되기는 하나 이보다 사도행전의 개념과 뼈대를 쉽게 잡는데 도움이
되는 것을 아직까지는 보지 못했다.

먼저 1차 선교여행은
AD 46-48년으로서 바나
바와 바울, 그리고 이름
이 알려지지 않은 소중한
동역자들과의 선교여행
이었다.

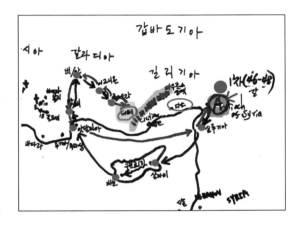

이때에는 바나바의 고
향인 구브로섬, 이후 앗

달리야 항구를 거쳐 밤빌리아의 버가, 비시디아 안디옥, 이고니온, 루스
드라, 더베까지 갔다가 다시 그 길을 따라 되돌아오는 여행이었다.

2차 선교여행은 AD 50-52년인데 이때 안타깝게도 성령님은 바울과
바나바를 갈라서게(행 15:39) 한다.

그리하여 바나바는 조카를 데리고 자기의 고향 구브로에 가서(행 15:39)
훗날 마가복음을 기록하는, 장차 바울의 귀한 동역자가 되었던(골 4:10) 마

---

3 PACER의 P는 Paul의 약자이며 A는 Antioch of Syria를, C는 Corinth, E는 Ephsus, R은 Rome를
의미한다. 곧 1, 2, 3, 4차 바울의 선교여행의 주요거점(main city)을 일컫는다.

가 요한을 평생 멘토링(Mentoring)한다.

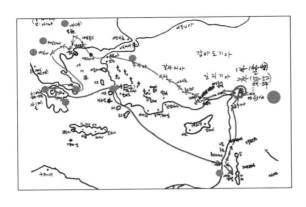

한편 바나바와 갈라서게 된 바울은 로마 시민권자인 실라(행 15:40, 실루아노)와 함께 의사 누가와 더불어 소아시아를 종횡무진(縱橫無盡)한다. 이때 1차 선교여행시 루스드라에서 만났던 디모데를 합류시키기도 했다. 특히 2차 선교여행에서는 이방인 의사였던 누가가 합류(행 16:10-17, 20:5-21, 27-28장, 골 4:14, 딤후 4:11, 몬 1:24)함으로 큰 힘을 얻게 된다. 그들은 드디어 아시아의 땅 끝 드로아에 도착 후 비두니아로 가려다가 두 번째로 성령님에 의한 제지를 당한다. 마게도니아 환상(행 16:6-8)을 본 후 급하게(배로 5일길 걸리는 항해를 2일 만에 도착) 사모드라게 섬을 이정표로 삼고 에게 해를 건너 네압볼리에서 빌립보에 도착하고 암비볼리, 아볼로니아를 거쳐 데살로니가, 베뢰아, 아덴, 그리고 고린도에 도착하여 그곳에서 18개월을 체류한다(행 18:1-17).

이후 겐그레아(고린도에서 동남쪽 10Km에 위치한 항구)를 거쳐 에베소에 들렀다가 다시 배를 타고 가이사랴(행 18:19-21)를 통해 예루살렘에 가서 선교보고 후에 수리아 안디옥으로 귀환(행 18:22)한다.

3차 선교여행은 AD 53-37년으로 아시아 지역을 거쳐 에베소에 도착하여 회당에서 3개월, 두란노 서원(셀수스 서원)에서 2년을 복음과 교리에 대해 집중적으로 가르친다. 데메드리오 소요사건(행 19장)으로 2차 선교여행 지였던 마게도니아로 갔다. 빌립보, 데살로니가, 베뢰아, 아덴을 거쳐 고린도에 3개월 머물렀다. 겐그레아를 거쳐 에베소로

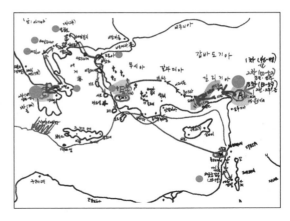

돌아 오려다가 유대인들이 해적을 사서 죽이려 한다는 소식에 다시 육로로 빌립보까지 올라와 드로아(유두고 이야기)를 거쳐 에베소에는 들어가지 않고 밀레도에서 에베소교회 장로들과 해후했다. 그들의 간곡한 만류에도 불구하고 죽음을 각오하고 바울은 예루살렘 행을 택한다.

그리하여 AD 58-59년에 가이사랴의 헤롯궁 감옥에 2년간 감금된다. 이때 총독 벨릭스와 베스도, 아그립바 2세 앞에서 변론(행 23:23, 25:12)하였고 로마로 압송될 때 이곳에서 연안을 출발하는 배를 타고 선교여행이 시작되었다

(행 25:13-27:1).

한편 가이사랴(Caesarea)[4]는 헤롯대왕이 인조항구를 축조하여 로마 1대 황제 가이사 아구스도(옥타비아누스)에게 헌상한 지중해 연안도시였는데 예루살렘에서 북서쪽으로 105Km지점에 위치해 있다. 바로 이곳이 헤롯 아그립바 1세가 하나님의 영광을 가로채다가 충이 먹어 죽었던 곳이다(행 12:19-23).

이후 로마에로의 바울 압송은 지중해 연안을 지나 아드라뭇데노(현, 에드레밋, Edremit)까지 항해하는 연안의 작은 배를 타고 시작되었다가 루기아의 무라 성에서 이달리야로 가는 알렉산드리아 배를 갈아타며 본격적으로 시작되었다.

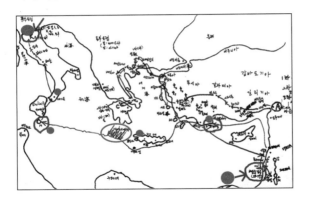

도중에 그레데 섬의 해안을 지나다가 성령님의 바람의 도구로 쓰여진 '유라굴로(Εὐροκλύδων, nm, Euroklydon, northeast wind, an east-north-east wind, variant reading for Eurakulón) 복동풍(Εὐρακύλων, the Northeaster)'라는 광풍으로 인해 죽음을 맛본 후 멜리데를 거쳐 로마에의 입성이 성령님의 방식으로 이루어진다.

---

4 가이사랴는 지중해 연안도시로 헤롯대왕이 축조한 후 로마 1대황제 가이사 아구스도에게 헌상한 것이다. 한편 가이사랴 빌립보는 갈릴리 호수 북방 40Km지점에 있는 도시로 가이사 아구스도가 헤롯대왕에게 하사한 것인데 후에 헤롯 빌립 2세가 새롭게 정비한 후 '가이사랴'로 불렸다. 이를 구별하기 위해 후자의 경우 가이사랴 빌립보라고 했다.

그리하여 AD 61-63년에는 로마 감옥에 1차 투옥이 된다. 이때에는 3층으로 된 로마 감옥(監獄)의 상옥(上獄)에 갇혀 비교적 자유가 보장된 속에서 2년을 지낸다(행 28:30-31). 그렇기에 성경은 "바울이 온 이태를 자기 셋집에 유하며(행 28:30)"라고 기록하고 있는 것이다.

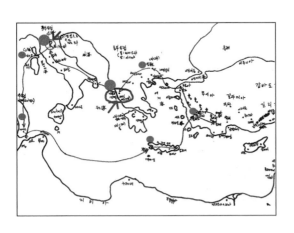

이후 석방되어 약 4년 동안 코르시카 섬(현, 프랑스령)과 사르데냐 섬(현, 이탈리아령) 사이의 보니파시오 해협을 지나 그토록 가길 원했던 스페인 땅을 밟으며 복음을 전했고 이후 지브롤터 해협을 지나 북 아프리카 연안을 거쳐 그레데 섬을 다니며 지난날 선교여행지에서의 지체들과 교제하고 격려하며 믿음을 다지는 일을 한다. 다시 에베소에 들렀다가 윗 지방인 드로아를 거쳐 겨울 즈음에 빌립보에 도착했다. 그러다가 AD 66년 말미에 휴양도시 악티움이 있는 니고볼리(승리의 도시, 딛 3:12)에 내려가 겨울을 보내며 디도를 기다리던 중 당시 5대 로마 황제 네로에 의해 체포되어 로마로 압송된다.

니고볼리는 악티움 해전(BC 31년)의 전초기지가 된 성읍이다. 당시 사이코패스였던 네로황제는 AD 64년 7월 19일에 로마 대화재 사건을 일으킨다. 그리고는 기독교인들에게 누명을 씌우고 AD 65년에 베드로를 처형한다. 그럼에도 불구하고 로마 시민들의 분노가 가라앉지 않자 또 다른 희생양(속죄양, scapegoat)을 생각해낸다. 그리고는 사도 바울을 체포하라고 명한다. 그리하여 결국 AD 66년 말미에 니고볼리에서 체포된 것이다.

AD 67-68년에 이르러 바울은 사형수들이 갇히는 로마 감옥의 하옥(下獄)에 2차로 투옥된다. 로마 시민권자인 바울은 이듬해인 AD 68년에 목이 잘려 순교를 당한다.

이상은 사도행전을 역사적, 지리적으로 바라본 전반적인 개요이다. 1,007구절을 하나하나 해석해가며 역사의 주관자 하나님께서 역사 속에서 사람을 통하여, 사건을 통하여 당신의 섭리와 경륜을 이루어가시는 생생한 현장을 나눌 예정이다. 물론 성령님의 음성을 잘 듣고 선명하게 주석할 것이다.

아주 깊지 않게, 동시에 쓸데없이 광범위하지 않게……

You may not know where you're going.
You have to know who to go with.[5]

나와 공저자는 유한된 한 번 인생 동안 '본질'에는 목숨을 걸기로 했다. 반면에 본질이 아닌 것에는 기다림과 듣는 훈련을 하며 살아가기로 했다.

오늘날 우리는 본질을 흔들려는 악한 세력들로부터 많은 도전과 위험에 직면하고 있다. 악한 영의 거대한 세력들이 도처에서 날뛰고 있다. 이러한 때에는 숨죽이거나 뒤로 물러서면 필패하고 만다. 당당하게 담대하

---

5   <가시고기 우리 아빠> 에필로그에서, 조창인, 산지, 2022

게 맞서야 한다. 움츠려들지 말고 실력을 갖추고 그들에게 대항해야 한다. 고상함을 가장한 비굴함은 버려야 한다.

"~하나 주면 안 잡아 먹지"라는 꾀임에 빠져서는 안 된다. 왜냐하면 하나씩 먹히다가 나중에는 목숨마저 빼앗기게 되기 때문이다. 그런 의미에서 갈라디아서, 히브리서 장편(掌篇) 주석에서 인용했던 루터교 목사 프리드리히 구스타프 에밀 마르틴 니뮐러(Friedrich Gustav Emil Martin Niemoller, 1892-1984)가 썼던 〈나치가 그들을 덮쳤을 때〉라는 시를 다시 소개하고자 한다.

> 나치가 공산주의자들을 덮쳤을 때,
> 나는 침묵했다.
> 나는 공산주의자가 아니었다.
>
> 그 다음에 그들이 사회민주당원들을 가두었을 때,
> 나는 침묵했다.
> 나는 사회민주당원이 아니었다.
>
> 그 다음에 그들이 노동조합원들을 덮쳤을 때,
> 나는 아무 말도 하지 않았다.
> 나는 노동조합원이 아니었다.
>
> 그 다음에 그들이 유대인들에게 왔을 때,
> 나는 아무 말도 하지 않았다.
> 나는 유대인이 아니었다.
>
> 그들이 나에게 닥쳤을 때는,
> 나를 위해 말해 줄 이들이
> 아무도 남아 있지 않았다.

나와 공저자는 함께 살아가는 오늘의 교회들과 청년지도자들에게 성삼위하나님의 섭리와 경륜을, 순간순간을 인도해가시는 성령님의 세미한 손길을 전하고자 이 책을 떨림으로 써 내려갈 것이다.

매번 장편(掌篇) 주석을 쓸 때마다 느끼는 것은 어눌한 표현과 문맥의 미숙함, 그리고 일천한 지식이다. 그럼에도 불구하고 주석을 쓰는 이유는 분명하다. 불씨, 디딤돌, 마중물의 역할이며 나보다 훨씬 뛰어난 후배들을 선동하고 싶은 강한 욕망 때문이다.

오직 말씀! 오직 복음! 오직 예수!

다시 말씀으로 돌아가자!

이 책을 읽은 후 조금 더 깊이 알고자 한다면 뒷편에 참고도서를 깨알같이 엄청 많이 풍성하게 붙여 두었으니 꼭 구입하여 읽어 보라. 그러면 더욱 깊게, 그리고 훨씬 넓게 역사서인 사도행전을 맛보게 될 것이다.

늘 감사하는 것은 암투병을 끝까지 의연하게 대처했던 소중한 아내 김정미 선교사(작가)의 마음씀씀이다. 그녀(Sarah)는 내가 답답해 할 때마다 격려해 주었고 용기를 주었던 나의 친구이다. 그가 했던 말이 귓가에 쟁쟁하다.

'당신은 영적 싸움을, 나는 암과의 싸움을."

사랑하는 아내에게 감사와 사랑, 그리고 존중을 전하며 이 책을 헌정한다. 어설픈 주석을 쓰느라 끙끙거릴 때마다 그녀는 용기와 격려, 위로를 아끼지 않았다. 아내 김정미 선교사를 아는 모든 사람들은 그런 그녀에 대해 나의 말을 자신있게 증언할 것이다. 아울러 외동딸 이성혜 대표(히브리서 공저자, 리빙 대표, 국제기독영화제 위원장)와 사위 황의현 대표(갈라디아서 공저자, 이룸 글로벌 사장)에게, 큰 아들 이성진 전도사(요한복음, 요한계시록 공저자, BAM리더, 카페 팔레트 대표), 막내 성준(사도행전 공저자, 예비의료인, 찬양리더), 외조카 윤요셉 교수(로마서 공저자, 안과의사), 멘티 이선호정형외과 원장(로마서 공저자, 염명인안과 과장), 창세기 공저자 최용민 전도사(말씀과 교리, 카리스 팀장), 이상욱 전도사(말씀과 교리, 레마 팀장)에게 감사와 사랑을 전한다.

이 책이 나오기까지 함께 해준 도서출판 산지의 대표이자 나의 친구 조창인 작가와 김진미 소장(빅픽처가족연구소장, 이너프마더 대표)에게 감사를 전한다.

추천사와 함께 따끔한 충고도 아끼지 않은 동역자들에게 감사를 전한다. 특히 김병삼 목사(분당 만나교회), 김범석 목사(시드니 순복음교회), 김철민 대표(CMF Ministries, LA), 이종삼 목사(꿈의 학교 명예교장, 꿈이 있는 교회), 이은호 목사(감림산 기도원 부원장), 이홍남 목사(벧 국제학교 교장), 이현희 목사(WCM(가나안운동본부)총재, 영남 가나안농군학교, 샤론교회), 정성철 목사(안양 중부감리교회), 하상선 목사(GEM(세계교육선교회) 대표, 마성 침례교회), 김형남 목사(멜번 한마음장로교회), 박상춘 목사(미시건 앤아버 대학촌교회), 안광복 목사(청주 상당교회), 정창석 목사(포항 성안교회), 허임복 목사(나로도 중앙교회), 김우미 교수(고신의대 학장), 허정훈 교수(고신의대 부학장), 김영호 교수(고신의대 예과장), 이진욱 과장(내과) 등에게 감사를 전한다.

동시에 매번 책을 출간할 때마다 멘티들의 도움이 있었다. 이번에도 그들은 바쁜 시간을 쪼개어 교정과 문맥을 잡아 주었다. 이선호 원장, 정준호 교수, 양하준 변호사, 이영석 차장(현대중공업), 고정석 팀장(동구 재활센터장), 박경대 & 나윤미 부부(에이레네 대표), 이한솔 & 김세진 원장 부부(한솔연합

내과), 박경란 교수, 이진욱 교수, 최영일 교수, 김창주 교수, 박재춘 교수, 문형환 교수, 이상복 목사, 심명숙 목사, 천성하 목사, 김선민 목사, 안요셉 목사, 이산성 목사, 서성민 목사, 목원 카리스팀(팀장 최용민 전도사), 침신레마팀(팀장 이상욱 전도사), 그리고 성경연구모임 그룹들(목회자 그룹, 전문인 그룹, 고신대의대 교수 그룹) 등등에게도 감사를 전한다. 음으로 양으로 도움을 준 모두에게도 동일하게 감사를 전한다.

샬롬!

오직 하나님께만 영광!

울산의 소망정형외과 진료실에서
Dr Araw 이선일
hopedraraw@hanmail.net

목차

괴짜의사 Dr. Araw의
쉽고 바르게 읽는 사도행전 장편(掌篇)강의

오직 성령이 너희에게 임하시면
성령행전(Πράξεις Πνεύματος)

레마이야기 1

예수의 공생애, 십자가 죽음과 부활, 승천, 그리고 또 다른 보혜사

초대교회는 예수님의 십자가 보혈 위에서 시작되었다. 그것은 하나님의 섭리 하 경륜이었다. 그렇게 시작된 초대교회는 주인 되신 성령님의 인도하심을 따라 사도들과 바울이 중심이 되어 점점 확장되어갔다. 사도들을 통하여는 유대인들에게 복음이 전해졌고 바울은 이방인들에게 복음을 전했다.

오순절 성령강림 후 본격적으로 시작된 그들의 복음 전파로 인해 교회는 확장되었고 '오직 말씀, 오직 복음'으로 인해 점점 더 흥왕하여 갔다. 그리하여 사도행전은 계속 기록되어져 나갔다.

우리는 사도행전(The Acts of the Apostles)을 읽을 때 복음과 복음 전파에 대한 사도들의 열정, 그에 따르는 고난과 순교에만 초점을 맞추기 쉽다.

그러다 보니 AD 2세기 요한행전, 바울행전과 AD 3세기의 안드레행전, 도마행전 등등의 외경들은 각 사도들의 전설적인 기적이나 평판에 거의 초점을 맞추고 있다. 물론 그런 면들이 중요한 것도 사실이다. 그러나 분명히 기억해야 할 것은, 사도행전의 주도권은 사도들이 아니라 성령님이며 실은 성령님이 행하신 일을 기록한 '성령행전(The Acts of the Holy Spirit)'이라는 사실이다.

의사였던 누가는 누가복음과 사도행전을 기록했다. 사도행전은 '예수 그리스도로 인한 교회 된 하나님나라의 이야기'로서 예수 그리스도의 복음이 예루살렘을 거쳐 온 유대와 사마리아와 땅끝까지, 그리고 오늘에 이르기까지 지속되는 모든 일들에 성령님이 주도하셨고 그 일에 쓰임을 받은 사도들의 발자취가 소중함을 보여주고 있다. 사도행전에 있어서 누가의 관심은 오직 '하나님 나라'에 있음을 알 수 있다(눅 24:44-49). 소위 복음 전파를 통한 현재형 하나님나라의 확장이다. 이는 예수님의 재림으로 인해 하나님나라의 완성이 이루어지는 그날까지 곧 미래형 하나님나라에의 입성과 영생을 누릴 때까지이다.

반면에 누가복음은 '예수 그리스도의 이야기'로서 가난한 자, 소외된 자, 어린이, 과부, 여자, 이방인 등등 민초들을 향한 예수님의 관심과 사랑을 기록한 '이방인의 복음'으로 초림주로 오신 예수 그리스도의 십자가 보혈로 인한 모든 민족의 구속에 관한 이야기이다.

참고로 마태복음(자색복음, 사자복음)은 유대인의 왕으로 오신 예수님에 초점이 있으며 유대인이 주 대상이다. 마가복음(소복음, 붉은색복음)은 종으로 오신 예수님에 초점이 있으며 로마인들이 주 대상이다. 요한복음(독수리복음,

청색복음)은 하나님의 아들로 오신 예수님의 신성에 초점이 있으며 모든 인간들이 주 대상이다. 누가복음(흰색복음)은 인간의 아들로 오신 예수님의 인성에 초점이 있으며 주 대상은 이방인(헬라인)이다.

	마태복음	마가복음	누가복음	요한복음
별명	자색복음 사자복음	붉은색복음 소복음	흰색복음 인자	청색복음 독수리복음
초점	왕으로 오신	종으로 오신	사람의 아들 로 오신	하나님의 아들로 오신
주 대상	유대인	로마인	헬라인	모든 사람

누가복음을 기록했던 누가는 사도행전을 시작하면서 "예수의 행하시며 가르치기를 시작하신 때부터 택하신 사도들에게 성령으로 명하심과 죽음, 부활, 승천하신 날까지의 일을 기록(행 1:1-2)"하였음을 도입부에 먼저 밝혔다. 즉 성령님의 명하심으로 기록했다라는 것이다.

구원자 예수님은 죽음을 이기시고 3일 만에 부활하셔서 우리의 소망이 되셨다. 40일간 이 땅에 계시면서 친히 당신의 사심을 나타내 보이시며 '하나님의 영 곧 성령과 하나님나라'의 일을 말씀하셨다. 이른바 '천국복음' 곧 현재형 하나님나라(마 12:28, 눅 11:20, 17:21)와 미래형 하나님나라(마 25장, 요 14:2-3, 계 21-22장)에 관해 말씀하셨다. 이후 감람산에서 오백여 형제들(고전 15:6)이 보는 가운데 승천하시기 전(前) 친히 예수님은 "예루살렘을 떠나지 말고 내게 들은 바 아버지의 약속하신 것, 곧 보혜사 성령님을 기다리라(4)"고 하셨다.

그렇게 승천하신 후 10일이 지나 오순절(성령강림절) 날이 이르자 약속대로 진리의 성령님이신 또 다른 보혜사가 오셨다. 그분은 우리 안에 내주하셔서 우리의 주인(주권을 드림) 되시고 우리를 다스리신다(통치, 질서, 지배). 그런 우리는 하나님의 성전으로서 바로 현재형 하나님나라이다. 그런 가정이, 그런 우리가 모인 교회공동체가 현재형 하나님나라인 것이다.

할렐루야!

1-1 데오빌로여 내가 먼저 쓴 글에는 무릇 예수의 행하시며 가르치시기를 시작하심부터

"데오빌로"의 헬라어는 데오필로스[6](Θεόφιλος, nm)인데 이는 데오스(θεός, nf, nm)와 필로스(φίλος, adj)의 합성어로서 '하나님에게 사랑을 받는, 하나님을 사랑하는'이라는 중의적 의미이다.

누가복음 1장 3절에는 "데오빌로 각하"라고 되어 있는데 각하의 헬라

6　데오빌로스(Θεόφιλος, nm)는 "friend of God", Theophilus, the addressee of Luke and Acts 인데 이는 데오스(θεός, nf, nm, (a) God, (b) a god, generally)와 필로스(φίλος, adj, beloved, dear, friendly/a friend; someone dearly loved (prized) in a personal, intimate way; a trusted confidant, held dear in a close bond of personal affection)의 합성어이다.

어는 크라티스토스[7](κράτιστος, adj)이다. 이는 말하는 사람보다 더 높은 공적 또는 사회적 지위를 지니고 있는 사람에게 사용되는 명예로운 형태의 인사말(BAGD)[8]이다.

"먼저 쓴 글"이란 누가복음을 가리킨다. "예수의 행하시며 가르치기를 시작하심부터"라는 것은 누가복음의 주제를 드러내고 있는 부분이다. 그러므로 사도행전은 그 이후의 사건을 다루게 될 것임을 의도적으로 드러내고 있는 것이다.

2 그의 택하신 사도들에게 성령으로 명하시고 승천하신 날까지의 일을 기록하였노라

"그의 택하신 사도들에게 성령으로 명하시고"라는 것은 예수님의 공생애 사역 전체가 매사 매 순간 성령님의 인도 하에 이루어졌음을 의미한다 (눅 3:21-22, 4:1, 14, 18, 10:21, 행 1:4, 8, 10:38).

"승천"의 헬라어는 아넬렘프데(ἀνελήμφθη, He was taken up, V-AIP-3S)인데 이는 아나람바노(ἀναλαμβάνω, v, to take up, raise)의 수동태형이다.

7　크라티스토스(κράτιστος, adj)는 strongest, noblest/most excellent, an official epithet, used in addressing a Roman of high rank, and in the second century one of equestrian (as distinguished from senatorial) rank이다.

8　BAGD(Bauer Lexicon, Bauer's Greek Lexicon, and Bauer, Arndt and Gingrich)는 Biblical Greek 사전 중 가장 높이 평가되어지는, 존경받는 사전이다.

3 해 받으신 후에 또한 저희에게 확실한 많은 증거로 친히 사심을 나타내사 사십 일 동안 저희에게 보이시며 하나님 나라의 일을 말씀하시니라

"해 받으신 후에"라는 것은 '십자가 죽음을 이기시고 부활하신 후에'라는 의미이며 "확실한 많은 증거"라는 것은 '베드로의 증언(행 10:39-41), 바울의 증언(고전 15:5-8), 누가복음 24장 13절이하, 사도행전 1장 9절의 말씀' 등등을 가리킨다.

"저희에게"가 가리키는 것은 '그가 택하시고 복음을 전하도록 명하신 사도들'을 말한다.

"확실한 증거"에서 '증거'의 헬라어는 테크메리온[9](τεκμήριον, nn)인데 이는 '확실하고 결정적인 증거'를 말하는 것으로 택하신 사도들에게 부활후 40일 동안 이 땅에 계실 때 그들에게 나타나셔서 보여주셨고 하나님 나라의 일을 듣게 하셨으며 함께 식사하기도 했던 것들을 가리킨다. 이 구절을 통하여는 누가의 관심이 온통 '하나님나라'에 있음을 잘 알 수 있다(눅 24:44-49).

4 사도와 같이 모이사 저희에게 분부하여 가라사대 예루살렘을 떠나지 말고 내게 들은 바 아버지의 약속하신 것을 기다리라

"사도와 같이 모이사"라는 것은 '사도들과 함께 계신 자리에서'라고 공

9　테크메리온(τεκμήριον, nn)은 a sure sign/properly, a marker (sign-post) supplying indisputable information, "marking something off" as unmistakable (irrefutable). "The word is akin to tekmor a 'fixed boundary, goal, end'; hence fixed or sure" (WS, 221)이다.

동번역은 말씀하고 있다. "모이사"의 헬라어는 쉰알리조마이(συναλίζομαι, v, I am assembled together with)인데 이는 쉰(σύν, 함께, 같이)과 할리조(ἀλίζω, 모으다, 소금치다)의 합성어이다. 그렇기에 '모이사'라는 것은 '소금을 나누는 장면' 곧 '식사 장면'을 가리킨다(Meyer). 결국 예수님은 부활하신 후에 제자들과 식사(눅 24:41-43, 요 21:13-15, 행 10:41)를 하시며 말씀하고 있는 것이다.

"예루살렘"이라는 말은 단순히 문자적으로 해석하지 말고 구속사적 측면에서 해석되어야 하며 다음의 4가지를 동시에 묵상해야 한다.

첫째, 창세기 22장에서 아브라함이 이삭을 번제로 드렸던 모리아 땅의 한 산(창 22:2)이 바로 예루살렘이다. 이곳에서 아브라함 대신에 숫양이 희생되었다. 이는 예수 그리스도의 십자가 죽음을 예표한다.

둘째, 아브라함으로부터 1,000년이 흐른 후 바로 그곳 예루살렘에 다윗성전(솔로몬 성전)이 건축(대하 3:1)되었다. 그 성전은 예수 그리스도의 몸이자 하나님의 임재를 의미한다.

셋째, 성전 건축 후 다시 1,000년 후에 그곳 골고다 언덕에서 예수님은 십자가에 못 박히심으로 인류의 죄를 대속하셨다. 그리하여 초림의 예수님은 "다 이루셨다".

넷째, 예루살렘은 장차 미래형 하나님나라인 '거룩한 성 새 예루살렘'에 들어가게 될 '거룩한 성 예루살렘'인 '교회'가 살아가게 될 곳 곧 미래형 하나님나라의 모형이다.

"떠나지 말고"라는 것은 예수님의 십자가 죽음 후 당황하거나 의기소침하여 신앙생활의 위축을 가져오기보다는 지속적인 신앙의 열망을 견지하라는 권고이다. 또한 제자들의 하나 됨을 도모하고 약속하신 성령님을 받은 후 그 능력으로 예루살렘과 온 유대와 사마리아와 땅끝까지 복음을 전하라는 것이다.

"아버지의 약속하신 것"이란 성령강림에 관한 약속(눅 24:49)을 말한다. 예수님은 십자가에 달리시기 전날 밤에 보혜사 성령에 관해 말씀하셨다 (요 14:16, 17, 26, 15:26).

"기다리라"는 것은 오순절까지의 기간을 말한다. 즉 예수님의 부활 이후 승천까지 40일과 승천하신 후 오순절까지 10일을 "머물라(눅 24:49)", "기다리라(행 1:4)"고 하신 것이다. 한편 제자들은 승천하시는 예수님을 목격(1:9-12)하고 그분의 위임명령을 받고(1:6-8) 기다리는 동안 기도에 전혀 힘쓰는(1:13-14) 한편 유다 대신에 맛디아를 복음 전파자로 선택(1:21-26)했다. 이후 2장이 되자 오순절 날 성령강림으로 인해 그분의 주도하심과 더불어 그 일에 쓰임을 받게 된 제자들의 본격적인 복음 전파가 시작된다.

5 요한은 물로 침례를 베풀었으나 너희는 몇 날이 못되어 성령으로 침례를 받으리라 하셨느니라

"침례 혹은 세례"란 구약의 할례를 가리키는 것으로 '너는 죽었다. 이제 후로는 나로 인해 산다'라는 의미이다. 삶의 주체가 자신에서 하나님으로 대치되었다라는 의미이다. 신약에서는 예수님의 십자가 보혈로 죄씻음, 그 예수님을 나의 구주 나의 하나님으로 입으로 시인하고 마음으로 영접함, 예수님과의 연합 즉 하나 됨, 또 다른 보혜사 성령님을 주인으로 모심이라는 네 가지 의미를 함의하는 말이다.

참고로 세례 혹은 침례는 구원의 요건은 아니다. 그러나 이 의식은 모든 그리스도인들의 죄 씻음에 대한 외적 의식으로 예수 믿은 자들이 반드시 거쳐야 할 통관의례인 것은 확실하다.

요한의 물세례	성령세례
'죄를 씻는다'라는 상징적인 의미의 외적 의식	내적으로 회개하고 J.C의 죽으심과 부활에 동참하는 것 하나님의 초월적인 역사와 은혜로만 가능하다.
마 3:6, 11, 막 1:4	롬 6:3-4, 골 2:12
본인의 결단	만세 전에 하나님의 은혜로 택정하심
율법을 행함으로 구원에 이름 율법으로 말미암는 의(義, 롬 10:5)	예수를 믿음으로 구원에 이름 믿음으로 말미암는 의(義, 롬 10:6)

그러므로 회개 없는 성령세례는 있을 수가 없다. 곧 성령님이 역사하시면 반드시 회개가 있게 된다라는 것이다(마 16:16-17, 고전 12:3, 요일 4:15).

6 저희가 모였을 때에 예수께 묻자와 가로되 주께서 이스라엘 나라를 회복하심이 이 때니이까 하니

"묻자와 가로되"라는 것은 '반복하여 혹은 긴박하게 채근하여 가로되'

라는 의미이다. "묻자와"의 헬라어 에로톤[10](ἠρώτων, V-IIA-3P)은 미완료형으로서 계속적인 반복을 나타낸다. 결국 이러한 제자들의 말 속에는 선민인 유대인으로서의 은근한 자부심과 현재적인 이스라엘의 정치적 회복(마 25:31)에 대한 기대감이 내재되어 있다.

"회복"이라는 헬라어는 아포카디스테미[11](ἀποκαθίστημι, v)인데 이는 정치적, 행정적 용어로서 빼앗긴 영토의 회복을 가리킨다. 즉 제자들은 '이스라엘'을 팔레스타인 지역의 이스라엘로 생각하고 있었던 것이다. 그러나 예수님은 '영적 이스라엘'을 말씀하셨다.

뒤이어 7절에서 예수님은 "그 때와 시기"에 관한 권한은 아버지 하나님께만 있다고 말씀하셨다. 그러므로 예수님께서 말씀하신 '이스라엘'은 영토도 아니요 하나의 민족국가도 아니다. 그렇기에 로마서 11장 1-36절에는 '이스라엘의 회복'은 정치적 회복이 아니라 구속사적 회복이라고 말씀하고 있다.

참고로 원래 "나라[12](βασιλεία, nf)"는 '왕국'을 가리키는 것으로 요르단의

---

10 에로톤(ἠρώτων, V-IIA-3P)은 were asking/ἐρωτάω, v, (a) I ask (a question), question, (b) I request, make a request to, pray이다.

11 아포카디스테미(ἀποκαθίστημι, v)는 to restore, give back/(from 570 /apistía, "separated from" and 2525 /kathístēmi, "have a definite standing") - properly, restore back to original standing, i.e. that existed before a fall; re-establish, returning back to the (ultimate) ideal; (figuratively) restore back to full freedom (the liberty of the original standing); to enjoy again, i.e. what was taken away by a destructive or life-dominating power이다.

12 "나라(βασιλεία, nf)"는 kingship, sovereignty, authority, rule, especially of God, both in the world, and in the hearts of men; hence: kingdom, in the concrete sense/(from 935 /basileús, "king") - properly, kingdom; the realm in which a king sovereignly rules. A kingdom (932 / basileía) always requires a king - as the kingdom (932 /basileía) of God does with King Jesus! 932 (basileía) especially refers to the rule of Christ in believers' hearts - which is a rule that "one day will be universal on the physical earth in the Millennium"(G. Archer) 이다.

하셈왕국, 네팔의 힌두왕국, 태국의 불교왕국 등등 영토적 개념을 말한다. 그러나 하나님왕국(하나님나라, Kingdom of God)의 의미는 둘로 나뉜다. 첫째, 현재형 하나님나라는 주권, 통치, 질서, 지배 개념이고 둘째, 미래형 하나님나라는 장소 개념이다.

7 가라사대 때와 기한은 아버지께서 자기의 권한에 두셨으니 너희의 알 바 아니요

예수님은 "때와 기한"에 관하여는 아버지 하나님의 권한(마 24:36, 막 13:32)에 두셨다라고 분명하게 말씀하고 있다. 물론 하나님과 예수님은 존재론적 동질성(Essential Equality)이신 하나님이시기에 예수님은 아버지 하나님의 '때와 기한'을 확실하게 아시지만 그 권한을 결코 넘지 않으신다라고 말씀하신 것이다.

한편 예수님은 제자들의 질문에 직접적인 답을 하시기보다는 제자들이 향후 감당해야할 사명에 대해 8절의 말씀을 이어가셨다. 그것은 하나님나라의 최종적 완성은 아버지 하나님께 맡기고(마 24:36, 막 13:42) 너희는 '하나님의 은혜의 복음'을 그날까지 전하기만 하면 된다라는 것이었다.

"때와 기한"에 해당하는 헬라어[13]는 크로누스 에 카이루스(χρόνους ἢ

---

13 크로노스(χρόνος, nm)는 time, a particular time/time (in general), especially viewed in sequence (a "succession of moments"); time in duration in the physical-space world, sovereignly apportioned by God to each person로서 어떤 긴 시간으로 환경에 관계없이 절대적인 때를 가리킨다. 반면에 후자 카이로스(καιρός, nm)는 fitting season, season, opportunity, occasion/time as opportunity. 2540 /kairós ("opportune time") is derived from kara ("head") referring to things "coming to a head" to take full-advantage of. 2540 (kairós) is "the suitable time, the right moment (e.g. Soph., El. 1292), a favorable moment" (DNTT, 3, 833)이다.

καιροὺς, times or seasons)인데 전자 크로노스(χρόνος, nm)는 '어떤 긴 시간'으로 상황과 환경에 관계없이 절대적인 때로서 사람이 정한 때를 가리킨다. 반면에 후자 카이로스(καιρός, nm)는 '일정한 시기'로서 결정적인 하나님의 때(Vincent)를 가리킨다. Bruce에 의하면 전자는 완성된 하나님나라가 도래하기 전에 지나야 할 때를, 후자는 하나님나라가 도래할 바로 그 시점을 의미한다고 했다.

	Χρόνος 크로노스	kairós 카이로스
사전적 의미	어떤 긴 시간 결정적인 순간 역사의 한 순간	일정한 시기 일정한 시대 질서정연한 발전
Vincent	환경에 관계없이 절대적인 때	결정적인 하나님의 때
Bruce	완성된 Q나라가 도래하기 전에 지나야 할 때	Q나라가 도래할 바로 그 시점
Dr. Araw	인간의 시간 사람의 정한 때 종말시대 현재형 하나님나라	하나님의 시간 하나님의 정한 때 마지막 그날 미래형 하나님나라

8 오직 성령이 너희에게 임하시면 너희가 권능을 받고 예루살렘과 온 유대와 사마리아 땅 끝까지 이르러 내 증인이 되리라 하시니라

"오직"의 헬라어는 알라(ἀλλὰ, but)인데 이는 미래형 하나님나라 즉 새 언약의 완성에 대한 그 '때와 기한'에 관하여는 신비(비밀)에 두고 지금은 하나님의 은혜의 복음을 전파하여 현재형 하나님나라의 확장에 힘쓰라는 의미가 함의되어 있다.

"성령"이란 요한복음 14장 16절의 "또 다른 보혜사"를 가리키는 것으로 예수의 영, 진리의 영(요 14:17, 15:26, 16:13, 요일 4:6)을 가리킨다. "너희에게 임하시면"이라는 것은 성령님께서 우리 모두를 사랑하셔서 '당신의 사역으로 초대하면'이라는 말이다. 요약하면 성령세례 후 '성령충만의 삶을 살아가라'는 말이다.

"권능"의 헬라어는 뒤나미스[14](δύναμις, nf)인데 이는 하나님으로부터의 인격적인 힘(고전 1:18)과 초월적인 하나님의 능력(행 8:13, 고후 12:12)을 가리킨다. 그렇기에 그리스도인들은 '하나님의 능력을 힘입어' 예수 그리스도의 증인으로서의 삶을 살아가는 것이다.

참고로 '성령충만 하라'와 '성령충만을 받으라'는 것의 소소한 차이에 대해 묵상할 필요가 있다. 이는 성령세례와 성령충만의 개념의 차이를 이해해야만 상기의 차이점과 더불어 바른 용어를 사용할 수가 있게 된다.

'성령세례'는 예수를 믿은 후 '성령님의 내주하심'을 가리킨다. 반면에 '성령충만'이란 예수를 믿은 후 주인 되신 성령님께 온전한 주권을 드리

---

14 뒤나미스(δύναμις, nf)는 (a) physical power, force, might, ability, efficacy, energy, meaning (b) plur: powerful deeds, deeds showing (physical) power, marvelous works/(from 1410 / dýnamai, "able, having ability") - properly, "ability to perform" (L-N); for the believer, power to achieve by applying the Lord's inherent abilities. "Power through God's ability" (1411 /dýnamis) is needed in every scene of life to really grow in sanctification and prepare for heaven (glorification). 1411 (dýnamis) is a very important term, used 120 times in the NT이다.

고 성령님의 통치, 질서, 지배 하에 들어가 그 분의 인도하심을 온전히 따르는 것을 말한다. 그렇기에 나는 '성령충만 하라'는 것이 바른 용어라고 생각하고 있다.

결국 '성령충만을 받으라'는 것을 좋게 해석하자면 점점 더 성령님의 주권, 통치, 질서, 지배 하에 들어감으로 '성령충만함을 받으라' 곧 '성령충만한 삶'을 살아가라는 것이다. 그러므로 나와 공저자는 올바른 기독교 용어의 선택을 중시하기에 '성령충만 하라'를 사용하라고 강조하고 싶다. 이는 마치 '하나님이 주실 축복'이 아니라 '하나님이 주실 복', '소천했다'가 아니라 '소천되었다'가 바른 기독교 용어인 것과 같다. 표를 통해 다시 요약하면 다음과 같다.

성령충만 받으라	성령충만 하라
틀린 기독교 용어	올바른 기독교 용어
은사 혹은 선물 개념	온전한 주권의 이양 통치, 질서, 지배 개념

"땅 끝까지"라는 것은 첫째, '지경(지역, 현재형 하나님나라)을 확대하라'는 것과 둘째, '세상 끝날까지'라는 의미를 지닌 '그날(종말시대의 끝날, 마지막 그날)에 이르기까지'라는 중의적 표현이다.

결국 교회 공동체가 할 일은 '그날에 이르기까지' '지경(지역, 현재형 하나님나라)을 확대'하는 일을 해야한다. 곧 온 천하 만민에게 복음을 전파해야하는 것으로 '모이는 교회공동체'가 아닌 '흩어지는 교회 공동체'가 되어야 함을 가리킨다. 그러므로 "흩어짐"이야말로 선교적 명령이 정확하게 함의된 진정한 단어인 것이다.

"증인"의 헬라어는 마르튀스(μάρτυς, nm, a witness; an eye- or ear-witness)인데 여기에서 순교자(martyr)라는 영 단어가 파생되었다. 즉 주를 위해 보고 들은 바를 증거(벧전 5:1, 요일 1:1-3)하는 것뿐만 아니라 순교할 자세가 되어 있는 사람을 말한다.

"증인이 되리라"는 것과 '증인이 되라'는 것은 다르다. 전자의 경우 주체는 성령님이시지만 후자는 주체가 자신이다. 그러므로 '증인이 되리라'가 바른 용어이다. 물론 크리스천 개개인이 증인의 삶을 충성되게 살아가야 하지만 나의 힘으로가 아닌 성령님의 능력으로 살아가야 한다. 이는 '복음사역의 주체는 성령님'임을 천명하는 것이다. 결국 성령님이 복음사역의 주체요 사도들은 도구라는 것으로 사도행전은 성령님에 의한 사도들의 발자취 곧 '성령행전'이라는 말이다.

한편 '증인'에 대해 Lenski(독)는 '나에 의하여, 나를 위하여, 나에 관하여'라고 해석했다. 여기서 '나'란 존재론적 동질성으로의 삼위하나님을, 기능론적 종속성으로는 순서대로 성령님(나에 의하여), 성부하나님(나를 위하여), 예수님(나에 관하여)을 가리키는 것으로 나와 공저자는 해석하고 있다.

본절에서 말씀하고 있는 '복음 전파와 하나님나라'에 관한 대원칙을 요약하면 다음과 같다.

첫째, 하나님나라 도래에 대한 '그 때와 시기'는 아버지 하나님의 뜻과 주권에 맡기고 너는 그날까지 복음 전파의 사명에 충성되라.

둘째, 매사 매 순간 네 힘으로가 아니라 오직 성령의 권능을 힘입어 네게 주어진 사명을 충성되게 감당하라.

셋째, 먼저는 가까이 네 집 근처에 널브러져 있는, 건져야 할 수많은 죄인들의 영혼 구원으로 시작하여 동심원 상으로 우선순위를 잘 살펴 땅 끝까지 확장하라. 곧 가치가 아니라 우선순위 상 네게 맡겨진 가족, 형제, 친지들에서 시작하여 가까이에 있는 주변과 이웃, 나라와 민족, 열방으로 뻗어 나가라.

넷째, 온 천하 만민에게 복음을 전파하되 인종이나 연령, 남녀에 무관하게 그들이 듣든지 아니 듣든지 때를 얻든지 못 얻든지 그들 모두에게 복음을 선포하라. 더하여 복음 전파는 '설득이 아니라 선포'임을 알라.

다섯째, 미래형 하나님나라의 입성과 영생이라는 '소망(엘피스)'을 붙들고 주님의 지상 대명령(Great Commandment)을 실천하며 살아가되 '예수 믿음과 하나님의 계명'을 붙들고 인내하며 그날까지 뒤돌아보지 말고 위에서 부르신 부름의 상을 위해 푯대를 향해 달려가라.

9 이 말씀을 마치시고 저희 보는 데서 올리워 가시니 구름이 저를 가리워 보이지 않게 하더라

"보는 데서"의 헬라어는 블레폰톤(βλεπόντων, V-PPA-GMP, beholding)인데 이는 현재분사형으로 예수님의 승천은 제자들이 보는 눈 앞에서 벌어졌던 실제적인 사건이었음을 강조하고 있다.

한편 에른스트 핸첸(E. Haenchen)은 두 번의 승천을 언급했다. 곧 죽음을 이기시고 3일 후에 부활하신 날(눅 24:51)과 부활 후 40일(행 1:9)에 승천하신 것이라고 했다. 이 해석에 대해 일부 학자들의 의견이라거나 자유주의자들의 모순이라고 공박하는 것에 나와 공저자는 동의하지 않는다. 왜냐하면 죽음을 이기시고 변화된 몸(부활체)으로 부활(요 20:17)하신 예수님은 이미 시공을 초월하신(요 20:19, 26) 존재론적 동질성의 하나님이시기에 승천이라고 할 수 있다. 또한 예수님이 막 부활하신 후에는 성령님이 아직 오지 않으셔서 승천하지 않으셨으나 부활 후 40일에 또 다른 보혜사이신 성령님이 오신 후에는 미래형 하나님나라에로 승천하셨다. 그러므로 두 번의 승천이라는 해석에 공감한다. 그렇다고 하더라도 나와 공저자는 승천이 몇 번이냐에 초점을 두기보다는 문자적이고 역사적인 '승천에 대한 3가지 묵상'에 초점을 맞추어야 한다고 생각한다.

승천에 있어서 일부 학자들은 문학적(승천에 대한 누가의 두 기록의 모순, 눅 24:50-51, 행 1:9), 역사적(문자 그대로의 승천인가), 신학적(승천의 의미는 무엇인가) 의문을 제기한다.[15] 그러나 앞서 언급했듯이 나와 공저자는 '승천'에 대한 이런 의문 대신에 3가지 질문과 그에 대한 대답이 더욱 중요하다고 생각한다. 곧 3가지 질문과 답이란 다음과 같다.

첫째, 예수님께서 '왜 승천하셨나'라는 질문이다. 이에 대하여는 '우리를 위해 미래형 하나님나라의 처소를 예비하기 위해서(요 14:2)'라고 분명하게 말씀하셨다. 이 질문과 답을 통해 현재형 하나님나라와 미래형 하나님나라의 개념을 이해할 수 있어야 한다.

둘째, 예수님은 '어디로 승천하셨나'라는 질문이다. 이에 대하여는 '하나님 보좌 우편으로 가셨다(마 26:64, 막 14:62, 16:19, 눅 22:69, 행 7:55-56, 롬 8:34,

---

15 <사도행전 강해>, 존 스토트, IVP, p58-69참조

골 3:1, 히 1:3, 10:12, 12:2, 벧전 3:22)'라고 분명하게 말씀하고 있다. '우편'이란 '승리주 예수님'을 드러내기 위함이다. 그러므로 장차 재림하실 예수님은 만왕의 왕, 만주의 주, 심판주, 승리주이시다라는 것(계 19:16)이다.

셋째, 예수님은 '왜 재림하시나'라는 질문이다. 이에 대하여는 '우리를 미래형 하나님나라의 처소로 데려가기 위함(요 14:3)'이다.

이에 대해 보다 더 자세한 것은 앞서 출간한 나의 책들을 읽어보면 정확한 개념을 잡게 될 것이라 생각된다.

"구름"이란 '하나님의 영광과 임재'를 상징(출 19:16, 왕상 8:10, 단 7:13, 마 17:5, 막 9:7, 눅 9:34-35, 마 24:30, 막 13:26, 눅 21:27, 살전 4:17)한다. 그렇기에 곧 변화산에서와 주님의 재림시에는 구름이 등장할 것을 말씀하고 있는 것이다. 물론 문자적으로도 해석 가능하다라고 생각된다.

10 올라가실 때에 제자들이 자세히 하늘을 쳐다보고 있는 데 흰 옷 입은 두 사람이 저희 곁에 서서

"자세히 보다"의 헬라어는 아테니존테스(ἀτενίζοντες, V-PPA-NMP, looking intently)인데 이는 현재분사형으로 '행동의 계속성'을 드러낸다. 이 말을 통해 예수님에 대한 제자들의 애끓는 이별의 심정을 느낄 수가 있다. 한편 '주의깊게 응시하다'라는 의미의 이 단어는 의사였던 누가가 자주 사용했던 말이기도 하다(행 3:4, 12, 6:15, 10:4).

"흰 옷 입은 두 사람"이라는 것에서의 '흰 옷'이란 '하나님나라의 거룩함과 영광', '순결과 존귀'를, '두 사람'이란 천사들을 가리키고 있다. 이

들은 하나님께서 구속사역을 베풀 시에 자주 출현(창 18:2, 단 10:5, 마 28:3, 눅 24:4, 행 10:30, 계 21:17)했던 하나님의 피조물들(히 1:14)이다.

11 가로되 갈릴리 사람들아 어찌하여 서서 하늘을 쳐다보느냐 너희 가운데서 하늘로 올리우신 이 예수는 하늘로 가심을 본 그대로 오시리라 하였느니라

"갈릴리 사람들아"라고 한 것은 제자들의 출신성분을 각인시키면서 '사도로서의 정체성을 기억하라'는 예수님의 당부이다.

한편 "어찌하여 서서 하늘을 쳐다보느냐"라는 것은 변화산 상에서의 경험, 죽음을 이기시고 부활하신 예수님에 대한 경험 등등으로 인해 마치 또 다시 금방이라도 예수님께서 재림하실 것으로 착각하는 제자들에게 '그 때와 기한'에 대하여는 아버지 하나님께 맡기고 너희는 내가 다시 올 때까지 현재형 하나님나라의 확장을 위해 복음 전파에 올인하라는 것이었다. 즉 정체성을 재삼재사 확인시켜 주신 것이다. 그날에는 만왕의 왕이신 예수님께서 지금 "본 그대로" 오실 것이다(단 7:13, 마 26:64, 계 1:7).

"재림(단 7:13, 마 26:64, 막 13:26, 계 1:7, 고전 15:3-6, 살전 4:16-17)"에는 전우주적 (가견적) 재림, 승리적 재림, 신체적 재림, 인격적 재림, 완성적 재림, 돌발적 재림이라는 '6대 재림'의 교리가 있다.

"올리우신"의 헬라어는 아날렘프데이스[16](ἀναλημφθεὶς, V-APP-NMS)이며

---

16 아날렘프데이스(ἀναλημφθεὶς, V-APP-NMS)는 having been taken up/ἀναλαμβάνω, v, to take up, raise; ἀνά, as a preposition denotes upwards, up, as a prefix denotes up, again, back/ λαμβ⊠νω, (a) I receive, get, (b) I take, lay hold of, (from the primitive root, lab-, meaning "actively lay hold of to take or receive," see NAS dictionary) - properly, to lay hold by aggressively (actively)

"오시리라"의 헬라어는 엘류세타이(ἐλεύσεται, V-FIM-3S, Will come/ἔρχομαι, v, to come, go)이다. 한편 예수님은 승천하시면서 3가지 부탁을 하셨는데 첫째, 권능을 받으라(8), 둘째, 증인이 되라(8), 셋째, 장차 오실 예수님의 재림을 준비하라(11)였다.

12 제자들이 감람원이라 하는 산으로부터 예루살렘에 돌아오니 이 산은 예루살렘에서 가까워 안식일에 가기 알맞은 길이라

"감람산"은 예루살렘 동남편에 길게 뻗은 산(마 21:1, 26:30, 눅 19:29)으로 그곳에는 감람나무(축복과 번영 상징, 여호와의 강림처소, 겔 11:23)가 많았다. 그 산의 서편에는 겟세마네 동산이 있었다.

유대인들은 "안식일에 가기 알맞은 길"을 2,000규빗으로 정했다(Mishnah). 이는 2,000×45.6Cm=1,000m=1Km의 거리로서 도피성의 사방거리를 기준(민 35:4, 출 16:29)으로 설정한 것이다.

참고로 '장로들의 유전(막 7:3, 5)'이 있다. 이는 유대인들의 조상 때부터 구두로 전해져 내려온 관습법 혹은 판례법으로서 성문화된 율법을 해석하는 과정에서 나온 구절들이다. AD 200년경 미쉬나에는 6,000여 가지가 기록되었다. 개중에 248개의 '하라 계명'과 365개의 '하지 말라의 계명'이 대표적이다. 처음에는 인간의 생활을 성결하게 규제하려는 목적이었으나 점차 변질되어 율법의 권위와 맞먹을 정도로 백성들의 양심까지

---

accepting what is available (offered). 2983 /lambánō ("accept with initiative") emphasizes the volition (assertiveness) of the receiver)이다.

규제하기에 이르렀다. '계명'의 히브리어는 미쯔바(미쯔보트, pl)이며 613의 히브리어는 타리야그이다.

장로들의 유전은 크게 둘로 나뉘는데 미드라쉬와 탈무드이다. 미드라쉬는 구약성경들의 주석서로서 할라카와 하까다로 나눈다. 전자가 실생활의 전통으로서의 법규라면 후자는 어려운 법규를 쉽게 풀어놓은 이야기로서 윤리적, 종교적 교훈을 담고 있다.

한편 탈무드는 팔레스타인 탈무드(예루살렘 탈무드)와 바빌로니아 탈무드가 있다. 탈무드는 1부인 미쉬나(반복)와 2부인 미쉬나의 완결작인 게마라(보완)로 되어 있다. 미쉬나에는 농사법, 정결법, 안식일법, 금식법, 결혼 및 이혼법, 성소법, 희생제사법, 민사법, 형사법 등등이 있다.

13 들어가 저희 유하는 다락에 올라가니 베드로, 요한, 야고보, 안드레와 빌립, 도마와 바돌로매, 마태와 및 알패오의 아들 야고보, 셀롯인 시몬, 야고보의 아들 유다가 다 거기 있어

"다락"은 '구약 성전시대의 종말'을 고하는 단어이자 동시에 '신약교회'를 지칭하는 단어이다. 또한 120여 명의 성도(1:15) 각각을 상징하기도 한다. 즉 교회(software)와 교회공동체(hardware)를 일컫는 말이다.

한편 누가복음 22장 12절에서의 유월절 만찬이 행해졌던 다락의 헬라어는 아나가이온(ἀνάγαιον, an upper room)인데 반하여 이 구절에서의 다락의 헬라어는 휘페로온(ὑπερῷον, an upper room, the upper story, the upper part of a house)인 것으로 보아 상기의 두 '다락'은 서로 다른 장소였을 것으로 추측된다. 후자가 바로 예수님께서 부활 후 두 번이나 찾아오신 그곳일 것이다(눅 24:33, 요 20:19, 26).

참고로 복음서에는 "시몬과 안드레, 야고보와 요한", "빌립과 바돌로매와 마태와 도마"로 기록된 반면에 사도행전에서는 "베드로, 요한, 야고보, 안드레", "빌립, 도마, 바돌로매, 마태"로 그 순서가 바뀌어 기록되어 있다(눅 6:14-16). 이는 아마도 의도적인 것으로 지도자(영향력) 순서인 듯 보인다.

요한과 야고보는 형제로서 세배대의 아들들이며 '우뢰의 아들'이라는 별명을 갖고 있었다. 이때 야고보는 대(大) 야고보로서 제자들 중 가장 먼저(AD 44년, 아그립바 1세, 행 12:1-2) 순교를 당했다. 알패오의 아들 야고보는 소(小) 야고보로서 AD 54년에 순교하였다.

바돌로매는 나다나엘(요 1:45-51)을 가리킨다. 그리고 "야고보의 아들"에서의 '아들'이란 단어는 '형제'라는 의미로서 예수님의 육신적 동생인 야고보(야고보서, AD 62년 순교, 예수님이 메시야임을 주장하자 성전꼭대기에서 밀어버렸는데 죽지 않아서 다시 돌로 쳐서 죽였다고 전해짐)의 동생인 '유다'를 가리키는데 그가 바로 유다서를 기록했다.

이 구절은 누가복음 6장 13-16절과 달리 12제자의 이름과 순서가 바뀌어 있고 가룟 유다의 이름 또한 빠져 있다. 12사도의 명단은 마태복음 10장 2-4절, 마가복음 3장 16-19절에도 반복되어 기록되어 있다. 마태복음의 경우 제자들이 둘 씩 전도여행을 떠났을 때의 순번(막 6:7)을, 누가복음은 나이와 혈연의 순서를 따랐다(Hervey)고 한다.

14 여자들과 예수의 모친 마리아와 예수의 아우들로 더불어 마음을 같이하여
전혀 기도에 힘쓰니라

이 구절에서 "여자들"의 경우 Calvin, Erasmus등은 '사도들의 아내'로
보았다. 그러나 나와 공저자는 '마리아들' 곧 '세상 속에서 쓴 맛을 많이
본 여인들'로 생각한다. 그들은 예수님의 십자가 죽음의 현장에까지 함께
했던 여인들이다. 그렇기에 이 구절에서의 '여자들'이란 문자적인 의미보
다는 상징적으로의 해석이 보다 더 은혜스럽다고 생각된다. 왜냐하면 예
수님 주변에는 '수고하고 무거운 짐 진 자들', 곧 '고난을 겪은 여인들'이
유독 많았으며 그들 모두는 예수님께로 나아와 진정한 쉼을 얻었던 자매
들이었기 때문이다(마 11:28-30).

"예수의 아우들(마 13:55, 막 6:3)"이란 야고보(야고보서, 예루살렘 교회의 수장, 갈
1:19), 요셉, 시몬, 유다(유다서)를 가리킨다.

"더불어, 마음을 같이하여, 전혀(οὗτοι πάντες ἦσαν προσκαρτεροῦντες
ὁμοθυμαδὸν τῇ προσευχῇ, These all were steadfastly continuing with one accord in
prayer)"라는 말은 같은 의미 다른 단어로서 '한마음 한뜻이 되어 동일한
신앙고백을 하는 예수 그리스도 안에서의 지체'를 가리킨다. 여기서 참된
기도의 자세를 볼 수 있다. 기도는 '끈기 있게' 하되 한마음, 한뜻으로 연
합하여 기도하는 것이 아름답다.

예수님은 부활 후 40일을 이 세상에 계셨다. 승천하신 후 10일 후에 성
령님이 오셨다(성령강림절, Whitsunday or White Sunday, 부활절~오순절까지 갓 세례를 받은
사람이 흰 옷을 입음). 곧 오순절(Pentecost)이란 유월절 후 안식일 다음 날인 주

일로부터, 즉 부활하신 지 50일째를 말한다.

15 모인 무리의 수가 한 일백이십 명이나 되더라 그 때에 베드로가 그 형제 가운데 일어서서 가로되

  예수의 부활을 목격한 자들은 500여 명이었다(고전 15:6). 한편 유대인들은 산헤드린 공의회의 규칙상 교회공동체의 최소 인원을 "120명"으로 규정했다고 한다(Marshall).

  한편 이 구절에서의 '120'을 게마트리아로 해석하면 묵상이 좀더 풍성해진다. 120=3(하늘의 수)×4(땅의 수)×10(만수, 완전수)으로서 약속의 수, 언약의 수, 맹세의 수, 완전수, 만수이다. 나와 공저자는 오순절 다락방의 모인 수 120명을 '하나님께서 약속(언약)하신 택정된 수'로서 교회의 시작을 알리고 있는 본보기일 뿐 아니라 장차 택정된 교회와 교회공동체에 대한 하나님의 약속의 수라고 해석한다.

16 형제들아 성령이 다윗의 입을 의탁하사 예수 잡는 자들을 지로한 유다를 가리켜 미리 말씀하신 성경이 응하였으니 마땅하도다

  이 구절을 통해 성령님도 성경말씀을 따라 말씀하심을 알 수 있다. 즉 이 구절은 다윗이 성령님의 감동을 받아 말한 것이라는 의미이다. 이 구절을 통해 베드로 또한 가롯 유다가 예수를 배반한 것 역시 성경의 예언 성취라고 확신하고 있는 것이다.

"지로한"의 헬라어는 호데고스[17](ὁδηγός, nm)인데 이는 호도스(ὁδός, nf, a way, road)와 헤게오마이(ἡγέομαι, v)의 합성어로서 '앞잡이 노릇을 했던'이라는 의미이다. 곧 예수 잡는 자들의 '앞잡이 노릇을 했던' 가룟 유다를 폭로하고 있는 것이다.

17 이 사람이 본래 우리 수 가운데 참예하여 이 직무의 한 부분을 맡았던 자라 18 (이 사람이 불의의 삯으로 밭을 사고 후에 몸이 곤두박질하여 배가 터져 창자가 다 흘러 나온지라 19 이 일이 예루살렘에 사는 모든 사람에게 알게 되어 본 방언에 그 밭을 이르되 아겔다마라 하니 이는 피밭이라는 뜻이라)

요한복음(12:6)은 가룟 유다가 회계의 일을 맡았다고 했다. 한편 18-19절의 괄호는 베드로의 직접적인 이야기가 아니라 당시 예루살렘에 널리 퍼져 있던 이야기라는 의미이다(Hervey, Calvin). 한편 누가는 유다의 배신 행위에 대해 불의한 행위, 파렴치한 행위(JBP), 악랄한 행동(NEB), 범죄(JB)라고 지적하고 있다.

그 내용에 있어서 마태복음(27:3-10)과 누가복음의 차이를 표로 그리면 다음과 같다.

---

17 호데고스(ὁδηγός, nm는 a leader, guide인데 이는 호도스(ὁδός, nf, a way, road)와 헤게오마이(ἡγέομαι, v, (a) I lead, (b) I think, am of opinion, suppose, consider)의 합성어이다.

	마태복음	누가복음
누가 밭을 샀느냐 은 30냥	대제사장	가롯 유다
아겔(חֲקַל) 다마(דְּמָא) from Chaldean field of blood), Ἀκελδαμά) 헬레크(חֵלֶק, nm, portion, tract, territory) + 담(דַם, nm, blood) '피밭'의 유래	유다가 예수의 '무죄한 피' 를 팔았던 그 돈 곧 피 값으로 샀기 때문	유다의 피가 그곳에 뿌려졌기 때문
죽음: 마태와 누가 둘 다 유다의 비참한 최후를 기록	스스로 목매어 죽음	목 매어 죽은 후 나뭇가지가 부러지면서 유다의 몸이 땅에 떨어져 배가 터지고 창자 파열 (Longeneker, Lenski, Hervey)

"아겔다마"의 헬라어는 하겔다마크[18](Ἀκελδαμάχ, Hakeldama)로서 '피 밭'
이란 의미이다. "본 방언"이란 신약시대 유대인들의 일상 언어였던 아람
어(the Aramic)를 가리킨다.

---

18 하겔다마크(Ἀκελδαμάχ, Hakeldama)는 a field apparantly located south of the valley of
Hinnom/Ἀκελδαμά, (in Aramaic: field of blood)이다.

20 시편에 기록하였으되 그의 거처로 황폐하게 하시며 거기 거하는 자가 없게 하소서 하였고 또 일렀으되 그 직분을 타인이 취하게 하소서 하였도다

이 구절은 시편 69편의 메시야에 대한 예언시(Bruce, Longeneker, Hervey)로 특히 선민을 박해하는 자들의 말로(末路)가 황폐해지기를 간구하는 시(시 69:25)이다.

"그 직분을 타인이 취하게 하소서"라는 것은 베드로가 시편 109편 8절을 인용한 것으로 유다 대신에 맛디아를 임명한 근거를 제공하고 있다. 이는 예수님이 12지파에 맞게 12제자를 임명하셨던 정통성(마 19:28, 눅 22:30)을 잇게 하려는 의도이기도 하다(Bruce).

"직분"의 헬라어는 에피스코페(ἐπισκοπή, nf, (a) visitation (of judgment), (b) oversight, supervision, overseership)인데 이는 '영혼에 대한 감독의 직무(Evans, Hervey)'라는 의미이다. 따라서 사도의 직무는 그리스도인들의 영혼에 대한 감독, 관리로서 '말씀의 선포', '섬김'이었다(Hervey). 그러므로 말씀을 맡은 직분자 된 우리는 '오직 말씀'에 집중해야 하며 사도행전 6장 4절의 "우리는 기도하는 것과 말씀 전하는 것을 전무 하리라 하니"라는 말씀을 따라 말씀 연구와 말씀 선포에 올인해야 할 것이다.

21 이러하므로 요한의 침례로부터 우리 가운데서 올리워 가신 날까지 주 예수께서 우리 가운데 출입하실 때에 **22** 항상 우리와 함께 다니던 사람 중에 하나를 세워 우리로 더불어 예수의 부활하심을 증거할 사람이 되게 하여야 하리라 하거늘

"요한의 침례로부터 승천하기까지"라는 것은 '예수님의 공생애 기간'를 가리킨다.

"항상 우리와 함께 다니던 사람"이란 예수님의 제자로서 함께 공생애 기간을 같이 했던 사람이라는 의미로 이들을 가리켜 '사도'라고 한다.

'사도'라 칭하려면 다음의 3가지 조건이 요구된다. 첫째, 예수님의 부르심과 보내심이 있어야 한다. 둘째, 예수님의 직접적인 가르침을 받아야 한다. 셋째, 부활의 예수님을 목격해야 한다.

그런 사도만이 죽음을 불사하는 예수의 증인으로서의 삶을 살 수 있다. 12제자와 더불어 사도 바울은 AD 35년 다메섹에서 정확하게 사도의 3가지 조건이 충족되었다. 그렇기에 '사도 바울'은 스스로를 '사도'라고 소개하며 자신의 사도직에 이의를 제기하는 교회들을 향하여는 "하나님의 뜻을 따라 그리스도 예수의 사도로 부르심을 받은"이라고 바울서신의 첫머리에 계속 반복하여 썼던 것이다.

23 저희가 두 사람을 천하니 하나는 바사바라고도 하고 별명은 유스도라고 하는 요셉이요 하나는 맛디아라

"바사바[19](Βαρσαββᾶς, nm)"는 히브리식 이름으로 '사바의 아들', '의로운 자'라는 의미이다.

---

19 "바사바(Βαρσαββᾶς, nm)는 "son of Sabba", Barsabbas, the surname of two Israelites Christian)와 유스도(Ἰοῦστος, nm, Justus, (a) a surname of Joseph Barsabbas, one of the two nominated to fill Judas' place as apostle, (b) Titius Justus, a Corinthian Christian, (c) surname of Jesus, a Christian with Paul in Rome.)"이다.

"맛디아(Ματθίας, Ματθια)"는 마트다이오스(Ματθαῖος)의 약칭으로 '여호와의 선물'이라는 의미이다. 그에 대하여는 에티오피아에서 복음을 전하다가 순교(Bruce), 혹은 유대에서 유대인의 돌에 맞아 순교(Winer)했다는 설이 전해질 뿐이며 성경은 그에 대해 일절 함구하고 있다.

24 저희가 기도하여 가로되 뭇사람의 마음을 아시는 주여 이 두 사람 중에 누가 주의 택하신 바 되어

사도직에 합당한 두 사람을 선발한 후 하나님의 뜻을 구하는 기도를 올렸다. 이는 '하나님만이 주권자'라는 것을 함의한 것으로 가룟 유다를 잇는 사도로서 누가 적당한지에 대한 예수님의 뜻을 묻는 것(잠 16:33)이다. 그렇기에 "뭇사람의 마음을 아시는 주여"에서 '주여'는 하나님이라기보다는 기능론적 종속성 상 예수 그리스도를 가리킨다(Bengel, Longeneker, Bruce).

"주의 택하신 바 되어"라는 것은 예수님께서 12제자를 택하셨음을 의도적으로 드러내며 그 정통성을 강조하고 있는 것이다.

25 봉사와 및 사도의 직무를 대신할 자를 보이시옵소서 유다는 이를 버리옵고 제 곳으로 갔나이다 하고

"봉사와 사도의 직무(τὸν τόπον τῆς διακονίας, ταύτης καὶ ἀποστολῆς, the place of the ministry this and apostleship)"라는 말은 '섬김'과 더불어 '권위를 지

닌 말씀 선포자'라는 의미가 함의되어 있다. 이를 두고 마치 직분을 직급으로 오해하는 것은 온당치 않다.

"이를 버리옵고 제 곳으로"에서의 "제 곳"이란 자신의 집(Keuchen)으로 해석하기도 하고 예수를 배반한 유다처럼 본래 자기의 생업으로 돌아간 것(Knowling), 혹은 죽은 후 지옥으로 간 것(Longeneker, Robertson)이라고 하는데 세 번째가 타당하나 셋 다 풍성한 묵상을 선사한다는 점에서 모두 다 의미가 있다고 생각된다.

26 제비 뽑아 맛디아를 얻으니 저가 열한 사도의 수에 가입하니라

"뽑다"의 헬라어는 핍토(πίπτω, v) 혹은 발로(βάλλω, to throw, cast/3 person plural ἔβαλον, god 16:23, 37)인데 이는 '무엇인가를 던져서 제비를 뽑다'라는 의미이다. 한편 오순절 성령강림 후에는 기도와 간구로(빌 4:6) 내주하시는 성령의 인도를 받아 제비를 뽑았다. 방법이야 어떠하든 간에……. 오늘날은 우리 안에서 주인으로 내주하시는 진리의 영이신 성령님의 인도하심으로 결정한다.

결국 '성령님의 인도하심'이란 첫째는 하나님의 약속의 말씀에 의거하여 결정하는 것이고 둘째는 당신의 형상(צֶלֶם, 신체적 형상, 쩨렘, 성품적 속성, 데무트, דְּמוּת)을 따라 인간을 창조했을 그때 우리에게 허락하셨던 상식을 따라 정하는 것이다. 셋째는 끈기있게 한마음으로 드렸던 기도에 의해 이끌려 결정하는 것을 말한다.

괴짜의사 Dr. Araw의
쉽고 바르게 읽는 사도행전 장편(掌篇)강의

오직 성령이 너희에게 임하시면
성령행전(Πράξεις Πνεύματος)

레마이야기 2

오순절 성령강림, 주께서 구원받는 사람을 날마다 더하게 하시니라(47)

"내가 복음을 전할찌라도 자랑할 것이 없음은 내가 부득불 할 일임이라 만일 복음을 전하지 아니하면 내게 화가 있을 것임이로라"_고전 9:16

"내가 복음을 위하여 모든 것을 행함은 복음에 참여하고자 함이라"_고전 9:23

구원은 하나님의 온전한 주권 영역이다. 그러므로 우리가 복음을 전하면서 특정인을 두고 '반드시 구원시킬 것'이라고 말하는 것은 어불성설(語不成說)이다. 그러나 복음을 전함으로 만세 전에 택정함을 입은 자를 모으는 것은 우리의 몫이다. 왜냐하면 '복음 전파'는 우리를 향하신 하나님의 뜻이기 때문이다. 그렇기에 예수님은 승천하실 때 우리에게 지상대명령을 주셨던 것(마 28:18-20)이다. 그렇게 하나님께서는 만세 전에 당신의 은혜로 택정된 자를 우리의 복음 전파를 통해 불러 모으시겠다고 하셨다. 종국적으로는 택정된 자가 당신의 섭리와 경륜에 따라 다 차게 되면 초림의 예수님은 반드시 재림하신다.

당신께서 정한 때와 시기에 당신의 방법(6대 재림)으로!

그렇기에 우리는 '복음'이 무엇인지를 정확하게 알고 그 복음을 먼저 맛본 후에 그들이 듣든지 아니 듣든지 때를 얻든지 못 얻든지 복음과 십자가를 자랑해야 한다.

나는 지난날 동안 복음의 정의(definition)와 핵심 요소들(6 core contents)에 대해 반복적으로 강조하며 강의와 저술을 해왔다. '복음'에 대하여는 먼저 삼위일체에 대한 개념이 바로 서야 제대로 알 수 있는 것이다. 즉 존재론적 동질성과 기능론적 종속성의 삼위일체를 이해해야 한다. 이를 토대로 한 문장으로 요약하면 '다른 하나님, 한 분 하나님'으로 압축할 수 있다. 이 또한 완벽하지는 않지만 아직까지는 이 이상의 간결하면서도 정확한 개념을 이해할 수 있는 문장을 보지 못했다.

'복음'이란 성부하나님의 구속 계획과 성자하나님의 구속 성취, 그리고 성령하나님의 구속 보증이라는 복된 소식을 말한다.

성령님은 구원자 예수님만이 그리스도 메시야이심을 우리에게 가르쳐 주시고 깨닫게 해 주셨다. 동시에 우리에게 믿음(피스티스)을 선물로 주셔서 우리로 하여금 믿음으로 반응(피스튜오)하게 하여 구원을 얻게 하신다. 그런 우리를 하나님의 자녀로 인치시고 미래형 하나님나라에의 입성과 영생을 허락하신다.

복음의 핵심 요소는 다음의 6가지 문장으로 압축된다. 이를 숙지하여 바르게 잘 전하되 다듬는 것은 각자의 몫이다.

첫째는 예수님만이 구원자이시다. 둘째, 예수님만이 성부하나님의 유일한 기름부음 받은 자 곧 그리스도 메시야이시다. 셋째, 예수님만이 대속제물, 화목제물 되셨다. 넷째, 초림의 예수님만이 신인양성의 하나님으로 역사상 유일한 의인으로 이 땅에 오셨고 십자가 보혈을 통해 우리의 죄를 속량하셨으며 죽음을 이기시고 부활 승천하셨다. 이후 승리주, 심판주이신 재림의 예수님이 오셔서 우리를 미래형 하나님나라로 데려가실 것이다. 다섯째, 예수님만이 길이요 진리요 생명이시다. 여섯째, 그 예수님을 나의 구주 나의 하나님으로 입으로 시인하여 구원에 이르고 마음으로 믿어 의롭게 된다. 결국 아무 대가 없이 아무 공로 없이 우리가 은혜로(Sola Gratia) 믿음으로(Sola Fide) 구원을 얻은 것이다.

복음을 정확하게 알 뿐만 아니라 그 맛과 감동을 잊을 수 없는 나는 진실로 '복음에 빚진 자'이다. 그래서 오늘도 하나님의 은혜의 복음(τὸ εὐαγγέλιον τῆς χάριτος τοῦ Θεοῦ)을 붙들고 살아간다. 예수 그리스도의 복음을 유일한 진리로 받아들이며 그 일에 목숨을 건다.

그런 나는 복음의 증인으로 자자손손에게 가장 먼저 철저하게 복음을 가르치고 전한다. 그래서 나의 막내가 사도행전 집필에 공저자로 뛰어들었다. 큰 아들이 요한계시록과 요한복음을, 큰 딸이 히브리서를, 사위가 갈라디아서 집필에 뛰어들게 했다. 우리 Lee's Family는 그날까지 복음과 십자가로 살아가고 복음과 십자가만 자랑할 것이다. 자라고 열매 맺게 하시는 분은 하나님이심을 믿으며…….

할렐루야!

'주께서 날마다 구원받는 사람을 더하게 하시리라.'

2-1 오순절날이 이미 이르매 저희가 다같이 한 곳에 모였더니

"오순절(Pentecost)"이란 구약의 맥추절을, 신약에서는 성령강림절을 가리킨다. 한편 유대교는 유월절 이후 7주(칠칠절) 혹은 50일(오순절, 유대교의 기념일)에 맥추절을 지킨다. 우주적 교회(universal church)는 예수님의 십자가 보혈 위에 성령님의 인도하심으로 이루어졌다. 결국 오순절은 기독교에 있어서 신약 교회의 생일[20](창립일)을 말한다.

참고로 출애굽기 12장은 애굽에 거주한 지 430년이 되는 그날에 여호와의 군대가 다 애굽 땅 고센지역의 라암셋에서 출발하여 나왔다(출 12:40-41)라고 말씀하고 있다. 그날이 바로 1월 15일이다(민 33:3). 그리고는 홍해를 건너 엘림과 시내 산 사이의 신광야에 이른 날이 2월 15일이라고 했다(출 16:1). 이후 시내 산 앞의 광야에 이른 것은 3월이었다.

광야에서 3일 동안(출 19:11, 15-16) 백성들로 하여금 성결케(출 14) 한 후 모세는 시내 산으로 올라가 하나님으로부터 친히 계명을 기록한 돌판을

---

20 부활절 후 7주째 되는 일요일을 성령강림주일(Whitsunday)이라고 하며 이 날을 교회 창립일로 여긴다.

받게 된다(출 24:12, 4, 신 31:9). 이때 율법(토라, 모세오경) 또한 시내 산에서 기록 했다라고 하는데 그 의견에 나와 공저자는 동의하고 있다.

십계명을 받은 이날이 바로 유월절 후 50일째로서 오순절이다. 신약에 서는 예수님의 부활 후 50일째에 성령님이 오셨기에 오순절을 성령강림 절이라고 한다.

참고로 구약의 성전이나 신약의 교회공동체는 '다같이 한 곳에(πάντες ὁμοῦ ἐπὶ τὸ αὐτό, all together in the one place) 모여' 함께 격려하고 서로 사랑과 선행을 격려하며(히 10:23-25) 말씀을 나누며 기도와 찬양을 했었다. 그러 므로 공예배의 중요성은 아무리 강조해도 지나치지 않은 것이다.

2 홀연히 하늘로부터 급하고 강한 바람 같은 소리가 있어 저희 앉은 온 집에 가 득하며 3 불의 혀 같이 갈라지는 것이 저희에게 보여 각 사람 위에 임하여 있더니

"홀연히"의 헬라어는 아프노(ἄφνω, adv, suddenly)인데 이는 성부하나님, 성자하나님의 뜻과 성령하나님의 자발적인 역사에 의해 '성령님의 강림' 이 일어났음을 의미한다. "하늘로부터"라는 것은 '성령님의 기원'을 암시 하고 있다.

"강한 바람 같은 소리"라는 것은 '청각적, 촉각적인 임재'를, "불의 혀 같이"라는 것은 '시각적 임재'를 보여주신 것이다. 한편 "소리(ἦχος, nm, (a) a sound, noise, (b) a rumor, report)"란 '하나님의 말씀(왕상 19:11-12)'을 상징하 며 "바람(πνοή, nf, (a) breath, (b) gust, breeze, wind)"이란 '하나님의 임재'를 나타내는 현상 중의 하나로 '성령님의 오심'을 알리는 것이다(왕상 19:11, 시

104:4). "저희 온 집에 가득하며"라는 것은 '성령님의 충만한 임재'를 상징하는데 이는 온전한 성령님의 주권, 통치, 질서, 지배를 가리킨다.

성령이 강한 바람같은 소리	성령이 비둘기같이 (마 3:16, 막 1:10, 눅 3:22)	성령이 불의 혀 같이
청각적, 촉각적 임재	'예수 그리스도로 말미암아 죄와 사망의 저주와 심판은 종결	시각적 임재
바람; 하나님의 임재와 통치(영향력) 소리; 하나님의 말씀	비둘기: Q의 진노(창 6:7)로 인한 홍수 심판에서의 회복과 심판의 종결 상징	불; 하나님 통치 (영향력)와 임재 *불의 혀(tongues of fire, Chase); 방언의 은사, 다양한 언어능력

"불"이란 "바람"과 마찬가지로 '하나님의 통치와 임재'를 의미한다(출 19:18, 24:17). 출애굽기 19장 16절에서는 하나님이 시내 산에 임하셨을 때 우레(thunder)와 번개(lightning)가 나타났다고 했다. "불의 혀(tongues of fire)"의 경우 Chase는 '방언의 은사'와 연관시켜 해석하기도 했다. 결국 각 사람에게 임한 '불의 혀'는 각 사람에게 인한 '다양한 언어의 능력'을 상징하고 있다. 나와 공저자는 창세기 11장의 바벨탑 사건으로 인한 진노, 심판, 저주로부터의 회복을 허락해주신 성령님의 은혜 곧 '언어의 통일'로 해석한다.

"보여"라는 것은 명백한 '성령님의 임재'를 드러내는 것으로 바람이 청각과 촉각이라면 불은 시각적 요소이다.

"각 사람에게 임하여"라는 것은 만인 제사장으로서의 역할을 감당하게
될 것을 의미한다.

참고로 공관복음(마 3:16, 막 1:10, 눅 3:22)에서는 '성령이 비둘기같이' 예수
님 위에 임하셨다. 이는 창세기 8장의 노아 홍수심판 이야기에서 비둘기
와 연관시키면 '비둘기'란 하나님의 진노(창 6:7)로 인한 홍수심판에서의
회복과 심판의 종결을 상징한다. 결국 예수 그리스도로 말미암아 죄와 사
망의 저주와 심판은 종결된다라는 의미이다.

**4 저희가 다 성령의 충만함을 받고 성령이 말하게 하심을 따라 다른 방언으로
말하기를 시작하니라**

"성령충만"이란 성령님께 온전한 주권을 드리고 그분의 통치, 질서, 지
배 하에 들어가 살겠다는 의미로 중생한 성도가 성령님의 인도하심을 따
라 한 발짝 뒤로 물러서서 주님만을 바라보며 살아가는 것을 말한다. 동
시에 "성령이 충만하여"라는 것은 '성령으로부터 능력과 지혜를 받아(마
10:16-20, 눅 21:12-15)'라는 의미이기도 하다. 즉 "성령이 충만하여(2:4, 4:8,
31)"라는 말 속에는 성령님의 능력으로 "성령이 말하게 하심을 따라(2:4)"
하나님의 말씀을 전하게 되고 표적과 이적을 보임으로(3장, 5:15-16) 모든
것의 온전한 주체가 성령님이심을 선명하게 드러내는 것이다.

가만히 보면 사도행전 1장이 그리스도의 승귀(Ascension of Christ)를 보여
주었다면 2장은 예수의 영, 진리의 영이신 성령님의 오순절 강림을 보여
주고 있다. 이후 성령님께서 가장 먼저 하신 일은 감사하게도 '언어의 통

일'이었다. 이는 바벨탑 사건 이후 언어의 혼잡이 있게 되었던 것을 회복시켜 주신 것이었다.

성령님의 강림으로 그 성령님을 주인으로 모시게 된 사도들은 산헤드린 공회를 두려워하지 않고 담대히 나사렛 예수 그리스도를 드러내며 당당하게 하나님의 말씀을 전하게 된다. 여기에 탄력이 더해져여 3장에서는 초자연적인 기적과 표적을 보여주셨는데 곧 40여 년 동안이나 고통 속에 시달리던 앉은뱅이가 예수의 이름으로 치유된 것이다. 그리하여 복음 전파는 더욱더 탄력을 받아 초대교회의 폭발적 부흥으로 이어지게 된다.

초대교회의 아름다운 미덕은 성도 상호 간의 유무상통(有無相通)으로 이어졌다. 그런 초대교회 교인들에게 '사단충만'이 아닌 '성령충만'할 것을 가르쳐 주신 것이 4장 후반부와 5장이며 '바나바'와 '아나니아, 삽비라부부'의 대조된 모습과 함께 그 이야기의 결국을 담고 있다.

참고로 창세기 11장에서는 인간의 죄악이 관영(貫盈, be full of)하여 하늘에까지 닿게 되자 하나님은 하감(下瞰, look down)하다가 내려오셔서 인간의 언어를 혼잡하게 하시고 그들을 온 지면으로 흩으셨다. 이후 소통이 안 되는 인간들은 서로에 대한 오해와 불신으로, 더 나아가 탐욕으로 인해 피비린내 나는 살육과 전쟁을 벌인다. 돌이켜보면 지나간 인간의 역사 자체가 온통 피로 범벅이었다고 해도 과언이 아니다.

때가 되매 성부하나님은 예수 그리스도를 보내셔서 인간의 모든 죄를 감당하게 하셨다. 그 예수님은 죽으시고 부활하신 후 승천하셨다. 열흘 후 성령님이 오셨다. 이후 "성령충만"을 통해 하나님은 가장 먼저 혼잡했던 인간의 '언어를 통일'시키셨던 것이다. 여기서 '언어 통일'이란 단순히 '만국 공통어'라는 의미보다는 '복음'이라는 언어로 '통일 및 귀결시켰다'라는 상징적 의미이다. 사도행전 2장 4-8절은 이러한 사실을 잘 보여주고 있다.

그리하여 "성령충만"으로 인해 4장 8, 19, 31, 5장 29절에서는 하나님의 뜻을 따라 하나님의 기쁨으로 살아가면서 담대히 하나님의 말씀(행 4:31) 곧 복음을 적극적으로 전하게 된다. 결국 모든 것은 "성령충만"으로만 가능하며 성령님의 인도하심을 따라 그분의 능력으로만 가능한 것이다. 여기서 '성령충만'이란 다시 강조하지만 성령님께 온전한 주권을 드리는 것, 성령님의 통치와 질서, 지배 하에 들어가는 것을 의미한다.

"다른 방언으로 말하기를"이란 '다른 언어(tongues〈languages〉) 곧 외국어를 말했다'라는 것으로 이는 단회적인 사건이지 계속적으로 반복되어 일어나는 것으로 오해해서는 안 된다. 마가복음 16장 17절은 '다른 방언'을 "새 방언"이라고 했다.

한편 고린도전서 14장 2, 13, 19절의 방언(천사의 말, 고전 13:1)은 오늘날에도 지속되는 것으로 상기의 둘은 구별되어야 한다.

"방언을 말하는 자는 사람에게 하지 아니하고 하나님께 하나니 이는 알아듣는 자가 없고 그 영으로 비밀을 말함이니라"_고전 14:2

"그러므로 방언을 말하는 자는 통역하기를 기도할찌니"_고전 14:13

"그러나 교회에서 네가 남을 가르치기 위하여 깨달은 마음으로 다섯 마디 말을 하는 것이 일만 마디 방언으로 말하는 것보다 나으니라"_고전 14:19

"내가 사람의 방언과 천사의 말을 할찌라도 사랑이 없으면 소리나는 구리와 울리는 꽹과리가 되고". 고전 13:1

5 그 때에 경건한 유대인이 천하 각국으로부터 와서 예루살렘에 우거하더니

"경건한 유대인"이란 유대인 디아스포라(Diaspora, 행 8:2, 22:12)를 가리킨다. "우거하더니"라는 말에서 그들은 천하각국으로부터 와서 예루살렘에 오랫동안 거주했음을 알 수 있다. 그러한 상황에서 성령강림 사건으로 인해 동서남북 사방으로부터 온 사람들에게 복음이 전해진 것은 우연이 아니었다. 왜냐하면 그들은 어차피 다시 자신이 살던 곳으로 돌아가야 할 처지였기 때문이다. 그러면 복음을 받아들이게 된 그들이 돌아가서 그곳 사람들에게 복음을 전할 것은 명약관화(明若觀火)이기 때문이다.

가만히 보면 전 세계를 향한 아버지 하나님의 복음 전파에 대한 갈급함이 잘 느껴진다. 이와 비슷한 부분이 사도행전 9장에도 나온다. 바울은 다메섹 도상에서 회심을 하게 되는데 회심하자마자 즉시로 다메섹에서 복음을 전한다.

사도행전 9장 20절에는 "즉시로 각 회당에서 예수의 하나님의 아들이심을 전파하니"라고 말씀하고 있다. 이는 다메섹을 향한 아버지 하나님의 급한 마음이 잘 전해지는 부분이다.

6 이 소리가 나매 큰 무리가 모여 각각 자기의 방언으로 제자들의 말하는 것을

듣고 소동하여

"소리"의 정체에 대하여는 학자들 간의 이견이 있다. Bengel, Alford, Vincent의 경우 '바람소리'를, Black. Clarke, Bruce의 경우에는 모인 사람들의 '방언 소리'라고 했다. 둘 다를 지지하는 나와 공저자의 경우 그 소리가 무엇이든 간에 성령의 역사하심을 따라 일어났기에 '왜 일어났느냐'에 방점을 두면 해석이 쉬워진다.

그것은 사도행전 1장 8절의 "성령이 임하시면 너희가 권능을 받고" 땅끝까지 이르게 되어 복음이 전해지게 될 것이라고 약속하셨던 그 말씀의 성취 때문이다. 이는 복음 전파에 대한 아버지 하나님의 섭리 하 경륜을 볼 수 있는 대목이기도 하다.

"소동"의 헬라어는 슁케오[21]($\sigma\upsilon\gamma\chi\acute{\epsilon}\omega$, v)인데 이는 '깜짝 놀라게 하다, 흥분시키다, 자극하다'라는 의미로서 6-13절에 사용된 4개의 동사[22]를 살펴보면 더 생생한 의미를 느낄 수 있다.

첫째, 7-12절의 엑시스테미[23]($\grave{\epsilon}\xi\acute{\iota}\sigma\tau\eta\mu\iota$, v)라는 동사는 '제정신이 아니다, '깜짝 놀라다'라는 의미이다.

---

21 슁케오($\sigma\upsilon\gamma\chi\acute{\epsilon}\omega$, v)는 to pour together, to (from 4862 /sýn, "identified with" and xe⊠, "to pour") - properly, pour out together, i.e. in combination이다.

22 존더반 신약주석 <강해로 푸는 사도행전>, 디모데, p123-124

23 엑시스테미($\grave{\epsilon}\xi\acute{\iota}\sigma\tau\eta\mu\iota$, v)는 (lit: I remove from a standing position), (a) in trans. tenses: I astonish, amaze, (b) in intrans. tenses: I am astonished, amazed; I am out of my mind, am mad/ (from 1537, ek, "out of," and 2476, histēmi, "to stand") - literally, "to remove from a standing (fixed) position," put out of place; i.e. "beside oneself," showing someone as flabbergasted (completely stupefied); at a total loss to explain or account for something; overwhelmed, astonished (amazed)이다.

둘째, 7절의 다우마조[24](θαυμάζω, ν)라는 동사는 '무언가에 의해 특별히 강한 인상 혹은 불편함을 느끼다, 경탄하다, 기이하게 여기다, 놀라다'라는 의미이다.

셋째, 12절의 디아포레오[25](διαπορέω, ν)라는 동사는 '크게 의아해하다, 어쩔 줄을 몰라하다'라는 의미로 놀라움과 경탄을 넘어 당황하는 것을 말한다.

넷째, 13절의 클류아조[26](χλευάζω, ν)라는 동사는 '조롱하다, 비웃다'라는 것으로 처음에는 놀라움과 당혹감이 생겼다가 종국적으로는 조롱하고 비웃는 것을 말한다.

7 다 놀라 기이히 여겨 이르되 보라 이 말하는 사람이 다 갈릴리 사람이 아니냐

"놀라다"의 헬라어는 엑시스테미[27](ἐξίστημι, ν)인데 이는 '정신이 떠나

---

24 다우마조(θαυμάζω, ν)는 (a) intrans: I wonder, marvel, (b) trans: I wonder at, admire/(from 2295 /thaúma, "a wonder, marvel") - properly, wonder at, be amazed (marvel), i.e. astonished out of one's senses; awestruck, "wondering very greatly" (Souter); to cause "wonder; . . . to regard with amazement, and with a suggestion of beginning to speculate on the matter" (WS, 225)이다.

25 디아포레오(διαπορέω, ν)는 to be greatly perplexed or at a loss/(from 1223 /diá "thoroughly," which intensifies 639 /aporéō, "no way out") - properly, totally perplexed because having no solution ("way out"). 1280 /diaporéō ("deeply perplexed") refers to "one who goes through the whole list of possible ways, and finds no way out. Hence, 'to be in perplexity'" (WS, 174)이다.

26 클류아조(χλευάζω, ν)는 to jest, mock, jeer/(from xleuē, "a joke") - properly, to joke (jest), i.e. to scoff (ridicule) using barbed humor and mocking jeers (used only in Ac 17:32)이다.

27 엑시스테미(ἐξίστημι, ν)는 (lit: I remove from a standing position), (a) in trans. tenses: I astonish, amaze, (b) in intrans. tenses: I am astonished, amazed; I am out of my mind, am mad)/

다, 미치다(막 3:21)'라는 의미로 첫눈에 받게 된 압도적인 놀라움을 가리킨다.

"기이히 여겨"의 헬라어는 에다우마존(ἐθαύμαζον, V-IIA-3P)인데 이는 다우마조[28](θαυμάζω, v, 이상히 여기다)의 미완료 과거 중간태로서 '시간의 흐름과 더불어 점점 더 놀라움과 신기함이 늘어가는 것'을 의미한다.

당시 팔레스타인에 살던 사람들은 히브리어, 아람어, 헬라어를 사용했으며 특히 갈릴리 출신들의 말은 후두음(喉頭音)이 강해 특히 눈에 띄었다 (마 26:73, 막 14:70, 눅 22:59).

한편 지중해 연안에 살던 사람들은 헬라어, 지역언어, 라틴어를 사용했다. 이런 무리들이 섞여 있어 서로의 소리가 구별되었기에 8절에는 '모두가 다 난 곳 방언으로 듣게 되었다'라고 말하고 있는 것이다.

8 우리가 우리 각 사람의 난 곳 방언으로 듣게 되는 것이 어찜이뇨

"난 곳 방언으로 듣게 되는 것"이란 '자신의 고유어로 들렸다'라는 것으로 성령충만으로 인해 다시 의사소통(communication)이 회복된 것을 가리

(from 1537, ek, "out of," and 2476, histēmi, "to stand") - literally, "to remove from a standing (fixed) position," put out of place; i.e. "beside oneself," showing someone as flabbergasted (completely stupefied); at a total loss to explain or account for something; overwhelmed, astonished (amazed)이다.

28   다우마조(θαυμάζω, v, 이상히 여기다)는 (a) intrans: I wonder, marvel, (b) trans: I wonder at, admire/(from 2295 /thaúma, "a wonder, marvel") - properly, wonder at, be amazed (marvel), i.e. astonished out of one's senses; awestruck, "wondering very greatly" (Souter); to cause "wonder; . . . to regard with amazement, and with a suggestion of beginning to speculate on the matter" (WS, 225)이다.

킨다. 창세기 11장 7절의 바벨탑 사건으로 인해 언어의 혼란이 초래되었고 하나님은 언어를 혼잡케 하셨다(창 11:9). 그로 인해 인류는 제각각 흩어지게 되었고(창 10:25) 이후 소통의 부재가 심화되자 서로 간에 불신이 싹트기 시작했다. 불신이 탐욕과 맞물리자 큰 오해를 불러 일으키게 되었고 이는 살육과 분쟁의 씨앗이 되어 역사는 크고 작은 전쟁으로 얼룩지며 피를 흘려야만 했다.

그러던 것이 오순절 성령강림으로 인해 서로 간의 의사소통이 회복되고 그 소통의 원활함이 대화의 물꼬를 트게 하였다. 이 모든 것은 예수 그리스도의 십자가 죽음, 부활, 승천으로 인해 주어진 것이다. 이후 예수 그리스도 안에서 서로는 하나가 되었다.

성령충만으로 인한 '언어의 통일'이란 이중적 의미로서 첫째, 전 세계가 '복음으로 통일' 곧 '예수 그리스도 안에서 하나'가 될 것과 둘째, 비록 언어가 다를지라도 '복음(정의, 핵심 콘텐츠)'은 전 세계에 동일한 언어로 전해질 것을 가리킨다.

9 우리는 바대인과 메대인과 엘람인과 또 메소보다미아, 유대와 가바도기아, 본도와 아시아,

9-11절에는 15개의 민족과 유대인 디아스포라들이 하나씩 소개되어 있다. 이 지역을 차례로 가만히 머리속으로 그려보면 훗날 사도 바울의 전도여행지와 밀접한 연관이 있음을 알 수 있다.

결국 세미하신 성령님은 오순절에 예루살렘으로 디아스포라들을 불러 모으셔서 그들에게 '복음'을 전해주셨다. 그리고는 다시 그들을 자기들이 온 곳으로 돌아가게 하셨다. 다시 그곳에 당신의 때에 당신의 방법으로 사도 바울을 보내셔서 복음을 굳건하게 하신 것이다. 나와 공저자는 이러한 일련의 과정을 '성령님의 세미하신 밑 작업(作業)'이라고 칭한다. 곧 '사도행전'이 바로 '성령행전'임을 보여주는 부분이다.

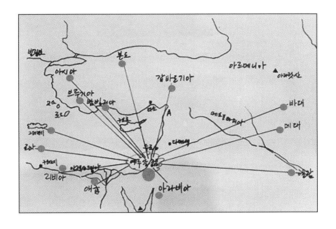

"바대인"이란 카스피해 남동부 지역의 거주인을, 인도 아리안 민족인 메대인은 이란 산맥에 거주했던 사람들이다. 엘람인이란 이란 남서부 고원지대에 거주했던 자들로 앗수르에 망했던 북 이스라엘 10지파(왕하 17:6) 포로들의 후손으로 생각된다. 메소포다미아란 티그리스와 유프라테스 강 사이의 지역을, 유대란 애굽에서 유프라테스에 이르는 지역의 유대인(Bruce)을, 갑바도기아는 지금의 터키지역을, 본도란 흑해 남쪽 지역을 가리키는데 이곳 본도 출신 중에는 우리가 익히 들어 알고 있는 브리스길라와 아굴라 부부가 있다. 아시아란 소아시아 서부 해안지대를 가리킨다.

10 브루기아와 밤빌리아, 애굽과 및 구레네에 가까운 리비야 여러 지방에 사는 사람들과 로마로부터 온 나그네 곧 유대인과 유대교에 들어온 사람들과

브루기아는 소아시아의 내륙지역을, 밤빌리아(행 13:13, 27:5)는 소아시아 남부 해안지역으로 마가가 1차 전도여행 시 너무 힘들어 되돌아갔던 (행 15:38) 바로 그 지역이다. 아프리카의 북동쪽에 위치한 애굽은 특히 유대인들의 이주가 많았던 곳으로 모국어를 잃어버린 유대인 후손들을 위해 '헬라어 구약성경[29](LXX, 70인역)'이 발간되기도 했다. 구레네란 리비아의 서북쪽 해변으로 그 출신으로는 우리에게 익숙한 구레네 시몬이 있다(마 27:32, 눅 23:26, 행 6:9, 11:20, 13:1).

로마에는 BC 1C경부터 유대인들이 거주한 것으로 알려지고 있다. 특히 로마 장군 폼페이(Pompey)가 BC 63년에 예루살렘을 점령 후 스룹바벨 성전을 파괴했다. 그 다음 해인 BC 62년에는 유대인 포로들을 로마로 잡아갔다고 한다.

"유대교에 들어온 사람들"이란 '유대교로 개종한 이방인들'을 가리키는데 그들은 3가지 절차를 거쳤다. 곧 '할례', '증인들 앞에서 참회', '희생 제사'이다. 이중 유대교에 관심은 있으나 할례를 받지 않은 이방인들을 따로 구별하여 '하나님을 경외하는 사람(God-fearer)'이라고 칭했다.

---

29 Septuagint는 70인역(헬라어 구약성경)이라고 하는데 이집트 Ptolemy Philadelphus(BC 3C)의 명에 의해 알렉산드리아에서 70(72)명의 유대인이 70(72)일 간에 번역해냈다고 전해짐, 동아출판 프라임 영한사전

11 그레데인과 아라비아인들이라 우리가 다 우리의 각 방언으로 하나님의 큰 일을 말함을 듣는도다 하고

그레데[30]는 그리스의 가장 큰 섬으로서 디도가 목회했던 곳이다(딛 1:2, 5, 2:1-3). 구약 명칭은 갑돌(Caphtor)이며 원래 블레셋의 영토였다(암 9:7).

아라비아는 홍해에서 유브라데에 이르는 광범위한 지역으로 나바티안(Nabataean)왕국을 가리키는데 칠십인역은 아브라함의 아들인 이스마엘의 후손들이 거주했던 곳이라고 한다. 그들의 대부분은 이스마엘의 첫째 아들 느바욧의 후손이라고[31] 한다(창 25:13, 28:9, 36:3, 대상 1:29).

'방언'에는 타인이 알아듣지 못하는 '신비한 언어의 방언' 곧 '영적 밀어(密語)'가 있는가 하면 자신들의 언어로 알아듣는 '난 곳 방언(우리의 각 방언)'이 있다.

"하나님의 큰 일"이란 '하나님의 구원 사역'으로 예수 그리스도의 십자가 보혈로 인한 구속 곧 대가지불을 통한 구원을 얻게 된 복음을 가리킨다.

12 다 놀라며 의혹하여 서로 가로되 이 어찐 일이냐 하며 13 또 어떤 이들은 조

---

30 지중해에서 가장 큰 섬은 순서대로 시실리아(Sicilia), 사르데냐(Sardegna), 구브로(Cyprus, '구리'란 뜻)이다.

31 존더반 신약주석 <강해로 푸는 사도행전>, 디모데, p127

롱하여 가로되 저희가 새 술이 취하였다 하더라

"의혹하여"의 헬라어는 디아포레오[32](διαπορέω, v)인데 이는 '상식적으로 납득하기 어려워 당황해하는 상태'를 말한다. 13절의 "어떤 이들"이란 '완악한 마음을 지녔던 유대인들'을 지칭한다.

"새 술"의 헬라어는 글류코스(γλεῦκος, nn, the unfermented juice of grapes; hence: sweet new wine)인데 이는 '단 술'이라는 의미로 '최상의 포도주로 만든 술'을 가리킨다(창 49:11). 여기서 영 단어 glucose(포도당)가 유래되었다. 상징적인 의미로 "새 술"이란 '성령충만'을 가리킨다(엡 5:18). 이는 마치 술에 취해(μεθύσκω) 술의 지배를 받듯이 성령에 취해(πληρόω) 성령의 지배를 받는 것을 가리킨다. 결국 '충만'이란 '통치, 질서, 지배'의 개념이다.

14 베드로가 열한 사도와 같이 서서 소리를 높여 가로되 유대인들과 예루살렘에 사는 모든 사람들아 이 일을 너희로 알게 할 것이니 내 말에 귀를 기울이라

14-36절까지는 베드로의 설교이다. 개중 14-21절까지는 오순절 성령 강림 사건에 대한 것이며 22-36절까지는 '예수, 그리스도, 생명' 곧 '복음'을 증거하고 있다.

---

32 디아포레오(διαπορέω, v)는 to be greatly perplexed or at a loss/(from 1223 /diá "thoroughly," which intensifies 639 /aporéō, "no way out") - properly, totally perplexed because having no solution ("way out"). 1280 /diaporéō ("deeply perplexed") refers to "one who goes through the whole list of possible ways, and finds no way out. Hence, 'to be in perplexity'" (WS, 174)이다.

예수님을 3번이나 부인했던 베드로는 디베랴 바닷가에서 부활의 주님을 만났다. 그리고는 3번에 걸친 예수님의 질문을 받았다. "나를 더 사랑하느냐(요 21:15)." 그리하여 오순절 성령강림 사건 이후 그는 획기적으로 변하게 된다. 베드로 또한 사울이 바울로 변한 것만큼이나 이전과 이후의 변화가 컸던 사람 중 하나이다.

15 때가 제 삼 시니 너희 생각과 같이 이 사람들이 취한 것이 아니라

"제 삼 시"라는 것은 오전 9시로서 경건한 유대인들의 첫 기도시간이다. 요셉푸스(Joesphus)에 의하면 이 시간대에 유대인들은 취식과 음주가 금지되었다고 한다. 유대인들은 하루에 세 번(행 3:1)을 기도했는데 삼 시(오전 9시), 육 시(정오), 구 시(오후 3시)였다. 당시 하루는 해 뜰 때부터 해 질 때까지의 12시간으로 나누어 계산했다. 참고로 유대력의 경우 오늘날의 시간으로 환산하려면 시(時)에는 +6을, 월(月)에는 +3을 더하면 된다.

16 이는 곧 선지자 요엘로 말씀하신 것이니 일렀으되 17 하나님이 가라사대 말세에 내가 내 영으로 모든 육체에게 부어 주리니 너희의 자녀들은 예언할 것이요 너희의 젊은이들은 환상을 보고 너희의 늙은이들은 꿈을 꾸리라 18 그 때에 내가 내 영으로 내 남종과 여종들에게 부어 주리니 저희가 예언할 것이요

이 구절은 요엘서 2장 28-32절을 인용하여 '여호와의 성령' 곧 '성령 하나님'에 대해 말씀하고 있다. 성령하나님은 '성부하나님이 존재하시는 방법'이다. 동시에 성부하나님의 '입의 숨결'이자 '성부하나님의 솟구치는 생명'이고 중간에 누구도 개입할 수 없는 '성부하나님의 인격과 생명력의 연장'이시다.[33]

성령하나님	1) 성부하나님이 존재하시는 방법
	2) 성부하나님의 입의 숨결
	3) 성부하나님의 솟구치는 생명
	4) 성부하나님의 인격과 생명력의 연장

"말세(사 2:2, 미 4:1, ταῖς ἐσχάταις ἡμέραις, the last, בְּאַחֲרִית, 바아하리트, days, 하야밈, הַיָּמִים)"란 우리가 흔히 오해하고 있는 '마지막 날, 말세지말, 끝날'이 아니라 예수님의 초림에서 재림 전까지의 전 기간(Bruce, Longeneker)인 '종말(교회)시대'를 가리킨다.

"내 영으로 모든 육체에게, 내 남종과 여종들에게 부어 주리니"라는 것은 사도행전 1장 8절의 '오직 성령이 임하시면"이라는 의미로 성령의 권능으로 남녀노소 누구나 다 복음을 전하게 될 것을 말씀하고 있다. 더 나아가 예수 그리스도의 온전한 구속을 기다리는 모든 인류(Hilgenfeld, Meyer)에게 복음이 전해질 것을 말씀하신 것이다.

"부어 주리니"라는 것은 특별계시가 아니라 일반계시를 말한다. 자녀들은 예언을, 젊은이들은 환상을, 늙은이들은 꿈을 꾸게 될 터인데 이는

---

33 존더반 신약주석 <강해로 푸는 사도행전>, 디모데, p143-144

각 연령에 따른 은사의 다양함을 의미하는 것이 아니다. 오히려 성령하나님께서 허락하실 '풍성한 은사의 보편성'을 드러내는 것이다.

참고로 그리스-로마 사회에서는 18-30세까지를 젊은이라고 했다. 50세이상은 '늙은이'라고 칭했다.

구약시대에는 왕, 선지자, 제사장 등 기름부음 받은 자에게만 은사를 허락하셨다. 그러나 예수님 오신 이후로는 약속된 자 곧 택정함을 입은 모든 사람들에게 성령하나님을 통한 은사가 허락된다. 그리하여 그리스도인 모두는 다 '만인 제사장'인 것이다.

"예언하다(προφητεύω)"라는 것은 '영감으로 된 계시를 선포하다, 숨겨진 무언가를 열어 보여주다, 미래의 일을 미리 이야기하다'라는 의미이나 여기서는 예수 그리스도의 구원(대속, 속량)에 관한 '복음 전파'를 의미하고 있다.

"환상을 보고 꿈을 꾼다"라는 것은 예수 그리스도를 믿는 자마다 구원의 진리를 깨닫게 되고 성령의 내주하심으로 인해 현재형 하나님나라를 이루게 되고 누리게 되며 복음의 역군이 된다라는 것이다. 더 나아가 미래형 하나님나라에의 입성과 영생이라는 소망을 갖게 된다라는 것이다.

19 또 내가 위로 하늘에서는 기사와 아래로 땅에서는 징조를 베풀리니 곧 피와 불과 연기로다 20 주의 크고 영화로운 날이 이르기 전에 해가 변하여 어두워지고 달이 변하여 피가 되리라

"기사, 기적, 이적, 이변"의 헬라어는 테라스[34](τέρας, nn)인데 이는 자연적인 법칙을 벗어나서 발생하는 특이한 사건(miracle)을 말한다. 반면에 "징조"의 헬라어는 세메이온[35](σημεῖον, nn)인데 이는 '표적(sign)'을 말한다.

"피와 불과 연기(마 24:29)"라는 것은 '땅의 징조'에 속하는 것으로 계시록의 여섯째 인 재앙에 해당한다. 이는 종말시대에 있을 일곱 재앙 중 '자연계의 대격변과 천체의 대격변'을 가리키는 것으로 출애굽 전 10가지 재앙과 나팔 재앙, 대접 재앙과 맞닿아 있다.

"주의 크고 영화로운 날"이란 '예수 재림의 그날, 마지막 날, 최후 심판의 날'로서 그리스도인들에게는 '승리의 날'이기에 크고 영화로운 날이 맞다.

21 누구든지 주의 이름을 부르는 자는 구원을 얻으리라 하였느니라

"누구든지"란 만세 전에 하나님의 은혜로 택정된 모든 사람을 가리킨다.

"주의 이름을 부르는 자는 구원을 얻으리라"는 것은 구원에의 유일한 조건이 '예수 그리스도를 믿는 믿음'뿐이라는 것을 강조한 것이다. 여기

---

34 테라스(τέρας, nn)는 a wonder, portent, marvel/a miraculous wonder, done to elicit a reaction from onlookers; an extraordinary event with its supernatural effect left on all witnessing it, i.e. a portent from heaven to earth이다.

35 세메이온(σημεῖον, nn)는 a sign, miracle, indication, mark, token/a sign (typically miraculous), given especially to confirm, corroborate or authenticate. 4592 /sēmeíon ("sign") then emphasizes the end-purpose which exalts the one giving it. Accordingly, it is used dozens of times in the NT for what authenticates the Lord and His eternal purpose, especially by doing what mere man can not replicate of take credit for이다.

서 '부른다'라는 것은 예수 그리스도의 십자가 보혈의 구속과 구원자이신 그 예수를 입으로 시인하고 마음으로 믿는 것을 의미한다.

22 이스라엘 사람들아 이 말을 들으라 너희도 아는 바에 하나님께서 나사렛 예수로 큰 권능과 기사와 표적을 너희 가운데서 베푸사 너희 앞에서 그를 증거하셨느니라

특별히 이 구절에는 유대인이 "이스라엘(창 32:27-28)"로 바뀌어 있는 것에 주목해야 할 필요가 있다. '이스라엘(יִשְׂרָאֵל)'이란 '하나님과 겨루어 이김'이라는 의미인 바 '이제 후로는 네 인생을 하나님께서 통치할 것이다'라는 선언이다. 동시에 당신의 언약을 너를 통하여 신실하게 이루어 가실 것이라는 의미가 내재되어 있는 단어이다.

"너희도 아는 바"라는 것은 예수님의 그리스도 메시야 되심과 십자가 죽음과 부활, 승천에 관한 기정사실을 말한다. 한편 복음 곧 '예수, 그리스도, 생명'이라는 '십자가 사건(죽음, 부활, 승천, AD 30년 중반)'은 그 당시 유대인들이 믿든 아니든 간에 이미 일어난 역사적 사건이었다.

"나사렛 예수"에서의 '나사렛(마 2:23, 행 22:8)'이란 지명을 의미하기보다는 '멸시, 천대, 그늘, 사망, 저주, 어둠, 소외'를 의미하는데 이는 유대인들이 예수를 은근히 조롱(요 1:46)하기 위한 말이었다.

"증거하셨느니라"의 헬라어는 아포데이크뉘[36](ἀποδείκνυμι, v)인데 이는

---

36 아포데이크니미(ἀποδείκνυμι, v)는 to bring out, show forth, declare/(from 575 /apó, "separated from" and 1166 /deiknýō, "to show") - properly, exhibit (literally, "show from"),

아포(ἀπό)와 데이크뉘(δείκνυμι)의 합성어이다.

이때 아포는 '기원'을 나타내는 전치사로 쓰였다. 결국 '증거하신 이는 하나님이시다'라는 것이다.

23 그가 하나님의 정하신 뜻과 미리 아신 대로 내어준 바 되었거늘 너희가 법 없는 자들의 손을 빌어 못 박아 죽였으나

"하나님의 정하신 뜻"이란 예수 그리스도의 십자가 죽음 곧 대속적 죽음은 만세 전에 이루어 놓으신 하나님의 섭리였다라는 의미이다. "미리 아신 대로"라는 것은 하나님의 전지(omni-science)하심을 가리키며 "정하신"과 "미리 아신"이라는 단어는 하나님의 언약의 언어이다(행 4:27-28). 결국 예수님의 대속사역은 하나님의 섭리 하 경륜이었다는 의미이다.

"내어준 바 되었거늘"에서의 주체는 예수를 죽이는데 동참한 가룟 유다(요 19:11)를 포함한 모든 대적자들이다. "법 없는 자들"이란 모세의 율법 밖에 있던 자들로 '죄인들 혹은 이방인들(마 26:45, 롬 2:14, 고전 9:21)', 빌라도와 '로마 군인들(마 27:27-36)'을 가리킨다.

24 하나님께서 사망의 고통을 풀어 살리셨으니 이는 그가 사망에게 매여 있을 수 없었음이라

---

demonstrating that something is what it "claims to be" (WS, 226)이다.

"사망37(θάνατος, nm)의 고통"이란 사망의 올무(Olshausen, Alexandor)를 가리킨다. 당시 죽음은 '갇히는 것'이라고 생각했고 고통으로 이해했다. 그렇기에 '풀어38(λύω, v)'라는 말을 사용했다. 고통의 헬라어는 오딘39(ὠδίν, nf)이며 그 히브리어는 '그물'이라는 의미의 헤벨(חֶבֶל)에서 유래되었다. "사망의 고통, 죽음의 고통"이란 '사망의 줄' 혹은 '사망의 그물'이라는 히브리어적 표현이다.

결국 이 구절에서 하나님은 예수 그리스도를 "사망의 고통에서 풀어 살리셨으니"라고 하셨는데 이는 예수 그리스도를 사망에서 '풀어주다, 자유롭게 하다'라는 의미이다. 그렇기에 예수님은 "사망에게 매여 있을 수 없었던" 것이다. 이는 참 하나님의 아들 예수 그리스도는 사망의 올무에 매이지도 않았음은 물론이요 죽음을 이기시고 부활하셨음을 드러내고 있는 것이다.

우리를 대신하셨던 예수님의 죽음, 그 죽음을 이기시고 부활하심은 우리 그리스도인들에겐 더할 수 없는 은혜요 최고의 선물이다.

---

37 "사망(θάνατος, nm)은 death, physical or spiritual/(derived from 2348 /thnๆskō, "to die") - physical or spiritual death; (figuratively) separation from the life (salvation) of God forever by dying without first experiencing death to self to receive His gift of salvation이다.

38 '풀어(λύω, v)는 (a) I loose, untie, release, (b) met: I break, destroy, set at naught, contravene; I break up a meeting, annul/properly, loose (unleash) let go; release (unbind) so something no longer holds together; (figuratively) release what has been held back (like Christ "releasing" the seven seals in the scroll in Revelation)이다.

39 오딘(ὠδίν, nf)은 the pain of childbirth, acute pain, severe agony, a snare/properly, the pain of childbirth (travail); (figuratively) the pain necessary to open up (introduce) something new, i.e. to bring in more이다.

25 다윗이 저를 가리켜 가로되 내가 항상 내 앞에 계신 주를 뵈었음이여 나로 요동치 않게 하기 위하여 그가 내 우편에 계시도다

사도행전 2장 25-28절은 시편 16편 8-11절을 인용한 것으로 앞의 24절의 내용을 증명하기 위한 것이다. 시편 16편의 경우 당시 랍비들은 메시야 예언시로 인정하지 않았다. 그러나 베드로는 메시야 예언시임을 분명하게 밝힘으로 그들과 대척점에 섰다. 더 나아가 베드로는 이 구절을 통해 그리스도 예수를 죽인 유대인들의 엄중한 죄를 신랄하게 질책하고 있다.

"내가, 내 앞에, 나로"란 성자 예수님을, "주를, 그가"는 성부하나님을 가리킨다. 삼위일체 하나님의 기능론적 종속성과 존재론적 동질성을 잘 드러내고 있다(요 13:31-32, 17:4-5).

26 이러므로 내 마음이 기뻐하였고 내 입술도 즐거워하였으며 육체는 희망에 거하리니

"내 마음이 기뻐하였고"라는 말씀에는 '그리스도의 승귀(Ascension of Christ)'에 대한 믿음이 내재되어 있다.

"내 입술도 즐거워하였으며"에서의 '입술'의 헬라어는 글로싸[40]($\gamma\lambda\tilde{\omega}\sigma\sigma\alpha$,

---

40 글로싸($\gamma\lambda\tilde{\omega}\sigma\sigma\alpha$, nf)는 the tongue, a language/tongue, used of flowing speech; (figuratively) speaking, inspired by God, like the evidence of tongues-speaking supplied by the Lord in the book of Acts to demonstrate the arrival of the new age of the covenant (i.e. NT times)이다.

nf)이며 히브리어는 카보드(כָּבוֹד, nm, glorious)인데 이는 영광(시 16:9, 57:8, 108:1)이라는 의미이다. 곧 하나님이 주신 입술로 하나님을 찬양하는 것이야말로 즐거움의 원동력이라는 의미로서 히브리인들이 자주 쓰는 언어습관이기도 하다.

"육체는 희망에 거하리니"라는 것은 예수 그리스도의 육신이 비록 3일간 사망의 올무에 걸려 있었지만 이내 곧 죽음을 이기시고 부활하심으로 죽음에서 풀려날 것이기에 소망이 있다라는 것이다. 결국 '소망에의 확신'은 우리의 마음(καρδία, nf)과 혀(γλῶσσα, nf), 그리고 육체(σάρξ, nf)에 영향을 미치게 된다.

27 이는 내 영혼을 음부에 버리지 아니하시며 주의 거룩한 자로 썩음을 당치 않게 하실 것임이로다 28 주께서 생명의 길로 내게 보이셨으니 주의 앞에서 나로 기쁨이 충만하게 하시리로다 하였으니

"음부(전 9:10, 사 57:9, 눅 16:23, 계 20:13-14)"의 헬라어는 하데스[41](ᾍδης, nm, Hades)인데 이는 지하 세계, 무덤, 곧 '죽음(영원한 죽음, 둘째 사망)의 상태'를 가리킨다.

"주의 거룩한 자(τὸν Ὅσιόν σου, the Holy one of You)"란 '하나님의 사랑하심을 입은 자'라는 의미로서 하나님의 독생자 '예수 그리스도'를 지칭한다.

---

41 하데스(ᾍδης, nm, Hades)는 the abode of departed spirits, the unseen world/(from 1 /A "not" and idein/**eidō**, "see") - properly, the "unseen place," referring to the (invisible) realm in which all the dead reside, i.e. the present dwelling place of all the departed (deceased); Hades)이고 히브리어는 쉐올(In the Sept. the Hebrew שְׁאוֹל이다.

여기서 '거룩하다'의 헬라어는 호시오스[42](ὅσιος, adj)인데 이의 동의어가 하기오스(ἅγιος)와 디카이오스(δίκαιος the generic and ὅσιος the specific term)이며 히브리어는 하시드(חָסִיד, Hasid)이다. '하시드'의 복수형이 하시딤(Hasidim, 말 3:16))인데 '경건한 자들' 혹은 '거룩한 자들'이라는 의미로 '여호와를 경외하는 자', '여호와의 이름을 존중히 생각하는 자'로서 오늘날의 '성도들'을 가리킨다.

"썩음을 당치 않게 하실 것임이로다"라는 것은 계속하여 죽음의 상태에 내버려두지 않을 것이라는 의미로 '둘째 사망'의 영향을 받지 않을 것이라는 말이다.

28절에서의 "주께서, 주의 앞에서"란 성부하나님을, "내게, 나로"란 예수님을 가리킨다. 곧 성부하나님께서 예수 그리스도의 부활과 승천을 통해 우리로 하여금 미래형 하나님나라에서 영생을 누리게 하셨으니 예수 그리스도 새 언약의 성취와 완성을 이루신 예수님은 기쁨이 충만하게 되실 것이라는 말이다.

29 형제들아 내가 조상 다윗에 대하여 담대히 말할 수 있노니 다윗이 죽어 장사되어 그 묘가 오늘까지 우리 중에 있도다 30 그는 선지자라 하나님이 이미 맹세하사 그 자손 중에서 한 사람을 그 위에 앉게 하리라 하심을 알고

---

42   호시오스(ὅσιος, adj)는 righteous, pious, holygodly, beloved of God/(a primitive word, NAS Dictionary) - properly, what is sanctioned by a higher law (especially divine law), i.e. accords with divine truth (providence) and hence deserves respect (reverence)이다.

다윗의 묘는 오늘날 예루살렘의 마가의 기념교회 부근이라고 알려져 있다. 열왕기상 2장 10절에는 다윗의 성 즉 성전 남쪽에 있는 시온산에 장사되었다라고 되어 있다.

구약에서 다윗은 선지자로 불리지 않으나 유대인의 전통과 요세푸스는 다윗을 선지자로 부르고 있다.[43]

"하나님이 이미 맹세하사"라는 것은 소금언약(민 18:19)인 모세언약이 등 불언약(대하 13:5, 21:7)인 다윗언약(삼하 7:11-16, 대상 17:4-14)으로 이어져 갈 것을 언약으로 맹세하셨다라는 것이다. 이는 면면이 흘러왔던 아담언약, 노아언약, 아브라함언약에 이어 모세언약, 그리고 다윗언약을 통한 솔로몬에 대한 약속으로 종국적으로는 예수 그리스도 새 언약의 성취인 그리스도 메시야에 관한 약속이었던 것이다.

31 미리 보는 고로 그리스도의 부활하심을 말하되 저가 음부에 버림이 되지 않고 육신이 썩음을 당하지 아니하시리라 하더니

베드로는 시편 16편 8-11절과 132편 11절을 메시야의 부활에 관한 예언으로 해석했다.

"미리 보는 고로"라는 것은 성령의 감동으로 미래에 일어날 일들을 바라보게 된 선지자들의 특징이다. 소위 "믿음은 바라는 것들 것 실상이요 보지 못하는 것들의 증거(히 11:1)"인 것이다.

---

43   존더반 신약주석 <강해로 푸는 사도행전>, 디모데, p153-154

이 구절에서 베드로는 예수께서 음부에 버림이 되지 않았으며 모든 육체가 경험하는 육신의 썩음을 당치 않았다고 선포하고 있다. 결국 예수님은 그 육신의 몸조차도 썩지 않았고 부활(변화된 몸, 부활체)하심으로 육체의 생명을 회복하셨으며 본질적인 존재를 이어 가셨던 것이다.

32 이 예수를 하나님이 살리신지라 우리가 다 이 일에 증인이로다 33 하나님이 오른손으로 예수를 높이시매 그가 약속하신 성령을 아버지께 받아서 너희 보고 듣는 이것을 부어 주셨느니라

베드로는 다윗이 예언했던 '메시야의 죽음과 부활'에 있어서의 그 주체가 예수님이심을 선포하고 있다. 즉 예수님의 십자가 죽음과 부활은 하나님의 섭리 하 경륜으로서 역사적, 실재적 사건이라는 것이다.

"증인"의 헬라어는 마르튀스(μάρτυς, nm, a witness; an eye- or ear-witness)이다. "오른손"이란 하나님의 권능을, "예수를 높이시매(행 5:31, 요 3:14)"라는 것은 그리스도의 승천 곧 그리스도의 승귀를 말한다. "그가 약속하신 성령(요 14:16, 16:7, 행 1:5)을" 에서의 '성령'이란 예수의 영, 진리의 영이신 보혜사 성령을 가리킨다. "아버지께 받아서~부어 주셨느니라"에서는 삼위일체 하나님의 존재론적 동질성, 기능론적 종속성을 잘 설명하고 있다. 삼위일체 하나님에 관하여는 아쉽기는 하나 한 문장으로 요약하면 '다른 하나님, 한 분 하나님'이며 글로 풀어 표현하면 다음과 같다.

성부하나님의 뜻으로부터(FROM the Father) 성령하나님을 통해 그 능력으로(BY the H.S) 성자하나님의 지혜와 말씀을 나타내신다. 동시에 성자하나님의 말씀과 지혜를 통해(THROUGH the son) 성부하나님을 드러내신다. 그런 성부하나님은 낳으시고 성자하나님은 낳아지시고 성령하나님은 나오신 하나님이다.

34 다윗은 하늘에 올라가지 못하였으나 친히 말하여 가로되 주께서 내 주에게 말씀하시기를 35 내가 네 원수로 네 발등상 되게 하기까지 너는 내 우편에 앉았으라 하셨도다 하였으니

이 구절은 시편 110편 1절의 인용으로 "주께서 내 주에게"라는 것은 '성부하나님'께서 오실 그리스도 메시야이신 '예수님'에게라는 의미이다.

"발등상"의 헬라어는 휘포포디온[44](ὑποπόδιον, nn)인데 이는 왕이나 귀족들이 의자에 앉을 때 발을 올려놓던 도구를 가리킨다. 엘 아마르나(Tell el-Amarna)의 편지[45]에 의하면, 당시 애굽의 분봉왕들은 바로를 향해 자신들은 '바로의 발등상'이라고 했다고 한다.

"내 우편에 앉았으라"는 것은 사단을 결박시키시고 승천하셔서 '승리주 하나님이 되셨음'을 의미한다.

---

44 휘포포디온(ὑποπόδιον, nn)은 (literally, "under the feet") - properly, a footstool; (figuratively) "5286 (**hypopódion**) is a footstool used by a conquering king, to place his foot on the neck of the conquered" (Souter) - i.e. those under his total dominion이다.

45 이집트의 지명으로 아케트아톤(Akhetaton)이며 고대 이집트 제 18왕조 아케나톤 왕(BC 1379-1362) 시대의 도시 유적. 지식백과, 미술대사전/존더반 신약주석 <강해로 푸는 사도행전>, 디모데, p158

36 그런즉 이스라엘 온 집이 정녕 알지니 너희가 십자가에 못 박은 이 예수를 하나님이 주와 그리스도가 되게 하셨느니라 하니라

"이스라엘 온 집"이란 신앙공동체로서의 '이스라엘 민족'을 말한다. 한편 이스라엘의 전통 중 '십자가 처형'은 가장 수치스럽고 저주로 여겨지던 벌이었다(신 21:23). 구원자이신 예수님은 성부하나님의 유일한 기름부음 받은 자 곧 그리스도 메시야로서 우리를 위해 십자가 보혈을 흘려 주셨다.

"주와 그리스도가 되게 하셨다"라는 것은 성부하나님으로부터 신성(神性)을 받아 메시야가 되신 것이 아니라 본래부터 신인양성의 하나님이신 예수님은 성부하나님의 구속 계획을 성취하신 후 부활하시고 승천하셔서 승리주 하나님이 되셨다라는 의미이다.

37 저희가 이 말을 듣고 마음에 찔려 베드로와 다른 사도들에게 물어 가로되 형제들아 우리가 어찌할꼬 하거늘

"찔려"의 헬라어는 카타뉘쏘마이[46](κατανύσσομαι, v)인데 이는 카타(κατά, prep, gen: against, down from, throughout, by; acc: over against, among, daily, day-by-day, each day, according to, by way of)와 뉘쏘(νύσσω, v, I prick, pierce)의 합성어로

46　카타뉘소마이(κατανύσσομαι, v)는 to prick violently/(from 2596 /kátá, "down" and 3572 /nýssō, "pierce") - properly, pierce all the way down, i.e. deeply (thoroughly) pained; "emotionally pierced through"; psychologically pricked, emotionally stunned (Abbott-Smith). It is used only in Ac 2:37)이다.

서 '때려 눕히다, 날카롭게 후벼 파다, 찔러 관통하다'라는 의미이다. 결국 "마음에 찔려"라는 것은 택정함을 입은 유대인들은 이미 성령님께 지배되어진 양심 곧 '선한 양심(ἀγαθός συνείδησις, 벧전 3:16)'을 가졌기에 듣고 마음에 찔림을 받은 것이다.

38 베드로가 가로되 너희가 회개하여 각각 예수 그리스도의 이름으로 침례를 받고 죄 사함을 얻으라 그리하면 성령을 선물로 받으리니

이 구절에는 각각 '권면'과 '약속'이라는 두가지 명제가 담겨 있다. '권면'이란 '회개하라(Μετανοήσατε, V-AMA-2P)', '세례(침수 예식)를 받으라(βαπτισθήτω, V-AMP-3S/βαπτίζω)'인데 이는 부정 과거 명령형으로 되어 있다. 한편 '약속'이란 권면을 받아들인 결과 '죄사함'과 '성령을 선물로 받게 된다'라는 것이다.

참고로 '침수 예식'이라고 굳이 표현한 것은 미쉬나에 의하면 당시 세례 시에 못에 들어가던 사람들은 옷을 벗고 몸을 완전히 물속에 담갔기 때문이다.[47]

"회개"의 헬라어는 메타노에오[48](μετανοέω, v)인데 이 단어는 단순히 '죄를 자백하는 것'만이 아니라 이후 '하나님께로 되돌아오는 것'까지를 가

---

47 존더반 신약주석 <강해로 푸는 사도행전>, 디모데, p170-171

48 메타노에오(μετανοέω, v)는 I repent, change my mind, change the inner man (particularly with reference to acceptance of the will of God), repent/(from 3326 /metá, "changed after being with" and 3539 /noiéō, "think") - properly, "think differently after," "after a change of mind"; to repent (literally, "think differently afterwards")이다.

리킨다. 결국 죄로 인해 하나님과 막혔던 담을 허물고 바른 관계와 친밀한 교제의 온전한 회복을 이루라는 것이다.

이 구절에서 우리가 조심할 것은 '회개와 세례'가 '죄사함 곧 구원'을 얻기 위한 수단이 아니라는 것이다. '죄사함'이란 예수 그리스도의 십자가 보혈을 의지하고 그 예수님을 입으로 시인하고 마음으로 믿어 구원(칭의, Justification)에 이르는 것이다. 이후 '세례'의 진정한 의미(4 가지, 십자가 보혈로 죄씻음, 영접, 연합 곧 하나됨, 주인으로 모심)를 새기고 '그 의식'을 통과한 그리스도인이 지은 죄는 진정한 회개를 통해 이미 흘리신 십자가의 보혈과 하나님의 은혜로 성령님에 의해 죄사함을 얻어(행 3:19) 거룩함으로 살아가게(성화, Sanctification) 되는 것이다. 다시 오실 예수님의 그날(영화, Glorification)까지!

다시 강조하지만 '회개'와 '세례'는 구원의 조건이 아니다. 전자는 구원받은 자의 열매라면 후자는 구원받은 자의 예식이다. 결국 회개와 세례는 진정한 그리스도인의 마땅한 도리이다.

결국 38절은 수사학적 표현이며 그 어순 또한 바뀌어 있음을 알아야 한다. 먼저 만세 전에 하나님의 은혜로 택정함을 입은 자는 때가 되면 복음이 들려지게 되어 예수를 믿은 후 죄사함(Justification, 의화)을 받게 된다. 이후 내주하시는 성령님께 주권을 드리고 그분의 통치와 질서, 지배 하에 들어간다.

이후 그리스도인 된 우리가 죄를 짓게 되면 성령님은 우리의 선한 양심을 자극하셔서 우리로 회개케 하신다. 그때 우리는 이미 다 이루신 예수님의 십자가 보혈에 의해 깨끗함(Sanctification, 성화)을 누리게 된다. 그렇기에 다음 절인 39절에서는 "부르시는 자" 곧 '만세 전에 하나님의 은혜로 택정함을 입은 자'를 언급하고 있는 것이다.

이 구절에서 "성령을 선물로 받으리니"라는 말은 성령의 은사(고전 12:11~)라기 보다는 '회개'와 '세례(침수 예식)', 그리고 '죄사함' 등등 일련의 모든 것들을 가리킨다.

39 이 약속은 너희와 너희 자녀와 모든 먼 데 사람 곧 주 우리 하나님이 얼마든지 부르시는 자들에게 하신 것이라 하고

"모든 먼 데 사람"이란 유대인뿐만 아니라 만세 전에 택정함을 입은 모든 사람들 곧 "주 우리 하나님이 얼마든지 부르시는 자들"을 가리킨다(엡 2:13, 사 57:19, 욜 2:28). 그러므로 여기서 "부르시는 자들"이란 '만세 전에 하나님의 은혜로 택정된 자들'이다.

"입술의 열매를 짓는 나 여호와가 말하노라 먼 데 있는 자에게든지 가까운데 있는 자에게든지 평강이 있을찌어다 평강이 있을찌어다 내가 그를 고치리라 하셨느니라"_사 57:19

40 또 여러 말로 확증하며 권하여 가로되 너희가 이 패역한 세대에서 구원을 받으라 하니 41 그 말을 받는 사람들은 침례를 받으매 이 날에 제자의 수가 삼천이나 더하더라

"패역하고 악한 세대(눅 9:41)"란 믿음(피스티스)이 없는 세대로서 끝까지 회개를 하지 않았던 이스라엘 백성들(눅 11:29, 17:25)을 가리킨다. 이는 출애굽 후 광야에서 '불신'과 '불순종'을 자행(히 3:18-19, 롬 1:18)했던 출애굽 1세대의 패역(신 32:5, 시 78:8,)을 드러내는 말이다.

"구원을 받으라"는 것은 전적인 하나님의 은혜의 선물인 '구원에 참여하는 자가 되라'는 의미이다. 전제할 것은 구원의 주권 영역은 오로지 하나님께 있다. 그러므로 구원은 택정함을 입은 자에게만 있음을 알아야한다.

한편 일부 메신저의 경우 마치 세례가 구원을 보장이라도 하는 듯이 말하곤 하는데 이는 아주 비성경적이다. 앞서 언급하였듯이 '세례'의 4가지 의미를 묵상해보라. 그 세례는 아무리 강조해도 지나치지 않는 것은 분명하나 회개한 자가 행하는 공식적인 외적 표시일 뿐이다.

"삼천"이라는 숫자를 역사를 통해 살펴보면 놀라움과 신비스러움, 더 나아가 두려움을 자아내기에 충분하다. 출애굽기 32장 25-29절에는 '성령님의 임재' 후 3,000명이 죽어 나간 사건이 기록되어 있다. 반면에 사도행전 2장 41절에는 하나님의 언약에 의한 예수 그리스도 새 언약의 성취 후 '성령님의 임재'가 있게 되자 영적 부활된 3,000명의 제자가 있게 된다. 곧 성령님의 임재로 인해 3,000명이 죽어 나가기도 하고 성령님의 임재로 인해 3,000명이 진정으로 살아나기도 한다라는 것이다. 이는 성령님의 임재 가운데 그분을 주인으로 모시고 살아가는 오늘의 우리들에게 시사하는 바가 아주 크다.

이후 믿는 자의 수가 급격하게 불어나며 사도행전 4장 4절에 이르면 그 수가 5,000명으로 늘어나게 된다.

42 저희가 사도의 가르침을 받아 서로 교제하며 떡을 떼며 기도하기를 전혀 힘
쓰니라

이 구절에는 '바람직한 교회상(像)'이 4가지로 제시되고 있다. 포스트 코
로나 시대를 맞은 오늘날의 교회공동체가 다시 한번 더 점검해 볼 만한
항목이다.

첫째, 바람직한 교회가 되려면 먼저는 사도들의 철저한 말씀 연구와
묵상 가운데 사도들(목사, 성경교사 등등)의 열정적이고도 헌신적인 가르침
(προσκαρτεροῦντες τῇ διδαχῇ τῶν ἀποστόλων, steadfastly continuing in the teaching
of the apostles)이 있어야 한다. 동시에 그 가르침에 대한 성도들의 철저한
실행과 헌신이 있어야 한다. 이때 '사도들의 가르침'이란 주어적 소유격
으로 해석해야 한다.

둘째, 바람직한 교회가 되려면 교회공동체의 회중인 각각의 지체가 서
로를 돌아보며 서로의 필요를 채워줄 뿐만 아니라 서로 간의 인격적인
교제(κοινωνία, nf, (lit: partnership) (a) contributory help, participation, (b) sharing in,
communion, (c) spiritual fellowship, a fellowship in the spirit)가 지속되어야 한다.

셋째, 바람직한 교회가 되려면 떡을 떼는 것(τῇ κλάσει τοῦ ἄρτου, the
breaking of the bread) 곧 성만찬과 더불어 식탁공동체를 함께할 수 있어야
한다.

넷째, 바람직한 교회가 되려면 성도 개개인의 뜨겁고 열정적인 그러면
서도 지속적인 기도들(ταῖς προσευχαῖς, the prayers)이 있어야 한다. 한편 '기

도들'이라고 복수로 쓴 것은 그리스도인들의 규칙적인 기도와 함께 유대인들의 전통적인 기도 모두를 함의하기 때문이다.

"가르침(딤후 4:2)"의 헬라어는 디다케[49](διδαχή, nf)인데 이는 Correct, rebuke, exhort라는 의미까지도 포함되어 있다.

"서로 교제하며"라는 것은 예수님 안에서 하나된 지체와 가족으로서의 친밀한 연대감을 가지라는 의미이다.

"떡을 떼며"라는 것은 식사공동체는 물론이요 더 나아가 성만찬을 통해 예수 그리스도의 죽으심을 기념하며 예수님 안에서 일체감을 확신하라는 의미이다.

"기도하기를 전혀 힘쓰니라"는 것은 '쉬지 말고 기도하라'는 것이다. '기도'는 성도인 우리가 성부하나님께, 성령님의 도움을 바라며 예수님의 이름으로 기도하는 것이다. 그렇기에 그 기도는 의무가 아니라 특권이다. 그러므로 우리가 쉬지 말고 기도하는 것은 그리 어렵지 않다. 아니 특권을 누리는 것이기에 너무나 쉬운 것이다. 결국 기도하는 일에 모두가 마음을 매진함으로 기도에 가치와 우선순위를 두고 그 특권을 누리라는 의미이다.

43 사람마다 두려워하는데 사도들로 인하여 기사와 표적이 많이 나타나니

---

49 디다케(διδαχή, nf)는 teaching, doctrine, what is taught/from 1321 /didáskō, "to teach") - established teaching, especially a "summarized" body of respected teaching (viewed as reliable, time-honored)이다.

"두려워하다"의 헬라어는 포보스[50](φόβος, nm)인데 이는 '경외심, 공황, 무서움, 경외, 존경'이라는 의미이다. 결국 사도들에게 기적과 사인을 나타내신 성령하나님께 모든 그리스도인들은 경외심을 보였다라는 것이다.

44 믿는 사람이 다 함께 있어 모든 물건을 서로 통용하고 45 또 재산과 소유를 팔아 각 사람의 필요를 따라 나눠 주고

"믿는 사람이 다 함께 있어"라는 것은 '한 장소에의 모임'이라기 보다는 '믿는 자들의 하나 됨(마음을 같이하여, ὁμοθυμαδόν, with one mind/(from homo, "same" and 2372 /thymós, "passion") — properly, with the same passion, in "one accord" (having the same desire))'과 '예배에의 열심'이라는 의미가 훨씬 가깝다. 그러므로 오늘날 예배를 드림에 있어 반드시 한 장소(한 교회)만을 고집한다거나 개 교회가 성장에 성장을 거듭함으로 대형교회를 건축해야 한다라는 주장에 나와 공저자는 동의하지 않는다. 물론 소속교회나 대형교회들이 필요한 것은 사실이지만 그보다 훨씬 더 중요한 것은 예수 그리스도 안에서 한 피 받아 한 몸 이룬 지체로 '진정한 하나'가 되어 오직 하나님께만 찬양하고 하나님께만 영광돌리고자 하는(Soli Deo Gloria) 마음이 앞서야 한다.

"재산과 소유를 팔아"라는 것은 '단순히 밭을 나누어 주거나 소유권을

---

50 포보스(φόβος, nm)는 (a) fear, terror, alarm, (b) the object or cause of fear, (c) reverence, respect/(from phebomai, "to flee, withdraw") - fear (from Homer about 900 bc on) 5401 (phóbos) meant withdrawal, fleeing because feeling inadequate (without sufficient resources, Abbott-Smith)이다.

포기했다'라는 의미가 아니라 '재산(τὰ κτήματα, the possessions)과 소유(τὰς ὑπάρξεις, the goods)를 팔아 생긴 수익금으로 어려운 신자들에게 나누어 주었다'라는 의미이다. 곧 가난한 사람의 필요를 중시하면서 '재물에 대한 실용적인 윤리관, 세계관, 가치관을 그대로 실천했다'라는 것이다. 이런 태도야 말로 재물을 하늘에 쌓는 것(눅 6:30-36, 12:33-34)이다. 결국 '호주머니의 회개'가 진정한 회개라는 것이며 이를 통해 삶의 방향이 바뀌어지고 가치와 우선순위가 바르게 정립되는 것이다.

문제는 유무상통(有無相通)의 미덕이 아름다운 것이기는 하나 오늘날에 문자 그대로 적용하기는 약간 무리라는 것이다. 그러나 분명한 것은 바람직한 교회공동체라면 반드시 '약자 보호'가 있어야 하며 '나그네 환대법'은 대대로 이어져가야 할 소중한 전통이라는 것이다.

초대교회의 바람직한 그런 태도를 잘못 치우치게 해석하여 사유재산권을 부인하게 되면 또 하나의 공산주의가 발생하게 됨을 알아야 한다. 많은 경우 사유재산권을 부인하는 공산주의자들은 '내 것은 손대지 말고, 네 것만 나누자'라는 어처구니없는 행태를 보일 때가 많다. 다른 사람의 것을 빼앗아 인심은 제가 쓰고 자신의 것은 뒤로 빼돌릴 뿐만 아니라 은근슬쩍 자신의 재물은 더 크게 챙기는 부류를 우리는 주변에서 너무나도 흔히 보게 된다. 그런 현실이 못내 슬프다. 못된 정치인들의 '포퓰리즘(Populism)'도 비슷한 아류이다.

46 날마다 마음을 같이하여 성전에 모이기를 힘쓰고 집에서 떡을 떼며 기쁨과

순전한 마음으로 음식을 먹고 47 하나님을 찬미하며 또 온 백성에게 칭송을 받으니 주께서 구원받는 사람을 날마다 더하게 하시니라

이 구절을 통하여는 하나님의 임재의 상징인 성전을 통해 기쁨과 감사의 조건들이 가정으로 퍼져 나가고 더 나아가 이웃과 사회 전반으로 퍼져 나가는 모습을 볼 수 있다. 오늘날의 그리스도인들이 도전 받아야할 부분이다. 왜냐하면 많은 경우 교회 안에서는 성도이지만 세상 속에서는 그렇지 않은 경우가 많기 때문이다.

'진정한 그리스도인'이란 사도행전 11장 26절의 수리아 안디옥 교회의 교인들에게 붙여졌던 그런 명칭을 가져야 한다. 즉 하나님께도 인정받고 동시에 사람에게도 칭찬받고 인정받아야 한다라는 것이다.

한편 교회 공동체 안에서는 '오직 말씀'을 통한 '하나님 찬양'만이 중요하기에 행여 기타 잡다한 일들로 분주하지 않아야 한다. 제발 '동호회'나 '세상의 인본적인 잡탕들'을 교회공동체로 끌어들이지 말라. '코이노니아를 하지말라'는 의미가 아니다. 교회공동체의 교제에는 먼저 '말씀과 기도가 앞서가야' 한다는 것이다. 그러면서 동시에 식탁공동체가 필요한 것이다. 아무리 친교가 뛰어나더라도 '말찬기(말씀, 찬양, 기도)'가 없이 교제하는 것은 그저 세상적인 것에 지나지 않는다.

꼭 기억해야 할 것은 먼저는 하나님의 말씀이 왕성(흥왕, 행 12:24, 19:20)해지고 충만해져야만 주께서 구원받는 사람을 날마다 더하게 하실 것이라는 점이다.

괴짜의사 Dr. Araw의
쉽고 바르게 읽는 사도행전 장편(掌篇)강의

오직 성령이 너희에게 임하시면
성령행전(Πράξεις Πνεύματος)

레마이야기 3

은과 금, 필요하다
그러나 나사렛 예수 그리스도의
이름이 먼저다(6)

　연약한 육신을 가지고 제한된 한 번 인생을 살아가는 모든 인간에게 꼭 필요한 것이 있다면 '은과 금'이라는 재물일 것이다. 나와 공저자는 신앙이 왜곡되지 않고 바른 세계관을 지닌 그리스도인이라면 이 부분에 흔쾌히 동의할 것이라고 생각하고 있다.

　성경에는 은과 금을 마치 부정적인 양 언급하는 부분(잠 11:28, 마 6:24, 눅 12:21, 16:13, 요일 3:17, 마 19:24, 막 10:25, 눅 18:25)이 있기는 하다. 그러나 이 부분을 깊이 묵상해 보면 하나님보다 '가치(Value)'를 더 두거나 하나님보다 '최우선 순위(Priority)'를 두는 것이 위험하다는 것이지 은과 금 그 자체를 터부시한 것은 아니다.

예를 들면 "돈을 사랑함이 일만 악의 뿌리(딤전 6:10)"라는 말씀이 있다. 대부분의 경우 이를 문자 그대로 이해하곤 한다. 그러나 전후 맥락을 통해 행간을 정확히 묵상한다면 '돈을 하나님보다 앞세우지 말라'는 의미인 것이다.

나의 경우는 예수님 다음으로 돈을 사랑한다. 그렇다고 하여 돈을 하나님보다 더 가치를 두거나 더 우선시하지는 않는다. 그 돈으로 하나님의 영광을 위해 쓰려고 무진장 애를 쓴다. 비록 속에서 끊임없이 솟구치는 욕심 때문에 자주 넘어지고 쓰러지는 것은 사실이지만……. 그러나 내게는 돈이 전부가 아니다. '돈에 대한 욕심이 없다'가 아니라 돈이 나를 지배하거나 돈이 하나님을 대신할 수 없다라는 것이다.

혹자는 여전히 제한되고 연약한 육신을 가진 그리스도인에게서 청부(請富)란 있을 수 없다. 혹은 '청부'라는 단어 자체가 틀렸다라고 주장한다. 그렇기에 진실된 그리스도인이라면 무조건 청빈(淸貧)으로 갈 수밖에 없다라고 말한다. 수년 전까지만 해도 이런 유의 청부와 청빈에 대한 논쟁이 뜨거웠다.

나와 공저자는 이런 유의 논쟁에 대해 유한된 한 번 인생의 소중한 시간을 허비하는 것일 뿐만 아니라 쓸데없는 짓이라고 생각한다. 요한계시록 2-3장의 소아시아 일곱 교회 중 칭찬을 받았던 두 교회 곧 고난을 통과했던 서머나 교회와 고난을 면제받은 빌라델비아 교회를 향하신 아버지 하나님의 마음을 곰곰이 묵상해보면 답이 나올 것이다.

기독교 세계관에서는 청부도 청빈도 둘 다 귀한 것이다. 기독교의 양대 산맥이기도 하다. 결국 '어느 쪽이 더 귀하다, 덜 귀하다'의 문제가 아니다. 이쪽은 저쪽을 판단하지 말고 저쪽은 이쪽을 경시하지 말 것을 로마서 14장과 고린도전서 8장은 음식의 비유를 통해 말씀하고 있다. 종국적으로 나와 공저자는 각자의 '선택'의 문제라고 생각하고 있다.

만약 청부가 귀하다고 생각한다면 한 번 인생을 주인 되신 성령하나님 안에서 청부로 살며 그것으로 하나님께 영광을 돌릴 수 있도록 최선을 다하라. 성령님의 능력으로 인도되어지는 삶을 살아가라. 매사 매 순간 그분의 통치하심을 따르라. 청부로 살면서 드러내지 않고 교만하지 않는 것은 귀하다. 자신에게 맡겨진 은과 금을 주변의 필요에 따라 나누는 것은 귀하다. 부유하면서 자신과 가정과 이웃, 더 나아가 사회를 위해 쓰는 것은 귀하고 훌륭한 것이다. 부유하면서도 하나님을 잊지 않고 '하나님이 필요없다'라고 하지 않는 것은 대단한 수준이다.

돈이 많은 것은 죄가 아니며 재물이 많다고 하여 죄가 되지도 않는다. 그러나 유한되고 제한된 인간에게는 돈으로 인해 상상 외로 엄청 많은 유혹이 있는 것 또한 현실이기도 하다. 편리함과 쾌락을 추구하는 오늘날의 경우 재물이 있으면 아무래도 죄의 길로 달려가기가 훨씬 쉬울 것이다. 매 순간 무엇이든지 돈으로 해결하려는 유혹이 거세어질 것이다.

만약 이런 현실로 인해 도저히 청부로 살아갈 자신이 없다면 청빈을 선택하고 청빈으로 감사하며 살아가면 된다. 사실 '청빈'으로 산다는 것은 대단한 일이다. 가난하면서도 당당하고 남의 것을 도적질하지 않는 사람은 훌륭할 뿐만 아니라 고귀하다. 가난하나 깨끗하게 고고하게 살아가는 것은 상당히 높은 경지임에 틀림없다. 그런 사람을 향해 입을 삐죽거릴 필요는 없다. 그들의 선택을 존중하고 그들의 삶을 존중해주어야 한다.

그러나 나는 청빈을 택한 사람에게 이것 한 가지는 꼭 권하고 싶다. 가능하면 가정을 갖지 않고 혼자 독신으로 살아가기를……. 구태여 자신의 높은 수준으로 인해 가족까지, 특별히 자식들까지 희생할 필요가 있을까 싶다. 그런 의미에서 나는 목사의 가정에서 태어나 약간은 청빈의 부류에 속하여 살았다. 지난 어린 시절을 돌이켜보면 하고 싶은 제법 많은 일들이 돈이 없어 좌절되곤 했다. 정말 하고 싶었으나 현실은 냉정했다. 당시에는 청빈의 삶에 대한 주변의 인정은 제법 있었다. 그러나 삼자의 입장에서는 고귀한 듯 보일 수 있으나 당사자의 입장이 되어 보면 그런 존중은 전혀 도움이 되지 못한다.

지난날 내가 속했던 교회 공동체 안에는 청부의 집안에서 열심인 친구들이 있었는데 그들은 자신이 하고픈 그 일들을 하면서 진정한 감사와 찬양하는 것을 목도하곤 했다. 그들 중에는 실제적으로 헌신된 이들이 많았다. 그런 그들을 나는 청부로서 인정한다. 그 친구들에게서 발견되었던 공통된 부분은 '마음의 상처가 적다'라는 것과 '매번 하나님께 긍정의 마음으로 영광을 돌리는 것'이었다. 개중에는 훗날 어른이 되어서도 멋진 '청부'로 살아가는 것을 보았다.

반면에 청빈의 가정에서 자란 친구들은 하고자 해도 현실의 벽에 막혔기에 성공이라는 목표를 세우고는 앞뒤 가리지 않고 열심히 달리는 것을 보았다. 그러는 와중에 상처를 입는 경우를 많이 목도했다. 훗날 그들은 열심의 댓가로 종국적으로는 돈을 거머 쥐었으나 지난날의 상처로 인해 '졸부'로 살아가는 것 또한 제법 흔하게 목격하곤 했다.

청부냐? 청빈이냐?

나는 자신의 선택과 결단의 문제라고 생각된다.

행복한 가정을 꿈꾸며 아이들을 자자손손(子子孫孫) spiritual royal family로 양육하고 싶다면 나는 거침없이 '청부'로 살아갈 것을 권한다. 말씀대로 살아가기 위해 '청부'가 어려운 것은 사실이지만 그러나 '청빈' 은 제한되고 연약한 인간에게 훨씬 더 어렵다. 결국 육신을 가진 제한된 인간의 경우 청빈이란 것은 그에 따르는 현실적 뒷감당이 훨씬 더 어렵다 는 사실을 알아야 한다. 적어도 내게는 그랬었다.

결론적으로 나는 은과 금이 아니라 '예수 그리스도가 먼저'라는 확고부 동한 마음이 있다면 청빈이나 청부 그 어느 것이든 상관없다는 생각이다. 그럼에도 불구하고 나는 나의 자녀들이나 멘티들에게는 딱 잘라서 '청부' 로 살아갈 것을 권한다. 정확한 네 수준을 의도적으로 숨기지 말고······.

분명한 것은,

나사렛 예수 그리스도의 이름이다.

"베드로가 가로되 은과 금은 내게 없거니와 내게 있는 것으로 네게 주 노니 곧 나사렛 예수 그리스도의 이름으로 걸으라 하고 오른 손을 잡아 일으키니 발과 발목이 곧 힘을 얻고 뛰어 서서 걸으며 그들과 함께 성전 으로 들어가면서 걷기도 하고 뛰기도 하며 하나님을 찬미하니" _행 3:6-8

3-1 제구시 기도 시간에 베드로와 요한이 성전에 올라갈새

"유대인들은 하루를 낮과 밤으로 구분했다. 그것도 일몰을 기준으로 그 다음 날 일몰까지를 '하루'라고 했다. 참고로 유대력을 오늘날로 환산할 때 시간에는 +6을, 달에는 +3을 더하면 된다. 그러므로 이 구절에서 제 9시라는 것은 오후 3시를 가리킨다.

"올라갈새"의 헬라어는 아네바이논(ἀνέβαινον, V-IIA-3P, were going up)인 데 이는 미완료 과거형으로 '습관적인 행동'을 나타낸다. 베드로와 요한 은 먼저 성전에 가서 기도한 후 사람들이 모여 있는 곳으로 가서 복음을 전하곤 했다.

2 나면서 앉은뱅이 된 자를 사람들이 메고 오니 이는 성전에 들어가는 사람들에 게 구걸하기 위하여 날마다 미문이라는 성전 문에 두는 자라

"나면서"라는 것은 '태어날 때부터 죄인' 곧 '영적 죽음 상태'라는 의미 로 선천적(congenital)이라는 것을 드러내는 것이다. "앉은뱅이"라는 것은 '무력, 무능'을 상징하는 것으로 곧 오늘을 살아가는 우리들의 적나라한 모습이다.

우리의 행위는 '하나님의 구원에 대한 주권 영역'에 하등의 영향을 미 치지 못한다. 그렇기에 하나님 앞에서는 전적인 무능과 무력함뿐이다. 그 랬던 우리가 그 운명에서 벗어날 수 있게 된 것은 만세 전에 하나님의 은 혜로 택정함을 입어 때가 되매 복음이 들려지게 되었기 때문이다. 이후 그 예수를 믿음으로 우리는 아예 운명이 바뀌게 되었다. '예수 이름'의 권세를 보여주신 것이다.

"사람들이 메고 오니"라는 것은 문자적으로는 '타인의 동정으로 의식주가 해결되어지는 상태'를 보여주는 장면이다. 이를 상징적으로 해석하면, 우리 그리스도인들은 영적 죽음 상태인 그들에게 복음을 전함으로 그들(카데마이)을 세상으로부터 예수님께로 메고 오는 수고를 감당해야 한다라는 것이다.

"성전에 들어가는 사람들"이란 '오늘날의 성도'를 상징하며 "구걸"이란 '무언가를 얻기 위해 갈망하다'라는 의미를 함의하고 있다. 즉 세상에 살고 있는 죄인들은 예수를 믿는 성도들에게 무엇인가 구할 것이라도 있을까 하여 날마다 우리를 살피고 있다라는 의미가 담겨 있다. 이 부분에서 우리는 그들에게 동전 몇 닢이나 던져줄 것이 아니라 생명줄을 던져주어야 한다. 곧 "나사렛 예수 그리스도의 이름"을 전해주어야 한다.

"미문(beautiful gate)"이란 외관의 아름답고 화려함 때문에 지어졌다(Bruce, Hervey). 그런데 정확히 어느 문을 지칭하는 지는 아직도 모호할 뿐이다. knowling, Alexander는 니가노르의 문(Nicanor's gate)을, Meyer, Alford는 수산 문(Susan's gate)을, Lightfoot는 성전에서 예루살렘 성읍을 향하여 서쪽으로 열려진 2개의 문이라고 했다.[51] 아무튼 이방인의 법정에서 성전 경내로 들어오는 동쪽의 주(主) 입구일 것으로 학자들은 해석하고 있다. 요세푸스는 고린도 산(産)의 놋쇠로 만든 것으로 23m높이의 이중문이라

---

51 그랜드 종합주석 14, 성서교재간행사, p90

고 했다.[52]

3 그가 베드로와 요한이 성전에 들어가려 함을 보고 구걸하거늘 4 베드로가 요한으로 더불어 주목하여 가로되 우리를 보라 하니 5 그가 저희에게 무엇을 얻을까 하여 바라보거늘

"구걸하거늘"이라는 말에서는 앉은뱅이의 최대 관심사가 무엇인지를 잘 알 수 있다. 한편 '앉은뱅이'란 문자적으로 해석하여 '가난한 사람'이라고 할 수 있지만 상징적으로 해석하면 '무능하고 무력한 영적 죄인 된 우리들'을 가리킨다. 문자적인 해석에 의하면 의식주를 해결하기 위한 것이 최우선 순위가 되고 상징적으로 해석하면 죄와 사망의 법에서 해방됨이 최고의 가치이자 최우선 순위가 될 것이다.

"주목하여 가로되"라는 것은 보이는 현상뿐만 아니라 그의 암울한 영적 상태까지도 꿰뚫어 보는 것을 말한다. 그리스도인 된 우리 또한 상대를 바라볼 때 그를 둘러싼 상황과 환경만 보아서는 안 된다는 것을 명심해야 한다.

"무엇을 얻을까 하여 바라보거늘"에서 그는 처음에 현실적인 것, 특히 동전 몇 닢만을 원했다. 그러나 상상치도 못할 일이 일어나게 된다. 곧 앉은뱅이는 육적 치유뿐 아니라 영생까지도 얻게 된 것이다. 가만히 보면 만세 전에 우리를 택정하신 하나님의 은혜는 우리가 상상치도 못하는 것

---

52   사도행전 강해, 존 스토트/정옥배, IVP, p130-131

으로 아무 대가 없이, 아무 공로 없이 은혜로 주신 것이다.

6 베드로가 가로되 은과 금은 내게 없거니와 내게 있는 것으로 네게 주노니 곧 나사렛 예수 그리스도의 이름으로 걸으라 하고

"은과 금은 내게 없거니와"에서 베드로는 현실에서의 자신 또한 가난하다라는 것을 드러내면서 상대의 가난함에 대한 공감(sympathy & empathy)과 동시에 물질 자체가 인생의 전부가 아님을 강조하고 있다. 그러면서 베드로는 자신이 먼저 받았던 인생 최고의 것을 나누었는데 곧 "나사렛 예수 그리스도의 이름"을 전한 것이다. 그리하여 그 앉은뱅이는 '예수, 그리스도, 생명'이라는 복음을 진리로 받아들여 구원을 얻게 되고 그 부산물로 앉은뱅이에서 온전한 육신적 치유까지 얻게 되어 기뻐 춤추며 걷고 뛰게 된다.

가만히 보면 오늘날 한국교회의 위기는 재정의 부족함이 아니라 오히려 은과 금의 풍부함에 있다. 곧 그 쓴 뿌리로부터의 악한 열매가 교회 안에 산재해 있는 것이다. 흔히 3M's라고 하는데 Man power, Money, Mannerism이다. 그러다 보니 사단과의 싸움에 있어서 "하나님의 전신갑주(엡 6:13)"는 풀어지고 영적 전선은 허물어져 있음에도 불구하고, 심지어는 현재 영적 싸움이 진행되는 줄도 모르며 정신줄을 놓고 하염없이 시간을 보내고 있는 듯하다. 더 나아가 하나님에 대한 경외감이 상실되면서 경건함도 영적 질서도 모두 다 파괴되어 버렸다.

Man power가 있으니 한 사람 한 사람의 영혼에 신경을 쓰지 않는다.

사명이나 사역과는 비교할 수도 없이 중요한 '한 사람'에는 관심이 없다. 오히려 교회의 명예, 크기, 강함을 추구하며 교회의 구조와 기능의 확장에만 열을 올리고 있다. 교회학교 교육은 허물어질 대로 허물어져 그리스도인들의 인품(신의 성품, 벧후 1:4) 곧 기독교인 개개인의 성장과 성숙은 어느새 물 건너 가버렸다.

Money가 쌓이게 되니 물질주의가 더 팽배해지고 있으며 일등주의, 상업주의가 교회 안에서 대세를 이루고 있다. 마케팅이라는 용어가 자연스러워졌다. 빈부격차나 직분의 계급화는 더욱더 뚜렷해지고 급기야는 모든 교인들이 그런 흐름을 쉽게 눈치채기에 이르렀다. 그런 가운데 맘몬은 아예 주인으로 또아리를 틀어 버렸다.

Mannerism에 빠지게 되니 말씀과 찬양, 기도에는 아예 관심이 없고 복음과 십자가라는 선교사역에는 너무 게을러져 버렸다. 교회 내의 동호회는 너무 많아지고 다양화되었다. 말초를 자극하는 많은 프로그램들이 봇물 터지듯 밀려들고 있다. 어느새 말씀과 교리는 제 자리를 잃어버리고 있다.

16세기의 종교개혁은 '오직 말씀'이었다. 21세기의 제2의 종교개혁은 '다시 말씀'이어야 한다. 교회공동체가 정신 차리고 근신하여 회개함으로 '다시 말씀'으로 되돌아가야 할 때이다.

"나사렛 예수 그리스도의 이름으로(ἐν τῷ ὀνόματι Ἰησοῦ Χριστοῦ τοῦ Ναζωραίου, in the name of Jesus Christ of Nazareth)"라는 것은 그 '이름'에 마법이 있다라는 것이 아니라(행 8:9-11, 19:11-17) '예수님의 권위' 곧 '예수님의 능력을 선포함으로'라는 의미이다.

7 오른손을 잡아 일으키니 발과 발목이 곧 힘을 얻고 8 뛰어 서서 걸으며 그들과 함께 성전으로`들어가면서 걷기도 하고 뛰기도 하며 하나님을 찬미하니

"오른손을 잡아 일으키니"라는 것은 예수 그리스도의 이름으로, 예수님의 능력으로 사도 베드로의 손을 빌어 이루어졌음을 함의하고 있다. 우리는 항상 모든 일의 주체이신 예수님과 그 일을 감당하는 사역의 도구인 피조물의 관계에 주목해야 한다. 결국 그리스도인은 하나님의 능력의 손에 이끌린 도구임을 알아야 한다.

"발(foot, 26개의 뼈)과 발목(ankle, 3개의 뼈, Med. & Lat. Malleolus, Talus)이 곧 힘을 얻고"라는 표현에서 사도행전의 기록자가 정확한 해부학적인 명칭을 쓴 것은 누가가 의사였기 때문이다. 정형외과 의사인 본 저자는 이 부분을 묵상할 때마다 남다른 이해가 있어 감사함이 넘치곤 한다.

하지(Lower extremity)의 3대 관절은 발목(ankle), 무릎(knee), 고관절(hip)이다. 어느 하나 중요하지 않은 것이 없으나 무릎이나 고관절에 문제가 있으면 비록 절기는 하나 걸을 수는 있다. 그러나 발을 포함한 발목을 구성하는 각각의 뼈에 이상이 있으면 걷기가 훨씬 더 힘들다. 결국 지독한 불구였던 앉은뱅이가 "나사렛 예수 그리스도의 이름으로" 완전한 치유를 받았음을 드러내고 있는 것이다.

"뛰기도 하며"라는 부분에서는 이사야 35장 6절의 말씀 곧 메시야닉 사인(Messianic Sign)이 연상된다.

"그 때에 저는 자는 사슴같이 뛸 것이며 벙어리의 혀는 노래하리니 이

는 광야에서 물이 솟겠고 사막에서 시내가 흐를 것임이라"_사 35:6

한편 "성전으로 들어가면서~하나님을 찬미하니"라는 부분을 놓쳐서는 안 된다. 그는 치유를 받자 마자 세상으로 간 것도 아니요 베드로에게 감사한 것도 아니었다(행 14:8-18). 곧장 하나님의 임재의 장소인 성전으로 들어가 하나님께 감사와 찬미를 드렸음을 볼 수 있다.

9 모든 백성이 그 걷는 것과 및 하나님을 찬미함을 보고 10 그 본래 성전 미문에 앉아 구걸하던 사람인 줄 알고 그의 당한 일을 인하여 심히 기이히 여기며 놀라니라

이 구절을 통하여는 앉은뱅이 사건이 광범위할 뿐만 아니라 당시 엄청난 파급력까지 주었음을 알 수 있다.

한편 "기이함"의 헬라어는 담보스[53](θάμβος, nn)인데 이는 충격적인 감정을, "놀라움"의 헬라어는 엑스타시스[54](ἔκστασις, nf)인데 이는 정신을 잃을 정도로 황홀경에 빠진 상태를 말한다. 곧 엄청난 영향력이 있었음을 드러

---

53 담보스(θάμβος, nn)는 astonishment, amazement (allied to terror or awe)/ (J. Thayer traces this term back to a Sanskrit root meaning "make immoveable") - properly, utter amazement (with a sense of wonder), referring to someone who becomes stunned (dumbfounded) at what they see or hear; a state of amazement "due to the suddenness and unusualness of the phenomenon - with either a positive or a negative reaction . . . " (L & N, 1, 25.208)이다.

54 스타시스(ἔκστασις, nf)는 (properly: distraction or disturbance of mind caused by shock), bewilderment, amazement; a trance/(from 1839 /eksístēmi, "completely remove") - properly, take out of regular position (standing) and bring into a state of ecstasy (rapture) - like a person "carried out" in trance-like amazement. This state of mind reaches far beyond the powers of ordinary perception이다.

내고 있는 반복적인 단어이다.

11 나은 사람이 베드로와 요한을 붙잡으니 모든 백성이 크게 놀라며 달려 나아가 솔로몬의 행각이라 칭하는 행각에 모이거늘

"나은 사람이 베드로와 요한을 붙잡으니"라는 것은 기도를 마치고 나오는 제자들을 그가 붙잡았다는 의미이다.

"솔로몬의 행각"이란 헤롯 성전 경내의 동쪽에 있던 두 줄의 대리석 기둥으로 된, 삼나무로 지붕을 덮은 회랑 또는 주랑(柱廊, portico, NEB)으로 당시 랍비들이 교훈을 베풀었던 곳이며 예수님도 이곳에서 말씀을 가르치셨다(요 10:23). 행각 또는 주랑은 그늘과 대피처이기도 했고 정치, 종교, 상업 등등 모임 장소로도 사용되었다.

한편 베드로가 이곳에서 행한 설교의 요지를 좇아가보면 흥미로운 사실을 발견하게 된다. 그는 듣는 무리들에게 처음에는 예수님을 고난 받는 종(3:13-15, 18)으로 소개했다. 이는 이사야 53장 2-10절에 나타나는 이사야가 예언한 '여호와의 종의 고난과 죽음'과 상통한다. 동시에 "하나님이 그 종 예수를 영화롭게 하셨느니라(3:13)"는 것은 메시아닉 사인이야말로 예수님께서 하나님에 의해 영광받으셨음을 드러내고 있는 것이다.

이후 베드로는 예수님을 모세와 같은 선지자(3:22-23, 신 18:15-20)로 소개했다. 베드로는 3가지 이유로 토라를 인용했다.[55] 첫째, 마지막 날에 예수

---

55 존더반 신약주석, 강해로 푸는 사도행전, 에크하르트 J. 슈나벨/정현 옮김, 디모데, 2018, p227

님이 메시야적 선지자로 오실 것을 선언하는 사람은 모세이다. 둘째, 그 메시야적 선지자로 오실 예수님을 거부하는 이스라엘 백성에게 경고를 내릴 사람이 모세이다. 셋째, 그 예수님을 받아들이지 않는 유대인들은 하나님의 백성으로서의 자격 상실과 언약의 복을 누리지 못하게 될 것이다.

계속하여 베드로는 예수님을 사무엘 선지자를 통해 기름부음 받은 다윗 계열의 왕(3:24), 선지자들의 자손, 언약의 자손인 아브라함의 씨(3:25-26)라고 소개하고 있다.

12 베드로가 이것을 보고 백성에게 말하되 이스라엘 사람들아 이 일을 왜 기이히 여기느냐 우리 개인의 권능과 경건으로 이 사람을 걷게 한 것처럼 왜 우리를 주목하느냐

이 구절에서 먼저 성도 된 우리들이 주의해야 할 것은 '하나님의 영광을 가로채지 말아야 한다'는 것(고전 10:31)이다. 사도행전 14장(8-18)에도 비슷한 일이 일어났는데 바로 바울과 바나바의 루스드라 앉은뱅이 치유 사건이다. 그들 또한 기적을 행한 후에 바나바는 쓰스(로마의 쥬피터로 제우스, 다른 신을 관리하는 주신(主神))로, 바울은 허메(헤르메스, 제우스의 아들로 신탁을 전령하고 대변하는 일)로 불렸다.

13 아브라함과 이삭과 야곱의 하나님 곧 우리 조상의 하나님이 그 종 예수를 영

화롭게 하셨느니라 너희가 저를 넘겨주고 빌라도가 놓아주기로 결안한 것을 너희가 그 앞에서 부인하였으니

"아브라함과 이삭과 야곱의 하나님"이란 이스라엘이 하나님과 언약의 관계라는 것을 나타내는 용어이다. 즉 이스라엘은 하나님의 언약의 대상이며 예수님은 그 언약의 성취자(초림의 예수님)이자 완성자(재림의 예수님)라는 것이다.

"우리 조상의 하나님이 그 종 예수를"에서 '종'의 헬라어는 아들이라는 의미의 휘오스(υἱός, nm)가 아니라 파이스[56](παῖς, nf, nm)가 사용되었다. 이는 베드로가 이사야 52장 13절의 말씀을 의식한 듯하다(Longeneker).

"여호와께서 가라사대 보라 내 종이 형통하리니(지혜롭게 행하리니) 받들어 높이 들려서 지극히 존귀하게 되리라 _사 52:13

"예수를 영화롭게 하셨느니라"는 것은 그리스도의 승귀(Ascension of Christ, 엡 1:20)를 함의하고 있다. 한편 하나님의 언약의 대상인 이스라엘은 예수를 로마에 고발했을 뿐만 아니라 빌라도의 무죄 선언(마 27:1-2, 11-18)에도 불구하고 죽이라고 선동까지 했다(마 27:15-26, 눅 23:13-25).

14 너희가 거룩하고 의로운 자를 부인하고 도리어 살인한 사람을 놓아주기를 구하여 **15** 생명의 주를 죽였도다 그러나 하나님이 죽은 자 가운데서 살리셨으

56　파이스(παῖς, nf, nm)는 (a) a male child, boy, (b) a male slave, servant; thus: a servant of God, especially as a title of the Messiah, (c) a female child, girl/a child under training (strict oversight), emphasizing their ongoing development necessary to reach their highest (eternal) destiny. See 3813 (paidon), the Hebrew יְהוָה עֶבֶד, παῖς τοῦ Θεοῦ is used of a devout worshipper of God 이다.

니 우리가 이 일에 증인이로라

"거룩하고 의로운 자"란 예수 그리스도를, 이와 정반대의 대척점에 있는 "살인한 자"란 바라바(마 27:16, 21, 막 15:7)를 가리킨다.

"생명의 주(행 5:31, 히 2:10, 12:2)"란 세상에 생명을 주시기 위해 오신 주(요 1:4, 14:6)라는 의미로 그 예수를 죽였다는 것은 "빛이 어두움에 비취되 어두움이 깨닫지 못한 것(요 1:5, 3:19)"을 가리킨다. 곧 말씀이 육신이 되어 이 땅에 왔으나 자기 백성이 그를 알지 못한 것이다.

"증인"이란 예수님의 십자가 죽음과 부활, 승천에 관해 증언하는 사람(행 1:8, 2:24, 32, 마 28:18-20)으로 그런 증인들은 때를 얻든지 못 얻든지 상대가 듣든지 아니 듣든지 복음과 십자가로 살아가고 복음과 십자가를 자랑하며 살아가야 한다.

16 그 이름을 믿으므로 그 이름이 너희 보고 아는 이 사람을 성하게 하였나니 예수로 말미암아 난 믿음이 너희 모든 사람 앞에서 이같이 완전히 낫게 하였느니라

"이름"의 헬라어는 오노마[57](ὄνομα, nn)이며 히브리어는 쉠(the Sept. for שֵׁם (from Homer down))인데 이는 '소속, 소유, 인격, 특성'을 가리킨다. 결국 '예

---

57 오노마(ὄνομα, nn)는 a name, authority, cause, character, fame, reputation/name; (figuratively) the manifestation or revelation of someone's character, i.e. as distinguishing them from all others. Thus "praying in the name of Christ" means to pray as directed (authorized) by Him, bringing revelation that flows out of being in His presence. "Praying in Jesus' name" therefore is not a "religious formula" just to end prayers (or get what we want)이다.

수의 이름에 권세가 있다'라는 것은 예수님을 믿고 예수 그리스도의 것(소속, 소유)으로 부름을 받은 자들은 구원을 얻어 미래형 하나님나라에 들어가 영생을 얻을 수 있다라는 말이다.

한편 '누구의 믿음'이 앉은뱅이를 낫게 하였을까? Alford, Meyer는 '베드로와 요한의 믿음'이라 했고 Calvin, Bruce는 '베드로와 앉은뱅이의 믿음'이라고 했다. 나와 공저자는 "예수로 말미암아 난 믿음"이 앉은뱅이를 낫게 했다고 생각하나 묵상의 풍성함을 누리기 위해 상기의 해석 둘 다 받아들이기로 했다.

결국 '치료하는 지체'도 '치료받는 지체'도 둘 다 예수님에 대한 신실한 믿음이 선행되어야 하지만 가장 중요한 것은 그 병을 치료하시는 '예수님'이 주체라는 것이다.

17 형제들아 너희가 알지 못하여서 그리하였으며 너희 관원들도 그리한 줄 아노라

"알지 못하여서 그리한 줄"이란 이스라엘의 과오를 무지(無知) 탓으로 돌림으로 유대인들의 자연스러운 회개를 촉구하기 위함이다. 반면에 14-15절에서는 "거룩하고 의로운 자, 생명의 주"를 죽였다라고 질타하기도 했다.

"너희 관원"이란 대제사장 가야바와 서기관, 장로들, 유대 종교지도자들을 가리키며 "그리한 줄 아노라"고 한 것은 너희 또한 회개하고 돌아오라는 메시지였다.

18 그러나 하나님이 모든 선지자의 입을 의탁하사 자기의 그리스도의 해 받으실 일을 미리 알게 하신 것을 이와 같이 이루셨느니라

14, 17절에서는 예수의 십자가 사건이 인간의 죄악 된 모습을 강조한 것인 반면에 이 구절에서는 하나님의 작정과 예정, 섭리 하 경륜임을 강조하고 있다.

참고로 '작정(decree)'이 성경적 세계관인 창조, 타락, 구속, 완성이라는 역사 전체의 청사진이라면 '예정(predestination)'은 하나님의 작정 속에 때가 되면 택정된 하나님의 백성들의 구원이 성취되는 것을 말한다. '섭리(providence)'란 작정과 예정이 성취되기 위한 하나님의 간섭과 열심이라면 '경륜(dispensation, administration)'은 섭리보다 작은 개념으로 목적이 있는 특별한 섭리를 가리킨다.

"모든 선지자들의 입을 의탁하사 자기의 그리스도의 해 받으실 일을"에서 '해 받으실 일'이란 '메시야 수난 예언'을 말한다. 곧 유대인의 증오 및 배척(시 35:19, 118:22-23), 십자가상의 수난(시 22:1-21), 고난을 당하는 종(사 53장) 등등이다.

19 그러므로 너희가 회개하고 돌이켜 너희 죄 없이 함을 받으라 이같이 하면 유쾌하게 되는 날이 주 앞으로부터 이를 것이요 **20** 또 주께서 너희를 위하여 예정하신 그리스도 곧 예수를 보내시리니

하나님의 용서 앞에서 사람이 반드시 해야 할 것은 지체함이 없는, 동시에 철저한 '회개' 곧 '오직 회개'이다.

회개란 '잘못을 자백하는 것', '죄를 포기하는 것', '불순종과 불신, 사악함에서 떠나 하나님께로 되돌아오는(돌이키는, ἐπιστρέφω,[58] v) 것'까지를 포함'한다. 그러면 "죄 없이함(ἐξαλείφω,[59] v, 닦아내거나 지움으로써 없어지게 하다, 글로 기록된 내용을 지워서 제거하여 아무런 흔적도 남지 않게 없애버리다, 창 7:4, 23출 17:14)"을 얻게 된다. 그 결과 새롭게 되는 날, "유쾌하게 되는 날" 곧 '예수님의 재림의 절정의 그날'에 동참하게 된다.

요약하면, 우리가 죄를 철저히 회개하고 하나님께로 돌아오면 다음의 3가지를 복으로 받게 된다는 것이다.

첫째, '죄없이 함을(엑살레이포)' 받게 된다 곧 우리의 죄가 말끔히 '씻어내려진다, 지워진다, 말살된다'라는 것이다.

둘째, '새롭게 되는 날이 주 앞으로부터 이를 것(아납쉬크시스, ἀνάψυξις, nf, a refreshing)'이다. 곧 한 번 인생 동안에 예수님의 십자가 보혈로 인해 '안식과 휴식, 위안, 중간 휴식(지금 안식, 히 4:3), 원기 회복'을 얻게 된다.

셋째, '너희를 위하여 예정하신 그리스도 곧 예수를 통해 진리의 영, 예수의 영이신 성령님이 강림하신다'라는 것이다. 이는 초림으로 성취되었

---

58 에피스트렙포(ἐπιστρέφω, v)는 (a) trans: I turn (back) to (towards), (b) intrans: I turn (back) (to [towards]); I come to myself이다.

59 엑살레이포(ἐξαλείφω, v)는 to wipe out, erase, obliterate/(from 1537 /ek, "wholly out from," intensifying 218 /aleíphō, "smear") - properly, to rub (smear) out, i.e. completely remove (wipe away); obliterate; remove totally from a previous state with the outcome of being blotted out (erased)이다.

고 예수님의 승천 후 성령님의 강림으로 이루어졌으며 예수님의 재림으로 완성될 것이다.

지체함이 없는 철저한 회개	3가지 복
	1) 엑살레이포(ἐξαλείφω, v, to wipe out, erase, obliterate)
	2) 아납시크시스(ἀνάψυξις, nf, a refreshing)
	3) 성령 강림-성령충만

"예정하신 그리스도"는 재림의 예수님을 가리키며 그분은 심판주, 승리주, 만왕의 왕, 만주의 주이시다(엡 1:20-23, 계 19:16).

"보내시리니"의 헬라어는 아포스테일레(ἀποστείλη, V-ASA-3S)인데 이는 미래에 이루어질 재림(눅 21:25-28)을 현재의 시점에서 마치 과거에 일어난 일을 보고 말하듯 베드로가 전하고 있는 부분이다.

21 하나님이 영원 전부터 거룩한 선지자의 입을 의탁하여 말씀하신 바 만유를 회복하실 때까지는 하늘이 마땅히 그를 받아 두리라

"만유를 회복하실 때"란 19절의 "유쾌하게 되는 날"로서 그리스도 새 언약의 완성인 '예수 재림의 그날'을 가리킨다. 에베소서 1장 10절에는 "하늘에 있는 것이나 땅에 있는 것이 다 그리스도 안에서 통일되게 되는 날"이라고 바울은 말하고 있다. 말라기서(4:5-6)는 "여호와의 크고 두려운 날"이라고 했다.

"만유를 회복하실 때까지"에서의 '회복'의 헬라어는 아포카타스타시스[60] (ἀποκατάστασις, nf)인데 이는 '다시 세움, 정해진 상태로의 복귀'라는 의미이다.

"하늘이 마땅히 그를 받아두리라"는 것은 '그리스도의 승귀'를 가리키는 것으로 '승리주 하나님으로 하늘에 계신다'라는 의미이다.

22 모세가 말하되 주 하나님이 너희를 위하여 너희 형제 가운데서 나 같은 선지자 하나를 세울 것이니 너희가 무엇이든지 그 모든 말씀을 들을 것이라 **23** 누구든지 그 선지자의 말을 듣지 아니하는 자는 백성 중에서 멸망 받으리라 하였고 **24** 또한 사무엘 때부터 옴으로 말한 모든 선지자도 이 때를 가리켜 말하였느니라

상기 22-23절은 신명기 18장 15-20절의 말씀으로 "나"는 모세를, "나 같은 선지자"는 메시야를 가리키고 있다. 한편 베드로는 당시 이스라엘 백성들에게 추앙을 받았던 3명의 신앙 선배 곧 모세, 사무엘, 아브라함의 증언을 통해 자신의 증언을 입증하고 있다.

"백성 중에서 멸망을 받으리라"는 것은 하나님과의 관계 단절로 인해 백성 중에서 끊어지리라는 것을 가리킨다.

한편 사무엘은 모세 이후 가장 뛰어난 선지자였다. 그는 예수 그리스도의 육적 조상인 다윗에게 기름을 부었고(삼상 16:13) 다윗 왕국의 실현을 예

---

60 아포카타스타시스(ἀποκατάστασις, nf)는 restitution, reestablishment, restoration/(from 600 /apokathístēmi, "restore") - restitution, referring to the "restoration of the physical earth in the Messianic kingdom (Millennium)" (G. Archer)이다.

언하기도(삼상 15:28, 28:17) 했다.

"이 때(τὰς ἡμέρας ταύτας)"란 '말세(행 2:17), 곧 종말시대(예수님의 초림 이후~재림 전 기간)'를 말한다.

25 너희는 선지자들의 자손이요 또 하나님이 너희 조상으로 더불어 세우신 언약의 자손이라 아브라함에게 이르시기를 땅 위의 모든 족속이 너의 씨를 인하여 복을 받으리라 하셨으니

베드로는 이스라엘 사람들이야말로 진정한 "선지자들의 자손"이요 "언약의 자손"이라는 것으로 '계통상 선지자들의 자손'이라는 말이다. 결국 그들은 '선지자적 임무'와 '언약의 구성원들'로서 그들 모두는 세상 모든 민족을 새 언약에로의 초청에 책임이 있는 사람들이라는 연계성을 강조한 것이다.

"언약의 자손"이란 이스라엘 사람들이 3중 언약인 '아브라함 언약' 곧 정식언약(창 12장), 횃불언약(창 15장), 할례언약(창 17장)에 속한 자들이란 의미이다.

"모든 족속이 너의 씨를 인하여 복을 받으리라"에서의 "너의 씨"란 아브라함의 약속의 후손인 '이삭'을 가리킨다. 여기서 이삭은 '예수 그리스도'를 예표하고 있는바 구원자 예수를 통해 모든 족속이 복을 받게 되리라는 말씀이다. 그 말씀 그대로 예수님의 초림 후 세상 모든 민족이 예수를 믿으므로 구원을 받아 '영적 이스라엘'이 되었던 것이다.

26 하나님이 그 종을 세워 복 주시려고 너희에게 먼저 보내사 너희로 하여금 돌이켜 각각 그 악함을 버리게 하셨느니라

"종"이란 예수 그리스도를 가리키며 그분의 목적은 믿는 자들에게 "복을 주는 것(εὐλογοῦντα, V-PPA-AMS, 호의를 베풀다, 유익을 공급하다)"이다. 여기서 '복'이란 '악함(τῶν πονηριῶν, the wickedness)으로부터 자유로워지는 것'으로 악한 생각과 개인적인 악의 표출의 다양함'으로부터의 자유를 말한다. 결국 '악함'이란 죄(원죄와 자범죄)를 말하며 하나님께서 주시는 '복'이란 예수 그리스도의 십자가 보혈을 통한 구원의 복을 가리킨다.

"먼저 보내사"란 하나님의 섭리와 경륜의 순서(롬 1:16, 2:10, 11:1)를 가리킨다.

"너희로 하여금 돌이켜 각각 그 악함을 버리게 하셨느니라"는 해석은 두 가지로 나뉜다. 먼저 타동사적 의미로 '하나님이 너희 각각을 너희의 악함에서 돌이키게 하심으로써'이고 둘째는 자동사적 의미로 '너희가 각각 너희의 악함에서 돌이킴으로써'이다. 이 구절은 전자의 타동사적 의미가 더 적절하다.

괴짜의사 Dr. Araw의
쉽고 바르게 읽는 사도행전 장편(掌篇)강의

오직 성령이 너희에게 임하시면
성령행전(Πράξεις Πνεύματος)

레마이야기 4

성령이 충만하여(4:8, 31), 바나바, 그는 일보다 사람이 먼저였다(36-37)

세상에는 두 종류의 사람이 있다. 영육 간에 진정으로 살아있는 사람(아담 네페쉬)이 있는가 하면 육적으로는 살아있는 듯 보이나 영(성령님, 루아흐)이 없는 실제로는 죽은 사람(아담)이 있다.

한편 살아가는 형태에 따라 다시 두 종류의 사람으로 나뉜다. 일을 중시하는 사람(task-oriented)이 있는가 하면 사람(관계)을 중시하는 사람(relation or person-oriented)이 있다.

전자(task-oriented)의 경우는 과정보다 결과를 중시하며, 결과를 도출함에 있어서 사람의 감정이 다치고 개개인의 마음이 무너지는 것에는 그다지 관심이 없다. 과정이야 어떠하든 결과가 좋아야 만족이 되는 사람이다. 이런 유의 사람은 업적이 화려하고 시간의 흐름과 함께 변화 발전이 뚜렷하다. 세상은 이런 유의 사람을 비난하기도 하지만 아이러니컬하게도 이런 유의 사람을 필요로 한다. 심지어는 박수갈채까지도 보낸다. 문제는 이런 사람의 주위에는 세월의 흐름과 함께 진정한 동반자가 남아있지 않게 된다는 것이다. 결과를 도출함으로 얻게 된 그 일의 지속성 또한 오래가지 못한다.

반면에 후자(relation or person-oriented)의 경우는 결과보다 과정을 더 중시한다. 함께 일하는 사람과의 관계나 그 사람의 감정에 관심이 있다. 결과보다는 상대의 마음을 다치지 않게 하는 일에 훨씬 시간과 노력을 많이 쏟는다. 이런 경우 대부분은 결과가 화려하지 않다.

이런 유의 사람들의 삶은 변화가 없어 약간 퇴보하는 듯 보이며 세월이 흘러가도 거의 비슷비슷하다. 게다가 세상은 은근히 이런 유의 사람들을 평가함에 인색하다. 그러나 세월이 흘러도 이런 유의 사람 곁에는 진정한 동반자가 남게 되고 비록 눈에 드러나게 화려한 발전은 없지만 꾸준히 상승세를 보이며 지속적이어서 '대기만성(大器晚成)'의 형태를 자주 보인다.

성경에 이런 유의 대표적 인물이 있는데 후자의 대표 바나바와 전자의 대표 초창기의 사도 바울이다. 물론 바울의 말년에는 후자를 대표하는 인물로 완전히 변하기는 했다.

참고로 바나바는 바울을 AD 38년 예루살렘에서 만났다. 당시 바울은 다메섹에서 나바티야 왕국의 아레다 왕의 핍박과 유대인들의 핍박으로 예루살렘으로 급히 피신하여 왔던 때였다. 사실인즉 바울은 AD 35년 다메섹에서 부활의 주님을 만난 후로 완전히 회심하여 '즉시로' 그곳에서 3년간 예수는 그리스도이심을 전했다. 그러다가 어쩔 수 없이 급히 예루살렘으로 피신할 수밖에 없었던 급박한 상황이었다. 당시 예루살렘에는 예수님의 제자들이 있었고 모교회인 예루살렘 교회가 있었다.

바울은 광주리까지 동원하여 다메섹에서 급히 피신했으며 겨우 예루살렘에 도착했다. 바울은 내심 '예수쟁이'로 변한 자신을 예루살렘 성도들과 제자들이 반길 것으로 기대했다. 또한 사도들과의 사귐에 대한 기대도 있었을 것이다. 그러나…….

천신만고(千辛萬苦) 끝에 예루살렘에 도착한 바울 앞에는 차가운 바람만이 일었다. 제자들과 만나려고 했으나 웬일인지 그들로부터 피드백도 없고 심지어는 자신으로부터 더 멀리 가버리는 듯했다. 싸늘한 기운에 더하여 자신을 의심하는 듯한 분위기가 팽배했다.

이때 영안에 눈 뜬 한 사람이 있었으니 바로 '바나바'였다. 그는 회심한 바울을 보며 그의 진정성을 느꼈던 듯하다. 이후 그는 거침없이 그를 위해 보증을 섰다. 자신의 모든 것을 걸고.

당시 바나바는 예루살렘에서 '한 인기' 하던 지체이자 제자들의 신임 또한 두터웠던 사람이었다. 그런 바나바의 도움 때문에 바울은 제자들과 사귈 수 있었다. 그러다가 예루살렘 유대인들의 지독한 박해가 있자 바나바는 바울을 그의 고향인 길리기아 다소로 피신시켰다.

세월이 흘러 7년이 훌쩍 지났다. AD 45년이 되자 수리아 안디옥에 교회가 생겼다. 예루살렘 교회는 그곳에 초대 담임목사로 바나바를 파송하게 되었다. 바나바는 흔쾌히 수리아 안디옥 교회로 떠났다.

도착하자마자 피로가 채 가시기도 전에 북서쪽 39Km지점의 길리기아 다소를 방문했다. 그리고는 바울과 상봉한 후 그를 설득하여 수리아 안디옥으로 데려와 1년간 동역하며 말씀을 가르쳤다. 그런 그들의 땀과 눈물의 결실은 수리아 안디옥 교회 교인들이 '그리스도인(행 11:26, Χριστιανός)'이라고 불리는 칭찬으로 나타났다.

AD 46년이 되자 바울과 바나바는 1차 선교여행을 떠나게 된다. 이때 바나바의 조카 마가 요한이 동행했다. 그들은 그레데 섬을 거쳐 앗달리야 항구로 들어갔다. 그러다가 밤빌리아 버가에서 마가는 너무나 힘들어 되돌아가버렸다(행 15:38). 속에서 끓어오르는 분노를 겨우 삼킨 바울은 응어리를 간직하고 있다가 2차 선교여행에서 마가에게 한 번 더 기회를 주자는 바나바의 간청을 일언지하(一言之下)에 거절한다. 그 문제로 대판 싸운 후 바울은 바나바와 갈라서게 된다.

이 부분에서 초창기의 바울은 Task-oriented의 사람임을 선명하게 알 수 있다. 반면에 바나바의 경우 어떻게든 한 사람의 영혼을 살리려는 Person-oriented 성향을 볼 수 있다.

나와 공저자는 이 이야기에서 '바울이 맞냐, 바나바가 맞냐'를 논하려는 것이 아니다. 바울도 옳고 바나바도 옳다. 바울이어서 괜찮고 바나바여서 괜찮다. 우리는 이 사건에서 성령님의 주도하심과 의도하심을 기대하게 된다. 역사의 주관자 하나님은 삶의 한가운데 일어나는 크고 작은 모든 일들에 개입하신다. 이른바 '섭리의식'이다. 그 어떤 것도 그 무엇도 하나님의 허용 하에서만 이루어짐을 알아야 한다.

그러므로 하나님께서는 어느 시점에선 Person-oriented인 바나바를 택하시지만 그 다음 어느 시기에서는 Task-oriented인 바울을 택하시기도 한다. 분명한 것은, 하나님의 하시는 일은 언제나 다 옳다는 것이다. 이런 역사적 사건을 통해 성령 하나님의 세미한 이끄심과 간섭을 볼 수 있어 너무 행복하다.

이곳 4장에서는 특별히 바나바, 곧 '사람 중심'의 그를 택하셔서 '발자취(행전)'를 남기게 하시는 삼위하나님을 볼 수 있어 그저 감개무량(感慨無量)할 뿐이다.

4-1 사도들이 백성에게 말할 때에 제사장들과 성전 맡은 자와 사두개인들이 이르러

"성전 맡은 자"란 레위인 출신의 성전 관리 책임자 혹은 성전 경호 책임자(Alford, Hervey)이거나 대제사장 다음 가는 서열로 성전의 치안과 경비 담당자(Bruce)일 것이다.

"사두개인(Σαδδουκαῖος, nm, Hebrew origin צָדַק ,צָדוֹק, nm, righteousness)"이란 다윗과 솔로몬 시대의 대제사장 사독의 후손을 말한다. 이들은 '육체의 부활'이나 '영의 존재'를 믿지 않았다. 그들은 'Torah'에 최고 권위를 두었고 Nebiim이나 Ketubiim에는 약간의 가치만 두었다. 또한 로마의 식민지 정책에 적극 협조함으로 정치적 권력과 경제적 실권을 장악하기도 했다.

4장 1절이나 5장 17절에 의하면 사도들을 박해했던 종교 기득권자들

이 바로 사두개파였음을 알 수 있다. 앞서 언급했지만 그들은 정치적으로는 로마 정부에 빌붙어 있었고 종교적으로는 부활을 믿지 않았다. 부유한 지배 계층이었던 그들은 현실에 안주함으로 만족하고 살아갔기에 사도들의 복음 전파를 일종의 선동으로 생각했다.

2 백성을 가르침과 예수를 들어 죽은 자 가운데서 부활하는 도 전함을 싫어하여

당시 종교지도자들은 사도들의 "가르침"에 대해 은근한 불편함이 있었다. 왜냐하면 그들은 '자신들만이 유대의 공식적 선생이다'라는 기득권 의식으로 가득 차 있었기 때문이다.

"도(道) 전함"에 해당하는 헬라어는 디다스코[61](διδάσκω, v)인데 이는 '천국복음, 말씀을 전하다'라는 의미이다. 참고로 기독교에는 '4 도(道)'가 있다. 득도(得道), 수도(修道), 낙도(樂道), 전도(傳道)이다. 득도란 길이요 진리요 생명이신 예수를 그리스도, 메시야로 믿어 구원 얻었음을 깨닫는 것을 말한다. 수도란 그 예수를 믿고 아는 일에 하나가 되어 온전한 사람을 이루어 그리스도의 장성한 분량이 충만한 데까지 나아가는 것을 말하며, 낙도란 예수를 믿어 진정으로 즐겁고 기쁜 삶을 영위하는 것을 말한다. 전도란 그 예수를 전하지 않으면 내게 화로라는 고백과 함께 그들이 듣든지 아니 듣든지 때를 얻든지 못 얻든지 예수는 그리스도라 가르치기와 전도하기를 쉬지 않는 것을 말한다.

---

61 디다스코(διδάσκω, v)는 to teach/(from da☒, "learn") - to teach (literally, "cause to learn"); instruct, impart knowledge (disseminate information)이다.

"싫어하여"의 헬라어는 디아포네오마이[62](διαπονέομαι, v)인데 이는 싫어하는 것을 뛰어넘어 '분개하다, 격노하다'라는 의미로서 그들의 노골적인 적개심을 적나라하게 보여주는 것이다.

3 저희를 잡으매 날이 이미 저문 고로 이튿날까지 가두었으나 4 말씀을 들은 사람 중에 믿는 자가 많으니 남자의 수가 약 오천이나 되었더라

당시 유대 종교적 관습에는 일몰 후에는 죄인들을 심문할 수가 없었다 (Lenski, Knowling). 이로 인해 사도들은 하룻밤을 감방에서 보내야만 했다.

사도행전 2장 41절에는 세례를 받은 제자의 수가 3,000명이었다고 했고, 이 구절에서는 예수를 믿은 남자의 수가 5,000명이라고 밝히고 있다. 여기서 우리는 초대교회의 폭발적인 부흥을 목도하게 된다.

한편 이 구절에서의 "남자"의 헬라어는 아네르(ἀνήρ, nm, a male human being; a man, husband)이기에 5,000명이란 남성의 수만(Meyer, Olshausen)을 가리킨다. Hervey, Knowling 또한 남녀 모두를 나타낼 때에 안드로포스[63](ἄνθρωπος, nm)를 사용하기에 여기서는 '아네르'라는 헬라어를 사용했

---

62 디아포네오마이(διαπονέομαι, v)는 to toil through, to be worn out or annoyed/(from 1223 /diá, "thoroughly," intensifying poneō, "to labor, toil") - properly, bring on exhausting, depleting grief which results in "piercing fatigue."이다.

63 안드로포스(ἄνθρωπος, nm)는 a man, one of the human race/man, also the generic term for "mankind"; the human race; people, including women and men (Mt 4:19, 12:12, etc.)/ (anthrōpos) relates to both genders (male and female) as both are created in the image of God - each equally vested with individual personhood and destiny (cf. Gal 3:28). Accordingly, the Bible uses 444 (ánthrōpos) of a specific man, woman, or class (type, group) of people - i.e. mankind in general (inclusive of every man, woman and child; see also 1 Cor 11:7). (435 /anêr

으므로 남성의 수를 가리킨다고 했다.

5 이튿날에 관원과 장로와 서기관들이 예루살렘에 모였는데

예수께서 십자가에 달리시기 전 가야바의 관정(마 26:57)에서 베드로는 3번이나 예수님을 부인했다. 바로 그 장소에서 이제 성령충만하게 된 베드로는 예수는 그리스도 메시야이심을 증거하고 있는 것이다.

"관원"이란 대제사장을, 서기관이란 바리새 출신의 율법사를 가리킨다. 한편 "관원, 장로, 서기관"이란 산헤드린(Sanhedrin)의 구성원들로서(막 14:53, 행 5:21) 71인의 회원(대제사장이 의장이며 이를 제외한 70인)으로 구성된 유대인들의 최고 재판 기관이다. 사형을 제외(유대 총독이 판결)한 종교 문제, 민사 문제를 다루었다.

6 대제사장 안나스와 가야바와 요한과 알렉산더와 및 대제사장의 문중이 다 참예하여 7 사도들을 가운데 세우고 묻되 너희가 무슨 권세와 뉘 이름으로 이 일을 행하였느냐

대제사장 안나스(AD 6-15)와 그의 사위 요셉 가야바(AD 18-36)는 정치적, 종교적 권력을 톡톡히 누렸던 자들이다. 바로 그의 사위 가야바의 재임 기간 중에 예수님의 처형(AD 30년 중반)이 이루어졌다(요 18:13-24).

---

specifically refers to a male and 1135 /gynē to a female.)이다.

요한은 안나스의 아들로서 요나단이라는 설과 알렉산더는 유대인 철학자 필로(Philo)의 동생이라는 설이 있다(Longeneker, Hervey, Wolf).

"무슨 권세, 뉘 이름으로"에서 당시에는 하나님의 이름 외에 다른 이름을 들먹이면 출교나 사형이 언도되었다. 그렇기에 산헤드린 회원들은 사도들의 치유 능력을 이방신이나 사단에 의한 것으로 몰아붙이려는 계교(計巧)를 꾸몄던 것이다. 그러나 10절을 보면 성령충만한 베드로를 위시한 제자들의 대답은 분명했다.

"나사렛 예수 그리스도의 이름으로"라고 한 것은 죽음을 각오하고 그렇게 대답한 것이다. 실로 장엄하고 멋진 태도이다. 우리가 명심해야 할 것은 진실로 예수 그리스도의 이름에 권세(힘)가 있다라는 것이다(행 3:6, 4:10, 30).

8 이에 베드로가 성령이 충만하여 가로되 백성의 관원과 장로들아 9 만일 병인에게 행한 착한 일에 대하여 이 사람이 어떻게 구원을 얻었느냐고 오늘 우리에게 질문하면

"성령이 충만하여"라는 것은 '성령으로부터 능력과 지혜를 받아(마 10:16-20, 눅 21:12-15)'라는 의미이다. 곧 "성령이 충만하여(2:4, 4:8, 31)"라는 말 속에는 성령님의 능력으로 "성령이 말하게 하심을 따라(2:4)" 하나님의 말씀을 전했을 뿐만 아니라 표적과 이적까지도 보였다(3장, 5:15-16)라는 의미가 내재되어 있다.

한편 베드로가 "병인에게 행한 착한 일에 대하여"라고 전제하며 증언한 것은 산헤드린의 부당한 트집을 드러내며 폭로하기 위한 것이었다. 특히 9절은 상대를 설득하고자 하는 말이 아니라 선포이자 선언으로서 출애굽기 3장 14절에서 야훼께서 모세에게 선언하셨던 것과 동일한 말씀이었다. 예수 그리스도 이름의 권세로 선포되어지는 말씀은 성령충만 시 더욱더 강력해진다.

10 너희와 모든 이스라엘 백성들은 알라 너희가 십자가에 못 박고 하나님이 죽은 자 가운데서 살리신 나사렛 예수 그리스도의 이름으로 이 사람이 건강하게 되어 너희 앞에 섰느니라

이 구절에서 베드로는 "너희와 모든 이스라엘 백성들은 알라"고 말하고 있는바 그가 언급하는 대상에 주목하여 묵상해야 한다.

한편 7절의 "무슨 권세와 뉘 이름으로 이 일을 행하였느냐"라는 질문에 10절은 그 대답으로서 '하나님의 권세'와 '나사렛 예수 그리스도의 이름'으로 행하였음을 분명하게 밝히고 있다.

11 이 예수는 너희 건축자들의 버린 돌로서 집 모퉁이의 머릿돌이 되었느니라

"건축자들의 버린 돌"이란 말씀의 뉘앙스는 '나사렛'의 상징적 의미(멸시, 천대, 어둠, 그늘, 소외, 사망, 저주)와 상통하고 있다. 반면에 "집 모퉁이의 머릿돌"은 '예수 그리스도'와 상통하고 있다. 여기서 '머릿돌' 혹은 '모퉁이돌(κεφαλὴν γωνίας, head of the corner)'이란 건물의 양쪽 벽이 만나는 곳에 연결된 기초석을 가리킨다. '건축자들의 버린 돌'이 '집 모퉁이의 머릿돌'이된 것을 가리켜 Bruce, Toussaint는 '그리스도의 승귀'로 해석했다.

나와 공저자는 "집 모퉁이의 머릿돌"을 벽과 벽 곧 사람과 사람 사이의 관계를 이어주는 예수 그리스도(unity In Christ, Union with Christ) 혹은 하나님과 우리 사이를 연결하는 중보자(Peacemaker or Moderator)이신 '예수 그리스도'로 해석한다.

12 다른 이로서는 구원을 얻을 수 없나니 천하 인간에 구원을 얻을 만한 다른 이름을 우리에게 주신 일이 없음이니라 하였더라

이 말씀은 사도행전 16장 31절, 골로새서 1장 14절, 이사야 43장 11절, 출애굽기 14장 13절의 말씀과 동일하다.

"가로되 주 예수를 믿으라 그리하면 너와 네 집이 구원을 얻으리라 하고" _행 16:31

"그 아들 안에서 우리가 구속 곧 죄사함을 얻었도다" _골 1:14

"나 곧 나는 여호와라 나 외에 구원자가 없느니라" _사 43:11

'구원'의 헬라어는 소테리아(σωτηρία, nf)이며 '구속'의 헬라어는 아폴뤼트로시스(ἀπολύτρωσις, nf)이다. 두 단어는 비슷한 의미이나 엄밀히 구분하자면 '구속의 결과 구원이 주어진 것'이다.[64]

---

64 소테리아(σωτηρία, nf)는 deliverance, salvation/(from 4982 /sōzō, "to save, rescue") - salvation, i.e. God's rescue which delivers believers out of destruction and into His safety. See 4982 (sōzō)) 인데 이는 구속(ἀπολύτρωσις, nf, release effected by payment of ransom; redemption, deliverance/(from 575 /apó, "from" and 3084 /lytróō, "redeem") - properly, redemption - literally,

13 저희가 베드로와 요한이 기탄없이 말함을 보고 그 본래 학문 없는 범인으로 알았다가 이상히 여기며 또 그 전에 예수와 함께 있던 줄도 알고 14 또 병 나은 사람이 그들과 함께 섰는 것을 보고 힐난할 말이 없는지라 15 명하여 공회에서 나가라 하고 서로 의논하여 가로되 16 이 사람들을 어떻게 할꼬 저희로 인하여 유명한 표적 나타난 것이 예루살렘에 사는 모든 사람에게 알려졌으니 우리도 부인할 수 없는지라

이 구절에서는 분명한 증거가 있게 되자 머쓱하게 되어버린 공회원들의 상태를 잘 보여주고 있다. 그들의 완악함은 비열한 권력을 통해 베드로와 요한, 그리고 앉은뱅이의 퇴정을 명하는 것으로 이어진다. 그런 후 비밀스러운 논의와 간교한 속임수를 꾸며보려고 하지만 여의치 않은 상태가 되어 버리고 만다.

이 시점에서 저들을 그냥 방면하자니 면(面)이 서지 않고 그렇다고 저들을 그대로 두게 되면 자신들의 기득권이 계속 침해될 것이다. 한편 저들에게 벌을 주는 것은 백성들의 시선이 부담스럽다. 그야말로 진퇴양난(進退兩難)이 되어버렸던 것이다.

유한된 직선 인생을 살아가며 우리 또한 이런 외통수에 직면할 때가 잦다. 그러한 때 말씀을 붙들고 살아가는 우리는 '하나님의 눈치를 살피랴 사람의 눈치를 살피랴(행 4:19, 5:29, 갈 1:10, 시 119:23)'는 날카로운 질문 앞에

"buying back from, re-purchasing (winning back) what was previously forfeited (lost).", גָּאַל, v, to redeem, act as kinsman)의 결과를 말한다.

서 양단간에 하나를 선택해야 한다. 당연히 우리는 '하나님의 기쁨'을 구하는 쪽으로 거침없이 나아가야 할 것이다.

"부인할 수 없다"라는 것은 '하나님의 능력을 힘입은 것으로 인정했다'라는 의미이다.

17 이것이 민간에 더 퍼지지 못하게 저희를 위협하여 이 후에는 이 이름으로 아무 사람에게도 말하지 말게 하자 하고 18 그들을 불러 경계하여 도무지 예수의 이름으로 말하지도 말고 가르치지도 말라 하니

그들의 비밀 회의는 '바른 진리에 대한 인정'보다는 '자신들의 입지 확대'와 '그들 지위의 기득권 유지'로 결론이 모아졌다. 그리하여 비열한 방법으로 협박과 폭력을 통해 진리 곧 하나님의 은혜의 복음 전파를 봉쇄하려고 했다. 그러나 다음 절인 19-20절을 보면 사도들은 저들의 위협에 전혀 눌림이 없었다. 오히려 당당하게 저들의 제의를 거절해버린다.

가만히 보면 사단의 공격은 대부분 위협이나 노골적인 박해 즉 물리적 폭력으로 시작되는 것을 알 수 있다. 그러다가 5장에 이르면 아나니아와 삽비라 부부 같은 '사단충만'한 자들이 등장해 도덕적인 부패와 타협, 합리화 등등 논쟁과 함께 분란을 일으킨다. 최종적으로 6장에 이르면 돈을 개입시킨다. 헬라파 과부와 유대파 과부를 등장시켜 말씀, 복음에의 집중을 방해한다. 그렇게 함으로 가치와 우선순위 등등 올바른 방향을 잃어버리게 만든다. 오늘날 일부 한국교회의 모습이 어른거린다.

사단의 공격	
1) 첫 시작	위협, 박해, 폭력 ; 물리적 위해(危害)
2) 사단충만한 자를 등장시킴	도덕적 부패, 타협, 합리화 ; 논쟁과 분란을 야기
3) 돈(맘몬)을 개입시킴	말씀, 복음 등등 본질 상실 ; 가치와 우선순위를 무너뜨림

19 베드로와 요한이 대답하여 가로되 하나님 앞에서 너희 말 듣는 것이 하나님 말씀 듣는 것보다 옳은가 판단하라 **20** 우리는 보고 들은 것을 말하지 아니할 수 없다 하니

이 구절은 사도행전 5장 29절 말씀의 또 다른 표현으로 갈라디아서 1 장 19절, 시편 119편 23절과 동일하며 하나님을 우선하는 바른 태도를 잘 보여주고 있다. 이런 태도(Golden rule)가 바로 진실된 증인(Myrtyr, μάρτυς, nm, a witness; an eye- or ear-witness)이 가져야할 삶의 자세이다.

"판단하다"의 헬라어는 크리노[65](κρίνω, v)인데 이는 '분별하다, 심판하 다'라는 의미이다.

"보고 들은 것을 말하지 않을 수 없다"라는 것이 바로 증인이 해야 할 일이다. 그렇기에 그리스도인들은 마태복음 10장 28절의 "오직 몸과 영

---

65 크리노(κρίνω, v)는 (a) I judge, whether in a law-court or privately: sometimes with cognate nouns emphasizing the notion of the verb, (b) I decide, I think (it) good/properly, to separate (distinguish), i.e. judge; come to a choice (decision, judgment) by making a judgment - either positive (a verdict in favor of) or negative (which rejects or condemns)이다.

혼을 능히 지옥에 멸하시는 자를 두려워하라"는 말씀대로 매사 매 순간에 올바른 선택을 해야 할 것이다.

21 관원들이 백성을 인하여 저희를 어떻게 벌할 도리를 찾지 못하고 다시 위협하여 놓아주었으니 이는 모든 사람이 그 된 일을 보고 하나님께 영광을 돌림이러라 22 이 표적으로 병 나은 사람은 사십여 세나 되었더라

이 구절을 통해 산헤드린 공회원들은 하나님의 뜻보다는 백성들의 이목을 더 소중하게 여기는 것을 볼 수 있다. 그들은 권력을 이용하여 협박했고 잔머리를 통해 간교한 수작을 부렸다.

"이 표적(sign not miracle)"이란 헬라어로 세메이온(σημεῖον, nn, indication, mark)인데 이는 '하나님의 영광을 드러내는 이정표'라는 의미이다.

앉은뱅이의 나이는 40여 세인데 이는 고통 속에 지낸, 지난날의 아팠던 불구의 기간을 가리킨다. 그러므로 "사십여 세나 되었더라"는 말은 문맥이 매끄럽지 않아 어색하지만 그 의미는 '고통 속에 지내왔던 날이 자그마치 40여 년이나 되었다'라는 말이다.

23 사도들이 놓이매 그 동류에게 가서 제사장들과 장로들의 말을 다 고하니 24 저희가 듣고 일심으로 하나님께 소리를 높여 가로되 대주재여 천지와 바다와 그 가운데 만유를 지은 이시요

"그 동류"란 다른 사도들과 초대교회 교인들을 가리킨다. "일심으로"의

헬라어는 호모뒤마돈[66](ὁμοθυμαδόν, adv)인데 이는 "나뉘이지 않는 믿음과 한 마음"이라는 의미이다.

"대주재"의 헬라어는 데스포타[67](Δέσποτα)인데 이는 '주인의 권위와 권능을 높이는 것'으로 창조주 하나님, 역사의 주관자 하나님(마 10:29), 심판주 하나님임을 천명한 것이다. 특별히 "천지와 바다와 그 가운데 만유를 지은 이" 라는 것은 창조주 하나님을 가리키고 있다.

25 또 주의 종 우리 조상 다윗의 입을 의탁하사 성령으로 말씀하시기를 어찌하여 열방이 분노하며 족속들이 허사를 경영하였는고 26 세상의 군왕들이 나서며 관원들이 함께 모여 주와 그 그리스도를 대적하도다 하신 이로소이다

이는 시편 2편 1-2절의 인용부분이기도 하다. "다윗의 입을 의탁하사" 라고 한 것은 다윗언약과 연관(삼하 7:5-16)되었기 때문이다(Bruce, Lenski).

"열방"과 "세상의 군왕들"이란 로마 정부를 빗댄 것이며 "관원들"이란 이스라엘 종교 지도자들을 가리킨다. "족속들이 허사를 경영"한 것이란 '예수를 죽이려고 음모를 꾸민 것'을 말한다. 그것이 '허사'였다는 것은 하나님께서 예수를 다시 살리셔서 승천하신 후 승리주 하나님(빌 2:9-10)으

---

66 호모뒤마돈(ὁμοθυμαδόν, adv)은 with one mind, unanimously, with one accord, at the same time/(from homo, "same" and 2372 /**thymós**, "passion") - properly, with the same passion, in "one accord" (having the same desire)이다.

67 데스포타(Δέσποτα)는 Sovereign God/δεσπότης, nm, (from posis, "husband") - properly, an authority figure ("master") who exercises complete jurisdiction (wields unrestricted power)이다.

로 만물을 통치하게 하시고 재림의 그날에 심판주로 오셔서 미래형 하나님나라에로의 입성과 영생을 허락하실 것이기 때문이다.

"주와 그 그리스도"에서의 '주'는 모든 권세와 정사와 능력을 주관하는 분으로 만물을 당신 안에서 통일되게 하신(엡 1:10, 21) 예수 그리스도를 가리킨다. 반면에 '그 그리스도'란 로마 정권과 유대인들이 죽인 예수를 가리킨다. 결국 후자는 초림의 예수님을, 전자는 재림의 예수님을 가리킨다.

27 과연 헤롯과 본디오 빌라도는 이방인과 이스라엘 백성과 합동하여 하나님의 기름부으신 거룩한 종 예수를 거스려 28 하나님의 권능과 뜻대로 이루려고 예정하신 그것을 행하려고 이 성에 모였나이다

"헤롯"은 분봉왕이고 "빌라도"는 로마의 총독으로서 둘 사이는 정치적으로는 척(隻, 척지다. come to hate each other)을 지던 경쟁관계였으나 유독 예수님을 죽이는 일에는 동지 마냥 가까웠다(눅 23:12).

"하나님의 기름부으신 거룩한 종 예수"라는 것에서 '기름부으심'이란 의미의 헬라어 단어와 히브리어 단어가 바로 그리스도(Χριστός), 메시야 (מָשִׁיחַ)이다(요 1:41). 이는 구약시대에 '왕, 선지자, 제사장'의 경우 '구별됨으로 세움을 받은 자'라는 의미로 그 머리에 기름을 붓는 의식을 행했는데 구원자이신 예수님은 그리스도, 메시야로서 그런 삼중직을 가지신 분임을 드러낸 것이다.

"하나님의 권능과 뜻대로 이루려고 예정하신"이란 '역사의 주관자 하나님의 섭리와 경륜'을 말한다. 즉 역사에 일어나는 크고 작은 모든 일들은 하나님의 섭리와 경륜 가운데 하나님의 허용 하에서만 일어난다는 것이다.

24-28절을 살펴보면 하나님은 '지으시고(24), 말씀하시고(25), 예정하신다(28)'는 것을 알 수 있다. 결국 창조주 하나님, 역사의 주관자 하나님, 심판주 하나님이시다라는 것을 말한다.

29 주여 이제도 저희의 위협함을 하감하옵시고 또 종들로 하여금 담대히 하나님의 말씀을 전하게 하여 주옵시며 30 손을 내밀어 병을 낫게 하옵시고 표적과 기사가 거룩한 종 예수의 이름으로 이루어지게 하옵소서 하더라

29-30절에는 초대교회 성도들이 간구했던 세 가지 기도가 잘 나타나 있다.

첫째는 '저희의 위협함을 하감(下瞰)하옵소서'라는 것인데 이는 '안전과 보호'라는 의미보다는 한 발짝 더 나아가 '하나님의 뜻을 잘 전달하게 하옵소서'라는 의미를 담고 있다.

둘째는 '담대히 하나님의 말씀을 전하게 하옵소서'라는 것인데 이는 '핍박과 환난이 닥친다 할지라도 당당하게 담대히 하나님의 말씀을 전할 수 있도록 해달라'는 기도이다.

셋째는 '손을 내밀어 병을 낫게 하옵소서'라는 것인데 이는 당시 초대교회의 상황으로 보아 복음 전파의 효율성을 위해 병고침은 필수불가결한 것이었음을 함의하고 있다. 결국 초자연적인 기적보다는 하나님이 허락하시는 표적을 통해 복음이 더욱더 널리 전해지기를 간구하는 것이었다.

그리하여 이 모든 것들이 "거룩한 종 예수의 이름으로 이루어지게 하옵소서"라고 간구하였던 것이다.

한편 "표적과 기사"는 오늘날에도 그대로 일어날 수 있다라고 캘리포니아 빈야드교회의 존 윔버(John Wimber)나 케빈 스프링거(Kevin Springer)는 강력하게 주장[68]하나 나와 공저자는 그런 가시적이고 초월적인 현상의 실재와는 관계없이 '하나님의 살았고 운동력있는 말씀'만을 강조하고 싶다. 곧 '오직 말씀'으로 나아가고 '다시 말씀'으로 무장하여 여생을 '6 Sola'를 붙들고 알차게 살아가기를 강권하고 싶다.

31 빌기를 다하매 모인 곳이 진동하더니 무리가 다 성령이 충만하여 담대히 하나님의 말씀을 전하니라

"진동하더니"라는 것은 '급하고 강한 바람(행 2:2)' 혹은 '지진현상(행 16:26)'이 있었음을 암시하는 것으로 이는 '하나님의 임재'의 표시(출 19:18, 시 114:7, 사 6:4, 암 9:5, 행 16:26)이기도 하다. 다시 말하면 이런 초자연적인 현상은 간절한 기도를 열납하신 하나님의 표적이라는 것이다. 그렇다고 하여 초대교회 당시가 아닌 오늘날에도 반드시 그런 현상이 있어야만 하나님의 임재가 있는 것이라고 우기는 것은 난센스이다.

"성령이 충만하여(2:4, 4:8, 31)"라는 말 속에는 성령님의 능력으로 "성령

---

68 능력 전도(power evangelism, 1985, 나단역간), 능력 치유(power healing, 1986, 나단 역간) 참조

이 말하게 하심을 따라(2:4)" 하나님의 말씀을 전하게 되고 표적과 이적을 보일 수 있게 된다(3장, 5:15-16)라는 의미가 내재되어 있다.

한편 성령세례와 성령충만을 혼동하지 말아야 한다. 쉽게 구분하자면 다음과 같다.

성령세례(βαπτίζω)	성령충만(πληρόω)
구원(칭의)	구원(성화)
만세 전에 하나님의 은혜로 때가 되매 택정된 자에게 주심	주권 통치, 질서, 지배개념
단회적, 일회적	지속적
입으라, 누리라, 받으라	하라 O > 받으라 X
예수를 믿음과 동시에 내주(內住) 성령	내주(內住)하신 성령님의 주권, 통치, 질서, 지배
Βαπτίσει ὑμᾶς ‹ἐν› Πνεύματι Ἁγίῳ Will baptize you with the Spirit holy (막1:8)	πληροῦσθε ἐν Πνεύματι be filled with the Spirit (엡 5:18)
둘 다 1) Dynamic process 2) Dynamitic process를 거칠 수 있다	

32 믿는 무리가 한 마음과 한 뜻이 되어 모든 물건을 서로 통용하고 제 재물을 조금이라도 제 것이라 하는 이가 하나도 없더라

"믿는 무리"란 성도를 가리키며 "한 마음과 한 뜻"이란 예수 그리스도 안에서의 연합(Union with Christ)을 가리킨다. 예수님 안에서 한 피 받아 한 몸 이룬 진정한 지체라면 유무상통(有無相通)은 가능할 수 있다. 그러나 연약한 육신을 가진, already~not yet상태인 제한된 인간은 이 땅에서는 모든 것에서 유무상통 하기란 불가능하다. 그러나 장차 미래형 하나님나라에서는 얼마든지 가능하게 될 것이다, 그렇기에 초대교회의 이런 삶의 모습은 장차 들어가게 될 미래형 하나님나라의 모형이었던 것이다.

이곳의 말씀과 함께 사도행전 2장 43-47절을 통해 오해되어 나타난 역사의 부산물이 '원시 기독교 공산주의'이다. 사실 이 구절의 말씀대로 살아가기란 현실의 삶에서는 결코 만만치 않다. 물론 '능력에 따라 벌고 필요에 따라 쓰는' 공동체는 아름답고 이상적이다. 그러나 유한되고 제한된 육신을 가진 인간임에랴…….

종말시대를 살아가고 있는 연약한 우리는 already~not yet임을 늘 잊지 말아야 한다.

지난 역사상,[69] 피타고라스(Phthagoras)는 제자들과 함께 공유재산제를 실천했고 '친구들 간에는 모든 것을 공유'하라는 경구 아래 몸소 실천했다고 전해진다. 요세푸스는 그런 그들의 공동체를 에센파(the Essenes)의 쿰란공동체에 비교하기도 했다.

33 사도들이 큰 권능으로 주 예수의 부활을 증거하니 무리가 큰 은혜를 얻어

당시 복음 전파의 핵심은 십자가보다는 "예수 그리스도의 부활"이었

---

69   사도행전 강해, 존 스토트/정옥배, IVP, p157-158

다. 왜냐하면 십자가는 유대인들에게는 거리끼는 것(고전 1:23)이었고 신명기 율법(신 21:22-23)은 십자가를 아예 터부시하기까지 했기 때문이다.

반면에 에베소서(1:21-23)는 '십자가에서 죽으시고 부활하셔서 만물의 주가 되셨음'을 선포하고 있다. 그렇다면 우리는 '십자가 보혈'과 더불어 "예수 그리스도의 부활"을 붙들어야 한다. 결국 성도 된 우리는 '복음과 십자가, 예수 그리스도의 부활, 천국 복음'만을 붙들고 소망하면서 그들이 듣든지 아니 듣든지 때를 얻든지 못 얻든지 "예수, 그리스도, 생명"을 외쳐야 한다.

그러므로 그리스도인 된 우리는 6 Sola 곧 '오직 말씀', '오직 믿음', 오직 은혜', '오직 예수', '오직 성령', '오직 삼위하나님께만 영광'에 올인해야 할 것이다.

"큰 은혜를 얻어"에서의 '하나님의 은혜'란 하나님의 때에 하나님의 방법으로 주시는 선물을 가리키며 그 주도권은 전적으로 하나님께 있다. 그러므로 만세 전에 당신의 은혜로 우리를 택정하셨던 그 구원의 은혜는 오로지 하나님의 주권인 것이다. 결국 '작위적(作爲的, contrived, unnatural)'이고도 '인위적(人爲的, artificial)인 은혜를 위한 이벤트(부흥집회, 특별집회, 강연회, 간증 등등)는 하나님의 주권을 침해하는 것이요 하나님의 이름을 망령되이 일컫는, 인간의 탐욕을 부추키는, 사단의 교묘한 속임수가 될 수도 있다.

34 그 중에 핍절한 사람이 없으니 이는 밭과 집 있는 자는 팔아 그 판 것의 값을 가져다가 **35** 사도들의 발 앞에 두매 저희가 각 사람의 필요를 따라 나눠 줌이러라

이 구절은 구약시대에 출애굽 했던 이스라엘 백성들이 광야에서 생활하던 그 모습과 유사해 보인다. 그들의 경우 의식주 중 의복(衣服)과 주거지(住居地)는 하나님께서 직접 제공하셔서 한번도 떨어진 적이 없었다. 식(食)의 경우에는 매일마다 만나를 통해 먹여 주셨다. 결국 하나님 안에서 그들은 의식주를 공평하게 누렸던 것이다. 이러한 모든 것에는 각 사람당 정해진 분량이 있었기에 초대교회의 모습과 흡사하다.

가만히 보면 초대교회 교인들의 모토(motto)는 "각자의 능력에 따라 일하여 벌고 각자의 필요에 따라 사용한다'라는 것이었다. 너무나 이상적인 모습이다. 에덴동산의 모습이기도 하다. 그러나 인간의 타락 이후에는 이런 모습을 완전하게 기대할 수 없게 되었음이 안타까울 뿐이다.

36 구브로에서 난 레위족인이 있으니 이름은 요셉이라 사도들이 일컬어 바나바(번역하면 권위자)라 하니 37 그가 밭이 있으매 팔아 값을 가지고 사도들의 발 앞에 두니라

"구브로"란 지중해의 키프로스(Cyprus)섬을 말한다. "권위자"의 헬라어는 파라클레시스[70](παράκλησις, nf)인데 이는 '권면하고 위로하는 아들(Υἱὸς παρακλήσεως, son of encouragement)'이라는 의미이다.

---

[70] 파라클레시스(παράκλησις, nf)는 a calling for, summons, hence: (a) exhortation, (b) entreaty, (c) encouragement, joy, gladness, (d) consolation, comfort/ properly, a call (urging), done by someone "close beside," i.e. a personal exhortation that delivers the "evidence that stands up in God's court."/ [3874 (paráklēsis) is cognate with 3875 /paráklētos ("legal advocate") and thus has legal overtones.]이다.

"그가 밭이 있으매"라는 것은 바나바의 형편이 부유했음을 간접적으로 시사하는 부분이다. 한편 레위인의 경우 구약 율법에 의하면(민 18:20, 신 10:9) 사유재산을 금하였다. 그런데 레위인이었던 바나가가 상당한 재산을 가지고 있었다니……. 이는 아마도 바벨론 포로 이후에는 이 법규가 사문화되었을 가능성이 있음을 시사하고 있다.

괴짜의사 Dr. Araw의
쉽고 바르게 읽는 사도행전 장편(掌篇)강의

오직 성령이 너희에게 임하시면
성령행전(Πράξεις Πνεύματος)

레마이야기 5

아나니아와 삽비라,
그들 부부는 사람에게 거짓말한 것
이 아니요 하나님께로다(4)

    사도행전은 1장의 예수 그리스도의 성육신, 십자가 죽음과 부활, 승천, 그리고 재림까지를 함의한 '그리스도의 승귀'를 시작으로 2장은 예수님의 부활, 승천 후 오순절의 성령강림을 보여주고 있다. 또 다른 보혜사이신 예수의 영, 진리의 영이신 성령님의 강림으로 인해 3장에서는 나면서부터 40여 년간 앉은뱅이 된 자가 걷고 뛰게 되는 놀라운 역사가 일어나며 5장 15-16절에서는 병든 사람, 귀신들린 사람이 나음을 얻게 된다. 이 모든 것은 "성령이 충만하여" 일어난 것들이다.

    한편 "성령이 충만하여"라는 것은 '성령으로부터 능력과 지혜를 받아(마 10:16-20, 눅 21:12-15)'라는 의미이다. 즉 "성령이 충만하여(2:4, 4:8, 31)"라는 말 속에는 '성령님의 능력으로 성령이 말하게 하심을 따라(2:4)' 하나님의 말씀을 전하게 되고 표적과 이적을 보일 수 있게 된 것이다(3장, 5:15-16)라는 의미가 내재되어 있다.

4장에 이르러 성령님은 본격적으로 사도들을 사용하셔서 당신의 일을 이끌어 가셨다(성령행전). 이른바 '사도행전' 곧 사도들의 발자취(프락세이스 아포스톨로스)이다. 이로 인해 초대교회의 부흥이 촉발(觸發)되었다(2:41, 4:4). 동시에 초대교회의 아름다운 전통이라는 열매가 나타나게 되었다(4:32-35).

초대교회 공동체의 교인들은 하나님의 말씀을 듣고 풍성한 은혜 속에서 서로를 격려하고 아픔을 공유하며 의식주에 대한 유무상통(有無相通)을 실천했다. 사실 개인의 프라이버시(privacy)를 오픈한다는 것은 쉽지 않다. 더 나아가 정직하게 지갑을 연다는 자체도 녹록치 않다. 그러나 그들은 기꺼이 기쁨으로 자원함으로 이 모든 일들을 감행했던 것이다.

그 중심에 있었던 한 사람이 바로 그 유명한 바나바이다. 그는 구브로에서 난 레위인으로 진정한 권위자였던 요셉이라는 사람이다. 그 대척점에는 독특한 커플이 있었는데 곧 5장의 아나니아와 삽비라 부부이다.

가만히 보면 이들 부부 또한 그리스도인으로서 한 번 인생을 대충 살려고 했던 사람은 아니었던 듯하다. 왜냐하면 당시 초대교인들이라 하더라도 모두가 다 그렇게 자신의 전부를 연보(捐補, offering)로 드렸던 것은 아니었기 때문이다. 그러나 그들 부부는 교회공동체내의 일부 지체들처럼 바나바의 그런 삶에 도전을 받아 자발적인 연보를 결심했다. 그들 부부는 선포한 대로 전액 헌금을 이내 곧 실행에 옮겼다. 그러던 중 문제가 생겼다. 아마도 문제의 근본 원인은 '기도 부족'이 아니었을까 싶다. 그들 부부는 귀한 일을 행함에 있어서 하나님 앞에 충분히 기도를 하지 않았던 듯하다. 중요한 포인트는 아무리 하나님의 영광을 위해 사역이나 헌금을 한다고 하더라도 기도보다 하나님의 뜻보다 앞서서는 안된다는 것이다.

기도 없이 일종의 공명심이나 즉흥적인 결단으로 시작되었던 귀한 일 곧 전답을 몽땅 팔아 헌금을 드리려 했던 일은 막상 돈이 생기자 갑자기 자신들의 미래에 대한 일들이 걱정되었던 듯 보인다. 게다가 어차피 절반이라도 드리면 안 드린 것보다는 낫지 않을까라는 내면의 타협과 합리화가 저들을 지배했던 듯하다.

결국 그들은 돈 앞에, 물질 앞에서 와르르 무너지고 말았다. 더 나아가 급기야는 성령하나님마저 속이고 말았다. 이런 태도는 하나님을 망령되이 일컫는 소위 '경시, 무시'하는 처사임을 알아야 한다. 결국 그들 부부는 "사람에게 거짓말한 것이 아니요 하나님께로다(4)"라는 헤어나올 수 없는 사단의 덫에 걸려버리고야 말았다.

돌이켜보면 안타깝기 이를 데 없다. 왜냐하면 그나마 조금이라도 다르게 살아보려 했던 그들 부부의 나중이 천국행이냐 지옥행이냐의 여부 문제를 떠나 그들의 결말이 처음의 마음과 다르게 완전히 뒤엉켜버렸기 때문이다. 나와 공저자는 이 부분에서 두 가지를 결심하게 되었다.

첫째, 철저한 면전의식(Coram Deo)이다. 어디에서 무슨 일을 하건 간에 '하나님 앞에 서 있다'라는 생각을 갖게 된 것이다. 그래서 나와 공저자는 "무슨 일을 하든지 마음을 다하여 주께 하듯 하고 사람에게 하듯 하지 말라"는 골로새서 3장 23절의 말씀을 되새기곤 한다. 더 나아가 "살아도 주를 위하여 죽어도 주를 위하여, 그러므로 사나 죽으나 우리는 주의 것"이라고 고백했던 로마서 14장 8절의 그 말씀을 자주 떠올리곤 한다.

둘째는 서원기도에 관한 것이다. 특별히 나와 공저자는 하나님 앞에서 함부로 맹세하지 않을 것을 주석을 쓰며 결심했다. 감정에 치우쳐 결심하는 것에는 극도로 자제하기로 했다.

그러니까 50여 년 전의 일이다. 나는 고등학교 시절에 신앙의 열정이 절정에 다다랐다. 공부에도 남보다 열심이었고 신앙생활에도 남보다 조금은 더 뜨거웠다. 그러다 보니 전국의 내노라 하는 부흥회를 자주 찾아다녔다. 전국의 기도원에 가서 자주자주 철야기도와 금식기도를 드리곤 했다. 특별히 70년대에 고등학교 시절을 보냈던 나는 당시 부흥회를 인도하셨던 목사님들의 말씀을 들으며 마음이 타오르듯 뜨거워지곤 했다. 대부분 4-5일씩 부흥회를 했는데 마지막 날 전날 저녁에는 거의 예외 없이 특별헌금을 작정하라는 설교를 들었다. 이미 며칠 동안 마음은 뜨거워지고 이성은 다 녹은 상태여서 그야말로 완전 무방비 상태였다.

한 번은 부산 동래의 어느 교회에서 있었던 일이다. 교회 이름이나 담임목사님의 이름은 기억나지 않으나 그 장소는 또렷이 생각난다. 지금은 없어졌으나 당시에는 그 근처에 시외버스와 고속버스 정류장이 있었다. 지금의 사직운동장 근처에 있던 작은 교회였다. 놀랍게도 당시 부흥사의 이름은 아직도 생생하다.

당시의 기억은 다음과 같다.

이제 내일이면 부흥회는 끝이 난다. 마지막 저녁에 부어 주실 은혜가 클 것이라는 기대가 한껏 가슴을 뛰게 했다. 이런 내게 그날 저녁 특별헌금에의 강조는 어렸던 나에게는 아주 크게 다가왔다. 당시 교회는 주로 붉은 벽돌로 지어졌다. 벽돌헌금이 그날의 주제(제목, 이삭의 별미)였다. 모든 사람들이 각자의 믿음?에 따라 별미인 벽돌을 헌금했다. 10장, 20장, 100장, 1,000장, 10,000장 등등……. 나는 덜컥 70,000장을 작정했다. 대신 대학 졸업 후 직장을 가지기까지 기간을 늘려서 나누어 헌금을 하겠노라고 작정했다.

띌 듯이 기뻤다.

훗날에 들려온 소문은 "웬 미친 녀석이 엄청난 일을 저질렀다, 알고 보니 이윤화 목사 아들이라고 하더라, 진실된 목사, 존경받는 목사, 그러나 허황(虛荒, hollow)된 아들" 등등이었다. 어린 학생이 작정한 것이었기에 의심쩍어서 당시 건축위원들은 아예 헌금에 포함하지도 않았다고 했다.

그러나 나는 용돈을 아껴 조금씩 줄기차게 그 작정 헌금을 실행했고 의과대학에 들어간 후에도 조금씩 빚?을 갚아 나가다가 레지던트 3년차 때에 이르러서야 한꺼번에 나머지를 몽땅 갚았다.

당시 그 담임목사님의 얼굴 표정이 아직도 생생하다. 황당함, 당황스러움, 놀라움 등등…….

사실인즉 그 과정이 제법 힘들었다. 그런 속에서도 나의 결심에는 전혀 변함이 없었다. 결국 과정을 거치며 헌금의 문제점과 신앙생활에의 열정, 순수함, 진정한 믿음에 대해 깊은 고민을 하며 뼈아픈 고통을 흠뻑 누리게 되었다. 지금 나는 멘토로서 하나님 앞에서 그리고 멘티들에게 헌금에 대한 분명한 방향을 제시할 수 있게 되었다.

아나니아와 삽비라 부부와 같은 불행한 경우가 없기를 바라며…….

나와 같은 맹한? 힘든 과정을 지날 것이 아니라

지혜롭게

명철하게

하나님보다 앞서지 않고

하나님의 뜻을 따라 자원함으로 순종할 것을 바라며.

5-1 아나니아라 하는 사람이 그 아내 삽비라로 더불어 소유를 팔아

"아나니아[71]($\mathrm{A}\nu\alpha\nu\text{í}\alpha\varsigma$, nm)"는 '하나님은 은혜로우시다'라는 의미이고 "삽비라($\Sigma\alpha\pi\phi\epsilon\text{í}\rho\eta$, nf)"는 '보석(청옥, 계 21:20), 아름답다'라는 의미이다. 두 부부의 경우 처음과 나중의 삶이 이름의 뜻 그대로였다면 얼마나 좋았을까 하는 아쉬움이 오래도록 남는다.

5장의 아나니아와 삽비라 부부의 이야기는 4장의 바나바의 이야기와 선명하게 대조되고 있다. 문제는 오늘날 이들을 비교하며 당시 '초대교회'의 헌금에 대한 태도에 있어 마치 바나바의 태도가 '역사적 이상주의

---

71 아나니아($\mathrm{A}\nu\alpha\nu\text{í}\alpha\varsigma$, nm, Ananias, (a) husband of Sapphira, a member of the early church at Jerusalem, (b) a member of the church at Damascus, (c) the high priest at Jerusalem/חֲנַנְיָה, "Yah has been gracious", the name of a number of Isr, Hebrew origin)"는 '하나님은 은혜로우시다' 라는 의미이고 "삽비라($\Sigma\alpha\pi\phi\epsilon\text{í}\rho\eta$, nf)는 Sapphira, wife of Ananias, an early Christian/סַפִּיר, nm, a sapphire, Aramaic origin이다.

의 모델'이라도 되는 양 자의적인 시도가 흔히 관찰되곤 하는데 이러한 조작(manipulation)은 마땅히 경계되어야 한다.

한편 사도행전에는 아나니아라는 동명이인(同名異人)이 세 사람 나온다. 5장의 아나니아는 삽비라의 남편이고 9장의 아나니아는 하나님의 명령에 목숨을 걸었던 선지자이다. 24장의 아나니아는 대제사장으로서 사악(전임 대제사장 살인교사 등등)하기 그지없었으며 성직매매, 정치권력과 결탁하여 부정축재를 했던 인물이다.

여기서 나와 공저자는 소위 '같은 이름, 다른 인생'이라는 명제를 던지고 싶다.

한 번 인생, 어떻게 살다가 죽을 것인가?

유한되고 제한된 일 회 인생, 무엇을 하다가 죽을 것인가?

2 그 값에서 얼마를 감추매 그 아내도 알더라 얼마를 가져다가 사도들의 발 앞에 두니

"얼마를 감추매"라는 말에서는 돈에 대한 집착, 헌금에 대한 그릇된 동기와 의도, 이중적이고 위선적인 태도를 잘 보여준다.

Calvin은 이들 부부의 죄를 6가지로 세분했다. 첫째, 하나님을 업신여긴 죄, 둘째는 성물바치는 일을 거짓되게 행한 죄, 셋째는 허영심에 치우친 죄, 네째는 거룩한 교회에 오점을 남긴 죄, 다섯 째는 불신앙 죄, 여섯째는 외식한 죄이다.

아나니아와 삽비라의 죄(Calvin)	
첫째	하나님을 업신여긴 죄
둘째	성물 바치는 일을 거짓되게 행한 죄
셋째	허영심에 치우친 죄
넷째	허영심에 치우친 죄
다섯째	불신앙 죄
여섯째	외식한 죄

3 베드로가 가로되 아나니아야 어찌하여 사단이 네 마음에 가득하여 네가 성령을 속이고 땅 값 얼마를 감추었느냐

"사단이 네 마음에 가득하여"라는 것은 소위 '사단충만'한 상태로 사단의 통치, 질서, 지배 하에 놓인 것(엡 2:1-2)을 말한다. 곧 사단에게 주권을 준 것을 가리킨다. 이는 성령훼방죄(마 12:31)에 해당한다. 이와 대척점에 있는 단어가 '성령충만(행 2:4, 4:8, 31)'이다. 결국 아나니아와 삽비라 부부의 경우 사단나라에 속하여 하나님을 대적함으로 죽었던 것이다.

잠시 사단에 대해 알아보자. 사단의 경우 3가지 특성과 3가지 무기(도구), 5가지 전략이 있다. 소위 '5-3-3'이다.

5가지 전략이란 첨삭(添削), 왜곡(歪曲), 과장(誇張), 지나간 과거에 대한 지나친 집착, 다가오지 않은 미래에 대한 막연한 두려움이다.

3가지 특성이란 첫째, 하나님의 자리를 차지하고 하나님의 영광을 가로채는 '교만(사 14:12-15)'이다. 둘째, 진리를 가지고 거짓을 말하는 '거짓의 아비(요 8:44)이고 셋째는 율법으로 참소(고발)하며 거짓 교사들(계 12:10)을 통해 성도들에게 정죄감을 심어준다. 특히 거짓말의 경우에는 혼합(물타기, 보편화, 일반화)과 과장이 동시에 일어난다.

3가지 무기(도구)란 먹음직, 보암직, 지혜롭게 할 만큼 탐스러운 것들(창 3:6)로서 마태복음 4장에는 돈, 부귀영화, 명예라고 했고 요한일서 2장 15-16절에는 육신의 정욕, 안목의 정욕, 이생의 자랑이라고 했다.

4 땅이 그대로 있을 때에는 네 땅이 아니며 판 후에도 네 임의로 할 수가 없더냐 어찌하여 이 일을 네 마음에 두었느냐 사람에게 거짓말한 것이 아니요 하나님께로다 5 아나니아가 이 말을 듣고 엎드러져 혼이 떠나니 이 일을 듣는 사람이 다 크게 두려워하더라

아나니아와 삽비라 부부가 봉헌한 헌금은 일종의 "헤렘(חֵרֶם)"에 해당하는 것으로 '파문, 추방, 몰수, 억제'라는 의미를 가진 특별헌금이었다. 곧 '성별(聖別)하는 것, 봉헌된 것, 저주받은 것, 멸하기로 작정된 물건, 금지된 물건'이었던 것이다. 그러므로 '헤렘'의 경우는 일반적인 용도에는 사용할 수 없었다. 여기서 파생된 동사 하람은 '완전히 멸하다, 저주 아래에 두다'라는 의미로 하나님께 한 번 "바쳐진" 것은 '뒤집거나 취소할 수 없다'라는 의미를 담고 있다.

결국 '헤렘'은 서원하다시피 드렸던 "궁극적인 봉헌"을 의미하는 것으로 이들 부부는 이를 하나님 앞에서 어겼기 때문에 죽은 것이다.

이와 비슷한 예가 여호수아의 여리고 성 정복 후 하찮은 아이 성 전투에서 패배했을 때 이의 원인이 바로 아간의 '헤렘'사건(수 7장) 때문이었다. 그 결과 전쟁은 하나님이 떠나심으로 패배했고 아간은 죽게 되었다. 또한 사울 왕의 아말렉과의 싸움에서의 '헤렘'사건(삼상 15장)을 들 수 있다. 그 결과 하나님이 떠나셨고 사울은 버림받게(삼상 15:26) 되고 만다.

"혼이 떠나니(ἐκψύχω, v, to expire, breathe one's last)"에서의 '혼'의 헬라어는 퓌쉬케[72](ψυχή, nf)이다.

6 젊은 사람들이 일어나 시신을 싸서 메고 나가 장사하니라

"시신을 싸서 메고 나가 장사하니라"는 말씀에서 '나가 장사하니라'는 말에서는 유대인들의 장례 관습에 대한 문화적 배경(cultural background)을 볼 수 있다. 당시에는 왕이나 선지자만 예루살렘 성내에 묻히는 것이 허락되었다. 반면에 일반인들은 금지되었기에 그들의 공동묘지는 기드론 골짜기(왕하 23:4, 6, 12, 대하 34:4, 5)에 있어 '메고 나가(ἐκφέρω, I bring out, carry out, sometimes out of the city for burial; I bring forth, bear, produce)' 장사되었던 것이다.

7 세 시간쯤 지나 그 아내가 그 생긴 일을 알지 못하고 들어오니 8 베드로가 가

---

72 퓌쉬케(ψυχή, nf)는 (a) the vital breath, breath of life, (b) the human soul, (c) the soul as the seat of affections and will, (d) the self, (e) a human person, an individual/(from psyxō, "to breathe, blow" which is the root of the English words "psyche," "psychology") - soul (psyche); a person's distinct identity (unique personhood), i.e. individual personality)이다.

로되 그 땅 판 값이 이것뿐이냐 내게 말하라 하니 가로되 예 이뿐이로라

마지막 기회를 놓쳐버리고 마는 삽비라의 안타까운 모습을 보여주고 있다. 인간은 나약하기에 죄를 저지를 수는 있다. 그러나 계속 반복하여 죄를 지으면서도 회개하지 않는 것은 또 다른 문제이자 훨씬 더 큰 문제이다. 한편 지은 죄에 대해 철저히 회개하면 그 어떤 죄도 예수 그리스도의 사랑 곧 십자가 보혈로 깨끗이 씻을 수 있다. 반면에 회개하지 않으면 그 죄로 인한 멸망뿐(롬 6:23, 약 1:15)이다.

한편 이해할 수 없는 것이 하나 있다. 자신의 남편이 죽었음에도 불구하고 그 아내가 장사를 지내는 곳에 있지 않았고 3시간이 지난 후에 아내가 남편의 죽음도 모른 채 베드로에게 나아온 것은 그 사실 자체로 약간 혼란스럽다. Marshall에 의하면 당시 하나님의 심판을 받아 죽은 죄인의 경우 조용히 장례를 치렀다고 한다. 반면에 Lumby는 그들 부부의 집이 예루살렘에서 멀리 떨어져 있어 미처 삽비라에게 연락되지 않았다고 했다. 그럼에도 불구하고 나와 공저자는 둘 다의 해석이 좀처럼 이해가 되지 않는다.

그러나 이 구절에서의 묵상의 초점은 삽비라가 남편의 죽음을 모르고 베드로에게 나아왔다라는 것과 부창부수(夫唱婦隨)답게 하나님을 속였다라는 것이다. 그러기에 "예 이뿐이로라"는 대답을 했던 것이다. 곧 하나님을 두려워하지 않는 강퍅한 심령을 잘 보여주고 있는 것이다. 결국 이들 부부의 잘못은 '사단충만(행 5:3)' 속에서 하나님을 시험하고 하나님과 다툰(신 6:16, 출 17:7) 것, 하나님의 주권을 인정하지 않은 것, 하나님에 대한 불신과 불순종이었던 것이다. 이는 출애굽 1세대가 '남은 안식'인 가나안

에 들어가지 못한 이유이기도 하다.

9 베드로가 가로되 너희가 어찌 함께 꾀하여 주의 영을 시험하려 하느냐 보라 네 남편을 장사하고 오는 사람들의 발이 문 앞에 이르렀으니 또 너를 메어 내가리라 한대 10 곧 베드로의 발 앞에 엎드러져 혼이 떠나는지라 젊은 사람들이 들어와 죽은 것을 보고 메어다가 그 남편 곁에 장사하니

"시험하려 하느냐"에서 출애굽 1세대의 '므리바 사건', '맛사 사건(출 17:7, 시 95:8)'이 연상된다.

한편 이들 부부의 구원 여부에 관한 학자들의 이견이 분분하다. 고린도전서 5장 5절에 근거하여 구원은 받았다라는 견해와 히브리서의 말씀(6:4-6, 10:26-27)을 근거로 구원을 받지 못했다라는 견해가 팽팽하게 맞서고 있다. 후자의 경우에는 성경의 해석 자체도 무리가 있기에 나와 공저자는 전자를 좀 더 지지하는 편이다. 그러나 구원의 주권 영역은 하나님께 있으므로 '잘 모른다'라고 대답하는 것이 바람직하다. 더 나아가 성경이 말하는 초점은 이들 부부의 구원 여부가 아니라 '주의 영을 시험치 말라'는 것이다.

"이런 자를 사단에게 내어 주었으니 이는 육신은 멸하고 영은 주 예수의 날에 구원을 얻게 하려 함이라"_고전 5:5

"우리가 진리를 아는 지식을 받은 후 짐짓 죄를 범한즉 다시 속죄하는 제사가 없고 오직 무서운 마음으로 심판을 기다리는 것과 대적하는 자를 소멸할 맹렬한 불만 있으리라"_히 10:26-27

"한번 비췸을 얻고 하늘의 은사를 맛보고 성령에 참예한바 되고 하나님의 선한 말씀과 내세의 능력을 맛보고 타락한 자들은 다시 새롭게 하여 회개케 할 수 없나니 이는 자기가 하나님의 아들을 다시 십자가에 못 박아 현저히 욕을 보임이라"_히 6:4-6

한편 우리는 아나니아와 삽비라 부부의 이야기를 통해 다음과 같은 몇 가지의 교훈을 얻어야 한다.

첫째, '충만(주권, 통치, 질서, 지배개념)'이라는 단어의 바른 개념 정립이 있어야 한다. 우리는 현재형 하나님나라를 살아가며 '성령충만'해야 한다. 곧 성령님께 온전한 주권을 드리고 성령님의 통치와 질서, 지배 하에서 살아가야 한다. 결단코 '사단충만'이어서는 곤란하다. '사단충만'의 결과는 죄악으로 연결되고 하나님 앞에서의 위선, 율법이라는 자기 의를 드러낼 뿐이다.

둘째, 하나님과 사람 앞에서 동시에 거리낌이 없는(행 24:16) 선한 양심(벧전 3:16)을 가지고 살아가야 한다. '선한 양심'이란 '성령님께 지배되어진 양심' 곧 '성령충만한 양심'을 말한다. 이것이야말로 성도를 빛 가운데로 행하게 하는 삶의 원동력이다.

셋째, 조심스러운 말이기는 하나 '일정 부분' 교회공동체의 권징과 치리는 필요하다는 것이다. 교회 공동체의 권위를 인정하고 그들의 질서에 순응해야 한다는 것이다. 이때 전제할 것은 '교회의 머리는 예수 그리스도이시다'라는 것이다.

11 온 교회와 이 일을 듣는 사람들이 다 크게 두려워하니라

"교회"의 헬라어는 에클레시아[73](ἐκκλησία, nf)인데 이는 '불러내다'라는 의미로 처음에는 회중(會衆)이나 사람들의 회집(會集)을 가리켰다. 그러다가 하나님의 백성들이라는 의미로, 종국적으로는 '예수를 주로 고백하는 신앙공동체'를 의미하게 되었다(마 16:18).

"두렵다"의 헬라어는 포보스[74](φόβος, nm)인데 '포보스'는 그리스 로마 신화에 나오는 '공포의 신'이다. 그는 제우스의 아들인 전쟁의 신 아레스와 미의 여신 아프로디테 사이에서 태어난 아들로 데이모스(Deimos, 걱정과 근심, 대패의 신)와 쌍둥이 형제이다. 이 단어는 '큰 전쟁을 앞둔 거대한 공포'를 가리킬 때 사용되었다.

12 사도들의 손으로 민간에 표적과 기사가 많이 되매 믿는 사람이 다 마음을 같이하여 솔로몬 행각에 모이고

"마음을 같이 하여"라는 것은 '예수 그리스도와 연합(Union with Christ)하여, 예수 안에서(In Christ)'라는 의미로서 '동일한 믿음으로'라는 의미이다.

---

73 에클레시아(ἐκκλησία, nf)는 an assembly, congregation, church; the Church, the whole body of Christian believers/(from 1537 /ek, "out from and to" and 2564 /kaléō, "to call") - properly, people called out from the world and to God, the outcome being the Church (the mystical body of Christ) - i.e. the universal (total) body of believers whom God calls out from the world and into His eternal kingdom이다.

74 포보스(φόβος, nm)는 (a) fear, terror, alarm, (b) the object ause of fear, (c) reverence, respect/(from phebomai, "to flee, withdraw") - fear (from Homer about 900 bc on) 5401 (phóbos) meant withdrawal, fleeing because feeling inadequate (without sufficient resources, Abbott-Smith)이다.

이를 살짝 틀어서 왜곡해버린 오늘날의 시대정신을 표방하는 인본적이고 인위적인 비성경적 교회 일치 운동 등등에는 동조하지 말아야 한다. 그런 의미에서 에큐메니컬 운동(교회 일치 운동, Ecumenical movement)은 또 하나의 바벨탑을 쌓으려는 시도로서 '인위적인 하나 됨'을 조장하려는 의도가 숨어있는 것 같아 특별히 내게는 부정적인 의미로 다가오곤 한다.

13 그 나머지는 감히 그들과 상종하는 사람이 없으나 백성이 칭송하더라

"그 나머지"란 첫째는 사두개인, 바리새인을 비롯한 종교 기득권자들(Hilgenfeld)이고 둘째는 믿지 않는 이스라엘 사람들(Hervey, Meyer, Bengel, Vincent)이다. 셋째는 초신자들(Heinrich)인데 표적과 기사에 대한 그들의 반응은 정말 다양했다. 결국 표적과 기사를 통해 기독교를 믿음으로 받아들이는 부류가 있는가 하면 호감은 있으나 믿지 않았던 부류들, 아예 반감을 품었던 사람들 등도 있었다.

"백성이 칭송하더라"에서 '백성'은 '불신자 중 복음에 호감을 가진 자들'을 가리킨다.

14 믿고 주께로 나오는 자가 더 많으니 남녀의 큰 무리더라 15 심지어 병든 사람을 메고 거리에 나가 침대와 요 위에 뉘우고 베드로가 지날 때에 혹 그 그림자라도 뉘게 덮일까 바라고 16 예루살렘 근읍 허다한 사람들도 모여 병든 사람과 더러운 귀신에게 괴로움 받는 사람을 데리고 와서 다 나음을 얻으니라

예수님의 옷깃을 만져 치유를 받은 사건(마 9:20-22, 막 6:56)과 바울의 손수건을 통해 치유를 받은 사건(행 19:11-12)은 베드로의 그림자를 통해 치유를 받는 사건과 아주 유사하다.

한편 우리가 주의해야 할 것은 현실적, 가시적으로 일어난 기적과 표적에만 온통 관심을 둘 것이 아니라는 점이다. 오히려 이 모든 것을 이루신 하나님, 그를 통하여 나타내고자 하시는 아버지 하나님의 뜻에 훨씬 더 관심을 가져야 한다. 그렇기에 육신적 질병과 정신적인 고통으로부터의 회복이라는 표적과 기적이 중요하나 영적 회복이 가장 우선적인 최고의 가치임을 알아야 한다.

17 대제사장과 그와 함께 있는 사람 즉 사두개인의 당파가 다 마음에 시기가 가득하여 일어나서 18 사도들을 잡아다가 옥에 가두었더니

"대제사장과 그와 함께 있는 사람 즉 사두개인의 당파"란 '산헤드린 공회원'을 가리키는 것으로 "당파"의 헬라어는 하이레시스[75](αἵρεσις, nf)인데 이는 '편을 가르는 자, 자신의 교리만을 고집하는 자'라는 의미이다(고전 11:19, 갈 5:20, 벧후 2:1, Robertson).

"시기가 가득하여"라는 것에서는 산헤드린 공회원의 기득권 유지에 대한 극한 욕심을 볼 수 있다. 또한 그들이 사도들을 까닭 없이 핍박한 이유

---

75 하이레시스(αἵρεσις, nf)는 a self-chosen opinion, a religious or philosophical sect, discord or contention/(a feminine noun derived from 138 /**hairéomai**, "personally select, choose") - properly, a personal (decisive) choice이다.

를 적나라하게 드러내고 있다.

"일어나서"란 마음 속으로 품은 적개심을 '행동으로 나타내며'라는 의미로서 사도들을 옥에 가둠으로 그들을 민심에서 멀어지게 하려는 의도와 더불어 부흥으로 인한 교회의 확장 저지, 더 나아가 교회의 괴멸을 꾀하려 했던 것을 가리킨다.

19 주의 사자가 밤에 옥문을 열고 끌어내어 가로되 20 가서 성전에 서서 이 생명의 말씀을 다 백성에게 말하라 하매 21 저희가 듣고 새벽에 성전에 들어가서 가르치더니 대제사장과 그와 함께 있는 사람들이 와서 공회와 이스라엘 족속의 원로들을 다 모으고 사람을 옥에 보내어 사도들을 잡아오라 하니

"주의 사자"란 '여호와의 사자'를 의미하지만 천사(마 2:13, 19), 소명받은 하나님의 일꾼(학 1:13), 성육신 이전에 현현하신 예수님(삿 13:18, 사 9:6)을 가리키기도 한다.

"옥문을 열고 끌어내어 가로되"라는 것은 주의 사자를 통한 기적적인 역사를 보여주는 것(행 12:6-11, 16:26)이다. 그러나 자유주의자들은 지진(Eichhorn)으로 인해 옥문이 열렸다라거나 베드로의 친구였던 간수가 풀어준 것이라고 했다(Macgregor). 그것도 아니라면 사도행전 12장 사건을 반복하여 기록(Weiss)한 것이라고 억지춘향(抑止春香)격으로 해석하면서 우기지만 나는 그들의 이런 해석이야말로 무지몽매(無知蒙昧)함이거나 황소 고집을 부리는 것으로 실상은 하나님을 대적하는 것이라고 생각한다.

"생명의 말씀"이란 '예수, 그리스도, 생명'이라는 것으로 '하나님의 은혜의 복음(행 20:24)'이라는 의미를 담고 있다. '부활하는 도(행 4:2)'라고도 하며 '하나님의 말씀(행 4:29)'이라고도 한다. "다 백성에게 말하라"는 것은 그들이 듣든지 아니 듣든지 때를 얻든지 못 얻든지 '이 생명의 말씀을' 모두에게 다 전하라는 것으로 고린도전서 9장 16, 23-27절의 말씀이 '뇌성같이' 들려오는 부분이다.

"새벽에 성전에 들어가서 가르치더니"에서의 '새벽에 가르친 것'이란 유대인들은 아침 일찍 성전에 가서 예배를 드리곤 했는데 그때 '복음' 곧 '생명의 말씀'을 전했다라는 것이다. 이러한 행위는 위험에 그대로 노출되는 것이어서 사도행전 20장 24절의 말씀에 대한 결심이 전제되어야 가능했을 것이다.

"공회"란 산헤드린 공회를 가리키며 "이스라엘 족속의 원로"란 산헤드린의 공식적인 회원은 아니지만 나이 많고 명망 있는 이스라엘의 장로들을 가리킨다.

22 관속들이 가서 옥에서 사도들을 보지 못하고 돌아와 말하여 **23** 가로되 우리가 보니 옥은 든든하게 잠기고 지킨 사람들이 문에 섰으되 문을 열고 본즉 그 안에는 한 사람도 없더이다 하니 **24** 성전 맡은 자와 제사장들이 이 말을 듣고 의혹하여 이 일이 어찌 될까 하더니 **25** 사람이 와서 고하되 보소서 옥에 가두었던 사람들이 성전에 서서 백성을 가르치더이다 하니

"관속"이란 24절의 "성전 맡은 자"로서 성전의 치안 유지를 담당했던 레위인들을 가리킨다. 한편 상기 구절들은 하나님의 사자(천사)에 의한 기

적적이고 초자연적인 사실들을 잘 보여주고 있는 부분이다.

"의혹하다"의 헬라어는 디아포레오[76]($\delta\iota\alpha\pi o\varrho\acute{e}\omega$, v)인데 이는 '당황하여 허둥되다'라는 의미이다. 결국 앞서의 22-23절의 내용으로 인해 허둥지둥 하는 모습을 잘 보여주고 있다. 결국 성전 맡은 자와 제사장들은 "이 일이 어찌될까"라는 것보다는 지금 분명하게 일어난 초자연적인 현실 앞에서 사도들의 말에 귀를 더욱 기울이며 예수 그리스도의 부활에 관한 진실(fact)에 더더욱 관심을 가졌어야 했다.

한편 그들은 옥에 갇혔던 사람들이 상식을 뛰어넘는 방법으로 감옥을 나와서는 성전에 서서 백성들에게 복음을 전하는 장면을 보고하고 있다. 이는 사도행전 4장 8절의 "성령이 충만하여 가로되"라는 말씀을 따른 자들의 당당한 모습이다. 그런 그들은 사람들의 이목도, 권력자들의 횡포에도 전혀 아랑곳하지 않았다. 더 나아가 사도행전 4장 19-20절, 5장 29절, 갈라디아서 1장 10절의 말씀을 따른 '하나님 앞에서(Coram Deo, 면전의식)' '하나님만을 의식'하며 살아가는 당당한 모습을 보여주고 있다.

26 성전 맡은 자가 관속들과 같이 서서 저희를 잡아왔으나 강제로 못함은 백성들이 돌로 칠까 두려워 함이러라

---

76 디아포레오($\delta\iota\alpha\pi o\varrho\acute{e}\omega$, v)는 to be greatly perplexed or at a loss/(from 1223 /diá "thoroughly," which intensifies 639 /aporéō, "no way out") - properly, totally perplexed because having no solution ("way out"). 1280 /diaporéō ("deeply perplexed") refers to "one who goes through the whole list of possible ways, and finds no way out. Hence, 'to be in perplexity'" (WS, 174)이다.

당시 권력을 가졌던 "성전 맡은 자와 관속들"이 사도들을 강제로 체포하지 못하였던 것은 '백성들의 눈초리' 때문이었다.

여기서 나는 백성들의 바른 판단과 건강한 의식이 몹시 부럽다. 왜냐하면 지난 문 정권만 해도 정부가 앞장서서 교회의 대면예배와 신앙박해를 끊임없이 자행했었기 때문이다. 처음에는 방역이 핑계였다. 그러다가 점점 더 노골적으로 박해를 가했다. 정부는 행여 의식있는 기독교인들이 저항할까 봐 처음에는 노심초사했으나 예상외로 모조리 맥없이 쓰러지자 나중에는 아예 대놓고 박해를 가했다. 그중에는 숨죽였던 나도 있었다. 굳이 핑계를 대자면 나는 나만의 다른 방법으로 힘에 겨운 저항을 했다.

당시 한국의 그리스도인들이 이곳 26절의 백성들처럼 바른 판단과 건강한 의식을 지니고 있었다면 정부는 함부로 기독교를 핍박하지 않았을 것이다. 살아있는 기독교인들의 저항있는 믿음이 있었다면 결코 정부의 권력이나 악한 세력들의 대면예배 금지는 없었을 것이다. 더 나아가 성경 말씀에 위배되는 법 조항들을 마구 양산하지 않았을 것이다. 부정선거와 부정투표 또한 자행하지 않았을 것이다.

결국 2,000년 전 유대인들, 특히 유대교에서 기독교로 개종한 유대인들이나 건강한 상식을 지녔던 유대인들은 저항 있는 믿음을 지님으로 정치권력, 종교권력으로부터 자신들과 복음을 지켜낼 수 있었던 것이다. 물론 섭리의식을 부정한다는 의미는 아니다.

27 저희를 끌어다가 공회 앞에 세우니 대제사장이 물어 **28** 가로되 우리가 이

이름으로 사람을 가르치지 말라고 엄금하였으되 너희가 너희 교를 예루살렘에 가득하게 하니 이 사람의 피를 우리에게로 돌리고자 함이로다

"공회 앞에 세우니"라는 말은 동일한 사건을 두 번째(행 4:7)로 심문하고 있다는 것을 드러내는 말이다.

굳이 "이 이름으로"라고 언급한 것은 '예수 그리스도의 이름으로'라는 의미로서 당시 대제사장은 일부러 '예수의 이름'을 거론하지 않았던 것이다. 한편 "엄금"의 내용은 사도행전 4장 17-18절을 가리키는데 이것들은 사도들의 편에서는 준수할 필요도 준수할 이유도 없는 것이었다.

"너희 교"라는 것은 유대교의 분파가 아닌 '유대교의 이단인 기독교'라고 일축하며 조롱하는 말이다. "예루살렘에 가득하게 하니"라는 것은 초대교회의 폭발적 부흥과 함께 점점 더 거세어지는 복음의 선한 영향력을 그들이 간접적으로 시인하는 말이다.

"이 사람의 피를 우리에게로 돌리고자 함이로다"라고 한 것은 지난날 빌라도 앞에서 예수를 십자가에 못박으라고 외치며 했던 저들의 말(마 27:25)때문이다.

"백성이 다 대답하여 가로되 그 피를 우리와 우리 자손에게 돌릴찌어다 하거늘"_마 27:25

29 베드로와 사도들이 대답하여 가로되 사람보다 하나님을 순종하는 것이 마땅하니라

이는 사도행전 4장 19절, 갈라디아서 1장 10절, 시편 119편 23절과

동일한 말씀으로서 "성령 충만한(행 4:8)" 그리스도인들의 당당하고도 멋진 삶의 태도이다.

30 너희가 나무에 달아 죽인 예수를 우리 조상의 하나님이 살리시고 31 이스라엘로 회개케 하사 죄사함을 얻게 하시려고 그를 오른손으로 높이사 임금과 구주를 삼으셨느니라 32 우리는 이 일에 증인이요 하나님이 자기를 순종하는 사람들에게 주신 성령도 그러하니라 하더라

이 구절은 히브리서 2장 10절, 12장 2절, 사도행전 3장 15절 말씀을 연상시킨다.

"오른 손으로 높이사"라는 것은 사도행전 2장 33절, 요한복음 3장 14절의 말씀과 동일하다. 한편 제자들의 예수 그리스도의 부활에의 증인 됨은 요한복음에서도 이미 언급되었다(15:26).

"자기를 순종하는 사람들"이란 '그리스도인들' 혹은 '사도들 자신'을 가리킨다.

"성령도 그러하니라"는 것은 성령님 또한 예수님을 성부 하나님의 유일한 기름 부음 받음 자이신 그리스도, 메시야라고 증거하시며 우리에게 가르쳐 주셨고(고전 12:3) 만세 전에 하나님의 은혜로 택정된 우리에게 믿음(피스티스)을 선물로 주셔서 우리로 믿게 하심(피스튜오)으로 우리가 하나님의 자녀가 되었으며 그 사실을 성령님은 인 쳐주셨다라는 의미이다.

33 저희가 듣고 크게 노하여 사도들을 없이하고자 할새 **34** 바리새인 가말리엘은 교법사로 모든 백성에게 존경을 받는 자라 공회 중에 일어나 명하사 사도들을 잠간 밖에 나가게 하고

"가말리엘"은 바리새파의 탁월한 지도자로서 당대 가장 걸출한 7명의 라반(Rabban, 랍비보다 더 높은 존칭) 중 하나로 랍비 힐렐의 직계 손자였다. 당시 바리새파는 샴마이(Shammai) 학파와 힐렐(Hillel) 학파라는 양대산맥이 있었다. 미쉬나(Mishna)에 의하면 힐렐이 죽었을 때 "율법의 영광이 떠났고 깨끗함과 거룩함이 죽었다"라고 할 정도로 그의 명성은 자자했다고 한다. 한편 다음 구절에서 언급된 가말리엘의 연설은 AD 30-34년경에 한 것으로 본다.

"율법사 혹은 교법사"란 유대인들의 율법 및 유전(遺傳, 장로들의 유전, 막 7장, 미드라쉬와 탈무드)을 연구하고 체계화하는 일을 맡았던 율법학자를 가리킨다.

35 말하되 이스라엘 사람들아 너희가 이 사람들에게 대하여 어떻게 하려는 것을 조심하라 **36** 이전에 드다가 일어나 스스로 자랑하매 사람이 약 사백이나 따르더니 그가 죽임을 당하매 좇던 사람이 다 흩어져 없어졌고

이 구절을 통해 가말리엘은 비록 산헤드린 공회의 소수파인 바리새파 출신이기는 하였으나 그의 선한 영향력을 잘 볼 수 있다. 그러다 보니 Bengel은 "하나님께서는 모든 방면에 옹호자를 일으키신다"라고 했고 Calvin은 "하나님께서 악인의 발악을 저지시키는 생생한 현장"이라고 했다.

"드다(Θευδᾶς, nm, Theudas, a Jewish pretender of date about 4 B.C., otherwise unknown)"의 히브리어는 '맛디야'인데 이는 헤롯이 성전 기둥에 설치했던 황금독수리 상을 파괴하였고 폭동을 일으켰다가 붙잡혀 화형을 당했던[77] 인물이다.

한편 유대의 역사가 요세푸스(Josephus)에 의하면 드다는 마치 자신이 '자칭 메시야' 혹은 '제2의 엘리야'인 양 자처하며 강물을 마르게 하여 마른 땅을 밟고 지나가게 한다는 등의 혼란을 부추기다가 당시 로마의 4대 황제 글라우디오스의 임명으로 유대 총독이 된 파두스(Cuspius Fadus, AD 44-46년 재임)에 의해 체포되어 목이 잘렸다고 한다(Hervey).

37 그 후 호적할 때에 갈릴리 유다가 일어나 백성을 꾀어 좇게 하다가 그도 망한즉 좇던 사람이 다 흩어졌느니라

"호적할 때에"라는 것은 가이사 아구스도의 '두 번째 호적 명령'을 가리킨다. 그렇다면 '첫 번째 호적 명령'은 무엇인가? 바로 누가복음 2장 1-2절에서의 가이사 아구스도가 수리아 총독 구레뇨 때에 한 것이다.

"갈릴리 유다"는 갈릴리 고울라니티스(Gaulanitis) 지방의 가말라출신으로 가이사 아구스도의 명령으로 과세책정을 위해 수리아 총독 설피시우스 퀴리니우스(P. Sulpicius Qurinius)가 호적조사를 할 때 반란을 일으켰던 자이다. 그는 '가이사에게 세금을 수납하는 것은 하나님에 대한 반역'이라

---

77   그랜드종합주석 14, 제자원 성서교재간행사, p135

며 민족주의 운동을 주도하다가 로마군에 의해 진압되었다.

38 이제 내가 너희에게 말하노니 이 사람들을 상관 말고 버려두라 이 사상과 소행이 사람에게로서 났으면 무너질 것이요 **39** 만일 하나님께로서 났으면 너희가 저희를 무너뜨릴 수 없겠고 도리어 하나님을 대적하는 자가 될까 하노라 하니

이 구절에서는 당시 힐렐 학파의 수장 가말리엘이라는 인물의 영향력과 더불어 그의 상식과 합리성을 잘 볼 수가 있다. 바로 힐렐학파 가말리엘의 문하에서 수학한 이가 사도 바울이다.

역사의 주관자 하나님은 모든 것들을 당신의 섭리 하 경륜으로 이끌어 가신다. 그리하여 하나님께서는 초대교회가 태동할 즈음에 놀랍게도 바리새파를 이렇게 사용하셨던 것이다. 이후 초대교회가 부흥할 즈음에는 다음 단계의 훈련을 위해 '핍박'을 허용하셨는데 그 도구로 힐렐학파 출신의 '사울(Σαῦλος, 행 13:9~, 바울, Παῦλος)'을 사용하셨다. 그러다가 AD 35년 다메섹 도상에서는 아예 바울을 회심시켜 당신의 일꾼으로 쓰셨다.

40 저희가 옳게 여겨 사도들을 불러들여 채찍질하며 예수의 이름으로 말하는 것을 금하고 놓으니 **41** 사도들은 그 이름을 위하여 능욕 받는 일에 합당한 자로 여기심을 기뻐하면서 공회 앞을 떠나니라 **42** 저희가 날마다 성전에 있든지 집에 있든지 예수는 그리스도라 가르치기와 전도하기를 쉬지 아니하니라

당시 자신들의 특권을 나쁘게 사용했던 산헤드린(סנהדרין, Sanhedrin,

συνέδριον, 함께 모여앉는다) 공회는 사도들을 향해 폭력과 협박을 가했다. 그러나 "성령충만"했던 사도들은 오히려 "예수의 이름을 위하여 능욕을 받는" 그런 일에 쓰임을 받은 것에 기뻐했다.

당시 태형은 40에 하나 감한(39대) 매를 맞는 벌이었다(신 25:3).

전도자의 역할은 '그들이 듣든지 아니 듣든지 때를 얻든지 못 얻든지' 예수는 그리스도라 가르치기와 전도하기를 쉬지 않는 것(딤후 4:2)이다. 그리스도인들의 이런 삶의 태도가 진정 복음과 십자가로 살아가고(증인의 모습) 복음과 십자가를 자랑하며(복음 전파자의 모습) 살아가는 모습이다.

괴짜의사 Dr. Araw의
쉽고 바르게 읽는 사도행전 장편(掌篇)강의

오직 성령이 너희에게 임하시면
성령행전(Πράξεις Πνεύματος)

레마이야기 6

기도하는 것과 말씀 전하는 것을
전무하리라(4)

　사도행전은 사복음서와 서신서를 연결하는 없어서는 안 될 중요한 고리이다. 사복음서가 기관차라면 서신서는 객차이다. 그렇다면 이러한 기차를 앞으로 나아가게 하는 힘, 추진하는 원동력은 무엇일까? 그것은 단연코 요한계시록이라고 나와 공저자는 생각한다. 계시록은 기독론, 교회론, 종말론에 관해 분명한 개념을 정립케 하며 더 나아가 '예수 그리스도 복음의 계시'로서 복음을 드러내는 책이다. 요한계시록 개정판 〈예수 그리스도 복음의 계시라, 이선일/이성진 저〉를 통해 개혁주의적 관점에서 주석한 내용들을 찬찬히 일독할 것을 권한다.

　사도행전 1장에는 예수님의 성육신으로부터 십자가에 죽으심, 부활, 승천하심을 기록하고 있다. 승천하시며 처소를 예비하신 후 반드시 재림하실 것과 예루살렘을 떠나지 말 것을 명하셨다.

2장에는 승천 열흘 후 오순절 성령강림 사건을 보여주고 있다. 성령님은 성령충만한 사람들로 하여금 가장 첫 번째 사역으로 '언어가 통일'되게 하셨다. 이는 하나님의 원역사(창 1-11장)를 닫게 했던 인간의 가증스러운 죄악(창 3:5, 6:4) 중 3번째 사건인 바벨탑 사상(창 11:4)으로 인해 초래되었던 '언어의 혼잡'을 회복시킨 것이었다.

참고로 하나님의 원역사를 닫게 했던 3가지 사상이란 첫째, 창세기 3장 5절의 "하나님과 같이 되려는 사상"과 둘째, "네피림사상", 그리고 마지막 세 번째가 바벨탑 사상이다. 하나님은 바벨탑 사상을 마지막으로 당신의 원역사를 닫으시며 인간의 언어를 혼잡하게 하셨다. 이후 죄로 인해 영 죽은 인간들은 그 언어를 통해 죄를 짓고 그 언어 때문에 상통하지 못했다. 그 결과 인류의 역사는 피로 범벅이 되고 말았다.

때가 되매 그리스도 새 언약의 성취로 예수님이 오셨다. 사도행전 1장이다. 그리스도의 승귀 후 성령님이 오셨다. 사도행전 2장이다. 그리고는 혼잡한 언어를 회복시키셔서 언어를 통일하신 후 온 인류에게 '통일된 언어' 곧 '예수 그리스도 생명'인 '하나님의 은혜의 복음'을 전하게 하셨다. 사도행전은 이렇게 땅끝까지 복음을 전할 수 있게 된 근본 이유를 2가지로 강조하고 있다. 첫째는 '성령님의 언어 회복'이요 둘째는 '성령충만(행 2:4, 4:8, 31)한 사람들의 열심'이라고 했다.

3장에서는 복음이 보다 더 잘 전해지도록 성령충만한 사도를 들어 쓰셔서 앉은뱅이를 치유하는 사건을 보여주셨다. 4장에서는 담대히 하나님의 말씀을 전하게 하실 뿐만 아니라 교회공동체로서의 이상적인 삶을 살아가게 하셨다. 5장에서는 아나니아와 삽비라 부부를 통해 하나님을 진정으로 경외하는 삶이 무엇인가를 보여주신 후 사도들을 감옥에서 나오게 하는 초현실적인 기적까지도 보여주셨다. 이후 그런 그들로 하여금 다시 담대하게 말씀을 전하게 하셨다.

이곳 6장에서는 질적, 양적으로 부흥하게 된 초대교회의 뜻하지 않은 잡음과 쓰레기들을 당신의 방법으로 해결하는 장면을 보여주시면서 교회 내의 일꾼, 곧 7집사(행 6:6, 21:8)를 임명하는 실례를 보여주고 있다. 그리하여 사도들은 다시 초심으로 돌아와 "기도하는 것과 말씀 전하는 것(행 6:4)"에만 전념할 수 있게 되었다.

이후 7장의 일곱 집사 중의 하나인 스데반의 목숨 건 설교 후 인간이 이해하지 못할 방법으로 성령님은 당신의 역사를 이어가셨다. 이 사건을 계기로 바야흐로 스데반의 육적 죽음과 사울(후의 사도 바울)의 영적 부활이 8-9장에서 순차적으로 이어진다.

다시 이곳 6장으로 돌아오면 성령강림절인 오순절 이후로 사도들은 성령님의 능력으로 복음을 전하면서 기적을 베풀며 예수님만이 그리스도 메시야요 유일한 구원자이심을 선포하며 그 예수님을 믿음으로만 구원됨을 선포했다.

선교는 성령님의 인도하심으로 진행된다. 물론 우리가 그것을 감당함에는 땀과 눈물이 필요하며 심지어는 죽음까지도 불사해야 할 때도 있다. 분명한 것은 그 일에 우리가 쓰임을 받는 것이라는 점이다.

예수님의 십자가 죽음 이후 당시 예루살렘의 분위기는 엄청 살벌했다.

그럼에도 불구하고 '성령의 인도하심' 가운데 예수를 믿는 사람들은 점점 더 늘어만 갔다. 소위 '성령충만'한 사람들이 많아졌다라는 것으로 '성령충만'이란 성령님께 온전한 주권을 드리고 성령님의 통치와 질서, 지배 하에서 살아가는 것을 말한다. 그리하여 드디어 전 우주적 교회(universal church)의 시초인 초대교회가 시작되었다. 예루살렘에 있는 제자의 수는 하나님의 말씀이 왕성해짐에 따라 하루가 다르게 점점 더 많아졌다.

그러다 보니 호사다마(好事多魔)일까? 교인들의 수가 늘어나는 것에 비례 하여 초대교회 공동체 안에는 이런저런 일들이 점점 더 복잡하게 얽히기 시작했다. 그 중에 유독 '돈'과 관련된 구제 봉사의 일에 분란이 많았다.

결국 히브리파 과부와 헬라파 과부를 돕는 일에서 지속적으로 한쪽으로 치우치게 되자 다른 한편에서 불평이 터져 나오기 시작했다. 이에 사도들은 기도하며 하나님께 지혜를 구한 후, 말씀 전하는 것과 기도하는 것 외에 모든 지도력을 이양할 일곱 집사를 택하였다. 그중 주목해야 할 두 인물이 빌립과 그의 친구인 스데반이다. 특히 스데반은 은혜와 권능이 충만하였고 성령으로 말하던 귀한 사람이었다.

여기서 오늘의 우리들은 다시 2,000년 전으로 돌아가서 초대교회의 문제들을 면밀하게 살펴 보아야만 한다. 왜냐하면 오늘 21세기 작금의 한국교회의 복잡다단한 많은 문제들과 너무 흡사하기 때문이다.

조국 대한민국의 교회는 1970-90년대를 거치며 폭발적인 성장을 거듭했다. 2,000년대에 들어서며 새로운 밀레니엄과 함께 경제적 부흥이 이루어졌고 그에 따라 교회도 급작스럽게 부유해졌다. 그러나 한국교회에는 내우외환(內憂外患)도 닥쳐왔다.

내우(內憂)란 한국교회 내부 지체들 간의 갈등으로서 이념 간, 세대 간, 빈부 간, 학문 간, 문화 간 등등 모든 면에서의 갈등을 말한다. 세월의 흐름과 함께 처음 구원받았던 때의 초심은 사라지고 저마다의 공명심이 가득 찼다. 교회 내의 계급이 본격화되고 세습화가 가속화하기 시작했다. 이로 인해 서로에 대한 시기와 질투, 음해, 불평, 불만, 원망이 폭등했다. 그리고는 지금의 요지경에 이르고야 말았다.

외환(外患)이라 함은 한국교회를 향한 다양한 외부의 적들을 말한다. 곧 대한민국을 둘러 싼 모든 상황과 환경들의 공격들이다. 이 틈을 타서 이단 사이비는 한층 더 기승을 부리며 오늘에까지 이르렀다. 가만히 되돌아보면 교회가 본질과 사명을 놓친 때문이요 가치와 우선순위가 뒤엉킨 때문이다. 이제는 모든 교회가 '오직 예수, 오직 복음, 오직 말씀'으로 되돌아가야 한다.

교회가 현실적으로 양적, 질적 부흥이 된 것은 너무나 기쁘고 감사한 일이다. 그러나 분명한 목적과 목표, 가치와 우선순위가 엉키게 되면 그것은 한낱 사상누각(沙上樓閣)이요 신기루(蜃氣樓, mirage)일 뿐이며 그렇게 나아가는 것은 결코 올바른 방향이 아님을 명심해야 한다.

길지 않은 한 번의 직선 인생을 유한되게, 그것도 제한되게 살아가는 이 땅에서 우리는 '최고의 것'에 집중해야 한다.

그것은 6 Sola 곧 Sola Scriptura(오직 말씀), Sola Gratia(오직 은혜), Sola Fide(오직 믿음), Solus Christus(오직 예수), Solus Spiritus(오직 성령), Soli Deo Gloria(삼위일체 하나님께만 영광)이다.

6-1 그 때에 제자가 더 많아졌는데 헬라파 유대인들이 자기의 과부들이 그 매일 구제에 빠지므로 히브리파 사람을 원망한대

"제자"의 헬라어는 마데테스[78](μαθητής, nm)인데 이는 '12사도(ἀπόστολος)'와 더불어 '예수를 믿는 모든 그리스도인들(Χριστιανός)'을 다 지칭하고 있는 단어이다.

참고로 헬라파 유대인(헬라어, Ἑλληνιστής, nm)과 히브리파 유대인(아람어, Ἑβραῖοί)이란 어떤 언어를 사용하는가에 따른 분류[79]이다.

이곳 1절에서는 초대교회의 부흥에 따른 후유증을 보여주고 있는데 이는 각 개개인이 '성령충만'하지 않은 결과로 나타난 것이다. 모든 그리스도인은 성령세례(내주성령) 후에는 반드시 성령충만으로 나아가야 한다. 전자가 구원(칭의, Justification)에 관한 것이라면 후자는 주권과 성화(Sanctification)에 관한 것이다.

"원망하다"의 헬라어는 공귀스모스(γογγυσμός, nm, a muttering, murmuring)인데 이는 시기, 질투, 불평, 불만이 내적으로 쌓이고 쌓여 생긴 것이다. 종국적으로 원망하는 마음이 자리 잡히게 되면 외부로 폭발하게 되는데

---

78 마데테스(μαθητής, nm)는 (from math-, the "mental effort needed to think something through") - properly, a learner; a disciple, a follower of Christ who learns the doctrines of Scripture and the lifestyle they require; someone catechized with proper instruction from the Bible with its necessary follow-through (life-applications). See also 3100 /mathēteúō ("to disciple")이다.

79 헬라파 유대인(헬라어, Ἑλληνιστής, nm)은 a Hellenist, Grecian Jew, a Greek-speaking Jew, that is one who can speak Greek only and not Hebrew (or Aramaic)이고 히브리파 유대인(아람어, Ἑβραῖοί)은 a Hebrew, particularly one who speaks Hebrew (Aramaic)이다.

그러면 공동체는 한순간에 무너지고 만다. 이에 대처하기위한 5up's를 추천하고자 한다. 가장 먼저는 상대의 말과 의도를 파악하기 위한 경청(listen up)이다. 동시에 상대방을 향한 존중(look up)의 마음과 자세를 갖추는 것이 필요하다. 더 나아가 상대를 향한 순수한 마음 곧 상대에 대한 깨끗한 마음(clean up)을 가져야 한다. 그런 과정에서 혹 나와 맞지 않는 언행심사가 불거져 나오더라도 불평 없는(shut up) 태도와 더불어 상대에 대한 그윽한 기다림(wait up)의 자세가 필요하다.

시기, 질투, 불평, 불만 -> 원망 -> 공동체 붕괴 & 몰락	
Dr. Araw's Recommendation 5 up's	listen up 경청
	look up 존중
	clean up 순수한 마음
	shut up 침묵
	wait up 기다림

2 열두 사도가 모든 제자를 불러 이르되 우리가 하나님의 말씀을 제쳐놓고 공궤를 일삼는 것이 마땅치 아니하니

상기 구절에 의하면 초대교회의 지도자들에게는 크게 두 가지 사역이 요구되었던 듯하다. 첫째, 예수 그리스도의 성육신, 공생애, 십자가 죽음, 부활, 승천, 재림에 대한 가르침이고, 둘째는 매일의 구제를 통한 초대교회 성도들의 필요를 살피는 목양이다.

"공궤"의 헬라어는 트라페자[80](τράπεζα, nf)인데 이는 '상(床)'이라는 의미로 '공궤를 일삼는다'라는 것은 '식탁을 섬긴다'라는 의미이다. 여기서 "일삼다"의 헬라어 디아코네오[81](διακονέω, v)는 '먼지를 일으킬 만큼 뛰다, 열심히 일하다'라는 의미이다. 결국 '밥상공동체를 섬기되 자발적으로 열심히 적극적으로 하다'라는 의미이다. 참고로 디아코네오는 '종'이라는 의미의 디아코노스(διάκονος, nf, nm)에서 파생되었다.

"마땅치 아니하니"라는 것은 '시의적절치 못하다'라는 의미이다.

3 형제들아 너희 가운데서 성령과 지혜가 충만하여 칭찬 듣는 사람 일곱을 택하라 우리가 이 일을 저희에게 맡기고 4 우리는 기도하는 것과 말씀 전하는 것을 전무하리라 하니

일곱 집사의 3가지 조건으로는 첫째, 성령충만한 사람, 둘째는 지혜가 충만한 사람, 세째는 모든 회중에게 좋은 평판을 듣는 칭찬받는 사람이다.

한편 왜 '일곱'만을 택하였느냐는 질문이 생길 수 있는데 이에 대한 학자들의 다양한 견해[82]를 소개하고자 한다.

---

80   트라페자(τράπεζα, nf)는 a table, (a) for food or banqueting, (b) for money-changing or business이다.

81   디아코네오(διακονέω, v)는 (from 1249 /diákonos) - actively serve - literally, "kicking up dust" because "on the move." See 1249 (diakonos)/διά and ἀκονέω의 합성어인데 이는 '먼지를 일으킬 만큼 뛰다, 열심히 일하다'라는 .의미이다. 이는 디아코노스(διάκονος, nf, nm, a servant, minister/(from 1223 /diá, "thoroughly" and konis, "dust") - properly, "thoroughly raise up dust by moving in a hurry, and so to minister" (WP, 1, 162); ministry (sacred service)에서 파생되었다.

82   그랜드종합주석 14, 제자원 성서교재간행사, p149

첫째, Meyer, De Wette, Lenski 등은 '7'이 성스러운 숫자이기에 일곱을 택했다고 했다. 둘째, Alford, Calvin은 실제로 일곱 명이 필요한 숫자라고 했다. 셋째, 어떤 학자(Bengel)는 집사 한 명당 1,000명을 맡았기 때문이라고 하며 어떤 이(Alexander)는 일주일은 7일이었기에 매일 구제에 일곱 명이 필요했다라고 했다. 어떤 이(Haenchen)는 당시 예루살렘 행정구역이 7행정구역이었기에 각 행정구마다 1명이 필요했다라고 했다. 넷째, Gieseler는 히브리파 대표 3인, 헬라파 대표 3인, 개종자 1인으로 구성된 일곱 명이라고 했다. 다섯째는 유대관습에 7인 위원회가 있었는데 사도들이 이 관습을 취했다고 한다. 실제로 구약시대에는 투표의 경우 과반이 필요했기에 종종 7명이 사용되었다고 한다.[83] 나와 공저자는 '7(쉐바, שֶׁבַע, 일곱<-맹세, 쇄바, שָׁבַע)'이라는 숫자의 의미(언약, 맹세, 약속의 수, 완전수)에 방점을 두고 해석하기에 첫째를 지지한다.

"기도하는 것"에서의 '기도'에 해당하는 헬라어는 프로슈케[84](προσευχή, nf)이며 "말씀전하는 것"에 해당하는 헬라어는 테 디아코니아 투 로구 (τῇ διακονίᾳ τοῦ λόγου, the ministry of the Word)인데 여기에서 디아코니아[85](διακονία, nf)라는 말이 나왔다. 즉 '그리스도인들의 교제'란 서로 간에 '말씀을 나누며 시간을 공유하는 것'으로 세상의 친목을 위한 교제와는

---

83 강해로 푸는 사도행전, 존더반 신약주석, 에크하르트 J. 슈나벨, 디모데, p350

84 프로슈케(προσευχή, nf)는 (a) prayer (to God), (b) a place for prayer (used by Jews, perhaps where there was no synagogue)/προσεύχομαι, v이다.

85 디아코니아(διακονία, nf)는 ministry; active service, done with a willing (voluntary) attitude. See1249 (diakonos)/For the believer, 1248 /diakonía ("ministry") specifically refers to Spirit-empowered service guided by faith (4102 /pístis, "the Lord's inbirthed persuasion")이다.

다름을 알아야 한다. 그러므로 오늘날 한국교회가 '교제'라는 명목으로 교회 공동체 안에 수많은 동호회가 결성되어 있는데 약간은 자제해야 할 부분 중 하나이다. 특별히 디모데전서 4장 5절은 "말씀과 기도로 거룩하여짐이니라"고 강조하며 그리스도인의 진정한 '교제'에 대해 말씀하셨다.

5 온 무리가 이 말을 기뻐하여 믿음과 성령이 충만한 사람 스데반과 또 빌립과 브로고로와 니가노르와 디몬과 바메나와 유대교에 입교한 안디옥 사람 니골라를 택하여 6 사도들 앞에 세우니 사도들이 기도하고 그들에게 안수하니라

상기 일곱 집사의 경우 독특하게 모두가 다 헬라식 이름을 갖고 있다. 그들의 면면을 대략 소개하면 다음과 같다.

빌립의 경우에는 4명의 딸과 함께 가이사랴에 살았고(행 21:8-9) 아람어도 가능했으므로 사마리아 지역에서 복음을 전했다. 또한 에디오피아 내시를 개종시키고 세례를 주기도 했다(행 8:4-8, 26-40). 니가노르는 그 이름으로 보아 팔레스타인 출신인 듯 보이고 브로고로, 디몬, 바메나는 적어도 팔레스타인 출신은 아닌 듯하다. 니골라는 비시디아 안디옥 출신의 개종자로 전승에 의하면 계시록(2:6, 25)에 기록된 '니골라당'을 창시한 사람으로 전해지고 있다. '면류관'이라는 의미인 스데반은 헬라파 유대인으로 초대교회 최초의 순교자였다.

"사도들이 기도하고 그들에게 안수하니라"에서의 '그들'이란 일곱 집사(행 21:8)를 가리킨다. 한편 사도행전과 신약의 경우 이런 유의 안수는 성령을 받는 사건(행 8:17), 눈먼 상태에서 고침을 받는 사건(행 9:17), 순회전도

사역의 사명을 주는 사건(행 13:3), 세례(행 19:6)시, 사역을 위한 영적 은사를 받는 사건(딤전 4:14, 딤후 1:6), 한 영혼을 교회로 인도하여 회복되었을 때(딤전 5:22) 등등에서 행하여졌다. 구약에서는 민수기 27장 15-23절(여호수아), 신명기 34장 9절(여호수아), 열왕기하 5장 11절(엘리사가 나아만에게)에서 볼 수 있다.

7 하나님의 말씀이 점점 왕성하여 예루살렘에 있는 제자의 수가 더 심히 많아지고 허다한 제사장의 무리도 이 도에 복종하니라

"하나님의 말씀이 점점 왕성하여"라는 문장은 12장 24절, 19장 20절에도 동일하게 나타난다. 가만히 살펴보면 각 개개인이 성령충만할 때 비로소 교회 공동체는 질적, 양적인 부흥이 됨을 볼 수 있다. 결국 초대교회의 특징은 크게 2가지로 요약되는데 첫째는 말씀과 기도에 전무했던 것이고 둘째는 사역의 체계적인 정비를 갖춤으로 지속적으로 성장할 수 있었던 것이다.

"허다한 제사장의 무리"란 일반적으로 그 숫자가 2,000명에서 20,000명에 이르기까지를 말하지만 학자들마다 의견이 분분(Jeremias, 8,000명)하다. 요세푸스에 의하면 당시 약 20,000명의 제사장이 있었다[86]고 한다. 분명한 것은 바벨론 포로에서 귀환시 제사장의 수는 4,289명(스 2:36-39)이었다.

---

86 존더반 신약주석, 강해로 푸는 사도행전, 에크하르트 J. 슈나벨, 디모데, p353-354

"이 도에 복종하니라"에서의 '도'란 '허락하신 믿음, 주신 믿음, 객관적 믿음'을 의미하는 것으로 명사인 피스티스(πίστις, nf, faith, faithfulness)를 가리킨다. 참고로 believe(~를 믿다)는 belove(~를 사랑하다)에서 파생되었고 이는 다시 라틴어 Credo(~에게 심장까지도 내어주다)에서 파생되었다.

8 스데반이 은혜와 권능이 충만하여 큰 기사와 표적을 민간에 행하니 9 리버디노 구레네인, 알렉산드리아인, 길리기아와 아시아에서 온 사람들의 회당이라는 각 회당에서 어떤 자들이 일어나 스데반으로 더불어 변론할새

"은혜와 권능이 충만하여"라는 상태가 바로 스데반이 살아가는 원동력이었다. 앞부분에는 '하나님의'라는 말이 생략되어 있다. 한편 "은혜"는 하나님의 무조건적인 선물이며 "권능"은 성령님이 임재하신 결과인데 이에는 언제나 "믿음(6:5)"이 전제되어 있음을 알아야 한다.

"각 회당"이란 각 지역에서 온 유대인들이 세운 '자유민의 회당'을 가리키는 것으로 당시 북아프리카 구레네(리비아 북부 해안, 눅 23:26)와 알렉산드리아(히브리어 성경의 헬라어 역본인 70인역(LXX) 편찬된 곳)에서 온 유대인의 회당과 길리기아(수도는 다소, 행 22:3, 사도 바울의 출생지)와 아시아에서 온 유대인의 회당이 있었다. 회당은 숙식과 함께 지역사회의 전반을 다루던 중심이었고 토라 등 교육을 담당하기도 했다.

10 스데반이 지혜와 성령으로 말함을 저희가 능히 당치 못하여

"스데반"의 헬라어는 스테파노스[87]($\Sigma\tau\acute{\epsilon}\varphi\alpha\nu o\varsigma$, nm)인데 이는 '면류관'이라는 의미이다. 싸움에서 승리한 사람이 쓰게 되는 관(계 6:2)을 의미한다. 이와 비슷하나 전혀 다른 면류관이라는 헬라어가 디아데마[88](계 19:12, $\delta\iota\acute{\alpha}\delta\eta\mu\alpha$, nn)인데 이는 '진정한 왕권'을 의미하며 온전한 주권자이신 재림의 예수님이 쓰신 면류관을 가리킨다.

스데반은 지혜와 성령으로 말하였기에(막 13:11) 어느 누구도 능히 당하지 못했다(눅 12:12, 21:15). 왜냐하면 성령님은 그에게 학자의 혀(사 50:4)를 주셨기 때문이다.

11 사람들을 가르쳐 말 시키되 이 사람이 모세와 및 하나님을 모독하는 말하는 것을 우리가 들었노라 하게 하고 **12** 백성과 장로와 서기관들을 충동시켜 와서 잡아 가지고 공회에 이르러 **13** 거짓 증인들을 세우니 가로되 이 사람이 이 거룩한 곳과 율법을 거스려 말하기를 마지 아니하는도다

"모독"의 헬라어는 블라스페모스[89]($\beta\lambda\acute{\alpha}\sigma\varphi\eta\mu o\varsigma$, adj)인데 이는 '비방하다, 명예를 손상시키다, 품위를 떨어뜨리다, 상대를 해치려고 말하다'라는 의

---

87 스테파노스($\Sigma\tau\acute{\epsilon}\varphi\alpha\nu o\varsigma$, nm)는 "crown", Stephen, one of the seven original deacons at Jerusalem, and the first martyr이다.

88 디아데마(계 19:12, $\delta\iota\acute{\alpha}\delta\eta\mu\alpha$, nn)는 properly, a royal crown: "a narrow filet encircling the brow," a "kingly ornament for the head" (R. Trench, 78)/ 1238 /diádēma ("a royal crown") is used three times in the NT - referring to: a) the pagan empires of ancient history which opposed God (Rev 12:3); b) the end-times coalition led by Antichrist (Rev 13:1); and c) the infinite majesty (kingship) of Christ (Rev 19:12)이다.

89 블라스페모스($\beta\lambda\acute{\alpha}\sigma\varphi\eta\mu o\varsigma$, adj)는 slanderous, evil-speaking/what is blasphemous (reverses spiritual and moral realities). See 987 (blasphēmeō)이다.

미이다. 한편 모세에 대한 모독이라고 덮어씌우려는 것은 출애굽기 22장 28절의 말씀에 의거한 것이고 하나님에 대한 모독으로 덮어씌우려는 것은 민수기 15장 30-31절, 레위기 24장 11-16절에 의거한 것이다. 그들이 애써 이렇게 구약을 인용하면서까지 말했던 것은 구약 율법에서는 이런 경우 돌로 쳐 죽여도 되었기 때문이다.

"백성과 장로와 서기관들"이란 디아스포라 회당에 모였던 유대인들, 산헤드린 공회원, 장로들, 토라 전문가들을 가리킨다. 한편 "거짓 증인"은 십계명에서 금하던 것이었다(출 20:16, 신 17:6, 19:15-21). '거짓'이란 '말을 해야 함에도 침묵하는 것(레 5:1)'과 '말을 잘못되게 전달하는 것'까지도 포함한다. 여기서는 증인의 엄중함을 강조하고 있는 것이다.

"이 거룩한 곳"이란 예루살렘 성전이 있는 곳 즉 '예루살렘'을 가리키며 율법이란 '모세의 율법'을 가리킨다.

"거스려 말하기를"이라는 것은 사도행전 6장 14절의 '예수가 예루살렘 성전을 헐고 사흘만에 다시 짓겠다'라고 했던 말과 '모세의 율법을 새로운 계명으로 대치하겠다'라는 말을 했다고 하면서 원래의 말을 살짝 뒤집어 곡해하고 있는 것이다. 결국 이 구절에서는 스데반에게 2가지 죄를 뒤집어 씌우고 있음을 알 수 있다. 첫째는 모세율법을 거스른 모독죄를, 둘째는 하나님의 임재를 상징하는 거룩한 곳인 성전을 모독함으로 하나님을 모독한 것이라고 한 것이다(행 6:11).

한편 스데반은 이사야 66장을 인용하며 사도행전 7장 49-53절에서 선지자 이사야의 의도를 선명하게 밝히고 있다. 이사야는 당시 이스라엘 백성들에게 첫째, 성전에만 하나님의 임재를 국한시키려는 우를 범하지 말라고 했고 둘째, 율법의 절기 준수와 제사를 드린 것으로 하나님께 율법을 모두 다 행하였다라고 착각하지 말라는 것이었다.

14 그의 말에 이 나사렛 예수가 이곳을 헐고 또 모세가 우리에게 전하여 준 규례를 고치겠다 함을 우리가 들었노라 하거늘

그들의 고발은 크게 2가지이다.

첫째, BC 20년에 공사를 시작하여 AD 26년, 그러니까 예수님께서 공생애를 막 시작할 무렵(예수님의 나이는 30세)에 헤롯성전의 외형은 거의 완성(준공은 AD 63년)되었다. 그때 예수님은 헤롯성전을 보며 성전을 헐면 사흘 만에 다시 세우겠다(나오스, ναός, 요 2:21)고 하시며 '당신의 부활'을 예고하셨다(요 2:21-22). 그런데 그들은 이를 왜곡하여 '성전 건물(히에론, ἱερόν, 요 2:14)'을 부각시켰던 것이다.

둘째, 모세의 불완전한 율법을 폐하고 그것을 완성하신 예수님을 전한 부분을 두고 율법이 명한 규례를 고치겠다라고 왜곡시킨 것이다. 당시 유대인들은 할례, 안식일 준수(눅 6:1-11, 13:10-17, 14:1-6), 음식에 관한 율법을 중요시했기에 율법을 문자적으로 고수했다. 특별히 예수님은 음식에 관해 그 개념을 바꾸어 주셨는데(막 7:15-16, 19, 마 15:17-20) 이를 곡해하여 마치 레위기 11장, 17장을 부정하기라도 했다는 듯이 틀어버린 것이다.

결국 "이 나사렛 예수가 이곳을 헐고"라는 것은 요한복음 2장 19-20절에 의하면 '일으키리라'에 방점이 있음에도 불구하고 '헐고'에 방점을 둠으로 본말(本末)을 전도시켜버린 것이다. 또한 "또 모세가 우리에게 전하여

준 규례를 고치겠다 함을 들었노라"는 것은 마태복음 5장 17절에 의하면 새빨간 거짓말임을 알 수 있다.

15 공회 중에 앉은 사람들이 다 스데반을 주목하여 보니 그 얼굴이 천사의 얼굴과 같더라

"천사의 얼굴(πρόσωπον ἀγγέλου, the face of an angel)"이라는 함의(含意) 속에는 '성부하나님의 앞서가심(나하흐의 하나님)', 성자예수님의 함께하심(임마누엘, 에트의 하나님)', 성령 하나님의 충만하심과 동행(뒤에서 방향을 지시하심, 할라크의 하나님)'과 더불어 '삼위일체이신 하나님의 권위'가 내재되어 있다. 결국 스데반의 설교는 단순히 그의 말도 아니요 그가 임의로 한 것도 아니었다라는 의미이다.

"그 얼굴이 천사의 얼굴과 같더라"는 것은 위기의 순간에도 스데반은 하나님께만 집중되어 있었다는 말씀이다. 일반적으로 사람의 얼굴을 보면 평상시 그 사람의 언행심사를 알 수 있다. 왜냐하면 마음과 생각 속에 있는 것이 언행으로 나타나며 그것이 지속되면 습관이 되고 종국적으로는 성품이 되기 때문이다(눅 6:45, 삼상 27:1, 잠 23:7).

"선한 사람은 마음의 쌓은 선에서 선을 내고 악한 자는 그 쌓은 악에서 악을 내나니 이는 마음의 가득한 것을 입으로 말함이니라"_눅 6:45

"대저 그 마음의 생각이 어떠하면 그 위인도 그러한 즉 그가 너더러 먹고 마시라 할지라도 그 마음은 너와 함께 하지 아니함이라"_잠 23:7

오직 성령이 너희에게 임하시면
성령행전(Πράξεις Πνεύματος)

레마이야기 7

스데반의 설교(AD 32), 아브라함, 모세, 할례

성령강림절인 오순절 이후로 사도들은 성령님의 능력으로 복음을 전하고 기적과 표적을 베풀며 예수님만이 그리스도 메시야이시요 유일한 구원자임이심을 거침없이 선포했다. 결국 그 예수님을 '믿음으로만' 구원을 얻게 된다는 것이었다.

선교는 성령님의 인도하심과 그분의 능력으로 진행된다. 감사하게도 우리는 그 일에 쓰임을 받았다. 그렇기에 당연히 그 소명과 사명을 감당하려면 땀과 눈물이 필요하다. 심지어는 죽음까지도 요구될 때가 있다. 그러나 그것조차도 성령님께서 능력을 주셔서 감당케 하신다.

예수님의 십자가 죽음 이후 당시 예루살렘의 분위기는 엄청 살벌했다. 그에 반하여 성령의 인도하심 가운데 예수를 믿는 사람들은 점점 더 늘어만 갔다. 그리하여 전 우주적 교회(universal church)의 시초인 초대교회가 시작되었다. 예루살렘에 있는 제자의 수는 하나님의 말씀이 흥왕해짐에 따라 더욱더 많아졌다.

그러다 보니 호사다마(好事多魔)일까? 교인들의 수가 늘어나며 초대교회 공동체 안에는 이런저런 일들이 복잡하게 얽히기 시작했다. 그중에 유독 '돈'과 관련된 구제 봉사의 일에 분란이 많았다. 그것은 다름이 아니라 히브리파 과부와 헬라파 과부를 돕는 일에서 지속적으로 한쪽으로 치우치게 되자 다른 한편에서 불평이 터져 나오기 시작한 것이다. 이에 사도들은 기도하며 하나님께 지혜를 구한 후 말씀 전하는 것과 기도하는 것 외에 모든 지도력을 이양할 일곱 집사를 택했다. 그중 주목해야 할 두 인물이 빌립과 그 친구인 스데반이다. 특히 스데반은 은혜와 권능이 충만하였고 성령으로 말하던 귀한 사람이었다.

정곡을 찌른 스데반의 단 한 번의 설교와 순교!

야무지게 한 번 설교한 후 순교하였던 유명한 스데반의 설교가 사도행전 7장(2-53절)에 나온다. 스데반의 설교 주제는 가만히 상고해 보면 크게 3가지로 압축된다. 모든 주제는 당시 유대인들의 자랑거리와 깊은 관계가 있다. 문제는 그의 설교의 골자(骨子)가 유대인들의 자존심 곧 3가지 자랑을 지독하게 건드렸다는 것이다.

첫째는 그들이 믿음의 조상 아브라함을 통해 택함 받은 선민이라는 자부심이다. 둘째는 하나님으로부터의 율법을 신탁 받은 자신들의 선조인 모세에 대한 자부심이다. 셋째는 할례로 인한 그들만의 긍지와 자부심이다. 그런 유대인들을 향해 스데반은 올곧게 아주 '쎈' 설교를 해버렸던 것이다.

첫째, 유대인들의 국부(國父)인 아브라함은 믿음이 좋아서 믿음의 조상이 된 것이 아니라고 지적했다. 하나님께서는 아브라함이 "여호와를 믿으니 그것을 의로 여기셨을 뿐"이었다. 즉 믿음이 있어서가 아니라 하나님의 '여겨주심' 때문이라고 말했던 것이다. 사실인즉 아브라함이 믿음의 조상이 될 정도의 믿음은 아니었으나 그렇게 믿음의 조상이 되게 하신 하나님의 은혜와 사랑을 감사하라고 외쳤던 것이다. 그런 스데반의 설교를 들었으니 유대인들은 당연히 주먹에 힘이 들어갈 수밖에 없었을 것이다. 끓어오르는 분노로 말미암아 아마 그들의 손에서는 땀방울이 뚝뚝 떨어졌을지도 모르겠다.

둘째, 모세가 받았던 하나님으로부터의 신탁인 율법은 죄를 깨닫기 위한 것일 뿐 그 율법이 죄를 온전히 해결하지 못하며 인간이 그 율법을 행함으로 구원 얻는 것은 아예 불가능하다라고 지적했다. 그러면서 그 불완전한 율법은 완전하신 메시야이시요 그리스도이신 예수님께서 필연적으로 이 세상에 오셔야 할 당위성을 설명하는 초등교사일 뿐이라고 지적했다. 그러자 유대인들의 분노는 더욱 뜨겁게 끓어올라 머리 뚜껑이 들썩거렸을 것이다.

셋째, 스데반은 '육신의 할례'가 중요한 것이 아니라 예수 그리스도를 주인으로 모시는 '마음의 할례'가 중요하다고 강조했다. 그러자 유대인들은 자존심의 망가짐에 더하여 심한 상처까지 받게 되었다.

그토록 자랑스러워했던 이 3가지가 한꺼번에 땅바닥에 떨어질 때 마치 자신들이 땅바닥에 내팽개쳐지는 듯한 느낌을 받았을 것이다. 북받치는 감정에 손을 부르르 떨며 어쩔 줄 몰라 하던 유대인들은 화가 머리끝까지 치솟자 양손에 어른 주먹만한 돌을 쥐어 들었던 것이다.

한편 그들이 당시 스데반의 설교에 마음이 찔려 회개했더라면 얼마나 좋았을까라는 아쉬움이 들기도 한다.

크게 분노하며 뿌드득 이를 갈던 그들은 큰소리를 지르다가 더 이상은 듣기 싫다는 듯 귀를 막았다. 그리고 일심으로 달려들어 그를 성 밖으로 내친 후 돌을 퍼부었다. 성경의 그 다음 장면은 오랫동안 저자의 뇌리에 선명한 기억으로 자리 잡혀 있다. 그것은 핍박을 가하는 자들의 얼굴 표정과 핍박을 받고 있던 스데반의 대조적인 얼굴 표정 때문이다. 지독한 아이러니는 당시 핍박을 가하는 자들의 얼굴에는 평화가 없었고 악의와 살의만 가득했던 반면에 돌을 맞아 고통스러울 법한 스데반의 얼굴에는 평안으로 가득찼다라는 것이다.

스데반은 날아오는 무수한 돌을 맞으면서도 성령이 충만하여 하늘을 우러러 주목하며 하나님의 영광과 예수님께서 하나님의 우편에 서신 것을 보면서 끝까지 하나님께 자신의 영혼을 맡겼다. 더 나아가 그들의 죄를 사하여 달라고 기도까지 한 후 분연히 하늘나라로 갔다.

스데반은 정확하게 그리스도인의 죽음인 다나토스의 죽음을 통해 현재형 하나님나라에서 미래형 하나님나라에로의 '이동(아날뤼시스)'을 한 것이다. 여기까지만 보면 스데반이 너무 부럽다. 그러나 돌 맞을 때의 통증을 생각하면 순간 멈칫하면서 생각이 약간 흔들리기도 한다.

의사인 저자의 경우 아직도 궁금한 것은 '스데반이 돌에 맞았을 때 성령이 충만한 상태였기에 통증이 덜 느껴졌을까?'라는 것이다. 천국에 가면 스데반에게 꼭 물어보고 싶은 것 중의 하나이다.

영수였던 나의 친할아버지(용현교회 이봉현)는 죽창에 찔려 순교하셨다. 얼마나 아팠을까? 순교자의 후손으로 태어났기에 지난날부터 나는 알게 모르게 순교에 대한 부담이 있어 왔다. 그렇기에 순교 시의 상황이나 고난 등등에 관한 디테일에 관심이 아주 많다. 그러다 보니 스데반의 순교 시 그 상황이나 인간적인 공포 속에 느꼈을 두려움, 지독한 통증에 대해 자꾸 관심이 가곤 한다. 그때의 상황을 조금만이라도 알 수 있다면 순교를 감당하는 것에 마음이 놓일 텐데…….

이왕 농담 반 진담 반으로 '순교'에 대해 얘기하였으니 마무리는 지어야겠다. 먼저 순교는 아무나 하는 것이 아님을 알아야 한다. 본인이 하고 싶다고 해서 할 수 있는 것이 아니란 말이다. 순교는 하나님

께서 허락하셔야만 가능하다. 그렇기에 하나님께서 허락하신 순교라면 그 과정도 잘 지나가게 하실 것이다. 그러므로 순교 시 맞게 될 고통에 대해서는 실상 걱정할 필요가 없다. 또한 순교 후에는 즉각 부활체로 부활하게 된다. 그리고는 우리를 하나님께서 이곳 현재형 하나님나라에서 미래형 하나님나라로 인도하여 가실 것이기에 그 모든 염려는 기우(杞憂, 쓸데없는 걱정)에 불과하다. 나와 공저자는 그렇게 확실히 믿고 있다. 평생을 생육신으로 순교하듯 복음을 전했던 아버지와 어머니의 말씀이 생생하다.

그래도 '통증(Pain or Suffering)'에 대해서 만큼은 꼭 알고 싶기는 하다. 통증에 예민한 의사로서, 순교자의 후손으로서 순교에 부담을 안고 있는 나와 공저자의 공통된 마음이다. 혹시나 저자에게 순교를 허락하신다면 '딱 한 방에 가게 해 주실 것'과 '통증에 대처하는 비법을 주님께서 그전에 꼭 알려주실 것'을 소망하면서……

다시 순교 현장의 괴짜 인물인 스데반의 순교 현장으로 렌즈를 돌려보자. 그 자리에는 별난 인물이 하나 있었다. 알 수 없는 적개심으로 분을 삭이지 못하던 인물로서 바로 스데반의 죽음에 주동자 역할을 했던 사울이라는 청년이다. 그는 AD 5년 길리기아 다소에서 출생했다. 그는 10대 때 예루살렘으로 유학을 와서 당시 바리새파 중의 힐렐 학파인 랍비 힐렐의 손자 가말리엘 문하의 수제자가 되었던 인물이다. 보수를 지향하던 샴마이 학파와 달리 진보 개혁을 표방하던 힐렐학파와 맞았던 것이다. 말 그대로 그들은 열혈분자들이었기 때문이다. 당시 바울은 자기 딴에는 하나님에 대한 열심이 특심이었다. 물론 그릇된 열심이기는 했지만……

바리새인들은 하나님에 대한 올바른 지식을 좇은 것도 아니요, 자기 의를 드러내는 데 힘을 쏟았다.[90] 일반적으로 그릇된 종교적 열심은 종국적으로는 종교적 광기를 불러일으킨다. 그로 인하여 우민화, 획일화, 맹신과 맹목적 신앙이 되어 또 다른 해괴한 광기를 발하게 한다. 결국 그들은 신앙의 본질에서 점점 더 멀어져 갔다.

그런 광기에 사로잡혀 있던 청년 사울은 당시 예루살렘 교회에 불었던

---

90 행 22:3-4; 롬 10:2-3; 갈 1:14; 빌 3:6을 참고하라

엄청난 핍박이라는 광풍의 가장 중심에 서게 된다. 당시 그런 사울은 육체적으로는 살았으나 실제로는 죽은(영적 죽음) 자였다. 반면에 사울의 주동으로 죽었던(다나토스의 죽음) 스데반은 육체적으로 죽었으나 영적으로는 곧장 부활되어 영생을 누리게 된, 진정한 산 사람이었다. 물론 은혜로 바울이 된 청년 사울도 훗날 예수님을 만나 진정한 '산 사람'이 되기는 하였지만…….

결국 7장은 스데반이 하나님의 영광의 도구로 먼저 쓰여진 후 그를 죽이는데 주동이 되었던 사울이 회심함으로 하나님의 영광의 도구로 쓰이게 될 것을 예고하고 있다.

7-1 대제사장이 가로되 이것이 사실이냐

이 구절에서 대제사장은 요셉 가야바(행 4:6)를 가리킨다. "이것"이란 사도행전 6장 13-14절의 말씀 곧 '성전모독(신성모독)'과 '모세의 율법모독'을 가리킨다.

2 스데반이 가로되 여러분 부형들이여 들으소서 우리 조상 아브라함이 하란에 있기 전 메소보다미아에 있을 때에 영광의 하나님이 그에게 보여

2-53절까지는 스데반의 긴 설교로서 히브리 정경(TNK, 24권) 중 12권을 포함하는 광범위한 내용이 들어있다. 곧 Torah의 5권, Nebiim의 5권(왕상, 대상, 대하, 사, 렘, 암, 호), Ketubiim의 2권(느, 시)이다.

"부형들이여"라는 호칭을 사용한 것에서는 스데반의 웅숭깊은(be generous, broad-minded) 성품과 따스한 마음을 볼 수 있다. 한편 스데반은 이 구절에서 모세와 율법 대신에 아브라함을 거론하고 있음에 주목해야 한다. 결국 그는 하나님의 6대 언약 가운데 아브라함의 정식언약, 횃불언약, 할례언약을 은근히 드러내려고 했던 것이다.

아브람은 50세때 아버지 데라와 함께 갈대아 우르(אור, flame) 곧 메소포타미아를 떠나 밧단아람 지역의 하란에 슬그머니 25년간이나 안착했던 인물이다. 정작 가야할 곳인 가나안은 외면한 채······.

"영광의 하나님(Ο Θεὸς τῆς δόξης, The God of glory)"에서 '영광'의 헬라어는 독사[91](δόξα, nf)인데 이에 해당하는 히브리어는 쉐키나(in the Targum and Talmud שְׁכִינָה, Shekinah or Shechinah (see BB. DD. under the word))로서 '하나님의 현현'을 나타낼 때 사용되던 단어이다(출 16:7, 40:34-35, 레 9:6, 23, 시 29:3).

3 가라사대 네 고향과 친척을 떠나 내가 네게 보일 땅으로 가라 하시니 **4** 아브라함이 갈대아 사람의 땅을 떠나 하란에 거하다가 그 아비가 죽으매 하나님이 그를 거기서 너희 시방 거하는 이 땅으로 옮기셨느니라

---

91 독사(δόξα, nf)는 (from dokeō, "exercising personal opinion which determines value") - glory. 1391 /dóksa ("glory") corresponds to the OT word, kabo (OT 3519, "to be heavy"). Both terms convey God's infinite, intrinsic worth (substance, essence)이다.

마태복음 8장 21-22절이 연상되는 구절이다. 즉 그리스도인들은 유한 된 한 번 인생을 살아가며 세상이나 학연, 지연, 혈연에 얽매이게 되면 하나님의 일을 알차게 감당하기 어렵다는 것을 드러내고 있는 부분이다.

한편 하나님은 아브라함에게 떠나라고 하시며 장소나 방향에 대한 명확한 지시도 없이 단순히 "네게 보일 땅으로 가라(행 7:3, 히 11:8)"는 명령만 하시고 있는 것을 보게 된다. 그러나 종착지만큼은 '가나안'이라고 분명히 언급하셨다(창 11:31, 21:1). 결국 여기서는 하나님께서 분명한 장소를 언급하셨냐 아니냐의 문제가 아니라 '나만 믿고 나아가라'는 '아브라함의 믿음'에 방점이 있음을 알아야 한다. 그 아브라함의 믿음 또한 하나님의 '여겨주신 믿음'이지 자신의 굳센 믿음이 아니었다. 그렇기에 그는 곧장 '가나안'으로 가지 않고 메소포타미아 문명의 절정인 '비옥한 초생달 지대(Fertile Crescent)'를 따라 올라갔던 것이다. 연약한 인간의 한계를 잘 보여주는 사건이다.

이곳 사도행전 7장 4절은 논란이 많은 구절로 연대 문제를 제기하는 일명 '똑똑이(our smarty)'들의 목소리가 시끄럽게 나오는 부분 중 하나이다. 창세기 11장 26절에서 12장 4절에 의하면, 데라는 하란, 나홀, 아브람을 70세에 낳았다(창 11:26의 이름 순서는 생물학적 나이의 순서가 아님)고 했다. 그러나 이 말은 데라가 장자인 하란을 낳은 때(하란의 딸 밀가와 동생 나홀이 결혼)가 70세라는 의미이다. 막내인 아브람은 장자(하란의 딸 밀가와 결혼한 나홀)인 하란보다 60년 후인 데라의 나이 130세에 출생했다. 왜냐하면 아브람이 하란을 떠날 때 75세(창 12:4)였고 그때 데라의 나이는 205세였기 때문이다.

그러므로 역산을 해보면 갈대아 우르를 떠날 때 데라는 180세, 아브람은 50세였고 하란에서 25년 머문 후 데라가 205세에 죽자(창 11:32) 75세였던 아브람은 성령님의 인도하심을 따라 유프라테스강을 건넜던(히브리인) 것이다.

5 그러나 여기서 발붙일 만큼도 유업을 주지 아니하시고 다만 이 땅을 아직 자식도 없는 저와 저의 씨에게 소유로 주신다고 약속하셨으며

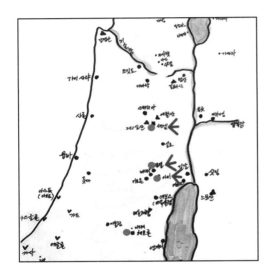

가나안 땅에 들어가 처음 도착한 곳은 세겜(창 12:6) 땅 모레(지역명칭 혹은 상수리나무 숲의 주인이름) 상수리나무였다. 다시 벧엘 동편 산(창 12:8)으로 옮겼다가 애굽으로 내려 갔다가 다시 벧엘과 아이 사이로(창 13:3) 되돌아왔다.

한편 아브라함은 이 땅을 이삭이 태어난 후에 샀다. 막벨라 굴을 산 때는 사라의 나이가 127세(창 23:1-20)였는데 이때 그는 137세였다. 결국 아브라함이 하란을 떠난 때는 그가 75세였는데 자식은 25년만에, 땅은 52년만에 겨우 얻었을 뿐이었다.

6 하나님이 또 이같이 말씀하시되 그 씨가 다른 땅에 나그네 되리니 그 땅 사람이 종을 삼아 사백 년 동안을 괴롭게 하리라 하시고 **7** 또 가라사대 종 삼는 나라를 내가 심판하리니 그 후에 저희가 나와서 이곳에서 나를 섬기리라 하시고

애굽에서의 기나긴 종살이는 하나님의 백성으로서의 또 하나의 연단이요 훈련기간이었다. 한편 400년(창 15:13)이란 기간은 실제로 430년(출 12:40-41, 갈 3:17)을 가리키는 것으로 유대인들은 숫자를 대략적으로 기록하던 관습이 있었음을 감안해야 한다. 즉 그들은 '정확함'보다는 '상징과 의미'에 좀 더 무게를 두었다. 이를 두고서 성경의 6대 속성인 무오류성을 지적하는 것은 난센스(nonsense)이다.

"종 삼는 나라"란 애굽을, "이곳에서"가 가리키는 곳은 하나님의 산인 '호렙산(חֹרֵב, waste, a mountain in Sinai, 건조한 땅, 메마른 땅, 출 3:1, 신 4:10, 15, 5:2, 18:16, 세일עֵשָׂיר 산הַר-/시내סִינַי 산בְּהַר, 가시나무와 떨기나무가 많은 곳, 레 7:38)'을 말한다. 그러나 포괄적인 의미로는 '약속의 땅' 곧 '가나안'을 말하기도 한다.

8 할례의 언약을 아브라함에게 주셨더니 그가 이삭을 낳아 여드레만에 할례를 행하고 이삭이 야곱을, 야곱이 우리 열두 조상을 낳으니

이 구절은 51절과 함께 해석해야 한다. 즉 '할례'란 구속사적(救贖史的) 관점에서는 유대인들에게 주신 언약의 상징인 것이 사실이다. 그러나 이 구절에서는 오히려 무 할례시에 믿음으로 구원을 받았던 아브라함을 좇아 모든 사람 또한 믿음으로 구원을 얻을 수 있다는 것을 강조한 것이다.

그렇기에 육신의 할례를 받는 것도 중요하나 비교할 수 없이 중요한 것은 "마음과 귀에" 할례를 받는 것(롬 2:29)이라는 말이다.

9 여러 조상이 요셉을 시기하여 애굽에 팔았더니 하나님이 저와 함께 계셔 10 그 모든 환난에서 건져내사 애굽 왕 바로 앞에서 은총과 지혜를 주시매 바로가 저를 애굽과 자기 온 집의 치리자로 세웠느니라 11 그 때에 애굽과 가나안 온 땅에 흉년 들어 큰 환난이 있을새 우리 조상들이 양식이 없는지라

"요셉"은 아브라함, 이삭, 야곱을 잇는 독특한 그리스도의 그림자이자 예표이다. 그런 요셉의 삶은 마치 흠 없는 그리스도가 동족인 유대인들과 종교 기득권자들에 의해 모략을 당하고 죽게 되는 것과 흡사하다. 한편 이 구절에서는 "하나님이 저와 함께 하셔"에서의 '함께(에트의 하나님, 나하흐의 하나님, 할라크의 하나님)'라는 단어에 집중해야 한다. 왜냐하면 창세기 39장은 "함께 하심"으로 "형통케 되었다"라고 반복하여(2, 3, 21, 23) 말씀하고 있기 때문이다.

참고로 "형통"의 히브리어는 2가지가 있는데 세상적 형통(솰라흐, שָׁלָה, v, to be quiet or at ease, prosper, 욥 12:6)과 하나님의 형통(짤라흐, צָלָה, v, (cause to, effect, make to, send) prosper(-ity, -ous, - ously))이 있다.

10절에는 "주시매, 세웠느니라"는 단어를 통해 오직 하나님만이 주권 자이심을 강조하고 있으며 11절은 창세기 41-42장의 내용이다.

12 야곱이 애굽에 곡식 있다는 말을 듣고 먼저 우리 조상들을 보내고 **13** 또 재차 보내매 요셉이 자기 형제들에게 알게 되고 또 요셉의 친족이 바로에게 드러나게 되니라 **14** 요셉이 보내어 그 부친 야곱과 온 친족 일흔다섯 사람을 청하였더니

"먼저 보내고~또 재차 보내매"라는 것에서의 '먼저'와 '재차'라는 단어는 결국 나중에 야곱의 온 가족 75명 모두가 다 애굽으로 내려감을 염두에 두고 한 말씀이다(창 46:1-7).

14절에는 75인으로 되어 있으나(70인역, LXX) 창세기 46장 27절, 신명기 10장 22절에서는 70인으로 기록되어 있다. 이 부분 역시 앞서 언급한 6절의 경우처럼 숫자의 '정확함'보다는 '상징과 의미'에 무게를 두는 유대인들의 특성 때문이다. 창세기 46장 26절에는 "야곱의 자부 외에 66명"이라고 했다. 당시 이미 애굽에 있던 요셉과 그의 아내 아스낫(창 41:45), 두 아들인 에브라임과 므낫세를 합하면 70명이 된다. 여기에 70인역은 요셉의 손자를 합하면(민 26:28-37, 대상 7:14-21) 75인이 된다라고 했다.

15 야곱이 애굽으로 내려가 자기와 우리 조상들이 거기서 죽고 **16** 세겜으로 옮기워 아브라함이 세겜 하몰의 자손에게서 은으로 값주고 산 무덤에 장사되니라

15절에서 야곱이 애굽에서 죽었다라는 것은 다시 가나안 땅으로 가지 못하였음을 드러내고 있는 것이다. 이는 가나안 땅 또한 영원한 안식처가 아니라 미래형 하나님나라의 상징인 것을 함의하고 있다.

"세겜(Συχέμ, Shechem, a city in Samaria, שְׁכֶם, "ridge", a district in Northern Palestine,

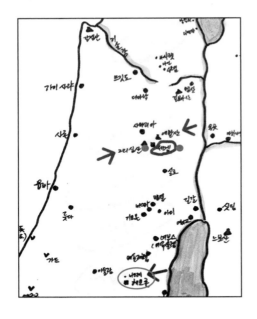

also a son of Hamor)"이란 그리심 산과 에발 산 사이에 위치한 골짜기에 있는 성읍으로 '어깨'란 의미이다. 한편 원래 세겜 땅을 산 사람은 야곱이었고 그 대가는 은 100개였다(창 33:19, 수 24:32). 그런데 16절은 아브라함이 샀다고 했다. 또한 야곱은 세겜 땅이 아닌 막벨라 굴에 장사(창 49:29-33)되었다. 요셉은 출애굽 때에 그의 유언(창 50:25)대로 후손들이 해골을 가지고 나왔는데 세겜 땅에 장사(출 13:19, 수 24:32)되었다. 상기 네이버에 나오는 지도를 통해 대략의 위치를 참고하면 도움이 될 것이다.

그리고 아브라함이 은 400개을 주고 산 것은 세겜땅이 아니라 헤브론에 있는 막벨라 굴이었다(창 23:16). 스데반은 장지(葬地)와 산 사람에 대해 약간 혼동을 한 듯 보인다. 그러나 이 구절에서는 조상들이 '누가 어디에 묻혔으며 누가 어느 곳을 구입했느냐'의 문제보다도 창세기의 말씀대로 그들 조상의 해골을 애굽에서 가지고 나와 가나안 땅에 묻었다는 것에 방점을 두어야 한다.

17 하나님이 아브라함에게 약속하신 때가 가까우매 이스라엘 백성이 애굽에서 번성하여 많아졌더니 **18** 요셉을 알지 못하는 새 임금이 애굽 왕위에 오르매 **19** 그가 우리 족속에게 궤계를 써서 조상들을 괴롭게 하여 그 어린 아이들을 내어 버려 살지 못하게 하려 할새

"번성"이라고 기록된 것은 야곱의 온 가족이 가나안 땅을 떠날 때 70인이었는데 출애굽 시에는 장정만 60만이 된 것(출 12:37-38)을 두고 한 말씀이다. 이는 창세기 15장 5절의 말씀이 그대로 성취된 것이다.

참고로 요셉이 섬긴 왕은 애굽을 정복한 힉소스 왕조 때의 바로(셈족)였다. "요셉을 알지 못하는 새 임금"이란 애굽의 원주민(함족)인 애굽 18왕조의 세번째 왕인 투트모스 1세(Thutmose I, BC 1539-1514)로 여겨지고 있다.[92] 정확한 출처는 알 수 없지만, 셈족이었던 요셉이 감옥에서 나와 꿈 해몽 후 총리가 될 수 있었던 것은 역사의 주관자 하나님께서 요셉이 감옥에 있던 2년 동안 애굽에 정변이 일어나게 함으로 애굽의 파라오를 함족에서 셈족으로 바꾸었던 때문이다. 그렇기에 셈족인 요셉을 셈족인 파라오(Paraoh)가 총리로 세우기가 훨씬 용이했을 것이다. 역사의 주관자 하나님의 세미한 손길을 볼 수 있게 한다.

20 그 때에 모세가 났는데 하나님 보시기에 아름다운지라 그 부친의 집에서 석 달을 길리우더니 **21** 버리운 후에 바로의 딸이 가져다가 자기 아들로 기르매 **22** 모세가 애굽 사람의 학술을 다 배워 그 말과 행사가 능하더라 **23** 나이 사십이

---

92   그랜드종합주석 14, p168

되매 그 형제 이스라엘 자손을 돌아볼 생각이 나더니

"하나님 보시기에(창 1:4, 12, 18, 21, 25, 31) 아름다운지라"는 것은 '하나님 앞에서(욘 3:3), 여호와 앞에서(창 10:9)' 극히 아름답고 좋다라는 의미이다.

"애굽 사람의 학술"이란 과학, 수학, 천문학, 의학, 지리학뿐만 아니라 지도자로서의 처세법과 통치술까지를 포함한다. 그 결과 모세는 "말과 행사가 능하더라"고 했다. 그럼에도 불구하고 출애굽기 4장 10절에서는 핑계를 대며 "말에 능치 못하다"라며 꽁무니를 빼기도 했다.

이 구절의 "나이 사십이 되매"라는 것은 구약에는 명확하게 나오지 않는다. 출애굽기 2장 11절에는 "모세가 장성한 후에"라는 말씀이 나올 뿐이다. 그러나 애굽의 바로에게 나아갈 때의 모세는 80세(출 7:7)였고 출애굽 이후 비스가 산에서 죽을 때에는 120세(신 34:7)인 것은 성경이 밝히고 있다. 결국 스데반은 모세가 40년은 왕자로서, 40년은 목동으로서, 40년은 지도자로서의 삶을 살았다고 해석한 듯하다.

24 한 사람의 원통한 일 당함을 보고 보호하여 압제 받는 자를 위하여 원수를 갚아 애굽 사람을 쳐 죽이니라 **25** 저는 그 형제들이 하나님께서 자기의 손을 빌어 구원하여 주시는 것을 깨달으리라고 생각하였으나 저희가 깨닫지 못하였더라

이 구절은 '모세의 의분'에 대해 다소 의도적으로 상세하게 설명하고 있다. 당시 '모세의 의분'은 땅의 일만 살핀 것(출 2:12)이지 하나님의 뜻을 따른 것은 아니었다(롬 12:19). 결국 모세는 엉뚱하게도 왕자의 지위(Everything)에서 도망자의 신세(Nothing)가 되어 버린다. 언뜻 우리가 받아들

이기도 이해하기도 어렵다. 동시에 '하나님의 때'는 전적으로 당신의 섭리와 경륜에 두셨음을 다시 생각케 한다. 더 나아가 모든 것은 하나님의 방법으로 이루어짐을 깨닫게 된다.

그리스도인들은 한 번 인생을 살아가며 무수히 다가오는 수많은 돌발 상황들에 대해 아무리 옳다고 할지라도, 비록 그것이 의분에서 나온 것이라 할지라도 하나님보다 앞서지 말아야 한다. 하나님의 오케이 사인을 묵묵히 기다릴 줄 알아야 한다.

26 이튿날 이스라엘 사람이 싸울 때에 모세가 와서 화목시키려 하여 가로되 너희는 형제라 어찌 서로 해하느냐 하니 27 그 동무를 해하는 사람이 모세를 밀뜨려 가로되 누가 너를 관원과 재판장으로 우리 위에 세웠느냐 28 네가 어제 애굽사람을 죽임과 같이 또 나를 죽이려느냐 하니

이 구절은 "화목시키려 하는" 모세를 밀치며 '잘난척하지 말라'고 성질을 부리는 못된 이스라엘 사람들을 보여주고 있다. 오늘날의 인간 군상들의 모습과 어쩜 그리 흡사한지……. 예나 지금이나 인간의 악함이나 죄성은 비슷해 보인다. 더 나아가 그 인간은 '네가 힘이 좀 있다고 하여 어제는 애굽사람을 죽이더니 이제는 나를 죽이겠다는 것이냐'며 대들기까지 한다. 상대의 약점을 물고 늘어지는 야비한 모습이 연출되고 있다. 작금의 21세기를 살아가고 있는 인간들의 군상과 너무나 흡사하다. 많은 얼굴들이 일제히 떠오른다. 동시에 그 모습 속에 낯익은 나의 모습이 있음에 화들짝 놀라게 된다.

29 모세가 이 말을 인하여 도주하여 미디안 땅에서 나그네 되어 거기서 아들 둘을 낳으니라

"미디안 땅"이란 시내 산이 있는 아라비아 반도를 가리킨다. 그곳에는 미디안 족속이 살고 있었는데 바로 그의 장인 이드로는 미디안 사람이었다(출 2:16-21). 그곳에서 모세는 십보라와 결혼(출 2:21)하여 게르솜(גֵּרְשֹׁם, 출 2:22, 18:3, 내가 타국에서 객이 되었음이라)과 엘리에셀(אֱלִיעֶזֶר, 출 18:4, 내 아버지의 하나님이 나를 도우사 바로의 칼에서 구원하셨던 함이라)을 낳았다.

30 사십 년이 차매 천사가 시내 산 광야 가시나무 떨기 불꽃 가운데서 그에게 보이거늘

"천사(ἄγγελος)"는 여호와의 사자(출 3:2)로서 히브리어로는 말라크(מַלְאָךְ) 야훼(יְהוָה, Yhvh)라고 한다. 말라크(מַלְאָךְ, nm, a messenger)는 '보냄을 받은 자, 파견된 자'라는 의미로 하나님께로부터 소명을 받아 사명을 감당하는 천사(마 2:20, 23)이다. Calvin은 이 '천사'를 성육신하기 이전의 성자하나님 즉 예수 그리스도를 가리킨다고 했다. 이는 '예수님만이 그리스도, 메시야이시다'라는 의미를 담고 있기에 나와 공저자는 그 해석을 지지한다.

참고로 '호렙(חֹרֵב, "waste", a mountain in Sinai)'이 산맥이라면 '시내(Σινᾶ, Sinai, a mountain probably on the Sinai Peninsula/a mountain in Arabia, סִינַי, the mountain where the law was given)'는 그 산맥의 한 부분을 가리킨다. 물론 역으로도 생

각할 수 있다.

"가시나무"는 시내 반도에 흔히 자생하고 있는 하찮은 나무로서 '천대 받던 이스라엘 백성'을 상징하며 "불꽃"은 하나님의 사자를 상징한다. 한편 출애굽기 3장 2절에는 "떨기나무 불꽃 가운데서~떨기나무에 불이 붙었으나 사라지지 아니하는지라"고 되어 있다. 이는 '불꽃 가운데서 고통받는 이스라엘 백성'을 상징한 것이다. 한편 나무가 타면서도 없어지지 않은 것은 불꽃의 근원은 나무가 아니라 하나님이라는 것을 보여준 것이다. 또한 '너를 사용하겠지만 너의 실력이 아닌 오로지 나의 힘으로 하겠다'라는 것을 드러낸 것이다.

31 모세가 이 광경을 보고 기이히 여겨 알아보려고 가까이 가니 주의 소리 있어 32 나는 네 조상의 하나님 즉 아브라함과 이삭과 야곱의 하나님이로라 하신대 모세가 무서워 감히 알아보지 못하더라

"기이히 여겨"라는 것은 '경이감과 호기심으로'라는 의미이다. 참고로 Mazzini는 '경이감이 없이는 배움이 없다'라고 말하기도 했다.

"아브라함과 이삭과 야곱의 하나님"이란 '하나님의 불변성'과 '언약의 필연적 성취'를 드러내고 있는 말이다. 마태복음 22장 32절에서는 이 명칭을 인용하며 "나는 아브라함의 하나님이요 이삭의 하나님이요 야곱의 하나님이로라 하신 것을 읽어보지 못하였느냐 하나님은 죽은 자의 하나님이 아니라 산자의 하나님이시니라 하시니"라고 했다.

33 주께서 가라사대 네 발에 신을 벗으라 너 섰는 곳은 거룩한 땅이니라

출애굽기 3장 5절의 말씀이다. 이 구절은 모세가 섰는 곳이 거룩한 땅이 아니라 '하나님의 임재가 있는 곳(요 4:21)은 그 어디나 거룩하다(요 4:23-24)'라는 의미이다. 그렇기에 성령님의 내주하심이 있는 성도는 성전이며 교회이다. 그러므로 그 사람 자체가 거룩하기에 '거룩하게 구별됨'으로 살아가야 한다.

한편 "신(ὑπόδημα, a sandal)"이란 고대근동에서는 '정체성'을 의미했는데 이는 '자기 자신의 자아' 혹은 '죄악으로 오염된 인간의 더러운 성품'을 상징한다. 그러므로 '신을 벗으라'는 것은 '주님께 전적으로 복종하라' 혹은 '나의 종이 되라'는 말씀과 동시에 '죄를 회개하라'는 중의적 의미가 담겨있다.

34 내 백성이 애굽에서 괴로움 받음을 내가 정녕히 보고 그 탄식하는 소리를 듣고 저희를 구원하려고 내려왔노니 시방 내가 너를 애굽으로 보내리라 하시니라

"정녕히 보고"의 헬라어는 이돈 에이돈(ἰδὼν, having seen, εἶδον, I saw)인데 이는 '내가 보고 또 보고'라는 의미이다(창 37:8, 삿 4:9). 곧 하나님은 당신의 언약을 기억하시고 그동안 이스라엘을 지켜보셨으며 그들의 탄식을 들으셨다라는 것이다. 그리고는 때(카이로스)가 되매 직접 구원하시려고 내려오셨던 것이다. 그렇기에 "구원하려고"의 헬라어 엑셀레스다이(ἐξελέσθαι, to deliver)는 '직접 구출하기 위하여'라는 의미로 하나님께서 직접 애굽으로부터 끌어내어 주셨다라는 말이다.

35 저희 말이 누가 너를 관원과 재판장으로 세웠느냐 하며 거절하던 그 모세를 하나님은 가시나무 떨기 가운데서 보이던 천사의 손을 의탁하여 관원과 속량하는 자로 보내셨으니 **36** 이 사람이 백성을 인도하여 나오게 하고 애굽과 홍해와 광야에서 사십 년간 기사와 표적을 행하였느니라

스데반은 당시 모세를 배척하던 이스라엘의 어리석음을 예수 그리스도를 배척하고 있는 유대인에 연결하여 그들을 질타하고 있다(51-53). 모세는 예수님의 예표로서 "관원과 속량하는 자(뤼트로텐, λυτρωτὴν, redeemer)"였다. 여기서 '속량하다'의 헬라어가 바로 예수 그리스도의 구속을 의미하는 아폴뤼트로시스[93](ἀπολύτρωσις, nf)이다.

바로 그 모세는 하나님의 도구가 되어 출애굽사건(출 7-12장)에서의 지도자로 쓰임을 받았으며 홍해 기적사건(출 14장)과 광야 40년 생활에서 지도자로서 기사와 표적을 행하는 하나님의 도구로 쓰였다.

37 이스라엘 자손을 대하여 하나님이 너희 형제 가운데서 나와 같은 선지자를 세우리라 하던 자가 곧 이 모세라 **38** 시내 산에서 말하던 그 천사와 및 우리 조상들과 함께 광야 교회에 있었고 또 생명의 도를 받아 우리에게 주던 자가 이

---

93 아폴뤼트로시스(ἀπολύτρωσις, nf)는 a release effected by payment of ransom/(from 575 /apó, "from" and 3084 /lytróō, "redeem") - properly, redemption - literally, "buying back from, re-purchasing (winning back) what was previously forfeited (lost)."이다

사람이라

37절은 신명기 18장 15절의 말씀이다.

"광야 교회"의 헬라어는 테 에클레시아 엔 테 에레모(τῇ ἐκκλησίᾳ ἐν τῇ ἐρήμῳ)인데 이는 출애굽 후 광야에서 생활할 때의 '하나님의 백성' 곧 '이스라엘의 총회(출 19장, 신 18:16)'를 가리킨다. 즉 그 교회가 바로 '신약 교회의 그림자'라는 함의가 들어있다.

38절에서의 "생명의 도"란 예수 그리스도의 복음이 아니라 '모세의 율법'을 가리키는 말이다. 구원자이신 예수님은 율법을 완전케 하시기 위해 이 땅에 오셨다(마 5:17).

39 우리 조상들이 모세에게 복종치 아니하고자 하여 거절하며 그 마음이 도리어 애굽으로 향하여

출애굽 1세대는 애굽의 압제에서 해방시켜 주신 것에 대한 감사보다는 불평과 불만, 원망 등등을 5차례나 반복했고 더 나아가 8번의 반역과 불신을 일삼았다. 그로 인해 출애굽 1세대는 '지금 안식'인 광야에서의 삶은 누렸으나 안타깝게도 가나안에 들어가지 못했다. 히브리서(4장)는 그들의 불신과 불순종으로(히 3:18-19) 인해 '남은 안식'인 가나안에 들어가지 못했음을 적나라하게 지적하고 있다.

가만히 보면 그들의 모세를 향한 불만은 애굽에서 동족끼리의 화해 사건(출 2:14)에서 시작되어 출애굽 전 10가지 재앙가운데 힘들 때마다 계속되었고(출 5:21) 홍해 앞에서(출 14:11-12), 광야에서 마실 물(출 15:24)과 먹을 양식이 없을 때(출 16:3), 모세가 시내 산에 올라 40주야를 머물며 율법과 십계명을 받을 때 그를 기다리며 빨리 내려오지 않는다고 원망했다(출 32 장). 심지어는 만나와 메추라기를 먹으면서도(민 11:4-5) 감사는 고사하고 레파토리가 지겹다고 불평했다. 약속의 땅인 가나안을 목전에 두고서도 원망했다. 가만히 보면 가나안에 입성하기 전까지 그들의 모든 삶은 '원 망'의 연속이었음을 알 수 있다(출 15:24, 16:2, 7-912, 17:3, 민 11:1, 14:2, 27, 29, 36, 16:11, 41, 17:5, 10, 21:5, 7. 신 1:27). 그들의 원망은 패역(강퍅, 히 3:7-19)이라 는 쓴 뿌리에서 나온 나쁜 열매로 이어졌고 이로 인해 출애굽 1세대는 결 국 '남은 안식'인 가나안에 들어가지 못했다.

40 아론더러 이르되 우리를 인도할 신들을 우리를 위하여 만들라 애굽 땅에서 우리를 인도하던 이 모세는 어떻게 되었는지 알지 못하노라 하고 41 그 때에 저 희가 송아지를 만들어 그 우상 앞에 제사하며 자기 손으로 만든 것을 기뻐하더니

출애굽 1세대는 시내 산에 올라 간 모세가 내려옴이 더디자 더 이상 기 다리지 못하고 조바심을 내며 다른 거짓 신(神)인 우상을 만들었다라고 스 데반은 지적했다. 동일하게 그리스도 메시야이신 구원자 예수님이 오셨 음에도 불구하고 오늘의 유대인들이 예수를 배척하고 다른 신을 찾고 있 다라며 지난날 광야에서 조상들이 저질렀던 동일한 실수에 대해 지적하 고 있다.

41절에서는 "그 때에" 있었던 전혀 다른 두 사건에 주목하며 묵상하는 것이 중요하다.

당시 모세는 시내 산에서 출애굽기 20장 3-4절의 말씀, 곧 "너는 나 외에 다른 신들을 네게 있게 말지니라, 너를 위하여 새긴 우상을 만들지 말라"는 하나님의 말씀을 경외감으로 듣고 있었다.

반면 산 아래 백성들의 경우 애굽인들이 섬기던 아피스(Apis) 숭배와 연관된 금 송아지를 만들고는 그를 가리켜 애굽 땅에서 자신들을 이끌어 낸 (출 32:4-6) 신(神)이라고 하며 춤추고 숭배하고 있었다.

아이러니하게도 히브리서 12장 19절에는 "더 말씀하지 아니하시기를 구하였으니"라고 기록되어 있을 만큼 당시 이스라엘 백성들은 시내 산에 현현하신 하나님(출 20:18-19)에 대한 두려움이 있어 모세를 대신하여 시내 산에 올려 보냈다. 그러면서 중보자 모세를 통해 말씀하시면 당신의 말씀을 잘 듣겠노라고 했던 터였다. 그랬던 그들이 산 아래에서 벌였던 행태란……

42 하나님이 돌이키사 저희를 그 하늘의 군대 섬기는 일에 버려 두셨으니 이는 선지자의 책에 기록된 바 이스라엘의 집이여 사십 년을 광야에서 너희가 희생과 제물을 내게 드린 일이 있었느냐 43 몰록의 장막과 신 레판의 별을 받들었음이여 이것은 너희가 절하고자 하여 만든 형상이로다 내가 너희를 바벨론 밖에 옮기리라 함과 같으니라

42-43절은 스데반이 아모스 5장 25-26절을 인용한 구절이다. 그렇기에 42절의 "선지자의 책"은 아모스서를 말하는 것으로 아모스 선지자는 이스라엘 백성들이 하나님께 대하여 진정한 제사가 아니라 형식적으로

습관적으로 제사드렸던 것에 대해 강하게 꾸짖었던 것이다.

"하늘의 군대"란 '자연계의 피조물들' 곧 '일월성신(日月星辰, the sun, the moon & the stars)'을 가리킨다. 그렇기에 출애굽 1세대들은 우상을 숭배한 결과 40년(시내 산 아래에서 1년 1개월, 광야에서 38년 3개월 10일, 모압평지에서 5개월)을 광야에서 방랑생활을 해야만 했다.

"버려두셨으니"에 해당하는 헬라어는 파라디도미[94](παραδίδωμι, v)인데 이는 '다른 이의 권세 아래로 넘겨주다'라는 의미로 로마서 1장 24, 26, 28절에 반복하여 강조되었던 단어이다. 이는 특별히 호세아 13장 11절의 '분노적 허용' 혹은 '진노적 허용'이 연상되는 너무나 무서운 단어이다. 한편 우리가 살아가는 동안 뜻하지 않은 아픔이 닥쳤을 때 그것이 하나님의 '징벌'이 아니라 회복을 전제한 체벌인 '징계'라면 묵묵히 인내하며 감사함으로 기다려야 한다. 그러나 아예 하나님으로부터 유기되어 '파라디도미'의 상태라면 그것은 더 이상 소망이 없는 최악이다.

43절은 이스라엘 백성들의 우상숭배에 대한 통렬한 꾸짖음이다. "몰록의 장막(τὴν σκηνὴν τοῦ Μολὸχ, the tabernacle of Moloch)"에서의 몰록(Μολόχ, Moloch, the god of the Ammonites/a god worshipped by several Semitic peoples)은 밀곰, 밀감, 몰렉(מֹלֶךְ, a heathen god to whom Israelites sacrificed children), 멜렉(מֶלֶךְ, nm, king)이라고도 하는데(레 18:21, 왕상 11:5, 왕하 23:10, 렘 49:3) 이는 '가나안-페니키아의 태양신'으로 '황소머리와 사람의 형상'을 하고 있었다. 이 우상

---

94 파라디도미(παραδίδωμι, v)는 to hand over, to give or deliver over, to betray/(from 3844 /par⊠, "from close-beside" and 1325 /dídōmi, "give") - properly, to give (turn) over; "hand over from," i.e. to deliver over with a sense of close (personal) involvement이다.

숭배가 특별히 악했던 것은 제의(祭儀) 시 어린아이를 희생제물로 바치곤 했던 것이다(신 12:31, 겔 16:20).

참고로 아모스 5장 26절에는 몰록 대신에 식굿(Sikkuth, 앗수르인이 섬기던 성신(星神), ת‍וכ‍ס, a foreign god, Assyrian Sakkut (epithet of Adar-Ninip = Saturn)) 혹은 기윤(Chiun, 앗수르인이 숭배하던 토성(土星), כ‍י‍י‍ן, a heathen god)으로 되어 있다. 여기서 '토성(土星)'의 시리아어는 렘판(Remphan, Pʼoμφαν)이며 헬라어는 레판(Rephan, Ῥεμφάν, the Saturn of later mythology)이다.

44 광야에서 우리 조상들에게 증거의 장막이 있었으니 이것은 모세에게 말씀하신 이가 명하사 저가 본 그 식대로 만들게 하신 것이라 **45** 우리 조상들이 그것을 받아 하나님이 저희 앞에서 쫓아내신 이방인의 땅을 점령할 때에 여호수아와 함께 가지고 들어가사 다윗 때까지 이르니라

"증거의 장막"은 '회막'이라고도 불리는데 하나님의 지시 하에 그대로 지은 것이다(출 25-27장). 한편 '증거의 장막'이란 '모세의 십계명 돌판을 보관한 장막'이라는 의미에서 나온(민 9:15, 10:11) 이름이고 '회막'이란 '하나님이 임재하셔서 이스라엘 백성들과 만나게 되는 장소'라는 뜻에서 나온(출 27:21, 신 31:14) 이름이다.

"우리 조상들이 그것을 받아"에서의 '받다'에 해당하는 헬라어는 디아데코마이[95](διαδέχομαι, v)인데 이는 디아(διά, prep)와 데코마이(δέχομαι, v)의

---

95 디아데코마이(διαδέχομαι, v)는 to receive in turn)인데 이는 디아(δι⊠, prep, (a) gen: through, throughout, by the instrumentality of, (b) acc: through, on account of, by reason of, for

합성어로서 '물려받다, 계승하다'라는 의미이다. 결국 하나님의 임재를 상징하는 '증거의 장막', 곧 '회막'은 모세에게서 여호수아에게로 계승되었다. 이후 여호수아는 그것을 가지고 가나안 땅으로(수 4장, 16, 18) 들어갔다. 그리하여 다윗에게까지 전해져(삼하 6장, 15-17, 7:2) 솔로몬에 이르러 성전이 되었다(삼하 6장, 15-17, 7:2, 왕상 6:38).

46 다윗이 하나님 앞에서 은혜를 받아 야곱의 집을 위하여 하나님의 처소를 준비케 하여 달라 하더니 47 솔로몬이 그를 위하여 집을 지었느니라

"야곱의 집(σκήνωμα τῷ Θεῷ Ἰακώβ, a dwelling place for the God of Jacob)"이란 '야곱의 하나님을 위한 집'이라는 의미로 '이스라엘의 하나님을 위한 집' 곧 "하나님의 처소[96](σκήνωμα, nn, 스케노마)"를 말한다. 여기서 '처소'란 '집 (οἶκος, nm, (a) a house, the material building, (b) a household, family, lineage, nation)'을 가리키기도 하지만 동시에 '민족'을 가리키기도 한다.

결국 성전은 다윗이 모든 것을 준비(삼하 7:12-13, 대하 6:9)했으나 그 아들인 솔로몬이 짓게 된다(왕성 6:38, 대하 3-4장, 5:1).

---

the sake of, because of)와 데코마이(δέχομαι, v, to receive/properly, to receive in a welcoming (receptive) way. 1209 (**déxomai**) is used of people welcoming God (His offers), like receiving and sharing in His salvation (1 Thes 2:13) and thoughts (Eph 6:17))의 합성어이다.

96   처소(σκήνωμα, nn)는 a tent pitched, a dwelling, tabernacle/properly, a pitched tent ("tabernacle," Ac 7:46); (figuratively) the physical body, serving as God's vehicle (dwelling place) - i.e. as believers live as sojourner-travelers ("pilgrims") with the Lord in this life, through faith (2 Pet 1:13,14)이다.

48 그러나 지극히 높으신 이는 손으로 지은 곳에 계시지 아니하시나니 선지자의 말한 바 **49** 주께서 가라사대 하늘은 나의 보좌요 땅은 나의 발등상이니 너희가 나를 위하여 무슨 집을 짓겠으며 나의 안식할 처소가 어디뇨 **50** 이 모든 것이 다 내 손으로 지은 것이 아니냐 함과 같으니라

"지극히 높으신 이"라는 것은 천지의 주재이신 창조주 하나님, 역사의 주관자 하나님, 심판주 하나님을 가리킨다.

"손으로 지은 곳(χειροποιήτοις κατοικεῖ, hand-made houses(dwells))"이란 원래 사람이 만든 우상을 가리킬 때 사용하는 단어이다(사 45:16, 호 8:4). 여기서는 '솔로몬 성전'을 가리킨다.

48절을 통하여는 하나님의 무소부재(無所不在)하심을 잘 드러내고 있다. 사실인즉 하나님의 임재를 상징했던 구약의 성전은 예수님의 십자가 죽음과 더불어 그 휘장이 찢어짐으로 그 역할이 다한 것이었다(마 27:51, 막 15:38).

계속하여 스데반은 2-47절까지 아브라함에서 솔로몬까지 구속사의 개요를 차례로 설명하면서 특별히 49-50절에서는 이사야 66장 1-2절을 인용하고 있다.

유대인들은 예수님을 신성모독죄가 아닌 성전모독죄로 죽였다(마 26:61-68). 최고의 성전을 건축했던 솔로몬조차도 역대하 6장 18절을 통해 그 하드웨어 성전의 보잘 것 없음을 고백(천명)했건만······.

51 목이 곧고 마음과 귀에 할례를 받지 못한 사람들아 너희가 항상 성령을 거스려 너희 조상과 같이 너희도 하는도다

"목이 곧고"라는 것은 '완고하고 패역하며 강퍅하다'라는 의미를 담고 있다. 이는 구약의 선지자들이 백성들을 야단칠 때 자주 사용하던 단어이다(출 33:3, 5, 34:9, 사 63:10, 민 27:14).

오늘을 살아가는 우리는 육신의 할례(수 5:8)보다는 마음의 할례(롬 2:29)가 비교할 수 없이 더 중요함을 잊지 말아야 한다. 결국 "마음과 귀에 할례를 받지 못함"이라는 것은 '귀로는 하나님의 말씀을 듣지 못하고 마음으로는 하나님의 말씀을 깨닫지 못한다'라는 의미이다(사 6:10).

"성령을 거스려"라는 말에서 '성령'이라는 단어의 구약적 표현은 시편 51:10-11절과 이사야 63장 10절에서만 언급되고 있다. 한편 "성령을 거스린다"라는 것을 에베소서 4장 30절에는 "하나님의 성령을 근심"하게 하는 것이라고 말씀하셨다.

52 너희 조상들은 선지자 중에 누구를 핍박지 아니하였느냐 의인이 오시리라 예고한 자들을 저희가 죽였고 이제 너희는 그 의인을 잡아준 자요 살인한 자가 되나니

"선지자 중에"가 지칭하는 것(느 9:26)은 특별히 므낫세 왕에 의해 고목나무에 숨어 있다가 톱으로 잘려 죽은 이사야 선지자를 가리키며 또한 애

굽 땅에서 동족의 손에 맞아 죽은 예레미야 선지자를 가리킨다[97](Bruce, Assen, Justin Martyr, Tertullian).

"그 의인(τοῦ Δικαίου, of the Righteous One, 3:14, 22:14)"이란 의인 앞에 '그' 라는 정관사가 붙은 것으로 보아 '예수님'을 가리킨다.

53 너희가 천사의 전한 율법을 받고도 지키지 아니하였도다 하니라 54 저희가 이 말을 듣고 마음에 찔려 저를 향하여 이를 갈거늘

"천사의 전한 율법"이란 하나님께서 천사의 손을 의탁하여 모세에게 주신 율법(갈 3:19, 히 2:12)이라는 의미로 신명기 33장 2절에 근거하고 있다.

"지키지 아니하였도다"라는 것은 문자적인 규례라기보다는 율법을 주신 이유와 더불어 그 이면에 새겨진 하나님의 진의(眞意)를 깨닫지 못했다 라는 의미이다.

54절의 "이 말을 듣고"라는 것은 '이 말을 듣는 중에'라는 의미로 현재분사형(Ακούοντες, V-PPA-NMP)으로 쓰여 있는데 이는 스데반이 말을 채 끝내기도 전에 유대인들이 분노했다라는 것이다. 한편 "이 말을 듣고"에서의 '이 말'이란 '십자가의 도'를 가리키며 이를 듣고 "이를 갈거늘 [98](διαπρίω, v)"이란 '크게 노하다(행 5:33)'라는 의미로 그런 그들의 태도에

---

97 <오직 믿음, 믿음, 그리고 믿음, 이선일. 이성혜 공저>, p307-308참조

98 디아프리오(διαπρίω, v)는 to saw asunder, cut to the heart/(from 1223 /diá, "through" and priō, "cut with a saw") - properly, cut all the way through; (figuratively) emotionally "sawn asunder," as when the heart is "ripped in two" ("cut to the quick") - i.e. when a person is "split down the center" (emotionally) when overcome with indignation (envy, outrage)이다.

대해 고린도전서 1장 18절은 단정적으로 말씀하고 있다.

"마음에 찔려"란 '정곡을 찔렸다'라는 의미로서 이의 다른 표현이 '마음에 할례를 받지 못했다'이다.

55 스데반이 성령이 충만하여 하늘을 우러러 주목하여 하나님의 영광과 및 예수께서 하나님 우편에 서신 것을 보고 56 말하되 보라 하늘이 열리고 인자가 하나님 우편에 서신 것을 보노라 한대 57 저희가 큰 소리를 지르며 귀를 막고 일심으로 그에게 달려들어

55-56절에서는 성령충만한 스데반과 하나님을 거역할 뿐만 아니라 성령님을 근심케 하고 있는 극악무도했던 유대인들의 대조를 잘 볼 수 있다.

"하나님의 우편"이란 역사적 배경(Histrical background)을 고려하여 해석하면 '예수님은 승리주 하나님이시다'라는 의미이다. 곧 예수님은 하나님의 우편에 계시다(마 26:64, 눅 22:69, 엡 1:20, 골 3:1, 히 1:3)라고 했는데 이는 하나님과 동일한 권위와 명예, 즉 존재론적 동질성의 삼위일체 하나님이시라는 말이다.

"하늘이 열리고"라는 것은 하나님께서 의인인 스데반을 반갑게 맞이하고 있음을 드러내는 말이다. 이는 요한복음 1장 51절에서 예수께서 나다나엘에게 하신 말씀에서도 그대로 나타난다.

"인자"의 헬라어는 톤 휘온 투 안드로푸(τὸν Υἱὸν τοῦ ἀνθρώπου, the Son of Man)이나 계시록(1:13, 14:14)에서는 '인자 같은 이(ὅμοιον υἱὸν ἀνθρώπου, One like the Son of Man)'라고 묘사되어 있다. 한편 '인자'라는 것은 '사람의 아들'

이라는 의미로 이 명칭에는 '신인양성의 하나님이신 예수의 성육신 사건'
과 '초림으로 오신 예수의 수난 사건'이 이중적으로 함의되어 있다.

57절에서 "큰 소리를 지르며"라는 것에서는 성령충만한 스데반과 어리
석고 패역한 저들의 극적인 대조를 잘 보여주고 있다. 이는 저들의 찔림
을 적나라하게 드러내고 있는 장면이다.

한편 스데반이 '하나님의 영광을 보았다(7:55-56)'라고 했는데 그것을 두
고 유대인들은 신성모독이라고 생각하여 그에게 더욱더 적개심을 드러내
었던 것이다.

**58 성 밖에 내치고 돌로 칠새 증인들이 옷을 벗어 사울이라 하는 청년의 발 앞
에 두니라**

율법에 의하면 돌로 쳐서 죽이는 처형은 다음과 같다.[99] 첫째, 이방신
을 예배하는 경우(레 20:2-5, 신 17:2-7), 둘째, 이방신의 이름으로 예언하는
경우(신 13:2-6), 셋째, 접신(레 20:27), 넷째, 신성모독 죄(레 24:14-16), 다섯째,
안식일을 범하는 경우(민 15:32-36), 여섯째, 간음(신 22:22), 일곱째, 부모에
게 순종하지 않는 경우(신 21:18-21)이다. 스데반의 경우 유대인들은 넷째
항목으로 누명을 씌워 성 밖으로 내친 후 돌로 쳐 죽였던 것이다. 왜냐하
면 레위기 24장 14절의 경우 신성모독죄를 범한 죄인은 진 밖으로 끌어
내어(막 15:22, 히 13:12) 머리에 안수한 후 돌로 쳐죽였기 때문이다. 이때 유

---

99 존더반 신약주석, 강해로 푸는 사도행전, 디모데, p413

명한 바리새파 힐렐 학파의 선두주자였던 바울은 스데반을 직접 죽이지는 않았으나 동참과 더불어 종교지도자로서 그 죽음의 보증이 되기도 했다(행 22:20).

참고로 진 밖에서 돌로 칠 때에는 낭떠러지(혹은 구덩이)에 죄수를 세운 후 그 낭떠러지에(구덩이로) 떨어뜨려 증인이 먼저 돌을 던지고 그 다음에는 군중들이 돌을 던져 시체 위에 돌무더기가 쌓이게 했다(신 17:5).

"사울이라 하는 청년의 발 앞에 두니라"에서 사울(Σαῦλος, nm, Saul, the Jewish name of the apostle Paul/שָׁאוּל, "asked (of Yah)/שָׁאַל, v, to ask, inquire)은 유대식 이름이고 바울(Παῦλος, nm, a Roman proconsul)은 로마식 이름이다(행 13:9). '청년'이란 참고로 그리이스-로마 사회에서는 18-30세까지의 남자를 지칭했다. 스데반의 순교가 AD 32년경이므로 AD 5년 출생인 사울은 당시 27세정도였을 것이라 생각된다.

59 저희가 돌로 스데반을 치니 스데반이 부르짖어 가로되 주 예수여 내 영혼을 받으시옵소서 하고

당시 생사여탈권(生死與奪權)의 경우는 로마 정부에만 있었고 유대인의 공회에는 없었음에도 불구하고 그들은 불법을 저질렀던 것이다.

"주 예수여 내 영혼을 받으시옵소서"라는 스데반의 기도는 예수님의 가상 7언 중 마지막 일곱 번째인 "아버지여 내 영혼을 아버지의 손에 부탁하나이다(눅 23:46)"라는 말씀과 상통하고 있다. 차이가 있다면 기능론적 종속성 상 스데반은 예수님께 기도한 반면에 예수님은 성부하나님께 기도한 것이다.

참고로 가상(架上) 7언은 다음과 같다.

가상(架上) 7언	
첫째	"아버지여 저희를 사하여 주옵소서 자기의 하는 것을 알지 못함이니이다(눅 23:34)"
둘째	"오늘 네가 나와 함께 낙원에 있으리라(눅 23:43)"
셋째	"여자여 보소서 아들이니이다. 보라 네 어머니라 (요 19:26-27)"
넷째	"나의 하나님 나의 하나님 어찌하여 나를 버리셨나이까 (막 15:34)"
다섯째	"내가 목마르다(요 19:28)"
여섯째	"다 이루었다(요 19:30)"
일곱째	"아버지여 내 영혼을 아버지께 부탁하나이다(눅 23:46)"

60 무릎을 꿇고 크게 불러 가로되 주여 이 죄를 저들에게 돌리지 마옵소서 이 말을 하고 자니라

"무릎을 꿇고" 있는 스데반의 모습! 장엄하기는 하나 마지막으로 안간 힘을 다하는, 그리스도의 장성한 분량이 충만한(엡 4:13) 그의 모습을 상상 하면 왠지 모르게 눈물이 그렁거리게 된다(마 5:44). 이 구절에서의 스데반 의 기도는 가상 7언의 첫 번째 기도와 상통하고 있다.

"이 죄를 저들에게 돌리지 마옵소서"라는 스데반의 그 기도의 열매는 곧이어 9장에서 다메섹을 향하여 악심을 품고 가던 바울에게서 맺어지게 된다. 결국 바울은 스데반의 죽음의 열매였던 것이다.

오늘의 나와 공저자는 지난날 누구의 희생의 열매일까?

모든 그리스도인들에게는 분명히 자신을 위한, 앞서 간, 스데반 유(類)의 그런 희생제물이 있었을 것이다. 잠시 눈을 감고 기도함으로 지난날을 묵상해보라.

나의 스데반은 과연 누구일까? 그리고 이제 후로 내가 누구의 스데반이 되어야 할까?

"자니라"의 헬라어는 코이마오마이(κοιμάομαι, v, sleep, fall asleep, die)인데 이는 '평화로운 죽음의 상태'를 일컫는다. 그렇기에 야이로의 딸이 죽었을 때(막 5:39, καθεύδω, 카듀도)나 나사로가 죽었을 때(요 11:11, κοιμάομαι)에도 '잔다'라고 표현했던 것이다. 한편 '잔다'라는 단어 속에는 '깬다'라는 의미가 내재되어 있음을 알아야 한다. 결국 모든 죽음에는 '부활'이 전제되어 있음(고전 15:20)을 알아야 한다.

괴짜의사 Dr. Araw의
쉽고 바르게 읽는 사도행전 장편(掌篇)강의

오직 성령이 너희에게 임하시면
성령행전(Πράξεις Πνεύματος)

레마이야기 8

그 날에 큰 핍박이 나서(1)

사도행전 8장은 그날에 예루살렘 교회에 큰 핍박이 불어 닥치자 사도 외에는 다 유대와 사마리아, 그리고 땅끝 모든 곳으로 뿔뿔이 흩어졌다 라고 기록하고 있다. 당시 박해를 피하여 흩어진 것 또한 선교 명령을 위한 하나님의 경륜이었음을 그 당시에는 아무도 몰랐을 것이다. 그러나 되돌아보면 이미 성령님은 사도행전 1장 8절을 통해 "오직 성령이 너희에게 임하시면 너희가 권능을 받고 예루살렘과 온 유대와 사마리아와 땅끝까지 이르러 내 증인이 되리라"라는 말씀을 주셨던 것이다.

그렇다. 하나님은 그리스도인들에게 신앙의 핍박을 허용하시면서까지 당신의 선교 명령을 이어가게 하셨던 것을 알 수 있다. 그런 하나님의 경륜에 초창기의 사울은 자신도 모르는 사이에 악역으로 쓰임을 받고 있었던 것이다.

시작은 악역으로, 결말은 복음전도자로!

이런 사실을 꿈엔들 알았을까? 처음에 사울은 예루살렘에서 그리스도인들을 잔멸(뤼마이노마이, v, to corrupt, to outrage)하는 일에 앞장섰다. 그것도 모자라 그는 예루살렘에서 240Km나 떨어진 먼 이방 땅인 다메섹까지 쫓아감으로 '땅끝까지 가라'는 하나님의 선교 명령에 역행하여 악역으로 쓰임을 받았다.

AD 35년! 때가 되매 드디어 그는 역할전환을 하게 된다. 9장부터는 아예 역할이 바뀌어 '복음 전하는 일'에 제대로 부름을 받고 사명을 감당하게 된다. 바로 그 유명한 다메섹에서였다.

다시 부연하자면 사울은 처음에 예루살렘에서 남녀노소 가리지 않고 그리스도인들에게 그렇게 못된 짓을 한 것도 부족하여 유대와 사마리아까지 쫓아갔다가 그것도 부족하여 다메섹으로까지 올라갔던 것이다. 이때 그는 '하나님에 대한 그릇된 열정'으로 독기가 올라 있었고 예루살렘에서보다 훨씬 더 위협과 살기가 등등(殺氣騰騰, bloodthirsty, murderous)해져 있었다. 그것은 사울의 편에서는 오로지 '하나님에 대한 열심'이었다. 그렇기에 그는 얄미운 예수쟁이들을 모조리 박멸하겠다는 일념으로 대제사장으로부터 공문을 받아 다메섹으로까지 올라갔던 것이다.

당시 상황을 고려해보면 그곳(예루살렘에서 다메섹까지 240Km)까지 이동하는 시간이나 상황은 이루 말로 다할 수 없이 힘들었을 것이다. 결국 '하나님을 향한 그릇된 열심'은 종국적으로 '엄청난 광기'를 불러일으킴을 볼 수 있다. 가만히 보면 사울은 기독교에 독이 아니면 거꾸로 진정한 보약이 될 수도 있었던 그런 유의 인간이었음을 알 수 있다.

한편 8장에는 또 하나의 소중한 인물이 나온다. 바로 스데반의 절친인 빌립 집사인데 그는 네 딸의 아버지(행 21:9)였다. 흥미로운 것은 순교자 스데반에게는 가족에 대한 언급이 없었으나 빌립의 경우에는 가족에 대한 언급이 있다라는 것이다. 그러고 보면 빌립이 아닌 스데반에게 순교를 허락하신 것은 지극한 하나님의 배려이기도 하다.

빌립은 자신의 동역자이자 친구인 스데반이 순교 당하자 자신이 선교의 전면에 나서게 된다. 가만히 보면 하나님의 역사(役事)는 '사람이 있어야 한다, 사람이 필요하다'가 아니라 '어느 누구라도 사용하셔서 당신의 일을 이어 가신다'라는 것이다.

빌립은 사마리아에서 예수 그리스도를 백성들에게 전파했고 또한 기적과 표적을 행하며 전도의 불길을 이어갔다. 그곳에는 또 하나의 괴상한 인물이 있었는데 마술사 시몬이다. 그는 돈으로 하나님의 선물(베드로와 요한의 안수로 인해 성령이 임하는 것을 보고)을 사려고 하다가 된통 야단을 맞았다.

참고로 사도행전에는 '아나니아'라는 이름이 3명 나오며 '시몬'이라는 이름도 3명 나온다. 전자는 삽비라의 남편과 아나니아 선지자, 그리고 아나니아 대제사장이며 후자의 경우 마술사 시몬과 피장(皮匠, tanner, 므두장이) 시몬과 시몬 베드로이다.

'같은 이름, 다른 인생'을 다시 생각케 된다.

모든 사람은 '유한되고 제한된 일 회 인생, 한 번의 직선 인생'을 살아간다. 그렇기에 '어떻게 살다가, 무엇을 하다가 죽을 것인가'를 결단하고 그렇게 정체성대로 알차게 구별되게 살아가라고 나는 공저자인 막내 아들에게 입버릇처럼 말하곤 했다.

　상기 6명은 같은 이름이었으나 전혀 다른 인생을 살았던 사람들이다. 이들의 인생을 보며 오늘의 우리 또한 단단한 결심이 필요하다.

　저자인 나의 별칭은 Dr. Araw(닥터 아라우)이지만 이름은 '이선일'이다. 지난날부터 인터넷을 서핑하며 나와 동일한 이름을 가진, 그러나 전혀 다른 제각각의 인생을 살아가고 있는 사람(同名異人)들을 보아왔다. 그들을 보며 여러가지 상념(想念)에 잠기곤 했다. 그러면서 지나온 삶들을 찬찬히 돌아보곤 했다. 그리고는 지금까지 정기적으로 나의 여생(餘生)을 결단하며 기도하며 버킷리스트를 작성하곤 했다. 그렇게 '이선일'답게, '이선일'로서 살아왔고 지금도 앞으로도 육신의 장막을 벗는 그날까지 몸부림치며 알차게 최선을 다하여 살아가려 한다.

　한편 9장에서 청년 사울이 다메섹에서 부활의 주님을 만나기 전, 8장의 말미에는 예의 그 빌립이 에디오피아 여왕 간다게의 국고를 맡은 재무장관인 내시를 만나는 장면이 나온다. 그곳은 바로 가사로 내려가는 광야 길이었다.

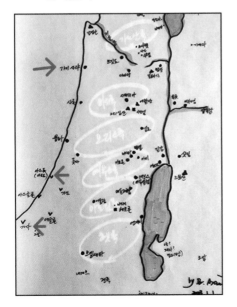

'이사야 선지의 글'을 읽고 있던 내시에게 빌립은 먼저 다가가서 이사야 선지자의 말을 해석해주며 '예수, 그리스도, 생명'을 전한다. 복음에 감동된 내시는 세례를 자청하게 되고 빌립은 그에게 세례를 준 후 주의 영에

의해 이끌려 홀연히 아소도[100]에서 다시 복음을 전하게 된다. 이후 그는 가이사랴에 이른다.

8장을 통하여 우리는 한 번 인생길에서 다양한 상황과 환경을 접하게 될 것을 쉽게 예상할 수 있다. 때로는 뜻하지 않게 핍박이 몰아칠 수도 있고 때로는 전혀 예상 밖의 상황과 환경의 급변을 겪을 수도 있다. 때로는 예상치 못했던 인물들을 만날 수도 있다. 이러한 때에 그리스도인이라면 내주하시는 성령님의 음성에 먼저 귀를 기울여야 한다. 그리고는 그분의 이끄심(통치, 질서, 지배)을 따라야 할 것이다. 곧 성령충만의 삶이다.

8-1 사울이 그의 죽임당함을 마땅히 여기더라 그 날에 예루살렘에 있는 교회에 큰 핍박이 나서 사도 외에는 다 유대와 사마리아 모든 땅으로 흩어지니라 2 경건한 사람들이 스데반을 장사하고 위하여 크게 울더라 3 사울이 교회를 잔멸할새 각 집에 들어가 남녀를 끌어다가 옥에 넘기니라

스데반의 순교는 초대교회 핍박의 서곡(序曲)인 동시에 그 핍박으로 인

---

100 아소도는 (Azotus)는 가사 북동쪽 13Km지점의 성읍으로 구약의 '아스돗(삼상 6:17)'의 헬라식 이름이다. 이곳은 블레셋이 법궤를 빼앗아 다곤 신당에 두었다가 다곤이 머리(지혜)와 손목(힘과 활동)이 잘려나갔던 곳이다. 한편 블레셋은 도시국가로서 아스돗, 아스글론, 에그론, 가사, 가드라는 5개의 도시로 이루어졌다.

해 흩어진 각 그리스도인들의 복음 전파의 시작이기도 했다(요 16:33). 곧 "흩어지니라(마 10:23, 창 11:9)"는 말 속에는 상징적으로 '선교적 명령(행 1:8)'이 내재되어 있었던 것이다. 이 모든 것은 역사의 주관자 하나님의 크신 섭리와 그에 따른 경륜이었다.

2절의 "경건한 사람들(행 2:5, 22:12, 눅 23:50, 요 3:1)"이란 초대교회의 교인들 혹은 복음에 호의적인 유대인들(Hervey)을 가리킨다.

"크게 울더라"는 것은 자신들도 스데반의 설교에 공감할 뿐만 아니라 그가 범행이라도 저질렀다면 그 일에 우리들도 공범이다라는 의미로서 당시 유대사회는 '호곡하는 그 행위'에 상당한 의미를 부여했었다(창 50:3). 한편 당시 산헤드린 공회는 죽은 사람을 위하여 공개적으로 호곡하는 것을 금지했다.

"잔멸"의 헬라어는 뤼마이노마이[101](λυμαίνομαι, ν)인데 이는 '가루로 만들어 훅~불어버리다'라는 의미로서 '맹수가 포도원을 파헤치다(시 80:13)'라는 장면을 묘사할 때 사용되기도 한다. 오늘날 한국사회에서 흔히 목격되고 있는, 밭을 초토화시켜버리는 멧돼지의 만행이 연상되는 단어이다.

4 그 흩어진 사람들이 두루 다니며 복음의 말씀을 전할새 5 빌립이 사마리아 성에 내려가 그리스도를 백성에게 전파하니

---

101 뤼마이노마이(λυμαίνομαι, ν)는 to outrage, to corrupt/λύω, (a) I loose, untie, release, (b) met: I break, destroy, set at naught, contravene; I break up a meeting, annul, properly, loose (unleash) let go; release (unbind) so something no longer holds together; (figuratively) release what has been held back (like Christ "releasing" the seven seals in the scroll in Revelation)이다.

유대인들의 핍박을 받은 초대교회의 그리스도인들은 단순히 숨어 지내기보다는 피하여 갔던 그곳에서 다시 힘을 다해 하나님의 은혜의 복음을 전했다. 오늘 21세기를 살아가는 우리에게 시사하는 바가 아주 크다. 소위 '모이면 예배(말씀과 기도)를 드렸고 흩어지면 전도(하나님의 은혜의 복음)'였던 것이다.

5절에서 사용된 "사마리아(τὴν πόλιν τῆς Σαμαρείας, a city of Samaria)"라는 단어에는 관사(τῆς Σαμαρείας)가 붙어있는 것으로 보아 사마리아 지역의 수도에 있는 사마리아 성(왕상 13:32, 16:24)을 가리키고 있다.

이곳 사마리아 성은 민족 말살 정책의 희생지역으로 혼혈정책을 썼던

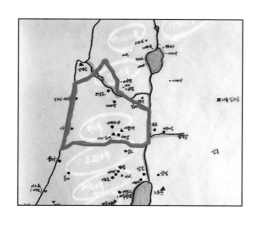

곳이다. 요세푸스에 의하면 헤롯 왕이 이 성을 재건축한 후 황제 아구스도의 헬라명을 좇아 세바스데[102](Sebaste)라고 명명했다라고 한다.

세월이 흐르며 그곳에 살고 있던 사마리아인들은 종교 혼합주의로 인해 신앙이 변질되고 말았다. 그럼에도 불구하고 일곱 집사 중 하나인 전도자(행 21:8)

---

102 세바스데(Sebaste)는 Long afterward rebuilt once more, it was given by Augustus to Herod (the Great), by whom it was named in honor of Augustus Sebaste, i. e. Augusta (Strabo book 16, p. 760; Josephus, Antiquities 15, 7, 3; 8, 5). It is now an obscure village bearing the name of Sebustieh or Sebastiyeh (cf. **Bädeker, Palästina,** p. 354ff. (English translation, p. 340ff; Murray, Handbook, Part ii., p. 329))이다.

빌립(행 6:3-6)은 그곳에서 복음을 전파하고 가르치는 사역을 행했다. 큰 이적과 표적을 행하면서도 그의 태도는 일관되게 '오직 하나님께만 영광(Soli Deo Gloria)'이었다.

6 무리가 빌립의 말도 듣고 행하는 표적도 보고 일심으로 그의 말하는 것을 좇더라 7 많은 사람에게 붙었던 더러운 귀신들이 크게 소리를 지르며 나가고 또 많은 중풍병자와 앉은뱅이가 나으니 8 그 성에 큰 기쁨이 있더라

듣고 보는 것은 믿음(피스튜오)에 이르는 중요한 과정이다. 그렇기에 "믿음은 들음에서, 들음은 그리스도의 말씀으로(롬 10:17)" 말미암는다라고 하셨던 것이다.

초대교회 당시의 "표적"은 믿음의 길로 이끄는 안내자 역할을 했다(행 2:43, 6:8). 그러나 21세기인 오늘날은 복음의 진리가 이미 정경(구약 AD 90년, 신약 AD 397년)에 완전하게(완전성, 충분성, 명료성, 최종성, 권위성, 무오류성) 기록되어 있어 더 이상 기적이나 표적에 의존하지 않고 '하나님의 은혜의 복음'의 말씀을 전할 수 있게 되었다(히 4:12). 그러므로 '오직 말씀(1차 종교개혁, 1517년)', '다시 말씀(2차 종교개혁, 21세기 오늘)'이어야 한다.

한편 7절에는 마태복음 10장 1절의 예수께서 사도들에게 주셨던 바로 그 능력들을 당시 혼합주의로 얼룩진 사마리아 성에서 전도하던 빌립에게도 주셨다. 더 나아가 필요할 경우에는 오늘날의 그리스도인들에게도 그런 유의 능력들을 허락하시기도 한다(막 16:17-18).

하나님은 모든 것을 하실 수 있는 전능하신(Omni-potent) 분이시다. 그렇다고 하여 오늘날에도 계속하여 초대교회 당시의 그런 유의 능력, 기적, 표적을 보여야만 복음을 전할 수 있다는 것에 나와 공저자는 약간 부정적이다. 기독교는 '말씀 종교', '계시 종교'이기에 '오직 말씀, 오직 복음, 오직 예수'를 통해 '하나님의 은혜의 복음'을 전하면 된다. 구태여 기적에 대한 인간적인 관심과 초월적인 표적을 동원하여 복음을 효율적(효과적)으로만 전하는 것에 치중하지는 말았으면 한다.

예수님의 승천 후 성령님이 임하셨다. 오순절 성령강림 이후 성령님의 능력으로 상기의 기적들을 행하게 하셨다. 그러나 본래 진리의 영, 예수의 영이신 성령님은 '기적과 표적'보다는 요한복음 14장 26절에 이르신 것처럼 '말씀을 가르치시고 생각나게' 하시는 분이시다.

한편 빌립이 사마리아에서 '예수 그리스도의 복음' 곧 '하나님의 은혜의 복음', '천국복음'을 전하자 영적 암흑 가운데 헤매고 있던 그들은 영적인 빛, 곧 세상의 빛, 생명의 빛이신 예수를 통해 큰 기쁨을 누리게 된다.

9 그 성에 시몬이라 하는 사람이 전부터 있어 마술을 행하여 사마리아 백성을 놀라게 하며 자칭 큰 자라 하니 **10** 낮은 사람부터 높은 사람까지 다 청종하여 가로되 이 사람은 크다 일컫는 하나님의 능력이라 하더라 **11** 오랫동안 그 마술에 놀랐으므로 저희가 청종하더니

"시몬(Σίμων, ('Magus'), the Samaritan sorcerer)"이라는 헬라어의 의미는 '성

직매매'라는 의미이다. "마술을 행하다"의 헬라어[103]는 마규오($\mu\alpha\gamma\epsilon\acute{\upsilon}\omega$, v)
인데 이는 마고스($\mu\acute{\alpha}\gamma o\varsigma$, nm)에서 파생되었다. 한편 그리스도인들은 마술
을 대할 때 그 마술을 한낱 오락처럼 취급해서는 안 되고 속임수라는 분
명한 사실을 직시해야 한다. 그러므로 '마술을 행하는 신접한 자'는 기실
'어둠의 영과 함께하는 자'일 뿐이다.

　"놀라게 하며, 놀라니라"의 헬라어는 엑시스테미[104]($\dot{\epsilon}\xi\acute{\iota}\sigma\tau\eta\mu\iota$, v)인데 이
는 '황홀하게 하다, 현혹시키다'라는 의미로서 현혹(속임)시키다라는 의미
가 더 가깝다.

**12 빌립이 하나님 나라와 및 예수 그리스도의 이름에 관하여 전도함을 저희가
믿고 남녀가 다 침례를 받으니 13 시몬도 믿고 침례를 받은 후에 전심으로 빌립
을 따라다니며 그 나타나는 표적과 큰 능력을 보고 놀라니라**

　복음의 핵심은 첫째, '천국복음' 곧 '하나님나라'이며 현재형 하나님나
라와 미래형 하나님나라가 있다. 둘째는 '예수 그리스도의 이름'이다. 곧

103　마규오($\mu\alpha\gamma\epsilon\acute{\upsilon}\omega$, v)는 to practice magic인데 이는 마고스($\mu\acute{\alpha}\gamma o\varsigma$, nm, a Magian, an
(Oriental) astrologer, by implication a magician/(plural, magi) - properly, belonging to "the Magoi,
a Median tribe (so Herodotus); a Magian, one of a sacred caste, originally Median, who seem to
have conformed to the Persian religion, while retaining some of their old beliefs (v. DB, I vol.,
565 f.; DB, iii, 203 ff.): Mt 2:1,7,16; a wizard, sorcerer: Ac 13:6,8" (Abbott-Smith))에서 파생되었다.

104　시스테미($\dot{\epsilon}\xi\acute{\iota}\sigma\tau\eta\mu\iota$, v)는 (lit: I remove from a standing position), (a) in trans. tenses: I
astonish, amaze, (b) in intrans. tenses: I am astonished, amazed; I am out of my mind, am mad/
(from 1537, ek, "out of," and 2476, **histēmi**, "to stand") - literally, "to remove from a standing
(fixed) position," put out of place; i.e. "beside oneself," showing someone as flabbergasted
(completely stupefied); at a total loss to explain or account for something; overwhelmed,
astonished (amazed)이다.

예수의 이름에 권세가 있다라는 것이다. 그러므로 우리는 기도할 때 성부 하나님께, 성령님의 도움을 바라며, 예수님의 이름으로 기도해야 한다.

"침례 혹은 세례"라는 것은 구원받은 자라면 반드시 거쳐야 할 예식(신앙 고백)이지만 그렇다고 하여 구원의 필수 조건은 아니다. 세례는 우리를 결코 구원으로 이끌지 못한다.

한편 시몬의 태도는 그런 유의 기적과 표적에만 몰두하는 "전심으로"였지 하나님의 은혜의 복음에 대한 '진심으로'가 아니었다. 더 나아가 '믿으니라'가 아닌 "놀라니라"는 단어를 사용하고 있음에 주목해야 한다.

마술사 시몬(Σίμων) 8:9	빌립(Φίλιππος, horse-loving) 8:26, 29, 39
귀신 충만	성령 충만
'전심'으로 따라다녔으나 믿음으로는 아니었음	모든 것을 '오직 믿음'으로 행함
능력을 보고 '놀라니라'였지 '믿으니라'는 아님 -> 더 큰 능력을 얻기 위해 열심	복음의 말씀을 믿고 복음전도자가 됨 ->하나님의 영광을 위해 열심
겸손X 스스로 큰 자라고 칭함	성령님께 온전한 주권 그분의 통치, 질서, 지배하
마술로 사람들을 현혹시킴 마술을 행하던 자 사람들의 이목, 집중에 관심 표적과 능력을 보고 믿었던 가짜 믿음	하나님의 은혜의 복음 ->사람들에게 기쁨을 줌 ->하나님나라와 예수 그리스도의 이름 전파 ->진짜 믿음
영지주의의 우두머리	초대교회 일곱 집사
사마리아 사람들을 놀라게 함	마술사 빌립을 놀라게 함
'성직매매'란 의미 영단어 Simony(성물매매, 성직매매에 의한 이득)가 생김	'horse-loving' 말을 사랑하는
하나님의 능력이라 칭송 자칭 큰 자 인간에 대한 영향력 극대화	전도자 하나님의 손에 붙들린 작은 자 자신의 영향력 극소화

14 예루살렘에 있는 사도들이 사마리아도 하나님의 말씀을 받았다 함을 듣고 베드로와 요한을 보내매 15 그들이 내려가서 저희를 위하여 성령 받기를 기도

하니 16 이는 아직 한 사람에게도 성령 내리신 일이 없고 오직 주 예수의 이름으로 침례만 받을 뿐이러라 17 이에 두 사도가 저희에게 안수하매 성령을 받는지라

예루살렘에 피바람이 불었을 때 그럼에도 불구하고 사도들은 끝까지 교회를 지켰다. 그때 빌립은 사마리아로 가서 복음을 전했는데 놀라운 성령님의 역사가 있었다. 이 소식을 접한 사도들은 베드로와 요한을 사마리아로 파송한다. 한편 사마리아에 도착한 베드로와 요한은 빌립의 전도를 받고 세례를 받은 저희를 위해 성령이 임재하시기를 간절히 안수기도했다. 이후 성령의 임재가 있게 된다.

그렇다면 예수를 믿은 후 성령님의 내주(內住)하심은 '시간 차'라도 있다는 말인가, 사도들의 안수와 빌립의 안수의 '효력'은 다르다고 보아야 하는가라는 의문이 생기게 된다.

먼저 '시간 차'에 대한 나와 공저자의 생각은 이렇다. 예수를 믿으면 동시에 우리 안에는 성령님이 거하시게(내주 성령) 된다. 즉 '성령세례'를 받게 되는 것이다. 그러나 '성령충만'의 경우는 주권, 통치, 질서, 지배의 문제이므로 시간이 걸릴 수 있다. 결국 빌립의 경우 복음을 전한 후 안수를 통해 즉각적으로 '성령세례'가 임했던 것(Savior)이고 사도들의 경우 구원받은 하나님의 자녀가 그들의 안수를 통해 '성령충만'하게 된 것(Lordship, Headship)을 가리킨다고 생각된다.

참고로 로만카톨릭(RCC)은 세례(영세)와 견신례(confirmation)를 구분한다. 예수를 믿기로 작정한 의식을 '영세'라고 한다. 그 세례 후에 주교 앞에서 주교가 신자들의 이마에 성유(聖油)를 십자형으로 발라주면서 삼위하나

님의 이름으로 축원을 베푸는 것을 '견신례'라고 하는데 이때 비로소 '죄 사함'과 '성령으로 인치심'을 받는다고 한다. 나와 공저자는 이런 견해에 대해 '세례 혹은 영세'란 예수님의 십자가 보혈로 죄 씻음, 예수님을 나의 구주 나의 하나님으로 영접, 그 예수님과의 연합(하나됨), 그 예수님을 온전한 주인으로 고백함을 가리키기에 '시간 차'에 대한 생각이나 '견신례'를 인정하기가 어렵다.

둘째, 사도의 안수와 집사 빌립의 안수가 다른가라는 문제에 대하여는 두 부류 다 성령충만한 상태였으므로 안수의 효력에는 차이가 없다라고 생각된다. 단, 이러한 일이 발생한 것은 초대교회의 '질서'를 잡으시려는 야훼 하나님의 디테일한 손길이라고 나와 공저자는 해석하고 있다. 한편 사도들의 안수를 통해 성령을 내리신 것은 초대교회에 일시적으로 일어난 특징으로 생각된다.

분명한 것은, 모든 그리스도인들은 '물과 성령'으로 거듭나야만 하나님 나라에 들어갈 수 있다라는 것이다(요 3:5).

18 시몬이 사도들의 안수함으로 성령 받는 것을 보고 돈을 드려 19 가로되 이 권능을 내게도 주어 누구든지 내가 안수하는 사람은 성령을 받게 하여 주소서 하니

"돈을 드려 가로되"라는 것에서는 시몬의 탐욕, 탐심, 곧 우상숭배가 읽혀진다. 그러나 하나님의 은혜는 무조건적이며 값없이 주어지는 것이다(고후 11:7, 계 21:6).

"성령받는 것을 보고"라는 것에서는 명확하지는 않으나 가시적, 현실적인 무엇인가를 시몬이 보았다라는 의미가 들어있다.

한편 이 구절에서의 '권능'의 헬라어는 엑수시아[105](ἐξουσία, nf)이다. 이때의 권능이 '추상적이고 내면적인 능력, 마술적인 능력'이라면 사도행전 1장 8절의 예수께서 말씀하신 '능력'의 헬라어는 뒤나미스[106](δύναμις, nf)인데 이는 '실제적이고 역동적인 능력'을 가리킨다.

20 베드로가 가로되 네가 하나님의 선물을 돈 주고 살 줄로 생각하였으니 네 은과 네가 함께 망할지어다 21 하나님 앞에서 네 마음이 바르지 못하니 이 도에는 네가 관계도 없고 분깃 될 것도 없느니라 22 그러므로 너의 이 악함을 회개하고 주께 기도하라 혹 마음에 품은 것을 사하여 주시리라

"하나님의 선물(τὴν δωρεὰν τοῦ Θεοῦ, the gift of God)"이란 '값없이 주시는 무조건적인 하나님의 은혜(엡 2:8)'를 가리킨다. 한편 베드로가 이렇게 격노한 이유는 사도행전 5장의 아나니아와 삽비라 부부 사건과 연결하면

105　엑수시아(ἐξουσία, nf)는 (a) power, authority, weight, especially: moral authority, influence, (b) in a quasi-personal sense, derived from later Judaism, of a spiritual power, and hence of an earthly power/(from 1537 /ek, "out from," which intensifies 1510 /eimí, "to be, being as a right or privilege") - authority, conferred power; delegated empowerment ("authorization"), operating in a designated jurisdiction이다.

106　뒤나미스(δύναμις, nf)는 (a) physical power, force, might, ability, efficacy, energy, meaning (b) plur: powerful deeds, deeds showing (physical) power, marvelous works/(from 1410 /dýnamai, "able, having ability") - properly, "ability to perform" (L-N); for the believer, power to achieve by applying the Lord's inherent abilities. "Power through God's ability" (1411 /dýnamis) is needed in every scene of life to really grow in sanctification and prepare for heaven (glorification). 1411 (dýnamis) is a very important term, used 120 times in the NT이다.

쉽게 이해될 수 있다. 그는 돈을 사랑함이 일만 악의 뿌리(딤전 6:10)이기에 '탐욕 혹은 탐심'이란 곧 우상숭배(골 3:5)라고 일갈했던 것이다. 결국 돈을 하나님보다 더 사랑하지 말 것(딤전 3:3, 딤후 3:2, 히 13:5)과 하나님과 재물을 겸하여 섬길 수 없음(마 6:24)을 강조했던 것이다. 오늘의 우리에게 적용하면 '돈을 모든 가치의 척도로 삼으면 그 돈과 함께 망한다'라는 것을 경고하는 말씀이기도 하다.

"이 도에는(ἐν τῷ λόγῳ)"에서의 '도'란 '그리스도의 말씀 곧 복음'을 가리킨다. 또한 "분깃"의 헬라어는 클레로스[107](κλῆρος, nm)인데 이는 이스라엘이 가나안 땅에 들어가 제비를 뽑아 나누었던 것(수 14:2)을 가리킨다. 그렇기에 '분깃될 것도 없다'라는 것은 '하나님나라에 들어갈 분깃이 없다'라는 의미이다.

일부 학자들은 마술사 시몬에 대한 베드로의 이 말에 대해 '출교'라고 해석했다. 더 나아가 '구원의 가능성이 없다'라고까지 해석했다. 그러나 '구원'까지 운운하는 것은 그 다음 구절인 22절의 말씀과 상충된다. 그러므로 하나님보다 돈에 더 가치를 두고 돈을 더 사랑하는 것에 대한 강력한 권고로 이해함이 마땅해 보인다.

"혹(εἰ ἄρα, if indeed)"이란 '불확실한 가능성'을 나타내는 말로서 시몬의 경우 악함을 회개하는 것이 필요하나 돈을 가치로 삼고 살아왔기에 향후

---

107 클레로스(κλῆρος, nm)는 (a) a lot, (b) a portion assigned; hence: a portion of the people of God assigned to one's care, a congregation/(a masculine noun derived from klēro, "to cast a lot") - properly, a lot, cast to distribute ("apportion"). Scripture encourages casting lots (2819 / klēros) to better discern the preferred-will of God (cf. 2307 /thélēma and their association in Col 1:9-12)이다.

그의 결단이 불확실하다라는 의미를 담고 있다. 사실인즉 '진실된 회개'는 그 어떤 죄라 할지라도 용서가 되며 그 어떤 죄인이라 할지라도 예수 그리스도의 사랑에서 끊을 수가 없다(롬 8:31-39).

23 내가 보니 너는 악독이 가득하며 불의에 매인 바 되었도다

"악독"의 헬라어는 콜레(χολή, nf, gall (a bitter herb)/רֹאשׁ, (bitter and poisonous herb) venom, 신 29:18, 로쉬)인데 이는 '담즙'이라는 말에서 유래하였다. 원래 '담즙'은 쓰디쓴 액체로 '상대를 죽이는 독'이었다. 결국 "너는 악독이 가득하며"라는 말은 '너로 인해 상대가 죽어 나간다'라는 경고인 것이다. 즉 시몬의 마술은 사술(邪術)로써 사람을 미혹시킬 뿐만 아니라 하나님의 진노를 자초하기까지 한다라는 의미이다. 이를 가리켜 '쓴 쑥(계 8:11)'이라고 표현하기도 했는데 이는 우상숭배요 탐심(골 3:5)의 또 다른 얼굴이기도 하다.

'마술(魔術, magic)'이라는 것은 사단의 힘을 빌리거나 사람의 눈을 속여 행하는 "불의(ἀδικία, nf)"한 일이다. 그런 시몬을 저주하며 더 나아가 돈으로 하나님의 은사를 사려고 한 그의 행동 또한 지적하고 있는 것이다. 오늘날 한국교회의 교회학교에서 버젓이 행해지고 있는 마술은 그런 의미에서 통탄(痛歎)스럽기 짝이 없다.

24 시몬이 대답하여 가로되 나를 위하여 주께 기도하여 말한 것이 하나도 내게 임하지 말게 하소서 하니라 25 두 사도가 주의 말씀을 증거하여 말한 후 예루살

렘으로 돌아갈새 사마리아인의 여러 촌에서 복음을 전하니라

'회개'는 죄를 지은 스스로가 하나님께 간절히 용서를 구하는 것이다. 그러나 이 구절에서 시몬은 다른 사람에게 "나를 위하여" 회개를 부탁하고 있다. 뭔가 어색하기 짝이 없다. 그러다 보니 시몬이 진실로 회개했다라고 하는 학자들(Bless, Wendt)[108]과 그렇지 않다라는 학자들(Meyer, Alford, Lumby, Lenski)로 나뉘고 있다. 나와 공저자는 후자에 마음을 두고 있다. 사실 솔직하게 말하면 이런 부분에는 정말 관심이 없다. 오히려 '마술사 시몬의 사건'을 통해 하나님께서 무엇을 말씀하시려는 것일까에 더욱 관심이 있다. 더 나아가 마술사 시몬에 대한 최종적인 구원 여부는 훗날 천국에 가보면 정확하게 알게 될 것이다.

25절에서 베드로와 요한은 사역을 마치자 다시 예루살렘으로 돌아간다. 이 구절을 통하여는 그들이 돌아가는 중에도 복음을 전하는 모습을 보여주는데 이는 디모데후서 4장 2절의 말씀을 따른 태도이다.

"너는 말씀을 전파하라 때를 얻든지 못 얻든지 항상 힘쓰라 범사에 오래 참음과 가르침으로 경책하며 경계하며 권하라"_딤후 4:2

26 주의 사자가 빌립더러 일러 가로되 일어나서 남으로 향하여 예루살렘에서 가사로 내려가는 길까지 가라 하니 그 길은 광야라

빌립의 사마리아 선교(5-25)가 끝나자 다시 가사 지방의 선교(26-39)와

---

108 베자 사본(D)에는 "크게 통곡하며 슬피 울었다"라는 말이 첨가되어있다(Longeneker). 그랜드 종합주석 14, p197

아소도, 가이사랴에 이르러 전도하는 것(40)으로 8장은 끝이 난다. 한편 이 구절을 통해 "주의 사자(Ἄγγελος δὲ Κυρίου, An angel now of the Lord)"는 결정적인 사건 때마다 나타나 인도하심을 볼 수 있다(눅 1:11, 38, 2:99, 행 1:10, 5:19, 8:29, 10:7, 22, 30, 11:13, 12:7, 11, 23, 27:23).

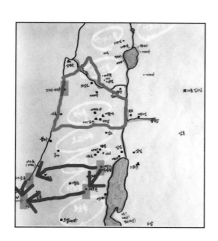

"그 길은 광야라"는 것은 예루살렘에서 가사로 내려가는 길을 말하는 것으로 서남쪽과 동북쪽의 두 갈래 길이 있었다. 전자는 헤브론을 통해, 후자는 아스칼론(Ascalon, Ashkelon, 아스글론)을 통해 가사 해안으로 통한다. 여기서는 아마 사막 길이었던 전자의 헤브론을 통해 가는 길이었을 것이다(Toussaint).

27 일어나 가서 보니 에디오피아 사람 곧 에디오피아 여왕 간다게의 모든 국고를 맡은 큰 권세가 있는 내시가 예배하러 예루살렘에 왔다가

에디오피아에 해당하는 헬라어가 아이디오프스(Αἰθίοψ, nm an Ethiopian)인데 이는 '검게 탄 얼굴(from aithó (to burn) and ops (an eye, face))'이라는 의미로 '흑인들이 사는 땅'을 지칭한다.

참고로 에디오피아의 검은 유대인을 가리켜 팔라샤(Falasha) 유대인이라고 한다. 이스라엘 정부는 이들을 1980년 중반에서 1990년 초반에 이르기까지 이스라엘 땅으로 송환하기도 했다. 그들의 선조에 대하여는 솔로 몬과 시바, 더 거슬러 올라가면 출애굽시 일부 유대인들이 에디오피아로 건너갔다는 설이 있으나 어느 것 하나 확실하지 않다.

에디오피아는 나일강 상류, 애굽의 남쪽에 위치한 함의 아들인 구스 족속(창 10:6, 8, 사 11:11)의 후손들이 세웠는데 메로에(Meroe) 왕국과 나바타 (Nabatha)왕국이 있었다(Lenski). 이중 메로에 왕국은 간다게(Candace)왕조가 집권했다. 그러므로 이 구절에서의 "간다게"는 '여왕의 이름'이라기보다 는 '왕조의 왕'을 가리키던 일반적 칭호이다(Robertson).

한편 내시는 고자(鼓子, eunuch)이기에 예루살렘에 갔을지라도 여호와의 총회에는 참석치 못했을 것(신 23:1)이다. 그럼에도 불구하고 그가 예루살 렘 순례를 한 것으로 보아 그의 열정적인 신앙을 짐작케 한다.

28 돌아가는데 병거를 타고 선지자 이사야의 글을 읽더라 29 성령이 빌립더러 이르시되 이 병거로 가까이 나아가라 하시거늘 30 빌립이 달려가서 선지자 이 사야의 글 읽는 것을 듣고 말하되 읽는 것을 깨닫느뇨 31 대답하되 지도하는 사 람이 없으니 어찌 깨달을 수 있느뇨 하고 빌립을 청하여 병거에 올라 같이 앉으 라 하니라

이사야 53장 7-8절의 말씀으로 그는 히브리정경의 헬라어 역본인 70 인역(LXX)을 읽고 있었던 듯하다(Bruce).

"성령이 빌립더러 이르시되(29)"라고 한 것을 보아 26절의 "주의 사자" 는 성령님을 가리킨다. "달려가서"라는 것은 성령님의 음성에 지체 없이 반응하는 모습을 보여준 것이다.

"읽는 것을 깨닫느뇨(Ἆρά γε γινώσκεις ἃ ἀναγινώσκεις, Then also understand you what you are reading)"라는 것은 '과연 지식을 쌓는 것을 알고 있느뇨'라는 말로서 '네가 과연 지금 그 이사야의 글을 읽으면서 쌓고 있는 지식을 이해하고 있느뇨'라는 의미이다.

28-31절을 통하여 가르치고 지도하는 사람의 중요성(롬 10:17, 마 28:20)을 새삼 알 수 있다. 소경이 소경을 인도하면 둘 다 구덩이에 빠지지만(마 15:14) 참 목자를 만나면 둘 다 천국에 가기 때문이다.

32 읽는 성경 귀절은 이것이니 일렀으되 저가 사지로 가는 양과 같이 끌리었고 털 깎는 자 앞에 있는 어린 양의 잠잠함과 같이 그 입을 열지 아니하였도다 **33** 낮을 때에 공변된 판단을 받지 못하였으니 누가 가히 그 세대를 말하리요 그 생명이 땅에서 빼앗김이로다 하였거늘 **34** 내시가 빌립더러 말하되 청컨대 묻노니 선지자가 이 말 한 것이 누구를 가리킴이뇨 자기를 가리킴이뇨 타인을 가리킴이뇨

이 구절은 이사야 53장 7-8절의 말씀으로 구약성경 중 가장 대표적인, 고난 받는 종(사 53:1-6) 곧 메시야에 대한 예언 구절이다. 예수 그리스도가 오기 전에는 여기에서 가리키는 고난 받는 종이 예수님인지, 이사야 선지자인지, 이스라엘 민족인지에 대한 논란이 무척 많았다.

33절은 예수께서 정당한 재판도 없이 불의한 자들에게 불법의 재판을 받았고 그 결과 십자가 처형을 당했음을 드러내고 있다(마 26:59-68, 요

18:28).

예수님은 지극히 높으신 하나님의 아들(마 1;11, 눅 3:22)이시며 하나님의 본체(요 1:1-3, 빌 2:5)이신 창조주 하나님이신데 당신께서 창조한 이 땅에서 당신의 형상을 따라 지었던 피조물인 인간들에 의해 십자가에 달려 죽으셨던 것이다.

35 빌립이 입을 열어 이 글에서 시작하여 예수를 가르쳐 복음을 전하니 36 길 가다가 물 있는 곳에 이르러 내시가 말하되 보라 물이 있으니 내가 침례를 받음에 무슨 거리낌이 있느뇨 37 [없음] 38 이에 명하여 병거를 머물고 빌립과 내시가 둘 다 물에 내려가 빌립이 침례를 주고

빌립은 스데반의 설교(행 7:2-53)의 내용과 마찬가지로 구약 선지자들의 말씀에서부터 예수 그리스도에 이르기까지 구속사(救贖史)를 일목요연(一目瞭然)하게 가르쳐주며 복음의 핵심을 전하고 있다. 복음의 정의(definition)와 핵심 콘텐츠(6 core contents)를 다시 상기해[109] 보라.

37절의 경우 시내 사본, 알렉산드리아 사본(A), 바티칸 사본(B), 에브라임 수리아어 사본(C)에는 본절이 생략되어 있으나 베자 사본(D)에는 "빌립이 말하되 네가 마음을 온전히 하여 믿으면 구원을 얻으리라 그가 대답하여 가로되 내가 예수 그리스도께서 하나님의 아들인 줄 믿노라"는 구절이 있다. 이는 신앙고백의 핵심이기도 하다.

---

109 <복음은 삶을 단순하게 한다>, 도서출판 더 메이커, 이선일

26절-36절까지는 성령님에 의한 일련의 사건 전개를 볼 수 있다. 주의 사자의 명령으로 가사로 내려간 빌립은 내시를 만났고 그에게 다가가라는 명령에 따라 다가갔다. 내시는 빌립을 받아들인 후 가르침을 받고 즉시 침례 혹은 세례를 받는 것을 볼 수 있다. 결국 사도행전은 성령행전으로 성령님의 인도하심에 따른 사도들의 발자취임을 알아야 한다.

한편 "둘 다 물에 내려가(38), 둘이 물에서 올라갈새(39)"라는 표현을 통하여는 '침례가 맞다 혹은 세례가 맞다'라는 무의미한 논쟁이 있다. 나와 공저자는 이런 것들에는 아예 관심이 없다. 단어의 선택보다는 '침례 혹은 세례'에 담긴 4가지 의미를 붙들어야 한다.

39 둘이 물에서 올라갈새 주의 영이 빌립을 이끌어 간지라 내시는 흔연히 길을 가므로 그를 다시 보지 못하니라 40 빌립은 아소도에 나타나 여러 성을 지나 다니며 복음을 전하고 가이사랴에 이르니라

"이끌어가다"의 헬라어는 하르파조[110]($\dot{\alpha}\varrho\pi\dot{\alpha}\zeta\omega$, v)인데 이는 '빼앗아 가다'라는 의미로서 빌립이 갑자기 눈앞에서 사라져버린 것을 말한다. 바로 성령님의 역사이다. 그러므로 내시에게도 성령님이 임했음을 함의하고 있다.

---

110 하르파조($\dot{\alpha}\varrho\pi\dot{\alpha}\zeta\omega$, v)는 to seize, catch up, snatch away/properly, seize by force; snatch up, suddenly and decisively - like someone seizing bounty (spoil, a prize); to take by an open display of force (i.e. not covertly or secretly)이다.

"흔연히"의 헬라어는 카이로[111](χαίρω, v)인데 이는 '기쁨으로'라는 의미이다.

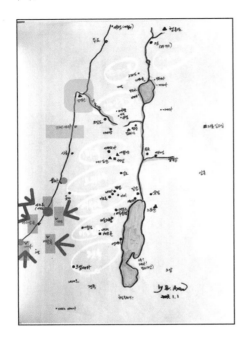

"아소도(Azotus)"는 블레셋의 한 성읍(삼상 5:3, 6:17, 대하 26:1)으로 구약에서는 아스돗(Ashdod)으로 불린다. 가사와 욥바의 중간 지점이다.

참고로 블레셋은 5개의 도시로 구성된 도시국가였는데 아스돗, 아스글론, 가사, 가드, 에글론이다.

가사와 아스돗 사람들은 다곤신(삿 16:23, 삼상 5:3, 상체는 사람, 하체는 물고기)을, 아스글론 사람들은 아스다롯(풍요와 다산의 여신)을, 에그론 사람들은 바알세붑(왕하 1:1-6, 파리 모양의 우상)을 섬겼다.

"가이사랴"는 갈멜산 남쪽 지중해 연안에 위치한 지역으로 '가이사랴 빌립보(마 16:13)'와는 완전히 다른 '가이사랴 팔레스틴'이라고 부른다. 빌립은 이곳에 정착한 듯하다(행 21:8).

---

111 카이로(χαίρω, v)는 to rejoice, be glad/(from the root xar-, "favorably disposed, leaning towards" and cognate with 5485 /xáris, "grace") - properly, to delight in God's grace ("rejoice") - literally, to experience God's grace (favor), be conscious (glad) for His grace이다.

괴짜의사 Dr. Araw의
쉽고 바르게 읽는 사도행전 장편(掌篇)강의

오직 성령이 너희에게 임하시면
성령행전(Πράξεις Πνεύματος)

레마이야기 9

나는 네가 핍박하는 예수라(5), AD 35 다메섹

    사도행전의 3대 사건을 들라면 2장의 오순절 성령강림 사건, 이곳 9장의 사울의 회심 사건(소명과 사명), 10장의 이방인 고넬료 가정의 구원 사건을 들 수 있다.

    이를 연결해 보면 성령님의 인도하심은 사울을 바울 되게 하셔서 이방에로의 복음이 전파되게 하셨다. 곧 '사도행전(프락세이스 아포스톨로스, Πράξεις ἀπόστολος)'이 '성령행전(프락세이스 프뉴마티코스, Πράξεις Πνευματικός 혹은 Πράξεις του Πνεύματος)'임을 알 수 있게 하신 것이다. 바로 그 일에 쓰임을 받은 사람이 사도들과 바울이다.

    이곳 9장에는 사울의 다메섹 행(行)으로 시작된 놀라운 대반전의 시작을 보여주고 있다. '박해자가 박해받는 자로'인데 곧 복음을 박해하던 자가 복음을 위해 박해를 받는 자가 된 것이다.

Amazing Grace!

예루살렘을 떠난 사울은 유대와 사마리아를 지나 오랜 시간이 걸려 엄청난 고생 끝에 다메섹 가까이에 이르게 된다. 그는 처음에 이제야말로 야훼 하나님을 조롱하는 무리들을 모조리 척결하게 되었다라는 생각에 가슴이 뛰었을 것이다. 자신이 하고 있는 일을 하나님께서 칭찬하실 거라 확신했기에 큰 자부심을 가졌을 것이다. 그런 그는 뛰는 가슴을 부여안고 다메섹에 이르렀다.

바로 그때 하늘로서 '빛'이 자신을 둘러 비추었다. 구약에 정통하였던 사울은 그 빛이 구약에서 현현하시던 하나님임을 곧장 알아차리고는 얼른 땅에 납작 엎드렸다. 연이어 하나님의 현현[112]인 '소리'도 들렸다. 구약에서 익히 해오던 기도의 자세로 숨죽이며 엎드려 있던 사울은 '자신의 열심'을 칭찬하시려는 하나님의 음성을 떨림으로 기다렸을 것이다. 그런데 하나님께서는 전혀 예상 밖의 말씀을 하셨다.

"사울아, 사울아, 네가 어찌하여 나를 박해하느냐(행 9:4)"

사울은 깜짝 놀랐다. '어떻게 저에게 당신을 박해하였다고 말씀하시나요' 사울은 그 소리에 정말 놀랐다. '아니, 내가 하나님을 박해하였다고요?' 그래서 사울은 즉각 물었다.

"주여, 어떻게 그렇게 말씀하십니까? 도대체 그렇게 말하시는 당신은

---

112 구약에서는 하나님의 임재나 현현으로 종종 자연계를 사용하셨다. 사울에게 나타났던 빛은 진리의 빛, 계시의 빛이었다(사 9:2; 호 6:3) 동시에 사울에게 들렸던 소리는 하나님의 소리였다(행 2:2; 왕상 19:12; 계 8:5; 시 77:18)

전능하신 하나님이 맞기는 한 것입니까?"

뒤이어 하나님께서 말씀하셨다. "나는 네가 박해하는 예수라."

청천벽력이었다. 동시에 태초부터 계셨던 그 하나님이 곧 부활의 예수님이었다는 사실을 그때서야 비로소 선명하게 알게 되었다. 자신이 그토록 핍박하던 예수가 하나님임을 확실히 알게 되자 정신이 아득해지며 시력까지 잃어버렸다. 이때가 AD 35년, 그의 나이 30세때였다.

눈은 떠져 있었으나 아무것도 볼 수 없었던 사울은 사람들의 손에 이끌려 다메섹으로 들어갔다. 처음 예루살렘을 출발할 때만 해도 한 손에는 공문서를, 다른 손에는 칼을 빼어 들고 예수 믿는 사람들을 모조리 죽이겠다고 기세등등(氣勢騰騰)하게 다메섹으로 향했었는데…….

이제는 아무것도 할 수 없는 상태로, 아니 자신조차 돌볼 수 없는 상태로 다른 사람의 손에 이끌려가게 된 것이다. 이후 하나님의 경륜은 아나니아 선지자를 통해 사울의 눈을 뜨게 하셨다. 동시에 예수님께서 사울을 이방인에게로 파송하실 것이라는 사실을 그로부터 전해 듣게 되었다. 이리하여 사울은 명실상부하게 사도로서의 부르심(소명)과 보내심(사명)을 받게 되었다.

그리하여 다메섹에서의 3년(AD 35-38), 그리고 예루살렘을 거쳐 길리기아 다소에서의 AD 38-45년, 이후 수리아 안디옥 교회에서의 소위 교육전도사로 부임한 때가 AD 45년, 그의 나이 40세였다. 바울의 전도여행 시작인 1차는 그 다음 해인 AD 46-48년이었다.

아무튼 사울은 다메섹에서의 회심을 계기로 명실상부(名實相符)한 예수 그리스도의 사도가 되었다.

'사도의 조건'

이는 바울이 된 사울을 따라다니며 지속적으로 괴롭혔던 '딱지'이다. 그것은 가는 곳마다 반대파들에게 '당신이 사도가 맞냐'라는 공격의 빌미를 주었던 가시였다. 간혹 2,000년이 지난 지금까지도 '바울이 사도인가'라는 논쟁의 먹잇감이 될 때도 있다.

당시 사도권을 인정받으려면 세 가지 조건이 충족되어야 했다. 첫째, 예수님의 부르심(소명)과 파송이라는 보내심(사명)이 있어야 한다. 둘째, 예수님의 직접적인 가르침이 있어야 한다. 셋째, 예수님의 부활을 목격해야만 한다. 그리고 보면 사울은 정확하게 위의 세 가지 조건을 충족했던 진정한 '사도'였다. 다메섹에서 예수님으로부터 부르심과 파송을 받았고 개인지도까지 받았으며 예수님의 부활을 오롯이 목격했기 때문이다.

한편 바울의 서신서를 보면 때로는 장황하게 때로는 강조하듯 자신의 사도권을 방어하는 기록이, 그것도 각 권의 첫머리에 나오곤 한다. 그 이유는 바울이 복음을 전할 때마다 거짓 교사나 거짓 선지자들로부터 사도권에 대한 공격을 받았기 때문이다. 이는 단순히 자신을 변호하려던 것만은 아니었다. 바울은 자신으로 인해 복음의 신뢰성이 무너질까 늘 고심했던 것이다.

아무튼 아나니아 선지자에 의해(행 9:10, 13) 안수를 받은 후 다시 눈을 뜨게 되고 시력을 회복하게 된 사울은, 세례를 받고 음식을 먹어 기력을 회복하자마자 '그 즉시로(행 9:19-20)' 다메섹의 각 회당에서 복음을 전하기 시작했다. '즉시로'라는 말에서 다메섹을 향한 아버지 하나님의 급한 마음이 읽혀진다.

사울을 부르신 하나님은 그에게 즉시 복음을 전하게 하셨다. 예수께서 하나님의 아들이심과 예수님만이 그리스도 메시야이심을 전파하게 하신 것이다. 반대하는 유대인들에게는 예수가 그리스도라는 것을 증명하며 굴복시켜 나갔다. 유대인들은 급작스럽게 돌변한 사울을 보며 처음에는 황당해하다가 점차 당황하기에 이르렀다. 그러다 보니 전에는 사울을 중심으로 예수 믿는 자들을 핍박하던 유대인들이 이제는 도리어 사울을 죽이려고 혈안이 되었다.

잠시 열기를 낮추는 의미에서 바울에게 안수하였던 아나니아 선지자와 관계된 몇 가지를 나누고자 한다. '아나니아'라는 이름은 사도행전에 세 번[113] 나온다. 삽비라의 남편 아나니아와 대제사장 아나니아가 있다. 가끔 동일한 이름을 가진 사람이 전혀 다른 인생을 살아가는 모습을 보면서 나는 많은 생각에 잠기곤 한다. 그런 후 나의 막내 아들인 공저자에게 도전을 하곤 했다.

SNS에 '이선일'이라는 이름을 쳐보면 제법 많은 동명이인이 나온다. 다들 너무나 다르게 살아가고 있었는데 세상적으로 보기에 번듯한 인물도 있고 그렇지 못한 듯한 인물도 있었다.

같은 이름, 다른 인생!

한 번 인생을 어떻게 살다가, 무엇을 하다가 죽을 것인가?

잘하는 일을 할 것인가? 원하는 일을 할 것인가? 이 두 질문은 욕망이

---

113   바울을 안수했던 아나니아 선지자 외에도 사도행전 5장 1절의 삽비라의 남편 아나니아와 사도행전 23장 2절과 24장 1절에서 보듯 대제사장 아나니아도 있다.

나 탐욕과 결부될 위험이 있으니 주의할 필요가 있다. 나와 공저자에게 묻는다면 거침없이 이렇게 대답할 것이다.

'하나님이 원하시고 바라시는(소명, 부르심) 그 일을 충성되게 감당하다가 (사명, 보내심) 육신적 죽음을 통과할 것이라고.'

이 글을 읽는 독자들도 책을 잠시 덮고 지금 당장 자신과 같은 이름의 다른 사람들이 무엇을 하며 어떻게 살아가고 있는지를 살펴보고, 당신의 삶을 하나님 앞에서 결단해 보라.

한편 당시 욥바에 있었던 사도들의 수장인 베드로에게도 하나님의 강권적인 역사가 있었다. 그것은 이방인 고넬료의 구원 사건이다. 이 일은 하늘로부터의 환상까지 더해졌던 것으로 훗날 사울의 이방인 구원 사건에 대해 당시 예루살렘 교회의 수장이었던 베드로가 증인 역할을 감당하게 하는 사건이었다. 이는 사도행전이야말로 성령행전[114]임을 다시 확인시켜주는 사건이다.

다메섹에서의 회심 이후 온전한 그리스도인이 된 사울은 사도행전 13장 8-12절 이후부터는 개명된 이름 '바울'로 바뀌어 등장한다. 그는 예수님의 부르심과 보내심을 따라 '이방인과 임금들과 이스라엘 자손들(행 9:15)'에게 복음을 전하라는 소명과 사명을 들고 일평생 그들에게 복음 전하는 일에 목숨을 걸고 살았다.

---

114 '성령행전'이라 함은 사도들은 그저 성령님의 택하심과 부르심에 따라 순종함으로 묵묵히 걸어간 도구일 뿐이라는 의미다. 모든 것의 주어나 주도권은 성령님께만 있다는 것이다. 그러므로 소위 사도들의 발자취라는 뜻의 사도행전(프락세이스 아포스톨로스 $\Pi\rho\acute{\alpha}\xi\epsilon\iota\varsigma\ \dot{\alpha}\pi\acute{o}\sigma\tauo\lambda o\varsigma$)이 아니라 성령님의 경륜에 따라 사도들이 순종함으로 남긴 발자취(프락세이스 투 프뉴마토스 $\Pi\rho\acute{\alpha}\xi\epsilon\iota\varsigma\ \Pi\nu\epsilon\upsilon\mu\alpha\tau\iota\kappa\acute{o}\varsigma$ 혹은 $\Pi\rho\acute{\alpha}\xi\epsilon\iota\varsigma\ \tauo\upsilon\ \Pi\nu\epsilon\acute{\upsilon}\mu\alpha\tauo\varsigma$)라는 의미이다.

성령님의 도구로 사용되었던 또 하나의 소중한 사역자 중에는 바나바를 빼놓을 수 없다. 그는 예루살렘 교회에서 수리아 안디옥으로 파송된 초대 담임목사였다. 안디옥 교회로 부임한 바나바는, 회심 후 고향 길리기아 다소에 있던(AD 38-45년) 사울을 직접 찾아가서 자신이 사역하던 안디옥에 데려와 동역했던 귀한 성품의 사람이다.

안디옥에서 두 사람의 호흡은 잘 맞았고 아름다운 향기를 드러내자 비로소 안디옥 성도들은 '그리스도인(행 11:26, Χριστιανός, nm)'이라는 분명한 정체성을 가진 자랑스러운 이름을 얻게 되었다.

9-1 사울이 주의 제자들을 대하여 여전히 위협과 살기가 등등하여 대제사장에게 가서 2 다메섹 여러 회당에 갈 공문을 청하니 이는 만일 그 도를 좇는 사람을 만나면 무론 남녀하고 결박하여 예루살렘으로 잡아오려 함이라

"위협"의 헬라어는 아페일레(ἀπειλή, nf, a threatening, threat)인데 이는 '살의(殺意)를 가지고 협박하다'라는 의미이다. "등등하여"의 헬라어는 엠프네오(ἐμπνέω, v, to breathe (on), to inhale)인데 이는 엔(ἐν, prep, in, on, at, by, with)과 프네오(πνέω, v, to blow)의 합성어로서 '~으로 가득차다'라는 의미이다. 기세등등(氣勢騰騰, triumphantly, proudly)하다 라는 말이다.

1절의 "대제사장"이란 가야바일 것으로 추측한다. 왜냐하면 나와 공저자는 사울의 회심을 AD 35년으로 생각하고 있기 때문이다. 만약 회심 기간이 조금 더 뒤라고 한다면 대제사장은 안나스의 아들 데오필로(AD 37-41년)일 수도 있다. 그러나 본질적인 문제가 아니기에 그다지 관심을 쏟고 싶지 않다.

당시 다메섹에는 유대인의 회당만 30-40여 개가 있었고 40,000여 명의 유대인이 정착하여 살았다고 한다.[115] 요세푸스에 의하면 AD 66년에 네로는 이곳에서 10,000여 명의 기독교인들을 학살했다고 한다.

"그 도를 좇는 사람"이란 '복음을 믿고 받아들인 기독교인들'을 가리킨다. "무론 남녀하고 결박하여"라는 것은 8장 3절의 "잔멸할쌔"라는 말과 상통한다.

3 사울이 행하여 다메섹에 가까이 가더니 홀연히 하늘로서 빛이 저를 둘러 비추는지라 4 땅에 엎드려져 들으매 소리 있어 가라사대 사울아 사울아 네가 어찌하여 나를 핍박하느냐 하시거늘

예루살렘에서 다메섹까지는 240Km나 되는 거리였고 세 갈래길이 있었는데 중앙 산지 길, 평지 길, 왕의 대로였다. 학자들은 사울이 중앙 산지 길로 갔을 것이라고 추정한다. 2,000년 전에 그 먼길을 가서 그리스도인들을 핍박한다는 것에서 사울의 광기 어린 열정을 충분히 짐작할 수 있다. 뒤틀어진 신앙에 잘못된 열정까지 겹치게 되면 무서운 광기(狂氣)가

---

115   그랜드종합주석 14, p215

발현(뒤틀어진 신앙+잘못된 열정=무서운 광기)된다는 사실을 잘 볼 수 있다.

홀연히 비추어진 '하늘의 빛'이란 '생명의 빛', '세상의 빛'', 진리의 빛', '계시의 빛'(사 9:2, 호 6:3)이신 예수 그리스도를 가리킨다. 한편 구약에서의 "빛과 소리"는 '하나님의 현현'을 상징한다(계 8:5, 11:19, 16:18, 출 19:16/ 행 2:2, 출 19:19, 시 77:18, 왕상 19:12).

'땅에 납작 엎드렸다'라는 것은 빛과 소리에 의해 기절한 것이 아니라 구약학자, 율법학자였던 사울이 하나님의 현현임을 알아차리고 얼른 엎드리는 '기도의 자세를 취했다'라는 말이다. 왜냐하면 죄인 된 인간이 하나님을 직접 보면 죽기 때문이다.

"사울아 사울아"라고 연거푸 두 번이나 부른 것을 보면 사울을 소명하시는 하나님의 긴박성과 확실성을 느끼게 된다. 한편 '둘'은 증인의 수인데 하나님은 역사의 중요한 고비나 시점마다 중요한 사람을 부를 때 '2번'을 불렀다(창 22:11, 46:2, 출 3:4, 삼상 3:10, 눅 10:41, 22:31). 이런 전제 하에 사도행전 9장에서 사울을 두 번이나 연거푸 부르신 하나님은 그를 회심(Conversion)시키셔서 그에게 당신의 소명(Calling)을 통한 사명을 주시기 위함이었다.

참고로 진정한 '회심'이란 인정하고 변화하는 것과 더불어 돌아서고 돌이키는 것까지를 말한다. 폴 워셔(Paul Washer)의 〈회심〉을 읽어보면 그 개념 정립에 도움이 될 것이다. 그는 회심에 동반되어야 할 것들을 설명했는데 나의 개념으로 바꾸어 나누고자 한다.

첫째, 회심은 반드시 '가치관과 세계관의 변화'를 동반해야 한다(엡 4:17-18). 둘째, 지난날의 실수와 허물, 모든 죄를 진정으로 자복하고 슬퍼

하며 처절하게 회개해야 한다(시51:4, 요일 1:8-10). 셋째, 모든 죄에서 돌아설 뿐만 아니라 죄에서 떠나 온전히 돌이켜야 한다(겔 14:6). 곧 생각뿐만 아니라 행동의 변화(언행(言行) 심사(心思))까지 동반되어야 한다. 넷째, 진정한 회심이란 자기 의와 율법을 드러내지 않으며 자기를 부인하고 자기 십자가를 지고 주님을 좇는 것이다(롬 11:6, 마 16:24, 막 8:34, 눅 9:23). 다섯째, 진정한 회심이란 하나님께로 온전히 돌아와 그분을 주인으로 모시고 그분의 통치와 질서, 지배 하에서 순복하는 것이다(사 55:6-7, 마 3:10). 마지막 여섯째는 회심 후에는 지속적으로 하나님과의 바른 관계를 점검하며 더욱더 친밀한 교제로 나아가고 세월의 흐름과 더불어 점점 더 깊어져 가야 한다(사 66:2).

한편 "사울아 사울아"라고 두 번 부르신 것에서의 '2'는 증인의 수로서 이제 후로 '너는 나의 증인으로 살아야 한다'라는 하나님의 확실한 부르심과 더 이상 지체할 수 없는 하나님의 긴박성 혹은 긴급성을 드러내고 있다. 구약에서는 아브라함(창 22:11), 모세(출 3:4), 야곱(창 46:2), 사무엘(삼상 3:10)을 그렇게 두 번이나 연거푸 부르셨다.

"네가 어찌하여 나를 핍박하느냐"라는 말에서 실상 사울이 핍박한 것은 교회와 성도들(행 8:1-3)을 향한 것이었다. 그러나 예수님은 당신을 핍박했다라고 말씀하고 있다. 이는 그리스도께서 교회의 머리(골 1:18)이시며 성도는 그 몸(고전 12:27)이기 때문이다.

5 대답하되 주여 뉘시오니이까 가라사대 나는 네가 핍박하는 예수라

바울은 부활의 주님에게 "주여 뉘시오니이까(Τίς εἶ Κύριε, Who are You Lord?)"라고 물었다. 그러나 실상은 '당신은 하나님이신데 왜 그렇게 말씀하시는 것입니까?'라고 물음과 동시에 '하나님이 바로 그 예수였단 말인가, 그렇다면 이제 내가 무엇을 하여야 한다는 말인가'라는 바울의 내면적 물음까지 들어있다.

"나는 네가 핍박하는 예수라(Ἐγώ εἰμι Ἰησοῦς ὃν σὺ διώκεις, I am Jesus whom you are persecuting)"에서 '주어'가 선명하게 쓰여진 것은 '강조'하기 위함이다. 한편 에고 에이미(Ἐγώ εἰμι)는 예수님께서 자주 사용(요 6:35, 8:12, 10:7, 11, 11:25, 14:6)하시던 용법이기도 하다.

6 네가 일어나 성으로 들어가라 행할 것을 네게 이를 자가 있느니라 하시니

이 구절과 사도행전 22장 10절은 사도행전 26장 16-18절의 말씀과 약간 차이가 있다. 여기는 사울이 다메섹 성에 들어간 후 아나니아 선지자를 통해 그의 소명을 듣는 반면에 26장에서는 예수님께 직접 듣는 것으로 기록되어 있다. 이런 것을 가지고 논쟁의 소재로 삼지는 않았으면 한다. 왜냐하면 아나니아 선지자를 주관하신 분도 예수님이셨고 사울을 불러 쓰시는 분도 예수님이시기 때문이다. 그렇기에 아나니아를 통해 듣든지 예수님께 직접 듣든지 결국은 예수님의 말씀을 듣고 보내심을 받은 것이 된다.

7 같이 가던 사람들은 소리만 듣고 아무도 보지 못하여 말을 못하고 섰더라

세상에는 영적인 귀머거리도 있고 영적 소경, 영적 벙어리도 있다. 또한 초보신앙으로서 소리만 겨우 듣는 경우도 있다. 그러나 우리는 귀로 듣고(큰 귀) 눈으로(영안) 볼 수 있어야 한다. 또한 머리로는 깨달아 분별할 줄 알아야 한다. 더 나아가 성령님의 세미한 음성을 예민하게 캐치하고 그에 따라 손과 발은 즉각적으로 반응할 줄도 알아야 한다. 이 모든 것을 함의한 단어가 바로 지혜(לֵב, 레브, an heart, שָׁמַע 쇼메아, understanding)이다.

지혜(לֵב, 레브, an heart, שָׁמַע, 쇼메아, understanding)	
1) 머리	잘 깨닫고 분별
2) 눈	영안 소유
3) 귀	큰 귀 소유
4) 마음, 심장	세미한 음성을 예민하게 캐치
5) 손발, 팔 다리	즉각적인 반응(순복)

한편 이 구절(소리만 듣고 아무도 보지 못하여)도 사도행전 22장 9절의 말씀(빛은 보면서도 나 더러 말하시는 이의 소리는 듣지 못하더라)과 약간 차이가 있다. 이에 대해 Bruce, Beza는 같이 가던 사람들이 사울의 말하는 소리만 듣고 예수님의 소리는 듣지 못한 것이라고 해석했다. Bengel은 요한복음 12장 29절처럼 소리만 듣고 그 의미는 몰랐다라고 해석했다. 그랜드종합주석 14권은 강렬한 빛을 보았기에 일시적인 시력 상실 속에 무슨 소리는 들었으나 사울 외에는(단 10:7) 그 소리의 정확한 의미를 몰랐다라고 했다.

나와 공저자의 생각에는 예수님의 현현으로 인해 일부이긴 하지만 하나님의 영광을 목도하게 되자 바로 압도되어버려 들려지는 소리 외에는 아무것도 볼 수 없었으며 더 나아가 죄인이 영광의 하나님을 보면 죽기에 의도적으로라도 보지 않으려 했을 것으로 해석한다.

8 사울이 땅에서 일어나 눈은 떴으나 아무것도 보지 못하고 사람의 손에 끌려 다메섹으로 들어가서 9 사흘 동안을 보지 못하고 식음을 전폐하니라

사울은 강렬한 빛(행 22:13)으로 인해 눈을 감았다가 떴으나 아무것도 볼 수 없게 되었다. 예수 그리스도의 '생명의 빛' 앞에서 사울의 지난날의 어두움이 물러가 버린 것(요1:5)이다. 그리고는 사흘 동안 지난날의 과오와 자신의 내면을 되돌아보며 깊은 고뇌와 함께 하나님께 진정으로 회개기도를 올렸을 것이라 생각된다. 더 나아가 그 3일의 독대는 하나님과의 바른 관계와 친밀한 교제의 소중한 시간이었다고 생각된다.

10 그 때에 다메섹에 아나니아라 하는 제자가 있더니 주께서 환상 중에 불러 가라사대 아나니아야 하시거늘 대답하되 주여 내가 여기 있나이다 하니

"아나니아"의 헬라어는 아나니아스[116](Ἀνανίας, nm)인데 이는 히브리어 하나니아흐(חֲנַנְיָה, "Yah has been gracious")에서 파생되었다. 이는 '하나님은 은

---

[116] 아나니아스(Ἀνανίας, nm,)는 Ananias, (a) husband of Sapphira, a member of the early church at Jerusalem, (b) a member of the church at Damascus, (c) the high priest at Jerusalem)이며 히브리어 하나나흐(חֲנַנְיָה, "Yah has been gracious", the name of a number of Isr이다.

혜로우시다, 하나님께서 보호하시다'라는 의미이다. 그는 멋진 이름을 가진 제자였는데 기도 중에 하나님께서 주신 환상을 보게 된다. 기도의 사람답게 그는 예수님의 부르심에 즉각 대답하며 "주여 내가 여기 있나이다"라고 반응한다. 그는 역사의 주관자 하나님 앞에서 자신에게 주신 멋진 이름값을 톡톡히 해낸 하나님의 도구(행 22:12)였다.

"환상 중에"에서의 '환상'의 헬라어는 호라마[117](ὅραμα, nn)인데 이는 '비전'이라는 의미로서 당신께서 계시를 주실 때에 종종 '환상(비전)'으로 주시곤 했다(겔 1:1, 행 10:3, 17, 11:5, 16:9, 18:9).

"아나니아야~주여 내가 여기 있나이다"라는 것은 부르심에 대한 재빠른 응답으로서 하나님께서는 구약의 아브라함(창 22:1, 아브라함아~내가 여기 있나이다)과 사무엘(삼상 3:10, 사무엘아 사무엘아~말씀하옵소서 주의 종이 듣겠나이다)에게도 동일하게 부르셨다.

11 주께서 가라사대 일어나 직가라 하는 거리로 가서 유다 집에서 다소 사람 사울이라 하는 자를 찾으라 저가 기도하는 중이다

"직가라 하는 거리(τὴν ῥύμην τὴν καλουμένην Εὐθεῖαν, the street called Straight)"에서의 '직가'는 거리 이름이 아니라 '직선으로 된 거리'라는 의미로서 '곧장 가라(16:11)'는 상징적 의미로 해석해야 한다. 이를 통해 우

---

117 호라마(ὅραμα, nn)는 a spectacle, vision, that which is seen/(a neuter noun derived from 3708 /horáō, "to see, spiritual and mentally") - a vision (spiritual seeing), focusing on the impact it has on the one beholding the vision (spiritual seeing). See 3708 (horaō)이다.

리는 하나님의 급한 마음(9:11, 18:20)을 읽을 수 있어야 한다.

　"유다 집"이란 '유다(Judas)라고 이름하는 사람의 집'이라는 의미로 누구인지는 정확히 알 수 없다. 한편 "다소"란 길리기아의 수도로서 당시 아시아의 아테네라고 불릴 정도로 발달된 도시였다.

　"저가 기도하는 중이다(ἰδοὺ γὰρ προσεύχεται, Behold for he is praying)"라는 것은 현재형(V-PIM/P-3S)으로 쓰였는데 이는 과거의 죄와 어리석음을 뉘우치면서 계속하여 기도하고 있는 것을 말한다.

12 저가 아나니아라 하는 사람이 들어와서 자기에게 안수하여 다시 보게 하는 것을 보았느니라 하시거늘 13 아나니아가 대답하되 주여 이 사람에 대하여 내가 여러 사람에게 듣사온즉 그가 예루살렘에서 주의 성도에게 적지 않은 해를 끼쳤다 하더니 14 여기서도 주의 이름을 부르는 모든 자를 결박할 권세를 대제사장들에게 받았나이다 하거늘

　예수님은 사울에게 환상을 보여주시며 아나니아의 안수를 통해 다시 눈이 뜨게 될 것을 보여주셨다.

　"주의 성도"란 예수 그리스도를 믿음으로 하나님의 자녀 된 백성을 가리킨다(롬 10:13). 이들을 가리켜 "주의 이름을 부르는 자, 성도, 구별된 자"라고 칭한다.

15 주께서 가라사대 가라 이 사람은 내 이름을 이방인과 임금들과 이스라엘 자손들 앞에 전하기 위하여 택한 나의 그릇이라 **16** 그가 내 이름을 위하여 해를 얼마나 받아야 할 것을 내가 그에게 보이리라 하시니

사울에게 부여된 선교 대상은 첫째는 이방인(롬 1:10, 갈 2:8)이요 둘째는 임금들로서 헤롯 아그립바(행 26장), 로마 황제 가이사(행 27:24), 유대 총독 벨릭스(행 24:10-23), 베스도(행 25장) 등이다. 셋째는 동족 이스라엘(행 28:17-28, 롬 9:3-5)이었다.

"택한 나의 그릇"이란 구약에서는 천한 그릇(렘 22:28), 빈 그릇(렘 51:34)이라고도 표현했다. 이는 '선택된 그릇(선택된 사람)'을 칭하는 히브리식 표현법이다.

장차 "해를 얼마나 받아야 할 것"들의 내용은 고린도후서 11장 22-33절에 잘 나타나 있다. 최후에 그는 로마에서 순교하였다(AD 68년). 그리스도인들은 누구든지 자기를 부인하고 자기 십자가를 지고 주님을 좇아야 한다(마 16:24, 막 8:34). 그렇기에 우리가 한 번 사는 동안 복음과 함께 고난을 받는 것은 당연한 일이다(딤후 1:8).

17 아나니아가 떠나 그 집에 들어가서 그에게 안수하여 가로되 형제 사울아 주 곧 네가 오는 길에서 나타나시던 예수께서 나를 보내어 너로 다시 보게 하시고 성령으로 충만하게 하신다 하니

13절과 이곳 17절에서의 아나니아의 태도 변화를 살펴보면 흥미롭다. 즉 처음에는 "이 사람"이라고 호칭하던 것을 "형제(ἀδελφός, nm) 사울아"

라고 변경한 것에 우리는 주목할 필요가 있다. 결국 우리 모두는 예수 그리스도 안에서 한 형제 된 지체들임을 잊어서는 안 된다.

"예수께서 나를 보내어 너로 다시 보게 하시고 성령으로 충만하게 하신다"라는 것은 구원은 예수 그리스도의 십자가 보혈로, 구원받은 자가 거룩함으로 살아가는 것은 성령님의 주권, 통치, 질서, 지배 하에서 인도되어져야 한다는 것을 말한다. 또한 이 모든 것은 성부하나님의 섭리와 경륜에 따른 것이라는 의미이다. 여기서 우리는 다시 한 번 더 기능론적 종속성(functional subordination)과 존재론적 동질성(essential equality)의 삼위일체 하나님을 깊이 묵상해야 할 것이다.

18 즉시 사울의 눈에서 비늘 같은 것이 벗어져 다시 보게 된지라 일어나 침례를 받고

"비늘(λεπίς, nf, a scale (of a fish)/a scaly substance thrown off from the body)"의 정체에 대하여는 의견이 분분하다. 외경 토비트 서(3:17)를 토대로 주석가들(Bruce, Hervey, Longenecker)은 토비트가 아버지의 눈에서 비늘을 벗겨내었다 라는 것에 착안하여 '흰막'을 가리키는 것이라며 오늘날의 백내장(Catarract)이라고 말하기도 했다.[118] Lenski는 실제적인 것이 아니라 사울의 주관적인 환상이나 상징이라고 했다.

그럴 수도 있다. 그러나 중요한 포인트는 사울의 옛 사람이 죽고 새 사

---

118   그랜드종합주석 14, p218-219

람으로의 변화 과정에 역사의 주관자 하나님의 명백한 개입이 있었다라는 것이다.

"다시 보게 된지라"는 것은 육적인 시력의 회복은 물론이요 영안까지 소유하게 된 것을 가리킨다.

19 음식을 먹으매 강건하여지니라 사울이 다메섹에 있는 제자들과 함께 며칠 있을새

'암흑의 동굴'을 통과하자마자 사울은 곧장 음식을 먹은 후 기력을 되찾아 하나님의 급한 마음을 이해하고는 다메섹에서 복음을 전한다.

'하나님의 은혜의 복음(τὸ εὐαγγέλιον τῆς χάριτος τοῦ Θεοῦ)'

이 구절에서의 "며칠(ἡμέρας τινάς, some days)"과 이곳 9장 23절에서의 "여러 날(많은 날, ἡμέραι ἱκαναί, many days)"은 완전히 다른 기간을 말한다. 전자의 "며칠(헤메라스 티나스)"은 약 50일간의 기간으로 요세푸스에 의하면 바울은 짧은 기간 동안에 아라비아 광야에 다녀온 듯하다라고 말했다. 후자의 "여러 날(헤메라이 히카나이)"은 회심 후 다메섹에 머물며 복음을 전했던 기간으로 약 3년을 가리키는 관용구이다.

20 즉시로 각 회당에서 예수의 하나님의 아들이심을 전파하니 21 듣는 사람이 다 놀라 말하되 이 사람이 예루살렘에서 이 이름 부르는 사람을 잔해하던 자가 아니냐 여기 온 것도 저희를 결박하여 대제사장들에게 끌어가고자 함이 아니냐

하더라 22 사울은 힘을 더 얻어 예수를 그리스도라 증명하여 다메섹에 사는 유대인들을 굴복시키니라

"즉시로"의 헬라어는 유데오스(εὐθέως, adv, at once, directly, immediately, soon)인데 이는 11절(직가), 18절(즉시)에서 보듯 구원에 대한 아버지 하나님의 급한 마음을 드러내고 있는 단어이다.

"힘을 더 얻어"의 헬라어는 엔뒤나모오[119](ἐνδυναμόω, v)인데 이는 하나님께로부터 영적인 힘을 얻어 성령님의 역사하심으로 모든 사역들을 감당했다라는 것으로 자신이 아니라 하나님께서 하심을 강조하고 있는 것이다.

한편 사울이 예수를 그리스도라 증명할 뿐만 아니라 목숨을 걸고 그렇게 증거한 이유는 빌립보서 3장 8절의 말씀을 따른 것이다.

"또한 모든 것을 해로 여김은 내 주 그리스도 예수를 아는 지식이 가장 고상함을 인함이라 내가 그를 위하여 모든 것을 잃어버리고 배설물로 여김은 그리스도를 얻고"_빌 3:8

"증명하다"의 헬라어는 쉼비바조[120](συμβιβάζω, v)인데 이는 '하나로 모은다'라는 의미로 예수님이 바로 그리스도 메시야이심에 대한 여러가지 흩어진 예언들을 하나로 집대성하여 체계적으로 정리했음을 가리킨다.

---

119 엔뒤나모오(ἐνδυναμόω, v)는 to empower/(from 1722 /en "in," which intensifies 1412 / **dynamóō**, "sharing power-ability") - properly, to impart ability (make able); empowered이다.

120 쉼비바조(συμβιβάζω, v)는 (a) I unite or knit together, (b) I put together in reasoning, and so: I conclude, prove, (c) I teach, instruct/(from 4862 /**sýn**, "identified with" and 1688 / **embibázō**, "to board a ship") - properly, bring together (combine), "causing to stride together" (TDNT); (figuratively) to grasp a truth by intertwining ideas needed to "get on board," i.e. come to the necessary judgment (conclusion); "to prove" (J. Thayer)이다.

23 여러 날이 지나매 유대인들이 사울 죽이기를 공모하더니 **24** 그 계교가 사울에게 알려지니라 저희가 그를 죽이려고 밤낮으로 성문까지 지키거늘 **25** 그의 제자들이 밤에 광주리에 사울을 담아 성에서 달아 내리니라

"여러 날이 지나매"에서의 '여러 날'의 헬라어는 헤메라이 히카나이(ἡμέραι ἱκαναί, many days)인데 이는 '많은 날이 지나매'라는 의미로서 히브리 용례 상 '3년이 지나매'라는 관용구이다. 결국 아라비아 광야에서의 3년이라는 Hidden time이 아니라 다메섹에서의 복음 전파 3년을 가리킨다.

한편 15장 36절, 21장 10절, 24장 27절, 28장 36절의 "수일 후에, 여러 날 있더니, 이태를 지나서, 온 이태를"이라는 것은 2년을 의미한다.

25절의 경우 고린도후서 11장 32-33절과 같이 읽으면 이해가 한층 더 선명해진다. 바울은 다메섹에서 3년간(AD 35-38년) 열심히 복음을 전했다. 그 결과 동족인 유대인들과 당시 나바티아 왕국의 아레다 왕(Aretas, BC 9-AD 40년까지 홍해에서 유브라데스에 이르는 나바테아(Nabataea)지역을 다스린 왕)이 혈안이 되어 죽이려고 날뛰었다. 그러자 바울의 제자들이 밤에 그를 광주리에 담아 성 밖(들창문, 고후 11:33)으로 달아 내려(수 2:15, 기생 라합이 정탐꾼 탈출을 도울 때에도 사용됨) 예루살렘으로 피신시켰던 것이다.

26 사울이 예루살렘에 가서 제자들을 사귀고자 하나 다 두려워하여 그의 제자

됨을 믿지 아니하니

나와 공저자는 사울의 회심을 AD 35년으로 보기에 그가 예루살렘으로 간 시기는 다메섹의 3년 복음 전파 후이므로 AD 38년으로 생각하고 있다.

한편 고린도후서를 기록한 시기는 AD 55-56년경으로 추정한다. 고린도후서 12장 2절에 의하면 바울은 삼층천에 다녀왔다고 고백했다. 14년 전에. 그렇다면 AD 41-42년경이기에 그가 다소에 있을 시기(AD 38-45년)에 삼층천에 다녀왔음을 알 수 있다.

갈라디아서 2장 1절의 경우 2번째 방문이라면 예루살렘 공의회(예루살렘 총회, AD 49년, 기독교 역사상 최초로 소집된 종교회의)가 소집되어 방문한 것(갈 2:2)은 3번째가 된다.

참고로 바울은 회심 후에 5차례 예루살렘을 방문하였다. 첫째는 다메섹에서 피신하여 간 것(행 9:26-30, 갈 1:18-20)이고 둘째는 예루살렘에 흉년이 들었을 때 바나바와 디도와 함께 부조(봉사, 헌금)를 전달하기 위해 방문했고(행 11:27-30, 갈 2:1) 셋째는 예루살렘 공의회 참석차 방문했다(행 15:1-33, 갈 2:2). 이는 1차 전도여행(AD 46-48년) 후의 일이다. 넷째는 2차 전도여행(AD 50-52년)을 마치고 수리아 안디옥 교회로 돌아가는 길에 잠시 예루살렘을 방문했고(행 18:22) 다섯째는 3차 전도여행(AD 53-57년) 후 가이사랴의 헤롯궁 감옥에 갇히기 전에 예루살렘을 방문(행 20:17-24:27)했다.

27 바나바가 데리고 사도들에게 가서 그가 길에서 어떻게 주를 본 것과 주께서

그에게 말씀하신 일과 다메섹에서 그가 어떻게 예수의 이름으로 담대히 말하던 것을 말하니라

초대교회에서 바나바는 굳센 믿음과 신실한 행동으로 예루살렘의 모든 제자들과 사도들에게 두터운 신임을 얻고 있었다. 그럼에도 불구하고 당시 바울에 대한 그의 '보증'은 목숨을 건 대단히 위험한 일이었다. 그렇기에 당시 그는 적극적으로 나서지 않아도 될 일이었다. 그럼에도 불구하고 영안이 열려 있던 그는 바울의 진정성을 보증하는 그 일에 앞장서서 하나님의 도구로 쓰임을 받았다. 갈라디아서 1장 10절의 말씀을 그대로 실천한 것이다

"이제 내가 사람들에게 좋게 하랴 하나님께 좋게 하랴 사람들에게 기쁨을 구하랴 내가 지금까지 사람의 기쁨을 구하는 것이었더면 그리스도의 종이 아니니라"_갈 1:10

그리하여 바울은 바나바의 중재를 통해 신실한 동역자들과의 깊은 교류 속에서 잠시나마 예루살렘에서 복음을 전할 수 있었다. 이 모든 것은 성령님의 인도하심과 간섭하심이다. 참고로 Lenski는 바울과 바나바는 가말리엘 문하의 동문(행 22:3)이었을 것으로 추측했다.

"사도들"이라고 복수로 표현한 것은 야고보 사도(갈 1:19)와 예수님 안에서의 믿는 무리들인 모든 제자들을 가리키기에 복수로 사용되었다.

28 사울이 제자들과 함께 있어 예루살렘에 출입하며 29 또 주 예수의 이름으로 담대히 말하고 헬라파 유대인들과 함께 말하며 변론하니 그 사람들이 죽이려고

힘쓰거늘

바나바의 목숨을 건 보증으로 바울은 예루살렘의 기독교 공동체의 일원이 되었다. "예수의 이름으로"라는 것은 '예수 그리스도의 힘으로, 예수 믿음으로'라는 의미로서 갈라디아서 2장 20절과 상통한다.

"담대히 말하다"의 헬라어는 파르레시아조마이[121]($\pi\alpha\varrho\varrho\eta\sigma\iota\acute{\alpha}\zeta o\mu\alpha\iota$, v)인데 이는 '자기 의사를 거리낌없이, 거침없이, 자유롭게 말하다(행 14:3, 19:8)'라는 의미로 여성명사 파르레시아[122]($\pi\alpha\varrho\varrho\eta\sigma\acute{\iota}\alpha$)에서 파생되었다.

"헬라파 유대인"이란 본토 유대를 떠나 타국에서 살다가 돌아온 유대인으로 헬라어를 사용했던 사람들이다. 그들은 변론을 좋아했으며 바울과는 자주 토론했던 듯하다.

30 형제들이 알고 가이사랴로 데리고 내려가서 다소로 보내니라

유대인들의 핍박이 거세어지자 바나바는 바울을 그의 고향 길리기아 다소로 대피시키는 일에 발벗고 나선다. 이것 또한 성령님의 인도하심이었다. 왜냐하면 바울은 훗날에 예루살렘의 헬라파 유대인의 박해가 겁이 나서 지난날 예루살렘을 떠난 것이 아니라 예수께서 보이신 환상 때문(행

---

121 파르레시아조마이($\pi\alpha\varrho\varrho\eta\sigma\iota\acute{\alpha}\zeta o\mu\alpha\iota$, v)는 to speak freely or boldly/speaking boldly, "derived from pan (3956/pás and rhēsis (4483/rhéō hence, bold 'speaking out, of every word' " (WS, 933). See 3954 (parrēsia)이다.

122 파레시아($\pi\alpha\varrho\varrho\eta\sigma\acute{\iota}\alpha$)는 freedom of speech, confidence/(from 3956 /pás, "all" and rhēsis, "a proverb or statement quoted with resolve," L-S) - properly, confidence (bold resolve), leaving a witness that something deserves to be remembered (taken seriously)이다.

22:17-21)이라고 밝혔기 때문이다.

훗날 바나바는 수리아 안디옥에 세워진 교회에 초대 담임목사로 가게 된다(AD 45년). 그때 바나바는 그곳에서 북서쪽으로 39Km 지점에 있던 다소로 직접 가서 바울을 데려와 수리아 안디옥에서, 둘이서, 일 년간(AD 45-46년) 아름다운 동역을 했다. 이 모든 것은 성령님의 세미한 인도하심 가운데 일어났다. 이후 바울과 바나바는 바로 그 수리아 안디옥 교회의 파송을 받아 장차 바울의 전도여행의 대장정(AD 46-68년)의 시작인 1차 전도여행(AD 46-48년)을 하게 된다.

31 그리하여 온 유대와 갈릴리와 사마리아 교회가 평안하여 든든히 서 가고 주를 경외함과 성령의 위로로 진행하여 수가 더 많아지니라

31절에서는 유대와 갈릴리(베드로, 안드레, 야고보와 요한의 고향)와 사마리아 교회가 안정권에 접어들었으며 바울은 다소로 갔음을 알리고 있다. 이후 32절부터는 장면을 바꾸어 베드로의 순회전도를 언급하려는 의도를 드러내고 있다.

한편 요세푸스에 의하면, 당시 로마 황제는 3대 칼리큘라(Caligula, AD 37-41년)였다고 한다. 그는 예루살렘 성전의 지성소에 자신의 초상화를 두려고 했다. 이때 유대인들은 총력을 기울여 반대했다. 그러다 보니 상대적으로 그리스도인들에 대한 적대적 행위가 줄어듦으로 초대교회는 오히려 상대적인 평화가 있었다고 했다. 역사를 움직여서라도 당신의 경륜을 이끌어가시는 성령님의 손길을 볼 수 있다.

31절의 후반부에서는 놀랍게도 초대교회의 성장 원인은 사도들과 제자들의 복음 전파 때문이 아니라 "주를 경외함과 성령의 위로"였음을 밝히고 있다. 곧 우리가 행하는 모든 사역의 성공 이면에는 '성령님의 인도하심'이 있음을 명심해야 한다.

32 때에 베드로가 사방으로 두루 행하다가 룻다에 사는 성도들에게도 내려갔더니 33 거기서 애니아라 하는 사람을 만나매 그가 중풍병으로 상 위에 누운지 팔 년이라

예루살렘을 주축으로 하는 교회들이 평안하여지고 든든히 서가자 베드로는 순회전도를 시행한다. 그러던 중 룻다에 도착했다.

"룻다"는 예루살렘에서 욥바로 가는 중도에 위치한 도시인데 구약시대에는 롯(Lod, 대상 8:12, לֹד)으로, 로마 통치 하에서는 디아스폴리스 혹은 쥬피터의 도시 (the City of Jupites)라고 불리웠다.

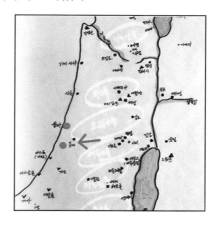

요세푸스는 이 촌락을 '큰 도시에 비견할 만한 촌락'이라고 평할 만큼 요충지라고 했다.

"애니아(Αἰνέας, nm, Aeneas, a paralytic cured by Peter, a citizen of Lydda)"라는 의미는 '찬양하다, 칭찬받는 자'라는 의미로 헬라식 이름인 것으로 보아 헬라파 유대인인 듯하다.

"중풍병, 팔 년" 등등 누가가 기록한 것들에는 디테일이 많이 담겨 있는데(눅 4:38, 8:43, 13:11, 행 3:2, 4:22) 이런 표현들은 의사였던 그의 특성 중 하나이다.

"누운 지 팔 년(ἐξ ἐτῶν ὀκτὼ, for 8 yrs)"이란 '누운 지 8년' 혹은 '8살부터 누웠다(Bruce)' 둘 다 해석이 가능하다.

34 베드로가 가로되 애니아야 예수 그리스도께서 너를 낫게 하시니 일어나 네 자리를 정돈하라 한대 곧 일어나니 35 룻다와 사론에 사는 사람들이 다 그를 보고 주께로 돌아가니라

"예수 그리스도께서 너를 낫게 하시니"라는 것은 '예수의 이름으로, 예수의 이름에 권세가 있다'라는 의미(막 16:17-18)이다.

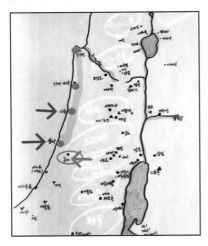

"사론[123](Ασσαρών, nm, שָׁרוֹן, Sharon)" 이란 욥바에서 갈멜산 혹은 가이사랴에 이르기까지의 비옥한 평야를 말한다.

찬송가에는 '사론의 꽃 예수'가, 구약성경에는 '사론의 수선화(아 2:1)', '사론은 양떼의 우리가 되겠고(사 65:10)'라는 표현이 나올 정도

---

123 사론(Ασσαρών, nm, Sharon)은 the maritime plain between Carmel and Joppa, שָׁרוֹן, a plain on the Mediterranean Sea, perhaps also a region East of the Jordan이다.

였다.

36 욥바에 다비다라 하는 여제자가 있으니 그 이름을 번역하면 도르가라 선행과 구제하는 일이 심히 많더니 37 그 때에 병들어 죽으매 시체를 씻어 다락에 뉘우니라 38 룻다가 욥바에 가까운지라 제자들이 베드로가 거기 있음을 듣고 두 사람을 보내어 지체 말고 오라고 간청하니

"욥바(Ἰόππη, 욥페, nf, a city of Pal, a coast town of Judea, west-north-west of Jerusalem, יָפוֹ, 야포, a seaport city of Pal)"는 예루살렘 북서쪽 50Km 지점의 항구도시(대하 2:16)이다.

"다비다[124] (Ταβηθά)"는 히브리식 이름(טְבִיתָא)이고 "도르가(Δορκάς)"는 헬라식 이름인데 '영양(羚羊)'이라는 의미로 당시 수리아 통치 하의 욥바에서는 여자의 흔한 이름이었다.

37절의 "죽으매 시체를 씻어"라는 것을 보면 당시 다비다는 살아날 가능성이 전혀 없었음을 알 수 있다. 한편 "다락에 뉘우니라"고 한 것은 어쩌면 베드로에 의해 살아날 수도 있다는 한 가닥 희망을 갖고 있었던 듯 보이기도 하다(왕상 17:17-24, 왕하 4:32-37, Lonegeneker). 그렇기에 룻다(Λύδδα, Lydda, Diospolis, Lod (modern Ludd), a city on the way to Joppa within a day's journey of Jerusalem)에서 18Km떨어진 욥바는 빨리 걸으면 4-5시간이 소요됨으로

---

124 다비다(Ταβηθά)는 "gazelle", Tabitha (also called Dorcas), a Christian woman, antelope; Tabitha, a Christian woman at Joppa으로 히브리식 이름(טְבִיתָא)이고 "도르가(Δορκάς)"는 "gazelle" (an animal with large bright eyes), Dorcas, a Christian woman으로 헬라식 이름이다.

베드로에게 "지체말고 오라"고 간청한 것이다.

이후 성령님의 인도하심과 간섭하심은 다비다를 살리심으로 복음이 그 지역에 더욱더 널리 퍼지게 한다. 이때의 베드로는 하나님의 도구로 쓰임을 받은 자였을 뿐이다. 나는 성경을 묵상할 때마다 역사의 주관자이신 하나님의 '도구로서의 쓰임'에 갈망하고 또 갈망한다. 그렇게 막내아들인 공저자에게도 시시때때로 그런 갈망을 갖도록 가르쳐왔던 것이다.

39 베드로가 일어나 저희와 함께 가서 이르매 저희가 데리고 다락에 올라가니 모든 과부가 베드로의 곁에 서서 울며 도르가가 저희와 함께 있을 때에 지은 속옷과 겉옷을 다 내어 보이거늘 **40** 베드로가 사람을 다 내어보내고 무릎을 꿇고 기도하고 돌이켜 시체를 향하여 가로되 다비다야 일어나라 하니 그가 눈을 떠 베드로를 보고 일어나 앉는지라 **41** 베드로가 손을 내밀어 일으키고 성도들과 과부들을 불러들여 그의 산 것을 보이니 **42** 온 욥바 사람이 알고 많이 주를 믿더라

유대인들의 관습상 "속옷"은 통으로 짠 직물이며 "겉옷"은 낮에는 입고 밤에는 이불 대신에 덮기도 하는 풍성하게 만든 통이 넓은 사각형의 옷이다.

베드로는 야이로의 딸을 살리시던 예수님(막 5:37-42)을 떠올리고는 간절히 무릎을 꿇고 예수님께 기도했다. 지난날에 예수님도 베드로, 야고보, 요한, 딸의 부모 외에는 모두 다 물러가게 하셨다(막 5:37, 40). 지금의 베드로 또한 정확하게 예수님이 하셨던 그대로 행하고 있음에 주목할 필요가 있다. '주의 능력, 주의 이름의 권세'만을 의지하려는 진심이 드러나고 있

는 것이다.

분명한 것은 기도하지 않고는 이런 유의 능력이 일어날 수 없다(왕상 17:21-22, 마 17:20, 막 9:29)라는 것이다.

"다비다야 일어나라"는 것은 마가복음 5장 41절의 달리다굼(소녀야 일어나라, Ταλιθὰ κούμ/ταλιθά, Aramaic Transliterated Word, (Aramaic), girl, little girl, טְלִיתָא/κοῦμι, (Aramaic) arise, stand up, קוּם)이라는 말씀과 상통하고 있다.

43 베드로가 욥바에 여러 날 있어 시몬이라 하는 피장의 집에서 유하니라

9장의 마지막 이 구절에서 우리는 '같은 이름, 다른 인생'을 다시 관찰할 수 있다. 곧 '시몬'이다. 8장에서는 마술사 시몬이 있었다. 이곳에서는 시몬 베드로가 있고 또한 당시 가장 천한 직업으로 여기던 피장이 시몬이 있다.

마술사였던 시몬은 빌립의 영향으로 복음에 눈을 떴던 사람이다. 우여곡절이 많은 그였기에 구원을 받았는지는 정확히 알 수 없다. 그러나 복음을 접했던 사람임에는 틀림없다. 피장이 시몬은 베드로의 유숙을 허락하며 대접한 것으로 보아 초대교회의 교인이었을 가능성이 많다. 아무튼 베드로가 당시 천한 신분의 피장이 시몬의 집에 있음으로 유대인들의 전통적 의식법(儀式法)을 슬쩍 건드리고 있다. 곧 천한 신분의 '피장이'라도 예수 그리스도 안에서는 베드로 사도와 한 형제임을 드러낸 것이다.

괴짜의사 Dr. Araw의
쉽고 바르게 읽는 사도행전 장편(掌篇)강의

오직 성령이 너희에게 임하시면
성령행전(Πράξεις Πνεύματος)

레마이야기 10

베드로의 독특한 환상,
그리고 이방인 고넬료

앞서 언급했듯이 사도행전의 3대 사건은 2장의 오순절 성령강림 사건, 9장의 사울의 회심 사건, 10장의 이방인인 고넬료의 복음 영접 사건이다.

예수님의 부활 승천 후 성령님의 강림으로 초대교회는 폭발적으로 부흥을 하게 된다. 이 일에 성령님은 혼란케 되었던 '언어의 통일'을 가장 먼저 시작하셨다. 그리고는 그 '통일된 언어' 곧 '하나님의 은혜의 복음'을 땅끝까지 전하라고 하셨다. '통일된 언어'라는 것은 이중적 의미가 있는데 하나는 '언어소통'이요 다른 하나는 '천국 복음'이라는 만국공통어이다.

이리하여 초대교회는 양적으로 질적으로 부흥하여 갔다. 사도행전 2장 5-13절에 의하면 당시 천하 각국으로부터 예루살렘에 왔던 사람들은 유럽, 북 아프리카, 아시아 등등 가히 전 세계에서 왔다고 해도 과언이 아닐 정도였다. 더 놀라운 것이 바로 이들 서로 간의 '복음'으로 인한 '언어소통'이었다. 그것은 성령님(성령행전)의 첫 작업이기도 했다. 곧 앞서 언급했던 '통일된 언어'이다. 이후 진정한 '통일된 언어'인 '천국 복음'이 땅끝까지 전해지게 된다. 그 일에 '사도들의 발자취' 곧 '사도행전'이 쓰이게 되고 바로 그 일에 바울 된 사울이 선택을 받게 된 것이다. 동시에 바로 그 일에 오늘의 우리가 쓰임을 받고 있는 것이다.

사도들 특히 베드로와 요한에 의한 복음 전파와 함께 그들이 보여주었던 표적과 기사는 초대교회의 부흥에 불을 지폈다. 그리하여 예수의 제자가 되려는 사람들로 넘쳐나기 시작했다. 이들은 모두 다 '성령충만한 사람들'이었다.

성령 충만(플레로오, πληρόω, μεθύσκω, 메뒤스코)!

내주(內住) 하시는 성령님께 온전히 주권을 드리고 성령님의 통치와 질서, 지배 하에 들어가 그분의 이끄심을 따르는 것을 말한다.

그들 중에 바나바가 있었고 스데반과 빌립이 있었다. 바나바와 스데반은 바울 된 사울을 등장시키기 위한 성령님의 밑 작업이기도 했다. 빌립은 혼혈정책으로 종교가 혼합되어버린 사마리아 지역의 복음 전파와 땅끝의 이방인으로 살아가던 에디오피아에 복음을 전하기 위한 하나님의 도구로 사용되었다.

안타깝게도 성령충만이 아닌 사단충만으로 하나님의 도구에 악역으로 쓰인 아나니아와 삽비라 부부가 있었고 마술사 시몬이 있었다.

전(前) 장이었던 9장에는 사울의 회심 사건이 있었다. 그는 부활하신 예수님을 직접 만났던 사람이다. 그 예수님으로부터 직접 가르침을 받았고 부르심과 더불어 보내심을 받았던, 이 세상에서 가장 행복했던 사람 중의 하나이다. 그는 예수님의 소명과 사명에 따라 즉시로 다메섹에서 3년 동안 복음을 전하기도 했다.

이곳 10장에서는 바나바와 바울의 얘기가 일체 나오지 않는다. 대신에 사도인 베드로를 다시 등장시키심으로 성령하나님의 세미한 손길을 보게 한다. 하나님은 베드로에게 하늘 보자기와 육해공의 각종 짐승 등등 독특한 환상과 더불어 이방인인 고넬료와 그 가정을 등장시켜 성령님의 하시고자 하는 일들을 보여주시며 직접 일을 시키셨다.

그리하여 욥바 항구의 피장(므두장이) 시몬의 집에 머물고 있던 시몬 베드로를 가이사랴의 고넬료에게로 옮기신다. 베드로가 그들에게 복음을 전하자 놀랍게도 성령이 말씀 듣는 모든 사람에게 내려오셨다(10:44). 그리하여 이방인에게도 복음이 전해지는 시작을 알려주셨던 것이다.

이후 그들 모두는 예수 그리스도의 이름으로 세례(밥티조, 구약의 할례)를 받게 된다. 이리하여 이방인에로의 복음 전파의 서막이 열려지게 되었던 것이다. 성령님의 세미한 역사하심(성령행전, 상령님의 발자취)에 그저 감사할 뿐이다.

할렐루야!

"내가 복음을 부끄러워하지 아니하노니 이 복음은 모든 믿는 자에게 구원을 주시는 하나님의 능력이 됨이라 첫째는 유대인에게요 또한 헬라인에게로다"_롬 1:16

10-1 가이사랴에 고넬료라 하는 사람이 있으니 이달리야대라 하는 군대의 백부장이라

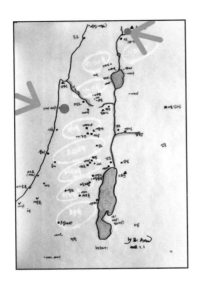

"가이사랴(Caesarea)"가 헤롯 대왕이 인조 항구를 축조한 후 로마의 1대 황제였던 가이사 아구스도에게 헌상한 지중해 연안도시라면 가이사랴 빌립보(Caesarea Philippi)는 갈릴리 호수 북방, 헬몬산 남쪽지역의 도시(마 16:13, 막 8:27)로서 구약시대에는 '바알 갓(수 11:17)'이라 불렸다. 헤롯 빌립 2세가 이 도시를 재정비한 후 황제를 기리기 위해 '가이사랴'로 불렀다.

"고넬료"는 이달리야대(Italian Cohort)라 하는 황제의 직할 부대의 백부장이었다. 당시 로마 군대는 6,000명의 군단을 600명씩 10대로 나누어 한 군대 단위당 100명을 지휘하는 백부장을 두었다. 또 다른 황제의 직할 부대는 아구사도대(Augustan Cohort)이다. '고넬료'라는 이름은 당시 남자의 흔한 이름이었고 BC 1C초 노예 10,000명을 해방시킨 유명한 장군 퍼블리우스 코넬리우스 술라(Publius Cornelius Sulla)의 이름을 본뜬 것이다.[125]

---

125 그랜드종합주석 14, p237-238

2 그가 경건하여 온 집으로 더불어 하나님을 경외하며 백성을 많이 구제하고 하나님께 항상 기도하더니

"경건하여"에서의 '경건'의 헬라어는 유세베스[126](εὐσεβής, adj)인데 이는 '독실한 신앙심을 가졌다'라는 의미가 내포되어 있다. 경건했던 백부장 중에는 가버나움의 백부장(눅 7:1-10, 마 8:5-13, 요 4:43-54)도 있다

고넬료의 장점은 하나님과의 관계뿐만 아니라 사람들과의 관계도 바르게 맺고 있었다라는 것이다.

3 하루는 제 구 시쯤 되어 환상 중에 밝히 보매 하나님의 사자가 들어와 가로되 고넬료야 하니 **4** 고넬료가 주목하여 보고 두려워 가로되 주여 무슨 일이니이까 천사가 가로되 네 기도와 구제가 하나님 앞에 상달하여 기억하신 바가 되었으니 **5** 네가 지금 사람들을 욥바에 보내어 베드로라 하는 시몬을 청하라 **6** 저는 피장 시몬의 집에 우거하니 그 집은 해변에 있느니라 하더라

유대인들은 정기적으로 하루에 세 번(9AM, 12MD, 3PM)의 기도 시간을 가졌는데 제 9시(+6)라는 것은 오늘날의 오후 3시를 가리킨다.

"환상 중에(ἐν ὁράματι, in a vision)"라는 것은 '의식 중에 어떤 광경(비전, חֲזוֹן, 하존, 이상)을 보았다'라는 의미이다. 환상의 헬라어는 호라마[127](ὅραμα, nn)이

---

126 유세베스(εὐσεβής, adj)는 pious, God-fearing, devout/(an adjective, derived from 2095 / eú, "well, good" and 4576 /sébomai, "pay homage, veneration") - devout, respectful (showing due reverence). See 2150 (eusebeia)이다.

127 호라마(ὅραμα, nn)는 a spectacle, vision, that which is seen/(a neuter noun derived from

다. 동일한 환상을 아나니아 선지자(행 9:10), 사울(행 9:12), 베드로(행 10:9, 17)도 보았다.

"하나님의 사자"란 주의 사자(행 5:19, 8:26)를 가리키는데 여기서는 '하나님의 말씀을 대언하는 천사'를 가리키고 있다.

고넬료를 부르시는 장면은 하나님께서 사무엘을(삼상 3:4, 6), 그리고 바울을 부르시던(행 9:4-5) 장면과 아주 흡사하다.

"상달하다"의 헬라어는 아나바이노(ἀναβαίνω, v, to go up, ascend)인데 이는 '닿았다'라는 의미로 고넬료의 선한 행위가 하나님의 흠향(歆饗)하신 바가 되었다라는 말이다.

참고로 교회는 소프트웨어 개념인 불가견적(不可見的, 불가시적, ναός, 나오스) 교회와 하드웨어 개념인 가견적(可見的, 가시적, ἱερόν, 히에론) 교회가 있다. 전자는 구원받은 자, 구원받을 자(카데마이)들을 가리키는 반면에 후자는 그런 교회들이 모여 서로 격려하고 섬기고(디아코니아) 위로하며 말씀을 나누고(코이노니아) 복음을 전파하기 위해 만든 예배당 곧 교회공동체를 가리킨다.

"기억하신 바가 되었다"라는 것은 '하나님의 인정하심을 받았다'라는 의미이다.

"욥바(Joppa, Ἰόππη, nf, יָפוֹ)"는 '아름다움(יָפָה, v, to be fair or beautiful)'이라는 의미로 예루살렘 북서쪽, 두로 남쪽에 위치한 바위가 많은 지중해 연안의 항구이다. 이 구절에서 성령님은 욥바 항구의 해변에 위치한 피장 시몬의 집이라고 구체적으로 적시하며 고넬료에게 말씀하시고 있다.

3708 /horáō, "to see, spiritual and mentally") - a vision (spiritual seeing), focusing on the impact it has on the one beholding the vision (spiritual seeing). See 3708 (horaō)이다.

7 마침 말하던 천사가 떠나매 고넬료가 집안 하인 둘과 종졸 가운데 경건한 사람 하나를 불러 **8** 이 일을 다 고하고 욥바로 보내니라

이 구절에서의 "하인(οἰκέτης, nm)"은 종(δοῦλος)이나 노예(ὑπηρέτης, nm)가 아니라 자유로운 신분의 일꾼(διάκονος, οἰκονόμος)을 가리킨다.[128] 한편 "종졸(στρατιώτης, nm, a soldier)"은 '군사 혹은 병졸'을 가리킨다.

고넬료가 있는 가이사랴에서 욥바까지는 50Km 정도의 거리로 도보로 12시간 정도 걸린다.

그는 혹여라도 실수하지 않도록 전후사정에 따른 자초지종을 하인과 종들에게 다 말하며 사안의 중요성과 시급함을 주지시켰다.

고넬료의 사람을 대하는 태도를 잘 엿볼 수 있다.

9 이튿날 저희가 행하여 성에 가까이 갔을 그 때에 베드로가 기도하려고 지붕에 올라가니 시간은 제 육 시더라

베드로는 유대교에서 기독교로 개종하였으나 이전의 기도 습관(제 3, 6,

---

128 하인(οἰκέτης, nm)은 a household (of servants)/ (from 3624 /**oíkos**, "house") - properly, a household-servant working for a family, implying it is done with affection and devotion)"은 종(δοῦλος)이나 노예(ὑπηρέτης, nm, a servant, an attendant, (a) an officer, lictor, (b) an attendant in a synagogue, (c) a minister of the gospel/ (from 5259 /**hypó**, "under" and **ēressō**, "to row") - properly, a rower (a crewman on a boat), an "under-rower" who mans the oars on a lower deck; (figuratively) a subordinate executing official orders, i.e. operating under direct (specific) orders)가 아니다.

9시)은 그대로 유지했던 듯하다. 즉 그는 계명(율례)은 그대로 지켰으나 바리새적인 형식적인 율법주의는 배격했다라는 것이다.

팔레스타인 지역에 있던 집들의 "지붕"은 대부분 평평했다. 그렇기에 지붕에 올라가면 기도하기가 아주 좋았다(신 22:8, 왕하 23:12, 렘 19:13, 습 1:5, 눅 5:19).

10 시장하여 먹고자 하매 사람이 준비할 때에 비몽사몽간에 11 하늘이 열리며 한 그릇이 내려오는 것을 보니 큰 보자기 같고 네 귀를 매어 땅에 드리웠더라 12 그 안에는 땅에 있는 각색 네 발 가진 짐승과 기는 것과 공중에 나는 것들이 있는데

한편 당시 팔레스타인에서는 하루 두 끼의 식사를 했다고 한다(Morris, Jeremias). 유대인들의 시각으로 3-4시(9-10시)의 아침식사인 아리스톤(ἄριστον, breakfast or a mid-day meal)과 오후 6시 이후에 정찬으로 먹는 저녁 식사인 데이프논(δεῖπνον, a dinner, an afternoon or evening meal)이 있었다.

"비몽사몽간에(ἐγένετο ἐπ' αὐτὸν ἔκστασις, fell upon him a trance)"라는 것은 베드로의 '주관적인 체험'임을 의도적으로 말하려는 것이다. 결국 하나님은 베드로의 허기 곧 그의 주관적인 체험을 이용하여 비몽사몽간에 당신의 뜻을 3번이나 반복하여 보여주셨던 것이다. 반면에 3절에서의 고넬료의 "환상(ὅραμα, 객관적인 의식 속에서 무엇을 보는 것, חָזוֹן, 이상, 하존)"은 명료한 의식 가운데 본 것이다.

한편 보자기의 네 귀퉁이가 매어 땅에 드리워졌는데 이는 동서남북(東

西南北)을 가리키는 것으로 복음이 사방으로(전 세계, 마 28:19, 행 1:8, 10:28-29, 44-48) 전파되어야 함을 의미하는 것으로 학자들은 해석(Augustine, Bengel, Lange)하고 있는데 나와 공저자는 이에 동의하고 있다. 한편 '정결한 짐승, 부정한 짐승' 등등(레 11:1-47, 신 14:3-21)은 유대인과 이방인 등 '온 인류'를 상징하고 있다.

참고로 보자기 안에 물고기(유기된 자인 카토이케오를 상징)가 빠진 것은 보자기에 물이 고여 있을 수 없어서(Knowling)라고 했는데 이런 것에 궁금증을 가질 수는 있으나 문맥이나 하나님의 의도와는 상관이 없는 것이어서 구태여 해석할 필요가 없다고 생각된다. 굳이 상상해본다면 온 인류(땅에 있는 각색 네 발 가진 짐승과 기는 것과 공중에 나는 것들, 12)를 향한 차별없는 복음 전파는 맞지만 '물고기' 곧 '유기된 자(카토이케오)'가 있다 라는 것을 넌지시 드러내는 것이라고 나와 공저자는 생각하고 있다.

13 또 소리가 있으되 베드로야 일어나 잡아먹으라 하거늘 14 베드로가 가로되 주여 그럴 수 없나이다 속되고 깨끗지 아니한 물건을 내가 언제든지 먹지 아니하였삽나이다한대 15 또 두번째 소리 있으되 하나님께서 깨끗케 하신 것을 네가 속되다 하지 말라 하더라 16 이런 일이 세 번 있은 후 그 그릇이 곧 하늘로 올리워 가니라

이 구절에서는 유대인으로서 전통적으로 율법(레 11:1-47, 신 14:3-21)을 지키려 애쓰는 베드로의 모습을 보여주고 있다. 그러나 베드로는 그리스도인으로서 그 율법조차 진리의 자유(요 8:32) 안에서 행하여야 하는 것(롬

14:20)은 미처 깨닫지 못하고 있었던 듯하다.

한편 유대인들에게 유대교는 목숨과도 같으며 그 유대교의 핵심은 모세의 율법이었다. 그 율법에서 '부정하다'라고 한 것을 "하나님께서 깨끗케 하셨다(10:15)"라고 하신 것은 베드로에게 청천벽력(靑天霹靂)이었다. 이는 율법을 완성하신 예수 그리스도만이 '복음'임을 드러낸 것으로 비록 율법의 규정에는 부정하다고 했더라도 예수 그리스도 안에서는 모든 것이 다 정결케 됨을 강조하신 것이다.

우리는 창조주이시고 역사의 주관자이신 하나님만이 최종 판단자이시자 심판주이심을 잊지 말아야 한다. 결국 유대인이든 이방인이든 간에 만세 전에 하나님의 은혜로 택정함을 입은 사람은 구원을 얻게 되며 인간의 판단에 의해 '부정하다, 정결하다'는 것은 아무런 의미가 없다라는 것이다.

참고로 '두 번' 반복한 것은 '강조이지만 "세 번"의 반복은 최상급 강조이다. 더하여 저자와 공저자의 상상력은 '3'이라는 숫자에 꽂혔다. '4'가 땅의 수라면 '3'은 하늘의 수이다. 연거푸 '3번'을 보여주셨다라는 것은 온 인류에게 복음 전파를 통해, 만세 전에 택정된 자들의 구원에 대한 하나님의 확고부동함과 확실성을 보여주신 것이다.

그리고 이 일에 쓰임을 받은 베드로에게 묘하게도 '3번'을 보여주신 것은 예수님의 십자가 수난 시 그가 저질렀던 '3번'의 부인(부인하여 가로되, 맹세하고 또 부인하여 가로되, 저주하며 맹세하여 가로되, 마 26:70-75)을 상기시킴과 함께 예수님의 부활 후 디베랴 바닷가에 찾아오셔서 베드로에게 묻고 말씀(요 21:15-17)하셨던 그 '3번'을 오버랩 시키고 있는 것은 아닐까 싶다. 일생동안 베드로를 줄기차게 쫓아다녔던 '3'이라는 숫자에 대한 말 장난(word play)이다.

17 베드로가 본 바 환상이 무슨 뜻인지 속으로 의심하더니 마침 고넬료의 보낸 사람들이 시몬의 집을 찾아 문 밖에 서서 18 불러 묻되 베드로라 하는 시몬이 여기 우거하느냐 하거늘

"의심하더니"의 헬라어는 디아포레오[129](διαπορέ, v)인데 이는 디아(διά, prep)와 아포레오(ἀπορέω, v)의 합성어로서 '통하여 나갈 길이 없다, 어찌 할 방도가 없다'라는 의미이다. 곧 베드로가 환상을 보았으나 '어쩔 줄 몰라 하는 중에' "마침 고넬료의 보낸 사람들이"라는 말이다. 여기서 "마침"이란 '바로 그때에 맞추어'라는 의미이다.

19 베드로가 그 환상에 대하여 생각할 때에 성령께서 저더러 말씀하시되 두 사람이 너를 찾으니 20 일어나 내려가 의심치 말고 함께 가라 내가 저희를 보내었느니라 하시니 21 베드로가 내려가 그 사람들을 보고 가로되 내가 곧 너희의 찾는 사람이니 너희가 무슨 일로 왔느냐

---

129 디아포레오(διαπορέ, v)는 to be greatly perplexed or at a loss/(from 1223 /diá "thoroughly," which intensifies 639 /aporéō, "no way out") - properly, totally perplexed because having no solution ("way out"). 1280 /diaporéō ("deeply perplexed") refers to "one who goes through the whole list of possible ways, and finds no way out. Hence, 'to be in perplexity'" (WS, 174)인데 이는 디아(διά, prep, (a) gen: through, throughout, by the instrumentality of, (b) acc: through, on account of, by reason of, for the sake of, because of)와 아포레오(ἀπορέω, v, to be at a loss, be perplexed)의 합성어이다.

"성령께서 저더러 말씀하시되"라는 것은 성령님의 음성에 민감한 성령 충만한 상태를 가리키는 것으로 성령님의 주권, 통치, 질서, 지배 하에서 살아가는 참 제자의 모습이다.

"두 사람이 너를 찾으니(바티칸 사본)"라는 것은 원래는 세 사람(하인 둘과 종졸 중 경건한 사람 하나, 10:7, 알렉산드리아 사본(A), 에브라임 사본(C), 바질 사본(E))이었다. 그러나 '2'와 '3'은 각각 증인의 수, 하늘의 수이므로 상징적으로 보면 어느 것이나 무방하다고 나와 공저자는 생각한다.

"의심치 말고"라는 것은 '주저하지 말고'라는 의미이다. 한편 "너희가 무슨 일로 왔느냐"라고 물은 것은 "의심치 말고 함께 가라"는 말과 상치(相値)되는 듯 보인다. 결국 두 가지 일이 공교롭게도 마주치게 됨을 보여주고 있는 것이다. 그렇기에 베드로는 혹시나 자신이 방금 보았던 그 환상과 연결되지 않을까 하여 재차 물어보았던 것이다.

22 저희가 대답하되 백부장 고넬료는 의인이요 하나님을 경외하는 자라 유대 온 족속이 칭찬하더니 저가 거룩한 천사의 지시를 받아 너를 그 집으로 청하여 말을 들으려 하느니라 한대 **23** 베드로가 불러들여 유숙하게 하니라 이튿날 일어나 저희와 함께 갈새 욥바 두어 형제도 함께 가니라

당시 유대인의 개념 상 "의인"이란 '율법을 준수하는 사람'이라는 의미였다. 당시 고넬료는 비록 이방인이었음에도 불구하고 지독히 배타적이던 유대인들에게서 인정을 받아왔으며 베드로에게도 인정을 받았던 사람이다(10:34-35).

"거룩한 천사(ὑπὸ ἀγγέλου ἁγίου, by an holy angel)"란 '하나님의 사자'라는 의미이며 "말(ῥήματα)을 들으려 하느니라"에서의 '말'의 헬라어는 레마[130] (ῥῆμα, nn)로서 베드로에게 주셨던 하나님의 생생한 말씀을 가리킨다.

23절에서 베드로가 이방인을 불러들여 유숙하게 한 것은 주목할 만하다. 당시 유대인들은 이방인들과 상종도 하지 않았다. 그럼에도 불구하고 처음 본 그들을 집 안으로 불러들여 유숙하게 한 것은 성령님의 확실한 음성과 하나님께서 보여주신 환상 때문인 듯하다.

사도행전 11장 11-12절에 의하면 베드로를 포함하여 일곱 명이 가이사랴로 향한다. '7'은 히브리어로 세바(창 21:31, שֶׁבַע, 쇄바, שָׁבַע, to swear)인데 이는 맹세의 수, 언약의 수, 약속의 수, 완전수이다. 결국 이 모든 것은 하나님의 특별섭리 하의 경륜인 확실한 역사적 사건임을 드러내는 것이다.

24 이튿날 가이사랴에 들어가니 고넬료가 일가와 가까운 친구들을 모아 기다리더니 **25** 마침 베드로가 들어올 때에 고넬료가 맞아 발 앞에 엎드리어 절하니 **26** 베드로가 일으켜 가로되 일어서라 나도 사람이라 하고 **27** 더불어 말하며 들어가 여러 사람의 모인 것을 보고

"기다리더니"라는 것에서는 고넬료의 믿음(행 11:14)과 성품을 잘 볼 수

---

130 레마(ῥῆμα, nn)는 a thing spoken, (a) a word or saying of any kind, as command, report, promise, (b) a thing, matter, business/(from 4483 /rhéō, "to speak") - a spoken word, made "by the living voice" (J. Thayer). 4487 /rhêma ("spoken-word") is commonly used in the NT (and in LXX) for the Lord speaking His dynamic, living word in a believer to inbirth faith ("His inwrought persuasion")이다.

있다. 더 나아가 당대 승전국이었던 로마의 백부장이 정복민의 발 앞에 엎드린다는 것은 대단한 겸손이자 본인으로서는 아주 위험한 행동이기도 했다. 그럼에도 불구하고 고넬료는 아랑곳하지 않았는데 이는 하나님에 대한 확신 때문이었던 듯하다.

"일어서라 나도 사람이라"는 베드로의 태도 또한 정말 멋져 보인다. 일반적으로 겉멋이 든 일부 종교지도자들이나 이단 사이비 교주들에게서 마치 자신이 신(神)이라도 되는 듯한 모습을 종종 보게 된다. 그러나 대 사도였던 베드로는 고넬료의 영접을 극구 만류하며 '오직 하나님께만 영광'을 돌리라고 가르치고 있는 것이다.

"더불어 말하며 들어가"라는 것에서는 관계와 교제가 이미 오래된 듯한 느낌마저 준다. 예수 그리스도 안에서의 지체들은 비록 현실적으로는 처음 보았다 하더라도 만나보면 뭔가 모르는 친밀감이 있음을 알 수 있다. 이것이 바로 예수 그리스도의 피(보혈)의 능력이다.

28 이르되 유대인으로서 이방인을 교제하는 것과 가까이하는 것이 위법인 줄은 너희도 알거니와 하나님께서 내게 지시하사 아무도 속되다 하거나 깨끗지 않다 하지 말라 하시기로 29 부름을 사양치 아니하고 왔노라 묻노니 무슨 일로 나를 불렀느뇨

유대인들은 출애굽 후 가나안에 들어가 그 땅을 정복한 후에 그곳 원주민들과 언약도 혼인도 금지되었다(신 7:2-3). 세월이 흐르며 이런 나쁜 전통들은 이방인들에게도 적용되었다(요 4:9, 행 11:3). 요세푸스에 의하면 유대인들은 이방인들이 만든 물건도 사용하지 않았다고 한다. 이런 사실(유대적 전통)에도 불구하고 베드로가 이방인들과 교제한 것은 하나님의 명령이었기 때문이다.

30 고넬료가 가로되 나흘 전 이맘 때까지 내 집에서 제 구 시 기도를 하는데 홀연히 한 사람이 빛난 옷을 입고 내 앞에 서서 **31** 말하되 고넬료야 하나님이 네 기도를 들으시고 네 구제를 기억하셨으니 **32** 사람을 욥바에 보내어 베드로라 하는 시몬을 청하라 저가 바닷가 피장 시몬의 집에 우거하느니라 하시기로 **33** 내가 곧 당신에게 사람을 보내었더니 오셨으니 잘하였나이다 이제 우리는 주께서 당신에게 명하신 모든 것을 듣고자 하여 다 하나님 앞에 있나이다

앞서 3-6절까지의 말씀과 동일한 내용으로 고넬료가 베드로에게 다시 자초지종을 설명하고 있다.

33절은 10장 29절의 "무슨 일로 나를 불렀느뇨"라는 질문에 대한 답으로 30-32절에서 그 배경을 설명한 후 베드로를 청한 목적(10:33) 곧 '베드로의 말이 아니라 그에게 명하신 모든 것을 듣고자 함'이라고 밝히고 있다. 이로 보아 고넬료는 베드로의 환상(10:9-16)에 대한 간증을 들으려던 것이 아니었다. 예수님의 공생애를 통한 가르침, 천국 복음 곧 하나님의 은혜의 복음, 진리(구원)의 말씀을 듣고자 함이었다. 오늘날에 시행되고 있는 너무나 많은 간증 집회에 대한 경종(警鍾, sound the alarm)을 울리는 말씀이기도 하다.

가만히 보면 베드로의 겸손(10:26)이나 하나님을 경외(10:2, 33)하는 고넬

료의 진실됨, 복음에의 갈망(10:33)은 오늘을 살아가는 우리들의 태도에 다시 한번 더 큰 도전을 준다.

"다 하나님 앞에 있나이다"라는 것은 베드로를 하나님이라고 여긴 것이 아니라 하나님의 대언자이기에 그를 통해 하나님의 말씀을 듣기 위해 '하나님 앞에 있다'라고 한 것[131]이다.

34 베드로가 입을 열어 가로되 내가 참으로 하나님은 사람의 외모를 취하지 아니하시고 35 각 나라 중 하나님을 경외하며 의를 행하는 사람은 하나님이 받으시는 줄 깨달았도다

"입을 열어 가로되"라는 말은 그 뒤에 중요한 핵심이 있다는 암시로서의 서두어이다. 산상수훈(마 5:2)에서도, 빌립이 에디오피아 내시를 전도하며 가르칠 때(행 8:35)에도 동일하게 사용되었다.

"외모"란 '표면적 유대인'을 상징한 것으로 로마서 2장 28-29절에 의하면 진정한 이스라엘은 '이면적 유대인'이라고 했다. 신실하신 하나님은 '외모'를 보지 않으신다(신 10:16-17, 삼상 16:7, 마 22:16, 막 12:14, 눅 20:21, 롬 2:11, 갈 2:6, 3:26-29, 엡 6:9, 골 3:25, 벧전 1:17)고 성경은 말씀하고 있다. 결국 "의를 행하는 사람"이란 윤리 도덕적인 착한 행실을 행하는 것이 아니라 '예수 그리스도를 믿은 사람'이라는 의미이다.

---

131 알렉산드리아 사본(A), 시내 사본(ℵ), 바티칸 사본(B), 에브라임 사본(C), 바질 사본(E)등은 '하나님 앞에'로 기록되어 있어 하나님의 권위를 강조하고 있으나 일부 사본에는 '당신들 앞에'라고 기록되어 있어 베드로의 권위를 높이고 있는 우(愚)를 범하고 있다.

이곳 35절에서는 구원에의 개방성(마 28:19)을 말씀하고 있다. 참고로 구약에서는 할례를 통해(창 17:12) 이방인이 선민(選民)의 반열에 들게 하셨다.

"하나님을 경외하며 의를 행하는 사람"이란 하나님 사랑(출 20:1-17, 1-4계명, 수직적인 관계)과 이웃 사랑(5-10계명, 수평적인 관계)을 실천하며 복음을 전하는 사람을 가리킨다.

36 만유의 주 되신 예수 그리스도로 말미암아 화평의 복음을 전하사 이스라엘 자손들에게 보내신 말씀 37 곧 요한이 그 침례를 반포한 후에 갈릴리에서 시작되어 온 유대에 두루 전파된 그것을 너희도 알거니와

"만유의 주(요 1:3 창조주 하나님)"라는 것은 '만왕의 왕(계 19:16)'이라는 의미로 모든 피조물들에 대해 진정한 왕(빌 2:6-11), 진정한 주(主, 롬 10:12)이시다라는 말이다.

"화평의 복음(롬 5:1, 엡 2:14-15)"이란 하나님과 우리 사이에 죄로 인해 막힌 담을 복음의 주체이신 예수 그리스도께서 무너뜨려 주심으로 하나님과 우리 사이는 복음(Peacemaker)이신 예수 그리스도로 인해 화평이 주어지게 된 것(롬 5:10-11, 요일 2:2, 4:10)을 말한다.

세례 요한은 예수님의 메시야 되심(요 1:29, 36)을 선포하였고 그의 길을 예비한 자(마 3:3)였으며 물세례(회개의 세례, 죄에 대한 깨달음)를 주었다(마 3:7-17, 요 1:19-28). 반면에 예수님은 우리에게 성령세례(죄사함)를 주셨다. 한편 세례 요한이 "갈릴리에서 시작되어"라고 말한 것은 예수님께서 갈릴리 지방 나사렛에서 유년 및 청년시절을 보낸 것을 두고 했던 말이다. 참고로 예수님의 공생애 전반 사역은 갈릴리 지역이었으나 공생애 후반 사역은 유대지역이었다.

"전파된 그것(τὸ γενόμενον ῥῆμα, the having come declaration)"이란 '알려진 말씀'이라는 의미로 '화평의 복음'을 가리키며 "이스라엘 자손들에게 보내진 말씀"을 의미한다.

38 하나님이 나사렛 예수에게 성령과 능력을 기름붓듯 하셨으매 저가 두루 다니시며 착한 일을 행하시고 마귀에게 눌린 모든 자를 고치셨으니 이는 하나님이 함께 하셨음이라

"나사렛 예수(마 2:22-23, 요 1:45-46)"라는 것은 예수님의 역사적 실존을 드러내는 말이다.

"성령과 능력을 기름붓듯(요 1:32, 눅 10:22) 하셨으매"라는 것은 구약시대의 왕, 선지자, 제사장에게 성별된 표시로 기름을 붓던 관습(출 30:30, 삼상 10:1, 왕상 19:16)을 상기시키며 대조한 것이다.

"착한 일을 행하시고"라는 것은 윤리 도적적인 일(Healing Ministry)을 의미하는 것이 아니라 천국 복음을 전하신(Teaching & Preaching Ministry) 것을 말한다. '윤리 도덕적인 삶'의 경우 그리스도인들에게는 가장 기본이요 기초적인 삶이기에 성경은 굳이 착한 삶을 살라고 말씀하시지 않는다.

"마귀에게 눌린 모든 자를 고치셨으니"라는 것은 마귀의 소행으로 인한 인간의 질병을 고치셨다라는 단순한 표현이 아니다. 마귀의 올무(굴레)에 갇혀 죄에 종노릇 하던 자들을 자유케 해주셨다는 의미이다.

"하나님이 함께 하셨음이라"고 하셨는데 이는 예수님의 사역은 언제나 성부하나님과 동행(同行)하셨고 동사(同事)였다(요 17:6-26)라는 것을 드러내는 말이다. 즉 예수님은 언제나 '하나님께 영광을 돌렸다(요 10:25, 38, 12:28)'라는 의미로 예수님의 모든 사역은 수동적 입장을 취하셨을 뿐만 아니라 모든 것에서 '하나님의 능력과 성품, 속성을 이 땅에 드러내셨다'라는 의미이다.

39 우리는 유대인의 땅과 예루살렘에서 그의 행하신 모든 일에 증인이라 그를 저희가 나무에 달아 죽였으나 40 하나님이 사흘 만에 다시 살리사 나타내시되 41 모든 백성에게 하신 것이 아니요 오직 미리 택하신 증인 곧 죽은 자 가운데서 일어나신 후 모시고 음식을 먹은 우리에게 하신 것이라

"우리"란 '증인'을 말하는 것으로 예수님의 구원자(Savior, 벧전 2:24) 되심과 주(Lord, Master) 되심에의 증인된 것을 말한다(행 1:8, 22). 반면에 "저희"란 '유대인'을 말하는 것으로 그들이 예수님을 수치와 저주를 상징하는 저주의 형틀 곧 "나무(신 21:22-23)"에 매달아 죽였음을 폭로하고 있는 것이다.

한편 베드로는 예수님의 부활(행 2:32, 3:15, 4:10, 5:30)에 대해 언제 어디서나 강조하며 당당하게 증언하고 있음을 보여주고 있다. 즉 그리스도의 부활이야말로 복음의 핵심이요 선교의 중심내용이라는 것(고전 15:13-15)이다. 왜냐하면 예수님의 부활은 우리의 옛 사람이 죽고 우리의 '새 사람에로의 삶'을 의미하기 때문이다.

41절에서의 "오직 미리 택하신 증인"이란 제한된 소수의 부활의 증인을 가리켜 말한 것으로 예수님은 이들을 '사도'로 쓰셨다. 사도의 3가지 조건 중 하나가 부활의 주님을 목격해야 하는 것이다. 예수님은 부활 후 엠마오로 가는 두 제자(눅 24:30)와 함께 하셨고 열한 제자와 함께(눅 24:42) 하셨으며 디베랴 바닷가에서 7명의 제자와 함께(요 21:13) 식사하기도 하셨다.

42 우리를 명하사 백성에게 전도하되 하나님이 산 자와 죽은 자의 재판장으로 정하신 자가 곧 이 사람인 것을 증거하게 하셨고 **43** 저에 대하여 모든 선지자도 증거하되 저를 믿는 사람들이 다 그 이름을 힘입어 죄 사함을 받는다 하였느니라

　"하나님이 산 자와 죽은 자의 재판장"으로 정하신 분이 바로 예수 그리스도이시다. 초림의 예수를 믿는 자는 영적 죽음에서 살아나게 되며 재림의 예수를 통하여 영생을 누리게 된다. 반대로 예수를 믿지 않는 자는 지금도 앞으로도 영원히 죽음(영적 죽음과 영원한 죽음, 둘째 사망, 계 20:10) 가운데 있게 된다.

　"저를 믿는 자들이 다 그 이름을 힘입어 죄 사함을 받는다"라는 것이 바로 복음의 핵심이다.

　참고로 타락 전과 타락 후의 4종류의 인간을 분류하면 다음과 같다.

Able not to sin	타락 전, 죄를 안 지을 수 있다.
Not able not to sin	타락 후, 죄를 안 지을 수 없다.
Able to sin & Not to sin	중생한 이들, 죄를 지을 수도 안 지을 수도 있다.
Not able to sin	영광의 상태, 죄를 지을 수 없다.

44 베드로가 이 말 할 때에 성령이 말씀 듣는 모든 사람에게 내려오시니 45 베드로와 함께 온 할례 받은 신자들이 이방인들에게도 성령 부어주심을 인하여 놀라니 46 이는 방언을 말하며 하나님 높임을 들음이러라

사도행전 8장의 사마리아에서는(14-17) 말씀을 듣고 믿은 후에 세례와 안수 후 성령께서 임재하심을 보여주셨다. 그러나 이곳 10장에서는 말씀을 듣는 중에 성령이 오심을 보여주고 있다. 이를 통하여는 구원에 대한 하나님의 주권을 다시 실감케 한다.

"방언을 말한다"라는 것은 오순절 성령 강림 때의 현상을 가리키는 것이다. "하나님 높임을 들음이러라"는 것은 고넬료의 일가와 친구들이 방언 찬양을 한 것으로 학자들은 해석하고 있다. 결국 고넬료 일행에게 오순절 성령 강림 때에 있었던 동일한 현상이 나타났음을 드러내고 있다.

방언의 내용은 창조주 하나님, 역사의 주관자 하나님, 심판주 하나님을 찬양한 것이라 생각된다.

47 이에 베드로가 가로되 이 사람들이 우리와 같이 성령을 받았으니 누가 능히 물로 침례 줌을 금하리요 하고 **48** 명하여 예수 그리스도의 이름으로 침례를 주라 하니라 저희가 베드로에게 수일 더 유하기를 청하니라

 "우리와 같이"라고 베드로가 말한 것은 예수님 안에서 유대인이나 이방인이 하나가 되었음을 천명하는 강력한 신호탄이다. 결국 하나님의 구원은 할례도 아니요 선민도 아니라 '오직 믿음'이며 만세 전에 하나님의 은혜로 택정함을 입은 모든 자들에게 값없이 주어짐을 선포한 것이다.

 한편 성령으로 세례를 받은 자들에게도 다시 물세례 곧 죄 씻음과 예수 그리스도와의 하나 됨을 의미하는 외형적인 세례의식도 필요하다는 것을 보여주고 있다. 결국 "물(예수 그리스도)과 성령"으로 거듭나야 함을 다시 깨닫게 된다.

 "명하여~주라 하니라"는 것은 제자들이 직접 세례를 베푼 것이 아니라 베드로와 함께 온 욥바 형제들이 행한 것이라는 말이다. 결국 사도들은 말씀 전하는 일과 기도하는 일에 전력했고 그 외의 일들은 집사나 신실한 지체들에게 맡겼음을 알 수 있다.

 베드로는 수일 더 머물면서 그들(이방인들)과 먹고 마시며 교제를 함으로써 이방 전도의 장을 열고 있다.

괴짜의사 Dr. Araw의
쉽고 바르게 읽는 사도행전 장편(掌篇)강의

오직 성령이 너희에게 임하시면
성령행전(Πράξεις Πνεύματος)

레마이야기 11

안디옥 교회, 비로소
그리스도인이라 일컬음을 받다(26)

길리기아 다소와 수리아 안디옥!

39Km의 아슬아슬한 해안 절벽길!

한 쪽이 사도가 된 바울의 고향이자 AD
38-45년까지 주님께서 보여주신 환상(행
22:17-21)을 믿고 내려가(예루살렘으로부터) 거주
하던 지역이라면 다른 한 쪽은 당대의 '깔삼

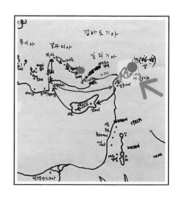

한' 그리스도인인 바나바가 처음으로 예루살렘 교회의 파송을 받아 초대
담임목사로 갔던 수리아 지역의 안디옥 교회가 있던 곳이다.

바울은 AD 35년 다메섹에서 부활의 예수님을 만난 후 AD 38년까지
"즉시로" 다메섹에서 복음을 전했다. 그러다 보니 많은 학자들이나 목회

자들이 자주 언급했던 아라비아 광야의 3년 'Hidden time'은 사실이 아닌 듯하다. 요세푸스에 의하면 물론 그곳에 잠시 다녀왔다고 한다.

AD 38년이 되자 다메섹에서의 박해가 너무 심해져 그의 제자들이 밤에 들창문으로 광주리에 달아 탈출을 시킨다. 그리하여 예루살렘으로 왔다. 바울 인생에서 예루살렘 방문 5회 중 첫번째 방문이었다.

지난날 AD 32년에 스데반 순교의 현장에서 주동이었던(행 7:58) 사울은 스데반 순교 후 3년이란 기간 동안에 예루살렘과 유대와 사마리아까지 그리스도인들을 잔멸(뤼마이노마이)했다. 그것도 모자라 급기야는 다메섹에까지 이르게 된다. 그러나 바울은 다메섹에서 부활의 주님을 만난 후 회심과 더불어 그곳 다메섹에서 열정적으로 복음을 전하다가 예루살렘으로 '이상한' 금의환향(錦衣還鄕)을 하게 된다.

한편 예루살렘에서는 예상 밖의 돌발 상황이 생기고 말았다. 당시 예루살렘에 있던 예수님의 제자들은 사울을 외면했는데 아마도 그들은 사울의 회심을 의심했던 듯하다. 그러던 중 역사의 주관자이신 하나님은 잘 준비된 바나바를 들어쓰셨다. 그리하여 사울은 제자들과 교제하게 되었고 역시 목숨을 걸고 그곳에서 이전의 잘못을 회개하며 '예수 그리스도 생명'인 '하나님의 은혜의 복음'을 전했다. 그러자 이번에는 유대인들이 득달같이 달려들며 사울을 죽이려 했다. 할 수 없이 제자들과 바나바는 그를 데리고 가이사랴로 가서 배를 태워 고향인 다소로 보냈다. AD 38년이었다.

기억할 것은 당시 사울이 박해나 죽음이 두려워서 예루살렘을 떠난 것이 아니었다는 점이다. 그는 당시의 상황을 사도행전 22장 17-21절에

고백하고 있다. 그것은 다름이 아니라 성전에서 기도 중에 하나님께서 환상을 보여주셨는데 그에 따라 예루살렘을 떠난 것이었다고 했다.

바울은 고향인 다소에서 AD 38-45년까지 머무르게 된다. 성경에는 이때의 기록이 전혀 없다. 성경이 말하지 않으니 우리 또한 굳이 말할 필요가 없다. 그러나 세미하신 하나님은 분명 바울의 다음 사역(이방인 전도 사역)을 위해 무엇인가를 준비시키셨으리라 생각된다. 대신에 AD 41년에 삼층천을 다녀온 이야기는 고린도후서 12장 2절에서 말씀하고 있다.

AD 45년이 되자 흩어진 그리스도인들이 수리아 안디옥에 교회를 개척하게 된다. 이때 예루살렘 교회는 착하고 성령과 믿음이 충만한 바나바(행 11:24)를 파송한다. 신실하고 사람 좋은 바나바는 안디옥으로 가서 다시 북서쪽 39km 지점의 다소에 있던 바울에게로 가서 자초지종을 말한 후 안디옥으로 데리고 온다. 1년간 가장 멋진 팀 플레이를 통해 복음을, 그리고 말씀을 가르쳤다. 그로 인해 '그리스도인(크리스티우누스)'이라는 칭호를 얻게 된다.

이후 수리아 안디옥은 AD 46-48년에 있었던 1차 선교여행의 전진기지가 된다. 다시 돌아와 AD 48-50년까지 안디옥에서 재충전을 한다. 2년이 지나자 AD 50-52년까지 2차 선교여행을 했고 AD 53-57년까지의 3차 선교여행까지 중요한 베이스 캠프 역할을 감당한 곳이 바로 수리아 안디옥 교회였다.

11-1 유대에 있는 사도들과 형제들이 이방인들도 하나님 말씀을 받았다 함을 들었더니 **2** 베드로가 예루살렘에 올라갔을 때에 할례자들이 힐난하여 **3** 가로되 네가 무할례자의 집에 들어가 함께 먹었다 하니

당시 사도들은 예루살렘에 있었는데(행 8:1) 그곳에 있는 예루살렘의 할례자들이 베드로를 힐문했다(11:2). 그런데 누가는 11장 1절에서 "유대에 있는 사도들과 형제들"이라고 의도적으로 지칭하고 있다. 이는 고넬료 사건(10장, 24, 34-43, 44-46)이 온 유대의 기독교 공동체에 알려진 것과 이방인 선교의 당위성, 정당성을 드러내기 위함이었다.

2절의 "할례자들"이란 유대주의적 성향이 강한 바리새파였던 자들로서 그들은 비록 예수를 믿었지만 '헬라파 유대인'들을 차별할 정도(행 6:1)로 배타성이 강했고 여전히 율법주의의 틀에서 자유롭지 못했다. 그러다 보니 이 구절에서 복음 전파에 대한 힐난보다는 이방인들과의 식사 교제(율법을 어긴 것)를 트집잡아 꼬집고 있는 어처구니없는 태도를 보여주고 있다. 오늘날의 일부 교회 중 복음 전파보다 윤리 도덕적으로 주변지역의 주민들보다 월등한 교회를 만들자라고 하는 것과 무엇이 다른가? 또한 선교보다는 내실을 기한다는 명목으로 개교회의 부흥만을 꿈꾸는 이들과 무엇이 다른가?

"힐난하다"의 헬라어는 디아크리노[132](διακρίνω, v)인데 이는 '비난의 차

---

132 디아크리노(διακρίνω, v)는 to distinguish, to judge/(from 1223 /diá, "thoroughly back-and-forth," which intensifies 2919 /krínō, "to judge") - properly, investigate (judge) thoroughly - literally, judging "back-and-forth" which can either (positively) refer to close-reasoning (descrimination) or negatively "over-judging" (going too far, vacillating). Only the context indicates which sense is meant이다.

원을 넘어서서 남을 정죄하고 심판하는 것'을 말한다.

식탁공동체로서 "함께 먹었다"라는 것은 그리스도 안에서 한 지체, 형제라는 의미이다.

4 베드로가 저희에게 이 일을 차례로 설명하여 5 가로되 내가 욥바 성에서 기도할 때에 비몽사몽간에 환상을 보니 큰 보자기 같은 그릇을 네 귀를 매어 하늘로부터 내리워 내 앞에까지 드리우거늘

"차례로 설명"이란 욥바에서의 환상 사건, 성령의 세미한 인도하심, 고넬료 일가와 친구들에게 오순절 성령강림 사건에서의 동일한 성령이 임하신 사건 등등 이방선교에 대한 정당성과 당위성을 설명하고 있는 것이다.

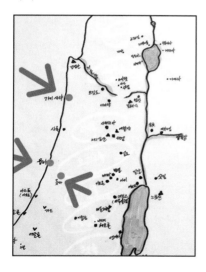

베드로는 예루살렘에서 룻다에 살고 있던 중풍병자 애니아를 치유한 후 다시 룻다를 거쳐 욥바 성에서 죽은 다비다(도르가)를 살리고는 무두장이 시몬의 집에 머물고 있었다. 그때 기도하러 옥상에 올라갔다가 환상을 본 후 성령님의 세미한 인도하심으로 가이사랴의 고넬료 가정에 가게 된다. 비록 비몽사몽(非夢似夢)이긴 했으나 '환상' 중에 보았다고 밝힘으로 단순히 주관적인 것만이 아닌 객관적인 비전(Vision)이 있었음을 드러내고 있다.

"네 귀"는 동서남북 사방을 의미하는 것으로 복음이 전 세계에 편만하게 전해질 것을 함의하고 있다.

6 이것을 주목하여 보니 땅에 네 발 가진 것과 들짐승과 기는 것과 공중에 나는 것들이 보이더라

사도행전 10장 12절에서는 "각색 네 발 가진 짐승"이었는데 이 구절에서는 "네 발 가진 것과 들짐승"으로 되어 있다. 이는 레위기 11장과 신명기 말씀(14:3-20)에서 유대인들이 꺼리는 부정한 짐승을 의도적으로 드러내고 있는 것이다. 마치 유대인들이 이방인들을 부정하게 여기듯이…….

결국 부정한 짐승이든 정결한 짐승이든 간에 하나님께서 정결케 하시면 정결케 됨을 말씀하고 있는 것이다. 그렇기에 헬라인이든 유대인이든 상관없이 지금 그곳 예루살렘에서 시작하여 온 유대와 사마리아와 땅끝까지 복음을 전하라고 하신 것이다. 결국 씨를 뿌리고 가꾸는 일은 우리가 해야하지만 자라게 하시고 열매 맺게 하시는 분은 하나님이심(고전 3:6-7)을 믿고 복음을 들고 전방위적으로 나서야 한다.

사족(蛇足)을 달자면, 앞서 언급했지만 유독 바다에 사는 생물인 물고기 종류가 빠져 있는 이유가 무엇일까? 레위기나 신명기에 물에 사는 부정한 것들에 대해 언급되어 있기 때문일까? 성경이 언급하지 않으므로 당연히 몰라도 되겠지만……. 앞서 언급(행 10:12)했지만 나와 공저자는 택정과 유기교리를 이 해석에 적용하며 하나님의 은혜로 만세 전에 택정함을 입은 것에 대해 지금 이 순간 다시 감격의 눈물로 감사와 찬양을 올린다.

7 또 들으니 소리 있어 내게 이르되 베드로야 일어나 잡아먹으라 하거늘 8 내가 가로되 주여 그럴 수 없나이다 속되거나 깨끗지 아니한 물건은 언제든지 내 입에 들어간 일이 없나이다 하니 9 또 하늘로부터 두번째 소리 있어 내게 대답하되 하나님이 깨끗하게 하신 것을 네가 속되다 말라 하더라

"또 소리가 있으되(10:13)"라고 했던 말이 이 구절에서는 "또 들으니 소리 있어 내게 이르되"라고 되어 있는데 이는 전(前) 절의 "보이더라(11:6)"는 표현으로 볼 때 자신의 주관적인 체험을 이야기하려는 것이다. 한편 "소리"는 하나님의 현현이다.

"베드로가 가로되(10:14)"라고 했던 것이 "내가 가로되"라고 기록되어 있는 바 이는 3인칭이 1인칭으로 바뀌면서 10장 15절과 11장 9절의 말씀 곧 "하나님이 깨끗하게 하신 것을 네가 속되다 하지 말라"고 들었던 말씀이 바로 자신에게 하신 하나님의 말씀이라는 것을 강조하고 있는 것이다.

"속되고 깨끗지 아니한 물건(10:14)"은 "속되거나 깨끗지 아니한 물건"으로, "내가 언제든지 먹지 아니하였삽나이다(10:14)"는 "언제든지 내 입에 들어간 일이 없나이다"로 바뀌어 있는 데 이런 차이로부터 오는 의미의 변화는 그다지 없어 보인다.

10 이런 일이 세 번 있은 후에 모든 것이 다시 하늘로 끌려 올라가더라

"그 그릇이 곧 하늘로(10:16)"였던 것이 "모든 것이 다시 하늘로"라고 바뀌어 있다. 전자는 사도행전을 기록한 누가의 입장이라면 후자는 그 환상을 직접 본 베드로 본인의 입장이다.

한편 베드로에게는 전 인생을 통해 '3(세 번)'이라는 숫자가 중요한 고비고비마다 따라붙는 것을 볼 수 있다. 대제사장인 가야바의 뜰에서 그는 닭이 울기 전에 3번(연약한 인간들의 어찌할 수 없는 완전한 부인)이나 부인했고(마 26:57, 69-75) 요한복음 21장에서 디베랴 바다에 찾아오신 예수님은 유독 베드로에게 3번(아버지의 뜻인 진정한 사랑(내 양을 먹이고 치는 것)을 가르쳐 주심, 그러나 인간의 하나님 사랑은 불완전함을 가르침)이나 "나를 사랑하느냐"라고 반복하여 물으셨다. 므두장이 욥바 시몬의 집 옥상에서는 3번(온 세상을 향한 아버지 하나님의 완전한 사랑)이나 연거푸 환상을 보여주시기도 했다. 그래서 나와 공저자는 베드로를 가리켜 '영적 삼수생'이라는 별명을 붙였다.

11 마침 세 사람이 내 우거한 집 앞에 섰으니 가이사랴에서 내게로 보낸 사람이라 **12** 성령이 내게 명하사 아무 의심 말고 함께 가라 하시매 이 여섯 형제도 나와 함께 가서 그 사람의 집에 들어가니

사도행전 10장 23절의 "두어 형제"에서의 '두어'에 해당하는 헬라어는 티스(τις, a certain one, someone, anyone)인데 이는 불확실한 적은(several) 수로서 6명을 가리킨다. 한편 고넬료가 보낸 세 사람과 베드로를 합하면 10명이 된다. '10'은 완전수이다.

참고로 시내 사본(ℵ), 알렉산드리아 사본(A), 에브라임 사본(C), 바질 사본(E)에는 '세 사람(행 10:19)'으로 되어있다.

"이 여섯 형제도 나와 함께 가서"라는 것을 보면 결국 '7명'이 간 것으로 보인다. '7'은 히브리어로 세바(솨바에서 파생, 언약, 맹세, 약속)인데 언약의 수, 약속의 수, 맹세의 수, 완전수로서 역사적 사건, 하나님의 특별섭리에서의 증인의 수에 해당하며 장차 이방인에로의 구원을 약속하신 것이다. 그 일에 7명은 증인이 된 것이다.

13 그가 우리에게 말하기를 천사가 내 집에 서서 말하되 네가 사람을 욥바에 보내어 베드로라 하는 시몬을 청하라 14 그가 너와 네 온 집의 구원 얻을 말씀을 네게 이르리라 함을 보았다 하거늘

11장 13-14절은 10장 30-33절의 내용을 재언급한 것이다. 그러나 10장에는 이곳 14절의 언급이 없다. 그럼에도 불구하고 10장 3-6절의 행간을 살펴보면 아마 천사가 고넬료에게 했던 말을 베드로에게 먼저 고하였을 것(행 10:33)으로 생각된다.

한편 "너와 네 온 집의 구원 얻을 말씀을 네게 이르리라"는 말을 들었던 고넬료의 기쁨과 설렘임은 이루 말로 표현하기가 어려웠을 뿐만 아니라 심장의 고동이 멎는 듯한 느낌이었을 것이다.

15 내가 말을 시작할 때에 성령이 저희에게 임하시기를 처음 우리에게 하신 것

과 같이 하는지라 16 내가 주의 말씀에 요한은 물로 침례 주었으나 너희는 성령으로 침례 받으리라 하신 것이 생각났노라 17 그런즉 하나님이 우리가 주 예수 그리스도를 믿을 때에 주신 것과 같은 선물을 저희에게도 주셨으니 내가 누구관대 하나님을 능히 막겠느냐 하더라 18 저희가 이 말을 듣고 잠잠하여 하나님께 영광을 돌려 가로되 그러면 하나님께서 이방인에게도 생명 얻는 회개를 주셨도다 하니라

　"처음 우리에게 하신 것과 같이"라는 것은 오순절 성령강림 사건 때의 일을 말한다. 성령이 저희에게 임재한 시기에 대하여는 베드로가 설교를 시작할 때부터 마칠 때까지 전적으로 인도하시며 임재하셨기에 시기에 관하여 의견이 분분한 것은 난센스라고 생각된다.

　16절에서 "요한은 물로 세례를 주었으나"라는 것에서의 '요한의 세례'는 죄를 깨달아 회개케 하는 세례(물세례)로서 죄사함과는 무관하다. 그러므로 '물세례'는 구원이나 천국 입성의 문제가 아니다. 그러나 '성령세례'는 죄사함과 더불어 심판의 개념이 함의되어 있다. 그러기에 '성령세례'는 죄사함뿐만 아니라 구원 후(Savior에서 Lord로) 장차 백보좌 심판에서 신원(Vindication)됨으로 미래형 하나님나라에서 영생을 누리게 한다.

　17절에서 "주 예수 그리스도를 믿을 때에 주신 것과 같은 선물"이란 '성령세례'를 가리킨다. 곧 죄를 깨닫게 하는 세례 요한의 물세례가 아니라 생명 얻는 회개를 통한 죄사함(롬 7:18)인 성령세례를 주신 것을 가리킨다.

　"내가 누구관대 하나님을 능히 막겠느냐"라는 고백이야말로 모든 그리스도인들의 진정한 고백이 되어야 한다. 또한 이 말 속에는 이방선교에

대한 정당성, 당위성, 필연성이 함의되어 있음을 알아야 한다. 이것을 공식적인 공교회의 입장으로 정한 것이 '예루살렘 공의회(행 15:1-29)'이다.

19 때에 스데반의 일로 일어난 환난을 인하여 흩어진 자들이 베니게와 구브로와 안디옥까지 이르러 도를 유대인에게만 전하는데

"스데반의 일로 일어난 환난을 인하여 흩어진 자들"이란 스데반의 순교를 신호탄으로 예루살렘에 불어닥친 기독교인들을 향한 핍박이 극에 달하자 초대교회 성도들은 유대와 사마리아와 땅끝으로 흩어지게 되었음(행 1:8)을 말한다. 그들은 흩어져간 그곳에서도 '하나님의 은혜의 복음'을 전했다.

"베니게"는 레바논 산맥과 지중해 연안을 사이로 하는 200Km에 달하는 긴 평원지역으로 그곳에는 엘리야 1명과 바알과 아세라 850명 선지와의 대결이 있었던 유명한 갈멜산이 있으며 두로와 시돈이라는 도시가 있던 곳이다.

"구브로"는 구약의 깃딤(민 24:24) 지역으로 지중해 동북부의 유명한 섬이다. 바나바와 마가 요한의 고향(행 4:36)이기도 하다. 오늘날 키프러스 혹은 싸이프러스(Cyprus)라고 불리운다.

"안디옥"이란 비시디아 안디옥(행 13:14)이 아닌 로마의 행정구역 중 수리아 주(州)의 수도인 '수리아 안디옥'을 가리킨다. 이곳에는 오론테스 산과 오론테스 강이 있었다. BC 300년경 알렉산더의 후계자 중 하나인 셀류큐스 1세(Seleucus Nicator)가 건설했으며 그의 아버지 이름(안티오쿠스,

Antiochus)을 따서 도시 이름을 안디옥으로 명명했다. 동양의 로마라고 할 정도로 크고 웅장한 도시였다. 이곳은 걸출한 신학의 요람지였는데 이그나티우스(Ignatius감독, AD 2세기의 순교자, AD 35-117), 루시안(성 루치아노, 4세기의 성서연구자), 데오도르(Theodore of Tarsus, 캔터베리 대주교, AD 602-690), 크리소스톰(John Chrysostom, 초대교부, 37대 콘스탄티노폴리스 대주교, AD 349-407) 등을 배출했다.

20 그 중에 구브로와 구레네 몇 사람이 안디옥에 이르러 헬라인에게도 말하여 주 예수를 전파하니 21 주의 손이 그들과 함께 하시매 수다한 사람이 믿고 주께 돌아오더라

"구레네(Cyrene)"라는 지역은 예수님의 십자가를 대신 지고 갔던 시몬의 출신지(눅 23:26)이기도 하다. 그래서 '구레네 사람 시몬'이라고 불렸다.

"헬라인"이란 헬레니스테스[133](Ἑλληνιστής, nm)로서 '헬라계 유대인'을 말하며 이는 바티칸 사본(B), 바질 사본(E), 풀피리안 사본(P)을 따른 것이다. 반면에 헬레네스(Ἕλληνες, are opposed to Jews)는 '이방인인 헬라인'을 가리키는 것으로 시내 사본(א), 알렉산드리아 사본(A), 베자 사본(D)을 따른 것이다. 전(前) 절인 19절에서는 '유대인'에게만 복음을 전했다. 이와 대조하여 이곳 20절에서의 '헬라인'은 '이방인으로 통칭되는 헬라인(헬레네스)'이라는 해석이 더 적당하다(Alford, Bruce, Knowling, Vincent).

21절에서의 "주의 손(행 4:30, 7:25, 13:11)"이란 구약적 표현으로 '하나님

---

133 헬레니스테스(Ἑλληνιστής, nm)는 a Hellenist, Grecian Jew, a Greek-speaking Jew, that is one who can speak Greek only and not Hebrew (or Aramaic)이다.

의 능력'을 나타낸다(출 9:3, 수 4:24, 삼상 5:3, 6, 삼하 3:12, 왕상 8:15, 사 59:1, 겔 1:3). 결국 '모든 것의 주체는 성령님이시다'라는 것을 드러내고 있다.

"돌아오더라"의 헬라어는 에피스트렙포[134](ἐπιστρέφω, v)인데 이는 하나 님의 형상을 따라 지음을 받았던, 피조물 된 '하나님을 떠난 사람들'이 돌 아온 것을 가리킨다.

22 예루살렘 교회가 이 사람들의 소문을 듣고 바나바를 안디옥까지 보내니 23 저가 이르러 하나님의 은혜를 보고 기뻐하여 모든 사람에게 굳은 마음으로 주 께 붙어 있으라 권하니

사도행전 8장에서는 빌립 집사가 사마리아에 복음을 전했다는 소식에 베드로와 요한을 '사마리아 지역'에 파송하여 안수했던 적이 있었다. 이 곳 11장에서는 수리아 안디옥에 복음이 전해지고 교회가 생겼음을 알게 되어 예루살렘 교회는 신실한 형제인 바나바를 초대 담임목사로 '수리아 안디옥 지역'에 파송한다. 바나바(Barnabas)는 권위자(권면과 위로의 아들)라는 뜻으로 사도들이 레위지파 구브로 출신이었던 요셉(Joseph)에게 붙여준 별명이었다.

한편 안디옥에 파송되어 이방 땅인 그곳에 도착한 바나바는 하나님의 은혜를 보고 너무 기뻐했다. 왜냐하면 그곳에서 하나님의 은혜의 복음으 로 인한 구원의 역사를 목도했기(주의 손이 그들과 함께 하시매, 행 11:21) 때문이다.

---

134   에피스트렙포(ἐπιστρέφω, v)는 (a) trans: I turn (back) to (towards), (b) intrans: I turn (back) (to [towards]); I come to myself이다.

이후 바나바의 권면은 일관되게 "굳은 마음으로 주께 붙어있으라"는 것이었다. 즉 세상의 어떠한 환난과 핍박, 유혹과 미혹이 닥쳐온다고 할지라도 그런 것들에 흔들리지 말고 확고함으로 예수 믿음과 하나님의 계명을 붙들고 인내함으로 살아가라(계 14:12)는 것이었다.

이 말씀은 빌립보서 1장 20-21절의 말씀 "살든지 죽든지 내 몸에서 그리스도가 존귀히 되게 하려 함이니, 내게 사는 것이 그리스도니 죽는 것도 유익함이라"는 말씀과 상통하고 있다. 연약하고 제한된 인간인 우리는 이러한 때 요한복음 15장의 농부이신 하나님, 포도나무이신 예수님, 그 가지인 우리들의 관계와 교제를 기억하고 하나님께 붙어있어야 한다.

"굳은 마음으로(τῇ προθέσει τῆς καρδίας, with resolute purpose of heart)"라는 것은 '많은 사람 앞에 둔다 혹은 확고한 의지'라는 의미이다. "붙어 있으라"에 해당하는 헬라어는 '함께 있다'라는 뜻의 프로메네인[135](προσμένειν/προσμένω, v)인데 이는 프로스(πρός, to, towards, with, '같이')와 메노(μένω, v, to stay, abide, remain, '머물다')의 합성어이다. 결국 조변석개(朝變夕改, changeableness, variableness)하지 말고 확고한 의지로 하나님과 함께하라는 것이다.

24 바나바는 착한 사람이요 성령과 믿음이 충만한 자라 이에 큰 무리가 주께 더하더라

---

135 프로메네인(προσμένειν/προσμένω, v)은 to wait longer/(from 4314 /**prós**, "interactively with" and 3306 /**ménō**, "abide, remain") - properly, remain together (directly, intimately); "remain attached to, cleave unto, abide in" (A-S)이다.

"착한 사람"이란 사람들에게 구제와 선행을 일삼는 것으로 사람과 사람 사이의 수평적인 관계를 잘했다는 의미이고 "성령과 믿음이 충만한 자"라는 것은 하나님에 대하여 수직적인 관계를 잘했다라는 것이다.

곧 바나바는 하나님과 사람 앞에 칭찬이 있는 사람이었다. 이로 인하여 바나바는 안디옥의 복음화에 하나님의 도구로 사용되는 영광을 누리게 된다. 이는 마태복음 5장 13-16절과 고린도후서 2장 15-16절의 말씀과 상통한다.

25 바나바가 사울을 찾으러 다소에 가서

바나바는 직접 수리아 안디옥에서 북서쪽으로 39Km에 위치한 다소(바울의 고향)에 바울을 찾으러 갔다. "찾으러"의 헬라어는 아나제테오[136](ἀναζητέω, v)인데 이는 '한 집 한 집 뒤져가며 세밀히 찾는 것'을 가리킨다. 바나바의 사울에 대한 정성과 애정이 남다름을 알 수 있다.

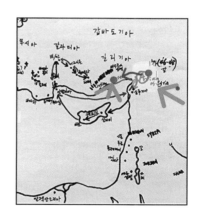

나와 공저자는 이런 바나바의 태도에서 사울을 동역자로 알아보는 그의 탁월함과 그런 사울을 발탁하여 복음 전파 사역에 동역자로서 함께하려는, 바나바의 먼저 손을 내미는, 적극적이고도 겸손한 인품에 다시 한

---

136 아나제테오(ἀναζητέω, v)는 to seek carefully/(from 303 /aná, "up to down," intensifying 2212 /zētéō, "seek") - properly, search up and down; fully inquire (thoroughly investigate)이다.

번 더 도전을 받게 된다.

26 만나매 안디옥에 데리고 와서 둘이 교회에 일 년간 모여 있어 큰 무리를 가르쳤고 제자들이 안디옥에서 비로소 그리스도인이라 일컬음을 받게 되었더라

"일 년간"이란 Lenski는 AD 43-44년으로 보았으나 나와 공저자는 AD 45-46년경으로 본다. 왜냐하면 예수님의 성육신(BC 4년)과 공생애(AD 26-30년 중반)를 기준으로 스데반의 순교(AD 32년), 다메섹에서의 바울의 회심(AD 35년), 즉시로 다메섹에서 3년 동안의 복음 전파와 더불어 AD 38년 아레다 왕의 박해로 성의 들창문을 통해 예루살렘으로 갔다가 그곳에서 고향 다소에 이르러 38-45년까지 머물며 하나님과의 바른 관계와 깊은 교제를 가졌다고 생각하기 때문이다.

그는 AD 41년에는 삼층천에 다녀오는 경험(고후 12:2)도 하게 된다. 그러고 보면 아마도 다소에서의 7년여의 기간은 하나님과의 관계와 교제를 확실히 다지는 깊은 영성의 시간이었으리라 생각된다. 나와 공저자는 바울이 7년여의 기간 동안 고향 다소에서 있었을 법한 일들에 대해 자주 서로 많이 나누곤 했다. 그렇기에 그런 부분들에 대하여 세세하게 나누고 싶지만 성경이 말하지 않고 침묵하고 있으니 침묵하는 것이 바람직할 듯하다.

그리스도의 헬라어는 크리스토스(Χριστός, nm)이고 "그리스도인"의 헬라어는 크리스티아노스[137](Χριστιανός, οῦ, ό, nm)인데 이는 '그리스도의 것(소유, 소속)'이라는 의미로 신약에서는 3번만 언급(행 26:28, 벧전 4:16)되었다. 원래는 '비하'하는 의미에서 '나사렛인, 갈릴리인'으로도 불렸다. 그러다가 2세기 초에는 완전히 받아들여져 '그리스도인'이라는 단어는 공식 명칭이 되었다(Ignatius).

27 그 때에 선지자들이 예루살렘에서 안디옥에 이르니

당시 선지자들(순회전도자 포함)은 구약의 경우 하나님의 계획인 '오실 메시야'에 대해 대언했으며 신약의 경우 '성령, 교회, 하나님나라'에 대해 전했다. 한편 '선지자[138](προφήτης, nm)란 신약의 중요한 직분으로(고전 12:28, 엡 2:20, 4:11) 성경과 그리스도의 가르침을 전하며 예언을 했던 제자들이다.

28 그 중에 아가보라 하는 한 사람이 일어나 성령으로 말하되 천하가 크게 흉년 들리라 하더니 글라우디오 때에 그렇게 되니

아가보(Agabus, Ἄγαβος)는 선지자로서 천하에 흉년이 들 것을 예언(행

---

137 크리스티아누스(Χριστιανός, οῦ, ό, nm)는 a Christian/from Χριστός, nm, the Anointed One, Messiah, Christ이다.

138 선지자(προφήτης, nm)란 a prophet (an interpreter or forth-teller of the divine will)/ (from 4253 /pró, "beforehand" and 5346 /phēmí, "elevating/asserting one idea over another, especially through the spoken-word") - properly, one who speaks forth by the inspiration of God; a prophet. See 4394 (prophēteia)이다.

11:28)했다. 또한 장차 바울이 예루살렘에서 유대인들에게 잡힐 것도 예언
(행 21:10-11)했다.

"성령으로 말하되"라는 것은 선지자 요엘이 이미 예언했던 말씀(욜 2:28-
32, 행 2:18)이다.

이 구절에서의 "천하가(ὅλην τὴν οἰκουμένην, all the world)"에서의 '천하'
가 가리키는 지역은 팔레스타인 전역(Torrey) 혹은 로마제국 전역(Knowling,
Bruce, Vincent)을 지칭한다. 그러나 사도행전(24:5)이나 누가복음(2:1)을 보면
후자로 추정된다.

"크게 흉년들리라 하더니 글라우디오 때에 그렇게 되니"라는 것은 전
(前) 절인 27절로 미루어 보아 바울과 바나바가 안디옥 교회에서 일 년간
가르치던 그 시기(AD 45-46년)일 것으로 추정된다. 글라우디오 황제의 재
임기간 중에는 4번의 큰 흉년[139]이 있었다고 한다. 그 중에 나와 공저자는
이곳 28절의 년도를 두번째 흉년(AD 44-47년)으로 해석하는 것에 줄을
섰다.

참고로 로마의 4대 황제 글라우디오(Claudius, AD 41-54년)는 폭군이었던
3대 황제 칼리큘라(Caligula)의 숙부였다. 한편 글라우디오 황제는 야심이
많았던 그의 아내에 의해 독살되었다. 이후 그의 아내는 자신의 전 남편
의 아들인 네로를 5대 황제로 앉혔다고 한다.

---

139 첫 번째는 재위 2년(AD 43년), 두 번째는 재위 4-7년 사이(AD 44-47년)에 팔레스틴에
(Josephus), 세 번째는 재위 9년에 헬라에(Eusebius), 네 번째는 재위 10년에 로마에(Dio Cassius,
Tacitus) 흉년이 있었다고 한다. 그랜드종합주석 14, p267

29 제자들이 각각 그 힘대로 유대에 사는 형제들에게 부조를 보내기로 작정하고 **30** 이를 실행하여 바나바와 사울의 손으로 장로들에게 보내니라

"부조"의 헬라어는 디아코니아[140](διακονία, nf)인데 이는 원래 '봉사(몸으로 도와주는 것)'라는 의미이다. 이 구절에서는 '구제헌금'을 가리킨다. 이때의 구제헌금은 고린도 교회(고전 16:1), 갈라디아 교회(갈 2:10), 마게도냐와 아가야의 성도들(롬 15:26)이 보낸 것이었다.

바울은 회심 후에 5차례 예루살렘을 방문했다. 첫째는 다메섹에서 피신하여 간 것(행 9:26-30, 갈 1:18-20)이고 둘째는 예루살렘에 흉년이 들어 어려울 때 바나바와 디도와 함께 부조(봉사, 구제헌금)를 전달하기 위해 방문했고(행 11:27-30) 셋째는 예루살렘 공의회 참석차 방문했다(행 15:1-33). 즉 1차 전도여행(AD 46-48년) 후의 일이다. 넷째는 2차 전도여행(AD 50-52년)을 마치고 잠시 예루살렘을 방문하여 선교보고를 했고(행 18:22) 다섯째는 3차 전도여행(AD 53-57년) 후 예루살렘에 갔다가 로마에 가기 위해 가이사랴의 헤롯궁 감옥에 갇혔던 때(행 20:17-24:27)였다. 여기서는 둘째 방문에 해당한다.

---

140 디아코니아(διακονία, nf)는 service, ministry/ministry; active service, done with a willing (voluntary) attitude. See 1249 (diakonos)이다.

괴짜의사 Dr. Araw의
쉽고 바르게 읽는 사도행전 장편(掌篇)강의

오직 성령이 너희에게 임하시면
성령행전(Πράξεις Πνεύματος)

레마이야기 12

베드로의 옆구리를 쳐($\pi\alpha\tau\acute{\alpha}\sigma\sigma\omega$, v) 깨워 가로되(7)

성령강림 사건 이후 초대교회는 폭발적으로 질적, 양적인 부흥을 하게 된다. 여기에는 성령충만함이 있었고 그 일에 쓰임을 받은 사도들이 있었으며 헌신했던 일곱 집사를 비롯한 신실한 그리스도인들이 있었다.

사도행전 1장 8절의 말씀을 따라 그리스도인들은 성령님의 직접적인 인도하심을 따라 때로는 상황과 환경을 통하여(8장) 그렇게 자의 반 타의 반으로 땅끝으로 가서 '하나님의 은혜의 복음'을 전했다.

그중에 가장 먼저 당시 동양의 로마라고 불리었던 이방 땅 수리아 안디옥에 교회가 설립된다. 이에 예루살렘 교회는 바나바를 초대 담임목사로 파송한다. 그곳으로 간 바나바는 다소에 있던 사울을 데리고 와서 함께 1

년간 열심히 복음과 말씀을 가르쳤다. 그리하여 "그리스도인"이라는 칭호를 받게 된다.

'성도, 그리스도인.'

세상에 살되 세상에 속하지 않으며 세상과 타협하지 않는 구별된 무리들이다.

11장 27-30절의 4개의 구절 안에는 자그마한 사건인 듯 보이나 중요한 말씀이 있다. 바로 '아가보' 선지의 흉년에 관한 예언 이야기이다. 실제로 그가 누구인지는 명확하지 않으나 그를 사용하시는 역사의 주관자 하나님을 보게 된다.

당시는 로마의 4대 황제 글라우디오 때였는데 이때 아가보 선지의 예언대로 4차례의 흉년이 들게 된다. 그때 안디옥 교회의 성도들은 힘을 다해 기쁨과 자원함으로 헌금을 하여 본부 교회인 예루살렘 교회를 돕는다. 결과적으로 성령님의 인도하심 하에 초대교회는 양적 질적 부흥을 계속 이어 나가게 된다.

참고로 11장 30절과 12장 25절은 연결하여 묵상해야 한다. 바나바와 바울은 안디옥 교회 성도의 구제헌금(부조, 고린도 교회(고전 16:1), 갈라디아 교회(갈 2:10), 마게도냐와 아가야의 성도들(롬 15:26)의 헌금도 포함)의 헌금을 가지고 당시 흉년에 힘들어하던 예루살렘 교회를 찾아가 예수님 안에서 한 지체된 성도들을 위로했다. 이때가 대략 AD 45-46년경이다.

한편 12장 1-2절에 의하면 대 야고보인 사도요한의 형제가 헤롯 아그립바 1세에게 순교를 당한다. 이때가 대략 AD 44년경이다. 그러므로 야고보의 순교는 바나바와 사울이 예루살렘을 방문하기 직전의 일인 듯하다.

12장 1-2절은 연약한 인간들의 모임인 초대교회 공동체에 돌발 상황이 일어나는 것으로 시작한다. '돌발 상황'이란 헤롯 아그립바 1세가 대 야고보를 처형한 사건을 두고 지칭한 것이다. '대 야고보'는 세베대의 아들로서 보아너게(우레, 천둥의 아들, 과격하고 불 같은 성격)라는 별명을 가진 요한의 형제인 대(大) 야고보를 가리킨다. 그는 사도 중에 자신의 별명에 걸맞게 최초의 순교자가 되었다(대 야고보 AD 44년, 작은 야고보 AD 54년, 예수님의 동생 야고보 AD 62년).

이후 헤롯은 베드로마저 처형하려고 잡아 감옥에 넣어버린다. 그러나 하나님은 AD 65년까지 그의 죽음을 허락치 않으셨다. 우리가 알아야 할 것은 순교는 내가 하고 싶어서 하는 것이 아니라 하나님이 허락하셔야만 가능하다는 점이다.

한편 베드로가 감옥에 갇혔을 때는 무교절이었다. 그는 군사들과 파수꾼들의 철통같은 경비 속에 감옥에 갇히게 된다. 인간적인 눈으로 볼 때는 굴레에 씌워져서 갇힌 것이지만 하나님의 눈으로 볼 때에는 최고의 보디가드를 두고 가장 안전한 곳에서 하나님과의 교제를 가지게 된 것이다.

그 다음 사건은 더욱 놀랍다. 옥중에 있던 베드로는 놀랍게도 단잠을 잤던 듯하다. 당시 그는 얼마나 깊이 곯아떨어졌던지 도무지 깨지를 않았다. 하나님과 함께 하면 감옥이든 어디든 그 어디나 하늘나라이며 안식을 누릴 수 있음을 보여주는 단적인 실례이기도 하다.

오죽하면 천사가 "옆구리를 쳐 깨워 가로되"라고 했을 정도였으니…….

이후 초현실적이고도 기적적인 일들의 연속으로 베드로도, 군사와 파수꾼들도, 심지어는 베드로를 위해 중보기도했던 마가 요한의 어머니 마리아의 집에 있던 사람들도 모두가 다 함께 놀라게 된다. 심지어는 그들의 간절한 기도 응답에 대한 생뚱맞은 반응으로 '로데라는 여자 아이더러 미쳤다'라고까지 말하기도 한다.

결과적으로 보았을 때 하나님의 하나님 되심을 보았던 당시의 그들은 얼마나 좋았을까라는 생각에 나와 공저자는 부럽기도 하다. 물론 오늘의 우리가 훨씬 더 은혜를 입은 것이지만……. 왜냐하면 그 당시에는 정경이 없었다. 그러나 나와 공저자가 살아가는 오늘날은 정경이라는 특별은총으로 주어진 말씀이 있어 훨씬 더 감사한 것이 사실이다.

장면이 바뀌어 연이어 짧게 두 장면이 나타난다. 하나는 헤롯 아그립바 1세가 하나님의 영광을 가로채다가 충에 먹혀 죽은 것과 다른 하나는 11장 말미에 있었던 흉년으로 인해 예루살렘에 헌금을 전달했다가 돌아오는 장면이다.

이후 13장으로 가면서는 드디어 바울의 1차 선교여행이 시작된다.

12-1 그 때에 헤롯 왕이 손을 들어 교회 중 몇 사람을 해하려 하여

이 구절에서 헤롯왕이란 헤로디아의 오빠인 헤롯 아그립바 1세를 가리킨다. 그가 바로 하나님의 영광을 가로챔으로 충(蟲)이 먹어 죽었던 자이다(행 12:23).

참고로 헤롯 가문은 아주 복잡하고 엉망이어서 자세히 알 필요는 없으나 성경의 이해를 돕기 위해 헤롯 안티파터에서 시작된 가계도는 대략이라도 알아두는 것이 좋다.

그에게는 두 아들이 있었는데 파사엘루스와 헤롯이다. 형은 동생을 대신해 죽었다. 그리하여 둘째 아들인 헤롯이 살아날 수 있었는데 그가 바로 헤롯 대왕이다.[141] 한편 팔레스타인 지역의 통치는 대략 갈릴리를 중심으로 헤롯 대왕의 아들 중 서쪽에는 헤롯 안디바가, 동쪽에는 헤롯 빌립 2세가, 남쪽에는 헤롯 아켈라오(마 2:22)가 다스렸다.

참고로 헤롯 안디바는 자신의 질녀인, 헤롯 빌립 1세의 처 헤로디아(그의 오빠가 헤롯 대왕의 손자로서 헤롯 아그립바 1세, 충이 먹어 죽음, 행 12:23)와 결혼했고 이를 질타하던 세례 요한을 참수했던 자이다. 헤롯 빌립 2세는 헤로디아의 딸 살로메와 결혼했다. 이때 이 지역을 다스리던 분봉왕에는 헤롯 아그립바 2세(헤롯 아그립바 1세의 아들로 그의 누이가 드루실라(24:24)와 버니게(25:13))도 있었다. 그가 바로 가이사랴의 바울 재판에 참석했던 왕이다(행 25:13, 26:32).

---

141 <복음은 삶을 단순하게 한다>, 이선일, 더메이커

"손을 들어"라는 것은 은유적인 표현으로 '박해에 대한 손을 뻗쳐(공동 번역)'라는 의미이다. 이는 곧 '박해를 더욱 가열차게 행하여'라는 말이다. 또한 "교회 중 몇 사람을 해하려 하여"라는 것은 당시 헤롯이 유대인들의 환심을 사고자 기독교 지도자들을 박해했던 것을 가리킨다. 그때 사도 야고보(대 야고보, 사도 요한의 형제, 예수님의 제자로서 최초 순교자, AD 44년)가 순교했고 이후 베드로는 투옥(순교는 AD 65년)을 당했다.

2 요한의 형제 야고보를 칼로 죽이니

성경에는 동명이인들이 참으로 많이 등장한다. 야고보 또한 그렇다. 개중 우리는 4명의 야고보를 기억해야 한다.

첫째, 예수님의 동생 야고보(마 13:55)이다. 그는 예루살렘 교회의 수장으로 야고보서의 기록자이다. 요세푸스에 의하면 훗날 대제사장 아나누스에게 순교당했다(AD 62년)고 한다. 둘째는 보아너게(막 3:17)라는 별명을 가진 세베대와 살로메의 아들(마 27:56, 막 1:19, 15:40), 곧 요한의 형제(마 17:1, 막 3:17, 5:37, 행 12:2)인 야고보이다. 일명 대(大) 야고보라 일컫는다. 그는 충이 먹어 죽었던(행 12:23) 헤롯 아그립바 1세에 의해 사도 중 최초의 순교자(AD 44년)가 되었던 인물이다. 물론 초대교회의 드러난 최초의 순교자는 스데반이다(AD 32년). 세째는 알패오의 아들 야고보로 소(小) 야고보라 불렸는데 그는 AD 54년에 순교되었다. 넷째는 다대오라 불렸던 사도 유다의 아버지 야고보이다.

같은 이름, 다른 인생	
장로 야고보	예수님의 동생(행 12:17) 야고보서의 기록자(약 1:1) 예루살렘 교회의 수장 (행 12:17, 15:12-21, 갈 1:19, 2:9, 12)
대 야고보	세베대와 살로메의 아들(마 27:56, 막 1:19, 15:40) 요한의 형제(마 17:1, 막 3:17, 5:37) 보아너게(우레의 아들, 막 3:17, 눅 9:53-55) AD 44년(헤롯 아그립바 1세) 순교
소 야고보 (막 15:40)	알패오의 아들(마27:56, 막 3:18, 눅 6:15) AD 54년 순교
야고보	사도 유다(유다서 기록자, 다대오)의 아버지(행 1:13, 눅 6:16)

3 유대인들이 이 일을 기뻐하는 것을 보고 베드로도 잡으려 할새 때는 무교절일이라 **4** 잡으매 옥에 가두어 군사 넷씩인 네 패에게 맡겨 지키고 유월절 후에 백성 앞에 끌어 내고자 하더라

요세푸스는 헤롯 아그립바 1세의 경우 비교적 선량했다고 말했다. 그러나 동시에 자신의 입신양명(立身揚名)을 위해서는 선악(善惡)을 가리지 않았던 인물이었다고 했다.

"무교절"이란 이스라엘 민족이 출애굽한 것을 기념하기 위해 유대 종교력으로 니산월 14일 저녁부터 7일간 지키던 유대인들의 3대 절기(출 23:14-17, 신 16:16, 무교절, 칠칠절, 초막절) 중 하나이다. 비슷하면서도 다른 유월

절, 초실절(레 23:10-11)이 무교절에 포함되어 있다. 당시 무교절에는 사람을 잡아 가두면 민란이 일어날 소지(마 26:5)가 있었다.

참고로 예수님이 유대인의 손에 잡히시던 날 밤이 바로 무교절이 시작되기 전인 13일이었다(마 26:17).

한편 4절에서의 베드로의 투옥은 3번째이다(행 4:3, 5:18, 12:4). 이는 베드로를 향한 예수님의 말씀대로 이루어지고 있는 것을 볼 수 있는 부분(요 21:18)이다. 베드로의 일생을 가만히 보면 '3'이라는 숫자가 그의 곁에서 떠나지 않음을 볼 수 있다(3번 부인, 3번 사랑하느냐, 3번의 환상, 3번의 투옥 등등).

당시 간수들은 각 4명으로 구성된 4개 조의 군사조직이었다. Lenski에 의하면 하루 24시간을 6시간씩 나누어 4명이 지켰다고 한다. 게다가 6절로 보아 간수 4명 중 2명은 베드로와 같이 양 옆에서 쇠사슬에 함께 묶였고 나머지 각각 1명은 1차 파수와 2차 파수를 담당한 듯하다(12:11).

"백성 앞에 끌어 내고자 하더라"는 것은 헤롯 아그립바 1세의 고도의 정치적 술수이다. 가만히 보면 악한 자는 악한 일에 머리가 잘 돌아가는 것을 볼 수 있다. 오늘의 한국 정치지도자들에게서 이런 모습들이 너무 자주 보이는 것이 아프다.

5 이에 베드로는 옥에 갇혔고 교회는 그를 위하여 간절히 하나님께 빌더라

"옥"은 감옥을 말하며 당시 상, 중, 하옥 등 3층으로 되어 있었다. 16장 24절의 바울이 갇혔던 '깊은 옥'이란 지하 3층인 하옥을 가리킨다. 참고로 28장 30절의 "셋집"이란 1층의 상옥을 가리킨다.

"그를 위하여 간절히 빌더라"는 것은 합심기도, 중보기도의 아름다운 모습을 보여준 것으로 그리스도인다운 바른 태도이다. 더 나아가 위기상황에서는 '기도 외에 다른 것으로는 이런 유의 능력'이 없음을 보여준 좋은 실례이기도 하다(마 7:7-11, 막 9:29, 롬 12:12, 엡 6:18, 빌 4:6-7, 골 4:2, 딤전 2:1, 약 5:13, 벧전 3:7, 4:7).

6 헤롯이 잡아 내려고 하는 그 전날 밤에 베드로가 두 군사 틈에서 두 쇠사슬에 매여 누워 자는데 파수꾼들이 문 밖에서 옥을 지키더니 7 홀연히 주의 사자가 곁에 서매 옥중에 광채가 조요하며 또 베드로의 옆구리를 쳐 깨워 가로되 급히 일어나라 하니 쇠사슬이 그 손에서 벗어지더라

"누워 자는데~옆구리를 쳐 깨워 가로되"라는 말에서는 베드로의 하나님에 대한 절대적인 신뢰(믿음)를 잘 보여주고 있다. 다른 한편으로는 앞으로 일어날 일들은 인간의 힘으로는 결코 불가능하기에 이 모든 것은 하나님께서 하셨음을 드러내고 있다.

우리가 살아가는 이 세상에서 모든 일들은 역사의 주관자 하나님의 허용 하에서만 일어난다. 그 어떤 것도 하나님의 허용 없이는 일어나지 않는다. 다만 우리가 그때그때 일어나는 사건들에 대한 하나님의 뜻을 전부 다 이해할 수가 없는 것뿐이다.

"홀연히"라는 것은 '갑작스럽고도 조용하게 나타나다'라는 의미로 초자연적인 현상을 드러내고 있다. 그러기에 이 단어에는 '이제는 하나님의 시간이 되었다'라는 것이 함의되어 있다.

"옥중에 광채"라는 것에서의 '광채'는 하나님의 현현인 '빛'을 가리킨다(출 3:2, 19:9, 16, 행 9:3). "옆구리를 쳐 깨워 가로되"에서 "쳐"의 헬라어는 파탓소(πατάσσω, v, to beat (of the heart), to strike, strike (as with a sword), smite to death, afflict)인데 이는 '강하게 치다, 때려눕히다, 죽이다'라는 의미로서 당시 베드로의 '평안한 잠'을 더욱 강조하기 위한 묘사이다. 이는 다음 구절인 8절에서도 잘 볼 수 있다(겉옷을 벗고 띠를 풀고 신을 벗은 상태로 잤음).

한편 1-19절을 살펴보면 사도였던 야고보와 동일한 사도였던 베드로에게 하신 하나님의 경륜에 차이가 있음을 볼 수 있다. 왜? 그러셨을까? 이는 우리가 알 수 없는 하나님의 주권적 섭리이다. 그렇다면 누가 더 좋은 것일까? 이 물음에도 하나님의 시각과 우리의 시각은 다를 수 있다.

야고보는 순교 후 바로 부활되어 미래형 하나님나라에 들어갔다. 베드로는 하나님께서 살리셔서 이 세상 속에서 그의 사역은 조금 더 길어지게 되었다. 나는 이 부분에서 공저자의 증조 할아버지와 친할아버지를 대입해 보곤 한다. 증조 할아버지는 용현교회의 영수로서 평양에서 순교하셨다. 이른바 하나님나라의 사육신이셨다. 친할아버지는 한평생 순교하듯 목회자의 길을 걸어가셨다. 생육신이다. 그랬던 그 분들의 삶을 반추해보면 비록 나로서는 한 번도 보지 못하고 듣기만 했던 공저자의 증조 할아버지의 순교(사육신)가 차라리 쉬웠을 거라 생각되곤 한다.

8 천사가 가로되 띠를 띠고 신을 들메라 하거늘 베드로가 그대로 하니 천사가 또 가로되 겉옷을 입고 따라오라 한대 9 베드로가 나와서 따라갈새 천사의 하는 것이 참인 줄 알지 못하고 환상을 보는가 하니라 10 이에 첫째와 둘째 파수를 지나 성으로 통한 쇠문에 이르니 문이 절로 열리는지라 나와 한 거리를 지나매 천사가 곧 떠나더라 11 이에 베드로가 정신이 나서 가로되 내가 이제야 참으로 주께서 그의 천사를 보내어 나를 헤롯의 손과 유대 백성의 모든 기대에서 벗어나게 하신 줄 알겠노라 하여

상기 구절에서는 하나님의 능력과 기사, 표적들이 눈에 그려지듯 과정을 따라 적나라하게 묘사되고 있다. 이는 역사의 주관자 하나님의 세미한 인도하심을 보여주는 멋진 장면 중의 하나이다. 빌립보서 4장 6-7절의 말씀과 더불어 마가복음 9장 29절의 생생한 결과를 가시적으로 보는 듯하다. 동시에 실제 상황임에도 불구하고 그런 현실에 처한 베드로의 경우 비몽사몽(非夢似夢)인 듯하여 굼뜨는 모습을 보이고 있다. 그에게 초현실적인 기적은 이번이 처음은 아니었음에도(행 5:19).

"정신이 나서 가로되"라는 것은 '꿈이 아니라 현실임을 알게 되자'라는 뜻으로 '하나님께서 자신을 옥에서 벗어나게 하셔서 당신의 소명과 사명을 다시 깨닫게 하셨다'라는 의미이다. 이후 베드로는 주신 소명과 사명에 대해 다시 결단한다. 12절의 "깨닫고"라는 첫 단어를 보면 알 수 있다.

12 깨닫고 마가라 하는 요한의 어머니 마리아의 집에 가니 여러 사람이 모여 기도하더라

이 구절은 앞서 12장 5절의 말씀대로 함께 모여서 합심하여 중보기도를 올리는 장면이다.

하나님의 마음을 알게 된 베드로는 먼저 동역자들이 기도하고 있는 곳, 곧 "마가라 하는 요한의 어머니 마리아의 집"으로 간다. 여기 나오는 마가 요한이 바로 바나바의 생질로 마가복음을 기록한 사람이다.

그는 1차 전도여행에서 실패(밤빌리아의 악몽. 행 13:13)했다. 더 나아가 자신으로 인해 2차 전도여행에서 바울과 바나바가 "서로 심히 다투어 피차 갈라서니(행 15:39)"라는 대판 싸움에 단초를 제공했다. 그러나 사도행전의 전후 맥락을 좀더 깊이 살펴보면 바나바와 바울의 다툼을 통한 성령님의 세미하신 인도하심은 너무나 놀랍다.

바울은 바야흐로 1차 전도여행지와 달리 2차 전도여행지는 아시아를 지나 유럽에까지 가려고 했던 듯하다. 그만큼 더 많은 위험이 도사리고 있었다. 특히 배타적인 사람들의 공격은 더 문제였을 것이다. 이를 예상한 바울은 병약한 마가 요한보다는 같은 로마 시민권자인 실루아노(실라)와 동행하면 로마제국 로마 황제의 비호를 받을 수 있기에 거친 곳에 가더라도 조금은 더 용이하게 복음을 전할 수 있으리라 생각했던 것이리라…….

이를 아시고 미리 준비하신(여호와 이레) 성령님은 바나바를 떼어놓는 그 일에 마가 요한을 사용하신 것이다. 대신 바나바는 바로 그 마가를 데리고 자신의 고향인 구브로 섬으로 가서 일생동안 그를 양육하여 연약했던 마가(Mark, 로마식이름, Μάρκος, nm) 요한(John, 유대식 이름, Ἰωάννης, nm, יְהוֹחָנָן)을 위대한 인물로 만들고야 만다. 훗날 그는 로마에서 베드로의 동역자가 되고(벧전 5:13) 바울에게도 소중한 동역자가 된다(딤후 4:11, 골 4:10). 요세푸스에 의하면 마가 요한은 애굽에서 알렉산드리아 교회의 감독으로 있다가 순교했다고 전해진다.

13 베드로가 대문을 두드린대 로데라 하는 계집아이가 영접하러 나왔다가 **14** 베드로의 음성인 줄 알고 기뻐하여 문을 미처 열지 못하고 달려 들어가 말하되 베드로가 대문 밖에 섰더라 하니 **15** 저희가 말하되 네가 미쳤다 하나 계집아이는 힘써 말하되 참말이라 하니 저희가 말하되 그러면 그의 천사라 하더라 **16** 베드로가 문 두드리기를 그치지 아니하니 저희가 문을 열어 베드로를 보고 놀라는지라

이 구절을 통해 알 수 있는 것은 기도 응답에 대한 우리의 믿음은 '생각보다 하찮다'라는 것이다. 우리는 흔히 믿는다고 말은 잘 하지만 정작 기도 응답에 대한 믿음은 거의 '꽝' 수준이다. 왜냐하면 대부분의 그리스도인들은 믿고 기도하면 반드시 주신다라고 하면서도 정작 기도에 응답하시면 깜짝 놀라기 때문이다. 많은 경우 그냥 기도하라고 했으니 순종함으로 기도하는 경우가 잦다. 그 속에는 기도의 결과에 대한, 기도의 주체에 대한 의심이 한껏 도사리고 있음을 알아야 한다.

오죽하면 자신들의 기도의 응답으로 하나님은 베드로를 살려 보내셨으나 저들은 믿지 않고 로데를 향해 "네가 미쳤다. 베드로의 천사다"라고 해 버릴 정도였으니…….

참으로 어처구니없는 상황이다. 만약 그들이 기도에 확신이 있었다면, 하나님의 신실하심, 좋으심에 대한 확고부동함이 있었다면 로데(Ρόδη, nf, 장미)의 말을 듣자마자 '아멘, 할렐루야'라고 외치며 달려 나가 베드로를 얼싸안고 기뻐 찬양을 올렸을 것이다.

연이어지는 그 다음 구절이 놀랍기만 하다. 오죽하면 "베드로가 문 두드리기를 그치지 아니하니"라고 했을까. 당시의 상황이나 베드로의 모습을 상상해보면 약간 우습기도 하다.

17 베드로가 저희에게 손짓하여 종용하게 하고 주께서 자기를 이끌어 옥에서 나오게 하던 일을 말하고 또 야고보와 형제들에게 이 말을 전하라 하고 떠나 다른 곳으로 가니라

이 구절에서의 야고보는 적어도 알패오의 아들 야고보(마 10:3, 행 1:13, Calvin, Bengel은 소 야고보라고 함, AD 54년 순교)는 아닌 듯하다. 왜냐하면 그에 관한 성경의 기록은 거의 없기 때문이다. 그렇다고 12장 2절의 요한의 형제 야고보(대 야고보)는 더더욱 아니다.

그렇다면 이 구절의 '야고보'는 당시 예루살렘 교회의 수장(행 15:13)이자 교회의 지도자(행 21:18)였던 예수님의 동생 야고보를 가리키는 것

(Meyer, Alford, Lenski, Knowling)이 거의 확실해 보인다.

한편 "떠나 다른 곳으로 가니라"에서 어디로 갔느냐에 관하여는 의견이 분분하나 성경이 말하지 않음으로 나는 관심이 없다.

18 날이 새매 군사들은 베드로가 어떻게 되었는지 알지 못하여 적지 않게 소동하니 19 헤롯이 그를 찾아도 보지 못하매 파수꾼들을 심문하고 죽이라 명하니라 헤롯이 유대를 떠나 가이사랴로 내려가서 거하니라

당시의 로마법은 중대한 죄수를 놓치게 되면 대신 사형을 당했다. 빌립보 감옥의 간수가 바울이 도망한 것으로 여겨 자결을 하려했던 것도 바로 이 때문이었다(행 16:27).

20 헤롯이 두로와 시돈 사람들을 대단히 노여워하나 저희 지방이 왕국에서 나는 양식을 쓰는고로 일심으로 그에게 나아와 왕의 침소 맡은 신하 블라스도를 친하여 화목하기를 청한지라

당시 두로와 시돈은 베니게 지역의 주요 항구도시(삼하 5:11, 왕상 5:9)로 풍요로운 지역이었으나 자체적으로는 식량이 나지 않아 왕국에서 나는 양식을 썼던 주요 고객 중 하나였다. "양식을 쓰는 고로"에 해당하는 헬라어 동사는 트레페스다이[142] (τρέφεσθαι, being nourished, V-PNM/P, τρέφω, v)인데 이는 중간태로 보면 '그들의 지방이 자국에서 나는 양식을 먹는 까닭에'라고 해석되며 수동태로 보면 '그들의 지방이 왕국에서 나는 양식을 수입해서 먹는 까닭에'로 볼 수 있다.[143] 나와 공저자는 후자에 줄을 섰다. 그러나 분명한 것은 당시 헤롯 아그립바 1세와 두로, 시돈 사람들의 사이는 그다지 좋지 않았다라는 것이다.

21 헤롯이 날을 택하여 왕복을 입고 위에 앉아 백성을 효유한대

이 구절에서의 "날"이란 요세푸스에 의하면 로마 황제 글라우디오(행 18:2)가 영국과의 싸움에서 승리하고 돌아온 것을 축하하기 위해 열린 경기일의 둘째 날이자 황제의 생일인 8월 1일이었을 것으로 추정한다 (Lenski, Bruce, Mashall).

"왕복"이란 '은빛나는 연회복'을 가리킨다. 그는 반원형 경기장의 귀빈석에 앉았는데 은빛의 반사로 인해 군중들이 그를 바라볼 수 없을 정도였다고 한다. "효유하다"의 헬라어는 데메고레오(δημηγορέω, v, to deliver a public address)인데 이는 '알아듣게 타이르다, 공개 연설을 하다'라는 의미

---

142 트레페스다이(τρέφεσθαι, being nourished, V-PNM/P, τρέφω, v)는 to make to grow, to nourish, feed/(from 5160 /trophê, "food") - properly, enlarge, fully develop because adequately nourished (fed); (figuratively) to bring (or experience) "personal enlargement," i.e. spiritual development from being properly fed (nourished, taken care of)이다.

143 존더반 신약주석, 강해로 푸는 사도행전, 디모데, p572-573

이다. 곧 헤롯 아그립바 1세는 두로와 시돈의 사절단 및 그들이 동원한 군중들에게 향후 유대와의 우호관계를 천명했다라는 말이다.

22 백성들이 크게 부르되 이것은 신의 소리요 사람의 소리는 아니라 하거늘 23 헤롯이 영광을 하나님께로 돌리지 아니하는고로 주의 사자가 곧 치니 충이 먹어 죽으니라

베자 사본(D)에는 22절의 초두에 "저희가 화목하였을 때"라는 말이 첨가되어 있다. "신의 소리요 사람의 소리는 아니라 하거늘"이라는 것은 엄청난 아첨의 소리이자 하나님께 대하여는 지극한 불경죄였다.

23절의 "치니"의 헬라어는 7절과 동일하게 파탓소(πατάσσω, v. to beat (of the heart), to strike, strike (as with a sword), smite to death, afflict)인데 이는 '강하게 치다, 때려눕히다, 죽이다'라는 의미이다. 주목할 것은 동일하게 주의 사자가 베드로도 쳤고(파탓소, 행 12:7) 헤롯 아그립바 1세도 쳤는데(파탓소, 행 12:23) 베드로는 깨어났고 헤롯은 죽었다. 그 결과는 정반대였다는 점이 흥미롭다. 하나님의 주권영역을 다시 보게 한다.

거듭 말하지만 이 구절에서 헤롯은 '헤롯 아그립바 1세'를 가리킨다. 참고로 앞서 언급했던 헤롯 가문을 다시 정리하면 다음과 같다. 너무 복잡하여 세세하게 알 필요는 없으나 성경을 이해하는 데 꼭 필요한 부분만 나누려고 한다.

헤롯 안티파터(헤롯가문의 원조, 이두매(Ἰδουμαία, nf, Idumea, Edom, a district of

Arabia, immediately south of Judea) 곧 에돔(אֱדוֹם))에게는 파사엘루스와 헤롯대왕이라는 두 아들이 있었다. 형은 동생을 위해 안토니우스 앞에서 결백을 주장하며 대리석에 머리를 부딪혀 목숨을 바친 후 헤롯을 살렸다. 그렇게 해서 살아난 이가 바로 우리가 익히 들어 알고 있는 그 못된 헤롯 대왕이다.

그에게는 갈릴리 동쪽을 다스리게 했던 H. 빌립 2세, 서쪽을 다스리게 했던 H. 안디바(H. 빌립 1세의 처 헤로디아를 뺏고 그 딸 살로메로 인해 세례 요한을 참수했던 인물), 나머지 지역의 분봉왕인 H. 아켈라오가 있었다.

세례 요한이 참수된 후 H. 대왕의 손자인 H. 아그립바 1세[144](행12:23, 충이 먹어 죽음을 당했던 왕)가 H. 빌립 2세 지역을 다스렸다. 그 동생이 H. 아그립바 2세이다(행 25:13).

참고로 요세푸스는 헤롯 아그립바 1세의 죽음을 가리켜 "심한 통증이~그의 배에서 일어났으며 5일 후에 죽었다"라고 기술했다. 브리스톨(Bristol)대학의 외과교수 랜들 쇼트(Rendle Short)박사는 그의 저서 〈성경과 현대의 약(The Bible and Modern Medicine)〉이라는 책에서 헤롯은 회충이 장에서 단단한 공 모양으로 뭉쳐져 급성 장폐색증으로 죽었다고 했다.[145] 외경 마카비서(마카비 2서 9:9)에 의하면 배에서 벌레가 나고 그로 인해 악취가 날

---

144 요세푸스는 "심한 통증이~그의 배에서 일어났으며 5일 후에 죽었다"라고 기술했다. 브리스톨 (Bristol)대학의 외과교수 랜들 쇼트(Rendle Short)박사는 그의 저서 <성경과 현대의 약(The Bible and Modern Medicine)>이라는 책에서 헤롯은 회충이 장에서 단단단 공모양으로 뭉쳐 급성 장폐색증으로 죽었다고 했다. 사도행전 강해(땅 끝까지 이르러), 존 스토트 지음/ 정옥배 옮김, IVP, 2017, p322-324

145 사도행전 강해(땅 끝까지 이르러), 존 스토트 지음/정옥배 옮김, IVP, 2017, p322-324

정도로 몸이 썩어 들어가다가 죽었다고 한다.[146]

24 하나님의 말씀은 흥왕하여 더하더라

이런 표현은 사도행전 6장 7절, 19장 20절에서도 동일하게 나타난다. 역시 '오직 말씀(Sola Scriptura)', '다시 말씀'인 것이다.

결국 지독한 위기와 험악한 상황 가운데서도 역사의 주관자 하나님은 당신의 섭리와 경륜을 따라 모든 것을 이끌어가셨다라는 것이다.

25 바나바와 사울이 부조의 일을 마치고 마가라 하는 요한을 데리고 예루살렘에서 돌아오니라

이는 11장 27-30절의 내용을 말하는 것으로 바울의 2번째 예루살렘 방문이었다. 이런 물질적인 구제사역이 있은 후 결국 13장부터는 본격적인 이방 선교, 곧 영혼의 구제사역의 장을 알리는 신호탄이 쏘아 올려지게 된다.

---

146   그랜드종합주석 14, p285

괴짜의사 Dr. Araw의
쉽고 바르게 읽는 사도행전 장편(掌篇)강의

오직 성령이 너희에게 임하시면
성령행전(Πράξεις Πνεύματος)

레마이야기 13

성령이 가라사대,
1차 선교(Main city, 안디옥, AD 46-48)

　사도행전 1장의 그리스도의 승귀(Ascension of Christ) 후 2장에서는 성령 강림하심으로 초대교회의 폭발적인 부흥이 시작된다. 3-5장에서는 성령 충만함으로 사도들은 성령님의 인도하심을 따라 복음(말씀, 하나님의 은혜의 복음)과 더불어 초현실적인 기적과 표적을 보이게 되고 그로 인해 초대교회는 더욱더 질적 양적으로 부흥하게 되었다. 6장에 이르러는 초대교회의 체계가 잡히며 성령과 지혜가 충만하며 칭찬을 듣는 일곱집사를 두게 된다. 개중 스데반 집사는 사도행전 7장에서 반드시 필요했던, 역사상 백미(白眉, highlight)를 장식한, 단 한 번의 멋진 설교를 가감없이 해버린 후 순교의 제물이 된다. 그 설교의 요지는 다음과 같다.

첫째, 아브라함은 믿음의 행위를 인정받아서 믿음의 조상이 된 것이 아니라 하나님의 은혜로 아브라함의 하찮은 믿음을 '의'로 '여겨주셔서(חָשַׁב, 하솨브, 로기조마이, λογίζομαι)' 구원을 받은 것이며 둘째, 모세의 율법 신탁은 귀한 것이기는 하나 죄사함이 아닌 죄에 대한 깨달음으로 예수 그리스도의 절대 필요성과 메시야를 대망하기 위해 주신 것이고 마지막 셋째, 할례는 선민으로서의 육체의 표식보다는 '마음과 귀에 하라(행 7:51, 고후 3:3)'고 강변(强辯, argument)했다.

이는 유대인들을 도발한 것이었을 뿐만 아니라 그들의 자랑거리를 모욕한 것으로 치를 떨게 하는 것이었다. 그 결과 돌에 맞아 순교하게 된다. 당시의 주동 인물이 나중에 바울이 된 사울이다. 대대로 바리새인이었던 (행 23:6) 그는 바리새파 중의 개혁 진보를 표방하는 힐렐학파 가말리엘 문하의 수제자였다. 8장에 이르러 바울은 예루살렘과 온 유대와 사마리아의 그리스도인들에게 엄청난 박해를 가한다. 그는 남녀노소를 가리지 않고 그리스도인들이라면 모조리 잔멸(8:3, 뤼마이노마이, λυμαίνομαι, ν)했다. 그것도 분에 차지 않아 먼 이방 땅인 다메섹에까지 공문서를 작성해가지고 쳐들어간다. 예루살렘에서 다메섹까지는 약 240km였다. 약 2,000년 전의 일이다.

8장과 9장 후반부(32~43절)-12장에서는 잠시 다른 장면을 보여주신다.

8장은 40절까지인데 4-40절까지가 빌립 집사의 이야기이다. 그는 성령님의 인도하심으로 사마리아 성에 내려가 전도했다.

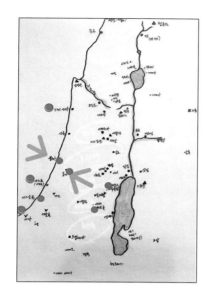

이후 성령님의 인도하심을 따라 예루살렘에서 가사로 내려가는 광야에 가서 에디오피아 여왕 간다게의 국고를 맡은 내시(재무부장관)를 만나 전도한 후 다시 아소도, 가이사랴에까지 이르게 된다.

또한 9장 32-43절에서는 성령님의 인도하심으로 베드로에 의한 룻다의 중풍병자 애니아의 치유 사건, 욥바의 고인이었던 다비다(도르가)의 부활 사건을 보여주셨다. 더 나아가 10장에서는 로마의 백부장 고넬료와 그 일가의 회심 사건을 환상을 통해 보여주신 후 베드로를 사용하셔서 그대로 행하셨다.

스데반의 순교 이후 연이어 일어난 환난(8:1-3)을 당해 뿔뿔이 흩어졌던 그리스도인들이 복음을 전함으로 11장에서는 수리아 안디옥에 처음으로 교회가 설립된다. 이곳에 바나바가 초대 담임목사로 가게 된다. 이때가 대략 AD 45년이다. 그는 예루살렘에서 피신(AD 38년)하여 고향 다소에 가 있던(9:23-31) 사울에게로 곧장 가서 그를 설득하여 안디옥에 데려와 각자의 달란트를 살리며 아름답고 건강한 바른 교회를 만들었다. 그 결과 사도행전 11장에 비로소 처음으로 "그리스도인(11:26, 크리스티아노스, Χριστιανός, οὖ(◉), ὁ(노), nm)"이라는 칭호를 듣게 하는데 그들이 일조를 했다.

한편 11장 27-30절에는 짧게 역사적 사건(로마의 4대황제 글라우디오때 천하의 흉년이 듬, 이때 예루살렘 교회에 부조(봉사, 헌금)를 보냄)을 통해 역사를 주관하시는 역사의 주관자 성령하나님을 소개하고 있다. 12장에서는 대 야고보가 순교(12:1-2)하였고 베드로는 투옥되었다가 풀려났으며(12:3-19) 두 사도를 핍박하고 능멸했던 헤롯 아그립바 1세는 충이 먹어 죽은 것을 기록하고 있다(12:20-23). 12장의 마지막 절인 25절에는 바울의 2차 예루살렘 방문(구제헌금)에 대한 이야기가 살짝 언급되어 있다.

드디어 이곳 13장! 사도행전의 분수령에 해당한다.

28장으로 구성된 사도행전을 둘로 나눈다면 수리아 안디옥 교회로부터의 선교여행이 시작되는 13장을 후반부로 꼽을 수 있다.

당시 안디옥 교회에는 많은 선지자들과 성경교사(행 13:1)들이 있었다. 이해를 돕기 위해 오늘날 용어로 표현해보자면, 바나바는 담임목사였고 사울은 겨우(?) 교육 전도사에 불과한 위치였다. 굳이 필자가 이런 사실에 초점을 맞추는 데는 그만한 이유가 있다. 그것은 안디옥 교회 성도들이 가졌던, 선교사를 파송할 때의 놀라운(amazing) 기독교적 세계관 때문이다.

당시 수리아 안디옥 교회 공동체는 선교사를 파송할 때 먼저는 교역자로부터 성도에 이르기까지 한마음과 한뜻으로 합심하여 기도했다. 그런 후 아버지 하나님의 뜻을 따라 과감하고 파격적으로 선교사 파송을 결정하게 된다. 여기에서 나와 공저자는 '선교사 파송에 관한 그들의 세계관'

에 주목하게 되었다. 이는 후대의 많은 교회들이 한 번쯤 깊이 고민하며 생각해볼 만한 중요한 시각(sight)이자 시도(trial)이며 모험(冒險, adventure)이 기도 하다.

곧 바울의 1차 전도여행이 시작된 수리아 안디옥의 교회 공동체가 채택한 선교사 파송은 역사상 전무후무(前無後無)한 것이었다. 그것은 다름이 아니라 교회의 담임목사와 이제 갓 사역자가 된 교육 전도사 정도인 바울을 선교사로 함께 파송했다라는 점이다. 담임목사가 특별하다거나 전도사의 지위가 낮다라는 관점이 아니다.

나와 공저자는 교회가 선교사 파송을 결정할 때 직분을 마다하고 먼저 기도한 후 진실되게 성령님의 인도하심을 따랐다는 것에 방점을 두고 싶은 것이다.

더 나아가 경험이 많고 노련한 담임목사와 비록 경험은 적으나 열정과 패기로 가득 찬 전도사, 이런 두 사람의 동역은 예수 그리스도 안에서 멋진 조화를 이루었을 것이라는 점이다. 이는 선교사 파송 시 동역자의 조건으로 바람직한 롤모델이 될 수 있다는 점을 부각시키고 싶다.

더욱 놀라운 것은 담임목사였던 바나바의 순전한 믿음과 온유한 성품이다. 이를 역으로 생각하여 인간적인 관점으로만 보면 '훈련이 안 된 전도사가 선교사역을 어떻게 감당할 것이며 수리아 안디옥 교회에서 담임목사가 빠져나가면 그 교회의 뒷 수습은 어떻게 감당할 것인가'라는 문제가 대두하게 된다. 결국 선교든 목회든 간에 모든 것은 하나님께서 하심을 보여주신 놀라운 사건인 것이다.

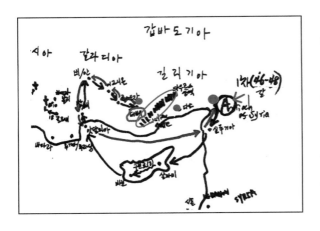

그리하여 바나바와 바울은 수리아 안디옥 교회의 파송을 받아 함께 1차 전도 지역을 돌게 된다. 안디옥에서 실루기아 항구로 와서는 구브로 섬의 살라미에 이르러 그 섬의 육지를 가로질러 바보에 이르고 이후 배를 타고 앗달리아 항구를 거쳐 밤빌리아 지역의 버가까지 갔다. 그리고는 비시디아 안디옥, 이고니온, 루스드라, 더베에 이르렀다가(이들 모든 지역을 갈라디아 지역이라고 한다) 다시 되돌아와 앗달리아 항구에서 배를 타고 수리아 안디옥으로 돌아왔다.

1차 전도여행에서의 복음 전파는 예상했던 그대로 성령님의 인도하심을 따라 바짝 마른 스펀지가 거침없이 물을 흡수하듯 놀라운 속도로 전해졌다. 결국 성령님의 인도하심으로 가는 곳마다 교회 공동체가 세워졌던 것이다.

수리아 안디옥 교회로 돌아온 바나바와 바울은 2년여 동안 재충전의 시간을 가졌다. 그들은 비록 몸은 안디옥에 있었으나 사실상 마음은 첫 선교지에 가 있었던 듯하다. 두 사람에게는 지체들이 복음을 붙잡고 '오직 믿음'으로 살아가는지가 늘 관심사였다.

그러던 중 유대 예루살렘으로부터 어떤 거짓 교사들이 육로로 올라와 '다른 복음'[147]을 전하며 그들을 미혹한다는 소식이 들려왔다. 영적으로 첫 아기였던 상기 지역들의 갈라디아 교회가 다른 복음에 휩쓸려 흔들리고 있다는 소식을 듣게 되자 복음에 목숨을 걸었던 바울로서는 분노와 함께 아픈 마음을 진정할 길이 없었다. 한걸음에 내달리고 싶었으나 그럴 수도 없었다.

그리하여 바울은 공격적이고도 논쟁적으로 강한 어조의 서신을 쓰게 되는데 그것이 바로 갈라디아서[148]이다. 기록 시기는 나와 공저자의 의견과 다른 학자들 사이에 이견이 있기에 굳이 시기를 고집하고 싶지는 않다. 대신 왜 갈라디아서를 기록했느냐에 방점을 두고 이전 저술에서 상세히 밝혔다.

참고로 바울의 선교여행을 간단히 요약하면 어느 신앙 선배님의 아이디어를 따라 'PACER(Paul; Antioch of Syria, Corinth, Ephesus, 1st & 2nd Rome 투옥)'로 요약하여 대략을 그려가는 것이 도움이 된다.

사도행전 13장-15장 35절까지가 1차 선교여행에 해당한다. 앞서 간단하게 언급했으나 다시 반복하고자 한다. 그들은 수리아 안디옥에서 출발하여 실루기아(13:4)에서 배를 타고 구브로의 살라미(13:5)에 이르러 복음

---

147 다른 복음이란 왜곡된 복음 혹은 거짓 복음으로서 믿음으로 구원을 얻는 것은 맞지만 2% 부족하다는 것이다. 믿음에 할례를 포함하여야 한다는 것으로, 율법을 준수하여야만 구원이 완성된다는 주장이었다.

148 그렇기에 갈라디아서가 '율법주의적 유대주의자들에 대한 선전포고문'이라는 별명이 붙었던 것이다. 이외에도 다른 별명이 있는데 '종교개혁의 선언문', '기독교 신앙의 대헌장'이라고도 한다.

을 전했다. 다시 온 섬을 지나 반대편 바보(13:6)에 이르러 박수 바예수를 벌하고(13:7-11) 총독 서기오 바울에게 복음을 전한다(13:12). 다시 바보에서 배를 타고 밤빌리아의 버가(13:13)에 이르렀는데 이곳에서 요한은 아쉽게도 예루살렘으로 돌아가고(13:13) 남은 그들은 비시디아 안디옥에 이르러 회당에 들어가 예수 그리스도를 전했다(13:14-50). 이후 그곳에서 핍박을 피하여 이고니온으로 갔다(13:51). 그곳에서도 핍박을 받자 다시 루가오니아의 두 성 루스드라와 더베와 및 그 근방으로 간다(14:6).

한편 루스드라에서는 앉은뱅이를 치유했다. 그랬더니 그 고장 사람들이 일어나 "쓰스(제우스)"니 "헤르메스(허메)"니 하면서 바나바와 바울을 추앙하려 하자 급히 뜯어말리며 '바른 복음'을 전한다. 한편 아이러니컬하게도 이곳 루스드라에서는 기적을 행했음에도 불구하고 비시디아 안디옥과 이고니온에서 온 유대인들에 의해(14:19) 돌 맞은 후(14:19) 바울은 거의 죽게 된다. 이때 10대 중반의 디모데가 그 죽음을 목격했을 것으로 나와 공저자는 추측하고 있다. 그런 그를 2차 선교여행시 이 지역을 지나다가 합류시킨 것으로 생각한다.

다시 살아난 바울은 1차 선교여행의 마지막 종착지(終着地, final destination) 더베에까지 내려가(14:20) 복음을 전한다. 이때쯤 바울의 육신은 거의 만신창이가 되었을 것이다.

참고로 당시 더베에서 길리기아 다소까지는 길리기아의 문(Cicilian gate)이라는 골짜기를 지나면 되었다. 그렇기에 바울이 루스드라에서 돌 맞은 후유증을 고향인 다소에 가서 치료하면 좋았을 법했다. 그러나 "하나님의 은혜의 복음을 전하려 함에는 나의 생명조차 조금도 귀한 것으로 여기지 않노라"는 그의 고백대로 '돌직구(直球, a straightforward comment) 바울'은 왔던 길로 곧장 되돌아가서 다시 복음으로 지체들을 견고히 했다.

왔던 길을 다시 돌아 루스드라와 이고니온과 비시디아 안디옥으로 가서(14:21) 복음을 굳게한 후 밤빌리아에 이르러(14:20) 버가에서(14:25)에서 다시 복음을 전한 후 항구도시 앗달리아로 내려가(14:25) 거기서 배를 타고 저들을 파송했던 교회가 있는 수리아 안디옥으로 돌아왔다(14:26, AD 46-48). 이후 15장에서는 '할례'에 관한 문제(구원은 믿음이냐 혹 믿음+a(할례)냐)로 그 유명한 예루살렘 공의회(제1차 종교회의)가 아르메니안 구역 성 야고보 교회에서 열렸다. 15장 36절부터 18장 22절까지가 제2차 선교여행이다.

13-1 안디옥 교회에 선지자들과 교사들이 있으니 곧 바나바와 니게르라 하는 시므온과 구레네 사람 루기오와 분봉 왕 헤롯의 젖동생 마나엔과 및 사울이라

당시 "선지자들"은 성령의 능력을 힘입어 주로 예언과 설교를 담당하며 교회를 다스렸고 "교사들"은 말씀 연구와 가르침을 주로 담당했다.

"니게르(Νίγερ, of Latin origin (dark in color))라 하는 시므온(שִׁמְעוֹן, Συμεών, שָׁמַע, to hear)"에서의 니게르는 흑인(negro)을 의미한다. 이는 로마식과 유대

식 이름이 결합된 형태이다.

"루기오(Lucios, Λούκιος)"는 '빛'이라는 의미로 바울의 친척(롬 16:21, Lucius)이라고 하나(Lumby) 동명이인(同名異人, different person with the same name)이 많아 확실히 알 수는 없다.

"젖동생"이란 '함께 길러지다, 함께 양육받다'라는 의미로 헬라어는 쉰트로포스(σύντροφος, adj, one brought up with, a foster brother or an intimate friend)이다. 이는 '헤롯 안디바의 유모였을 가능성(마 14:1-12, 눅 23:7-12)'임을 함의하고 있다. 헤롯 안디바는 바로 자신의 이복동생 헤롯 빌립 1세의 아내였던 헤로디아를 뺏은 사람이며 헤로디아의 딸 살로메로 인해 세례 요한의 목을 쳤던 자이다. 한편 살로메는 갈릴리 동쪽 지역을 다스리던 분봉왕 빌립 2세와 결혼했다.

이 구절에서 여러 사람들이 언급되고 있는데 이는 '중요한 순서'대로 나열되었음을 의미한다. 결국 "~ 및 사울이라"는 것으로 보아 바나바가 담임목사라면 사울은 당시 교육 전도사 정도로 이해하면 될 듯하다.

2 주를 섬겨 금식할 때에 성령이 가라사대 내가 불러 시키는 일을 위하여 바나바와 사울을 따로 세우라 하시니

"주를 섬겨 금식할 때에"와 "성령이 가라사대 내가 불러 시키는 일을 위하여"라는 것으로부터는 그리스도인들의 열정적인 태도와 사역에의 선명한 원칙을 엿볼 수 있다. 즉 예배에 있어서는 하나님이 기뻐하시는 열납의 예배(마르다의 열정과 마리아의 진정한 헌신)를 드렸으며 사역에 있어서는 성령님의 인도하심을 따랐다(성령님보다 앞서지 말아야)는 것이다.

"금식"이 중요한 것은 육신을 가진 사람에게는 음식이 힘의 근원이자 생명의 원동력이다. 결국 내가 금식한다라고 했을 때에는 '하나님만이 힘의 근원이자 생명의 원동력'임을 고백하는 것이며 '하나님께만 집중하겠다'는 결단의 표시인 것이다.

한편 "바나바와 사울을 따로 세우라"는 것은 수리아 안디옥 교회의 가장 책임을 진 큰 비중있는 사람과 그나마 가장 비중이 적은 사람이라는 것을 대조한 표현이다.

그렇다면 하나님께서는 그 두 사람을 왜 따로 세우셨을까? 나와 공저자는 두 가지로 해석한다. 첫째, 안디옥 교회에 대하여는 교회의 주인은 하나님이심을 분명히 드러낸 것이라 생각된다. 교회공동체에 있어서 담임목사의 역할이 중요한 것은 사실이다. 그렇다고 하여 하나님보다 앞설 수는 없다. 둘째, 선교에 대한 효율성 면에서는 경험이 많고 영성이 뛰어난 사람이 필요하다라고 생각되지만 이 역시 '성령행전' 혹은 '사도행전'이라는 의미 그대로 선교의 효율성조차도 성령님의 인도하심과 주도 아래 이루어짐을 분명히 드러낸 것이라 생각된다.

3 이에 금식하며 기도하고 두 사람에게 안수하여 보내니라

"금식"의 의미는 성령하나님만이 앞서가시며 성령님께만 집중하겠다는 결단과 신앙고백의 표시이며 "기도하고"의 의미는 하나님께서 그 결과를 책임져달라는 간곡한 요청이다. "안수하여" 보낸다라는 것은 '책임을 전가한다'라는 일차적 의미 외에도 '함께 한다'라는 약속의 의미가 있다. 이는 마치 구약시대에 죄를 지으면 제사장에게 짐승을 가지고 가서 번제단에서 '안수' 후 짐승을 죽였던 것과 같다. 곧 자신의 죄 대신에 죽어야 했던 그 짐승에게 죄를 전가(轉嫁, imputation)함과 동시에 자신의 죄에 대한 책임을 스스로가 통감한다라는 의미이다.

DDx	의미
금식하며	힘의 근원=하나님 하나님께만 매어 달리겠다는 결단 목숨을 건 처절한 신앙고백의 표시
기도하고	과정+결과를 책임져 달라는 간곡한 요청
안수하여 보내니라	대속제물에 책임을 전가하다. 지은 죄에 대한 책임을 통감하다

"보내니라"의 헬라어는 3절과 4절이 조금 다르다. 3절의 경우 아포뤼오[149](ἀπολύω, ν)인데 이는 '자유롭게 하다, 놓아주다, 풀어주다, 보내다, 출발하다'라는 의미로서 교회의 파송을 말한다. 반면에 4절의 경우 "성령

---

149 아포뤼오(ἀπολύω, ν)는 to set free, release/(from 575 /apó, "away from" and 3089 /lýō, "to loose, release") - properly, to let go; release (discharge), dismiss. This term implies the release (annulment) of an existing bond)이다.

의 보내심을 받아"라는 것에서의 '보내다'는 에크펨포(ἐκπέμπω, v, to send forth/특별한 목적을 위해 보내다)인데 이는 교회의 파송이 아니라 성령님의 파송을 받아 보내진 것을 말한다. 이는 에크(ἐκ, ἐξ, prep, from, from out of)와 펨포(πέμπω, v, to despatch -- send away (forth))의 합성어이다. 결국 전자(ἀπολύω, v)의 경우 파송이라면 후자(ἐκπέμπω, v)의 경우 파송의 목적을 의미한다.

4 두 사람이 성령의 보내심을 받아 실루기아에 내려가 거기서 배 타고 구브로에 가서

"보내심을 받아"의 헬라어는 요한계시록 14장 15절의 "낫을 휘둘러 거두라"에서의 '휘둘러'의 헬라어 펨포(πέμπω, v, to send)와 동일한 의미이다.

"실루기아(Σελεύκεια)"는 안디옥에서 서쪽으로 약 25Km떨어진 곳으로 당시 중동, 소아시아, 유럽을 연결하는 주요 항구도시였다(Whitelaw).

"구브로(깃딤, 키프로스)"는 제주도의 5배 크기로 농업과 목축이 발달했고 구리(copper)의 산지로 유명했다(Κύπρος, '구리'라는 의미). 이곳은 전략적인 요충지이자 상업적 요충지였다. 바울이 1차 전도여행 중 구브로를 통과할 당시의 로마 총독은 서기오 바울(13:7)이었다. 한편 이곳은 아프로디테(별칭; 비너스, Venus)의 출생지로서 성(性)과 풍요의 상징이었다. 그런 만큼 사창제도가 발달했고 1부 1처의 개념은 희박한 곳이었다.

**5 살라미에 이르러 하나님의 말씀을 유대인의 여러 회당에서 전할새 요한을 수
종자로 두었더라**

"살라미(Σαλαμίς, nf, the chief city, east part of Cyprus)"에는 많은 유대인들이
살고 있었기에 회당(synagogue)이 많았다. 바울은 전도 시 그 거점을 회당
으로 정하곤 했다(행 13:14, 14:1, 17:1, 10, 17, 18:4, 19, 19:8). 그 이유로는 집회
장소로 활용이 쉬웠고 그곳에 있는 유대인들은 구약성경과 여호와 하나
님에 대해 이미 알고 있었기에 복음 전하기가 용이했으며 그들을 변화시
켜 이방인에게로의 전도가 효과적이었기 때문이다.

이 구절에서 수종이었던 요한이란 바나바의 생질(골 4:10)인 '마가 요한'
을 가리킨다. 아마도 구브로는 그의 고향이었기에 바울의 수종자로 적당
했을 듯하다. 상상해보면 이때 바울의 경우 착하고 여리지만 성실했던 요
한이 마음에 들었을 것이다. 그러나 얼마 지나지 않아 밤빌리아의 버가에
서 바닥으로 떨어지는 나약함을 드러내자 안타까움과 더불어 실망했던
것이 아닐까 생각된다.

**6 온 섬 가운데로 지나서 바보에 이르러 바예수라 하는 유대인 거짓 선지자 박
수를 만나니 7 그가 총독 서기오 바울과 함께 있으니 서기오 바울은 지혜 있는
사람이라 바나바와 사울을 불러 하나님 말씀을 듣고자 하더라**

"바보(Πάφος, a city at the western end of Cyprus)"는 살라미에서 서쪽으
로 180Km 떨어진 곳으로 당시 구바보(Old Paphos)와 신바보(New Paphos)

가 있었다. 양 바보는 바보답게(?) 비너스(Venus) 신과 파피안(Paphian) 신 (Aphrodite, 아프로디테 신전)을 섬겼다.

"바예수(Βαϱϊησοῦς, "son of Joshua", Bar-Jesus, a false prophet)"란 '여호수아 (יְהוֹשֻׁעַ, the LORD is salvation)의 아들(בַּר, son, (Aramaic) corresponding to ben, בֵּן)' 이라는 의미로 여호수아는 야사(יָשַׁע, v, to deliver)와 야훼(יְהֹוָה)의 합성어이다. 바예수는 정통 유대인으로서 거짓 선지자(ψευδοπϱοφήτης, nm, a false prophet; one who in God's name teaches what is false)이자 박수 곧 마술사(μάγος, nm, a Magian, an (Oriental) astrologer, by implication a magician)였다. 율법에 의하면 (레 20:27, 신 18:9-14) 마술사는 죽이라고 했던 부류이다.

"지혜있는"에 해당하는 헬라어는 쉬네토스[150](συνετός, adj)이다.

"듣고자 하더라"는 것에서는 복음에 대한 그의 큰 열망과 갈망을 엿볼 수 있다. 나는 이런 사람을 가리켜 카데마이(ἐπὶ τοὺς καθημένους ἐπὶ τῆς γῆς, upon those dwelling on the earth, 계 14:6)라고 칭하는데 그들은 만세 전에 택정함을 받았으나 복음을 듣지 못해 세상에 속해 살아가고 있는 무리들이다. 우리는 이들에게 그들이 듣든지 아니 듣든지 때를 얻든지 못 얻든지 복음을 전해야만 한다.

---

150 쉬네토스(συνετός, adj)는 prudent, wise, understanding, discerning intelligent/(an adjective, derived from 4920 /syniēmi, "to understand by synthesizing") - properly, "personal" understanding that results from correlating facts (concepts), i.e. as understanding works in keeping with one's own perspective, 왕상 3:9)이다.

8 이 박수 엘루마는 **(이 이름을 번역하면 박수라)** 저희를 대적하여 총독으로 믿지 못하게 힘쓰니 **9** 바울이라고 하는 사울이 성령이 충만하여 그를 주목하고

본명이 바예수(Bar-Jesus)인 "엘루마(Ἐλύμας, nm, 엘뤼마스, the name of the sorcerer at Paphos)"는 점성가, 마술사, 박수라는 의미로 영적인 악한 배후세력을 가리킨다.

9절에서 "바울이라고 하는 사울"이라고 기록한 것은 누가가 사울 생애의 터닝 포인트(turning point)를 보여주려고 의도적으로 이렇게 기록한 것이다. 왜냐하면 이제 후로 바울이라는 명칭이 등장하며 앞으로는 그렇게 계속하여 '바울'이라고 기록되기 때문이다(Ramsay, Vincent).

"사울(Σαῦλος, nm, לוּאָשׁ, asked (of Yah), from לֵאָשׁ, v, to ask, inquire)"이란 유대식 이름으로 '하나님께 간구하다'라는 의미이다. 한편 "바울(Παῦλος, nm)"은 로마식 이름으로 '작은 자'라는 의미이다. 결국 이방인에게로 향하는 복음의 신호탄이 전개되는 것을 이름이 바뀜으로 보여주고 있는 것이다.

"성령이 충만하여"라는 것은 성령행전인 사도행전의 가장 중요한 핵심 문장이며 주지(主旨, 주장이 되는 요지나 근본이 되는 중요한 뜻)이다. 곧 성령님을 주인으로 모시고 그분에게 온전한 주권을 드리고 그분의 통치, 질서, 지배 하에서 도우심(엡 6:12)을 받아 인도되어짐을 말한다.

10 가로되 모든 궤계와 악행이 가득한 자요 마귀의 자식이요 모든 의의 원수여 주의 바른 길을 굽게 하기를 그치지 아니하겠느냐

"궤계"의 헬라어는 돌로스[151](δόλος, nm)인데 이는 '물고기의 미끼, 어떤 속임, 속이려는 욕망이나 의향'이라는 의미이다.

"악행"의 헬라어는 라디우르기아(ῥᾳδιουργία, nf, ease in doing, laziness, recklessness, wickedness) 인데 이는 '악을 행함에 있어 거리낌없이 자행함'이라는 의미로 라디우르게마(ῥᾳδιούργημα, nn, a reckless act, a crime, a careless action, an act of villainy)에서 파생되었다.

"마귀의 자식"이란 요한복음 8장 44절에서 바리새인들에게 하신 예수님의 말씀과 유사한 것으로 중상모략자[152](디아볼로스, διάβολος, adj)를 말한다. 동사는 디아발로(διαβάλλω)이다. 여기에서 마귀(디아볼로스, Διάβολος, the Devil/Ὁ Σατανᾶς, Satan)가 나왔다.

"모든 의의 원수여"라는 것은 '나쁜 짓만 골라서 하는 악당(공동번역)'이라는 의미이다. 나와 공저자는 '의'이신 예수 그리스도를 대적하는 모든 것 곧 '복음의 왜곡'과 '복음 전파 방해', '하나님이 없다'라고 하거나 '하나님의 이름을 모욕하는 것', '하나님을 만홀히 여기며 경시하는 것' 등등이 모든 것을 다 포함하여 '의의 원수'로 해석했다.

"주의 바른 길"이란 '하나님의 은혜의 복음', 곧 "예수 그리스도의 복음", '천국복음'을 가리킨다. 결국 길이요 진리요 생명이신 예수님만이 바른 길

---

151 돌로스(δόλος, nm)는 a bait, craft, deceit/properly, bait; (figuratively) deceit (trickery) using bait to alure ("hook") people, especially those already festering in excessive, emotional pain (brought on by themselves)이다.

152 디아볼로스(διάβολος, adj)는 slanderous, accusing falsely/(from 1225 /diabállō, "to slander, accuse, defame") - properly, a slanderer; a false accuser; unjustly criticizing to hurt (malign) and condemn to sever a relationship이다.

(아쇄르, אָשֵׁר, v, to go straight, go on, advance)이라는 말이다.

11 보라 이제 주의 손이 네 위에 있으니 네가 소경이 되어 얼마 동안 해를 보지 못하리라 하니 즉시 안개와 어두움이 그를 덮어 인도할 사람을 두루 구하는지라 12 이에 총독이 그렇게 된 것을 보고 믿으며 주의 가르치심을 기이히 여기니라

"주의 손(χεὶρ Κυρίου, the hand of the Lord)"이란 이중적 의미로 하나님의 심판이기도 하며 하나님의 권능, 인도하심과 보호하심을 의미하기도 한다.

"얼마 동안 해를 보지 못하리라"는 것에서는 영구한 장애가 아닌 일시적인 장애를 예고하고 있다. 이는 '회복을 전제한 체벌'로서 회개의 여지를 배려하여 '징계'만 하시겠다는 것으로 아버지 하나님의 은혜와 긍휼, 자비와 사랑을 엿볼 수 있다.

"보라"의 헬라어는 이두[153](ἰδού, v)이다.

한편 총독이었던 서기오 바울은 하나님의 직접적 심판이 즉시 임하는 것에 대한 두려움과 심오한 하나님의 은혜의 복음에 대해 엄청난 충격을 받게 된다.

"보고 믿으며"에서의 '보다'라는 것은 '영안이 열렸다'라는 의미이다. 여기서 "믿으며"의 헬라어는 에피스튜센(ἐπίστευσεν, V-AIA-3S, he believed)

---

153   이두(ἰδού, v)는 look, behold/(a demonstrative particle, used chiefly in the LXX for hinnēh; "properly, the imperative, the aorist middle of eidon/horáō, to see," Abbott-Smith, BAGD) - behold, which especially calls attention to what follows from it. See 2396 (ide)이다.

인데 이는 '그가 예수를 자신의 구주로 영접했다'라는 것으로 이방인으로서 공식적인 첫 개종자라는 의미이다. 이는 성령의 능력으로 복음이 전 세계로 확산될 것을 암시하고 있다.

13 바울과 및 동행하는 사람들이 바보에서 배 타고 밤빌리아에 있는 버가에 이르니 요한은 저희에게서 떠나 예루살렘으로 돌아가고

이 구절의 사연으로 인해 훗날 2차 전도여행에서 바나바와 바울은 '크게 다툰 후(행 15:39)' 갈라서게 된다. 사실 전도에 목숨을 건 두 사람 곧 '바울과 바나바의 갈라섬'은 인간의 눈으로 보면 조금은 이상한(?) 그림이다. 그러나 이 또한 성령님의 세미한 인도하심이었음에랴······. 사실 연약한 인간인 우리는 그때그때 하나님의 뜻을 다 모른다는 사실을 인정해야만 한다. 팁을 드리자면, 종종 하나님의 뜻이 어렵거나 애매하거든 그저 하나님을 신뢰함으로 순복하고 나아가면 된다.

이후 바울은 실라와 함께 하고 바나바는 자신의 조카 마가 요한을 데리고 고향인 구브로에 내려가 한평생 그를 양육하게 된다.

한편 이 구절부터는 바울의 이름이 바나바보다 앞서는(행 14:14, 15:12, 26) 것을 볼 수 있는데 이는 역사의 다음 장면에서의 하나님의 도구로 바울이 사용되어짐을 의미한다.

"밤빌리아(Παμφυλία)"는 소아시아 남부해안 지방으로 수도는 버가 (Πέργη)인데 이는 지중해 연안으로부터 12Km 떨어진 주요도시이다. 당시 구브로의 수도인 바보는 비너스(로마신, 그리스신 아프로디테) 신을, 밤빌리아의 수도 버가는 다이아나 여신(로마신, 그리스신 아르테미스)을 섬겼다(p401참조). 그러다 보니 서로 간에 왕래가 잦았다고 한다(Hervey). 바보에서 서쪽으로 280km 항해하여 도달한 곳이 바로 앗달리야(Ἀττάλεια, 행 14:25, 현재의 안탈랴, Antalya)이며 그곳에서 도보로 20km 걸어가면 버가에 도달한다.

한편 이곳 밤빌리아의 수도 버가에서 마가 요한은 바울과 바나바를 떠나 예루살렘으로 돌아가 버린다. 그 이유는 알 수 없으나 학자들의 다양한 의견이 재미있어 그냥 기술해본다.[154] 분명한 것은 이 또한 하나님의 허락하심이었다라는 것이다.

첫째, 바나바의 생질이었던 요한은 선교사역에 있어 리더십이 바울에게로 바뀐 것에 불만을 품었다고 한다(Alexander).

둘째, 소아시아 지역의 험한 곳을 선교함에 있어서 위험과 고난을 감당할 마음의 준비가 안 되었을 것이라고 했다(Lenski).

셋째, 고생을 모르고 자랐으며 마음이 여리고 어렸던 요한이 집과 고향이 그리워 돌아갔다라고 한다(Holtzmann).

넷째, 바울이 이곳에서 풍토병에 걸렸는데 마가 요한 또한 병에 걸릴까 너무나 두려웠기 때문이라고 한다(Ramsay).

14 저희는 버가로부터 지나 비시디아 안디옥에 이르러 안식일에 회당에 들어가

---

154   그랜드종합주석 14, p304

않으니라 **15** 율법과 선지자의 글을 읽은 후에 회당장들이 사람을 보내어 물어 가로되 형제들아 만일 백성을 권할 말이 있거든 말하라 하니

당시 비시디아 안디옥은 막강한 요새가 있던 군사 및 정치의 중심지였다(Ransay). 원래는 갈라디아의 브루기아 지역이지만 수리아 안디옥과 구별하기 위해 비시디아 안디옥이라고 했다고 한다. 한편 바울이 전략적 요충지만을 선교지로서 공략한 이유는 복음 전파의 효율성을 높이기 위한 선교의 고도한 전략이었다. 여기에서 우리는 '선교의 주체는 하나님'이시지만 성령님은 '준비된 사람을 쓰신다'는 사실을 알게 된다.

당시 회당 예배는 주로 월요일과 안식일에 드려졌다. 먼저 기도문이 낭독된 후에는 회당장이 정한(Bruce) 사람이 나와 토라(모세 오경)와 네비임(예언서)에서 각각 성경교훈을 낭독 혹은 강론했다. 이는 바벨론 포로 이후에 형성된 유대인들의 전통이기도 하다. 그렇기에 이 구절에서 회당장들은 사람을 보내어 바울과 바나바에게 권할 말(강론, 격려, 위로의 말)이 있으면 말하라고 한 것이다.

"율법과 선지자의 글"이 가리키는 것은 모세 오경(율법서, 토라, Torah, הורה)과 선지서(네비임, Nebiim, נְבִיאִים)를 말하며 때로는 구약 전체(타나크, TNK, K; 성문서, 케투빔, Ketubim, כתובים)를 의미하기도 한다.

16 바울이 일어나 손짓하며 말하되 이스라엘 사람들과 및 하나님을 경외하는 사람들아 들으라

"일어나"라는 것은 당시 유대인들은 앉아서, 그리스나 로마는 일어서서 가르쳤다. 예수님은 앉아서(마 5:1, 눅 4:20) 가르쳤으나 바울은 주의를 끌기 위해 헬라식으로 일어서서 가르친 것이다.

"손짓하며"라는 것은 웅성거리는 청중들을 향해 조용히 하라는 수신호를 보낸 것을 말한다.

"이스라엘 사람들과 및 하나님을 경외하는 사람들"에 관하여 두 가지 견해가 있는데 둘째를 지지하는 학자들이 많다. 첫째는 유대인과 유대교로 개종한 이방인을 지칭한다라고 했다(Lenski, Robertson). 둘째는 유대인 및 유대교로 개종한 사람들과 하나님을 경외하는 이방인들을 지칭한다라고 했다(Bruce, Neil, Haenchen).

17 이 이스라엘 백성의 하나님이 우리 조상들을 택하시고 애굽 땅에서 나그네 된 그 백성을 높여 큰 권능으로 인도하여 내사 **18** 광야에서 약 사십 년간 저희 소행을 참으시고 **19** 가나안 땅 일곱 족속을 멸하사 그 땅을 기업으로 주시고 **(약 사백오십 년간) 20** 그 후에 선지자 사무엘 때까지 사사를 주셨더니

하나님은 이스라엘 백성들을 '선민'으로 삼으시고 일방적인 '언약'을 주셨다. 이 구절은 그런 그들이야말로 큰 은혜를 받은 민족임을 상기시키고 있다.

가만히 보면 이 구절은 사도행전 7장의 스데반의 설교와 맥이 닿아 있다. 차이점이 있다면 스데반은 이스라엘 민족이 조상들의 강팍함을 본받

아 예수 그리스도를 십자가에 못박아 죽였다는 것을 강조했으나 바울은 선민인 이스라엘에게 주어진 하나님의 6대 언약 중 그 언약들(구약의 5대 언약)의 성취로 오신 초림의 예수 그리스도를 강조하고 있는 것이다. 결국 예수님은 구약 성경(TNK)의 예언의 성취임을 강조하고 있다.

"저희 소행을 참으시고"라는 말에서는 하나님의 변함없는 사랑과 신실하심(신 1:30-31, 33)을 엿볼 수 있다.

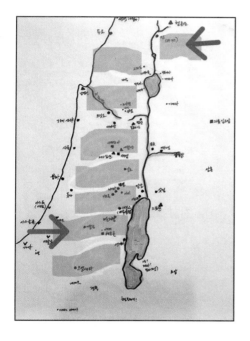

"가나안 땅 일곱 족속(창 10:15-17)"이란 북에서 남쪽의 순서대로 가나안의 후기 원주민인 아모리 족속(화살표 2곳), 기르가스 족속, 가나안 족속, 히위 족속, 브리스 족속, 여부스 족속, 헷 족속을 가리킨다.

"450년"이란 애굽의 400년 포로생활, 광야의 40년, 그리고 가나안 입성에서 정복까지의 10년을 말한다(Bruce, Lenski, Knowling).

일부 학자는 가나안 정복 이후의 450년을 말하기도 하는데 사사시대(BC 1390-1050, 약 300-350년간)를 거쳐 통일왕국(BC 1,000년)까지의 450년을 가리킨다고 한다. 이때 "사무엘"은 마지막 사사(사울왕을 선출한 마지막 사사)이

자 최초의 선지자(모세이후의 최초의 선지자)였다.

21 그 후에 저희가 왕을 구하거늘 하나님이 베냐민 지파 사람 기스의 아들 사울을 사십 년간 주셨다가 **22** 폐하시고 다윗을 왕으로 세우시고 증거하여 가라사대 내가 이새의 아들 다윗을 만나니 내 마음에 합한 사람이라 내 뜻을 다 이루게 하리라 하시더니

"저희가 왕을 구하거늘"이라는 말에서는 '진정한 왕이신 하나님을 외면했다'라는 것으로 그들의 불신앙적인 태도를 보여주고 있는 것이다. 그들은 처음에 주변 열강이 왕정체제를 유지하며 열강들의 침략 등등에 효율적으로 대처하는 것을 보고 왕을 요구했다. 사실은 왕이신 하나님께서 그들을 지금까지 보호해주셨음에도 불구하고……. 이는 저들의 인본적 관점과 불신앙에 기인한 것이었다. 하나님은 그들의 요구를 허용(분노적 허용 혹은 진노적 허용, 호 13:11-12)하셨으나 책망도 겸하셨다(삼상 8:5-9).

사울 왕의 40년 통치는 요세푸스의 기록에 의한 것으로 그는 사무엘의 생전 18년, 사후 22년을 다스렸다고 한다. 이스라엘의 초대왕이었던 그는 블레셋으로부터의 침략을 막은 것이나 국방을 든든히 한 것은 맞지만 하나님을 경홀히 여기고 인본주의적인 태도를 취함으로 버림을 당하고 말았다.

22절의 "폐하시고(μεταστήσας, V-APA-NMS, having removed, 눅 16:), 세우시고(ἤγειρεν, V−AIA-3S, raised up, 왕상 14:87, 시 89:19-21)"라는 두 단어에서는 역

사의 주관자 하나님을 생생하게 느낄 수 있다.

"이새의 아들 다윗을 만나니"라는 것에서는 다윗이 하나님의 마음에 합한 사람임을 드러내고 있다. 더하여 다윗을 언급하며 유대인들에게 '예수 그리스도의 혈통'을 강조하고 있다. 더 나아가 보잘것 없던 이새의 가문에서 그것도 막내였던 다윗이 왕이 된 것이 바로 하나님의 섭리(삼상 16:1-13)였음을 강조한 것이다.

한편 '하나님의 마음에 합한 사람'이라는 것은 너무나 중요하다. 로마서 13장을 보면 하나님의 섭리와 경륜에 쓰이는 "하나님의 도구(하나님의 사자, 하나님의 일군)"에는 두 종류가 있음을 알 수 있다. 이는 달리 말하면 역사의 주관자 하나님의 도구로 사용되더라도 하나님의 마음에 합한(렘 3:15, 행 13:22, 삼상 13:14, 시 89:20) 일꾼이 있는가 하면 역사의 주관자 하나님의 손에 악하게 쓰임을 받는 일꾼도 있다라는 것을 드러내는 것이다.

23 하나님이 약속하신 대로 이 사람의 씨에서 이스라엘을 위하여 구주를 세우셨으니 곧 예수라

"하나님이 약속하신 대로"라는 말씀에서의 '약속'은 '언약'을 가리키는 것으로 성경에 여러 번(6대 언약) 반복(시 132:11, 사 11:1, 10, 렘 23:5, 슥 3:8)되어 강조하고 있으며 그 흐름은 맥으로 일관되게 연결되어 있다. 곧 아담 언약, 노아 언약, 아브라함 언약, 모세 언약, 다윗 언약, 예수 그리스도의 새 언약이다. 개중 다윗 언약(삼하 7:12-13)은 다윗의 씨(혈통상)를 통해(마 1:1) 예수 그리스도를 보내겠다는 약속이었다.

"구주[155](σωτήρ, nm) 혹은 구원자"라는 것은 헬라어 예수[156](이에수스, Ἰησοῦς, nm)의 선명한 의미이다.

24 그 오시는 앞에 요한이 먼저 회개의 침례를 이스라엘 모든 백성에게 전파하니라 **25** 요한이 그 달려 갈 길을 마칠 때에 말하되 너희가 나를 누구로 생각하느냐 나는 그리스도가 아니라 내 뒤에 오시는 이가 있으니 나는 그 발의 신 풀기도 감당치 못하리라 하였으니

"그 오시는 앞에"라는 것은 '예수님의 공생애 전에'라는 의미이다. "요한이 먼저"라는 것은 말라기 3장 1절에서의 "그가"를 가리킨다. 그는 예수 그리스도의 길을 예비했던 자였다(요 1:19-28).

"만군의 여호와가 이르노라 내가(야훼 하나님, 공의의 하나님, 말 2;17에 대한 하나님의 답변) 내 사자(מַלְאָכִי, my messenger, 말라기 선지자(세례 요한, 사 40:3, 마 11:10, 눅 7:27, 요 1:6)를 보내리니 그가(세례 요한, 사 40:3-5) 내(예수 그리스도) 앞에서 길을 예비

---

155 구주(σωτήρ, nm)는 a savior, deliverer/(a masculine noun, derived from 4982 /sōzō, "save") - properly, the Savior, Jesus Christ who saves believers from their sins and delivers them into His safety. See 4982 (sōzō)이다.

156 예수(이에수스, Ἰησοῦς, nm)는 Jesus or Joshua, the name of the Messiah, also three other Isr/Jesus, the transliteration of the Hebrew term, 3091 /Lot ("Yehoshua"/Jehoshua, contracted to "Joshua") which means "Yahweh saves" (or "Yahweh is salvation")/"Jesus Christ" is properly "Jesus the Christ." "Jesus" (2424 /Iēsoús) is His human name, as the incarnate, eternal Son of God (Mt 1:21,25, see also Lk 1:31) - the Christ, the divine Messiah (the second Person of the holy Trinity)/ [Christ (His title) means "the Anointed One" (the eternal pre-incarnate, Logos, Jn 1:1-18).]의 의미이다.

할 것이요 또 너희의 구하는 바 주(예수 그리스도)가 홀연히(פִּתְאֹם, 피트옴, 갑자기, 생각지 못한 때에, 마 24:44, 50) 그 전(הֵיכָל, 헤칼, nm, temple)에 임하리니(학 2:7, 슥 2:10-)눅 2:22(Deane, 결례의 날 성전), 히 9:11-12(초림으로 성취))곧 너희의 사모하는 바 언약(בְּרִית, 베리트, nf, a covenent)의 사자(예수 그리스도, 사 42:6, 히 12:24)가 임할 것이라"_말 3:1

"회개의 세례"라는 것은 죄(죄인)를 '깨닫게' 하는 물세례(율법)이지만 예수님을 믿음으로 받게 되는 '성령세례'는 온전한 '죄사함'을 얻게 한다.

"달려갈 길을 마칠 때에"라는 말씀에서의 '달려갈 길'이란 '주신 소명에 따라 주어진 곳에서 충성된 사명을 감당하며 나아가야 할 길'을 가리키는 것으로 사도행전 20장 24절, 디모데후서 4장 7-8절 말씀에서의 '길'과 함께 묵상해야 한다.

"나의 달려갈 길과 주 예수께 받은 사명 곧 하나님의 은혜의 복음 증거하는 일을 마치려 함에는 나의 생명을 조금도 귀한 것으로 여기지 아니하노라"_행 20:24

"내가 선한 싸움을 싸우고 나의 달려갈 길을 마치고 믿음을 지켰으니 이제 후로는 나를 위하여 의의 면류관이 예비되었으므로 주 곧 의로우신 재판장이 그날에 내게 주실 것이니 내게만 아니라 주의 나타나심을 사모하는 모든 자에게니라"_딤후 4:7-8

26 형제들, 아브라함의 후예와 너희 중 하나님을 경외하는 사람들아 이 구원의

말씀을 우리에게 보내셨거늘 **27** 예루살렘에 사는 자들과 저희 관원들이 예수와 및 안식일마다 외우는 바 선지자들의 말을 알지 못하므로 예수를 정죄하여 선지자들의 말을 응하게 하였도다

"아브라함의 후예"라는 말은 하나님께서 일방적으로 아브라함에게 하셨던 '아브라함 언약(3중 언약, 12장의 정식언약, 15장의 횃불언약, 17장의 할례언약)'을 따른 '선민 이스라엘'을 가리키며 동시에 그리스도 메시야이신 예수를 구주로 영접하고 그 예수를 전해야 하는 사명을 받은 모든 자들 곧 '하나님을 경외하는 사람들(영적 이스라엘)'을 가리킨다. 이 구절에서 바울은 '그들'에게 구원의 말씀을 주셨음을 주지시키고 있다.

"이 구원의 말씀"이란 '하나님의 은혜의 복음'을 가리키는 것으로 '구원자 예수님만이 성부하나님의 유일한 기름부음 받은 자'로서 '그리스도, 메시야이시다'라는 것이다. 곧 이는(예수 그리스도 새 언약) 구약 언약들(아담 언약, 노아 언약, 아브라함 언약, 모세 언약, 다윗 언약)의 성취이다.

27절의 "알지 못하므로"라는 것은 한마디로 '무식하고 무지했다(행 3:17, 딤전1:13)'라는 의미이다. 또한 "선지자들의 말"이라는 것은 메시야가 고난을 받아 죽임을 당할 것(사 53:5, 12)을 가리키는 것으로 '선지서(Nebiim)의 예언'을 말한다. 결국 바울의 논지(論旨)는 '예수님만이 그리스도 메시야이시다'라는 것이다.

28 죽일 죄를 하나도 찾지 못하였으나 빌라도에게 죽여 달라 하였으니 **29** 성경

에 저를 가리켜 기록한 말씀을 다 응하게 한 것이라 후에 나무에서 내려다가 무덤에 두었으나

"죽일 죄를 찾지 못하였으나(마 26:6, 눅 23:4, 14, 22)"라는 것은 예수님은 역사상 유일한 의인이셨기에 죄가 없어서 죄를 찾을 수가 없다라는 것이다. 동시에 의인이신 예수님만이 죄인 된 우리들을 대신하여 죽으심으로 우리의 죄를 사하실 수가 있다라는 것이다.

29절에서 바울은 '십자가'를 "나무"로 표현했다. 이는 신명기 21장 23절의 말씀과 연결시키기 위해서였다. 결국 "나무에서 내려다가 무덤에 두었다"라는 것에는 많은 내용이 생략되어 있다.

한편 안식일에 십자가에 달린 예수의 시체를 나무 위에 두는 것을 싫어했던 유대인들은 그 시체를 내려서 다리를 꺽어달라고 했다. 그러나 이미 완전히 죽었기에 더 이상 다리를 꺽을 필요가 없었다. 그렇게 십자가에서 죽으신 후 당시 경건하게 살아가던 아리마대 요셉과 니고데모에 의해 예수님은 돌 무덤에 장사되었다(눅 23:50-56, 요 19:38-42).

30 하나님이 죽은 자 가운데서 저를 살리신지라 31 갈릴리로부터 예루살렘에 함께 올라간 사람들에게 여러 날 보이셨으니 저희가 이제 백성 앞에 그의 증인이라 32 우리도 조상들에게 주신 약속을 너희에게 전파하노니

사흘 만에 부활하신(마 27:62-28:15) 후 예수님은 그리스도 메시야로서 하나님의 아들이심을 드러내셨다. 결국 죽음을 이기시고 '부활'한 것은 예

수님이 근본 하나님의 아들이심을 증거한 영광스러운 사건이었다.

부활은 우리에게 소망을 준다. 여기서 '소망'이란 예수를 믿어 '죄사함'은 물론이요 지금 성령님을 주인으로 모시고 '현재형 하나님나라'를 누리며 영생하게 되고 장차 '미래형 하나님나라에의 입성'과 '영생'을 얻게 될 것을 가리킨다.

"여러 날 보이셨으니"라는 것은 부활하신 후 이 땅에 40일 계신 것(행 1:3)을 가리킨다.

"조상들에게 주신 약속을 너희에게 전파하노니"라는 것은 '하나님의 은혜의 복음'으로서 예수 그리스도 새 언약이 성취되었음을 선포하는 것을 말한다.

33 곧 하나님이 예수를 일으키사 우리 자녀들에게 이 약속을 이루게 하셨다 함이라 시편 둘째 편에 기록한 바와 같이 너는 내 아들이라 오늘 너를 낳았다 하셨고

"예수를 일으키사(ἀναστήσας Ἰησοῦν, having raised up Jesus)"라는 것은 예수의 부활과 동시에 높아지심으로 영광이 되신 예수(그리스도의 승귀, 빌 2:5-11)라는 이중적 의미를 가지고 있다. 여기서 '일으키다'의 헬라어는 아니스테미(ἀνίστημι, v, to raise up, to rise)인데 이는 '높임(행 3:22, 26, 7:37)'이라는 의미이다.

"시편 둘째 편"이란 시편 2편 7절을 가리킨다. 한편 여러 사본과 편집

본에서는 둘째가 아니라 첫째로 기록되어 있다. 그러나 사실상 같은 말이다. 왜냐하면 유대인들의 관습상 그들은 첫째 편을 서문으로 여기며 둘째 편을 첫째 편으로 여기기 때문이다.[157]

"낳았다"라는 것은 하나님과의 친밀한 관계인 동시에 특별한 관계이다라는 의미로서 다윗 언약(삼하 7:14)에 근거한 것이다.

34 또 하나님께서 죽은 자 가운데서 저를 일으키사 다시 썩음을 당하지 않게 하실 것을 가르쳐 가라사대 내가 다윗의 거룩하고 미쁜 은사를 너희에게 주리라 하셨으니

예수님의 성육신, 대속죽음과 부활하심은 다윗 언약의 성취(삼하 7:4-17)였다. 또한 부활의 첫 열매가 된 것은 다시는 사망(썩음)이 저들을 지배치 못하게 될 것을 드러낸 것이며 예수님만이 온 인류의 주권자시요 영원한 통치자이심을 만방에 드러낸 것이다. 그리하여 예수를 믿어 구원을 얻은 우리는 멸망치 않고 영생을 얻어 저와 더불어 천년동안(영원히, 계 20:4, 6) 왕 노릇하게 된다(계 20:4, 22:5).

가만히 보면 다윗 언약은 예수 그리스도 새 언약의 성취와 완성을 보장하면서 점점 더 발전되고 전개되어져 가는 것을 볼 수 있다. 그리하여 종국적으로는 영생에로의 길을 예시해주고 있음을 볼 수 있다.

"다윗의 거룩하고 미쁜 은사"라는 것은 '다윗에게 약속한 거룩하고 확

---

157 그랜드종합주석 144, p307

실한 축복(공동번역)'을 가리킨다. 이는 예수 그리스도를 다윗의 혈통에서 나게 하시어 택정함을 입은 모든 인류에게 영원토록 은혜를 베푸시겠다고 하셨던 다윗 언약(삼하 7:12-16)을 말씀하신 것이다. 그리하여 예수님은 성육신하셨고 대속죽음과 더불어 모든 것을 '다 이루셨다'. 이후 부활하셔서 승천하사 승리주 하나님으로서 하나님과 인간을 화목하게 하는 일(Peacemaker, 히 9:11-15)뿐만 아니라 종국적으로는 그곳에서 영생을 누리게 하신다.

35 그러므로 또 다른 편에 일렀으되 주의 거룩한 자로 썩음을 당하지 않게 하시리라 하셨느니라 36 다윗은 당시에 하나님의 뜻을 좇아 섬기다가 잠들어 그 조상들과 함께 묻혀 썩음을 당하였으되 37 하나님의 살리신 이는 썩음을 당하지 아니하였나니

"다른 편"이란 시편 16편 10절을 말한다. "주의 거룩한 자"라는 것은 예수 그리스도를 가리킨다. "썩음을 당하지 않게 하시리라(고전 15:42-44)"는 것은 부활체로서의 부활과 하나님나라에서의 영생을 강조한 것이다. 한편 베드로도 바울처럼 구약성경을 복음에 대한 자신의 논증으로 사용하곤 했다(행 2:16-21, 25-28, 34-35, 3:22).

다윗은 예수 그리스도를 예언했던 사람(시 110:1-7)이다. 36-37절에서 바울은 다윗과 예수 그리스도를 비교하고 있다. 다윗은 죽어 썩음을 당했지만 예수 그리스도는 다시 살아나 영원한 생명의 보증이 되셨다 라는 것이다.

38 그러므로 형제들아 너희가 알 것은 이 사람을 힘입어 죄 사함을 너희에게 전하는 이것이며 **39** 또 모세의 율법으로 너희가 의롭다 하심을 얻지 못하던 모든 일에도 이 사람을 힘입어 믿는 자마다 의롭다 하심을 얻는 이것이라 **40** 그런즉 너희는 선지자들로 말씀하신 것이 너희에게 미칠까 삼가라 **41** 일렀으되 보라 멸시하는 사람들아 너희는 놀라고 망하라 내가 너희 때를 당하여 한 일을 행할 것이니 사람이 너희에게 이를지라도 도무지 믿지 못할 일이라 하였느니라 하니라

　"이 사람"이란 '예수님'을 가리키는 것으로 예수 그리스도의 대속사역은 '죄사함'에 있어 영 단번(once for all)으로서 영원한 것이다. 그 예수님은 우리를 대신하여 대속제물이 되셨고 하나님과 우리를 중재하시기 위해 화목제물이 되셨다(행 26:18, 골 2:13).

　참고로 '믿음 3총사'라는 말이 있다. '로마서, 히브리서, 갈라디아서'의 3권을 일컫는 것으로 저자인 내가 구원론(Soteriology)을 쉽게 설명하고자 붙인 별명이다. 신약 27권 정경 중 "오직 의인은 믿음으로 말미암아 살리라"는 말씀을 따라 이신칭의, 이신득의를 알려면 로마서를, 믿음(3종류, 피스티스, 피스튜오, 피스토스)에 관하여는 히브리서를, 믿음으로 그렇게 살아가라는 것은 갈라디아서를 묵상하라고 하며 붙였다.[158]

158　<살아도 주를 위하여, 죽어도 주를 위하여>, 로마서 장편주석, <오직 믿음, 믿음, 그리고 믿음>, 히브리서 장편주석, <오직 의인은 믿음으로 말미암아 살리라>, 갈라디아서 장편주석, 이선일, 도서출판 산지

'모세율법'이 죄의 깨달음, 죄인임을 자각케 하는 것(약 2:10-11)이었다면 '하나님의 은혜의 복음'은 영 단번의 완전한 죄사함과 더불어 미래형 하나님나라에의 입성과 영생이라는 소망을 주는 것이다.

40-41절은 하박국 1장 5-11절의 인용 말씀으로 하나님께서 바벨론을 들어 쓰셔서 심판하실 것을 경고한 말씀이다. 당시 하박국 선지자는 유다의 패역함과 불신앙으로 인해 하나님의 심판이 초래될 것을 경고했다. 이를 듣지 않았던 유다는 결국 바벨론에게 70년 동안이나 포로생활을 당하고야 말았다. 목이 곧고 완고한 유대인들이 복음을 받아들이지 않는다면 동일한 심판을 받게 될 것을 경고하고 있는 것이다.

42 저희가 나갈새 사람들이 청하되 다음 안식일에도 이 말씀을 하라 하더라 43 폐회한 후에 유대인과 유대교에 입교한 경건한 사람들이 많이 바울과 바나바를 좇으니 두 사도가 더불어 말하고 항상 하나님의 은혜 가운데 있으라 권하니라

42절의 "저희"가 가리키는 것은 바울의 일행이다. "나갈새(Εξιόντων, having departed, V-PPA-GMP)"라는 것은 엑세이미(ἔξειμι, v, to go forth)의 현재 능동태 분사로서 회중이 나가기 전에 바나바와 바울이 먼저 회당을 떠났음을 알 수 있다.

"유대교에 입교한 경건한 사람들"이란 할례를 받고 유대교로 개종한 이방인들을 가리킨다.

"하나님의 은혜 가운데 있으라"는 것은 '하나님의 은혜의 복음을 꼭 붙들라'는 말씀이다. 곧 예수 그리스도를 믿음으로 구원을 얻고 그 믿음으로 살아가라는 것이며 더 나아가 '소망'을 가지고 인내함으로 살아가라는 말씀이다. 소망이란 미래형 하나님나라에의 입성과 영생을 말한다.

44 그 다음 안식일에는 온 성이 거의 다 하나님 말씀을 듣고자 하여 모이니 45 유대인들이 그 무리를 보고 시기가 가득하여 바울의 말한 것을 변박하고 비방하거늘

어느덧 일주일이 지났다. 아마도 바나바와 바울은 주중에도 여기 저기 돌아다니며 열심히 하나님의 은혜의 복음을 전했던 듯하다. 그렇기에 안식일이 되자마자 지난 주보다 더 많은 인파가 몰렸던 것이다.

철저하게 율법주의적 사고에 사로잡힌 유대인들, 특히 유대의 종교지도자들은 그들 내면의 시기와 질투로 인해 복음의 진리를 무시할 뿐만 아니라 변박하고 비방까지 하고 나섰다. 여기서 "변박하다"의 헬라어는 안틸레고[159](ἀντιλέγω, v)인데 이는 '반대하는 말을 하다, 훼방하다'라는 의미이다. 한편 "비방하거늘"에서의 '비방하다'의 헬라어는 블라스페메오[160] (βλασφημέω, v)인데 이는 단순한 비방을 넘어 '저주하다, 욕하다'라는 의미이다.

---

[159] 안티레고(ἀντιλέγω, v)는 to speak against, to contradict, oppose/(from 473 /antí, "opposite to" and 3004 /légō, "speaking to a conclusion") - properly, voicing opposition; to contradict, especially in a hostile (argumentative) way - i.e. to dispute in order to thwart이다.

[160] 블라스페메오(βλασφημέω, v)는 to slander, to speak lightly or profanely of sacred things/(from blax, "sluggish, slow" and 5345 /phêmē, "reputation, fame") - properly, refusing to acknowledge good (worthy of respect, veneration); hence, to blaspheme which reverses moral values이다.

46 바울과 바나바가 담대히 말하여 가로되 하나님의 말씀을 마땅히 먼저 너희에게 전할 것이로되 너희가 버리고 영생 얻음에 합당치 않은 자로 자처하기로 우리가 이방인에게로 향하노라 **47** 주께서 이같이 우리를 명하시되 내가 너를 이방의 빛을 삼아 너로 땅 끝까지 구원하게 하리라 하셨느니라 하니

사도들은 처음에 유대인(디아스포라 유대인 포함)에게만 복음을 전했다(행 11:19-20). 그러다가 베드로의 환상, 고넬료 가정과 그 일가, 그리고 그의 친구들에게도 임하시는 성령세례를 보고(행 10:44-45) 세례를 베풀었다(행 10:47-48). 이후 그들은 이방인에게도 복음을 전하는 것이 하나님의 뜻임을 분명히 알게 되었다.

특히 바나바와 바울은 이방인의 사도로 부르심을 받은 자였다. 당연히 유대인에게도 복음을 전했으나 그들이 "영생에 합당치 않은 자로 자처"하기에 자신들의 타겟을 이방인에게로 돌렸던 것이다. 그렇기에 "이방인에게로 향하노라"는 말은 헬라어 원어상으로 보면 '보라 우리는 이방인을 향하여 우리 자신을 지금 돌이켰다(ἰδοὺ, στρεφόμεθα εἰς τὰ ἔθνη; behold, we are turning to the Gentiles)'라는 말이 된다. '먼저 된 자가 나중 되고 나중 된 자가 먼저 되는(마 19:30)' 순간이다.

47절은 이사야 49장 6절의 인용으로 장차 메시야이신 예수 그리스도께서 이방인의 빛과 구원이 되신다라는 약속의 말씀이다. 그렇기에 예루살렘과 온 유대와 사마리아와 "땅끝까지(행 1:8)"라는 말씀을 하신 것이다. 또한 마태복음도 "온 족속"으로 제자를 삼아(마 28:19-20)라고 하셨다.

48 이방인들이 듣고 기뻐하여 하나님의 말씀을 찬송하며 영생을 주시기로 작정된 자는 다 믿더라 **49** 주의 말씀이 그 지방에 두루 퍼지니라

이 구절은 읽을 때마다 유대인과 이방인의 대조되는 얼굴 표정이 상상되곤 한다. 예수님 오시기 약 700여 년 전에 이사야 선지자를 통하여 이미 이방인의 구원이 약속되었다(사 49:6)라는 것을 듣게 된 그들로서는 당연히 '기쁜 소식, 복된 소식'이 아닐 수 없는 것이다.

"영생을 주시기로 작정된 자는 다 믿더라"는 말은 묵상할 때마다 로마서 8장 29-30절을 연상시킴은 물론이요 이방인으로 태어난 나와 공저자는 '택정과 유기교리'에 대해 다시 한번 더 감사하게 된다.

한편 학자들(Calvin, Alexander, Whitelaw)은 "작정된 자"를 하나님에 의해 선택된 자(엡 1:4), 하나님께서 구원하시기로 미리 정하신 예정된 자(롬 8:29)라고 했다.

49절의 "주의 말씀이 그 지방에 두루 퍼지니라"는 것은 '하나님의 은혜의 복음을 받아들인 그리스도인들이 가는 곳마다 복음을 전했다'라는 말이다. 여기서 "두루 퍼지니라(διεφέρετο, V-IIM/P-3S, was carried)"는 것은 미완료 과거인데 이는 복음의 확산이 일시적이 아니라 지속적임을 암시하고 있다.

50 이에 유대인들이 경건한 귀부인들과 그 성내 유력자들을 선동하여 바울과 바나바를 핍박케 하여 그 지경에서 쫓아내니 **51** 두 사람이 저희를 향하여 발에 티끌을 떨어버리고 이고니온으로 가거늘

"경건한 귀부인들"이란 유대교로 개종한 이방 고위층 부인들을 말한다. 당시 이들은 여러 소아시아 도시와 마찬가지로 정치적, 종교적으로 막강한 영향력을 행사했다. 기록에 의하면 비시디아 안디옥에서는 이 여인들이 로마 황제에 의해 행정관이나 주요 경기의 대회장으로 임명되기도 했었다고 한다. 더 나아가 서머나(Smyrna)에서는 회당장이 되기도 했다 (Robertson)고 한다.[161] 50절을 보면 '적은 멀리 있지 않고 내부에 있다'라는 말이 실감나기도 한다.

51절의 "발에 티끌을 떨어버리고"라는 행위는 유대인들의 오래된 풍습 중 하나로 그들은 부정하게 여겼던 이방인들의 땅을 밟으면 그 먼지조차도 부정하게 여겨서 발에 티끌을 떨어버리곤 했던 일종의 '의식적인 정결 예식'이기도 했다. 예수님도 제자들을 파송하시며 마태복음 10장 1-15절로 그렇게 말씀하셨던 적이 있다.

"이고니온"은 비시디아 안디옥에서 남동쪽 120km 지점이다.

52 제자들은 기쁨과 성령이 충만하니라

---

161 그랜드종합주석 14, p310

"제자들"이란 복음을 받아들인 비시디아 안디옥의 제자들을 가리킨다. 공동번역은 '안티오키아의 신도들'이라고 번역했다.

예수를 믿게 되면 성령님이 우리 안에 내주하시게 된다. 이후 우리는 성령충만함(주권, 통치, 질서, 지배 하에서)으로 주인 되신 성령님의 인도하심과 도우심으로 모든 일을 진행하게 된다. 감사하게도 거기에는 반드시 기쁨(카라)이 뒤따르게 되어 있다. 그러므로 예수를 믿고 난 이후의 삶과 그 얼굴 표정을 보면 성령충만한지의 여부를 쉽게 알 수 있다.

이 구절의 경우 나와 공저자는 '기쁨으로 성령충만함 가운데 지내니라'는 의미로 해석하고 있다. 즉 제자들은 기쁨과 자원함 가운데 성령님께 주권을 드리고 성령님의 질서, 지배, 통치 하에서 지냈음을 가리킨다.

괴짜의사 Dr. Araw의
쉽고 바르게 읽는 사도행전 장편(掌篇)강의

오직 성령이 너희에게 임하시면
성령행전(Πράξεις Πνεύματος)

레마이야기 14

하나님나라에 들어가려면
많은 환난을 겪어야(22)

　　13장을 기점으로 수리아 안디옥 교회는 성령님의 보호하심 가운데 든든히 서가며 복음 전파의 첫 나팔을 울리게 된다. 13장 1절에 의하면 안디옥 교회는 이미 기틀이 잘 잡혀 있었기에 준비되고 훈련된 선지자들과 교사들이 제법 많이 있었음을 알 수 있다. 이때 특별한 사역에 쓰임을 받은 두 사람이 있었는데 바로 바나바와 사도 바울이다.

　　바나바는 예루살렘 교회에서 안디옥 교회의 초대 담임목사로 파송되었던 귀한 형제이다. 그는 착한 사람이요 성령과 믿음이 충만한 자(행 11:24)였다. 곧 자타(自他)가 공인하던 사람이었다. 그는 레위족으로 이름은 요셉이며 사도들은 그런 그에게 별명을 붙여 주었는데 '권위자'라는 의미의

'바나바'였다.

한편 사도 바울(작은 자, 작음)의 원래 이름은 '사울'이었다. 그는 정통 바리새파 출신으로 길리기아 다소 출생이며 10대 때 예루살렘으로 유학을 가서 그곳에 있던 힐렐학파의 가말리엘 문하에서 수학을 했다. 열정이 뛰어났던 그는 10대 때 정통 구약(네비임, 케투빔) 학자, 정통 율법(Torah) 학자가 되었고 종국적으로는 힐렐학파의 수장이 된다. 참고로 힐렐의 손자가 바로 바울의 스승이었던 가말리엘이다.

바나바와 바울은 당시 안디옥 교회가 그리스도인이라 칭함을 받는 일에 지대한 영향을 끼쳤던 일등공신들이다. 둘은 일 년간 열심히 성도들에게 말씀을 가르쳤다. 그런 훈련과 가르침 속에서 그들은 신앙과 삶의 균형과 조화를 이루어 살아갔다. 그리하여 '그리스도인'으로 일컬음을 받게 되었던 것이다. 이때가 대략 AD 45-46년경이었다.

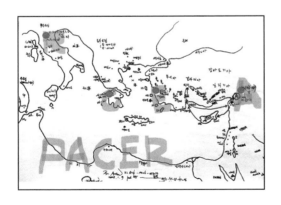

AD 46년이 되자 바나바와 바울은 1차 선교여행을 떠나게 된다. 이때 수리아 안디옥 교회는 금식하고 기도한 후 성령님의 보내심을 받들어 그들을 기쁨으로 파송한다.

바나바와 바울은 수리아 안디옥 교회에서 출발하여 실루기아 항구로 가서는 구브로에 가는 배를 타고 섬으로 들어갔다. 섬 동쪽의 살라미에 도착한 후에는 하선하여 온 섬을 지나며 복음을 전했다. 그리하여 서쪽인 바보에까지 이르렀다. 이후 다시 배를 타고 북쪽으로 올라가 앗달리아 항구를 거쳐 밤빌리아 지역의 버가에 이르게 된다. 그리고는 비시디아 안디옥, 이고니온으로, 다시 루가오니아의 두 성 루스드라와 더베로 갔다. 이곳이 바로 남쪽 갈라디아 지역이다.

더베까지 갔던 바나바와 바울은 다시 루스드라, 이고니온, 비시디아 안디옥으로 되돌아 나와 밤빌리아의 버가에 이르러 앗달리아에서 배를 타고 수리아 안디옥으로 귀환한다. 이것이 1차 선교여행의 행로이다.

바나바와 바울은 안디옥 교회에 돌아와 약 2년간 재충전을 하며 교회 지체들에게 선교보고를 한다. 그들은 이방인들에게도 믿음의 문을 여신 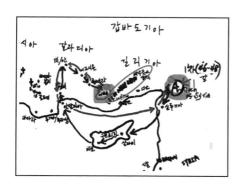 것과 하나님께서 세미하게 행하신 모든 일들을 고했다. 구브로에서 박수무당 바예수가 눈이 멀게 되었던 이야기, 비시디아 안디옥의 회당에서 말씀을 전하다가 그곳에서 핍박을 받은 후 오히려 기쁨과 성령충만함 속에 이고니온으로 갔던 이야기, 이고니온의 회당에서도 큰 능력이 임한 것과 루가오니아의 두 성 루스드라와 더베로 가서 복음을 전했던 이야기, 루스드라의 앉은뱅이 치유 사건과 그로 인한 '쓰스와 허메' 에피소드, 루스드라에서는 돌에 맞아 거의 죽게 되었다가 하나님의 도우심으로 회복하여 더베로 가서 복음을 전했던 이야기, 그리고는 그때까지 왔던 그 여정을 고스란히 되돌아가서 그들을 재차 방문하며 다시 복음을 굳게 함과 동시에 각 교회에 장로들을 세우고 그들로 하여금 말씀양육을 부탁한 후 앗달리아에서 배를 타고 모교회인 수리아 안디옥까지 돌아오게 된 이야기 등등……. 말을 전하는 바나바와 바울도, 그 얘기들을 듣던 교인들도 흥분의 도가니였을 것 같다.

선교보고를 마치며 바나바와 바울은 수리아 안디옥 교회의 지체들과 오늘의 우리들에게 다음과 같은 결론을 맺으며 권면을 한다. 첫째, 온전한 믿음에 거하며 마음을 굳게 하라. 둘째, 하나님나라에 들어가려면 '예수 믿음과 하나님의 계명'을 붙들고 인내로 많은 환난을 견디어 나가야 하며 소망을 바라보며 소망을 붙들고 나아가야 한다.

참고로 그리스 로마 신화에 나오는 12명[162]의 주신(主神)들을 소개하면 다음과 같다.

---

162 그랜드종합주석 14, p322

그리스	로마	특징
Zeus	Jupiter	하늘의 신, 모든 신 중의 주신 (쓰스, 행 14:12-13)
Hera	Juno	여성의 신, 제우스의 아내
Demeter	Ceres	농업의 여신, 혼인의 수호자
Poseidon	Neptune	바다의 신, 지진의 신
Hades	Pluto	지하세계의 신
Ares	Mars	전쟁과 농경의 신(행 17:22)
Hephaistos	Vulcanus	불의 신, 장인(匠人)의 신
Dionysos	Bacchus	술의 신, 잔치의 신
Aphrodite (Artmis)	Venus (Diana)	미와 사랑의 신 (사냥, 숲, 달, 처녀성과 관련된 여신)
Hermes	Mercurius	전령의 신(허메, 행 14:12)
Apollon	Apollo	목축과 태양의 신
Athene	Minerva	지혜의 여신, 풍요의 신

14-1 이에 이고니온에서 두 사도가 함께 유대인의 회당에 들어가 말하니 유대와 헬라의 허다한 무리가 믿더라

 "이고니온"은 비시디아 안디옥으로부터 남동쪽 120km 지점에 있던 교통중심지로서 당시 주요한 도시 중 하나였다.

두 사도는 함께 당시 사람들이 많이 모여 있던 회당에 들어가 복음을 전했다. 바울의 경우 어디를 가든지 회당을 많이 활용했다. 이는 3차 전도여행의 주요 거점인 에베소의 두란노 서원 때까지(행 19:9) 계속되었다.

"헬라의 허다한 무리"란 '유대교로 개종한 이방인'을 가리킨다.

2 그러나 순종치 아니하는 유대인들이 이방인들의 마음을 선동하여 형제들에게 악감을 품게 하거늘

복음 전파에는 필히 영적 싸움이 동반됨을 알아야 한다. 그렇기에 고난과 역경은 당연히 동반(행 14:22)될 수밖에 없다. 그 뿐만 아니라 계속적인 고난이 닥치더라도 이상한 일 당하는 것 같이 여기지 말아야 한다.

"순종치 아니하는"이라는 말은 불신과 더불어 악감, 반항, 선동을 함으로 적대감을 표시했다라는 의미이다. 이들 속에는 회당의 책임자들과 관리들도 있었다. 여기서 "악감을 품다"의 헬라어는 카코오[163](κακόω, v)인데 이는 '악을 행하다, 학대하다'라는 의미이다.

"형제들"이란 '기독교로 개종한 자들'을 가리킨다,

3 두 사도가 오래 있어 주를 힘입어 담대히 말하니 주께서 저희 손으로 표적과

---

163 카코오(κακόω, v)는 to ill-treat/to inflict misery (ill-treatment, vexation); to harm, injure. See 2556 (kakos)이다.

기사를 행하게 하여 주사 자기 은혜의 말씀을 증거하시니

이 구절의 앞에는 '그러므로(운, therefore)'가 생략되어 있다.

"표적과 기사를 행하게 하사"라는 것에서의 '표적과 기사'는 하나님이 하시는 일을 드러내기 위한 신적인 권위의 결과일 뿐이다. 그렇기에 사도들은 표적(signs)과 기사(wonders)를 행하기는 했으나 그런 것들보다는 하나님의 은혜의 말씀(복음)에 보다 더 진력했다. 당시 이러한 초현실적인 '표적과 기사'를 보이신 이유는 초대교회가 발흥했던 그때까지만 해도 신구약 정경화작업(구약 AD 90년 얌니아 랍비회의, AD 397년 카르타고 회의)이 아직 이루어지지 않았기에 특별은총인 정경(말씀)이 없었기 때문이다.

참고로 표적(signs)이 기적의 목적적 측면, 곧 하나님의 구원, 권능, 능력, 영광을 나타낸다면 기사(wonders)란 기적의 특성, 곧 자연적인 법칙을 거스려 발생하는 특이한 사건을 말한다.

'복음'이란 하나님의 은혜의 말씀으로 하나님의 은혜를 선언하는 말씀(행 20:24, 32, 갈 3:10-14)을 가리킨다.

4 그 성내 무리가 나뉘어 유대인을 좇는 자도 있고 두 사도를 좇는 자도 있는지라

"그 성내 무리가 나뉘어"라는 것에서는 누가복음 12장 51절의 말씀을 연상케 한다. 곧 복음 전파에 대해 호의적인 태도를 보이는 무리와 호전적인 태도를 보이는 무리들 간의 대립을 말한다.

"두 사도"란 바나바와 바울을 가리킨다. 원래 사도라고 불리려면 3가지 조건이 필요했다. 첫째, 예수님의 부르심(소명)과 보내심(사명)이 있어야 한다. 둘째, 예수님께로부터 직접적인 가르침을 받아야 한다. 셋째, 부활의 주님을 목격해야 한다. 그렇다면 바나바는 약간 부족해 보인다. 그럼에도 불구하고 여기서 '사도'라고 부른 것은 포괄적인 의미로 보아야 할 것이다.

5 이방인과 유대인과 그 관원들이 두 사도를 능욕하며 돌로 치려고 달려드니 6 저희가 알고 도망하여 루가오니아의 두 성 루스드라와 더베와 및 그 근방으로 가서 7 거기서 복음을 전하니라

이 구절들을 읽다 보면 고린도전서 4장 1-2절의 말씀이 연상된다. 왜냐하면 하나님의 부르심을 받은 사명자(사도, 보내심을 받은 자)답게 두 사도는 "맡은 자에게 구할 것은 충성"이라는 말 그대로 실천하였기 때문이다. 그러다 보니 사도행전 20장 24절에서 했던 사도 바울의 고백을 나도 모르게 읊조리게 된다.

"능욕하다"의 헬라어는 휘브리조[164](ὑβρίζω, v)인데 이는 '무례하게 모욕하다'라는 의미로서 저들의 적개심이 그대로 드러나 있다. 한편 "달려드니"의 헬라어는 호르메(ὁρμή, nf, a rapid motion forwards, onrush, assault)인데 이

---

164   휘브리조(ὑβρίζω, v)는 to run riot, to outrage, insult/(from 5196 /hýbris, "an injury, reproach") - properly, to seize (steal); (figuratively) to injure, bring loss, especially to damage someone's reputation (good name, honor); to rob a person of what rightfully belongs to them (seizing it away from them and for one's own)이다.

는 실제적인 공격보다는 그렇게 하기로 결정했음을 의미한다. 공동번역은 '움직임을 보였다'로 번역했다. 한편 '사람을 돌로 치는 경우'는 '신성 모독자(레 24:11-14)', '우상 숭배자(신 13:6-11)', '성 범죄자(신 22:22-27)'의 경우였다.

"저희가 알고 도망하여"에서의 '도망(καταφεύγω, v, to flee for refuge)'이란 '비겁하게 꽁무니를 빼다'라는 의미가 아니다. 종국적으로 그들이 다른 동네로 피하여 간 것은 복음 전파를 위한 순교의 때가 아니었기 때문이다. 더 나아가 마태복음 10장 23절은 "이 동네에서 너희를 핍박하거든 저 동네로 피하라 내가 진실로 너희에게 이르노니 이스라엘의 모든 동네를 다 다니지 못하여서 인자가 오리라"는 말씀을 따랐기 때문이다.

참고로 각 지역 간의 거리는 비시디아 안디옥-120km-이고니온-45km-루스드라-30km-더베(글라우디오 더베)였다. 지금으로부터 2,000년 전이었으니 그들의 전도여행의 어려움이 가히 짐작이 가고도 남는다.

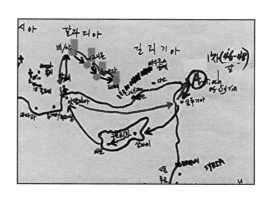

8 루스드라에 발을 쓰지 못하는 한 사람이 있어 앉았는데 나면서 앉은뱅이 되어

걸어본 적이 없는 자라

당시 "루스드라"는 완전한 이방 땅이어서 그곳에는 회당이 없었다. 그러다 보니 지금까지는 어느 지역이든지 도착하게 되면 회당에 들어가 복음을 전했다. 그러나 이곳에서는 앉은뱅이를 치유하는 이야기로 시작한다. 바야흐로 기적을 통한 하나님의 하나님 되심을 드러냄과 아울러 '하나님의 은혜의 복음'을 동시에 전하려는 것이다. 그리하여 현재형 하나님 나라의 확장이 시작됨과 동시에 하나님의 직접적인 개입도 보게 된다.

3장 2절에서 베드로가 치유했던 앉은뱅이가 유대인이었다면, 이곳 14장 8절에서의 바울이 치유했던 앉은뱅이는 이방인이었다. 이는 베드로가 유대인의 사도라면 바울은 이방인의 사도임을 은근히 드러내고 있는 것이다.

"발을 쓰지 못하는(ἀδύνατος τοῖς ποσίν, crippled in the feet)"이라는 것은 '불가능한(마 19:26)'이라는 의미로 의사인 누가답게 의학용어를 사용하여 '육체적으로 무기력한'이라는 의미의 헬라어 아뒤나토스[165](ἀδύνατος, adj)를 사용했다.

9 바울의 말하는 것을 듣거늘 바울이 주목하여 구원받을 만한 믿음이 그에게 있는 것을 보고 **10** 큰 소리로 가로되 네 발로 바로 일어서라 하니 그 사람이 뛰어

---

[165] 아뒤나토스(ἀδύνατος, adj)는 unable, powerless, of persons: incapable; of things: impossible; either the inability, or that which is impossible이다.

걷는지라

당시 앉은뱅이의 경우 누구보다도 치유 회복에 관심이 있었을 것이다. 그렇기에 그는 바울의 이고니온에서의 표적과 기사(행 14:3)에 대한 소문을 익히 들었을 것이다. 동시에 그는 '예수, 그리스도, 생명'이라는 '하나님의 은혜의 복음'도 갈망했던 듯하다.

로마서 10장 17절은 "믿음은 들음에서, 들음은 그리스도의 말씀에서"라고 했다. 결국 "믿음은 바라는 것들의 실상, 보지 못하는 것들의 증거(히 11:1)"라는 말씀을 따라 그는 믿음으로 육체적 질병에서 해방되었고 영적 죽음에서 영적 부활에로의 새생명을 얻게 되었다.

10절의 경우 에브라임 사본(C), 베자 사본(D)등에는 '나는 예수 그리스도의 이름으로 네게 말한다'라는 말이 삽입되어 있다(Calvin)고 한다. 결국 '예수님의 이름에 권세'가 있음을 강조한 것이다(행 3:6, 5:40-41). 그렇게 '표적과 기사'를 행함으로 예수의 하나님 되심을 드러내면서 영광을 돌리고 있다. 그렇기에 '영광(the Sept. most frequent for כָּבוֹד, δόξα)'이란 '올려드리다'라는 의미 외에도 '하나님의 능력, 성품, 속성을 이 땅에 드러내는 것' 곧 '하나님의 하나님 되심을 드러내는 것'을 말한다.

"뛰어 걷는지라"의 헬라어는 헬라토 카이 페리에파테이(ἥλατο καὶ περιεπάτει, he sprang up & began to walk)인데 이는 부정과거와 미완료 시제의 복합으로서 '앉은뱅이가 단번에 일어서서 계속 걸어 다니다'라는 의미이다.

11 무리가 바울의 행한 일을 보고 루가오니아 방언으로 소리질러 가로되 신들이 사람의 형상으로 우리 가운데 내려오셨다 하여 **12** 바나바는 쓰스라 하고 바울은 그 중에 말하는 자이므로 허메라 하더라 **13** 성 밖 쓰스 신당의 제사장이 소와 화관들을 가지고 대문 앞에 와서 무리와 함께 제사하고자 하니

"신들이 사람의 형상으로 우리 가운데 내려오셨다"라는 것은 '신들이 사람과 같이 되어 우리에게 내려오셨다'라는 의미이다.

참고로 당시 루가오니아 사람들은 그리스-로마(Greek-Roman) 신화[166]에 상당히 심취되어 있었다. 그런 그들에게 예전에 쓰스(Zeus)와 허메(Hermes)라는 두 신이 인간의 모습으로 내려와 브루기아(Phrygia)를 방문했던 적이 있었다고 전해진다. 그때 대부분의 인간들은 그 신들을 냉담하게 대했는데 빌레몬(Philemon)과 바우시스(Baucis)라는 부부만 환대(hospitality, 헬, filoxeniva)했다. 결국 그 부부의 오두막 집은 신전(황금지붕, 대리석 기둥)이 되었고 부부는 제사장(참나무)과 여제사장(피나무)이 되었다(연리목(連理木)이 됨)고 한다. 냉담했던 마을은 홍수에 잠겨 멸망해버렸다고 했다.

한편 제우스는 로마신화의 쥬피터(Jupiter)에 해당하고 헤르메스(허메)는 로마신화의 머큐리(Mercury)에 해당한다(14장의 서론의 표 참조). 루스드라 사람들은 신에게 제사드릴 때 황소를 드렸고 그 제물의 머리에 화관(花冠)을 씌웠다. 때로는 제사장들이 양털과 리본으로 장식한 후에 자신들의 머리에

---

166   그랜드종합주석 14, p326

그 화관을 쓰기도 했다고 한다.

"대문 앞"이란 '성문 앞'이라는 의미로서 당시 루스드라의 제우스 신전은 성문 밖에 위치해 있었다. 바울과 바나바는 사람들이 많이 모였던 성문 안쪽 광장이나 공터에서 복음을 전했는데 성읍사람들이 시끌벅적하게 운집한 것을 보고 신전의 제사장들이 달려왔던 듯하다. "제사하고자 하니"라는 것에서는 인간의 탐욕, 욕망을 위한 제사 곧 '밑밥을 까는 행위'라는 의미가 숨어있다.

14 두 사도 바나바와 바울이 듣고 옷을 찢고 무리 가운데 뛰어 들어가서 소리질러 15 가로되 여러분이여 어찌하여 이러한 일을 하느냐 우리도 너희와 같은 성정을 가진 사람이라 너희에게 복음을 전하는 것은 이 헛된 일을 버리고 천지와 바다와 그 가운데 만유를 지으시고 살아계신 하나님께로 돌아오라 함이라

"옷을 찢고"라는 것은 유대인들의 상징적 행동(창 37:29, 수 7:6, 스 9:3, 마 26:65)으로서 어떤 일에 대한 혐오, 거부, 공포감, 비애, 극심한 수치를 드러낼 때 행하곤 했다.

"뛰어 들어가서(ἐξεπήδησαν, V-AIA-3P, rushed out)"라는 것은 '펄쩍 뛰어 앞으로 나아갔다'라는 의미이다. 한편 "소리질러(κράζοντες, V-PPA-NMP, crying out)"라는 것은 '비탄과 공포에 사로잡혀 큰 소리를 내다'라는 의미이다.

15절의 "우리도 너희와 같은 성정(평범한 속성)을 지닌 사람이라"는 말은 이미 앞서 10장 26절의 베드로가 고넬료에게 했던 동일한 말이다. 이런 행동은 요한계시록(19:10, 22:8-9)에서도 볼 수 있는데 사도 요한이 천사들에게 하려고 했다가 천사로부터 거절을 당하기도 했었다

"이 헛된 일을 버리고"라는 것은 '무익한 일을 버리고 살아계신 하나님을 섬기는 일이 가장 가치있고 바른 진리의 길'임을 강조한 말씀이다. 한편 사도행전 13장 16-41절에서는 유대인을 향해 메시야(그리스도)이신 예수님만이 하나님의 아들(예수 그리스도의 유일성, 영원성)임을 가르쳤다면 이곳에서는 이방인을 향해 예수님만이 창조주 하나님임을 가르치고 있다. 결국 각 대상을 향한 적절한 복음 전도 방식(전략)을 지혜롭게 사용해야 함을 알 수 있다.

16 하나님이 지나간 세대에는 모든 족속으로 자기의 길들을 다니게 묵인하셨으나 17 그러나 자기를 증거하지 아니하신 것이 아니니 곧 너희에게 하늘로서 비를 내리시며 결실기를 주시는 선한 일을 하사 음식과 기쁨으로 너희 마음에 만족케 하셨느니라 하고18 이렇게 말하여 겨우 무리를 말려 자기들에게 제사를 못하게 하니라

16절은 하나님께서 자신의 뜻을 완전히 계시하시기 전의 시대에는 허물치 아니하셨다(행 17:30)라는 의미이다. 곧 예수 그리스도의 복음을 듣기 전까지는 이방인들의 사상, 관습, 행동 등을 용납하셨다라는 것이다.

17-18절에서는 '일반계시와 일반은총'에 대해 말씀하시고 있다. 창조

주 하나님은 모든 인간들에게 자연을 통해, 만물을 통해 신성을 계시하셨고 자연을 주관하시는 당신의 섭리를 느끼게 하셨다(롬 1:18-23, 시 19:1-2, 창 8:22)는 것이다. 결국 바울과 바나바는 잘못된 종교적 열광주의에 빠진 그들에게 하나님의 말씀을 논리적으로 전했으며 '오직 말씀, 오직 복음, 오직 예수'만을 강조했다.

19 유대인들이 안디옥과 이고니온에서 와서 무리를 초인하여 돌로 바울을 쳐서 죽은 줄로 알고 성 밖에 끌어 내치니라

비시디아 안디옥에서 이고니온으로, 다시 루스드라에 이르기까지 (120km, 45km, 행 14:5, 행 13:50-51) 유대인들은 복음 전도를 방해했다. 이는 마치 사울이 유대에서 사마리아로, 다시 다메섹에까지 가서 복음을 방해 (행 9:1-2)했던 것과 데자뷔(déjà vu)로 보이기도 한다.

참고로 베드로에게는 평생 '3'이라는 숫자가 따라다니며 괴롭혔다면 바울의 경우에는 평생동안 적대세력들이 따라다니며 방해했던 것을 볼 수가 있다.

"초인하다"의 헬라어는 페이도[167](πείθω, ν)인데 이는 '설득하다, 선동하다'라는 의미(공동번역)이다. 한편 유독 바울만이 돌로 맞은 것은 그가 앞에 나서서 설교했기 때문이다. 이는 고린도후서 11장 25절에 기록되었던

---

167 페이도(πείθω, ν)는 to persuade, to have confidence/(the root of 4102 /pístis, "faith") - to persuade; (passive) be persuaded of what is trustworthy이다.

"한 번 돌로 맞고"의 바로 그 사건이다.

한편 신명기 율법(17:5)에는 죄인을 죽일 때 성 밖으로 끌어내어 죽였다. 그러나 유대인들은 돌로 쳐 죽인 후 성 밖으로 끌어 내쳤다. 결국 유대인들은 율법을 경시했던 것은 물론이요 율법을 정면으로 어겼던 것이다. 저들의 이율배반적(二律背反的)인 모습을 적나라하게 볼 수 있다.

20 제자들이 둘러섰을 때에 바울이 일어나 성에 들어갔다가 이튿날 바나바와 함께 더베로 가서 21 복음을 그 성에서 전하여 많은 사람을 제자로 삼고 루스드라와 이고니온과 안디옥으로 돌아가서

"제자들이 둘러섰을 때에"의 제자들이란 바울과 전도여행을 함께했던 사람들과 개종한 루스드라 사람들을 가리킨다. 이때 15세 가량의 디모데가 그 속에 있었던 것(딤후 3:11)으로 나와 공저자는 추측하고 있다.

"일어나"의 헬라어는 아나스타스(ἀναστὰς, V-APA-NMS, having risen up)인데 이는 '갑작스럽게 툴툴 털고 일어나다'라는 의미로 하나님의 강권적인 역사하심이었다. 한편 다시 돌을 맞았던 그 성으로 들어간 것은 사도행전 20장 24절의 말씀과 상통하는 것으로 바로 '순교의 정신'이다.

1차 전도여행의 마지막 종착지는 더베였다. 감사하게도 이곳에서는 핍박이 그리 심하지 않았다. 아마도 루스드라에서 돌에 맞아 죽은 줄로 알았던 핍박자들이 따라오지 않았던 듯하다.

"제자로 삼고"라는 것은 복음을 전한 후 가르쳐 지키도록 제자로 삼

앉던 것을 가리킨다. 이는 '예수님의 지상대명령'으로서 마태복음 28장 18-20절은 말씀하고 있다.

"루스드라와 이고니온과 안디옥으로 돌아가서"라는 말은 '그들을 핍박했던 곳으로 되돌아가다'라는 말이어서 너무나 놀랍다.

참고로 당시 더베의 동쪽에는 '길리기아의 문(Cilician Gates)'이라는 골짜기가 있어 바울의 고향인 다소에 들렀다가 수리아 안디옥으로 돌아오면 지친 몸의 회복이 훨씬 빨랐을 것이다. 그러나 자신들의 목숨에는 아랑곳하지 않고 지나왔던 지역들의 지체들과 재차 교제하며 그들을 다시 굳게 하려는 의도에서 되돌아갔던 그 태도는 오늘 나와 공저자에게 엄청난 도전으로 다가온다.

22 제자들의 마음을 굳게 하여 이 믿음에 거하라 권하고 또 우리가 하나님 나라에 들어가려면 많은 환난을 겪어야 할 것이라 하고 23 각 교회에서 장로들을 택하여 금식 기도하며 저희를 그 믿은 바 주께 부탁하고

"굳게 하다"의 헬라어는 에피스테리존테스($\dot{\epsilon}\pi\iota\sigma\tau\eta\varrho\iota\zeta o\nu\tau\epsilon\varsigma$, V-PPA-NMP, strengthening, 행 14:22, 15:32, 41)인데 이는 '강하게 하다, 안정시키다'라는 의미이다.

"하나님나라에 들어가려면 많은 환난을 겪어야 할 것이라"는 말씀은 성경의 여러 곳에서 동일하게 반복하여 말씀하고 있다(빌 1:29, 롬 8:17-18, 딤후 1:8, 3:12, 벧전 2:19-20, 3:14, 4:12-16). 그런 환난을 가리켜 '일곱 재앙'이라고 하는데 이는 종말 시대 동안에 계속하여 전 지구적으로 일어나되 각 지역적으로는 그 크기나 세기, 강도, 범위만 다르게 반복적으로 나타난다. 이에 대해 우리는 예수 믿음과 하나님의 계명을 붙들고 인내함으로(약 1:2-4) 나아가야 할 것이다.

"장로들을 택하여"라는 말을 통하여는 초대교회 공동체의 시스템을 보게 한다. 이러한 것들은 교회사적인 의미를 잘 보여주는 것이다. 여기서 "택하여"의 헬라어는 케이로토네산테스(Χειροτονήσαντες, V-APA-NMP, having chosen)인데 이는 '손을 들어 투표하다'라는 의미이다. 결국 사도행전 6장 5-6절로 보아 교회공동체 일원들이 선택하면 두 사도는 안수함으로 임명하곤 했다라는 것이다. "금식 기도하며"라는 것은 '금식과 기도'라는 것으로 이러한 자세는 이미 사도행전 13장 3절에서 바나바와 바울을 파송할 때도 그랬다.

24 비시디아 가운데로 지나가서 밤빌리아에 이르러 25 도를 버가에서 전하고 앗달리아로 내려가서

되돌아가는 길에 그들은 버가에서 잠시 머물렀다. 지난날 동행했던 마가 요한이 예루살렘으로 되돌아감으로 인해 그 지역에서의 복음 전파가 미진했다라고 판단했기 때문이다.

앗달리야(Attalia)는 버가에서 서남쪽 20km지점의 항구도시였다. 이곳은 버가모 왕이었던 앗달루스 2세(Attalus II, BC 159-138)가 건설하여 자신의 이름을 따서 그렇게 불렀다.

26 거기서 배 타고 안디옥에 이르니 이곳은 두 사도의 이룬 그 일을 위하여 전에 하나님의 은혜에 부탁하던 곳이라 **27** 이르러 교회를 모아 하나님이 함께 행하신 모든 일과 이방인들에게 믿음의 문을 여신 것을 고하고 **28** 제자들과 함께 오래 있으니라

드디어 1차 전도여행을 마치고 두 사도를 파송했던 수리아 안디옥 교회로 돌아왔다. 약 2년여에 걸쳐(AD 46-48) 2,000km의 거리를 다녀온 것이다. 2,000년 전의 일이다.

"하나님의 은혜에 부탁하던 곳이라"에서의 '은혜'란 '성령님의 능력과 효력'으로서 모든 일정은 성령님의 인도 하에서 이루어진 것(프락세이스 프뉴마티쿠스)이라는 의미이다.

"제자들과 함께 오래 있으니라"는 것은 제2차 전도여행(AD 50-52년)을 시작하기 전까지인 약 2년여의 기간을 의미하는 듯하다.

오직 성령이 너희에게 임하시면
성령행전(Πράξεις Πνεύματος)

레마이야기 15

예루살렘 공의회
(AD 49, 1st Council of Jerusalem)
할례, 예루살렘 교회의 야고보와
안디옥 교회의 바나바와 바울

수리아 안디옥에 처음으로 그리스도인이라 일컫는 지체들의 모임인 안
디옥 교회공동체가 세워졌다. 예루살렘 교회는 당시의 바나바를 초대 담
임목사로 파송했다. 그는 착한 사람이었고 믿음과 성령이 충만한 사람이
었다(행 11:24).

바나바는 안디옥에 도착하자마자 곧바로 길리기아 다소에 가 있던 바
울을 찾아간다. 직접 가지 않고 사람을 보내도 되었을 법한데 성품이
좋았던 바나바는 굳이 험한 해안길을 따라 바울을 만나러 갔다. 당시

39km나 되었던 해안길은 험한 것은 둘째 치고라도 위험 또한 만만치 않았다. 그럼에도 불구하고 바나바는 바울의 얼굴을 떠올리며 그곳 길리기아의 다소까지 기쁨으로 갔던 듯하다. 두 사람의 해후는 거의 7년(AD 38-45년) 만에 이루어졌다.

다소에서 두 사람은 기쁨의 재회를 했다. 상봉 후 바나바가 사울을 "안디옥에 데리고 와서(행 11:26)"라는 말에서 나와 공저자는 일순간 멈칫했다. 왜냐하면 사도 바울이 바나바의 제안에 처음에는 약간 주저했던 것 아닌가라는 생각이 들었기 때문이다. 상상이므로 팩트와는 관계없으니 옳고 그름을 따지거나 깊이 생각할 필요는 없다. 그러나 당시 사도 바울의 마음을 추측하라면 이렇다. 바울은 처음부터 이방인의 사도로 부름을 받았으므로 교회공동체 내에서 가만히 앉아 목회를 하는 것이 하나님의 부르심이 아니라고 생각했던 것은 아닐까? 이방나라에로 땅끝까지 찾아가서 선교하는, 소위 '목회자로서의 소명'보다 '선교사로서의 삶'이 자신을 부르신 그 부름이라고 생각했던 듯하다.

아무튼 바울은 설득이 되어 바나바의 손에 이끌려 수리아 안디옥 교회에 안착하게 되었다. 둘은 각자의 달란트를 따라 일 년간 열심히 목양과 양육을 겸했다. 그러자 교회는 든든히 서 갔다.

1년이 지나자 먼저 금식으로 기도하며 선교를 작정한다. 그렇게 13장에서는 바울과 바나바가 성령의 보내심을 받아 수리아 안디옥 교회에서 실루기아 항구를 거쳐 구브로섬에 도착한다. 동쪽의 살라미에서 섬을 가로질러 서쪽의 바보에 이르기까지 복음을 전했다. 그리고는 다시 배를 타고 앗달리아 항구를 거쳐 밤빌리아 지역의 버가에 도착했고 그곳에서 비시디아 안디옥으로, 그리고 이고니온으로 갔다. 두 곳에서는 회당에서 공개적으로 복음을 전했는데 그러다 보니 핍박 또한 심했다. 심지어 그 다음 장소인 루가오니아의 두 성 중 하나인 루스드라에서는 돌까지 맞아 죽을 뻔했다.

종착지인 더베에서는 상당히 지친 상태였을 것이다. 이미 안디옥 교회

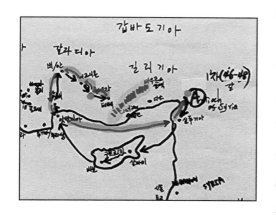

를 떠나온 지 2년여가 흘렀기 때문이다. 그러다 보니 바울로서는 고향 생각이 간절했을 듯하다. 더베에는 길리기아의 문(Cicilian Gates)이라는 토로스산맥 (Taurus mountains, 터키 남쪽 지중해 연안을 동서로 뻗은 산맥)이 있는데 그 골짜기를 지나면 바울의 고향인 다소가 나오게 된다. 그러면 다소에서 회복을 한 후 수리아 안디옥으로 가면 되었다. 그러나 바울은 고향으로 가는 대신에 지친 몸을 이끌고 더베에서 역(逆)으로 다시 자신에게 돌을 던졌던 루스드라에 들어가 제자들의 마음을 굳게 한다. 그런 다음 이고니온과 비시디아 안디옥을 거쳐 밤빌리아의 버가에 이르러 믿음을 굳게 하라고 권한 후 버가에서 서남쪽 20km 지점의 항구도시인 앗달리야에서 배를 타고 수리아 안디옥 교회로 돌아왔다.

모교회인 수리아 안디옥 교회에서 회복을 위한 재충전의 시간을 지나는 동안에 '복음(오직 믿음)에 할례를 더하여 구원이 완성된다'라며 '다른 복음'이 1차 선교지였던 갈라디아 지역의 여러 교회에 만연하게 된다. 그리하여 예루살렘 1차 종교회의(AD 49)가 열리게 되는데 이것이 사도행전 15장의 내용이다. 이 시기에 바울이 논쟁적으로 기록한 것이 갈라디아서라고 나와 공저자는 생각하고 있다.

당시 거짓 순회전도자들은 믿음으로 구원을 얻는 것은 맞지만 그래도 할례를 받아야 구원이 완성된다라며 성도들을 교묘하게 미혹시켰다. 바나바와 바울은 그에 대해 '좋은 것이 좋은 것이다'라고 하지 않았고 그들과 열띤 논쟁을 벌였다. 종국적으로는 예루살렘 교회에 가서 '오직 예수, 오직 복음, 오직 믿음, 오직 은혜'를 외쳤다. 그리하여 이후 갈라디아 지역의 교회도, 수리아 안디옥 교회도 든든히 서 가게 되었다. 15장 35절까지의 말씀이다.

이후 15장 36절부터 18장 22절까지는 바나바와 헤어진 바울이 실라

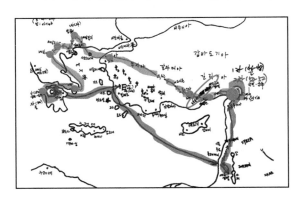

(실루아노)를 데리고 떠났던 2차 전도여행의 이야기이다.

이때가 대략 AD 50-52년경이었고 수리아 안디옥에서 출발하여 고향인 다소를

지나 타우루스 산맥의 길리기아의 문을 통과하여 1차 전도여행의 종착지였던 더베로 들어갔다.

15-1 어떤 사람들이 유대로부터 내려와서 형제들을 가르치되 너희가 모세의 법대로 할례를 받지 아니하면 능히 구원을 얻지 못하리라 하니

"어떤 사람들"이란 갈라디아서 2장 12절의 예수님의 동생 야고보가 수장으로 있던 예루살렘으로부터 왔다고 했던 '할례파 유대인들'을 가리킨다. 그들은 유대주의적 율법주의를 고수하며 행위 구원(복음+할례=구원의 완성)을 은근슬쩍 퍼뜨렸다.

이는 사도행전 4장 12절의 말씀과 배치(背馳, be contrary to)된다. 더 나아가 로마서(2:25-29)는 '할례는 몸에 하는 것이 아니라 마음에 하는 것'이라고 했다. 골로새서 2장 11-12절에는 손으로 하지 아니한 할례인 '그리스도의 할례'를 받으라고 했는데 이는 곧 '육적 몸을 벗는 것'이라고 했다. 예레미야 선지자는 '할례를 행하되 마음 가죽을 베라'고 했다. 빌립보서 2장 3-4절은 아예 '손 할례당을 삼가고 그리스도 예수로 자랑하고 육체를 신뢰하지 아니하는 것이 진정한 할례당'이라고 했다.

2 바울과 바나바와 저희 사이에 적지 아니한 다툼과 변론이 일어난지라 형제들이 이 문제에 대하여 바울과 바나바와 및 그 중에 몇 사람을 예루살렘에 있는 사도와 장로들에게 보내기로 작정하니

"다툼과 변론"이란 '논쟁(論爭, argument)'을 말하는 것으로 그리스도인들 사이에서는 가급적이면 삼가는 것이 바람직하다. 왜냐하면 건강한 토론(discussion)이 아닌 논쟁은 본질을 흔들 수 있는 위험이 있기 때문이다.

다시 강조하지만 구원은 '오직 믿음'이다. 구원은 만세 전에 하나님의 은혜로 택정된 자에게 때가 되어 복음이 들려지면 아무 대가 없이 아무 공로 없이 믿음으로 은혜로 거저 주어지는 선물이다. 여기에 무엇인가를 더하는 것은 율법이요 자기 의를 드러내는 것일 뿐이다.

"형제들"이란 안디옥 교회의 신실하고 지혜로운, 동시에 상식을 존중하는 신앙을 가졌던 성도들을 가리킨다.

"예루살렘에 있는 사도와 장로들"이란 오늘날의 교단과 같은 공신력 있는 기관을 가리킨다. 곧 그들에게 '오직 믿음'으로 구원을 얻느냐라는 것과 율법(할례의 시행 여부)이 추가되어야 구원이 완성되느냐에 대해 문의한 것이다.

3 저희가 교회의 전송을 받고 베니게와 사마리아로 다녀가며 이방인들의 주께 돌아온 일을 말하여 형제들을 다 크게 기쁘게 하더라

"베니게"는 고대 페니키아 왕국이 있었던 곳으로 오늘날의 레바논 지역이다. 이곳에 갈멜산이 있고 시돈과 두로라는 도시가 있다.

한편 바울과 바나바는 수리아 안디옥에서 곧장 예루살렘으로 가지 않고 애써서 일부러 베니게와 사마리아를 거쳐갔다고 기록하고 있다. 이는 이방선교(할례가 없어도 오직 믿음으로 구원)에 대한 복된 소식(오직 믿음으로 구원)을 전함으로 예수 그리스도 안에서 한 지체 된 그곳의 성도들과 함께 기쁨을 나누고자 함이었다.

4 예루살렘에 이르러 교회와 사도와 장로들에게 영접을 받고 하나님이 자기들과 함께 계셔 행하신 모든 일을 말하매

"예루살렘에 이르러"라는 것은 바울의 살아 생전에 세번째 방문을 가리킨다.

"하나님이 자기들과 함께 계셔 행하신 모든 일을 말하매"라는 것에서는 모든 영광을 하나님께 돌리고 있는 귀한 자세를 보여주고 있다. 더 나아가 아직도 '이방선교'에 힘들어하는 기독교로 개종한 유대인들에게 '하나님의 뜻'을 알리고 있는 것이다.

바울은 회심 후에 5차례 예루살렘을 방문하게 된다. 첫째는 다메섹에서 피신하여 간 것(행 9:26-30, 갈 1:18-20)이고 둘째는 예루살렘에 흉년이 들어 어려울 때 바나바와 디도와 함께 부조(봉사, 헌금)를 전달하기 위해 방문했다(행 11:27-30). 셋째는 예루살렘 공의회 참석 차 방문했다(행 15:1-33).

1차 전도여행(AD 46-48년) 후의 일이다. 넷째는 2차 전도여행(AD 50-52년)을 마치고 잠시 예루살렘을 방문했고(행 18:22) 다섯째는 3차 전도여행(AD 53-57년) 후 예루살렘에 갔다가 로마에 가서 재판을 받기 위해 대기하며 가이사랴의 헤롯궁 감옥에 갇혔던 때(행 20:17-24:27)였다.

5 바리새파 중에 믿는 어떤 사람들이 일어나 말하되 이방인에게 할례주고 모세의 율법을 지키라 명하는 것이 마땅하다 하니라

당시 기독교로 개종했던 유대인들 중에는 그때까지도 '유대주의적 율법주의'적인 사고를 버리지 못한 사람들이 있었다. 그러다 보니 그들은 믿음으로 구원을 얻는 것에는 아멘이지만 그래도 할례를 통한 율법 만큼은 지켜야 구원이 완성된다고 믿었다.

6 사도와 장로들이 이 일을 의논하러 모여 7 많은 변론이 있은 후에 베드로가 일어나 말하되 형제들아 너희도 알거니와 하나님이 이방인들로 내 입에서 복음의 말씀을 들어 믿게 하시려고 오래 전부터 너희 가운데서 나를 택하시고

당시 예루살렘 교회의 수장은 예수님의 동생 야고보였기에 그를 의장으로 하여 사도들과 장로들, 바울과 바나바, 그리고 할례와 율법을 주장하는 유대인 개종자들이 모여 격렬한 토론을 벌였다. 그러던 중 베드로가 일어나 지난날을 회상하며 이방인이었던 고넬료 가정의 구원을 언급했다. 이는 이미 사도행전 11장 1-18절에서 보고했던 바이다. 그렇기에 "너희도 알거니와"라고 말하고 있는 것이다.

"복음의 말씀"이란 예수 그리스도를 통한 구원의 말씀(행 1:1-4), 곧 '예수, 그리스도, 생명'을 가리킨다.

베드로와 바울의 일생을 대략 비교하면 다음의 표와 같다

	베드로	바울
중심장	1-12	13-28 로마 감옥 1차 투옥과 함께 사도행전은 끝남
출신	갈릴리 어부 출신	길리기아 다소 정통 바리새파 출신
소명	유대인 사역 초림의 예수님의 공생애 때 소명과 사명 AD 26년	이방인 사역 부활의 주님으로부터 소명과 사명 AD 35년
출생과 죽음	(?) - AD 65 or 67	AD 5-68
중심 사역지	예루살렘 교회	수리아 안디옥 교회
사역의 특징	유대인의 사도 개인 중심 독자 선교	이방인의 사도 교회 중심 팀 선교

8 또 마음을 아시는 하나님이 우리에게와 같이 저희에게도 성령을 주어 증거하시고 **9** 믿음으로 저희 마음을 깨끗이 하사 저희나 우리나 분간치 아니하셨느니라

"저희에게도 성령을 주어"라는 것은 사도행전 10장 44절을 가리킨다. 한편 "마음을 아시는 하나님"이라며 특별히 '마음'을 언급한 것은 육체의 할례(고후 5:12)를 주장하는 유대인 개종자들에게 들으라고 한 의도적인 말이다.

스데반은 사도행전 7장 51절에서 '마음과 귀에 할례'를 받으라고 했다. 베드로 또한 요한복음 3장 5절에서 마음의 할례 곧 성령세례를 말했다. 잠언 16장 2절에는 "심령을 감찰하시는 하나님"이라고 콕 집어 말씀하셨다.

"믿음으로"라는 것은 에베소서 2장 8-9절과 로마서 1장 17절의 말씀과 상통하고 있다. "분간(διέκρινεν, V-AIA-3S, He made distinction)치 아니하셨느니라"는 것은 차별이 없으셨다(롬 1:16, 3:29-30, 갈 3:28)라는 의미이다.

10 그런데 지금 너희가 어찌하여 하나님을 시험하여 우리 조상과 우리도 능히 메지 못하던 멍에를 제자들의 목에 두려느냐 **11** 우리가 저희와 동일하게 주 예수의 은혜로 구원받는 줄을 믿노라 하니라

"하나님을 시험하여"라는 것은 '하나님을 거스려'라는 의미이다. 곧 '불경죄'를 지적하고 있는 것이다.

"멍에"의 헬라어는 쥐고스[168](ζυγός, nm)인데 이는 쟁기를 걸기 위해 소의 목에 거는 기구로 구약에서는 복종과 고역(사 9:4, 신 28:48)을, 신약에서는 율법의 요구들과 규례들(갈 5:1)을 상징했다. 이 구절에서는 '할례' 또는 '모세의 율법'을 지칭한다.

"저희와 동일하게"라는 베드로의 만민 평등 사상은 기독교 신학의 기본으로서 바울의 신학과 맥을 같이한다. 로마서 1장 16절에는 복음은 "모든 믿는 자에게 구원을 주시는" 하나님의 능력이라고 말씀하셨고 2장 11절에서는 하나님은 "외모로 사람을 취하지 아니하심"이라고 하셨다. 3장 30절에는 "할례자도 믿음으로 말미암아 또는 무할례자도 믿음으로 말미암아 의롭다 하실 하나님은 한 분이시니라"고 하셨다. 5장 15절에는 "하나님의 은혜와 또는 한 사람 예수 그리스도의 은혜로 말미암은 선물이 많은 사람에게 넘쳤으리라"고 하셨다. 갈라디아서 3장 27-28절에는 "누구든지" 그리스도와 합하여 세례를 받은 자는 그리스도로 옷 입었느니라고 하셨으며 더 나아가 "너희는 유대인이나 헬라인이나 종이나 자주자나 남자나 여자 없이 다 그리스도 예수 안에서 하나이니라"고 하셨다. 사도 베드로의 선각자적인 면모가 잘 드러나고 있는 구절이다.

한편 "은혜(딛 3:5-7, 엡 2:8-9, 믿음)"의 반대어는 율법적 행위, 자기 의, 자기 자랑이다.

---

168 쥐고스(ζυγός, nm)는 a yoke; hence met: (a Jewish idea) of a heavy burden, comparable to the heavy yokes resting on the bullocks' necks; a balance, pair of scales/properly, a yoke; a wooden bar placed over the neck of a pair of animals so they can pull together; (figuratively) what unites (joins) two people to move (work) together as one이다.

12 온 무리가 가만히 있어 바나바와 바울이 하나님이 자기들로 말미암아 이방인 중에서 행하신 표적과 기사 고하는 것을 듣더니

2절에서는 "바울과 바나바"라고 기록되었는데 이 구절에서는 "바나바와 바울"이라고 그 '순서'가 바뀌어 있다. 물론 하나님 앞에서 큰 의미는 없으나 '순서'로 보아 예루살렘에서는 당시까지만 해도 바나바의 위치를 조금 더 중요하게 여겼던 듯하다.

이방인들에게 "표적과 기사"를 행하신 하나님의 능력을 통해 '이방선교'가 하나님의 뜻과 섭리라는 것을 은연 중에 드러내고 있다.

13 말을 마치매 야고보가 대답하여 가로되 형제들아 내 말을 들으라 **14** 하나님이 처음으로 이방인 중에서 자기 이름을 위할 백성을 취하시려고 저희를 권고하신 것을 시므온이 고하였으니

13절의 "야고보"는 예수님의 동생(마 13:55)으로 당시 예루살렘 교회의 실질적 담임목사였다. 그는 AD 62년에 순교하였다.

한편 세베대의 아들(사도요한의 형) 야고보(마 4:21)는 '대 야고보'로 사도행전 12장 2절에서 헤롯 아그립바 1세에게(AD 44년에) 사도 중에서 가장 처음으로 순교당했던 제자이다. 반면에 알패오의 아들 야고보(눅 6:15)는 '소 야고보'로서 AD 54년에 순교하였다.

14절의 "시므온(ןֹועְמִשׁ)"은 헬라어 시몬 베드로(Συμεών)의 히브리식 이름으로 초창기의 베드로는 창세기 49장 5-7절에서 있었던 야곱의 유언시 그의 둘째 아들인 시므온에게 했었던 말씀의 내용과 비슷한 유(성격)의 사람이었다.

야고보는 베드로의 말을 인용하면서 "고하였으니"라고 말했다. 이는 베드로가 겪었던 고넬료의 회심 사건(행 10장)을 드러내며 베드로가 하나님의 도구로 쓰임을 받아 이방선교의 장(場)을 먼저 열었음을 알리고 있는 것이다. 동시에 베드로 말의 정당성을 통해 이방선교의 타당성과 할례가 구원의 조건이 아님을 강조하고 있는 것이다.

15 선지자들의 말씀이 이와 합하도다 기록된 바 **16** 이 후에 내가 돌아와서 다윗의 무너진 장막을 다시 지으며 또 그 퇴락한 것을 다시 지어 일으키리니 **17** 이는 그 남은 사람들과 내 이름으로 일컬음을 받는 모든 이방인들로 주를 찾게 하려 함이라 하셨으니 **18** 즉 예로부터 이것을 알게 하시는 주의 말씀이라 함과 같으니라

이는 아모스 선지자(암 9:11-12)에게 주셨던 하나님의 말씀으로 야고보 장로는 베드로 사도의 변론을 옹호하면서 이방선교의 정당성과 당위성을 구약선지자의 예언을 제시하며 논증하고 있다.

상기 구절은 바벨론 포로생활 70년 후 다시 예루살렘으로 돌아와 회복될 것을 말씀하며 장차 초림과 재림의 예수 그리스도를 통해 영원한 메시

야 왕국(현재형 하나님나라와 미래형 하나님나라)이 주어질 것을 말씀하고 있다.

17절의 "그 남은 사람들"이란 아모스 9장 12절에 의하면 '에돔의 남은 자'를 가리킨다. 곧 에돔은 이방 땅이므로 '이방인'을 지칭하는 것이다. 그러나 "내 이름으로 일컬음을 받는 모든 이방인들"이 뒤이어 나오는 것으로 보아 상기 '그 남은 사람들'은 '유대인들 중 남은 사람'으로 해석함이 더 타당해 보인다.

"내 이름"이란 예수 그리스도의 이름을 말하며 "내 이름으로 일컬음을 받는 모든 이방인들"이란 '예수 그리스도의 도를 좇는 자들(행 11:26)'라는 의미이다. "주를 찾게 하려 함이라"는 것은 '주를 소유하게, 주를 기업으로 얻게 하려 함이라'는 의미이다.

"이것을 알게 하시는 주의 말씀이라"는 것에서 우리는 자신의 의견이나 생각, 여러 종류의 다양한 주석들에 먼저 휘둘려서는 안됨을 다시 자각해야 할 것이다.

19 그러므로 내 의견에는 이방인 중에서 하나님께로 돌아오는 자들을 괴롭게 말고 20 다만 우상의 더러운 것과 음행과 목매어 죽인 것과 피를 멀리하라고 편지하는 것이 가하니

"그러므로 내 의견에는"이라는 말은 '내가 판단하다, 내가 판결하다(ἐγὼ κρίνω, I Judge)'라는 의미로 앞선 18절의 말씀처럼 "주의 말씀"에 최고의 가치와 최우선 순위를 두어야 한다는 말이다.

"그러므로(therefore, Διὸ)"라는 것은 야고보가 아모스 선지자의 말을 인용하며 결론을 맺고 있는 것이다. "괴롭게 말고"라는 것은 10절의 '멍에를 목에 두려 하지 말라'는 말이다.

20절의 "우상의 더러운 것"이란 '우상에게 바쳐진 제물'로서 시장에서 파는 모든 것들은 제단에 먼저 바쳐진 후에 판매되었다. 사도 바울의 경우 각자의 신앙적 판단과 양심에 의해 자유롭게 먹으라고 했으나(고전 8:1-13, 10:23-33) 여기서는 우상의 제물을 먹음으로 신앙이 미혹되어 다시 우상숭배로 되돌아갈까를 염려하여 '멀리하라'고 했던 것이다.

"음행"이란 헬라어로 포르네이아[169](πορνεία, nf)인데 이는 단순한 성적인 방종보다는 이방인의 풍습과 관련된 성적 혐오감을 불러일으키는 것을 말한다. 나와 공저자는 음행을 '혼전 섹스'로, 간음을 '혼외 섹스'로 해석(히 13:4, 〈오직 믿음, 믿음, 그리고 믿음〉, 이선일/이성혜, 도서출판 산지)했다.

학자들에 따라서는 영적 간음(Beza), 축첩 행위(Calvin), 근친상간(Lightfoot), 이교도와의 결혼(Teller), 성전에서 성창들과의 성행위(Heinrichs), 매음을 조장하는 포주 행위(Salmasius), 돼지고기를 먹는 것(Bentley), 재혼(Schwegler)등등을 의미한다라고 했다.

"목매어 죽인 것과 피"는 짐승의 피를 먹는 것(창 9:4, 레 3:17, 17:10-14, 신 12:16, 23)으로 율법에서는 금지하였다. 한편 목매어 죽인 것은 그 속에 피

---

169 포르네이아(πορνεία, nf)는 fornication, whoredom; met: idolatry/(the root of the English terms "pornography, pornographic"; cf. 4205 /pórnos) which is derived from **pernaō**, "to sell off") - properly, a selling off (surrendering) of sexual purity; promiscuity of any (every) type이다.

가 고여 있어 그 고기를 먹으면 피를 먹는 것과 동일한 것으로 간주했다. 참고로 "피"는 생명을 상징하는 동시에 "피"로 죄를 사하였기에(레 17:11-12) 먹지 말라고 했던 것이다.

21 이는 예로부터 각 성에서 모세를 전하는 자가 있어 안식일마다 회당에서 그 글을 읽음이니라 하더라 **22** 이에 사도와 장로와 온 교회가 그 중에서 사람을 택하여 바울과 바나바와 함께 안디옥으로 보내기를 가결하니 곧 형제 중에 인도자인 바사바라 하는 유다와 실라더라

회당(Synagogue, συναγωγή, nf, an assembly, congregation, synagogue, either the place or the people gathered together in the place)은 '사람들의 모임 혹은 공동체'라는 의미로 주로 예배, 교육 훈련, 기도 장소로 쓰였던 곳으로 바벨론 포로시절에 시작되었다. 1세기 이후 유대교는 회당을 중심으로 존속해왔다.

"바사바라 하는 유다"는 사도행전 1장 23절의 바사바라고 하는 요셉(별명 유스도, Ἰοῦστος, just)과 동일인이거나 그의 형제로 추측한다.

실라(Σίλας, a pet-form of the name Silvanus; a Roman citizen and a helper of Paul)는 히브리식 이름이며 실루아노(Silvanus, Σιλουανός, 살전 1:1)가 로마식 이름이다. 그는 바울의 2차 전도여행부터 동참했으며(15:40, 16:19-29, 17:4, 10, 14, 18:5) 베드로와도(벧전 5:12), 디모데와도 동역(행 18:5, 고후 1:19)했던 것으로 보인다. 훗날 고린도교회의 감독이 되었다는 전승이 있다.

23 그 편에 편지를 부쳐 이르되 사도와 장로된 형제들은 안디옥과 수리아와 길리기아에 있는 이방인 형제들에게 문안하노라

"사도와 장로된 형제들"이란 사도와 장로와 형제들(KJV, the apostles & elders & brethren), 사도와 장로되는 형제들(the brethren, both the apostles & elders, RSV), 사도와 맏형들(the apostles & the elder brethren, RV)로 해석하나 개역 한글판은 편지 발신자가 교회지도자들이라고 생각하여 사도와 장로된 형제들(the brethren, both the apostles & elders, RSV)이라고 해석했다.

"안디옥과 수리아와 길리기아"라는 것은 수리아의 안디옥과 바울의 고향인 길리기아의 다소라는 의미이다. 한편 이 지역에 많은 이방인 개종자들이 있었던 것은 수리아 안디옥 교회의 선한 영향력을 생각하면 이해가 된다. 반면에 길리기아 다소의 경우 아마 바울이 AD 38-45년 동안에 자신의 고향을 중심으로 복음을 전파함으로 많은 그리스도인들이 생겼을 것으로 나와 공저자는 해석한다.

24 들은즉 우리 가운데서 어떤 사람들이 우리의 시킨 것도 없이 나가서 말로 너희를 괴롭게 하고 마음을 혹하게 한다 하기로

"우리의 시킨 것도 없이"라는 말에서 이들 순회전도자들의 경우 예루살렘 교회의 정식 파송은 아니었던 듯하다. 그러나 그들은 마치 자기들이 예루살렘 교회에서 파송되어 온 것처럼 행동했던 것이다. 그리하여 그

들은 짐짓 "어떤 사람들이 유대로부터 내려와서(행 15:1), 야고보에게서 온 어떤 이들이(갈 2:12)"라는 은근한 묵인 속에 거짓 행세를 하면서 '다른 복음'을 전했던 것이다.

"말로 너희를 괴롭게 하고"라는 것에서 우리는 물리적 폭력도 괴롭지만 말의 폭력으로도 만만치 않게 괴로워진다라는 것을 알 수 있다. 작금의 한국 정치지도자들의 '막말 대잔치'가 국민들을 얼마나 심하게 괴롭히는가를 보면 쉽게 이해할 수가 있다. 여기서 "괴롭게 하다"의 헬라어는 타랏소[170](ταράσσω, v)인데 이는 '휘저어 곤경에 빠뜨리다, 어지럽게 하다'라는 의미이다.

"마음(ψυχή, 영혼)을 혹하게 하다"의 헬라어는 아나스큐아조[171](ἀνασκευάζω, v)인데 이는 '혼합하여 전복시키다, 타락시키다, 불안정하게 하여 파괴시키다'라는 의미이다.

25 사람을 택하여 우리 주 예수 그리스도의 이름을 위하여 생명을 아끼지 아니하는 자인 우리의 사랑하는 바나바와 바울과 함께 너희에게 보내기를 일치 가

170　타랏소(ταράσσω, v)는 to stir up, to trouble/properly, put in motion (to agitate back-and-forth, shake to-and-fro); (figuratively) to set in motion what needs to remain still (at ease); to "trouble" ("agitate"), causing inner perplexity (emotional agitation) from getting too stirred up inside ("upset")이다.

171　아나스큐아조(ἀνασκευάζω, v)는 to pack up baggage, dismantle/(from 303 /aná, "up," which intensifies 4632 /skeúos, "a vessel for carrying") - properly, "pack up, to carry away or remove" (J. Thayer), i.e. move something out of its place; re-arrange to confuse (unsettle); "mix up" to subvert (destroy by unsettling)이다.

결하였노라 26 [25절과 같음] 27 그리하여 유다와 실라를 보내니 저희도 이 일을 말로 전하리라

예루살렘 교회는 사람을 택하였는 바 그들이 사랑하는, 곧 그리스도를 위하여 생명을 아끼지 아니하는 자인, 바나바와 바울을 바사바라 하는 유다와 실라와 함께 수리아의 안디옥 교회로 파송했다. 바울을 대하는 태도로 보아 사도와 예루살렘의 지도자들은 지난날 바울이 저질렀던 그리스도인들에 대한 박해(행 8:3)사건은 말끔히 잊었음을 알 수 있다.

한편 예루살렘 교회는 유다와 실라를 그들과 함께 수리아 안디옥으로 보냄으로 할례파들의 거짓 증거나 공격거리들을 사전에 미리 차단하려 했던 것으로 보인다.

28 성령과 우리는 이 요긴한 것들 외에 아무 짐도 너희에게 지우지 아니하는 것이 가한 줄 알았노니 29 우상의 제물과 피와 목매어 죽인 것과 음행을 멀리 할지니라 이에 스스로 삼가면 잘되리라 평안함을 원하노라 하였더라

"성령과 우리는"이라는 것은 '주인 되신 성령님의 인도 하에 우리는'이라는 의미로 이렇게 결정한 것은 하나님의 뜻임을 드러내고 있다.

"이 요긴한 것들"이란 앞서 20절에서 언급했던 4가지 덕목들을 가리킨다. 그렇다고 하여 그것들이 구원의 조건이라는 의미는 아니다. 구원은 '오직 믿음(행 4:12, 롬 1:17)'이다.

한편 베자 사본(D)에는 29절의 첫머리에 "성령의 인도하심으로"가 있

는데 이는 사도행전이 성령행전임을 또 다시 드러내는 것이다. 그리스도
인들은 그 어떤 일에도 주인 되신 성령님보다, 말씀보다 앞서지 말아야
한다.

"평안함을 원하노라(εὖ πράξετε Ἔρρωσθε, you will do farewell)'는 것은 '강건
할지어다, 평안할지어다'라는 것으로 하나님과 '샬롬의 관계를 유지하라'
는 의미이다. 사족을 달자면 제발 '살롬'을 '샬롬'으로 표기하지 말았으면
한다.[172] 참고로 '살롬(שלום)'이란 4가지 의미가 있는데 하나님과의 바른
관계와 친밀한 교제, 하나님 안에서만 안식을 누리고 견고함을 얻게 됨,
번영, 평안이다.

30 저희가 작별하고 안디옥에 내려가 무리를 모은 후에 편지를 전하니

이 구절은 22절에서 이어진다. 23-29절까지는 예루살렘 교회의 총회
에서 가결된 내용이다.

"저희"란 바나바와 바울, 유다와 실라를 가리킨다. 그들은 예루살렘 교
회의 전송을 받아 수리아 안디옥 교회로 내려갔다. 그리하여 길리기아 다

---

172 참고로 '살롬'이냐 '샬롬'이냐를 표기할 때 필자는 전자를 주장한다. 예루살렘에 먼저 가 살던
가나안인들은 추분(秋分)이 되면 태양이 그들 바로 앞에 떠서 바로 등 뒤로 진다는 것을 알고 이곳이
세상의 축(하늘과 땅이 만나는 곳)이라고 생각했다. 그러다 보니 예루살렘을 그들이 숭배하던 태양
신(Shahar(샤하르): 일출의 신/Shalim(샬림 혹은 샬렘): 일몰의 신)의 거주지로 여겼다. 그렇기에 '예
루-샬렘'은 '샬렘 신의 집'이라는 의미이다. 이때 유일신을 섬기던 이스라엘 민족이 그들을 정복하며
쫓아버렸다. 기원전 13세기, 가나안에 등장했던 유대인들은 일몰 신 '샬렘'을 히브리어 '살롬'과 혼동
하게 되었다. 필자의 주장은 '샬롬'을 사용함으로 일몰 신의 이름 '샬림'을 상기하지 말자라는 것이
다. <예루살렘>, 토마스 이디노풀로스/이동진옮김, 그린비, 2005, p13-15

소와 수리아 안디옥에 도착한 후에는 사람들을 모아 예루살렘 교회의 공문을 전달했던 것이다.

31 읽고 그 위로한 말을 기뻐하더라 32 유다와 실라도 선지자라 여러 말로 형제를 권면하여 굳게 하고

"그 위로한 말"이란 예루살렘 교회의 공문으로 테 파라클레세이(τῇ παρακλήσει, the encouragement)로서 '권면의 말'이라는 의미이다.

"기뻐하더라'는 말과 24절의 "괴롭게 하고"라는 말에서 보듯 그동안 수리아 안디옥과 그외 지역의 이방 성도들의 마음의 짐(burden)을 대략 짐작할 수 있다. 이로 보아 그만큼 교회 지도자들이나 앞서가는 사람들은 언행에 있어서 무거운 부담감과 책임감을 가지고 있어야 한다.

"권면하다"의 헬라어는 파라칼레오[173](παρακαλέω, v)인데 이는 '위로하고 가르쳤다'라는 의미이다.

한편 이 구절에 나오는 실라는 '실루아노'라는 이름의 로마 시민권자로서 바울이 바나바와 헤어진 후 그 대신에 주어지게 된 동역자이다. 바울의 2차 전도여행부터는 보다 더 험지(險地)를 다녀야 하는데 그때 환경의

---

173 파라칼레오(παρακαλέω, v)는 (a) I send for, summon, invite, (b) I beseech, entreat, beg, (c) I exhort, admonish, (d) I comfort, encourage, console/(from 3844 /pará, "from close-beside" and 2564 /kaléō, "to call") - properly, "make a call" from being "close-up and personal." 3870 / parakaléō ("personally make a call") refers to believers offering up evidence that stands up in God's court이다.

위험은 어쩔 수 없지만 사람의 위험으로부터는 그나마 보호될 수 있도록 성령님은 세미하게 인도하셨음을 볼 수 있다. 왜냐하면 바울도 실라도 로마 시민권자이므로 당시 로마 대제국을 다니며 복음을 전하는 동안에는 시민권자로서 황제의 보호를 받을 수 있었기 때문이다.

33 얼마 있다가 평안히 가라는 전송을 형제들에게 받고 자기를 보내던 사람들에게로 돌아가되 34 [없음]

수리아 안디옥 교회와 예루살렘 모교회와의 아름다운 동역을 보여주고 있다.

34절의 경우 시내 사본(א), 알렉산드리아 사본(A), 바티칸 사본(B)에는 본절이 생략되어 있으나 에브라임 수리아어 사본(C), 베자 사본(D)에는 '실라는 저희와 함께 유하기를 작정하고'라고 되어 있다. 나와 공저자는 후자를 지지한다. 왜냐하면 바울의 2차 선교여행에서 바나바와 결별 후 앞서 언급했듯이 바울은 실라를 데리고 떠났기 때문이다. 그러나 전자 또한 무시하지 않는 것은 실라가 이때 예루살렘 교회로 돌아갔다고 하더라도 바나바와 다투는 동안 기도를 하던 바울에게 예루살렘 교회의 실라가 생각났을 것이기 때문이다. 그리하여 성령님의 허락 하에 실라를 선택하게 되었으리라 생각된다. 성령행전은 성령님의 앞서가심, 세미한 인도하심을 전제하기에 바울은 로마 시민권자였던 실라(실루아노, 로마식 이름)와 함께 동역하는 동안 둘 다 로마 황제의 보호 속에서 더욱더 험한 곳으로까지 복음을 전할 수 있었을 것이다.

한편 바울과 헤어졌던 바나바의 경우에도 성령하나님의 부르심과 보내심이 있었음을 알 수 있다. 그는 한 사람의 영혼을 귀히 여겼기에 자칫 실족할 수 있었던 마가 요한을 살려냈을 뿐만 아니라 훗날 하나님의 귀한 도구로 살게 했다. 바나바는 마가 요한을 데리고 자신의 고향 구브로에 가서 한평생 그를 훈련시켰다. 바나바가 아니었다면 결코 해 낼 수 없었던 그 일을…….

결국 성령님은 바울에게는 바울의 달란트에 맞는 동역자를 허락하셔서 여생의 사역을 인도하셨고 바나바에게는 그의 달란트에 맞게 마가 요한을 양육케 하여 여생을 하나님의 귀한 사역자로 쓰임 받게 했던 것이다.

35 바울과 바나바는 안디옥에서 유하여 다수한 다른 사람들과 함께 주의 말씀을 가르치며 전파하니라

바울과 바나바는 수리아 안디옥 교회에서 둘이 갈라서기 전인 AD 50년까지 말씀을 가르쳤다. 곧 AD 45년에 설립된 수리아 안디옥 교회에서 일 년간을 가르친 후 '그리스도인'이라 칭할 만큼의 놀라운 변화를 이루어냈다. 이후 AD 46-48년까지 1차 전도여행을 떠났는데 구브로를 거쳐 밤빌리아의 버가, 비시디아 안디옥, 이고니온, 루스드라, 더베에 이르기까지, 그리고 되돌아오는 여정에서까지 복음을 전했다. 수리아 안디옥에 도착 후 2년간 안디옥 교회에 머물면서 충전의 시간을 보내며 동시에 구원에 이르는 길은 복음과 할례가 아니라 '오직 믿음, 오직 복음'임을 확고하게 가르쳤다.

이후 AD 50년 즈음에는 비록 바울과 바나바가 헤어지기는 하나 바울은 실라와 함께 2차 선교여행(AD 50-52년)에 나서게 된다.

36 수일 후에 바울이 바나바더러 말하되 우리가 주의 말씀을 전한 각 성으로 다시 가서 형제들이 어떠한가 방문하자 하니

"다시 가서"라는 말을 통하여는 바울이 수리아 안디옥 교회 안에서만 계속 머무는 것에 대한 부담과 더불어 갈라디아 지역의 여러 교회에 있었던 거짓 순회전도자들의 흔듦에 대한 지금의 상태 등등이 몹시 궁금했던 듯하다.

사실 거짓 순회전도자들은 지금은 잠잠할 수 있지만 호시탐탐(虎視眈眈, be on the alert for an opportunity) 노리다가 언제라도 다시 그 지역을 찾아가서 '바른 복음'을 왜곡하여 '다른 복음'으로 미혹할 수 있기 때문에 '하나님의 은혜의 복음'에 목숨을 건 바울로서는 노심초사(勞心焦思, constant worry, exertion of the mind)했을 것이다.

37 바나바는 마가라 하는 요한도 데리고 가고자 하나 38 바울은 밤빌리아에서 자기들을 떠나 한가지로 일하러 가지 아니한 자를 데리고 가는 것이 옳지 않다 하여 39 서로 심히 다투어 피차 갈라서니 바나바는 마가를 데리고 배 타고 구브

로로 가고 **40** 바울은 실라를 택한 후에 형제들에게 주의 은혜에 부탁함을 받고 떠나

'천하의 궁합'이라는 바나바와 바울의 동역이 이렇게 쉽게 허물어질 줄은 어느 누구도 몰랐을 것이다. 그것도 대단한 일이 아닌 것으로…….

'크리스천의 동역'에 대해 약간 허무하게 느껴지기도 하는 부분이다. 중요한 것은 우리가 살아가는 동안 전혀 뜻밖의 이해할 수 없는 일들이 우리 주변에서 제법 심심찮게 일어난다는 것이다. 그런 때에는 왈가왈부(曰可曰否)보다는 무릎을 꿇고 기도하며 시간적 여유를 갖는 것이 바람직하다.

아무튼 두 사람은 웬일인지 "서로 심히" 다투었다. 그것도 본인들의 문제가 아니었음에도……. 그 결과 "피차 갈라서니"라는 상황으로 치달아 버렸다. 언뜻 보면 정말 이해가 되지 않는다. 바울의 성질은 그렇다 치더라도 바나바의 성격은 우리가 익히 알고 있기 때문이다.

나와 공저자는 이 사건의 해석을 두고 '누가 옳다 틀렸다'를 따지는 것에 반대한다. 혹자는 바울은 헤어진 후 형제들의 파송을 받았고(행 15:40) 바나바는 화가 나서 그냥 마가를 데리고 구브로로 떠나버렸다(행 15:39)라며 약간 비하하는 해석이 있는데 그런 관점에 나와 공저자는 그닥(not really) 공감하지 않는다.

오히려 이런 애매모호한 상황이 오면 하나님의 섭리 하 경륜을 알려고 하는 노력이 중요하다. 더 나아가 비록 인간의 이해를 뛰어넘는다 할지라도 '섭리의식'을 지니고 하나님의 경륜에 맡기는 것이 바람직하다.

이런 나와 공저자의 해석에 약간의 실마리를 주는 포인트가 있다. 바울은 실라를 데리고 2차 선교여행을 떠나게 되는데 당시 그 길은 정말 험하고 힘든 곳들이었다. 게다가 이방신을 섬기고 있던 각 지역 사람들의 생명에 대한 위협은 상상불가였을 것이다.

감사하게도 저들이 가는 곳들은 당시 거의 모두 다 로마제국의 영토였다. 이때 성령님의 함께하심과 보호하심은 '로마 시민권'으로 나타났던 것이다. 마침 바울도 실라도 둘 다 로마 시민권자였는데 그것은 우연이 아니라 성령님의 세미한 인도하심이었던 것이다. 그렇기에 그런 그들은 로마제국령에서 복음을 전할 때에 로마 시민권자로서 황제의 보호를 받을 수 있었던 것이다.

한편 바나바는 권위자라는 별명답게 1차 선교여행에서의 실패로 인해 의기소침(意氣銷沈)해 있던 마가 요한을 격려하며 그를 데리고 고향 구브로 섬(지중해의 제3의 섬)으로 낙향한다. 그리고는 남은 여생 동안 마가 요한을 멘토링하며 그를 실력자로 키워나갔다. 이런 뚝심은 바나바가 아니고는 상상이 안 된다. 훗날 마가 요한은 마가복음을 기록하게 되고 바울의 소중한 동역자도 된다(골 4:10, 딤후 4:11, 몬 1:24).

독자들의 경우 세월이 흐른 후 바울과 바나바의 관계 회복에 대한 궁금증이 당연히 들게 될 것이다. 나와 공저자의 추측에는 바나바에 대한 바울의 애틋함이 성경의 여러 구절(고전 9:6, 갈 2:1, 9, 13, 골 4:10)에서 읽히어지는 것으로 보아 아름다운 회복이 있었다라고 생각된다. 이는 바울이 훗날 가이사랴에 살고 있던 스데반의 친구 빌립의 집에 머물며(행 21:8) 그와 화해(스데반의 죽음에 대해)했던 것을 보면 쉽게 유추할 수 있다.

나와 공저자는 이 사건에서 '복음 전파'의 큰 두 축을 보게 된다. 복음 전파란 첫째, 그들이 듣든지 아니 듣든지 때를 얻든지 못 얻든지 예수는 그리스도라 전하는 것이다. 둘째는 복음의 증인으로서의 삶을 살아가는 것이다. 전자가 바울이었다면 후자는 바나바로 여겨진다.

41 수리아와 길리기아로 다녀가며 교회들을 굳게 하니라

바울은 2차 전도 여행을 떠나며 실라를 데리고 갔다. 1차때 갔던 곳인 구브로는 바나바가 그곳으로 갔기에 일부러 피한 듯하다. 그는 수리아 안디옥에서 출발하여 자신의 고향인 길리기아 다소로 가서 복음을 굳게 한 후에 타우루스 산맥의 길리기아의 문을 통해 더베, 루스드라, 이고니온, 비시디아 안디옥을 거쳐 무시야, 드로아, 빌립보, 데살로니가, 베뢰아, 아덴, 그리고 2차 전도여행의 종착지 고린도에 도착했다.

오직 성령이 너희에게 임하시면
성령행전(Πράξεις Πνεύματος)

레마이야기 16

예수의 영이
허락지 아니하시는지라(7)

이후 다시 시작된 바울의 2차[174] 전도여행에서 바울은 1차 전도여행 당시 말씀을 잘 받아들이던 아시아에서 계속 복음을 전하길 원했다. 그러나 웬일인지 성령님은 그가 아시아에서 말씀전하는 것을 막으셨다. 당황스러운 순간이다.

사실 길지 않은 한 번의 유한된 삶을 살아가다 보면 뜻하지 않는 돌발 상황을 만나는 일이 잦다. 그때마다 우리는 하나님의 뜻을 매번 꼬박 꼬박 다 알기는 어렵다. 때로는 하나님의 뜻같이 보임에도 불구하고 막으실

---

174   2차 선교여행에 앞서 바울은 바나바와 심하게 다투게 된다. (행 15:37-39) 1차 전도여행에서 도중 하차하였던 마가 요한 때문이었다. 성품이 너그러운 바나바는 요한에게 한 번 더 기회를 주어 2차에 합류시키자고 하였고 당시만 하더라도 불을 뿜었던 바울은 1차 때 실패한 마가 요한을 향해 시선을 깔고 보았다. 한 번 실패한 놈(?)은 두 번 실패할 수 있다는 것이었다.

때가 있고 때로는 전혀 아닌 듯 보임에도 불구하고 그렇게 몰아가실 때도 있다. 그래서 우리는 '성령충만(주권, 통치, 질서, 지배)'함으로 내주하시는 성령님의 뜻을 따라 말씀에 비추어 한 발짝 늦게 가는 연습이 필요하다. 그런 후 주인 되신 성령님을 진정 신뢰한다면 우리의 논리, 지식, 상식에 관계없이 그냥 묵묵히 순복하며 나아가야 한다.

아무튼 바울은 성령님의 첫 번째 만류에도 불구하고 무시아 앞에 이르러 동북쪽 비두니아로 가고자 애썼다. 그러자 성령님은 두 번째로 무시아 지역의 드로아 항구에 도착한 그날 밤에 마게도냐 환상을 보여주심으로 헬라(서양) 세계에 복음의 문이 열리게 하셨다.

개인적인 생각에, 바울은 처음 아시아에서 복음이 순조롭게 잘 전해지자 계속 아시아에 머무는 것이 '하나님의 뜻'이라고 생각했던 듯하다. 그리하여 에게 해를 바라보는 드로아 항구에 도달하게 되면 우회하여 동북쪽 비두니아로 갈 생각이었던 것 같다. 그러나 확실히 "하나님의 생각과 길은 우리의 생각과 길과 다르고 우리보다 높다(사 55:8, 14:24, 27)." 그러므로 매사 매 순간 주인 되신 성령님보다 앞서지 말아야 하며 진정한 그리스도인은 한평생 말씀과 성령님보다 앞서지 않는 연습을 하며 살아가야 한다.

자신이 성령님보다 앞섰음을 인식한(행 16:10) 바울은 머뭇거림 없이 성령님의 말씀에 순종하여 드로아 항에서 사모드라게 섬을 지나 네압볼리 항구에 이틀 만에 도착한다. 그리고는 마게도냐의 첫 성 빌립보에 이르게 된다.

원래 역풍이 불던 그 뱃길은 5일 정도 걸리던 길인데 순풍으로 인해 2일 만에 도착했다(행 16:11, 20:6). 바울의 즉각적인 순종에 대한 성령님의 응답이셨고 더 나아가 유럽 복음화에 대한 아버지 하나님의 급한 마음을 잘 보여주신 것이다.

이리하여 유럽의 관문인 마게도냐 지역(동부 유럽)에서 바울의 2차 선교는 본격적으로 시작되었다. 그곳 빌립보에서는 두아디라 성의 자주 장사 루디아 댁을 만나게 된다. 성령님의 예비하심은 놀랍게도 이 여인을 통해 빌립보 교회를 시작하게 하셨다. 또한 그곳에서 점을 하는 귀신 들린 여종을 고쳐주었다가 엉뚱하게 투옥되기도 하였으나 성령님의 강권적 개입하심으로 풀려나기도 했다.

이후 암비볼리와 아볼로니아를 거쳐 데살로니가로 내려가 복음을 전했는데 핍박은 거기에서도 마찬가지였다. 깡패들을 동원한 유대인들로 인해 다시 베뢰아로 내려갔다. 그곳에서 만났던 베뢰아 사람들은 "데살로니가에 있는 사람보다 신사적이어서 간절한 마음으로 말씀을 받고 이것이 그러한가 하여 날마다 성경을 상고(행 17:11)"하던 사람들이었다.

복음 전파에 순풍이 부는가 싶었는데 데살로니가 깡패들이 베뢰아까지 쫓아와 소동을 일으켰다. 그리하여 다시 아덴으로 내려갔는데 이번에는 그 성에 우상이 가득한 것을 목도하게 되었다. 심지어 '알지 못하는 신에게(행 17:23)'라고 쓰인 우상 단도 있었다. 온 성에 우상이 가득한 것과 심지어 알지도 못하는 신을 경배하는 그들에게 바울은 "우주와 그 가운데 있는 만유를 지으신 천지의 주재되시고 생명과 호흡과 만물을 친히 주셨고 인류의 모든 족속을 한 혈통으로 만드셔서 온 땅에 거하게 하시고 저희의 연대와 거주의 경계를 정하신 하나님 곧 예수 그리스도(행 17:24-26)"를 명확하게 전했다. 그 예수님이 바로 창조주 하나님이요 역사의 주관자 하나님이심을 전한 것이다.

이후 아덴을 떠나 고린도에 이르렀다. 예상치도 못한 핍박으로 인해 거주지를 자주 옮겨야 했던 바울의 육신은 정말 피곤했다. 그러나 나하흐의 하나님, 에트의 하나님, 할라크의 하나님은 늘 그를 든든히 감쌌고 인도하셨다. 또한 능력을 주셔서 행하게 하셨다. 성령님의 섭리 하 경륜은 역사의 모든 사건과 사람을 사용하셔서 당신의 계획을 이끌어 가셨다. 고린도에서 만났던, 향후 바울의 귀한 동역자가 될 아굴라와 브리스길라 부부(롬 16:3-4)도 그중 하나였다.

사도 바울이 고린도에 도착할 즈음 당시 로마의 황제는 4대인 글라우디오스였다. 그는 칙령[175]을 통해 로마에서 유대인과 그리스도인들을 추방했던 못된 인물이다. 전해오는 말에 의하면 유대인들이 당시 약 25,000명 가량이나 재산이 몰수된 채로 로마에서 추방되었다고 한다. 이들 중 많은 난민들이 고린도로 흘러 들어왔다. 그 중에 아굴라 부부가 있었던 것이다.

---

175 요세푸스(1-4권), 요세푸스 저, 김지찬역, 생명의말씀사, 1987

이 부부는 천막기술자(tentmaker)였다. 때마침 고린도 항구에 난민이 많이 들어왔기에 급하게 피난 온 이들은 거처할 텐트가 필요했을 것이다. 이 일을 업으로 하던 아굴라 부부는 손이 모자랄 정도로 사업이 잘되고 바빴을 것은 명약관화(明若觀火)이다.

마침 그때 바울도 아덴에서 무일푼으로 고린도에 막 들어왔을 때였다. 끼니조차 불투명한 시기였는데 역사의 주관자이신 성령님께서 바울로 하여금 이 부부를 만나게 하심으로 의식주는 물론이요 훗날 로마 선교에 소중한 정보를 얻게 하시고 3차 선교여행 등 향후 복음 전파에 귀한 동역자를 주셨던 것이다. 성령님이 이끄시는 절묘한 타이밍과 세미하게 인도하시는 손길을 보게 된다.

아무튼 바울은 고린도 항구 근처에 갔다가 많은 사람들이 운집해 있는 것과 천막 만드는 일로 바빠 하는 그 부부를 보고 그들에게 다가갔다. 바울은 의식주만 해결해주면 자신이 천막 만드는 일을 도울 수 있다고 했다. 아굴라 부부 또한 뜻밖의 기술자이자 사도인 바울을 만나 큰 힘이 되었을 것이다.

연약한 육신을 가진 우리는 성령님의 인도하심을 순복하며 따라갈 때 피곤하고 때로는 핍박과 환란, 고난이 계속될 수 있다. 그러나 인격적이신 성령님은 그때마다 능히 감당케 하시거나 감당치 못할 때에는 반드시 피할 길을 주신다. 그러함으로 매번 그분의 손길을 흠뻑 느끼며 살아가게 하신다. 그러기에 그리스도인은 세상이 알 수도 줄 수도 없는 기쁨 속에서 살아가게 되는 것이다. 그런 그리스도인을 가리켜 '세상이 감당치 못하는 사람'이라고 한다. 그러므로 인생에서 순식간에 닥치는 돌발 상황에 대한 하나님의 뜻이 이해되지 않더라도 우리는 하나님을 신뢰함으로 묵묵히 나아가야 한다. 성령님의 발자취를 따라 한 걸음씩 차근차근 밟아가노라면 크신 은혜는 물론이요 세상이 결코 맛볼 수 없는 진귀한 맛도 느끼게 될 것이다. 이 기쁨은 경험한 사람만이 알 수 있는 최고의 즐거움이기도 하다.

바울의 일관된 순종과 믿음!

이와 더불어 성령님의 절묘한 타이밍은 그 후에도 계속 이어졌다. 바울의 바램은 오매불망(寤寐不忘) 로마에 가서 복음을 전하는 것이었고 종국적으로는 땅끝이라는 스페인까지 복음을 전하는 것이었다. 그런 소망을 품고 있던 바울에게 고린도에 와있던 브리스길라와 아굴라 부부[176]를 만나게 하셨던 것이다. 더 나아가 함께 일하는 동안 로마에 관한 정보까지 듣게 해주셨다. 그 부부 역시 바울로부터 복음에 대해 가장 정확하고 확실하게 배울 수 있었다.

브리스길라와 아굴라 부부는 훗날 바울에게 더할 수 없는 좋은 동역자가 된다. 바울이 3차 전도여행을 위해 에게 해를 건너 에베소로 갈 때 아굴라 부부가 동행했다. 나중에 이 부부는 당대의 유명한 학자이자 에베소 교회의 감독이었던 아볼로를 만나게 된다. 회당에서 하나님의 도를 가르치던 아볼로의 얘기를 자세히 듣던 아굴라 부부는 사도 바울로부터 배웠

---

176   브리스길라는 로마의 귀족 출신이었다고 하며 그 집에 들어와 하인으로 있던 디아스포라 유대인 아굴라가 만나 훗날 부부가 되었다고 한다.

던 복음에 관하여 아볼로에게 더 자세히 풀어주었다. 당시 에베소 교회의 감독이었던 아볼로가 보여주었던 태도 역시 멋진 귀감이 된다. 그때까지 자신이 몰랐던 복음에 대하여 아굴라 부부로부터 확실히 알게 된 아볼로는 훗날 아가야 지방으로 건너가 그곳에서 하나님 나라의 복음의 일꾼으로서 계속 사역하게 된다. 한편 아굴라 부부 또한 바울이 가장 혹독하게 어려움을 겪었던 3차 전도여행지 에베소에서 바울의 든든한 동역자로 쓰임 받았다(롬 16:3-4).

역사의 주관자이신 성령님은 당신의 주도 아래 사람도 상황도 세미하게 이끌어 가심을 보여주고 있다. 사도행전이 아니라 성령행전임을 보여주신 것이다. 그리스도인은 말씀을 통하여 상황과 환경 속에 세미하게 역사하시는 성령님을 확신할 수 있기에 나와 공저자 또한 여생에 대한 기대감이 아주 크다.

16-1 바울이 더베와 루스드라에도 이르매 거기 디모데라 하는 제자가 있으니 그 모친은 믿는 유대 여자요 부친은 헬라인이라

더베는 1차 선교여행의 마지막 종착지였다. 2차 선교여행에서는 수리아 안디옥에서 출발하여 길리기아 다소를 거쳐 더베와 루스드라에 이른다. "거기"란 루스드라를 가리키는 것(Meyer, Alford, Bruce, Toussaint)으로 생각되기에 디모데는 루스드라 사람으로 생각한다. 그러나 사도행전 20장 4절에 의하여 더베 사람이라고 주장하기도 한다. 루스드라와 더베는 약 30Km 정도의 거리이므로 논쟁까지는 무의미하다.

"디모데(Τιμόθεος, nm)"는 '하나님의 영광'이라는 의미로 바울의 1차 전도여행시 그의 외조모인 로이스(Lois)와 어머니인 유니게(Eunice, 딤후 1:5)가 예수를 영접(행 14:6, 16:1)함으로 그리스도인이 되었다. 디모데는 티메[177](τιμή, nf)와 데오스(θεος)의 합성어이다.

한편 디모데는 바울로부터 "주 안에서 내 사랑하고 신실한 아들(고전 4:17)", "믿음 안에서 참 아들 된 자(딤전 1:2)", "사랑하는 아들(딤후 1:2)"이라는 칭송을 들을 정도로 심성이 착했다. 그의 아버지는 헬라인이요 어머니는 유대인이었기에 모계 혈통에 의하면 디모데는 당연히 유대인이었다. 그럼에도 불구하고 디모데가 생후에 할례를 받지 않은 것을 보면 유니게는 철저한 유대주의자는 아니었던 듯하다. 이는 기독교에로의 개종이 용이했다는 반증이기도 하다.

---

177 티메(τιμή, nf, a valuing, a price/(from tiō, "accord honor, pay respect") - properly, perceived value; worth (literally, "price") especially as perceived honor - i.e. what has value in the eyes of the beholder; (figuratively) the value (weight, honor) willingly assigned to something)와 데오스(θεός, nm, nf, (a) God, (b) a god, generally/(of unknown origin) - properly, God, the Creator and owner of all things (Jn 1:3; Gen 1 - 3)의 합성어이다.

2 디모데는 루스드라와 이고니온에 있는 형제들에게 칭찬받는 자니 **3** 바울이 그를 데리고 떠나고자 할 새 그 지경에 있는 유대인을 인하여 그를 데려다가 할례를 행하니 이는 그 사람들이 그의 부친은 헬라인 인 줄 다 앎이러라

루스드라와 이고니온은 문화적, 경제적 공동체였기에 함께 언급되고 있다. 한편 "칭찬받는 자니"라는 것에서 디모데의 지도자로서의 자질을 볼 수 있다(딤전 3:7).

바울은 1차 때 밤빌리아의 버가에서 되돌아간(행 15:38) 마가 요한을 생각하며 그를 대신할 인물로 디모데를 선택한 듯하다. 이때 그의 나이는 갓 20세 전후였을 것으로 추측한다(Lenski). 나와 공저자 또한 사도행전 14장 20절의 루스드라에서 바울이 돌에 맞았을 때 그 장소에 디모데가 있었는데 그때 15세 정도였던 것으로 보아 상기 Lenski의 견해에 동의한다.

바울이 디모데를 얻을 수 있었던 것은 부모의 가르침도 있었으나 루스드라에서 죽기까지 복음을 전하던 바울의 모습에 감동을 받은 디모데가 2차 때 바울이 부르자 곧장 응답했던 것으로 나와 공저자는 생각한다. '하라, 하지 말라'는 '가르침'보다 더 중요한 것이 '멘토의 뒷모습'임을 다시 한번 더 되돌아보게 한다. 결국 바울의 뒷모습을 보며 디모데(AD 17-80)가, 그리고 디모데의 뒷모습을 보며 훗날 서머나 감독이었던 순교자 폴리갑(polycarp, AD 69-155)이 나타났기 때문이다.

바울은 사도행전 15장에서 할례 문제로 유대인 개종자 할례파와 다툰 일(행 15:1-2)이 있어 비록 예루살렘에서는 이방인들에게 할례를 강요하지

않았으나(갈 2:3) 이곳에서 디모데에게는 할례를 하게 했다. 당시 모계 혈통을 따르던 유대인들이었기에 디모데는 유대인이므로 당연히 할례를 시행했던 것이다. 또한 앞으로 전도여행 시 만나게 될 수많은 유대인들과의 마찰을 피하기 위함(고전 9:20)이기도 했다. 그렇게 함으로 복음을 더 많이 더 널리 전하고자 하는 의도였다. 그러므로 수리아 안디옥 교회에서나 디도에게는 할례를 행하게 하지 않았다고 하더라도 바울의 그 행동이 모순(矛盾)인 것은 아니다.

4 여러 성으로 다녀갈 때에 예루살렘에 있는 사도와 장로들의 작정한 규례를 저희에게 주어 지키게 하니 5 이에 여러 교회가 믿음이 더 굳어지고 수가 날마다 더하니라

"사도와 장로들이 작정한 규례"에서 '규례'가 가리키는 것은 원래 '로마 황제의 칙령(눅 2:1, 행 17:7)'이나 '유대인의 율법 규정(엡 2:15, 골 2:14)'을 말하는 것이었다. 그러나 이 구절에서는 '할례에 관한 예루살렘 총회에서 결의한 규례(행 15:20, 29)'를 가리킨다. "규례[178]"의 헬라어는 도그마(δόγμα, nn)인데 이는 도케오(δοκέω, v)에서 파생되었다.

"이에"라는 것은 '말씀이 흥왕하고 복음이 바르게 전파됨과 동시에 율

---

178 도그마(δόγμα, nn, an opinion, (a public) decree, edict, ordinance, 각 종교의 교의, 신조, 교리)는 도케오(δοκέω, v, to have an opinion, to seem/properly, suppose (what "seems to be"), forming an opinion (a personal judgment, estimate), 생각하다, 의견을 제시하다)에서 파생되었다.

법의 문제가 해결되고 규례를 정한 이후 유대인 형제들과 이방인 형제들 사이에 갈등이 해소되었기에'라는 의미이다. 이는 말씀과 교리의 중요성을 다시 일깨워준 것이다.

6 성령이 아시아에서 말씀을 전하지 못하게 하시거늘 브루기아와 갈라디아 땅으로 다녀가 7 무시아 앞에 이르러 비두니아로 가고자 애쓰되 예수의 영이 허락지 아니하시는지라 8 무시아를 지나 드로아로 내려 갔는데

"아시아"란 흑해와 지중해 사이의 소아시아 지방에서 가장 서쪽에 위치한 한 주(州)로 에베소가 그 중심도시(행 2:9)였다.

"브루기아와 갈라디아 땅"이란 남쪽의 브루기아, 북쪽의 갈라디아를 지칭하기도 하나 헬라어 원어상 텐 프뤼기안 카이 갈라티켄 코란(τὴν Φρυγίαν καὶ Γαλατικὴν χώραν, Phrygia ant the Galatian region)이라고 기록된 것으로 보아 두 지역이 모두 '땅'이란 헬라어 '코란'에 걸리고 있음을 알 수 있다. 결국 이는 '한 지역'이라는 의미로 '브루기아-갈라디아 지역'이라는 말이다. 이를 풀어 쓰면 아마 '더베, 루스드라, 이고니온, 비시디아 안디옥'을 다시 방문하면서 복음을 굳게 했다라는 의미인 듯 보인다.

'무시아'와 '비두니아'는 둘 다 소아시아 북서부에 위치해 있으며 서로 경계를 이루고 있다. 그렇기에 바울은 동북쪽(비두니아)으로 가며 소아시아 지방에 복음을 전하려 했던 것으로 보인다. 그러나 "예수의 영"이신 성령님은 소아시아 지방의 전도 자체를 허락치 않으시고 유럽으로 향하게 하

셨다. 그렇기에 무시아는 그냥 통과했다. "지나"의 헬라어는 파렐돈테스(παρελθόντες, having passed by)로서 '지나쳐 가다'라는 의미이다.

"드로아(Troas)"는 무시아의 서쪽에 있는 에게 해 연안의 항구도시로서 정식 이름은 알렉산드리아 드로아(Alexandria Troas)이다. 참고로 트로이 전쟁(트로이 목마, Trojan horse, 오디세우스의 계책)으로 유명한 트로이(Troy)는 드로아의 북쪽 25km 지점에 있다.

9 밤에 환상이 바울에게 보이니 마게도냐 사람 하나가 서서 그에게 청하여 가로되 마게도냐로 건너와서 우리를 도우라 하거늘 10 바울이 이 환상을 본 후에 우리가 곧 마게도냐로 떠나기를 힘쓰니 이는 하나님이 저 사람들에게 복음을 전하라고 우리를 부르신 줄로 인정함이러라

"환상"의 헬라어는 호라마[179](ὅραμα nn)인데 이는 황홀한 정신 가운데 분명한 청각적, 시각적 계시를 받는 것으로 '꿈'과는 완전히 다른 것이다.

한편 마게도냐는 발칸반도의 중동부, 헬라의 북부 지역으로 알렉산더 대왕의 고향이기도 하다. 빌립보, 데살로니가, 베뢰아 등이 대표적인 도시이다.

10절의 "우리"란 표현을 보면 당시 사도행전의 기록자인 누가가 바울

---

179   호라마(ὅραμα nn)는 a spectacle, vision, that which is seen/(a neuter noun derived from 3708 /horáō, "to see, spiritual and mentally") - a vision (spiritual seeing), focusing on the impact it has on the one beholding the vision (spiritual seeing). See 3708 (horaō)이다.

과 동행했음을 드러내고 있다(Ramsay, Schlatter). "곧 마게도냐로 떠나기를 힘쓰니"라는 말에서는 복음 전도자의 올바른 태도를 잘 보여주고 있다.

11 드로아에서 배로 떠나 사모드라게로 직행하여 이튿날 네압볼리로 가고 12 거기서 빌립보에 이르니 이는 마게도냐 지경 첫 성이요 또 로마의 식민지라 이 성에서 수일을 유하다가

"사모드라게(Σαμοθράκη, nf)"라는 것은 '드라게의 높은 봉우리'라는 의미로 드로아~빌립보, 드로아~네압볼리의 중간에 위치했는데 그 섬에는 특이하게 1,500m나 되는 높은 산이 있어 에게 해를 지나다니는 배의 이정표 역할을 했었다.

"네압볼리(Νέαν Πόλιν, 현, 카발라(Kaballa))"는 '신 도시(New polis)'라는 의미로 빌립보에서 동남쪽 14Km 지점의 외항이었다. 드로아에서 네압볼리까지의 해로(海路)는 약 250km로 2일 정도 걸리며 역풍이 있으면 5일 정도 걸렸다. 11절에서는 2일 걸려 항해했는데 이는 '빌립보행이 성령님의 뜻'이라는 함의와 함께 '복음 전파에 대한 하나님의 급한 마음'을 읽을 수 있는 부분이다.

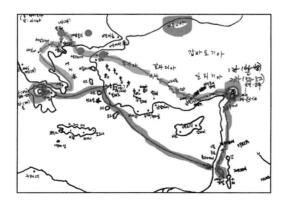

"빌립보(Φίλιπποι, nm, from Φίλιππος, "horse-loving", Philip, two sons of Herod the Great, also two

Christians)"는 '빌립에 속하다'라는 의미로서 아시아와 로마를 잇는 주요 도시이며 '에그나티아 가도(Via Egnatia)'에 인접한 교통의 요지이다. 알렉산더 대왕의 부왕인 필립 2세가 건설한 마게도냐의 도시(빌 1:1)로 유명하다. 이곳에는 비옥한 마게도냐 평야와 강기데스(Gangites) 강이 있다. BC 42년에 옥타비아누스가 시이저를 살해했던 브루투스(Brutus)와 케시우스(Chesius)를 이곳에서 물리쳤다.

"마게도냐 지경 첫 성"에서의 '첫'의 의미는 첫 방문지 혹은 첫번째 구역이라는 헬라어 프로테로스(πρότερος)가 아니라 '마게도냐 지경의 첫째 (대표성, 큰) 가는 중요한(πρῶτος, 프로토스, adj, first, chief) 성'이라는 의미이다. 그러나 당시 마게도냐의 실제 수도는 데살로니가였다. 나와 공저자는 빌립보를 마게도냐의 정치 수도로, 데살로니가를 마게도냐의 경제 수도로 해석한다.

13 안식일에 우리가 기도처가 있는가 하여 문 밖 강가에 나가 거기 앉아서 모인 여자들에게 말하더니 **14** 두아디라 성의 자주 장사로서 하나님을 공경하는 루디아 하는 한 여자가 들었는데 주께서 그 마음을 열어 바울의 말을 청종하게 하신지라

이 구절에서의 "강"이란 강기데스 강으로 추측된다. 당시 전도여행을 하다가 그 지역에 회당이 없을 경우에는 종종 한적한 들판이나 강가(스 8:15, 시 137:1)에 가서 복음을 전하곤 했던 듯하다. 이런 연유로 인해 빌립

보 교회는 유독 여신도들이 많았던 듯하다(빌 4:2-3).

14절의 "두아디라 성"이란 고대 루디아(Lydia) 지역에 위치한 도시인데 펠로피아(Pelopia) 혹은 유힙피아(Euhippia)로도 불렸다. 이곳에는 염색공업과 금속 세공업이 발달했다. 태양신인 아폴로 신, 다이아나(Diana), 삼바다(Sambatha)를 섬겼고 신전에서는 성적(性的) 제의(祭儀)가 성행했다(계 2:20-22). 계시록 2장의 자칭 선지자 이세벨을 용납했던 소아시아 두아디라 교회와 상통한다.

"루디아"라는 여인은 루디아 지방의 여자(the Lydian)를 가리키는 일반명으로 사업을 위해 마게도냐로 이주하여 온 사람이다. 그녀는 자주색 옷감(고가(高價)) 사업을 했는데 이로 보아 상당한 재력가였을 것으로 추측된다. 한편 이 구절에서의 핵심은 "주께서 그 마음을 열어"라는 부분이다. 그러므로 모든 것은 성령님께서 앞서가시며 그 길을 열어 주시는 것이지 나 자신이 앞서가서는 안됨을 알아야 한다.

15 저와 그 집이 다 침례를 받고 우리에게 청하여 가로되 만일 나를 주 믿는 자로 알거든 내 집에 들어와 유하라 하고 강권하여 있게 하니라

"저와 그 집이 다 침례를 받고"라는 것은 루디아 댁과 관련된 온 집안을 말한다.

이미 온 집안이 침례를 받았던 예는 고넬료 가족(행 10:48), 빌립보 간수의 가족(행 16:33), 그리스보의 가족(행 18:8, 고전 1:14, 고린도에 있는 유대인 회당의 회당장), 스데바나의 가족(고전 1:16, 16:15, 고린도 교회의 성도로서 아가야의 첫 열매) 등이 있었다.

"내 집에 들어와 유하라"는 것으로 보아 빌립보 교회는 루디아 댁의 집에서 설립된 듯하다. 한편 이렇게 설립되었던 빌립보 교회는 '대접의 미덕'을 갖춘 교회였다(고후 8:1-5). 그렇기에 바울이 로마 감옥에 갇혔을 때에는 에바브로디도를 통해 헌금을 보내 위로하며 마음을 함께 하기도 했다(빌 4:15-19).

16 우리가 기도하는 곳에 가다가 점하는 귀신 들린 여종 하나를 만나니 점으로 그 주인들을 크게 이하게 하는 자라 **17** 바울과 우리를 좇아와서 소리질러 가로되 이 사람들은 지극히 높은 하나님의 종으로 구원의 길을 너희에게 전하는 자라 하며

"기도하는 곳(τὴν προσευχὴν, the place of prayer)"이란 13절의 '그 기도처'를 말하며 "점하는 귀신 들린(에쿠산 프뉴마 퓌도나, ἔχουσαν πνεῦμα Πύθωνα, having a spirit of Python)"이란 '신접한 자(레 19:31, 20:6, 27, 신 18:11, 삼상 28:7)'를 말한다. 참고로 퓌돈[180](Πύθων, nm)은 델피(Delphi)에 있는 아폴로 신전을 지키던 뱀(혹은 용)으로 아폴로에 의해 죽임을 당하였다. 퓌돈은 복화술(腹話術)을 사용해 신(神)의 말을 전했다고 하며 이런 점쟁이(점치는 영)를 가리켜

---

180 퓌돈(Πύθων, nm)은 a divining spirit, Python, called after the Pythian serpent said to have guarded the oracle at Delphi and been slain by Apollo)이다.

영어로는 파이돈(Python)이라고 불렀다.

17절의 "지극히 높은 하나님의 종"에서 '지극히 높은 하나님'이란 말 자체는 사실(Fact)이다. "구원의 길을 너희에게 전하는 자"라는 것은 바울의 사역의 핵심을 드러낸 것이다.

"좇아와서 소리 질러 가로되"라는 것은 바울이 복음을 전할 때 소음을 일으킨 것과 바울에게서 다른 곳으로 관심을 돌리게 함으로써 복음 전파에 대한 교묘한 방해를 함의하고 있다. 이는 공관복음(막 1:24, 3:11, 5:7, 눅 4:34, 8:28)에서 예수님 앞에서 소리를 질렀던 귀신들의 모습과 상통하는 행위이다.

18 이같이 여러 날을 하는지라 바울이 심히 괴로워하여 돌이켜 그 귀신에게 이르되 예수 그리스도의 이름으로 내가 네게 명하노니 그에게서 나오라 하니 귀신이 즉시 나오니라

"여러 날을 하는지라"는 말은 '지속적으로 복음 전파를 방해했다'라는 것을 가리킨다. Lenski와 Bengel은 상기의 구절을 '귀신 들린 여종에 대한 연민'과 '그 여인의 처참함에는 아랑곳 않고 자기들의 이익에만 몰두하는 탐욕과 복음 전파 방해'에 대해 바울은 분노했다라고 해석했다.

그리하여 바울은 예수의 이름을 힘입어(막 16:17, 눅 10:17-20) 귀신을 축출해 버렸던 것이다.

나와 공저자가 궁금했던 것은 그 여인의 나중 결과이다. 귀신이 그에게서 나간 이후 복음을 영접하고 그리스도인이 되었는지 아니면 다시 전보다 더한 귀신이 들어가(마 12:43-45, 눅 11:24-26) 그 나중 형편이 전보다 더 심하게 되었는지가 몹시 궁금하기만 하다.

19 종의 주인들은 자기 이익의 소망이 끊어진 것을 보고 바울과 실라를 잡아가지고 저자로 관원들에게 끌어 갔다가 20 상관들 앞에 데리고 가서 말하되 이 사람들이 유대인인데 우리 성을 심히 요란케 하여 21 로마 사람인 우리가 받지도 못하고 행치도 못할 풍속을 전한다 하거늘

"저자"의 헬라어는 아고라(ἀγορά, nf, an assembly, place of assembly, market-place, forum)로서 '중앙 광장'을 말하며 이곳은 헬라 문화생활의 중심(마 20:3, 23:7)이었다. 아고라에는 시장, 법정, 감옥이 있었고 대중 집회, 철학 강의(행 17:17)가 열리기도 했다.

상기 구절을 통해 모함하는 자들의 속셈은 '민심동요, 이상한 풍속 전함'이라는 말에서 잘 드러나고 있다. 그들은 인종 간의 갈등을 야기하고 사회적, 문화적, 종교적인 갈등을 부추겼다. 이 구절이 속한 정확한 연대는 알 수 없지만 다음 장인 18장 2절의 글라우디오 칙령 직후라고 한다면 그때의 기독교에 대한 적대적인 분위기는 만만치 않았을 것이다.

당시 로마법에는 각 민족의 종교생활은 허용되었으나 타민족에게 자신들의 종교를 강요하는 것은 위법이었다.

22 무리가 일제히 일어나 송사하니 상관들이 옷을 찢어 벗기고 매로 치라 하여 **23** 많이 친 후에 옥에 가두고 간수에게 분부하여 든든히 지키라 하니 **24** 그가 이러한 영을 받아 저희를 깊은 옥에 가두고 그 발을 착고에 든든히 채웠더니

당시 로마인들은 죄인을 매로 칠 경우 옷을 벗겨 아픔을 더하게 했다(마 27:28). 반면에 유대인들은 죄인의 옷을 벗기지는 않았다(행 5:40). 한편 로마법정의 판결도 없이 로마 시민권자인 바울과 실라에게 벌을 내린 것으로 보아 당시 빌립보에는 자치권이 있었던 듯하다.

참고로 당시 유대의 태형은 40에 하나 감한 매(신 25:3)였다면 로마의 태형은 상관의 정지 명령이 있을 때까지 계속하여 진행되었다.

당시 로마의 감옥은 3층 곧 상옥, 중옥, 하옥으로 되어 있었는데 "깊은 옥"이란 그중 사형수를 가두는 하옥(下獄)을 가리킨다. 이런 일련의 사건들을 보며 우리는 때로 하나님의 섭리와 경륜에 대해 의아해할 수가 있다. 바울은 2차 전도여행의 시작 시점에 아시아에서 복음이 워낙 잘 전해지자 계속 아시아에서 복음 전하기를 원했다. 그러나 성령님은 두 번이나 막으셨고 에게 해를 건너 동부 유럽으로 향하게 하셨다.

첫 관문이었던 빌립보에서 복음을 전하다가 두들겨 맞고 감옥에 갇혔다. 그런데 그것도 모자라 사형수들이 갇히는 하옥에 갇히게 된 것이다. 성령님의 인도하심을 순종하며 따랐더니 그 결과는 현실적으로 참혹 그 자체였던 것이다.

그리스도인인 우리에게 이와 비슷한 일이 닥친다면 어떻게 이해할 것

인가? 16장 후반 부분(26-40)을 통하여는 궁금증이 해소되면서 우리는 비로소 성령님의 뜻을 알게 된다.

"그 발을 착고에 든든히 채웠더니"라는 것은 맨살에 쇠사슬로 묶어 고통을 더하게 하려는 것으로 일종의 고문이기도 했다.

25 밤중쯤 되어 바울과 실라가 기도하고 하나님을 찬미하매 죄수들이 듣더라 26 이에 홀연히 큰 지진이 나서 옥터가 움직이고 문이 곧 다 열리며 모든 사람의 매인 것이 다 벗어진지라

"밤중쯤 되어"라는 표현은 매를 맞은 후의 고통이 가중되는 시간이라는 것을 의도적으로 드러내고 있다. 그럼에도 불구하고 그 시간대에 바울과 실라는 옥중에서 기도와 찬양을 했다. 실로 장엄한 광경이다.

한편 옥중에 있던 죄수들은 육체적인 고통 속에서도 실낱같이 울려 퍼지던 바울과 실라의 기도소리와 찬양소리를 듣게 된다. 이것만 해도 놀라운 일인데 그 다음 순간 큰 지진과 함께 문이 다 열리고 모든 사람의 매인 것이 다 벗겨지는 경험을 하게 된다. 바울과 실라만이 아니라 기도와 찬양소리를 들었던 모든 죄수들까지도……. 그렇다. "믿음은 들음에서(롬 10:17)" 난다. 참고로 성경에서 '지진'은 하나님의 임재를 상징(출 19:18, 왕상 19:11, 사 29:6)하기도 한다.

사도행전 12장에서의 베드로 출옥 사건과 이곳 16장에서의 바울 출옥 사건을 비교하면 그 차이가 매우 흥미롭다.

베드로의 출옥 사건 행 12장	바울의 출옥 사건 행 16장
주의 사자가 나타남	주의 사자가 나타나지 않음
옥문이 조용히 열림	큰 지진이 일어남
베드로만 풀려짐	바울과 실라뿐만 아니라 모든 죄수들도 풀려짐
옥밖으로 나감	옥 안에 그대로 머뭄 -나중에 당당하게 제 발로 나감
파수꾼들이 대신 처형됨	간수가 회개하고 예수를 믿게 됨

27 간수가 자다가 깨어 옥문들이 열린 것을 보고 죄수들이 도망한 줄 생각하고 검을 빼어 자결하려 하거늘 **28** 바울이 크게 소리질러 가로되 네 몸을 상하지 말라 우리가 다 여기 있노라 하니 **29** 간수가 등불을 달라고 하며 뛰어 들어가 무서워 떨며 바울과 실라 앞에 부복하고

로마법은 죄수가 탈옥하면 그를 지키던 간수가 대신 죽어야 했다.

"부복하다"의 헬라어는 프로스핍토[181]($\pi\varrho o\sigma\pi i\pi\tau\omega$, v)인데 이는 '황망하게 앞으로 고꾸라지듯이 엎드러지다'라는 의미로서 '엎드려 절했다'라는 말이다.

---

181 프로스핍토($\pi\varrho o\sigma\pi i\pi\tau\omega$, v)는 to fall upon, fall prostrate before, (a) I fall down before, (b) I beat against, rush violently upon)이다.

30 저희를 데리고 나가 가로되 선생들아 내가 어떻게 하여야 구원을 얻으리이까 하거늘 **31** 가로되 주 예수를 믿으라 그리하면 너와 네 집이 구원을 얻으리라 하고 **32** 주의 말씀을 그 사람과 그 집에 있는 모든 사람에게 전하더라

30절에서의 "선생들아"의 헬라어는 퀴리오스[182](κύριος nm)인데 이는 원래 Lord, Master라는 의미로 신성을 표현하는 대명사로 쓰였다(창 18:30, 눅 5:8).

한편 간수들의 질문과 바울의 대답은 비슷하나 차이가 있다. 전자의 경우 "내가 어떻게 하여야 구원을 얻으리이까"라고 구원을 위한 '행위와 방법'을 물었다. 그 물음에 후자는 '주 예수를 믿으라 그리하면 너와 네 집이 구원을 얻으리라"고 구원의 '가능성과 연쇄성'에 관해 선명하게 대답했다. 곧 구원은 인간의 행함이나 어떤 방법에 의해서가 아니라 '오직 믿음'이라는 것(행 4:12, 롬 3:22)이다.

33 밤 그 시에 간수가 저희를 데려다가 그 맞은 자리를 씻기고 자기와 그 권속이 다 침례를 받은 후 **34** 저희를 데리고 자기 집에 올라가서 음식을 차려 주고 저와 온 집이 하나님을 믿었으므로 크게 기뻐하니라

먼저 간수 자신이 회심하고 동시에 그 권속들이 모두 다 예수를 영접한

---

182 퀴리오스(κύριος nm)는 lord, master, sir/properly, a person exercising absolute ownership rights; lord (Lord)이다.

것을 보며 하나님의 은혜에 다시 감격하게 된다. 한편으로는 간수의 그 행동과 결단이 놀랍기도 하다. 왜냐하면 자칫 그렇게 행동한 자신에게 문책이나 엄청난 형벌이 닥칠 가능성 때문이다. 더 나아가 바울과 실라를 데리고 자기 집에까지 가서 극진히 대접까지 했다. 이는 일종의 '죽으면 죽으리라'는 확신에 찬 신앙인의 참된 모습이기도 하다.

나와 공저자는 그런 간수의 모습에서 예수를 영접한 후에 진정으로 기쁨에 사로잡히게 되면 '사람이 어떻게 변화되는지'를 생생하게 보게 된다.

35 날이 새매 상관들이 아전을 보내어 이 사람들을 놓으라 하니 **36** 간수가 이 말대로 바울에게 고하되 상관들이 사람을 보내어 너희를 놓으라 하였으니 이제는 나가서 평안히 가라 하거늘 **37** 바울이 이르되 로마 사람인 우리를 죄도 정치 아니하고 공중 앞에서 때리고 옥에 가두었다가 이제는 가만히 우리를 내어보내고자 하느냐 아니라 저희가 친히 와서 우리를 데리고 나가야 하리라 한대

"아전"의 헬라어는 랍두코스[183](ῥαβδοῦχος, nm)인데 이는 '채찍을 가진 자'라는 의미로 '집행관, 형을 집행하는 형리(刑吏)'를 가리킨다.

"이제는 나가서 평안히 가라"는 말에서 '평안'의 헬라어는 에이레네

---

183 랍두코스(ῥαβδοῦχος, nm)는 a rod holder, (a Roman) lictor (one holding the rod of office)/ (from 4464 /rhábdos, "a rod" and 2190/exō, "have") - properly, an official who beat people with lictor-rods to maintain law-and-order (i.e. as "a policeman"); literally, someone carrying a bundle of rods to administer punishment)이다.

(εἰρήνη, nf, one, peace, quietness, rest)로서 기독교적 용어이다. 어떻게 보면 지난 밤에 엄청 때렸기에 '편안히 가라'는 말은 하기가 어려웠을지도 모르겠다. 결국 얼떨결에 그들은 '살롬'을 외쳤던 것이리라.

Bruce에 의하면 발레리안-포르시안 법(Laws of Valerian-Porcian)에 의해 로마인은 로마의 행정구역 안에서는 로마법의 보호를 받을 수 있는 권리가 있다고 했다. 그렇기에 본인의 동의가 있을 때만 해당 지방 법률에 따라 재판을 받았고 마음에 들지 않으면 황제에게 직접 상소할 수 있었다. 그렇기에 바울은 사도행전 25장 11절에서 "내가 가이사께 호소하노라"고 했던 것이다.

"죄도 정치 아니하고(아카타크리투스, ἀκατακρίτους, uncondemned/아카타크리토스, ἀκατάκριτος, adj, not yet tried)"라는 것은 '재판을 하지 않고'라는 의미로서 로마 시민권자인 바울은 그들의 잘못을 질책하고 있다. 때리고(데로, δέρω, v, to skin, to thrash)라는 말은 '가죽 따위를 벗기다'라는 의미이다.

38 아전들이 이 말로 상관들에게 고하니 저희가 로마 사람이라 하는 말을 듣고 두려워하여 39 와서 권하여 데리고 나가 성에서 떠나기를 청하니 40 두 사람이 옥에서 나가 루디아의 집에 들어가서 형제들을 만나 보고 위로하고 가니라

당시 로마 통치령 내에서 로마인을 불법으로 처벌한 경우 로마 시민권 박탈이나 심한 경우 사형까지도 받았다.

"떠나기를 청하니"라는 것은 자신들의 실수를 은폐함은 물론이요 더

나아가 그들을 상소하던 자들이 다시 시끄럽게 하면 진퇴양난(進退兩難)의 상황이 발생하기에 슬쩍 떠날 것을 청했던 것이다.

40절에서 "루디아의 집"이라고 표현한 것은 루디아 댁에서 빌립보 교회가 설립되었음을 함의하고 있다. 또한 그 집이 빌립보 교회 공동체 및 예배 처소였음을 함의하는 것이다. 그리하여 오늘날 그곳에는 루디아 기념교회가 있다.

"가니라(ἐξῆλθαν, departed, V-AIA-3P)"는 것은 3인칭 복수로서 '저희가 가니라(ἐξέρχομαι, v, to go or come out of)'는 의미이다. 즉 "우리가(16:10)"가 아닌 것으로 보아 그동안 동행했던 누가는 빌립보 교회에 남아 사역을 마무리한 것으로 보인다. 이후 사도행전 20장 5절에서야 다시 합류한 것으로 보인다(Bruce, Knowling).

괴짜의사 Dr. Araw의
쉽고 바르게 읽는 사도행전 장편(掌篇)강의

오직 성령이 너희에게 임하시면
성령행전(Πράξεις Πνεύματος)

레마이야기 17

천하를 어지럽게 하는 사람들(6)

15장 36절에서 시작된 2차 전도여행의 출발은 약간 이상했다. 왜냐하면 아름다웠던 바울과 바나바의 동역이 인간의 상식으로는 이해할 수 없는 내용과 방식으로 너무나 쉽게 깨어져 버렸기 때문이다.

당시 바울은 매사에 Task-oriented(일 중심)였다. 반면에 바나바는 여전히 Person(or relation, 관계 중심)-oriented(사람 중심)였다. 그런 그들이 각자의 성향대로 한 사람(마가 요한)의 영혼을 건질 것이냐 복음 전파 사역의 효율성이냐를 두고 감정이 격해져 버렸던 것이다.

이는 옳고 그름의 문제가 아니다. 바울은 복음 전파에 대한 열정과 하나님의 뜻을 따라 살려는 갈망이 그만큼 컸다. 반면에 바나바는 한 사람의 영혼이 천하보다 귀하다는 것을 몸소 실천하며 교육자로서 양육의 진정한 개념을 실천한 사람이었다.

그리하여 바울은 실라를 데리고 따로 2차 전도여행을 하게 되고 바나바는 자신의 고향인 구브로에 마가 요한을 데리고 가서 여생을 그를 양육하며 교육자로 살아가게 된다. 훗날 마가 요한은 마가복음의 기록자가 되고 바울의 후기 동역에 중요한 지체가 된다.

나는 바나바를 생각할 때마다 그의 뒷모습이 너무 아름다워 종종 상상에 잠기곤 한다. 동시에 공저자는 바울의 처절한 복음 전파의 행적 곧 그의 발자취 또한 몹시 아름답다라고 하며 그의 달려가는 모습을 상상하곤 한다고 말했다.

16장에 이어 17장도 2차 전도여행의 계속적인 여정이다. 바울은 실라(15:22, 32, 40)와 함께 AD 50년에 수리아 안디옥에서 시작하여 자신의 고향인 길리기아의 다소, 그리고 토로스산맥의 길리기아의 관문을 거쳐 1차 전도여행의 마지막 도시 더베를 지나 루스드라를 통과하며 복음을 굳게 했다. 특히 루스드라에서는 1차 전도여행에서 만났던(14:20) 디모데를

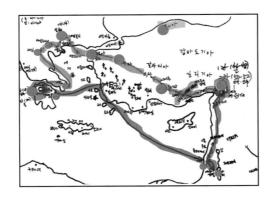

발탁하여 그를 데리고 이고니온으로 갔다. 복음 전파가 순조로워지자 계속 아시아를 복음화하려고 마음먹었으나 사도행전 16장 6절에 의하면 성령께서 "아시아에서 말씀을

전하지 못하게 하시거늘"이라고 하셨다.

그리하여 갈라디아와 브루기아 땅으로 계속 전진했다. 무시아 앞에 이르러 비두니아로 가고자 하였으나 예수의 영이 허락지 않았다. 그리하여 무시아를 그냥 통과한 후 무시아 지역의 드로아까지 갔다. 그날 밤에 성령님은 마게도냐 환상을 보여주셨다. 이내 곧 바울은 하나님의 마음을 알아차리고는 에게 해를 순풍의 도움으로 사모드라게를 거쳐 네압볼리 항구에 이틀만에 도착했다. 그리고는 빌립보에서 루디아 댁의 집에 교회를 설립했다.

이후 암비볼리와 아볼로니아를 지나 데살로니가에 도착했다. 회당장 야손의 집에 교회를 설립한 후 베뢰아에서 아덴으로, 그리고 고린도로 갔다. 고린도에서 18개월(행 18:11)을 지낸 뒤 겐그레아에서 머리를 깎은 후 (18:18) 에베소, 가이사랴를 거쳐 예루살렘 교회에서 선교보고를 마친 후 다시 수리아 안디옥 교회로 돌아왔다. 사도행전 18장 22절까지가 2차 전도여행의 마지막 구절인데 이때가 AD 52년경이었다.

이 장의 소제목인 "천하를 어지럽게 하던 사람들(17:6)"이란 '복음 전파에 올인하던 바울 일행'을 빗대어 말한 것으로 그들은 복음으로, 진리로, 말씀으로 세상의 어긋난 것과 잘못된 방향을 바로잡아갔다. 한편 세상과 세상에 속한 사람들은 방향을 잃은 채 자신들이 틀린 줄도 모르고 그릇된 방향으로 가면서 정작 바른 진리를 전하던 그리스도인들을 향해 '천하를 어지럽게 한다'라고 힐난했던 것이다.

그리스도인들은 천하 곧 세상 속으로 뛰어들어가 그릇된 방향으로 가고 있는 많은 사람들의 거대한 물결의 흐름을 휘저을 수 있어야 한다. 저들의 표현을 빌리면 '천하를 어지럽게 하는 사람들'이 되어야 하는 것이다. 그리스도인들의 실상은 '천하를 진리로 바로잡는 사람들'이다. 곧 진정한 그리스도인으로서 사도행전 11장 26절의 수리아 안디옥 교회의 교인들이 비로소 '그리스도인'이라 칭함을 받았던 바로 그 명칭이다.

오늘 21세기를 살아가고 있는 우리는 진리를 거스르며 도도하게 흐르고 있는 거대한 탁류를 팔짱만 낀 채 멍하니 바라보고 있다. 지독하게 나약한 모습이다. 그런 망연자실(茫然自失)한 모습을 자주 보이지 말아야 한다. 천하를 휘젓기는 고사하고 계속하여 그 흐름에 떠내려가서는 안된다.

이제는 도도히 흐르는 그 물줄기를 둘로 갈라놓아야 할 때가 되었다. 거대한 흐름에 맞서서 비록 물줄기를 다 막지는 못하더라도 그 흐름의 기세를 둘로 나눠 약화시켜버려야 한다. 그런 지체들이 모이고 또 모이면 언젠가는 탁류의 흐름을 막을 수도 있는 '댐'이 될 것이다. 그런 그들이 바로 '천하를 어지럽게 하는 사람들'이다. 고린도전서 4장 9절에 의하면 그렇게 살아가는 우리는 세상의 '구경거리'가 되어버린 사람들로서 희화화(戲畵化)의 대상이 될 수도 있다.

우리 그리스도인들은

천하를, 세상을, 어지럽게 하는(upside-down, 행 17:6),

적지 않은 소동을 일으키는(행 19:23),

복음과 진리의 말씀으로 다시 바르게 세우는

그런 사람들,

곧 진정한 그리스도인들이요 교회공동체이다.

17-1 저희가 암비볼리와 아볼로니아로 다녀가 데살로니가에 이르니 거기 유대인의 회당이 있는지라 **2** 바울이 자기의 규례대로 저희에게로 들어가서 세 안식일에 성경을 가지고 강론하며

　"암비볼리(Amphipolis, Ἀμφίπολις, nf)"는 암포테로이(ἀμφότεροι, adj, both, on both sides, around)와 폴리스(πόλις, nf, a city, the inhabitants of a city)의 합성어로서 "흐르는 강물에 둘러싸인 성읍'이라는 의미로 빌립보에서 서남쪽 52km 지점에 있다. 그리고 "아볼로니아(Apollonia, Ἀπολλωνία, nf)"는 '아폴로에게 속한 곳'이라는 의미로 암비볼리에서 서남쪽 45km, 데살로니가 동쪽 60Km 지점에 있다.

　"데살로니가[184](Θεσσαλονίκη, nf)"는 데살로스(Thessalos, Thessalian)와 니케(νίκη, nf)의 합성어로서 아볼로니아에서 서남쪽 60km 지점에 있는 정치,

---

184　데살로니가(Θεσσαλονίκη, nf, Thessalonica (modern Saloniki), an important city of the Roman province Macedonia)"는 데살로스(Thessalos, Thessalian)와 니케(νίκη, nf, (a feminine noun) - conquest; a particular expression of victory, resulting from receiving (obeying) the faith Christ imparts (i.e. His inworked persuasion). See 3528 (nikáō))의 합성어이다.

교통, 무역의 중심지로서 살로니키(Saloniki)만에 위치했다. 원래 테르마(Therma, 온천)가 중심도시였고 그 지역에 온천이 많아 그렇게 불렸다. 오늘날에는 데살로니가 화이트타워(White Tower at Thessaloniki, 피로 물든 탑)와 갈렐리우스의 승전문(동방과의 전투에서 승리 후 세움)이 유명하다.

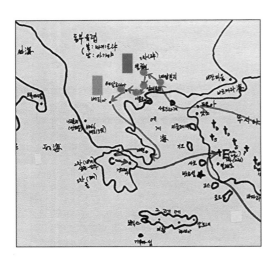

빌립보가 알렉산더의 부왕 필립 2세(Philippos II)의 이름을 따서 지었다면 데살로니가는 필립 2세의 양자인 카산더(Cassander)가 알렉산더의 이복 누이이자 자신의 아내의 이름을 따서 지었다.

바울과 실라는 유대인의 회당이 있던 데살로니가로 와서 복음을 전했다. 당시 바울은 가는 곳마다 회당을 복음 전파의 전진기지로(행 13:5, 14, 14:1, 10, 17, 16:13) 삼았다.

"세 안식일"이란 3주를 말하는 것으로 데살로니가 교회가 3주 만에 설립되었음을 함의하고 있다. "성경을 가지고"에서의 성경은 '구약'을 가리키며 이는 3절과 연관하여 보면 '예수가 바로 구약이 예언하던 그리스도, 메시야이시다'라는 말이다.

3 뜻을 풀어 그리스도가 해를 받고 죽은 자 가운데서 다시 살아야 할 것을 증명하고 이르되 내가 너희에게 전하는 이 예수가 곧 그리스도라 하니 **4** 그 중에 어떤 사람 곧 경건한 헬라인의 큰 무리와 적지 않은 귀부인도 권함을 받고 바울과 실라를 좇으나

이 구절에서는 바울이 구약성경을 가지고 회당에서 안식일에 강론하고 있다. 예수 그리스도의 성육신과 더불어 고난, 십자가의 대속 죽음, 부활에 관해 찬찬히 가르쳐 주다가 나중에는 자신의 주관적이고도 확신에 찬 선포로 말을 맺고 있다. 이는 여호와께서 에스겔 선지자를 파수꾼으로 부르셔서 대언하게 하셨던 말씀(겔 33:1-9)과 상통하고 있다.

4절에서의 "경건한 헬라인의 큰 무리"라는 것은 유대교로 개종했던 헬라인을 말하는 것으로 그들은 바울이 전하는 복음을 듣고 다시 기독교인이 되었다는 말이다. 또한 "적지 않은 귀부인"이란 당시 마게도냐의 상류계급 부인들을 가리키는 것으로 그들의 자유로운 활동은 바울이 전하는 하나님의 은혜의 복음을 받아들이는데 순기능이 되었다. 이 구절은 그러한 연유로 인해 그들이 예수를 영접하기가 훨씬 용이했을 것임을 보여주는 구절이다. 역사의 주관자 하나님을 보게 된다.

5 그러나 유대인들은 시기하여 저자의 어떤 괴악한 사람들을 데리고 떼를 지어 성을 소동케 하여 야손의 집에 달려들어 저희를 백성에게 끌어내려고 찾았으나

"유대인들"이란 광신적인 유대교도들을 말하며 비시디아 안디옥과 이

고니온에서도 그들은 복음 전파의 방해꾼 역할을 했다. 심지어 루스드라에서는 율법을 어겨가며 성 밖이 아니라 성 내에서 바울을 돌로 치기도 했다.

"저자(아고라, ἀγορά, nf, market-place, forum, public place of assembly)"란 도시 한복판의 중앙 광장을 말한다. 앞서 16장 19절에서도 언급했듯이 이곳은 헬라 문화생활의 중심 장소로서(마 20:3, 23:7) 시장, 법정, 감옥이 있었고 대중 집회, 철학 강의(행 17:17)가 열리기도 했다. 이곳에 데메트리우스 교회가 있다.

"야손"은 예수 혹은 여호수아의 헬라식 이름으로 당시 회당장이었다. "백성[185](데모스, δῆμος, nm)"이란 '자유시민'을 가리키는데 여기서 영단어 민주주의(Democracy)가 파생되었다.

6 발견치 못하매 야손과 및 형제를 끌고 읍장들 앞에 가서 소리질러 가로되 천하를 어지럽게 하던 이 사람들이 여기도 이르매 **7** 야손이 들였도다 이 사람들이 다 가이사의 명을 거역하여 말하되 다른 임금 곧 예수라 하는 이가 있다 하더이다 하니

"형제"란 믿음의 형제를, "읍장(πολιτάρχης, nm, a ruler of a city, city

---

185 백성(δῆμος, nm)이란 a district or country, the common people, the people assembled, properly: the people, especially citizens of a Greek city in popular assembly, but in NT, multitude, rabble/(from 1210 /déō, "to bind, tie") - people bound (tied) together by similar laws or customs (like citizens in an ancient Greek city forming an assembly, cf. 1577 /ekklēsía)이다.

magistrate)"이란 오늘날의 지방 자치단체장을 말하는 것으로 보인다.

"천하를 어지럽게 하던 사람들"이란 천하에 하나님의 은혜의 복음을 던져 지금까지의 도도하게 흘러왔던 뒤틀린 거대한 흐름을 바꾸어 놓는 사람들이라는 의미로 오늘의 우리가 점점 더 악해져가는 세상을 뒤흔들어 놓아야 할 사명을 다시 자각하는 계기로 삼아야 한다.

"야손이 들였도다"라는 말에서는 '단순히 예배를 드렸다'라는 것에 더하여 '어떤 불순한 일을 도모하려고 했다'는 은근한 누명을 씌우려는 음흉한 수작을 알 수 있다.

"다른 임금 곧 예수"라는 것은 당시 사람들끼리의 인사는 '가이사는 우리의 주님이시다'라고 했던 것과는 완전히 대척점에 있었던 인사이다.

당시 그리스도인들은 '예수님만 우리의 주님(주인)이시다'라고 고백했다. 결국 이 말은 "야손이 들였도다"라는 말과 더불어 로마 황제에 대한 반역죄라는 누명을 씌우려는 간계를 꾸몄다라는 말이다.

8 무리와 읍장들이 이 말을 듣고 소동하여 9 야손과 그 나머지 사람들에게 보를 받고 놓으니라

"무리와 읍장들"이 소동한 것은 로마법상 반역죄의 벌이 엄중했기 때문이다. 결국 교활하고 간사했던 유대인들은 데살로니가 관리들을 교활하게 속였던 것이다.

"보를 받고"라는 것은 오늘날의 '보석금(bail)'을 말한다.

한편 데살로니가에서는 특히 복음을 전파하기가 어려웠다. 그러다 보니 데살로니가전서 2장 18절에는 "한 번 두 번 너희에게 가고자 하였으나 사단이 우리를 막았도다"라고 말씀하기도 했다.

10 밤에 형제들이 곧 바울과 실라를 베뢰아로 보내니 저희가 이르러 유대인의 회당에 들어가니라

데살로니가 형제들은 "밤에" 바울과 실라를 베뢰아로 피신시켰다. 이는 데살로니가에 있던 믿음의 형제들이 바울과 실라가 고초를 겪을까 심히 염려되었기 때문이다. 이후로 바울은 데살로니가에 가지 못했다(살전 2:17-20). 대신 아덴에 머물면서 실라는 빌립보로, 디모데는 데살로니가로 보냈다(살전 3:1-2).

당시 "베뢰아"는 데살로니가의 서남쪽 75km 지점에 있던 깡촌 시골이었다. 정치도시인 빌립보가 워싱턴 D.C라면 경제도시인 데살로니가는 뉴욕 정도였다.

11 베뢰아 사람은 데살로니가에 있는 사람보다 더 신사적이어서 간절한 마음으로 말씀을 받고 이것이 그러한가 하여 날마다 성경을 상고하므로 12 그 중에 믿는 사람이 많고 또 헬라의 귀부인과 남자가 적지 아니하나

"신사적"이란 헬라어 단어는 유게네스(εὐγενής, adj, (a) of noble birth, of high birth, (b) noble in nature)인데 이는 유(εὖ)와 게노스(γένος)의 합성어로서 '출신이 좋은, 가문이 좋은, 문벌이 좋은, 고귀한, 고상한, 너그러운'이라는 의미로 '선입관이나 편견은 없으면서 수용성이 높다'라는 의미를 가지고 있다. 더 나아가 "간절한 마음으로 말씀을 받고"라는 것에서는 베뢰아 사람들의 지성과 더불어 신중하고도 진지한 철학적, 종교적, 학문적인 자세를 엿볼 수 있다. 또한 "상고하다"의 헬라어는 아나크리노[186](ἀνακρίνω, v)인데 이는 '면밀하게 조사하다, 평가하다'라는 의미이다. 결국 베뢰아 사람들의 면면을 잘 드러내고 있다.

11절의 주요 핵심단어는 "간절한, 날마다, 상고하다'이다.

"그 중에 믿는 사람이 많고"라는 것으로 보아 베뢰아 사람들의 신사적인 성품과 성경을 상고하는 태도가 회심자들을 훨씬 더 많이 양산했다라는 의미이다. 소바더(Sopater, '건전한 출생', 행 20:4, 롬 16:21의 소시바더)가 바로 이곳 출신이다.

13 데살로니가에 있는 유대인들이 바울이 하나님 말씀을 베뢰아에서도 전하는 줄을 알고 거기도 가서 무리를 움직여 소동케 하거늘 **14** 형제들이 곧 바울을 내어보내어 바다까지 가게 하되 실라와 디모데는 아직 거기 유하더라 **15** 바울을

---

186 아나크리노(ἀνακρίνω, v)는 to examine, investigate/ (from 303 /aná, "up, completing a process," which intensifies 2919 /krínō, "to select by separating/judging") - properly, to distinguish by vigorously judging "down to up," i.e. closely examining (investigating) through "the process of careful study, evaluation and judgment" (L & N, 1, 27.44); "to examine, investigate, question (so J. B. Lightfoot, Notes, 181f)이다.

인도하는 사람들이 데리고 아덴까지 이르러 바울에게서 실라와 디모데를 자기에게로 속히 오게 하라는 명을 받고 떠나니라

데살로니가의 사악한 유대인들은 베뢰아에서도 군중선동과 더불어 무리들 즉 깡패들을 동원하여 복음 전파를 훼방했다.

"바다까지 가게 하되"라는 것은 시내 사본, 알렉산드리아 사본, 바티칸 사본에 의하면 '바다로(해상으로) 가게 하였다(on his way to the sea)'로 해석 (Meyer, Hervey, Knowling)하고 있다. 또한 '바다로 가는 것 같이(to go as it were to the sea, KJV)'라고 표현하며 실상은 '육로로 갔다'라고 해석하기도 했다 (Ramsay, Bruce, Bengel). 사실 육로는 위험성이 큰 데다가 해로보다 속도가 느렸으므로 베뢰아에서 아덴까지 320km였던 점으로 보아 해로로 갔을 가능성이 훨씬 더 크다고 나와 공저자는 생각한다.

이런 일련의 과정을 연결해 보면, 바울은 먼저 아덴으로 피신했고 베뢰아에 남아 있던 디모데와 실라더러 빨리 아덴으로 내려오라고 자신을 인도했던 베뢰아 사람들에게 부탁했다(17:14-15). 한편 실라와 디모데가 아덴으로 내려오자(살전 3:1) 바울은 다시 디모데를 데살로니가로(살전 3:2), 실라는 빌립보로(빌 4:15) 파송하여 그곳 지체들의 형편을 살피며 복음을 굳게 했다.

이후 바울은 다시 홀로 고린도로 갔다(행 18:1). 실라와 디모데는 빌립보와 데살로니가에서 지내다가 바울이 홀로 있던 고린도로 내려와 다시 상봉하게 된다(행 18:5, 살전 3:6). 이때가 AD 51년경인데 디모데의 보고를 들은 바울은 이곳에서 2차 전도여행의 서신서인 데살로니가 전후서를 기록

하여 보낸다.

16 바울이 아덴에서 저희를 기다리다가 온 성에 우상이 가득한 것을 보고 마음에 분하여 **17** 회당에서는 유대인과 경건한 사람들과 또 저자에서는 날마다 만나는 사람들과 변론하니

　"아덴(Athens, Ἀθῆναι, nf, Athens, the intellectual capital of Greece/Athena Gr. goddess of wisdom)"은 헬라의 수도로 헬라문화의 중심지이기도 하다. 서양 문명과 세계문명의 발상지였던 이곳은 로마, 알렉산드리아와 더불어 당시 세계 3대 도시였다. 아크로폴리스의 파르테논(Parthenon) 신전, 에레크 테움(Erechtheum) 신전 등등 최고의 건축물이 등장했고 철학, 수사학, 문학, 과학 등 '헬라의 눈', '모든 지혜의 본 고장'이라 불리기도 했다.

　이 도시는 아티카(Attica)의 영웅 데세우스(Θησεύς, Theseus)가 건설하였고 아테나(Athena)라는 여신의 이름을 따서 아덴(Athens)이라고 지었다. 소크라테스, 플라톤, 아리스토텔레스의 고향이었고 에피큐로스 학파, 스토아 학파가 이곳에서 활발하게 활동했다.

　세월이 흘러 아테네와 스파르타가 각각 자기 편 동맹 시(市)를 거느리고 싸웠던 펠로폰네소스 전쟁(Peloponnesian War, BC 431-404)에서 스파르타에 패한 후 아덴은 쇠퇴하기 시작했으며 이후 마게도냐의 필립 2세에게(BC 338), 그리고 종국적으로는 로마에게(BC 86) 정복당하고 말았다.

　"우상이 가득한 것을 보고 마음에 분하여"라는 것은 당시 신전의 도시

였던 아덴에 각종 신들과 신상들이 즐비한 것으로 보고 바울은 출애굽기 20장 3-4절의 십계명 말씀을 따라 분노했던 것이다.

복음에 목숨을 걸었던 바울은 회당에서 유대인들과 유대교로 개종한 이방인들과 '변론'했고 저자에서는 만나는 사람들과 '변론'을 했다. 사실상 이때 변론보다는 복음에 보다 더 열정적이었다면 더욱 좋을 번했다. 아니 마땅히 그래야 했다. 우리가 흔히 어떤 주제를 놓고 철학과 논리로 무장한 채 논쟁을 벌이게 되면 이겨도 지는 것이 되고 지게 되면 모든 것은 '꽝'이 되고 만다. 그러므로 우리는 저들이 듣든지 아니 듣든지 그저 투박하나마 '하나님의 은혜의 복음'만을 선포하여야 한다. 자라게 하시고 열매를 맺게 하시는 분은 하나님이시기 때문이다.

아무튼 바울은 아덴에서의 열띤 토론과 논쟁의 결과에 대해 그의 아픈 마음을 사도행전 17장 34절에 이렇게 슬쩍 드러내고 있다. 그곳 아덴에서 그토록 열심히 논쟁을 했음에도 불구하고 '소수의 사람 만이 복음을 받아들이게 되었다'라고…….

이러한 사실은 바울에겐 엄청난 충격이자 뼈아픈 경험이요 귀한 가르침이었다. 그렇기에 고린도전서 2장(1-16절)에서 바울은 전도할 때 말과 지혜의 아름다운 것(고전 2:1)이나 지혜의 권하는 말(고전 2:4)이나 사람의 지혜(고전 2:5), 이 세상의 지혜나 이 세상의 없어질 관원의 지혜(고전 2:6)로 하지 아니하겠다(고전 2:5)라고 선포하고 있는 것이다.

더 나아가 복음을 전할 때에는 하나님의 능력(고전 2:5), 하나님의 지혜(고전 2:7)를 붙들고 성령의 나타남과 능력을 힘입어(고전 2:4) 오직 성령의 가르치신 것으로만(고전 2:13) 하겠다는 결심을 하게 된다. 오늘의 그리스도인들에게 엄청 큰 울림으로 다가오는 말씀이다.

'오직 말씀(Sola Scriptura)'

'오직 은혜(Sola Gratia)'

'오직 믿음(Sola Fide)'

'오직 예수(Solus Christus, 오직 복음)'

'오직 성령(Solus Spiritus)'

'오직 하나님께만 영광(Soli Deo Gloria)'

18 어떤 에비구레오와 스도이고 철학자들도 바울과 쟁론할새 혹은 이르되 이 말장이가 무슨 말을 하고자 하느뇨 하고 혹은 이르되 이방신들을 전하는 사람인가보다 하니 이는 바울이 예수와 또 몸의 부활 전함을 인함이러라

"에비구레오(에피쿠레이오스, Ἐπικούρειος, nm, to run ashore, an Epicurean, one who holds the tenets of Epicurus)"는 에피쿠로스 학파(Epicureans)[187]를 말한다. 그들은 자연신론의 경향을 추구했으며 '신은 있으나 인간과는 멀리 떨어진 별개의 존재'라고 생각했다. 그러다가 점차 육욕을 탐하며 쾌락을 추구하는 쪽으로 변질되었다. 이 학파는 사모스(Samos) 섬 출신의 에피쿠로스(Epicurus, BC 342-270)가 설립했는데 '쾌락'을 인생 최고의 목표로 삼았다.

---

187 그랜드종합주석 14, p393, 네이버 지식백과, 두산백과, 철학사전

즉 영혼의 평정 상태(혼란, 고통, 괴로움, 근심, 걱정 등이 없는) 곧 아타락시아(ataraxia, 정신적 평정의 상태)를 통한 '고통없는 쾌락(가늘고 길게 모질게 살라, 금욕적 쾌락주의)'을 추구했다. 그들은 '금욕하는 쾌락의 정원 공동체'를 만들어 '모든 사람에 대한 인간애(philanthropia)'를 실천하고자 했다. 말년에는 플라톤의 4주덕(主德)인 지혜, 용기와 절제, 정의를 수용하기도 했다. 참고로 아타락시아(ataraxia)에 도달하기 위하여는 '철학적인 사유와 지혜가 필요하다'라고 했다. 방법으로는 신들은 인간들과 무관할 뿐만 아니라 멀리 떨어져 있기에 그들에 대해 두려움을 버리고 사후의 걱정이나 고통에 대해 두려워말라고 했다. 또한 사랑하고 믿을 수 있는 친구와 함께 하고 정치는 멀리하며 행복과 물질은 비례하지 않음을 알아야 한다고 했다. 마지막으로 각 개인이 덕스럽고 정이 많으며 믿음직한 사람이 되라고 했다.

한편 이 구절의 "스도이고(Στωϊκός, adj, a Stoic)"는 스토아 학파(Stoics)를 말한다. 그들은 '유물론과 범신론'을 추구했고 최고의 신은 '세계 정신'이라고 했다. 키디움(Cytium) 출신의 제노(Zeno, BC 340-265)가 설립한 학파로서 그는 회당(Stoa poikile)에서 강의했기에 그 이름인 회당[188](스토아, στοά, nf)을 따서 스토아 학파로 불렸다. 그들은 엄격한 금욕주의, 이성 강조, 청빈과 전원생활, 만민 평등사상을 주장했다.

결국 에피큐로스 학파가 아타락시아를 주장했다면 스토아 학파는 아파

188　회당(스토아, στοά, nf)은 a colonnade, portico/a pillar, supporting a covered-colonnade (like in the Temple precinct); a portico, usually open on one side so people could congregate and talk)이다.

테이아(apatheia, apathy, 모든 감각에서 야기된 격정과 욕망을 탈피하여 이성적인 냉정을 유지하는 것)를 주장했던 것이다.

"말장이"에 해당하는 헬라어는 스페르몰로고스[189](σπερμολόγος, adj)인데 이는 '씨앗을 줍는 자'라는 의미이나 '잡다한 지식을 주워 모아 동냥 지식을 쌓는 자'라는 비아냥의 의미를 가지고 있다(Bruce). 곧 헬라의 지식인들은 바울을 가리켜 조각조각의 지식을 소유한 '잡학도사'라며 조롱했던 것이다.

"이방신들을 전하는 사람"이란 에피큐로스 학파나 스토아 학파의 지식인들은 바울을 가리켜 '또 다른 새로운 신을 전하는 자'로 여겼다는 말이다. 왜냐하면 바울이 육체의 부활을 전했는데 헬라 철학에는 부활이 없었기 때문이다.

"부활"의 헬라어는 아나스타시스[190](ἀνάστασις, nf)이다. 이를 가리켜 아덴 사람들은 질병으로부터의 회복(Bruce)이나 '예수'라고 이름하는 신(神)의 배우자로서 또 다른 신의 이름 정도로 여겼다고 한다(Longeneker).

19 붙들어 가지고 아레오바고로 가며 말하기를 우리가 너의 말하는 이 새 교가

---

189 스페르몰로고스(σπερμολόγος, adj)는 a seed picker, one who picks up scraps of knowledge/a babbler, gossiper, one who picks up seeds and trifles as does a bird)이다.

190 아나스타시스(ἀνάστασις, nf)는 a standing up, a resurrection, a raising up, rising/(from 303 /aná, "up, again" and 2476 /hístēmi, "to stand") - literally, "stand up" (or "stand again"), referring to physical resurrection (of the body)/Christ's physical resurrection is the foundation of Christianity, which also guarantees the future resurrection of all believers (see Jn 6:39,40,44)이다.

무엇인지 알 수 있겠느냐 20 네가 무슨 이상한 것을 우리 귀에 들려주니 그 무슨 뜻인지 알고자 하노라 하니 21 모든 아덴 사람과 거기서 나그네 된 외국인들이 가장 새로 되는 것을 말하고 듣는 이외에 달리는 시간을 쓰지 않음이더라

"아레오바고"에 해당하는 헬라어는 아레이온 파곤[191](Ἄρειον πάγον, Ares Hill, Areopagus)인데 이는 아레이스(Ἄρειος, 화성)와 파고스(πάγος, 언덕)의 합성어이다. 곧 '화성의 언덕'이라는 의미로 아덴의 중앙 광장 북편, 아크로폴리스의 서편에 있는 평평한 바위 광장을 말한다. 그리스신화의 아레스('화성'이라는 신)가 자신의 아들 넵튠네(Neptune)를 살해한 범인을 이곳에서 재판했다고 한다. 이후 '공개 재판의 장소'로 사용되었고 소크라테스도 이곳에서 재판을 받은 것으로 알려지고 있다.

20절의 "이상한 것"이란 '놀라게 하는 것(Robertson)'이라는 의미로 이 구절에서는 '하나님의 은혜의 복음'을 말한다.

"거기서 나그네 된 외국인"이란 '아덴에 살고 있던 외국인(공동번역)'으로 그곳의 문화와 풍습에 익숙한 사람들을 가리킨다.

"가장 새로 되는 것을 말하고 듣는 이외에 달리는 시간을 쓰지 않더라"는 것에서는 그들의 지적 태도를 잘 알 수 있다. 한편 그들은 너무 지나치게 끝임없이 새로운 것만을 추구하느라 온고지신(溫故知新)을 잃어버리게 되었다. 그러다 보니 점점 더 얄팍한 사고방식을 지니게 됨으로 세계를 지배하던 그들의 문화는 결국 쇠퇴해 버리고 말았다.

---

191 아레이온 파곤(Ἄρειον πάγον)은 Ares Hill, Areopagus, or Mar's Hill, an open space on a hill in Athens where the supreme court was held이다.

22 바울이 아레오바고 가운데 서서 말하되 아덴 사람들아 너희를 보니 범사에 종교성이 많도다 **23** 내가 두루 다니며 너희의 위하는 것들을 보다가 알지 못하는 신에게라고 새긴 단도 보았으니 그런즉 너희가 알지 못하고 위하는 그것을 내가 너희에게 알게 하리라

"아레오바고 가운데 서서"라는 것에서는 바울이 '아레오바고'에서 하나님의 은혜의 복음을 더욱더 당당하게 설파하고 있는 장면을 볼 수 있다.

"범사에 종교성이 많도다"라는 것은 '너무 미신적이다(too superstitious)'라고 번역(KJV, Vulgate)하기도 하고 '종교성이 강하다(very religious)'라고 번역(RSV, NIV)하기도 했다. 전자는 칼빈(Calvin)과 루터(Luther)가, 후자는 크리소스톰(Crysostom)과 브루스(Bruce)가 지지했으나 나는 둘 다를 지지한다. 왜냐하면 너무 종교적이다 보면 그 자체에 빠져 너무 미신적이 되기 때문이다. 그러므로 우리는 신앙생활에 있어서 절제와 함께 균형과 조화를 잘 갖추어야 한다. 이는 '미지근하라'는 것이 아니라 '머리는 냉철하고 차갑게, 가슴(열정)은 뜨겁고 지속적이어야 한다'라는 의미이다.

"알지 못하는 신에게(아그노스토 데오, ΑΓΝΩΣΤΩ ΘΕΩ, to an unknown God)"라는 말에서는 헬라어 알파벳이 모두 다 대문자로 기록되어 있다는 것이 흥미롭다(Nestle). 아쉽게도 이 말의 정확한 유래는 알 수가 없다고 한다. 그럼에도 불구하고 3세기에 기록된 문헌에는 BC 6세기와 AD 2세기의 이

야기가 적혀 있다고 한다.[192] 첫째, BC 6세기에 아레오바고에 신노(神怒)에 의해 역병이 돌았는데 이때 많은 사람들이 죽어 나갔다고 한다. 바로 그때 크레타 사람이었던 에피메니데스(Epimenides)가 그들을 치료해준 후 그에 관여된 모든 신들에게 감사를 했다. 이때 혹시라도 빠지는 신이 있을까 하여 '알지 못하는 신들에게'라는 제단을 쌓았다고 한다. 둘째, AD 2세기에 지리학자였던 판사니아스(Pansanias)가 아덴으로 여행하는 중에 '이름은 있으나 알지 못하는 신들에게'라는 비문이 새겨진 제단을 보았다고 했다(Bruce).

24 우주와 그 가운데 있는 만유를 지으신 신께서는 천지의 주재시니 손으로 지은 전에 계시지 아니하시고 25 또 무엇이 부족한 것처럼 사람의 손으로 섬김을 받으시는 것이 아니니 이는 만민에게 생명과 호흡과 만물을 친히 주시는 자이심이라

"만유를 지으신 신"이라는 말에서는 천지를 말씀으로 창조하셨던 창조주 하나님을 강조하고 있다. 왜냐하면 당시 헬라 철학자들은 만물의 근원을 물, 불, 공기 등과 같은 물질로부터라고 생각했기 때문이다. 그러나 바울은 이 구절에서 창조주 하나님께서 말씀으로 무에서 유를 창조하셨다라고 강조했다.

---

192 그랜드종합주석 14, p394

"천지의 주재"라는 것은 역사의 주관자 하나님을 말하는데 천지의 주재이신 하나님은 당신의 작정과 예정을 따라 섭리와 경륜으로 역사를 주관하신다는 것이다. "손으로 지은 전(殿)에 계시지 아니하고"라는 것은 "스스로 계시는 하나님(출 3:14)"은 무소부재(無所不在, omni-presence) 하셔서 피조물인 인간이 지은 성전 안에 갇히시지 않는다라는 것이다. '성전'이란 하나님의 임재의 상징일 뿐이다.

당시 헬라인들의 신관(神觀)은 '신들이 인간들의 섬김과 재물을 통해 희로애락(喜怒哀樂)을 느낀다'는 것이었다. 그러나 우리가 믿는 하나님은 인간의 그런 것들이 전혀 필요가 없으시다. 오히려 하나님은 인간들의 율법제사와 제물을 통해 그들에게 벌과 복에 대해 가르쳐 주셨고 율법을 지키면 복을 허락하시마 약속하셨다. 반면에 그들이 죄를 범하면 대신 짐승이 피를 흘림으로 죄가 사해지도록 하셨다. 곧 율법제사와 제물은 당신들의 백성을 위한 것이었다는 말이다. 그렇기에 하나님은 "만민에게 생명과 호흡과 만물을 친히 주셨다"라고 하셨던 것이다. 결국 만민에게는 일반은총을 주셨다면 그리스도인들에게는 일반은총과 특별은총까지 주셨던 것이다.

26 인류의 모든 족속을 한 혈통으로 만드사 온 땅에 거하게 하시고 저희의 연대를 정하시며 거주의 경계를 한하셨으니 27 이는 사람으로 하나님을 혹 더듬어 찾아 발견케 하려 하심이로되 그는 우리 각 사람에게서 멀리 떠나 계시지 아니하도다

바울은 민족적 차별과 우월주의를 경계하면서 모든 인류는 한 사람 아담의 후손임(창 1:27-30)을 천명하고 있다.

셈의 아들 중 아르박삿은 에벨이라는 손자를 두었다(창 10:21-25). 그 '에벨'의 뜻이 바로 '나눔'이다. 이때를 기점으로 바벨탑 사건이 일어났고 바로 그때 세상이 나뉘어지게 되었다.

"거주의 경계를 한하셨으니"라는 것은 신명기 32장 8절의 말씀으로 각 나라와 열방과 영토들의 범위가 나뉘어졌다(시 74:17, 115:14, 욥 12:23, 단 2:21)라는 것이다.

"사람으로 혹 하나님을 더듬어 찾아 발견케 하려 하심이로되"라는 것은 일반계시를 통해서도 하나님을 알 수가 있다라는 말이다. 당연히 특별계시인 복음과 말씀을 통해서는 명료하게, 더욱더 선명하게 알 수가 있는 것이다.

28 우리가 그를 힘입어 살며 기동하며 있느니라 너희 시인 중에도 어떤 사람들의 말과 같이 우리가 그의 소생이라 하니

"그를 힘입어 살며 기동하며"라는 말은 크레타(크노소스)인이었던 에피메니데스(Epimenides, BC 600년경)가 제우스신을 경배하는 4행시인 크레티카(Cretica)'를 써서 제우스에게 바쳤는데 그 시에 나오는 말 중의 일부분이다(Bruce, Longeneker).

"그들은 당신의 무덤을 만들고 있습니다. 신성하고 높은 분이여,

이렇듯 모든 크레타인들은 거짓말쟁이들이며, 악한 짐승들이며 불한당입니다.

당신은 결코 죽지 않고 살아계시며 또 영원히 살아계십니다.

왜냐하면 당신 안에서 우리가 살고 움직이며 존재하기 때문입니다."

참고로 "모든 크레타인들은 거짓말쟁이들이며"라는 말에서 에피메니데스의 역설(Epimenides paradox, 크레타인의 역설, 거짓말쟁이의 역설)이라는 말이 나왔다. 곧 '참과 거짓의 두 명제가 각각 모순의 결과를 낳게 되는 것'을 말한다. 결국 크레타인들이 거짓말쟁이라고 한다면 정작 크레타인인 에피메니데스가 한 말도 거짓말이기 때문이다.

"너희 시인 중에도~우리가 그의 소생이라"는 것은 스토아 철학자 중 바울과 동향인 아라투스(Aratus, BC 315-240)의 천문에 관한 시(詩) 페노메나(Phainomena, 파이노메나)와 무시아의 클레안데스(Cleanthes, BC 331-232)의 시(詩) 힘누스 투 제우스(Hymnus to Zeus, 제우스 찬가)를 말하는 것이다.

29 이와 같이 신의 소생이 되었은즉 신을 금이나 은이나 돌에다 사람의 기술과 고안으로 새긴 것들과 같이 여길 것이 아니니라 30 알지 못하던 시대에는 하나님이 허물치 아니하셨거니와 이제는 어디든지 사람을 다 명하사 회개하라 하셨으니

"신의 소생"이란 헬라 철학적 의미가 아니라 '하나님의 형상을 따라 지음 받은(창 1:26) 인간'을 가리켜 '하나님의 소생 곧 자녀'라고 했다. 결국

헬라적 사고방식은 인간이 신과 동일시되거나 신에 동화되어가는 것을 가리키지만 바울은 창조주 하나님과 피조물인 인간은 '바른 관계와 친밀한 교제가 필요하다'라고 설파한 것이다. 따라서 피조물일지라도 하나님의 형상을 따라 지음을 받았기에 인간은 고귀하며(마 16:26) 창조주 하나님은 더 말할 필요가 없다라는 것이다(요 4:12, 롬 9:19-20). 그런데 인간보다 못한 금이나 은, 돌로 하나님의 형상을 만들어 '인간들이 섬긴다'는 것은 하나님을 인간보다 못한 버러지의 형상으로 낮추는 죄악이기에 그것이야말로 어리석음의 극치이자 지독한 신성모독이라는 것이다.

앞서 24절에서는 창조주 하나님을 드러내었다면 다음 절인 31절에서는 구속주 예수 그리스도를 드러내고 있다.

"알지 못하던 시대"라는 것은 '예수 그리스도가 오시기 전'을 말하며 그렇기에 우상숭배를 했다고 하더라도 간과 혹은 묵인하셨다(행 14:16, 롬 3:25)라는 것이다. 그러나 이제는 확실한 하나님의 의가 예수 그리스도를 통해 나타나셨으므로 더 이상 변명은 통하지 않으므로(롬 1:17-20) 예수를 믿고 회개하라고 촉구하고 있다. "허물치 아니하셨거니와"라는 것은 '복음을 듣지 못한 사람에게 심판이 임하지 않는다'라는 의미가 아니라 '복음을 알지 못하던 때의 허물을 묻지 않으신다'는 의미이다.

31 이는 정하신 사람으로 하여금 천하를 공의로 심판할 날을 작정하시고 이에 저를 죽은 자 가운데서 다시 살리신 것으로 모든 사람에게 믿을 만한 증거를 주셨음이니라 하니라

"정하신 사람, 저를"이란 성육신하신 예수 그리스도를 가리킨다.

"공의로 심판"한다라는 것은 '십자가 보혈' 곧 '대가지불을 통한 구속'을 말하는 것이다. 결국 복음을 통하여는 유기된 자를 심판하시고 택정함을 입은 자를 신원하신다.

"작정하다"의 헬라어는 히스테미[193](ἵστημι, v)인데 이 단어는 "죽은 자 가운데서 다시 살리신 것"이란 말과 연결되며 곧 '예수 그리스도의 부활'을 가리키고 있다.

"모든 사람에게 믿을 만한 증거"라는 것은 '하나님의 은혜의 복음' 곧 '십자가 보혈과 부활'을 말한다.

32 저희가 죽은 자의 부활을 듣고 혹은 기롱도 하고 혹은 이 일에 대하여 네 말을 다시 듣겠다 하니

영혼 불멸(不滅) 사상과 영지주의적 사고방식에 젖어있던 그들 곧 에피큐로스 학파나 스토아 학파로서는 '육신적 부활'이라는 바울의 말에는 본능적으로 거부감이 있었다.

당시 에피큐로스 학파는 한 번 인생 동안에 정신적 안정, 마음의 평정을 통해 쾌락누리는 것을 행복이라고 여겼고 스토아 학파는 신(神)은 존재

---

193 히스테미(ἵστημι, v)는 trans: (a) I make to stand, place, set up, establish, appoint; mid: I place myself, stand, (b) I set in balance, weigh; intrans: (c) I stand, stand by, stand still; met: I stand ready, stand firm, am steadfast)이다.

하나 개념 속에만 있다고 했다. 그렇기에 영지주의적 바탕에 있던 그들은 당연히 '부활은 없다'라고 믿었던 것이다. 그랬던 그들이기에 '부활'에 대해 기롱하며 그 자리를 떠났던 것이다. 그러나 그 와중에도 복음에 호기심을 가지며 "다시 듣겠다"라는 사람들이 생겼고 그로 인해 복음의 열매를 거둘 수 있게 되었던 것이다. 확실히 심고 가꾸는 것은 우리의 몫이지만 자라게 하시고 열매맺게 하시는(고전 3:6-7) 분은 하나님이시다.

33 이에 바울이 저희 가운데서 떠나매 34 몇 사람이 그를 친하여 믿으니 그 중 아레오바고 관원 디오누시오와 다마리라 하는 여자와 또 다른 사람들도 있었더라

'복음 전파'는 '선포'이지 '설득'이 아니다. 고린도전서 3장 6-7절 말씀이다.

"나는 심었고 아볼로는 물을 주었으되 오직 하나님은 자라나게 하셨으니 그런즉 심는 이나 물을 주는 이는 아무것도 아니로되 오직 자라나게 하시는 하나님 뿐이니라"_고전 3:6-7

이후 바울은 아레오바고를 떠났다(마 10:14, 막 6:11, 눅 9:5). 아덴 사람들은 자신들이 마치 대단한 철학자이기라도 되듯 행세했으나 바울의 눈에는 초등학문 아래에서 종 노릇하는 것으로 보일 뿐이었다(갈 4:3, 골 2:8).

"디오누시오"는 아레오바고의 관원으로서 12인으로 구성된 재판위원회의 위원 중 하나였다. 역사가 유세비우스(Eusebius)에 의하면 그는 최초의 아덴 감독이었고 후에는 고린도 감독으로 있다가 95년경 도미티안 황제 때 순교했다고 한다.[194] Gregory는 그를 몽마르뜨 광장에서 참수(斬首)당했던 프랑스의 성자 데니스(Denys)라고 했다. "다마리(Damaris)"는 디오누시오의 아내였을 것(Crysostom)이라고 추측하기도 한다.

---

194 그랜드종합주석 14, p396-397

괴짜의사 Dr. Araw의
쉽고 바르게 읽는 사도행전 장편(掌篇)강의

오직 성령이 너희에게 임하시면
성령행전(Πράξεις Πνεύματος)

예수는 그리스도라 성경으로 증거하고 말씀으로 승리하라(28), 2차 선교(Main city, 고린도, AD 50-52)

바울의 전도여행은 'PACER'의 이니셜을 생각하면 도움이 된다. P는 Paul의 약자이고 A는 Antioch of Syria를, C는 Corinth, E는 Ephesus를, R은 Rome(1, 2차 투옥)을 가리킨다. 로마 1차 투옥은 상옥으로 AD 61-63년이고 2차 투옥은 하옥으로 사형수들이 갇히던 감옥이었다. 이때가 AD 67-68년이다. 한편 1차와 2차 사이에는 약 4년간의 기간이 있다. 이때 스페인과 더불어 지중해를 통해 지나온 사역지들을 둘러보았을 것으로 예상된다.

참고로 바울서신은 14권으로 1차때 1권(갈라디아서), 2차때 2권(데살로니가
전후서), 3차때 3권(고린도전후서, 로마서), 4차의 로마 1차 투옥때 4권(옥중서신),
그리고 로마 감옥에 2차 투옥되어 순교하기 전까지 4권(디도서, 히브리서, 디모
데전후서)을 기록한 것으로 나와 공저자는 생각하고 있다.

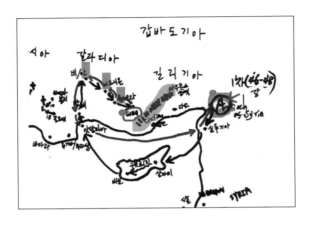

전도여행의 거점인 메인 시티(Main city)와 연도를 보면 1차 전도여행
(AD 46-48년경)은 바나바와 함께 수리아 안디옥(Antioch of Syria)에서 출발하
여 지중해 연안의 실루기아 항구로 내려간다. 그곳에서 배를 타고 구브
로(Cyprus)섬의 동쪽 살라미에 이르러 유대인의 여러 회당에서 '바른 복음'
곧 '하나님의 은혜의 복음'을 전한다. 이후 온 섬을 가로질러 남서쪽 끝의
바보(Paphos, Aphrodite신전)에 이른다. 이곳에서 유대인 거짓 선지자 박수(엘
루마) '바예수'를 만난다. 또한 총독 서기오 바울에게 복음을 전하기도 한
다.

이후 배를 타고 버가 근처 밤빌리아 해안의 앗달리아 항구를 통해 밤빌

리아의 버가에 이른다. 이때 바나바의 조카 마가 요한이 선교 여정의 고단함을 견디지 못해 예루살렘으로 돌아간다(13:13). 바울의 선교 열정에 생채기가 남게 되는 사건이다.

다시 그들은 비시디아 안디옥에 이르렀고 안식일에 회당에서 복음을 전했다. 그 영향력은 자못 컸다. 그러다 보니 유대인들은 시기함으로 경건한 귀부인들과 그 성내 유력자들을 선동하여 바울과 바나바를 핍박했고 급기야는 그곳에서 쫓겨났다. 이후 이고니온으로 와서 회당에서 복음을 전했으나 다시 대중은 유대인들의 선동에 놀아나 그들을 능욕하고 돌로 치려 하여 루가오니아의 두 성 루스드라, 더베에 가서 복음을 전했다. 더베가 1차 전도여행의 종착지이다.

루스드라에서는 나면서부터 앉은뱅이인 자를 고침으로 쓰스와 허메로 추앙받았다(14:8-18). 효율적으로 보면 복음전도에는 절호의 기회였으나 그것은 인위적인 조작(Manipulation)으로 하나님의 방법이 아니었기에(갈 1:10) 단호히 거절했다. 이후 유대인들이 비시디아 안디옥과 이고니온에서 동원되어 온 무리를 충동하여 루스드라에서 바울을 돌로 쳐 거의 죽게 만들었다. 그러나 하나님의 경륜은 바울을 다시 깨어나게 하셨다(14:19-20). 그리고는 1차 선교여행의 종착지 더베에 이르러 또 다시 복음을 전하게 하셨다.

첨언할 것은 당시 더베에서 타우루스 산맥의 골짜기로서 길리기아의 문을 지나면 바울의 고향 다소가 있었다라는 것이다. 말인즉 1차 전도여행의 종착지 더베에 이르렀을 때의 바울의 상태를 상상해보면 '만신창이'

였을 것이라는 점이다. 그렇다면 고향으로 가서 회복을 위한 시간을 가지면 좋았을 것 같은데……. 그러나 바울은 아마도 그런 타협을 물리쳤던 것 같다. '죽으면 죽으리라'는 사역자로서의 자세나 솔선수범을 보여주는 듯하여 나와 공저자의 가슴을 다시 뜨겁게 달구고 있다.

바울은 이후 다시 더베에서 지금까지 왔던 길을 되돌아가며 '말씀'으로 형제들을 굳게 했다. 그는 루스드라, 이고니온, 비시디아 안디옥, 밤빌리아의 버가, 앗달리아 항구를 통해 수리아 안디옥으로 돌아왔던 것이다. 이후 2년간의 재충전의 시간을 가졌다.

2차 전도여행은 AD 50-52년경으로 다시 수리아 안디옥에서 출발(15:36-40)했다. 이때 바울은 실라(실루아노)와 의사 누가를 데리고 떠났고 바나바는 마가 요한을 데리고 구브로 섬으로 떠나게 된다.

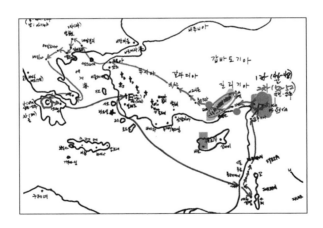

바울은 길리기아의 다소를 지나 길리기아의 문으로 알려진 타우루스 산맥의 골짜기를 통해 더베에 이르렀고 루스드라에서는 디모데를 데리고

이고니온 그리고 브루기아와 갈라디아 지방으로 복음을 전했다.

아시아에서 복음을 전하지 말라(16:6)는 성령님의 인도하심을 따라 무시아로 가서 비두니아로 가려다가 다시 성령님의 막으심으로 무시아를 그대로 지나 드로아까지 왔다. 그날 밤에 마게도냐 환상(16:9-10)을 통해 에게 해의 사모드라게 섬을 이정표로 삼아 네압볼리 항에 도착하여 빌립보에 이르렀다. 성령님의 인도하심으로 그 성의 자주 장사 루디아 댁의 집에 교회를 설립했다. 이후 점하는 귀신 들린 여종 하나를 고쳐주었다가 두들겨 맞은 후 감옥에 갇히기도 했다(16:16-40).

다시 암비볼리, 아볼로니아를 거쳐 데살로니가에 3주간 머물면서 회당에서 복음을 전했다. 저자(ἀγοραῖος, pertaining to the marketplace, an agitator)의 괴악한 무리들의 방해로 바울은 급히 베뢰아로 피신했고 데살로니가 교회가 태동되도록 처소를 제공했던 야손은 잡혀가기도 했다.

베뢰아에서 복음을 전하자 데살로니가의 유대인들이 그곳에까지 쫓아와서 무리를 움직여 소동을 벌였다. 그러자 어쩔 수 없이 실라와 디모데를 그곳에 둔 채 바울은 배를 타고 아덴으로 갔다. 이후 실라와 디모데와 아덴에서 합류하게 되자 급히 떠나옴으로 지나온 지역의 상황이 궁금했던 바울은 실라를 빌립보로, 디모데를 데살로니가로 보냈다.

한편 아덴에 머물러있던 바울은 "온 성에 우상이 가득한 것을 보고 마음에 분하여" 그들과 변론했고 에피큐로스 학자들, 스토아 학자들과 쟁론을 벌이기도 했다.

그런 다음 고린도에까지 내려왔다. 이곳에서는 브리스길라와 아굴라 부부를 만나게 된다. 그들은 글라우디오 황제의 칙령(나사렛 칙령, AD 49-50) 때문에 로마에서 추방되어 고린도에 온 부부였다. 바로 그 집에서 고린도 교회가 설립된다.

시간이 지나자 빌립보와 데살로니가에 갔던 실라와 디모데가 고린도에 도착했다(18:5). 바울은 '빌립보는 안전하다'는 실라의 말에 하나님께 감사했고 데살로니가는 '재림관'이 부족하다는 말에 '재림서신'인 데살로니가 전후서를 기록하여 보냈다.

고린도에서는 18개월을 머물며 말씀을 가르쳤다. 한편 고린도에서 함께 했던 브리스길라와 아굴라 부부는 바울이 그곳을 떠날 때 기꺼이 그 행렬에 동참했다. 그들 모두는 함께 겐그레아 항구로 내려가 그곳에서 배를 타고 에베소에 이르렀다. 겐그레아에서는 바울이 머리를 깎으며 나실인의 서원을 해지하기도 했다.

에베소에 도착한 후 바울은 이들 부부를 에베소에 남겨둔 채 다시 배를 타고 가이사랴에 상륙했다. 예루살렘 교회를 방문 후 수리아 안디옥으로 돌아왔다. 약 1년간의 재충전의 시간을 가졌다.

3차 전도여행은 AD 53-57년경으로 다시 수리아 안디옥 교회에서 출발하여 길리기아의 다소, 더베, 루스드라, 이고니온, 비시디안 안디옥을 포함한 갈라디아와 브루기아 곧 "윗 지방"을 거쳐 에베소로 갔다.

교회의 사정을 살펴보니 대부분의 에베소 교인들은 요한의 세례만 들은 상태였다. 그리하여 바울은 저들에게 회당에서 석 달 동안 '하나님나라'를 강론했고 두란노에서는 집중적으로 제자들을 2년 동안 날마다 양육했다.

"이 일이 다 된 후(행 19:21)"에 바울은 2차 선교여행에서 만났던 믿음의 형제들이 생각나서 그곳을 방문하며 지나는 곳곳마다 재차 복음과 말씀을 전하며 그들을 견고하게 했다. 그리하여 에베소에서 북쪽으로 올라가 드로아에 도달했다.

그곳에서 다시 배를 타고 에게 해를 건넜다. 그리고는 네압볼리 항구, 빌립보, 암비볼리, 아볼로니아, 데살로니가, 베뢰아, 아덴, 고린도에 들러 (행 20:3) 믿음의 형제들과 정겨운 말씀의 교제를 했다. 이때 대략 고린도에는

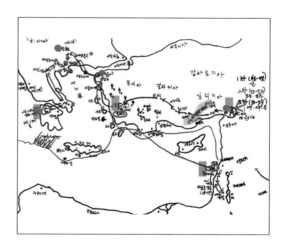

3개월 정도 머물며 로마서를 기록했다.

이후 다시 빌립보까지 올라가게 된다. 이때 고린도에서 겐그레아 항구로 내려가 2차 때와 마찬가지로 해로를 이용하려 했으나 유대인들이 해상에서 살해하려 한다는 정보를 듣게 된다. 그리하여 육로로 다시 빌립보까지 올라가 그곳 빌립보에서 무교절을 보낸 후 '닷새' 만에(행 20:6, 행 16:11 이틀만에) 드로아에 도착하여 이레(7일)을 머물렀다. 그때의 유명한 이야기가 바로 유두고라는 청년 이야기(행 20:7-12)이다.

드로아에서 다시 홀로 육로로 내려온 바울은 먼저 앗소에 가있던 형제들을 만나 배를 타고 미둘레네, 기오, 사모, 밀레도에 이르렀다(행 20:13-15). 밀레도에서는 에베소의 장로들을 청하여(행 20:17) 말씀으로 교제한 후 고스, 로도, 바다라로 가서 배를 타고 구브로 섬의 아래를 지나며 베니게의 두로로 갔다(행 21:1-3). 일주일 후 돌레마이에서 가이사랴 빌립의 집에 이르게 된다(행 21:4, 7-8). 이후 예루살렘에 갔다가 재판 후 로마에 가서 재판을 받기 위해 가이사랴의 헤롯궁 감옥에서 2년(AD 58-59)을 머물게 된다. 그리고는 로마로 이송되어 감옥에 1차(AD 61-63)로 투옥된다(행 28:30-31).

사도행전의 이상한 결말이다. 이는 아마도 그 다음 이야기는 우리가 이어 나가라는 성령님의 인도하심으로 나와 공저자는 해석하고 있다. 그리하여 지금까지 '우리들의 작은 이야기'가 이어져 가고 있는 것이다.

4차 전도여행은 AD 61-63년으로 로마의 감옥 곧 상옥에 1차로 2년간 갇히게 된다.

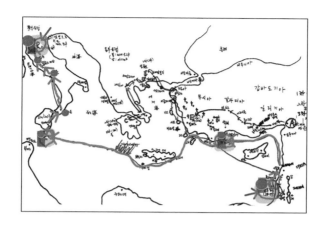

　이때에는 죄수의 신분으로 아드라뭇데노로 가는 연안의 작은 배를 타고 가이사랴에서 시돈을 거쳐 연안을 따라 루기아의 무라 성에 이른다. 그곳에서 이달리야로 가는 큰 배 알렉산드리아로 갈아타고 그니도, 살모네 갑, 그리고 그레데 섬의 미항을 지나 뵈닉스로 가려다가 유라굴로(북동풍)에 밀려 죽을 뻔하다가 멜리데에 도착한다. 그곳에서 3개월을 지나며 과동한 후 알렉산드리아 배를 타고 시실리아의 수라구사, 본토의 레기온, 보디올에 이른다. 거기서 예수 그리스도 안에서 한 지체된 형제들을 만나 교제 후 압비오 저자, 삼관에 이르렀는데 로마의 형제들이 그곳에 마중나옴으로 바울은 더욱더 힘을 얻게 되었다.

　드디어 로마에 들어가(행 28:16) 상옥에 갇히게 되는 것(셋집)으로 사도행전 28장은 막을 내린다. 앞서 언급했지만 너무나 어정쩡한 결론이 아닐 수 없다. 뭔가 마무리되지 않은 듯한 느낌이다. 나와 공저자는 이것이야 말로 사도행전이 성령행전이며 오로지 성령님의 인도 하에 가라면 가고

서라면 서야 하는 것이라고 생각한다. 더 나아가 계속하여 그 다음 장은 한 번의 유한된 인생에서 '우리들의 작은 이야기'를 적어 나가라는 것으로 해석한다.

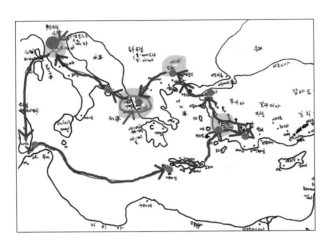

참고로 AD 63년에 풀려난 바울은 스페인을 포함하여 지난날 다녔던 평생의 전도여행 지역을 다니며 말씀으로 굳게 하며 교제하다가 AD 66년경에 니고볼리에서 체포되어 아드리아해를 건너 로마에 2차(AD 67-68년)로 갇히게 된다. 이때는 사형수가 갇히던 하옥(下獄)이었다. 그 다음 해인 AD 68년에 사도 바울은 순교를 당함으로 하나님의 품에 안기게 된다.

돌이켜 보면 사도 바울은 가는 곳마다 일관되게 공중 앞에서 '예수는 그리스도'라고 증거하며 '하나님나라'를 전했다. 그의 모든 관심은 '복음과 십자가, 그리고 하나님나라'였다. 그의 외침은 평생을 통틀어 동일하였는데 다음과 같다.

"저희가 날마다 성전에 있든지 집에 있든지 예수는 그리스도라 가르치

기와 전도하기를 쉬지 아니하니라"_행 5:42

"오직 성령이 각 성에서 내게 증거하여 결박과 환난이 나를 기다린다 하시나 나의 달려갈 길과 주 예수께 받은 사명 곧 하나님의 은혜의 복음 증거하는 일을 마치려 함에는 나의 생명을 조금도 귀한 것으로 여기지 아니하노라"_행 20:23-24

"내가 너희 중에서 예수 그리스도와 그의 십자가에 못 박히신 것 외에는 아무것도 알지 아니하기로 작정하였음이라"_고전 2:2

"그러나 내게는 우리 주 예수 그리스도의 십자가 외에 결코 자랑할 것이 없으니 그리스도로 말미암아 세상이 나를 대하여 십자가에 못 박히고 내가 또한 세상을 대하여 그러하니라"_갈 6:14

"내가 복음을 전할찌라도 자랑할 것이 없음은 내가 부득불 할 일임이라 만일 복음을 전하지 아니하면 내게 화가 있을 것임이로라"_고전 8:16

""내가 복음을 위하여 모든 것을 행함은 복음에 참예하고자 함이라"_고전 9:23

"나의 간절한 기대와 소망을 따라 아무 일에든지 부끄럽지 아니하고 오직 전과 같이 이제도 온전히 담대하여 살든지 죽든지 내 몸에서 그리스도가 존귀히 되게 하려 하나니 이는 내게 사는 것이 그리스도니 죽는 것도 유익함이니라"_빌 1:20-21

"우리가 살아도 주를 위하여 살고 죽어도 주를 위하여 죽나니 그러므로 사나 죽으나 우리가 주의 것이로다"_롬 14:8

18-1 이 후에 바울이 아덴을 떠나 고린도에 이르러

아덴(Athens)은 피라에우스 항구에서 약 8km 떨어진 내륙도시로 에게 해의 지류인 샤론 만에 위치해 있었고 북쪽 파르네스 산, 동쪽 펜텔리쿠스 산, 남동쪽 히멧투 산으로 둘러싸인 좁은 평지로서 아크로폴리스(Acropolis, 아크로-높은 곳, 폴리스-도시, 성읍의 높은 곳, 높은 도시) 바위 언덕에 세워진 요새화된 성채였다. 이곳에 파르테논 신전(아테나 여신에게 바쳐진 신전)이 위치해 있다. 아덴의 수호 여신인 아테나(싸움과 지성의 여신, 로마에서는 미네르바)에서 그 이름을 따온 듯하다.

고린도(Corinth, '뿔')는 그리스 본토와 펠로폰네소스(Peloponnesos) 반도를 연결하는 좁다란 지협(地峽)에 위치한 항구도시이다. 이곳의 고린도 운하(Corinthos Canal)는 협소하기는 하나 역사적으로 우여곡절이 하도 심해 유명세를 탔던 곳이다. 이곳에는 아프로디테 신전이 있어 1,000여 명의 여사제들이 종교의식으로 매춘을 하기도 했다. 그만큼 성적 부도덕이 심했던 곳이다. Bruce에 의하면, 고린도 사람은 '성적 부도덕한 사람'으로, 고린도 아가씨는 '매춘부'라는 등식이 있을 정도였다고 한다. 아덴과 마찬가지로 다신교가 성행했던 우상숭배의 도시였다.

아덴에서 고린도까지는 아마 배를 타고(해로는 하룻길, 육로는 이틀길, 65km) 이동했던 듯하다(고후 11:25, Lewin).

2 아굴라라 하는 본도에서 난 유대인 하나를 만나니 글라우디오가 모든 유대인
을 명하여 로마에서 떠나라 한 고로 그가 그 아내 브리스길라와 함께 이달리야
로부터 새로 온지라 바울이 그들에게 가매

아굴라와 브리스길라는 부부[195]로서 아굴라(Aquila, Ἀκύλας, nm)는 라
틴어로 '독수리(Latin aquila (an eagle))'라는 의미이며 브리스길라(Priscilla,
Πρίσκιλλα, nf)는 '브리스가(Prica, Πρίσκα, Prisca, Priscilla)'의 애칭으로 로마의
귀족 가문인 '브리스가 집안'인 듯하다.

"본도(Pontus)"는 흑해 남동쪽, 소아시아 지방의 왕국(BC 302-63)이었으나
로마에 정복당한 후 비두니아와 본도로 분할되었고 일부는 갈라디아 지
역에 편입되기도 했다.

당시 로마의 4대 황제였던 글라우디오(AD 41-54, Claudius, 2대 황제 티베리우스
의 조카, 병약, 말더듬이, 절름발이)는 칙령(글라우디오 칙령 혹은 나사렛 칙령, AD 49-50년, 로마
로부터 모든 유대인 추방 명령, 약 25,000여 명)을 내렸다. 그리하여 이들 부부는 고린
도에 오게 되었던 것이다. 칙령을 내린 표면적인 이유는 당시 크레스투스
(Chrestus)라는 사람의 선동으로 인해 유대교도와 기독교도 사이에 잦은 분

---

195 아굴라(Aquila, Ἀκύλας, nm)는 the Greek way of writing the Latin Aquila, a male proper
name; the husband of Priscilla (Prisca), and a Jew, of a family belonging to (Sinope in ?) Pontus)
로서 라틴어로 '독수리(Latin aquila (an eagle))'라는 의미이며 브리스길라(Priscilla, Πρίσκιλλα, nf)
는 Prisca, Priscilla, the former being the more correct and formal name, the latter a diminutive
and more familiar; a Roman lady, probably of good birth, wife of the Jewish Christian Aquila)
로서 '브리스가(Prica, Πρίσκα, Prisca, Priscilla, the former being the more correct and formal
name, the latter a diminutive and more familiar; a Roman lady, probably of good birth, wife of
the Jewish Christian Aquila/(a Latin name (literally, 'ancient')이다.

쟁이 일어나 사회가 혼란스럽다라는 것이었다.

참고로[196] 크레스투스(Chrestus)에 관하여는 실제적 인물로서 로마의 유대인 박해에 항거한 인물이라는 견해(Meyer, Edwin Judge, Benko)와 그리스도(Christus, Χριστός)의 잘못 전해진 이름이라는 견해(Knowling, F.F. Bruce, H. Chadwick, J.A. Fitzmyer)가 있다. 후자의 경우 예루살렘(행 8장), 비시디아 안디옥(행 13:50), 이고니온과 루스드라(행 14장), 데살로니가와 베뢰아(행 17장)에서 일어났던 유대인들의 기독교인들에 대한 집단 린치 사건 등등으로 보아 가능성이 커 보인다. 당시 로마의 4대 황제 글라우디오는 기반이 약하여 폭동에 대한 두려움이 많았다. 그러던 차에 '나사렛 칙령'을 통해 로마에서 유대인들을 추방할 구실을 얻었을 뿐만 아니라 그들의 재산까지 몰수한 후에 추방이라는 두 마리 토끼를 다 잡았던 것이다.

3 업이 같으므로 함께 거하여 일을 하니 그 업은 장막을 만드는 것이더라

당시 유대인 서기관들이나 율법학자들은 자신의 가르침에 대한 대가로 보수받는 것을 삼갔다. 바울 또한 그러한 것에 영향을 받아 Tentmaker로 살았던 듯하다.

참고로 바울의 고향 길리기아 다소는 길리기움(cilicium)이라는 산양 혹은 염소털로 만든 '길리기야 피륙'이 많이 생산되어 이를 천막에 이용했

---

196 존더반 신약주석 <강해로 푸는 사도행전>, 에크하르트 J. 슈나벨, 디모데, 2018. P796-797/그랜드 종합주석 14, p410

었다고 한다(Hervey). 그렇기에 바울은 어릴 때부터 천막 기술을 배운 듯하다. 더 나아가 유대인들은 바벨론 포로기 이후 자식들에게 율법과 기술을 동시에 전수하며 경제적 자립 훈련을 시켰다.

4 안식일마다 바울이 회당에서 강론하고 유대인과 헬라인을 권면하니라

바울은 주중에는 열심히 Tentmaker로 일하다가 안식일이 되면 회당에 가서(행 17:2) '예수, 그리스도, 생명'을 전하며 구약에서 오시마 약속하신 메시야(מָשִׁיחַ)가 바로 예수라는 것을 증거(행 17:2-3)하였다.

당시 세계 도처에는 북 이스라엘 왕국과 남 유다 왕국이 멸망할 때 흩어진(디아스포라) 유대인들이 있었는데 그들은 가는 곳마다 회당을 세웠다. 그곳에서 유대인들은 구약을 가르쳤고 야훼(יְהוָה) 하나님을 전했다. 이때 개종한 이방인들이 이 구절에서의 헬라인들(Ἕλλην, nm, a Hellene, the native word for a Greek; it is, however, a term wide enough to include all Greek-speaking (i.e. educated) non-Jews)이다.

5 실라와 디모데가 마게도냐로서 내려오매 바울이 하나님의 말씀에 붙잡혀 유대인들에게 예수는 그리스도라 밝히 증거하니

"실라와 디모데가 마게도냐로서 내려오매"라는 것은 베뢰아에서 전도할 때 데살로니가 유대인들이 쫓아와 방해함으로 바울은 급히 아덴으로 피신했다(행 17:13-15). 이후 실라와 디모데를 아덴에서 만난 후 실라는 선교헌금 후원을 위해 빌립보로(빌 4:15), 디모데는 데살로니가로(살전 3:2) 파송하며 고린도에서 다시 만나기로 약속했다가 지금 만난 것을 가리키고 있다.

실라가 가져온 선교헌금으로 인해 복음 전파에 더욱 매진할 수 있었다. 디모데로부터 데살로니가 교회의 이야기를 듣고 그들을 위로하고 격려하기 위해 고린도에서 쓴 바울 서신(AD 50경)이 데살로니가 전서이고 재림과 종말 신앙, 기도와 규율에 대해 쓴 것이 데살로니가 후서이다.

맛소라 사본(Masoretic Text)과 달리 공인 본문(Textus Receptus)에는 "하나님의 말씀에 붙잡혀"라는 말 대신에 "성령에 사로잡혀"라고 기록되어 있다. 사도행전이 성령행전임을 보여주고 있는 것이다. 또한 아덴에서 복음에 올인하는 대신에 철학적인 접근을 하다가 실패했던 아픔(고전 2:1-5, 15:1-11, 행 17장)을 생각하고 오직 진리의 영이신 성령님께 붙잡혀 하나님의 말씀(십자가의 도)만을 전했다라는 것을 의도적으로 드러내고 있는 것이다.

6 저희가 대적하여 훼방하거늘 바울이 옷을 떨어 가로되 너희 피가 너희 머리로 돌아갈 것이요 나는 깨끗하니라 이 후에는 이방인에게로 가리라 하고

"훼방하다"의 헬라어는 블라스페메오[197](βλασφημέω, v)인데 이는 '중상

---

197 블라스페메오(βλασφημέω, v)는 to slander, to speak lightly or profanely of sacred things/ (from blax, "sluggish, slow" and 5345 /phḗmē, "reputation, fame") - properly, refusing to

하다, 모독하다'라는 의미로 바울을 신성모독죄로 몰아가려는 의도가 숨어있다.

"옷을 떨어 가로되"라는 것은 먼지를 떨어버리는 것으로 엄숙한 맹세나 저주를 선포할 때 종종 사용(느 5:13, 행 13:51, 눅 9:5, 10:11)되었다. "너희 피가 너희 머리로 돌아갈 것이요"라는 것은 복음을 배척한 고린도의 유대인들을 향한 심판을 의미한다. 동시에 영적 지도자로서 최선을 다해 복음을 전하였으므로 그 책임은 복음을 받아들이지 아니한 너희에게 있음을 천명하고 있다. 이는 에스겔 33장 4-9절의 말씀을 마음에 새겼던 바울의 태도였다.

"나는 깨끗하니라(καθαρὸς ἐγώ)"에서의 카다로스[198](καθαρὸς, adj)는 동족 유대인들의 구원을 위해 할 만큼 했다라는 의미로 복음전도자로서 '나는 무죄하다'라는 것을 천명하고 있는 말이다.

"이방인에게로 가리라"는 것은 이제 후로는 '나실인의 서원해지'를 통해 이방선교를 선포하고 있는 것으로 그렇기에 18절에는 "겐그레아에서 머리를 깎았더라"고 기록되어 있다.

---

acknowledge good (worthy of respect, veneration); hence, to blaspheme which reverses moral values)이다.

198 카다로스(καθαρὸς, adj)는 clean, pure, unstained, either literally or ceremonially or spiritually; guiltless, innocent, upright/(a primitive word) - properly, "without admixture" (BAGD); what is separated (purged), hence "clean" (pure) because unmixed (without undesirable elements); (figuratively) spiritually clean because purged (purified by God), i.e. free from the contaminating (soiling) influences of sin)이다.

7 거기서 옮겨 하나님을 공경하는 디도 유스도라 하는 사람의 집에 들어가니 그 집이 회당 옆이라

로마식 이름을 가진 디도(Titus)는 로마 시민권자로서 헬라식 이름은 유스도[199](Ἰοῦστος, nm, Justus)였는데 '정의(justice)'라는 이름의 의미답게 '하나님을 경외하는 자(행 18:7)"였다.

그는 유명한 도공(陶工) 가계의 사람으로 로마의 명문가 집안이었다. 그의 본명은 가이오(Gaius)이다. 그렇다면 고린도 교회의 식주(食主)인 가이오와 동일인(롬 16:23)으로 고린도 전도 초기에 바울에게 직접 세례를 받은(고전 1:14) 극소수 사람 중 하나일 것이다.

8 또 회당장 그리스보가 온 집으로 더불어 주를 믿으며 수다한 고린도 사람도 듣고 믿어 침례를 받더라

당시에는 한 회당에 여러 명의 회당장이 있었다. 그중 한 명이 그리스보(Crispus, 곱슬곱슬하다)였는데 그는 바울의 귀한 동역자였다(고전 1:14-16). 전승에 의하면(Apostolic Constitutions, VII. 46) 그리스보는 훗날 아에기나(Aegina, 아덴 근처의 섬)의 감독이 되었다고 한다.

---

199 유스도(Ἰοῦστος, nm, Justus)는 (a) a surname of Joseph Barsabbas, one of the two nominated to fill Judas' place as apostle, (b) Titius Justus, a Corinthian Christian, (c) surname of Jesus, a Christian with Paul in Rome)이다.

참고로 고린도 교회(아가야)의 첫 열매는 스데바나와 그의 가족이었던 듯하다(고전 16:15).

"수다한 고린도 사람"이란 디아스포라 유대인이 아닌 '헬라인'과 '이주해 온 로마인'을 가리킨다. 이때의 개종자 중에는 유스도, 그리스보 외에도 에배네도와 스데바나(롬 16:5, 고전 16:15), 브드나도(Φορτουνάτος, nm, "prosperous, lucky", Fortunatus, a Christian)와 아가이고(출생지(아가야)의 이름, 고전 16:17) 등이 있다.

고린도에서 복음 전도가 활발했던 것은 아마도 실라와 디모데의 동역이 컸을 듯하다. 한편 바울은 그리스보, 가이오, 스데바나에게 세례를 주었고 다른 사람들은 실라와 디모데에게 세례를 받았다(고전 1:14-16).

9 밤에 주께서 환상 가운데 바울에게 말씀하시되 두려워하지 말며 잠잠하지 말고 말하라 **10** 내가 너와 함께 있으매 아무 사람도 너를 대적하여 해롭게 할 자가 없을 것이니 이는 이 성중에 내 백성이 많음이라 하시더라 **11** 일 년 육 개월을 유하며 그들 가운데서 하나님의 말씀을 가르치니라

"환상"의 헬라어는 호라마[200](ὅραμα, nn)인데 이는 비록 황홀경 중이기는 하나 분명한 시각적, 청각적 계시를 받는 것(행 9:4, 16:9, 22:17-18)을 가리

---

200 호라마(ὅραμα, nn)는 that which is seen/(a neuter noun derived from 3708 /horáō, "to see, spiritual and mentally") - a vision (spiritual seeing), focusing on the impact it has on the one beholding the vision (spiritual seeing). See 3708 (**horaō**)이다.

킨다.

　"두려워하지 말고 잠잠하지 말고 말하라"는 것의 배경은 고린도전서 2장 3절을 통해 잘 알 수 있다. 바울은 빌립보에서, 데살로니가에서, 그리고 베뢰아에서 유대인들의 집요한 공격을 받았었다(행 16-17장). 그러다 보니 계속되는 박해와 방해 공작에 대해 제한된 인간으로서의 바울 또한 고린도에서도 걱정이 되었을 것이다. 그런 바울을 향해 성령님은 두려워도 말고 잠잠하지도 말라고 하신 것이었다. 한편 이런 유의 말씀은 하나님께서 구약에서도(출 3:12, 수 1:5, 9, 8:1, 렘 1:8) 동일하게 주시곤 하셨다.

　이후로도 지속적으로 하나님은 힘들고 어려울 때마다 바울에게 힘과 용기를 주시곤 하셨다(행 23:11, 27:23).

　"내가 너와 함께 있으매"라는 말씀은 마태복음 28장(18-20)에서 예수님께서 승천하실 때 제자들에게 주셨던 말씀이다. 그리스도인들에게는 늘 함께하시는 삼위하나님이 계신다. 우리 하나님은 앞서 가시며(나하흐의 성부하나님), 함께 하시며(에트의 성자하나님), 뒤에서 밀어주시고 방향을 정해주시며 밀어주시고 동행하신다(할라크의 성령하나님).

　지금도, 앞으로도 영원히.

　"너를 대적하여 해롭게 할 자가 없을 것이니"라는 것은 감당케 하시고 피할 길을 내신다(고전 10:13)라는 의미이다. 또한 "내 백성이 많음이라"에서의 '내 백성'이란 만세 전에 택정된 하나님의 백성들을 가리킨다.

　18개월 동안 바울은 고린도를 중심으로 겐그레아(롬 16:1)와 아가야 전 지역에(고후 1:1) 복음을 전했다. 우리가 알아야 할 것은 사역자이건 성도

이건 간에 "하나님의 말씀"이 가장 앞서가야 한다는 것이다. 성령님보다 앞서서는 안 된다. '오직 말씀(Sola Scriptura)', '오직 복음', '오직 예수(Solus Christus)'인 것이다. 그러므로 나는 지난날부터 지금까지 제자들에게 주제설교보다는 강해설교를 강권해왔다.

12 갈리오가 아가야 총독 되었을 때에 유대인이 일제히 일어나 바울을 대적하여 재판 자리로 데리고 와서 13 말하되 이 사람이 율법을 어기어 하나님을 공경하라고 사람들을 권한다 하거늘

"갈리오"는 코르도바 출신인 유명한 스토아 철학자로서 그의 본명은 마르쿠스 안네우스 노바투스(Marcus Annaeus Novatus)이며 로마의 5대 황제 네로의 스승인 세네카(Seneca)의 형제이다. 교양이 있고 온화했던 그는 AD 51년 아가야의 총독이 되었다. AD 65년 네로의 암살에 동조하다가 세네카와 함께 네로에게 죽임을 당했다.

"아가야"는 원래 펠로폰네소스 반도의 일부 지역이었으나 후에는 그리스의 남반부 지역(아덴, 고린도)을 가리키는 지역이 되었고 북반부는 마게도냐(빌립보, 데살로니가, 베뢰아)라고 했다. 갈리오가 아가야의 새로운 총독으로 부임한 시기를 틈타 "유대인들이 일제히 일어나" 고소한 것을 보면 그들의 간교함과 악함을 볼 수 있다.

13절에서의 "율법"이란 유대인의 율법이 아니라 '로마법'을 가리킨다 (Blass). 한편 고린도에서의 바울에 대한 고소는 빌립보(행 16:20), 데살로니가(행 17:6-7)에서 있었던 정치적 이슈와는 달리 로마법을 위반한 불법종교를 전파함에 관한 것이었다. 참고로 당시 로마는 유대교만을 종교로 공인했었다(Bruce). 기독교 공인은 훨씬 뒤인 AD 313년의 콘스탄틴 대제 때 이루어졌다.

"하나님을 공경하라고 사람들을 권한다 하거늘"이 가리키는 것은 불법종교를 권함으로 로마법을 어겼다라고 뒤집어씌우며 바울을 고소한 것을 말한다.

14 바울이 입을 열고자 할 때에 갈리오가 유대인들에게 이르되 너희 유대인들아 만일 무슨 부정한 일이나 괴악한 행동이었으면 내가 너희 말을 들어주는 것이 가하거니와

갈리오는 유대인들의 고소가 합당치 않음을 금방 간파하고는 유대인들의 그 고소를 재빨리 기각해 버린다. 당시 원고와 피고는 마주 보며 원고의 고소에 대해 피고가 자신을 변호할 수 있게 했다. 더 나아가 "부정한 일이나 괴악한 행동" 등 로마법을 어기는 범법행위나 미풍양속을 저해하는 사악한 행위 외에는 판결하지도 않았다.

결국 이런 "갈리오의 관습법(판례법)"에 따라 훗날 바울은 로마의 가이사에게로 갈 계기가 주어지게 된다(19:21, 25:6-12, 28:16).

15 만일 문제가 언어와 명칭과 너희 법에 관한 것이면 너희가 스스로 처리하라 나는 이러한 일에 재판장 되기를 원치 아니하노라 하고 **16** 저희를 재판 자리에 서 쫓아내니

"언어"란 헬라어로 로고스[201](λόγος, nm)인데 이는 교리나 말씀을 말하며 "명칭"의 헬라어는 오노마[202](ὄνομα, nn)인데 이는 예수님의 이름을 가리킨다.

한편 "법"의 헬라어는 노모스[203](νόμος, nm)인데 이는 율법에 대한 해석 상의 문제를 의미한다.

17 모든 사람이 회당장 소스데네를 잡아 재판 자리 앞에서 때리되 갈리오가 이 일을 상관치 아니하니라

"모든 사람"이 가리키는 것은 전기의 사본에는 '모든 헬라인들'을 지칭

---

201 로고스(λόγος, nm)는 a word (as embodying an idea), a statement, a speech/(from 3004 /légō, "speaking to a conclusion") - a word, being the expression of a thought; a saying. 3056 /lógos ("word") is preeminently used of Christ (Jn 1:1), expressing the thoughts of the Father through the Spirit이다.

202 오노마(ὄνομα, nn)는 a name, authority, cause/name; (figuratively) the manifestation or revelation of someone's character, i.e. as distinguishing them from all others. Thus "praying in the name of Christ" means to pray as directed (authorized) by Him, bringing revelation that flows out of being in His presence. "Praying in Jesus' name" therefore is not a "religious formula" just to end prayers (or get what we want)이다.

203 노모스(νόμος, nm)는 usage, custom, law; in NT: of law in general, plur: of divine laws; of a force or influence impelling to action; of the Mosaic law; meton: of the books which contain the law, the Pentateuch, the Old Testament scriptures in general/law. 3551 (**nómos**) is used of: a) the Law (Scripture), with emphasis on the first five books of Scripture; or b) any system of religious thinking (theology), especially when nomos occurs without the Greek definite article이다.

하기에 "회당장 소스데네를 잡아 재판 자리 앞에서 때리되"라는 것은 당시 반(反) 유대주의로 인해 헬라인들이 유대인들의 지도자 중 하나인 회당장 소스데네를 잡아 때린 것을 말한다(Meyer, Brucem Alford).

반면에 후기의 사본에는 '모든 유대인들'로 되어있다. 그러므로 유대인들의 견해를 소스데네가 갈리오에게 잘 전달하지 못했다는 이유로 유대인들에게 맞은 것이 된다(Weiss, Knowling).

한편 "소스데네(고전 1:1, 고린도교회 4대 감독)"는 이 일 이후로 전화위복(轉禍爲福)이 되어 아예 철저한 기독교인이 되었다(고전 1:1). 그는 그리스보와 더불어 고린도 회당의 여러 회당장 중의 하나였을 가능성이 있다. 아니면 그리스보가 개종하자 그 후임으로 임명되었을 가능성이 있다. 참고로 고린도 교회의 1대 감독은 바울이었다. 뒤이어 2대는 실라, 3대는 아볼로였다.

18 바울은 더 여러 날 유하다가 형제들을 작별하고 배 타고 수리아로 떠나갈새 브리스길라와 아굴라도 함께 하더라 바울이 일찍 서원이 있으므로 겐그레아에서 머리를 깎았더라

"더 여러 날"이란 정확히는 알 수 없으나 고린도에 머문 18개월(행 18:11) 내에 속할 것이다. 고린도를 종착지로 2차 전도여행을 마치고 귀향하기 위해 겐그레아 항구에서 배를 타고 에베소를 거쳐 가이사랴에 상륙 후 예루살렘 교회에 들러 안부를 물은 후 다시 수리아 안디옥 교회로 돌아왔다(18:199-22).

히브리어나 헬라어는 순서가 중요한데 이 구절에서는 "브리스길라와 아굴라"라고 아내가 먼저 언급되었다. 이는 그녀가 먼저 그리스도인이 되었거나 아마 조금 더 신실한 그리스도인이었기 때문으로 추측한다.

"머리를 깎았더라"는 것에서는 고린도에서의 나실인(민 6:1-21, נָזִיר, nm, one consecrated, devoted/from נָזַר, v, to dedicate, consecrate)으로서의 서원을 겐그레아에서 해지한 것을 가리킨다. 그렇게 해야만 이방인들에게로 갈 수 있었기 때문이다. 참고로 '나실인'에는 두 종류가 있는데 '평생 나실인'과 '일정 기간 나실인'이 있다. 후자의 경우 기간이 종료되면 머리카락을 잘라 하나님 앞(화목제물 밑에 있는)에서 불태웠다(민 6:18-20). 결국 바울이 이렇게 한 이유는 이방인의 사도에로의 출발을 선언한 것이다.

"겐그리아"는 고린도 시의 동쪽 10km 지점에 있는 항구도시인데 이곳에는 겐그레아 교회 뵈뵈(롬 16:1-2, Phoebe, '빛나는, 맑고 깨끗한')라는 여집사가 있었다. 오늘날의 키크리스(Kichries)이다.

19 에베소에 와서 저희를 거기 머물러 두고 자기는 회당에 들어가서 유대인들과 변론하니 20 여러 사람이 더 오래 있기를 청하되 허락지 아니하고

"에베소"는 원로원과 시의회를 갖춘 자유도시로 아데미(Artemis) 신전이 있었다. 또한 유대인 거주지도 있었다. 바울은 이후 3차 전도여행 시 이곳을 주(主) 거점으로 삼아 3년간(행 19:8-10) 복음을 전했다. 훗날 자신의 믿음의 아들인 디모데가 에베소의 감독(딤전 1:3-4)이 되었던 곳이다. 사도 요한 또한 그의 말년을 이곳에서 보내며 성경을 기록(요한복음, 요한 1, 2, 3서, 요한 계시록)했다고 한다.

참고로 AD 431년에는 이곳에서 세계 제3차 교회 회의가 열렸는데 곧 '에베소 공의회(Council of Ephesus)'이다.

당시 알렉산드리아의 대주교였던 시릴(Cyril)은 그리스도의 신성을 중시(또한 마리아를 하나님의 어머니로 호칭)하며 에베소 주교였던 멤논(Memnon)의 지지를 받았다. 반면에 콘스탄티노플(Byzantium) 대주교였던 네스토리우스(Nestorius)는 그리스도의 인성을 중시(마리아는 그리스도의 육신의 어머니이나 하나님의 어머니라는 호칭에는 반대)함으로 안디옥 학파의 안디옥 주교였던 요하네스 일파의 지지를 받았다. 결과는 네스토리우스가 이단으로 정죄되고 말았다.

"더 오래 있기를 허락지 아니하고"라는 것은 그 다음 절인 21절에서 답이 나오는데 '모든 일에 하나님의 뜻을 따르기 위함'이라는 것이다. 물론 시기적으로 보면 바울은 당시 예루살렘에서의 4월 초순의 유월절이나 오순절에 참석하기 위함이었으며 또한 기후나 날씨 등등 여러가지 상황과 환경을 고려했기 때문이었다. 참고로 당시에는 일반적으로 지중해에서의 겨울 항해는 날씨 때문에 3월까지는 금지였었다고 한다.

21 작별하여 가로되 만일 하나님의 뜻이면 너희에게 돌아오리라 하고 배를 타고 에베소를 떠나 **22** 가이사랴에서 상륙하여 올라가 교회의 안부를 물은 후에 안디옥으로 내려가서

이 구절에서 보듯 우리는 매사 매 순간에 먼저 "하나님의 뜻"을 묻고 그에 따라 하나님의 뜻이 이해되든 아니든 간에 순종하고 나아가야 한다.

비잔틴 사본(Byzantine Text)에는 21절의 초두에 '나는 예루살렘에서 곧 다가올 절기를 반드시 지켜야 한다'라는 말이 있다. 그렇다면 20절의 "더 오래 있기를 청하되 허락지 아니하고"라는 말이 자연스럽게 이해가 된다.

"가이사랴"는 예루살렘 북서쪽 105km 지점의 지중해 연안의 항구도시로서 빌립 집사의 고향이기도 하다. 젊은 날에 빌립의 친구였던 스데반을 죽임으로 빌립과는 원수지간이 되었던 바울이 성령님의 인도하심으로 훗날(AD 58-59년경) 일부러 가이사랴에 있던 빌립의 집으로 찾아가 극적인 화해를 이루었던 곳(행 21:8)이다.

바울은 회심 후에 5차례 예루살렘을 방문했다. 첫째는 다메섹에서 피신하여 간 것(행 9:26-30, 갈 1:18-20)이고 둘째는 예루살렘에 흉년이 들어 어려울 때 바나바와 디도와 함께 부조(봉사, 헌금)를 전달하기 위해 방문했고(행 11:27-30) 셋째는 예루살렘 공의회 참석차 방문했다(행 15:1-33). 즉 1차 전도여행(AD 46-48년) 후의 일이다. 넷째는 2차 전도여행(AD 50-52년)의 말미에 잠시 예루살렘을 방문했고(행 18:22) 다섯째는 3차 전도여행(AD 53-57년) 후 예루살렘에 갔다가 로마의 황제에게 재판을 받기 위해 2년간 가이사랴의 헤롯궁 감옥에 갇혔던 때(행 20:17-24:27)였다.

23 얼마 있다가 떠나 갈라디아와 브루기아 땅을 차례로 다니며 모든 제자를 굳

게 하니라

이 구절은 곧 바로 19장 1절로 연결된다. 2차 전도여행이 AD 50-52 년경이었기에 "얼마 있다가"라는 것은 1년여 정도인 것으로 보인다. 이 구절부터 3차 전도여행(AD 53-57년)이 시작된다.

갈라디아와 브루기아의 땅이란 2차 전도여행지를 말하며 3차 전도여 행에서 다시 그곳을 방문한 것은 그곳에 있는 제자들을 '복음과 말씀'으 로 굳게하기 위함이었다. 여기서 "굳게 하다"의 헬라어는 에피스테리조 [204] (ἐπιστηρίζω, v)인데 이는 '견고케 하다, 힘있게 만들다'라는 의미이다.

24 알렉산드리아에서 난 아볼로라 하는 유대인이 에베소에 이르니 이 사람은 학문이 많고 성경에 능한 자라

"알렉산드리아"는 알렉산더 대왕(알렉산드로스 3세)이 페르시아에게서 애굽 을 빼앗은 것을 기념하여 BC 331년 나일강 유역 서쪽의 삼각주에 세운 도시이다.

이 도시는 헬라문명과 로마문명의 기초 하에 건립되었으며 애굽인, 헬 라인, 유대인, 로마인 등 다민족으로 구성되었고 헬라어를 공용으로 사용

---

204 에피스테리조(ἐπιστηρίζω, v)는 to make stronger/(from 1909 /ep⊠, "suitably on, fitting" and 4741 /stērízō, "make firm") - properly, "prop up, uphold, support, confirm" (Souter), i.e. support (establish) in an apt, fitting way; to confirm as it builds on the Lord's previous work of faith (note the force of the prefix epi, "upon"). This process strengthens by extending the understanding that precedes, as it supports what must follow이다.

하다 보니 70인역(LXX, 히브리 성경의 헬라어 역본)이 이곳에서 편찬되었다. 필로 (Philo Judaeus, BC 20-AD 45?, 유대인 철학자, 창세기를 그리스철학 특히 플라톤의 이데아 사상 을 사용하여 알레고리 해석-오리겐에 영향)는 이곳에서 유대주의와 헬레니즘을 융합 한 철학을 주장했으며 아볼로에게 큰 영향을 미쳤다. 유대 전승에 의하면 바나바의 조카였던 마가 요한이 이곳에 최초로 복음을 전했다고 한다(행 12:12, 25).

25 그가 일찍 주의 도를 배워 열심으로 예수에 관한 것을 자세히 말하며 가르치 나 요한의 침례만 알 따름이라 26 그가 회당에서 담대히 말하기를 시작하거늘 브리스길라와 아굴라가 듣고 데려다가 하나님의 도를 더 자세히 풀어 이르더라

이 구절에서의 "주의 도"는 '복음'을 가리키는 것이기는 하나 아볼로가 가르쳤던 복음은 '하나님의 은혜의 복음'이 아니라 세례 요한이 베풀었던 '물세례' 곧 '죄를 깨닫고 죄인임을 고백'하는 것이었다. 반면에 '하나님 의 은혜의 복음'은 예수 그리스도로 말미암아 '죄사함'을 얻은 후 성부하 나님의 구속 계획과 성자하나님의 구속 성취 그리고 성령하나님의 구속 보증을 통한 인치심, 성령세례를 받은 하나님의 자녀를 미래형 하나님나 라로 인도하는 것과 그곳에서의 영생까지를 포함한다.

한편 지난날 바울로부터 복음의 정의와 핵심 콘텐츠를 정확하게 배웠 던 브리스길라와 아굴라 부부는 아볼로를 불러다가 그에게 참된 '하나님 의 은혜의 복음'을 가르쳐주었다. 놀랍게도 아볼로는 겸손하게 그 부부로부터 정확하게 배워 훗날 아가야 감독(행 18:27)의 직분까지 아름답게 감당할 수 있었다.

27 아볼로가 아가야로 건너가고자 하니 형제들이 저를 장려하며 제자들에게 편지하여 영접하라 하였더니 저가 가매 은혜로 말미암아 믿은 자들에게 많은 유익을 주니 28 이는 성경으로써 예수는 그리스도라고 증거하여 공중 앞에서 유력하게 유대인의 말을 이김일러라

이 구절을 통해 보면 바울은 지난날 고린도에서 브리스길라와 아굴라 부부에게 복음과 십자가를 확고하게 가르쳤던 듯하다. 바울과 동행했던 그들 부부는 에베소에서 아볼로에게 그 복음과 십자가를 또한 바르게 가르쳤다. 그러자 이번에는 잘 준비된 아볼로가 아가야 지역으로 파송가서 고린도에서 사역을 하며 바른 복음을 잘 가르쳤다. 로마서 8장 28절과 고린도전서 3장 6절의 말씀을 보는 듯하다.

"우리가 알거니와 하나님을 사랑하는 자 곧 그 뜻대로 부르심을 입은 자들에게는 모든 것이 합력하여 선을 이루느니라"_롬 8:28

"나는 심었고 아볼로는 물을 주었으며 오직 하나님은 자라나게 하셨나니"_고전 3:6

브리스길라와 아굴라 부부를 통해 정확한 복음의 정의와 핵심을 전해 들은 아볼로는 "성경을 통해서" 예수님만이 그리스도 메시야임을 확실하게 증거했다.

괴짜의사 Dr. Araw의
쉽고 바르게 읽는 사도행전 장편(掌篇)강의

오직 성령이 너희에게 임하시면
성령행전(Πράξεις Πνεύματος)

레마이야기 19

주의 말씀이 힘이 있어(20),
3차 선교(Main city, 에베소, AD 53-57)

한편 바울은 3차 선교여행지 에베소에서도 데메드리오라는 은장색 때문에 큰 핍박과 어려움을 겪게 된다. 하나님의 일(선교)을 함에도 불구하고 계속해서 어려움이 생기는 것을 보며 약간은 의아해할 독자가 있을 줄 안다. 그러나 나와 공저자의 눈에는 성령님의 이끄심에 따른 사역이기에 오히려 그런 일련의 고난이 일어나는 것조차도 훨씬 자연스러워 보인다. 인간적인 시각으로만 본다면 이해가 안 될 수도 있다. 그러나 그런 환난 속에서도 일관된 태도를 유지하는 것을 보면 강권적인 성령님의 역사하심이 바울을 붙잡고 있었을 것이다.

유의할 것은 복음을 전할 때 지속적인 정면승부와 상황과 환경에 대한 당당함은 결코 인간적인 용기의 발로(發露, manifestation, expression)만이 아님을 알아야 한다. 모든 것은 성령님의 능력으로만 가능하며 그렇기에 성령행전은 더욱더 다이나믹(dynamic)한 것이다.

바울은 밀레도에서 에베소 장로들과 리더십들에게 고별설교를 한 후 예루살렘으로 향했다. 로마에 대한 마음을 간직한 채 만류하는 동역자들의 간청을 뒤로하고 죽음을 불사하며 떠났던 것이다.

당시 바울의 제자들과 선지자인 아가보, 빌립의 네 딸 등 성령의 감동을 입은 지체들은 한사코 예루살렘행을 만류했다. 그들 모두는 하나님께서 보여주시길, '예루살렘 성에는 결박과 환난이 기다리고 있다'라고 동일하게 말했다. 하나님은 그리스도인 지체들에게 장래의 일들을 미리 알려 주셔서 바울이 전해 듣게 하셨던 것이다. 가만히 보면 지체들의 만류에 대한 바울의 반응은 오늘의 그리스도인들에게 귀감이 된다. 왜냐하면 비록 그것이 사실일지라도 하나님의 또 다른 뜻과 계획이 있음을 확신하였기에 한사코 예루살렘으로 들어가겠다는 것이 바울의 일관된 믿음이자 삶이었기 때문이다.

아무튼 지체들을 통해 그 모든 사실을 묵묵히 전해 들으며 바울은 다음과 같이 분연히 외쳤다.

"나의 달려갈 길과 주 예수께 받은 사명 곧 하나님의 은혜의 복음 증거하는 일을 마치려 함에는 나의 생명을 조금도 귀한 것으로 여기지 아니하노라"_행 20:24

이 바울의 고백은 2,000년을 넘어 지금까지도 모든 사역자들의 마음을 뒤흔들며 가슴을 쿵쾅거리게 만드는 장엄한 외침이다. 사도 바울을 생각할 때마다 그의 '복음에 대한 고백', '복음에 대한 정확한 지식'이 지금 나의 그것과 동일한지를 되돌아보게 된다. 더하여 '믿음(피스티스, 피스튜오, 피스토스)'을 되돌아보며 내가 알고 또 믿고 있는 복음(하나님의 은혜의 복음)을 되돌아보며 깊은 생각에 잠기곤 한다. 동시에 죽음(영적 죽음, 육적 죽음, 영원한 죽음/첫째 사망, 둘째 사망)과 삶(인생, 중생, 영생)을 진지하게 생각하게 된다.

그리하여 바울은 주저없이 예루살렘으로 갔다. 예루살렘에 들어가기 전 가이사랴 항구에 들러서는 근처에 살고 있던 빌립의 집에 잠시 머물게 된다. 우리가 잘 알다시피 빌립은 초대교회 일곱 집사 중 하나이자 귀한 전도자였다. 또한 설교 한 편을 마치고 순교했던 스데반의 절친이었다.

그러기에 당시 바울이 가이사랴에 있던 빌립의 집에 머물렀던 것은 인간적으로 보기에는 전혀 어울리지 않는 그림이었다. 왜냐하면 바울은 지난날 스데반의 죽음에 주동이었고 바로 그 스데반의 절친이 빌립이었기 때문이다. 결국 스데반을 죽인 철천지 원수가 제 발로 스데반의 절친 빌립의 집으로 찾아갔던 것이다. 아무리 그 후에 바울이 예수를 믿었기로서니 말이다.

이로 미루어 볼 때 아마도 성령님은 그 둘의 화해를 원하셨던 것 같다. 성령님의 인도하심을 따라 약간은 어색했을 수도 있는 빌립의 집을 방문한 바울도 멋있어 보이고 그런 바울을 따스하게 맞이하는 빌립의 모습도 멋져 보인다. 그리스도인들의 멋진 화해와 교제의 모습이다.

결국 주인 되신 성령님의 뜻을 따라 당시 두 사람은 개인적으로 화해한 것으로 보인다. 천국에 가면 물어볼 궁금한 것들 중 하나이다. 이렇듯 필자는 천국에 가면 물어볼 것들이 너무 많다. 천국에 반드시 들어가야 할 당위성이 많아서 더욱 행복하기도 하다.

19-1 아볼로가 고린도에 있을 때에 바울이 윗 지방으로 다녀 에베소에 와서 어떤 제자들을 만나

이 구절은 18장 23절에 이어 연결되어야 한다. 한편 바울이 3차 전도여행의 메인 시티인 에베소에 왔을 때에 아볼로는 이미 고린도로 건너갔던 때였다(행 18:27-28).

바울은 지난날 2차 전도여행의 메인 시티인 고린도를 떠날 때 함께 동행했던 브리스길라와 아굴라 부부를 에베소에 남겨두고(행 18:19) 배를 타고 가이사랴를 거쳐 예루살렘 교회에 선교보고를 한 후 수리아 안디옥 교회로 돌아갔었다. 한편 에베소에 남아 있던 그 부부는 당시 에베소에서 세례 요한의 '물세례'만 전하던 아볼로에게 바울에게서 배웠던 진정한 '하나님의 은혜의 복음'을 전했다(행 18:24-26).

한편 이 구절에서의 "윗 지방"이란 갈라디아와 브루기아를 가리킨다(행 18:23). 곧 3차 전도여행은 AD 53-57년경으로 다시 수리아 안디옥 교회에서 출발하여 길리기아의 다소, 더베, 루스드라, 이고니온, 비시디안 안디옥을 포함한 갈라디아와 브루기아 곧 "윗 지방"을 거쳐 에베소에 왔다. 도착하여 그곳 상황을 살펴보니 대부분의 에베소 교인들은 세례 요한의 '물세례'만 알고 있었다. 그리하여 바울은 저들에게 '하나님나라'에 대해 회당에서 석 달 동안 강론을 했고 두란노에서는 집중적으로 2년 동안을 날마다 강론했다.

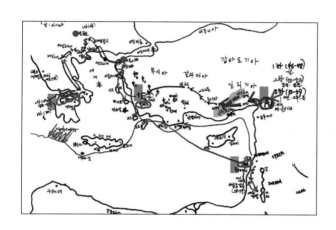

"이 일이 다 된 후(행 19:21)"에 바울은 믿음의 형제들이 생각나서 그곳을 재차 방문하여 지나는 곳곳에서 말씀과 복음으로 굳게하려는 계획을 세웠다. 그곳이란 라오디게아, 사모, 버가모, 앗소, 드로아이며 그곳에서 배를 타고 에게 해를 건넌 후에는 네압볼리, 빌립보, 암비볼리, 아볼로니아, 데살로니가, 베뢰아, 아덴, 고린도이다.

고린도에 들러(행 20:3) 3개월 동안 믿음의 형제들과 교제한 후에는 배(해로)를 이용하지 못하고 다시 올라가게 된다. 왜냐하면 '해상에서 유대인들이 해하려 한다'라는 정보 때문이었다. 그리하여 육로로 다시 빌립보까지 올라가 그곳 빌립보에서 닷새만에(행 20:6) 드로아에 도착하여 이레(7일)를 머물렀다. 그때 발생했던 유명한 이야기가 바로 유두고라는 청년 이야기(행 20:7-12)이다.

드로아에서 다시 육로로 내려온 바울은 앗소에서 배를 타고 미둘레네, 기오, 사모, 밀레도에 이르렀다(행 20:13-15). 이때 에베소의 장로들을 청하여(행 20:17) 말씀으로 교제한 후 고스, 로도, 바다라로 가서 배를 타고 구브로 섬의 아래를 지나며 베

니게의 두로로 갔다(행 21:1-3). 일주일 후 돌레마이에서 가이사랴의 빌립의 집에 이르게 된다(행 21:4, 7-8).

이후 예루살렘에 갔다가 로마의 황제에게 재판을 받기 위해 가이사랴의 헤롯궁 감옥에서 2년(AD 58-59)을 보내게 된다. 그리고는 우여곡절(迂餘曲折) 끝에 로마에 도착하여 1차(AD 61-63)로 투옥된다.

한편 "에베소"는 아시아 주의 수도로서 카이스터(Cayster) 강가에 위치한 무역중심지였고 이곳에 있었던 웅장한 원형 대(大) 연극장(행 19:29, 25,000명 수용, 연극공연, 검투사, 맹수의 결투장, 어느 곳에 앉아도 동일한 음역이 들리게 하였던 구조)과 더불어 아데미 신전은 세계 7대 불가사의에 속하는 명물이다.

이곳 셀수스 도서관 (Celsus Library)은 세계 3대 도서관 중의 하나이다.

2 가로되 너희가 믿을 때에 성령을 받았느냐 가로되 아니라 우리는 성령이 있음도 듣지 못하였노라 **3** 바울이 가로되 그러면 너희가 무슨 침례를 받았느냐 대답하되 요한의 침례로라 **4** 바울이 가로되 요한이 회개의 침례를 베풀며 백성에게 말하되 내 뒤에 오시는 이를 믿으라 하였으니 이는 곧 예수라 하거늘

"너희가 믿을 때에 성령을 받았느냐"라는 것은 '너희가 믿고 세례를 받았을 때에 성령의 임재를 체험했느냐'라는 의미이다. 그러나 그들의 대답은 놀라움의 극치였다.

"우리는 성령이 있음도 듣지 못하였노라"

한편 세례 요한은 "나는 물로 세례를 주거니와~그는 성령과 불로 너희에게 세례를 주실 것이요(마 3:11)"라고 했었다. 그러나 아볼로는 진정한 복음을 잘 몰랐던 듯하다. 참고로 마태복음 3장 12절에서의 불세례는 쭉정이가, 성령세례는 알곡인 우리가 받는 것이다(마 3:12).

"요한의 세례(마 3:6, 요 3:23)"란 '물세례'로서 자신의 죄를 깨달아 죄인임을 고백하는 '회개의 세례'이다. 또한 자신의 죄를 영 단번에 용서해주실 그리스도 메시야를 기대하고 갈망하도록 하는 율법의 역할이다. 그러므로 '물세례'는 '성령세례' 곧 예수 그리스도에게로 인도하는 몽학선생의 역할이다.

참고로 오순절이나 은사주의에서는 예수를 믿은 후에 2nd blessing으로 성령세례를 받는 것으로 생각한다. 그들은 "예수님을 영접했습니까, 예수님을 주인으로 모셨습니까, 성령받았습니까"라는 질문에 관심이 있다. 심지어는 '불세례를 받았습니까'라고 말하기도 한다. 그러다 보면 성도 간에 신앙의 계층이 생겨 위화감과 아울러 열등감에 빠질 수 있다. 더 나아가 종교 열광주의에 빠져 율법주의자가 되기 쉽다.

반면에 장로교에서는 예수를 믿으면 동시에 성령세례를 받는 것으로 생각한다. 그렇기에 예수를 믿으면 곧장 있게 되는 '내주(內住) 성령'을 확신한다. 이후 성령충만의 과정 곧 내주하시는 주인 되신 성령님께 온전한 주권을 드리고 그분의 통치, 질서, 지배 하에서 살아가는 것이다.

5 저희가 듣고 주 예수의 이름으로 침례를 받으니

"주 예수의 이름으로 세례를 받으니"라는 것은 '세례'의 4가지 의미를 포함해서 하는 말이다. 곧 '세례'란 예수 그리스도의 십자가 보혈로 죄 씻음, 그 예수님을 나의 구주 나의 하나님으로 입으로 시인하고 마음으로 영접, 그 예수님과의 연합(하나 됨, Union with Christ), 이제 후로는 예수님만을 온전한 주권자, 통치자로 삼고 그분의 질서 하에서만 살아가겠다는 결단적 선언(롬 6:3-11)인 것이다.

한편 마태복음은 "아버지와 아들과 성령의 이름으로 세례를 주라 (마 28:19)"고 하셨다. 이 구절을 통한 뜨거운 논쟁이 재세례파(再洗禮派, Anabaptist)의 재세례(Anabaptism)이다. 스위스 형제단을 중심으로 일어난 이들은 유아세례는 인정치 않았기에 다시 세례를 베풀었다. 이들은 교회공동체의 일원이 되기 위해서는 '회개', '그리스도에 대한 확신', '거듭난 생활의 본'이 있어야 한다고 주장했다. 오늘날 메노파(Mennonite)로 불리고 있다.

6 바울이 그들에게 안수하매 성령이 그들에게 임하시므로 방언도 하고 예언도 하니 7 모두 열 두 사람쯤 되니라

이 구절을 가리켜 '에베소의 오순절 성령강림 사건'이라고 표현하기도 한다.

"성령이 그들에게 임하시므로"에서는 마가다락방(행 2장)을 위시한 유대 땅에도, 사마리아와 고넬료의 가정(행 10:44-46)등 이방 땅에도 동일하게 임하시는 성령님을 볼 수 있다. 바울과 마찬가지로 베드로와 요한도 안수하매 성령이 임했다(행 8:17).

"방언도 하고"라는 것은 예수님께서 믿는 자들에게 나타나리라고 말씀하셨던 것(막 16:17)으로 성령의 은사 가운데 하나이다(고전 12:3-4, 10). 그렇기에 방언에 대해 너무 터부시하는 것도 문제이지만 방언을 마치 성령충만의 조건인 양하는 것도 문제이다.

"예언(預言, 맡길 예, 말씀 언)하다"의 헬라어는 프로페튜오[205](προφητεύω, v)인데 이는 앞일을 미리 예언하는 것이 아니라 '하나님의 말씀을 맡았다'라는 의미이다. 그러므로 예언자(대언자)라는 것은 하나님의 말씀을 대언하는 사람을 가리킨다.

참고로 '제사장'은 인간의 말을 하나님께 대신 전하는 하나님의 사람이며 '예언자'는 하나님의 말을 인간에게 대신 전하는 하나님의 사람을 가리킨다. 그러므로 선지서(네비임)의 경우 선지자들의 주된 관심은 현재(92%)에 있다. 그 나머지는 미래(7%)와 메시야 예언(1%)이다.

"열 두 사람쯤"이라는 것에서는 모인 자들의 총 숫자로서 그리 많지 않았음을 의미한다.

8 바울이 회당에 들어가 석 달 동안을 담대히 하나님 나라에 대하여 강론하며 권면하되

"강론하며(ἐπαρρησιάζετο, V-IIM/P-3S, he was speaking boldly) 권면하되(πείθων, V-PPA-NMS, persuading)"에서는 미완료형과 능동태 분사가 사용되었는데 이는 '쉬지 않고 말씀을 전하되 전심전력(全心全力)하여 설득했다'라

---

205 프로페튜오(προφητεύω, v)는 to foretell, tell forth, prophesy/(from 4253 /pró, "before" and 5346 /phēmí, "assert by elevating one statement over another") - properly, "speak forth" in divinely-empowered forthtelling or foretelling; prophesy이다.

는 의미이다(Robertson).

"하나님 나라에 대하여"라는 것은 '천국 복음' 곧 '하나님나라 복음에 대하여'라는 의미이다. 결국 구원자이신 예수 그리스도를 믿으므로 이 땅에서 성령님을 주인으로 모시고 현재형 하나님나라를 누리게 되고 육신적 죽음 후에는 장차 미래형 하나님나라에서 영생을 누리게 된다는 것으로 예수를 믿게 되면 지금도 앞으로도 영원히 하나님나라를 누리게 된다는 의미이다.

9 어떤 사람들은 마음이 굳어 순종치 않고 무리 앞에서 이 도를 비방하거늘 바울이 그들을 떠나 제자들을 따로 세우고 두란노 서원에서 날마다 강론하여

"어떤 사람들"이란 동족인 유대인과 에베소 거민을 포함한 이방인들을 가리킨다.

"마음이 굳어(ἐσκληρύνοντο, V-IIM/P-3P, were hardened)"라는 것은 '완고함과 강퍅함(σκληρύνω)에 내버려두다'라는 의미로 미완료 중간태로 쓰여 그들이 스스로 마음을 강퍅하게 가짐으로 진리를 막은 것을 말한다. 한편 "순종치 않고(ἠπείθουν, V-IIA-3P, were disbelieving)"라는 것은 '설득되지 않다, 따르지 않다, 믿음을 거절하다, 믿지 않다'라는 의미이다.

"이 도를 비방하거늘"에서의 "도"란 23절과 같은 의미로 '하나님의 은혜의 복음' 곧 '예수 그리스도 생명의 복음'을 말한다. 곧 하나님께서 은혜로 허락하신 복음으로 구원자 예수님만이 성부하나님의 유일한 기름

부음 받은 자라는 의미이다.

참고로 "도(道)"에는 4가지가 있는데 득도(得道), 수도(修道), 낙도(樂道), 전도(傳道)이다. 우리 그리스도인들은 예수를 믿으므로 구원을 얻어 득도로부터 시작을 한다. 그렇기에 108번뇌를 벗어나 득도에 도달하게 되는 일반 종교와는 차원이 다른 것이다. 이후 열심히 말씀을 연구하여 에베소서 4장 13절의 말씀대로 믿는 것과 아는 일에 하나가 되는 과정을 수도(修道) 정진(精進)이라고 한다. 이런 성숙된 그리스도인들은 복음을 누리며 즐거워하게 되며(樂道) 종국적으로는 그 복음을 전하지 않고는 견디지 못하게 되는 마지막 단계인 전도(傳道)에 이르게 된다.

"두란노(Tyrannus)"라는 것은 '철학자의 이름'으로서 그가 만든 강연장(서원, σχολή, nf, leisure, a school, place where there is leisure, disputation (that for which leisure is used))을 가리킨다.

10 이같이 두 해 동안을 하매 아시아에 사는 자는 유대인이나 헬라인이나 다 주의 말씀을 듣더라

바울은 두란노 서원에서 2년 동안 가르쳤다. Western text에 의하면 바울은 이곳에서 5시부터 10시까지(오늘날, 11AM-5PM) 가르쳤다고 하는데 이 시간에 에베소인들은 낮잠을 잤다[206]고 한다(Bruce, Hervey, Longeneker).

---

206 그랜드종합주석 14, p433-434

곧 바울은 다른 사람들이 낮잠을 잘 때 열심히 가르쳤고 그들이 일할 때에 더 열심히 일했다라는 것이다. 진정한 자비량 선교 곧 Tentmaker의 모습이다.

한편 사도행전 20장 31절에는 에베소에서 3년간 사역을 했다라고 고백하고 있다. 아마 회당에서의 3개월, 두란노에서의 2년을 포함한 에베소에서의 체류기간을 의미하는 듯하다. 이때 에베소뿐만 아니라 서머나, 버가모, 두아디라, 사데, 빌라델비아, 라오디게아, 히에라볼리에 복음이 전해졌고 루커스 계곡(Lycus valley)의 골로새에 교회가 세워졌다(골 2:1, 4:13, 계 2-3장).

11 하나님이 바울의 손으로 희한한 능을 행하게 하시니 12 심지어 사람들이 바울의 몸에서 손수건이나 앞치마를 가져다가 병든 사람에게 얹으면 그 병이 떠나고 악귀도 나가더라

이는 10절과 동시에 해석해야 한다. 안수나 안찰 등등의 행위가 중요한 것이 아니라 성령님이 역사하시면 어떤 기적도 일어난다는 것에 방점이 있다. 그러므로 오늘날에 안수, 안찰, 손수건, 앞치마 등등의 것으로 '믿습니다'라고 하면서 원리화(原理化, principleization)하거나 일반화(一般化, generalization)시키는 것은 곤란하다. 이 모든 기적과 표적들은 하나님이 하셨음을 반증하는 하나의 사인(sign)일 뿐이다.

한편 바울은 이러한 사역 곧 "희한한 능(기적이나 초자연적인 능력, 조루 신유와 축사)"을 루스드라(행 14:8-10), 빌립보(행 16:16-18)에서 행하였다.

13 이에 돌아다니며 마술하는 어떤 유대인들이 시험적으로 악귀 들린 자들에게 대하여 주 예수의 이름을 불러 말하되 내가 바울의 전파하는 예수를 빙자하여 너희를 명하노라 하더라

당시 주술사나 마술사들은 권위자의 이름(아브라함, 예수)을 도용하곤 했다 (Bruce)고 한다. 실제로 파리의 박물관에 보관된 한 파피루스(Paris Magical Papyrus, 574)에는 '내가 히브리인의 하나님 예수에 의해 네게 명하노니'라 는 주문을 주술사들이 사용했다고 한다.

한편 베드로나 바울이 주 예수의 이름을 부른 것은 하나님의 허용 하에 예수 그리스도를 믿는다는 신앙의 표시였던 것이다. 반면에 주술사들이 하는 주문은 마술사 시몬의 행위처럼 성령을 돈을 주고 사려는 행위였다.

14 유대의 한 제사장 스게와의 일곱 아들도 이 일을 행하더니 15 악귀가 대답 하여 가로되 예수도 내가 알고 바울도 내가 알거니와 너희는 누구냐 하며 16 악 귀 들린 사람이 그 두 사람에게 뛰어올라 억제하여 이기니 저희가 상하여 벗은 몸으로 그 집에서 도망하는지라

"유대의 한 제사장 스게와(τινος Σκευᾶ, Ἰουδαίου, ἀρχιερέως, certain of Sceva, a Jew, a high priest)"에서 '제사장(ἱερεύς, nm, 히에류스, a priest)'에 해당하는 헬라

어는 아르키에류스(ἀρχιερεύς, nm, high priest, chief priest)인데 이는 원래 '대제사장'이라는 의미이다. 이는 아마 자신의 잇속을 챙기려고 '제사장'을 '대제사장'이라고 하며 거짓으로 속인 것으로 보인다.

16절의 "악귀(τὸ πνεῦμα τὸ πονηρὸν, the spirit evil)"도 또한 하나님께서는 종말시대 동안에 한시적(기간), 제한적(범위)인 분량 만큼의 초자연적인 능력을 하용하셨다(행 16:16-17). 그렇기에 악한 영적 세력들은 이를 가지고 종말시대 동안에 일곱재앙(인, 나팔, 대접)에 더하여 교회를 괴롭히는 것이다.

17 에베소에 거하는 유대인과 헬라인들이 다 이 일을 알고 두려워하며 주 예수의 이름을 높이고 **18** 믿은 사람들이 많이 와서 자복하여 행한 일을 고하며 **19** 또 마술을 행하던 많은 사람이 그 책을 모아 가지고 와서 모든 사람 앞에서 불사르니 그 책 값을 계산한즉 은 오만이나 되더라

"자복하다"의 헬라어는 엑소몰로게오[207](ἐξομολογέω, v)인데 이는 죄를 깨달은 그리스도인들의 진정한 태도이다. 유의할 것은 '회개'란 '자복'뿐만이 아니라 '하나님께로 다시 돌아옴'까지를 의미한다.

"마술"의 헬라어는 페리에르고스[208](περίεργος, adj)인데 이는 '쓸데없는

---

207 엑소몰로게오(ἐξομολογέω, v)는 (a) I consent fully, agree out and out, (b) I confess, admit, acknowledge (cf. the early Hellenistic sense of the middle: I acknowledge a debt), (c) I give thanks, praise/ (from 1537 /ek, "wholly out from," intensifying 3670 /*homologéō*, "say the same thing about") - properly, fully agree and to acknowledge that agreement openly (whole-heartedly); hence, to confess ("openly declare"), without reservation (no holding back)이다.

208 페리에르고스(περίεργος, adj)는 of persons: over-careful; curious, meddling, a busy-

일, 터무니없는 일'이라는 의미로 페리(περί, prep)와 에르곤(ἔργον, nn)의 합성어이다. 결국 어느 지역에 '마술이나 주술이 횡행한다'라는 것은 '터무니없는 일에 몰두한다'라는 것으로 그만큼 '영적 기갈에 빠져있음'을 폭로하고 있는 것이다.

당시 마술과 관련된 책들은 파피루스나 양피지에 기록되었으며 뜻 모를 단어나 명칭 등등이 적혀 있었고 비단주머니에 보관되었으며 부적으로 사용되기도 했다고[209] 한다.

참고로 마술(magic)[210]에는 흑마법(黑魔法, black magic)과 백마법(白魔法, white magic)이 있다. 전자는 악의적, 이기적 목적을 위해 초자연적인 힘을 이용하는 것이며 후자는 바람직한 목적에 사용되는, 이타적인 것으로 연애 성취, 기우, 풍년 기원, 수확 기원, 질병 치료 등등을 위해 사용했다.

"은 오만"에서의 단위는 드라크마(drachma, 헬라인이 통용하던 돈의 단위)인지 데나리온(denarius, 로마 화폐 단위)인지 분명하지 않으나 둘 다 비슷한 가치로서 노동자 하루 품삯에 해당한다. 결국 "은 오만"이란 50,000데나리온으로

---

body; of things: over-wrought; superfluous; curious, uncanny; subst: curious arts, magic/ (an adjective, derived from 4012 /perí, "all around" and 2041 /érgon, "work") - properly, worked all-around, which describes "over-doing" - i.e. spending excessive time (effort) where it doesn't belong (or should not happen))인데 이는 '쓸데없는 일, 터무니없는 일'이라는 의미로 페리(περ⊠, prep, (a) gen: about, concerning, (b) acc: around)와 에르곤(ἔργον, nn, work, task, employment; a deed, action; that which is wrought or made, a work/(from ergō, "to work, accomplish") - a work or worker who accomplishes something. 2041 /érgon ("work") is a deed (action) that carries out (completes) an inner desire (intension, purpose)의 합성어이다.

209 그랜드종합주석 14, p436

210 위키백과, 네이버 지식백과 참조

노동자 50,000명의 품삯이기에 80,000원/일×50,000=4,000,000,000
이나 되는 어마어마한 돈이다.

20 이와 같이 주의 말씀이 힘이 있어 흥왕하여 세력을 얻으니라

이 구절은 디모데전서 4장 4절의 "말씀과 기도로 거룩하여짐이라"는
말씀과 상통한다. 또한 히브리서 4장 12절 말씀, "살았고 운동력이 있어"
라는 말씀과도 상통한다.

기독교는 모든 것들에 항상 '말씀'이 앞서가야 한다. 성경은 "주의 말씀
은 내 발의 등이요 내 길에 빛이니이다(시 119:105)"라고 말씀하셨다. 우리
는 매사 매 순간 말씀보다 성령님보다 앞서지 말아야 한다.

사도행전을 통해 초대교회는 주의 말씀이 앞서갈 때 힘이 있고 흥왕하
였음을 잘 보여주고 있다(6:7, 12:24, 20:32). 공인 본문(Textus Receptus)에는
"주의 권능에 따라 말씀이 흥성하여 널리 퍼지니라"고 되어 있다. 한편
베드로와 요한, 바울이 행했던 표적과 이적들은 성경의 정경화 작업(구약
AD 90년, 신약 AD 397년)이 이루어지지 않았던 시기의 일들임을 감안해야 한
다. 그렇기에 정경화 작업이 완성된 오늘날에는 초현실적인 기적이나 표
적보다는 '오직 말씀'이 앞서 가야 하고 항상 우선이 되어야 한다.

21 이 일이 다 된 후 바울이 마게도냐와 아가야로 다녀서 예루살렘에 가기를 경

영하여 가로되 내가 거기 갔다가 후에 로마도 보아야 하리라 하고

"이 일이 다 된 후"라는 것은 에베소에서의 2년 3개월(행 19:8, 10)을 가리킨다. 한편 "마게도냐와 아가야로 다녀서 예루살렘에 가기를"이라는 것은 3차 전도여행의 마무리를 2차 전도여행의 방문지를 재차 방문하여 믿음의 형제들과 교제를 한 후에 마무리를 하겠다는 것으로 이는 성령님의 인도하심을 따른 것이다. 그렇기에 "경영하여"의 헬라어 원문(성령 안에서 바울이 결정하다)이 에데토 호 파울로스 엔 토 프뉴마티(ἔθετο ὁ Παῦλος ἐν τῷ πνεύματι, purposed Paul in the Spirit)라고 되어 있는 것이다.

3차 전도여행 기간인 총 3년 중 에베소에서의 2년 3개월을 보낸 후 남은 기간은 2차 전도여행지를 다시 찾게 된다(행 16-18장). 그리하여 그들과 재회한 후 지체들의 믿음을 더욱 공고히 했다. 또한 당시 예루살렘의 기근으로 모교회가 어려움에 처하게 되자 마게도냐와 아가야 교회의 연보를 모아 방문(롬 15:25-26, 고전 16:3-5)하기도 했다. 이 부분은 년도가 겹치거나 약간의 차이가 있어 확실치는 않으나 아무튼 지체들과의 재회(再會)로 인해 코이노니아는 정말 아름다웠을 것이다.

"후에 로마도 보아야 하리라 하고"라는 바울의 숙원적이면서도 선포의 말씀은 사도행전 18장 15절 이하의 말씀에서 시작하여 이 구절의 예언적 말씀으로 선포한 후 25장 6-12절에서는 구체적으로 이루어짐을 볼 수 있다.

참고로 돌발 상황이나 막다른 골목에 처했을 때 그리스도인의 특권 중 하나는 '먼저 선포한 후에 하나님의 인도하심을 기다리는 것'이다. 나의

팁(Dr Araw's TIP, 삼하 12:15-23)을 드리면 다음과 같다.

첫째, 기도하고 또 기도하며 부르짖으라(삼하 12:16).

둘째, 상황과 환경에 흔들리지 말고 계속적으로 간구하라(삼하 12:17).

셋째, 죽음을 불사하라(삼하 12:16-17).

넷째, 결과를 Yes로 주셔도 감사, No로 주셔도 감사하라(삼하 12:20).

다섯째, 결과 후에는 더 이상 그것에 집착하지 말고 잊어버리라(삼하 12:22-23).

이후 28장 16절에 이르면 비록 미결수의 몸이기는 하나 결국은 로마에 로의 입성이 주어지게 된다. 그렇게 로마 감옥의 1차 투옥으로 2년간(AD 61-63년) 로마 감옥(상옥, 셋집, 행 28:30)에 있다가 풀려나게 된다. 이후 AD 63년 1차 로마 감옥에서 풀려난 후 2차 투옥인 AD 67-68년까지는 약 4년여의 기간이 있는데 이때 서바나에로까지(롬 15:23) 전도여행을 하게 된다(Clement). 성령행전임을 보게 되는 또 하나의 인도하심이다.

22 자기를 돕는 사람 중에서 디모데와 에라스도 두 사람을 마게도냐로 보내고 자기는 아시아에 얼마간 더 있으니라

"디모데와 에라스도 두 사람을 마게도냐로 보내고"에서는 2차 전도여행 중 있었던, 아덴에서 실라를 빌립보에, 디모데를 데살로니가에 보냈었던 일을 연상시킨다.

디모데와 에라스도(딤후 4:20, 롬 16:23)를 마게도냐로 보낸 후 바울은 에베소에 더 머물러 있었던 듯하다. 그 이유는 고린도전서 16장 8-9절을 유추해보면 알 수 있다. 당시 에베소는 5월에 아데미(Atremis)의 대축제와 함께 에베소에서 경기가 열림으로 많은 이오니아 사람들이 몰려들었는데 그때 복음을 전하고자 함이었다. 그러나 축제 전 데메드리오로 인해 소요가 일어나게 된다(행 19:23-41). 그리하여 바울은 사도행전 20장 1절에 이르면 디모데와 에라스도를 파송(행 19:22)했던 마게도냐로 가게 된다.

23 그 때쯤 되어 이 도로 인하여 적지 않은 소동이 있었으니

"이 도"란 '하나님의 은혜의 복음'을 가리키는 말로서 '예수 그리스도의 복음'을 말한다. 곧 하나님께서 은혜로 허락하신 복음인데 구원자 예수님만이 성부하나님의 유일한 기름 부음 받은 자라는 의미로서 9절과 같은 의미이다.

참고로 앞서 "도(道)"에는 4가지가 있다고 했다. 득도(得道), 수도(修道), 낙도(樂道), 전도(傳道)이다. 예수로 인해 구원을 얻은 우리는 득도로 시작하여 수도 정진 후 말씀의 맛을 느끼게 된다. 그런 후에는 그 말씀을 전하지 않고는 견딜 수 없게 된다. 이른바 기독교의 '4도(道)'이다.

"이 도로 인하여 적지 않은 소동이 있었으니"라는 것은 당시 1세기의 그리스도인들을 가리키는 별명으로 "천하를 어지럽게 하는 사람들(행 17:6)" 곧 '소동을 일으키는 무리'라는 말이다.

24 즉 데메드리오라 하는 어떤 은장색이 아데미의 은감실을 만들어 직공들로 적지 않은 벌이를 하게 하더니

　"데메드리오"는 아데미 여신의 은감실(銀龕室) 곧 은으로 만든 아데미 신전 모형물을 팔던 제조업자의 조합장으로 요한삼서 12절의 진리의 신봉자였던 데메드리오와는 동명이인(同名異人)이다.

　한편 에베소의 아데미와 헬라의 아데미는 약간의 차이가 있다.

에베소의 아데미	헬라의 아데미
소아시아에서 태고적부터 숭배되어 온 여신	제우스(Zeus)의 딸 아폴로(Apollo)의 누이
풍요와 다산(多産)을 상징하는 대지의 모신(母神) 12개의 유방	순결한 처녀의 신 사냥의 신 맹수와 달의 여신
신들과 사람들의 어머니	로마인이 섬기던 다이아나(Diana)와 동일
신전크기 : 120m(가로)x60m(세로)	
아데미 은감실: 기념품, 헌물, 호신물로 여김	

25 그가 그 직공들과 이러한 영업하는 자들을 모아 이르되 여러분도 알거니와

우리의 유족한 생활이 이 업에 있는데 **26** 이 바울이 에베소뿐 아니라 거의 아시아 전부를 통하여 허다한 사람을 권유하여 말하되 사람의 손으로 만든 것들은 신이 아니라 하니 이는 그대들도 보고 들은 것이라 **27** 우리의 이 영업만 천하여질 위험이 있을 뿐 아니라 큰 여신 아데미의 전각도 경홀히 여김이 되고 온 아시아와 천하가 위하는 그의 위엄도 떨어질까 하노라 하더라

이 구절에서는 선동의 끝판을 잘 보여주고 있다. 일반적으로 선동꾼들은 자신의 목적은 감춘 채 그럴 듯한 말로 교묘하게 속이는 특징이 있다. 데메드리오 역시 돈(물욕) 곧 상업적인 동기는 감춘 채 종교적인(아데미 여신에 대해 열심인 척) 동기를 내세우며 사람들을 한쪽으로 몰아가고 있다.

그 다음 구절인 27절에서는 그 속내를 들키고 만다. 결국 그는 자신들의 사업이 폭망하게 될 것을 두려워했던 것이다. 아데미 여신과 신전의 권위 추락, 그로 인한 여신의 분노로 대재앙이 닥칠 수도 있다는 겁박을 내세우고 있었던 것이다.

"사람의 손으로 만든 것들은 신이 아니라 하니"라는 말은 이사야 46장 1-2절과 예레미야 10장 3-5절에서도 구체적으로 말씀하고 있다. 특히 예레미야에서는 "갈린 기둥 같아서(תֹּמֶר, 토메르, nm, palm tree, post)"라는 표현이 있는데 이는 '둥근 기둥 같다(KJV)', '참외밭의 허수아비 같다(공동번역)'라는 의미이다.

27절의 '아데미'는 '다이아나'를 가리키는 말로서 헬라의 아데미가 맹수와 달의 여신이라면 에베소의 아데미는 고대 근동의 풍요와 다산의 여신이었다. 앞서 24절의 표를 참조하라. "아데미 전각"이란 아데미 신전

(BC 550년 창건, BC 356년 소실)을 가리킨다.

28 저희가 이 말을 듣고 분이 가득하여 외쳐 가로되 크다 에베소 사람의 아데미여 하니 **29** 온 성이 요란하여 바울과 같이 다니는 마게도냐 사람 가이오와 아리스다고를 잡아가지고 일제히 연극장으로 달려들어 가는지라 **30** 바울이 백성 가운데로 들어가고자 하나 제자들이 말리고 **31** 또 아시아 관원 중에 바울의 친구 된 어떤 이들이 그에게 통지하여 연극장에 들어가지 말라 권하더라

서방 사본(Western Text)에는 '거리로 뛰어나가 크다 에베소 사람의 아데미여'라고 되어 있다. 이로 보아 당시 엄청 큰 소란을 일으킨 것으로 추정(Longeneker)된다.

당시 "마게도냐 사람 가이오(행 20:4의 가이오는 더베사람, 롬 16:23의 고린도교회의 가이오, 요삼 1:1의 가이오인지는 확실치 않음)와 아리스다고(행 20:4, 행 27:2, 데살로니가 사람. 바울의 로마여행시 동행)"는 바울의 동역자였다. 29절의 "연극장"이란 노천극장이나 정치적 공중 회합 장소로서 약 25,000명을 수용할 정도의 크기였다.

30절은 29절에서 가이오와 아리스다고가 잡히자 그들을 구출하려고 연극장 안으로 들어가려 했다. 그러자 바울의 친구 된 아시아 관원들이 말렸던 것이다. 고린도전서 15장 32절의 말씀과 상통하고 있다.

"내가 범인처럼 에베소에서 맹수로 더불어 싸웠으면 내게 무슨 유익이 있느뇨 죽은 자가 다시 살지 못할 것이면 내일 죽을 터이니 먹고 마시자 하리라"_고전 15:32

"아시아 관원"이란 아시아 각 도에서 해마다 뽑히는 10인의 의회 관원들로서 부유한 집안 출신들로 구성되었다(Hervey). 그들은 로마 황제 숭배의 제사장 역할을 감당했거나 황제신전 건립을 주도했으며 로마 황제의 생일기념 등등의 때와 법을 정했던 사람들이다. 이들의 정체에 대해 다니엘서(단 7:25)는 상세하게 폭로하고 있다.

"그가 장차 말로 지극히 높으신 자를 대적하며 또 지극히 높으신 자의 성도를 괴롭게 할 것이며 그가 또 때와 법을 변개코자 할 것이며 성도는 그의 손에 붙인바 되어 한 때와 두 때와 반 때를 지내리라"_단 7:25

32 사람들이 외쳐 혹은 이 말을, 혹은 저 말을 하니 모인 무리가 분란하여 태반이나 어찌하여 모였는지 알지 못하더라 **33** 유대인들이 무리 가운데서 알렉산더를 권하여 앞으로 밀어내니 알렉산더가 손짓하며 백성에게 발명하려 하나 **34** 저희는 그가 유대인인 줄 알고 다 한 소리로 외쳐 가로되 크다 에베소 사람의 아데미여 하기를 두 시 동안이나 하더니

역사적으로 보면 대중의 소리, 선동에 의해 만들어지는 소리들은 거의 다 옳지 않았다. 21세기 한국에서 벌어지고 있는 작금의 못된 정치가들이 만들어내는 소리와 너무나 흡사하다. 예수님의 십자가 죽음 시에 대중의 소리 또한 마찬가지였다(막 15:11-15).

당시 알렉산더는 유대인으로서 에베소인들을 향해 자신을 포함한 유대인들은 그리스도인이 아니다라는 것을 말하러 나선 대표인 듯하다. 이는

"발명하다"의 헬라어 아폴로게오마이[211]($\dot{\alpha}\pi o\lambda o\gamma\acute{\epsilon}o\mu\alpha\iota$, v)의 뜻인 '자신을 방어하다, 스스로 변호하다'라는 것을 보면 쉽게 알 수 있다.

34절을 보면 당시 에베소인들은 유대인들에게 좋은 감정은 아니었던 듯하다. 그리하여 유대인이든 그리스도인이든 관계없이 아데미 여신을 거부하였기에 한 소리로 외치며 알렉산더를 저지하고 있음을 알 수 있다.

35 서기장이 무리를 안돈시키고 이르되 에베소 사람들아 에베소 성이 큰 아데미와 및 쓰스에게서 내려온 우상의 전각지기가 된 줄을 누가 알지 못하겠느냐

"서기장"이란 로마 당국이 임명한 관리가 아니라 에베소 시의회에서 선출된 최고의 행정관리였다. 그는 에베소의 소요 사태나 불법행위에 대한 책임을 져야하는 위치에 있었기에 그 소요에 대해 보다 예민해 했다.

"쓰스에게서 내려온"이란 아데미 여신이 하늘에서 내려왔다라는 의미로 하늘에서 떨어진 운석을 신으로 여기면서 생겨난 전설이다.

"전각지기"의 헬라어는 네오코로스[212]($\nu\epsilon\omega\kappa\acute{o}\rho o\varsigma$, nm)인데 나오스($\nu\alpha\acute{o}\varsigma$,

---

211 아폴로게오마이($\dot{\alpha}\pi o\lambda o\gamma\acute{\epsilon}o\mu\alpha\iota$, v)는 to give an account of oneself, to defend oneself/ properly, to reason from solid proof (sound logic); to make a compelling defense with sound logic (argumentation). See 627 (apologia)이다.

212 네오코로스($\nu\epsilon\omega\kappa\acute{o}\rho o\varsigma$, nm)는 a temple keeper, (lit: temple-sweeper), temple-warden; an honorary title)인데 이는 나오스($\nu\alpha\acute{o}\varsigma$, nm a temple, a shrine, that part of the temple where God himself resides/(from **naiō**, "to dwell") - properly, a sanctuary (divine dwelling-place); a temple (sacred abode), the place of divine manifestation. 3485 (**naós**) refers to the sanctuary (the Jewish Temple proper), i.e. with just its two inner compartments (rooms). These consisted of:)와 코레오($\kappa o\rho\acute{\epsilon}\omega$ to sweep)의 합성어이다.

nm, a temple)와 코레오(κορέω, to sweep)의 합성어이다. 이는 당시 아데미 신전에서 청소하던 가장 천한 청소부를 가리키다가 점차 '신전 수호자, 신을 섬기는 헌신자'라는 의미로 바뀌었다. '전각지기'는 신에게 특별히 바쳐진 도시에 붙여졌던 명예로운 이름이다(Robertson).

36 이 일이 그렇지 않다 할 수 없으니 너희가 가만히 있어서 무엇이든지 경솔히 아니하여야 하리라 37 전각의 물건을 도적질하지도 아니하였고 우리 여신을 훼방하지도 아니한 이 사람들을 너희가 잡아왔으니

"이 일이 그렇지 않다 할 수 없으니"라는 것은 당시 에베소는 아데미의 전각지기로서 아데미를 섬기던 대표적인 도시였기에 그 존엄성은 누구나 다 인정하던 터였다라는 말이다.

37절에는 아데미 신전의 물건을 훔치거나 여신을 훼방하지 않은 가이오와 아리스다고를 석방하기 위해 서기장이 에베소인들을 설득하고 있는 것을 볼 수 있다. 한편 팩트로 보면 바울이나 가이오, 아리스다고는 아데미 여신을 실제로 비방하지는 않았다. 대신에 천지의 주재이신 하나님, 구속주이신 예수 그리스도를 전했던 것이다(행 17:24-31). 더 나아가 그리스도인이 전각의 물건을 도적질했다는 것은 언감생심(焉敢生心)이다.

38 만일 데메드리오와 및 그와 함께 있는 직공들이 누구에게 송사할 것이 있거

든 재판 날도 있고 총독들도 있으니 피차 고소할 것이요 39 만일 그 외에 무엇을 원하거든 정식으로 민회에서 결단할지라 40 오늘 아무 까닭도 없는 이 일에 우리가 소요의 사건으로 책망받을 위험이 있고 우리가 이 불법 집회에 관하여 보고할 재료가 없다 하고 41 이에 그 모임을 흩어지게 하니라

당시 로마 총독은 정규적인 순회재판을 하곤 했다. 그렇기에 서기장은 에베소인들을 향해 문제가 있다고 한다면 적법한 절차에 따라 그를 시행하라고 권면하고 있다.

"총독들(ἀνθύπατοί, N-NMP, proconsul)"이라고 복수를 쓴 것은 당시 아시아 도에 2명의 총독(집정관인 겔라(Celer)와 헬리우스(Helius)를 말함)이 있었기 때문이다. 이때(AD 54-55) 원래의 총독은 마르크스 유니우스 실라누스(Marcus Junius Silanus)였는데 그는 아그리피나 2세(Agrppina II)에 의해 독살당했다. 한편 그의 후임이 정해질 때까지 여전히 두명의 집정관은 유지되었다. 이 구절은 바울의 3차 전도여행이 AD 53-57년이었으니 에베소 사역(행 20:31)의 마무리 시점과 일치하고 있다.

39절의 "민회"란 시의원들로 구성된 자치 의결기구를 말한다. 이 회의는 월 3회였는데 모일 때에는 도시 내에서 발생한 사건을 자치적으로 해결하곤 했다. 또한 도시의 행정 사무 일체를 담당했다.

당시 로마는 식민지 정책에 비교적 관대했다. 그러나 소요사태 만큼은 반역으로 간주하였기에 엄격했다. 그러다 보니 주모자는 사형이었고 소요를 일으킨 도시는 자치권이 박탈되었다.

결국 서기장의 판결대로 그 모임은 해산되었다. 이는 역사의 주관자 하

나님의 섭리와 경륜을 잘 보여준다. 동시에 성령행전임을 다시 또 확인케 한다. 또 하나의 의미가 있다면 복음을 전하는 행위에 대한 좋은 판례를 남긴 것이기도 하다.

괴짜의사 Dr. Araw의
쉽고 바르게 읽는 사도행전 장편(掌篇)강의

오직 성령이 너희에게 임하시면
성령행전(Πράξεις Πνεύματος)

레마이야기 20

심령에 매임을 받아(22)

20장의 소제목은 "심령에 매임을 받아"이다. 이는 '성령님의 인도하심을 따라, 성령님의 지시하심을 따라'라는 의미이다. 지난 2차 전도여행(AD 50-52) 시 사도 바울은 2번(행 16:6-7)이나 자신의 뜻을 관철하기 위해 성령님의 인도하심(성령행전, 그리고 사도행전)을 "무시아"에서 '무시'했다(word play). 즉 바울은 16장 6절에 의하면 "성령이 아시아에서 말씀을 전하지 못하게 하시거늘 브루기아와 갈라디아 땅으로" 다녀갔던 적이 있다. 뒤이어 7절에는 "무시아 앞에 이르러 비두니아로 가고자 애쓰되 예수의 영이 허락지 아니하는지라"고 했다. 그래서 무시아를 통과하여 곧장 드로아로 갔던 것이다.

바울은 성령님의 명령과 자신의 계획이 충돌하자 처음에는 몰라서 순종하지 않았으나 알고 난 이후에는 지체없이 자신의 뜻을 접었다. 이것이 바로 그리스도인의 올바른 태도이다. 이후 그는 놀라운 깨달음을 얻게 되었다.

말씀보다 성령님보다 결코 앞서서는 안 된다는 것을.

그리고 성령님의 인도하심에 그저 순종하며 자연스럽게 따라야 한다는 것을. 그것이 비록 죽음을 요구한다고 할지라도…….

그렇기에 이곳 20장에서는 예루살렘행(行)에서 '험한 일'을 만난다 할지라도, 심지어는 죽음을 요구한다고 할지라도, 성령님의 인도하심이라면 그냥 순전히 즉각적으로 따르겠다고 한 것이다. 더 나아가 성령께서 이미 각 성에서 결박과 환난이 기다린다고 귀띔까지 해 주셨다. 그러나 그는 전혀 아랑곳하지 않았다. 바울은 24절을 통해 자신의 결단을 하나님과 사람 앞에 선포하기까지 했다.

"나의 달려갈 길과 주 예수께 받은 사명 곧 하나님의 은혜의 복음 증거하는 일을 마치려 함에는 나의 생명을 조금도 귀한 것으로 여기지 아니하노라"_행 20:24

우리는 여기서 다시 한번 더 바울의 생애(AD 5-68)를 통한, 성령님의 인도하심을 따라 이루어졌던, 전도여행(AD 46-68)을 되돌아볼 필요가 있다. 바울의 전도여행은 크게 1-4차로 나눌 수 있다. 이를 앞 글자를 따서 어느 신앙 선배가 'PACER(Paul, Antioch of Syria, Corinth, Ephesus, Rome)'라고 했는데 완전하지는 않으나 큰 도움이 된다.

1차 전도여행은 AD 46-48년경으로 수리아 안디옥 교회에서 출발하여 실루기아 항구로 와서 배를 타고 구브로 섬을 향했다. 동쪽의 살라미 항구에 내려서는 도보로 온 섬을 거쳐 서쪽의 바보에 이르렀다. 그리고는 다시 배를 타고 밤빌리아의 버가에 이르렀다. 여기까지만 해도 전도여행은 정말 만만치 않았을 것이다. 문제는 이곳에 오자 마가 요한은 너무 힘들어 패배감을 안고 되돌아갔다.

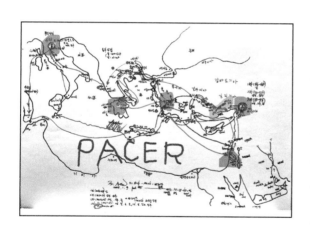

이후 비시디아 안디옥, 이고니온, 루스드라를 거쳐 마지막 종착지 더베에 이르렀다. 더베에서는 타우루스 산맥(Taurus Mountains)의 '실리시아(길리기아) 관문(Cilician gate)'을 지나면 바울의 고향인 길리기아의 다소가 있었다. 바울은 루스드라에서 돌에 맞아 거의 죽었다가 살아났기에 더베에서 엄청 힘들었을 것이다. 그렇기에 상식적으로 보면 고향으로 가서 어느 정도 몸을 추스렸다가 회복이 된 후 움직였으면 좋았을 것이다. 그러나 아버지 하나님의 급한 마음을 읽고는 성령님의 인도하심을 따라 더베에서 다시 자기를 돌로 쳤던 루스드라로 되돌아가 형제들을 굳게 한 후 이고니온, 비시디아 안디옥, 밤빌리아의 버가, 앗달리아로 가서 수리아의 안디옥으로 되돌아 왔다. 그리고는 2년 동안 재충전을 한 후 다시 2차 전도여행을 시작했다.

2차 전도여행은 AD 50-52년경으로 이때 바울은 바나바와 '마가 요한의 동행 문제'를 두고 크게 다투었다. 이후 바나바와 마가 요한이 구브로를 택하자 바울은 실라를 데리고 의사 누가(수리아 안디옥 출신의 헬라인, 이방인 개종자)와 함께 자신의 고향인 다소를 거쳐 1차 전도여행지였던 더베, 루스드라(이때 디모데를 데리고 간다), 이고니온을 다녔다.

이후 성령이 아시아에서 말씀을 전하지 못하게 하셔서(행 16:6) 브루기아, 갈라디아를 지나 무시아 앞에 이르러 비두니아로 가고자 애썼으나 예수의 영이 허락지 않으셨다. 그리하여 무시아를 통과하여 드로아에 이른다. 그날 밤에 마게도냐 환상을 보여주셔서 사모드라게 섬을 지나 네압볼리, 빌립보, 암비볼리, 아볼로니아, 데살로니가, 베뢰아에 이르렀다. 이곳에서는 배를 타고(행 17:14) 아덴으로 급히 갔다.

한편 베뢰아에 남아있던 실라와 디모데를 아덴에서 합류하게 되자 바울은 실라를 빌립보로, 디모데를 데살로니가로 파송하여 그 교회 공동체들의 상태를 살피게 했다.

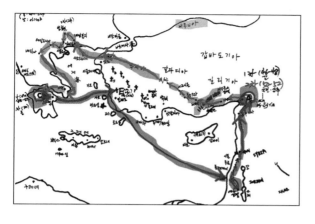

이후 바울은 고린도로 급히 왔다. 18개월을 머물면서 브리스길라와 아굴라 부부와 교제했으며 마게도냐에서 돌아온 실라와 디모데와 합류(행 18:5)한다. 이때 디모데의 보고를 들은 바울은 데살로니가 전서와 후서를 기록했다.

이후 겐그레아에서 배를 타고 에베소로 건너와 지체들과 교제한 후 함께 동행했던 브리스가와 아굴라 부부를 그곳에 남겨둔 채 바울은 배를 타고 가이사랴를 거쳐 예루살렘 교회에 보고한 후 수리아 안디옥으로 되돌아왔다.

3차 전도여행은 AD 53-57년경으로 다시 수리아 안디옥을 출발하여 길리기아의 다소, 더베, 루스드라, 이고니온, 비시디안 안디옥을 거쳐 갈라디아, 브루기아를 지나 에베소에 이르렀다. 이곳에서 약 3년간의 사역(회당에서 3개월, 두란노 서원에서 2년, 행 19:8-10)을 마친 후 바울은 마게도냐를 거쳐 예루살렘으로 가기를 계획한다(행 19:21). 그리하여 디모데와 에라스도를 먼저 마게도냐로 파송했다. 그러는 사이에 에베소에서는 데메드리오로 인한 소요가 일어났다가 그치매(행 20:1) 마게도냐로 향했다.

바울은 북쪽 드로아까지 왔다가 곧장 배를 타고 에게 해를 건너 빌립보로 향했다. 빌립보에서는 고린도 교회를 향해 큰 소리를 내며 에베소에서 썼던 고린도전서라는 서신을 전달하러 갔던 디도를 만나게 된다. 자초지종을 모두 다 들은 후 그곳에서 고린도 교인들을 격려하며 고린도후서를 기록한다.

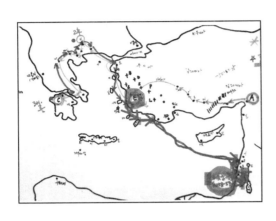

이후 데살로니가, 베뢰아, 아덴을 거쳐 고린도에까지 이르러(행 20:2) 석 달을 지내며 로마서를 기록했다. 다시 겐그레아에서 배를 타고 떠나려는데 살해음모를 전해듣게 된다. 그리하여 다시 육로로 빌립보에까지 올라왔고 네압볼리 항구에서 드로아에 이르렀다(행 20:6). 이곳 드로아에서 그 유명한 유두고 청년의 이야기가 펼쳐진다.

이후 앗소까지 육로로 내려와 그곳 앗소에 먼저 가있던 형제들과 함께 배를 타고 미둘레네, 기오, 사모, 밀레도에 이르렀다(행 20:13-15). 이곳에서 에베소 교회의 리더들과 교제 후 "심령에 매임을 받아" 예루살렘행을 결심하고 떠나게 된다. 밀레도에서 고스, 로도, 바다라를 거쳐 베니게(두로)에 도착했다(행 21:1-3). 그리고는 돌레마이를 거쳐 빌립이 살고 있던 가이사랴에 이르게 된다(행 21:7-8).

이후 예루살렘에 들어갔다가 법정에 서게 되고 가이사랴의 헤롯궁 감

옥에 2년(AD 58-59) 동안 갇히
게 되었다.

　한편 로마 시민권자였던 바
울은 로마에 가서 가이사의
법정에 서기를 원하여 드디
어 로마로 향하게 된다. 예루
살렘에서 로마까지의 여정은
멀고도 험한 길이었다. 비용
은 차치하고라도 바울에게는
살해 위협이나 어마무시한 위험이 발생할 수 있던 상황이었다. 이런 아슬
아슬한 상황을 성령님은 단 한방에 해결해 주셨다. 그것은 다름 아닌 당
시 최강의 로마 군인들의 안전한 호위와 함께 로마에 도착할 때까지, 로
마 황제의 재판자리에 이르기까지 먹을 것과 입을 것, 지낼 곳, 그리고 엄
청난 교통 비용을 해결해 주신 것이다.

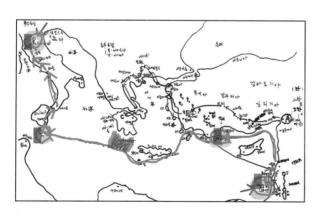

　　　　　　　그렇게 4차 전
도여행은 가이사
랴를 출발하여 지
중해 연안을 따
라 아드라뭇데노
(Adramyttium, 무시
아 지방에 속한 소아시아

서쪽 해변)까지 가는 연안의 작은 배를 타고 루기아의 무라성에 이르렀다(행 27:2). 그곳에서 다시 이달리야로 가는 큰 배인 알렉산드리아 배로 갈아탔다(행 27:6).

이후 온갖 상황과 환경의 위협을 겪으며 천신만고(千辛萬苦) 끝에 로마에의 1차 투옥까지 이어진다. 이어 상옥(셋집, 행 28:30)에서 2년 동안 자유롭게 생활하며 1차 감옥(AD 61-63)생활을 하게 된다. AD 63년 석방이 된 후에는 약 4년여의 기간이 있었다. 이때 지난날 다녔던 전도여행지의 재방문과 더불어 스페인까지의 전도여행이 이루어졌다.

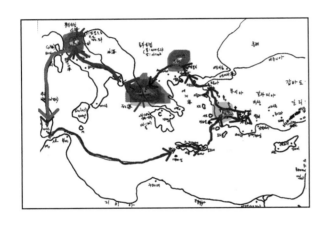

AD 66년경이 되자 마게도냐에 있던 바울은 노년의 아픔과 힘듦에 더하여 지난날의 전도여행에서 있었던 각종 후유증으로 따스한 남쪽 휴양지였던 니고볼리로 내려가게 된다(딛 3:12).

그곳에서 약간의 재충전을 누리고 있던 중 당시 로마 구(舊) 시가지 화재 사건(AD 64. 7. 19)으로 구설수에 올랐던 네로 황제는 로마 시민들의 분노가 극에 달하자 먼저는 베드로를 희생양(scapegoat)으로 처형(AD 65년경)시켰다. 그럼에도 로마 시민들의 분노가 가라앉지 않자 또 다른 희생양을 찾고 있던 네로 황제에 의해 바울이 체포되었다. 그리하여 아드리아 해를 건너 브론디시움에서 다시 로마로 향하게 되었다. 이때 사형수가 갇히는 하옥에 갇혀 2차 감옥(AD 67-68)을 끝으로 바울은 순교의 제물(AD 68년경)이 되었다.

이곳 20장은 3차 전도여행이 마무리되며 예루살렘으로 들어가는 여정까지의 내용이다. 그는 먼저 가이사랴의 빌립의 집에 유하였다가 예루살렘으로 들어가 유대인들의 고소를 받게 된다. 이후 가이사랴에서 2년간 헤롯궁 감옥에 갇혔으나 이때 비교적 자유로운 생활을 했다(행 24:23). 당시 로마 시민권자였던 바울은 로마에서 가이사 황제의 재판을 신청함으로 결국 로마행이 주어지게 되었다.

참고로 사도 바울이 전도했던 여행지를 크게 묶어 그림으로 그려보면 하나의 예쁜 꽃잎이 나온다. 유명했던 16세기 말의 '꽃잎 지도'이다.[213] 바울은 한평생 예루살렘을 중심으로 아시아, 유럽, 아프리카를 종횡무진 (縱橫無盡)하며 '하나님의 은혜의 복음'을 전했다.

"나의 달려갈 길과 주 예수께 받은 사명 곧 하나님의 은혜의 복음 증거하는 일을 마치려 함에는 나의 생명을 조금도 귀한 것으로 여기지 아니하노라"_행 20:24

"내가 선한 싸움을 싸우고 나의 달려갈 길을 마치고 믿음을 지켰으니 이제 후로는 나를 위하여 의의 면류관이 예비되었으므로 주 곧 의로우신

---

213 <예루살렘>, 토마스 이디노풀로스/이동진 옮김, 그린비, 2005, p253

재판장이 그 날에 내게 주실 것이니 내게만 아니라 주의 나타나심을 사모하는 모든 자에게니라"_딤후 4:7-8

꽃그림(선교사 김정미작가의 그림)에서 3은 예루살렘이다.
예루살렘을 중심으로 2는 아시아를, 1은 유럽을, 4는 아프리카를 가리킨다.

20-1 소요가 그치매 바울이 제자들을 불러 권한 후에 작별하고 떠나 마게도냐로 가니라

"소요"란 사도행전 19장 에베소에서의 데메드리오 사건(23-41)을 말한다.

"제자들을 불러 권한 후에"라는 말씀에서 '권하다'의 헬라어는 파라칼레오[214](παρακαλέω, ν)인데 이는 '곁에 불러 놓고 얘기하다'라는 의미로

---

214 파라칼레오(παρακαλέω, ν)는 (a) I send for, summon, invite, (b) I beseech, entreat, beg, (c) I exhort, admonish, (d) I comfort, encourage, console//(from 3844 /pará, "from

'권면하다, 위로하다, 격려하다'라는 의미이다. 이어 "작별하고"에 해당하는 헬라어는 아스파조마이(ἀσπάζομαι, v, I greet, salute, pay my respects to, welcome)인데 이는 당시의 인사법(고후 13:12, 살전 5:26, 벧전 5:17, 포옹하고 입맞춤을 하는 가운데 석별의 정을 나누는 인사)이었다.

"마게도냐로 가니라"는 말에서의 역사적인 배경을 잠시 살펴보자. 바울이 에베소에 있을 때 고린도 교회가 분쟁이 있다는 말을 듣고 고린도전서를 기록하여 디도의 편에 보냈다. 돌아올 시간이 지났음에도 불구하고 웬일인지 디도가 돌아오지 않았다(고후 2:12-13). 이제나저제나 걱정 속에 기다리다가 바울은 에베소를 떠나 마게도냐로 향하게 되었던 것이다.

빌립보에 도착한 후 감사하게도 디도를 만나게 된다. 그로부터 고린도 교회의 사정을 듣고는 할렐루야 찬양 후 분쟁과 분파 등등에 대한 격렬한 꾸짖음이 있었던 고린도전서와는 달리 자신의 사도직 변호(고후 1:1)와 함께 하나님의 은혜의 복음에 대한 고린도후서를 기록함으로 고린도 교인들을 격려했다.

2 그 지경으로 다녀가며 여러 말로 제자들에게 권하고 헬라에 이르러 3 거기 석달을 있다가 배 타고 수리아로 가고자 할 그 때에 유대인들이 자기를 해하려고

---

close-beside" and 2564 /kaléō, "to call") - properly, "make a call" from being "close-up and personal." 3870 /parakaléō ("personally make a call") refers to believers offering up evidence that stands up in God's court이다.

공모하므로 마게도냐로 다녀 돌아가기를 작정하니

"그 지경으로 다녀가며"라는 것은 에베소에서 고린도까지에 이르는 경로서 이그나티우스 대로(the Egnatian Road)를 따라 전도여행 했던 것을 말한다. 이는 빌립보(행 16:12), 데살로니가(행 17:1), 베뢰아(행 17:10)를 거쳐 고린도에 이르기까지의 2차 전도여행의 경로였다. 한편 3차 전도여행 때에 아덴을 갔느냐 아니냐를 두고 갑론을박(甲論乙駁)이 있으나 나와 공저자는 별 관심이 없다. 우리는 물론 갔을 것이라고 생각하고 있다. 왜냐하면 그곳에도 소수이기는 하나 그립고 보고싶은 지체들이 있었기 때문이다. 한편 로마서 15장 19절을 보면 이때 일루리곤(Illyricum, 아드리아해 동쪽 연안과 마게도냐 북서쪽 지역)까지 간 것으로 추측할 수 있다(Bruce, Longeneker, Toussaint).

"헬라에 이르러"에서의 '헬라'에 해당하는 헬라어는 헬라스(Ἑλλάς, nf, Greece, a country of Europe)인데 이는 아가야(Achaia, god 18:12) 지방을 가리키는 헬라명으로 '고린도'를 가리키는 단어이다. 그리하여 바울은 고린도에서 3개월을 머물렀던 것(행 20:3)이다. "석 달을 있다가"라는 것은 고린도에 있던 가이오의 집에서 따뜻한 겨울을 누렸다라는 것(롬 16:23, Bruce)으로 이때 로마서를 기록했다. 결국 3차 전도여행 시 에베소에서 고린도전서를, 빌립보에서 디도를 만난 후 고린도후서를, 이곳 고린도에서 로마서를 기록(1차 1권(갈), 2차 2권((살전후), 3차 3권(고전후, 롬)을 기록)했다.

이후 바울은 예루살렘에서 유월절을 보내려고 겐그레아 항구에서 배를 이용하고자 하였으나 유대인들의 살해 음모를 듣고는 다시 육로로 빌립보까지 올라가 네압볼리 항구에서 배를 타고 에게 해를 건넜다. 결국 예루살렘에서 유월절 참석은 포기하고 오순절이라도 지키고자 육로를 택하였던 것이다.

4 아시아까지 함께 가는 자는 베뢰아 사람 부로의 아들 소바더와 데살로니가 사람 아리스다고와 세군도와 더베 사람 가이오와 및 디모데와 아시아 사람 두기고와 드로비모라

이 구절에서 "아시아까지 함께 가는 자"가 가리키는 사람은 이방교회의 연보를 예루살렘 모교회까지 전달(행 11:29-30, 12:25절과는 다른 것인 듯)할 자들로 추정(Bruce, Hervey, Longeneker, Toussaint)된다.

"베뢰아 사람 부로의 아들 소바더(롬 16:21, 소시바더와 동일인?)"는 데살로니가 사람 아리스다고(행 19:29, 27:2), 세군도와 함께 마게도냐 교회의 대표들이다. 한편 더베 사람 가이오와 루스드라 출신인 디모데(고전 4:17, 바울의 영적 아들, 2차 전도여행에서 합류)는 둘이 서로 친구였을 가능성이 있고 갈라디아 교회의 대표들이다.

참고로 '가이오(Γάϊος)'는 '기쁨'이라는 의미로 여러 명의 동명이인들이 있다. 첫째는, 바울의 통역자로서 마게도냐인으로 에베소에서 바울, 아리스다고와 함께 봉변을 당했던 인물이다(행 19:26-29). 둘째는 이 구절의 더베 사람 가이오이다. 셋째는 바울이 세례를 주었던 고린도인(고전 1:14)으로 바울이 고린도에 석 달을 그의 집에 머물며 로마서를 기록했다. 넷째는 요한 삼서의 수신자로(요삼 1:1) 그리스도인들을 형제처럼 접대했던 인물이다.

두기고(Τυχικός, nm, "fortuitous", Tychicus, a Christian, '행운의 아이')와 드로비모는 소아시아 지방교회의 대표들이다. 두기고는 아시아 출신으로 바울이 1차로 로마의 옥에 있는 동안 에베소 교회와 골로새 교회에 옥중서신을 전달했다. 나는 '두기고'라는 인물이 마음에 많이 남는다. 그는 바울이 필요로 할 때 언제나 곁에 있었고 '눈치 백단'이었으며 '일머리'가 뛰어났던 인물인 듯하기 때문이다. 훗날 디도의 후임으로 그레데에서(딛 3:12), 디모데 후임으로 에베소에서(딤후 4:12) 사역하기도 했다. 그런 그는 바울의 사랑받는 형제요 주 안에서 신실한 종이라는 칭찬(엡 6:21)을 받았다.

드로비모(Τρόφιμος, nm, '양육하다', τροφή, nf, nourishment, food, from τρέφω, v, to make to grow, to nourish, feed)는 에베소 출신(행 21:29)이다.

5 그들은 먼저 가서 드로아에서 우리를 기다리더라

"그들"이란 4절의 7명을 말한다. 그들이 드로아에 먼저 간 이유나 바울이 빌립보에 머문 이유는 확실하게 알 수 없다. 분명한 것은 빌립보에서 누가와 함께 무교절을 보냈던 듯하다(행 20:60).

이 구절에서 "우리"라는 호칭은 16장 10절에서 사용되었던 이후 이 구절에서 다시 나오는데 이들이 누구인지는 분명하지 않다. 그러나 적어도 이 글을 기록하고 있는 누가는 포함된 듯하다.

6 우리는 무교절 후에 빌립보에서 배로 떠나 닷새 만에 드로아에 있는 그들에게 가서 이레를 머무니라

　"무교절"은 유월절, 초실절과 같은 의미로 쓰이기는 하나 약간의 차이를 알아야 성경을 읽을 때 혼란스럽지 않을 수 있다.

　'무교절'은 유대 종교력 1월 14일에서 21일까지의 일주일(출 12:28)을 말하며 예수 그리스도의 대속죽음과 부활을 통해 우리가 구원되었음을 기념하는 절기로 이후 거룩하게 살기를 결단하며 기념하는 절기이다.

　'유월절'은 1월 14일 하루를 의미하며 유월절 어린 양되신 예수 그리스도의 대속죽음을 기념하는 절기이다.

　'초실절'은 1월 16일로서 죽음(사망)을 이기시고 부활하신, 부활의 첫 열매이신 예수 그리스도의 부활을 기념하는 절기이다.

　드로아(Troas)는 트로이(Troy, 트로이 전쟁의 무대, 트로이 목마) 남쪽 25Km 지점에 있는 에게 해를 통해 동부유럽을 잇는 주요 항구이다. 지난날 성령님은 아시아에서 복음을 전하지 못하게 하시고 바울을 드로아에서 빌립보의 외항 네압볼리까지 보내실 때에 '이틀(행 16:11)' 걸리게 하셨다. 반대로 지금 빌립보에서 드로아까지 오는 데는 역풍으로 인해 5일 걸리게 하셨다.

　전자의 경우 하나님의 섭리와 경륜에 따른 유럽 전도에 대한 아버지 하나님의 급한 마음이 읽히어지는 부분이며 우리의 생각과 하나님의 생각은 다름을 보여준 것이다(사 55:8-9). 후자의 경우 천지만물과 바람까지도 사용하시는 역사의 주관자 하나님을 보여주고 있다.

7 안식 후 첫날에 우리가 떡을 떼려 하여 모였더니 바울이 이튿날 떠나고자 하여 저희에게 강론할 새 말을 밤중까지 계속하매 8 우리의 모인 윗다락에 등불을 많이 켰는데

"안식 후 첫날"이란 매주일 첫 날(고전 16:2) 혹은 주의 날(계 1:10)로 불리우는데 오늘날의 주일(일요일)을 말한다.

참고로 그리스도의 부활(요 20:1-18)이 안식 후 첫날 이른 아침(요 20:1)에 있었고 성령강림(행 2:1-4) 또한 안식 후 첫날에 있었다. 이후 교회 공동체에는 '주일예배'라는 아름다운 전통이 생겨나 오늘에 이르게 되었다. 이는 수리아 안디옥의 감독 이그나티우스(Ignatius, AD 35-107)의 공이 컸다.

"떡을 떼려 하여"라는 것은 예수님이 제정하신 성만찬을 가리키며(눅 22:14-20) "윗다락"이란 3층집을 가리킨다. 한편 "등불을 많이 켰는데"라는 것으로 보아 바울이 그 다음 날 드로아를 떠나야 했기에 하나라도 더 가르쳐주려고 밤이 깊을 때까지 강론을 했던 듯하다.

9 유두고라 하는 청년이 창에 걸터 앉았다가 깊이 졸더니 바울이 강론하기를 더 오래 하매 졸음을 이기지 못하여 삼층 누에서 떨어지거늘 일으켜 보니 죽었는지라

"유두고[215](Εὔτυχος, nm)"란 '복되다, 다행이다'라는 뜻으로 당시 헬라사회의 하층 혹은 노예계급에 흔한 이름이었다.

누가가 이 구절을 기록한 이유는 하나님의 하나님 되심을 드러내려는, 그리하여 복음 전파를 더욱더 강력하게 확산시키려는 의도가 있었기 때문이다(Calvin). Bruce나 Alford는 그가 하층민이었기에 하루 종일 노동을 한 후에 엄청 피곤했는 데다가 강론은 길어지고 방은 좁고 등불로 인해 산소는 결핍되어 깜빡 졸다가 떨어진 것이라고 논리적으로 설명했다. Matthew Henry는 유두고를 사용하셔서 말씀에 집중하지 않으면 이렇게 될 수 있음을 경고한 것이라고 했다. 모두가 다 일리가 있다.

그러나 나와 공저자는 유두고의 말씀에 대한 열심과 간절함, 그의 열정을 드러내고 싶을 뿐이다. 왜냐하면 점점 더 말씀을 사모하는 무리와 그렇지 않은 무리가 나뉘어지고 있기 때문이다.

사실인즉 하층민이었던 유두고는 하루 종일 열심히 일을 하였기에 저녁에는 육신적인 쉼을 누리고 싶었을 것이다. 그러나 그는 늦은 저녁에 쉬는 것보다는 말씀을 선택하여 그 자리에 왔다. 그렇게 말씀이 그리워 찾아왔으나 육신이 연약하여 깜빡 졸다가 떨어졌던 것이리라. 그렇기에 유두고에 대한 분분한 해석은 지양하는 것이 바람직할 듯하다. 종국적으로 유두고 사건은 디테일을 주관하시는 야훼하나님, 곧 역사의 주관자 하나님을 드러내고자 함이었던 것이다.

---

215 유두고(Εὔτυχος, nm)는 "well-fated", Eutychus, a young man restored to life by Paul, Usage: Eutychus, a young hearer of Paul at Troas /fortunate, fate이다.

"일으켜 보니 죽었는지라"는 말을 두고 기절 후 깨어났다(Ramsay)라고 주장하는 무리들이 있다. 그러나 이런 유의 해석은 하나님의 의도와는 멀리 간 것이다. 12절의 "살아난 아이를 데리고 와서"라는 말과 연결시켜 보면 유두고는 완전히 죽었다가 하나님의 은혜로 다시 살아난 것이다. 더구나 그 현장에는 의사였던 누가가 있었고 확실한 진단을 한 터였다. 또한 아이가 죽었다가 살아났기에 하나님의 은혜를 맛보게 되자 듣는 사람들도 전하는 사람도 모두가 다 피곤한 줄도 모르고 하나님의 하나님 되심을 밤새도록 나눌 수 있었던 것이다. 그렇기에 10절에는 "날이 새기까지 이야기하고 떠나니라"고 되어 있는 것이다.

"떨어지다"와 "엎드리다"의 헬라어를 통하여는 그리스도인의 삶의 일련의 과정을 상상할 수 있다. 또한 종국적으로는 반드시 승리하게 될 것도 볼 수 있다.

첫째, "깊이 졸더니, 졸음을 이기지 못하여"라는 말에서 우리는 고해(苦海) 같은 인생의 고단한 모습을 적나라하게 보게 된다.

둘째, "떨어지거늘, 죽었는지라"는 말에서는 불신의 결과로 인한 덧없는 인생의 결국, 종말, 파멸을 볼 수 있다.

셋째, "일으켜보니 죽었는지라, 바울이 내려가서"라는 말에서는 의사인 누가의 진단과 함께 예배가 중단되어버린 상태를 볼 수 있다.

넷째, "엎드려 그 몸을 안고 말하되 떠들지 말라 생명이 저에게 있다 하고"라는 말에서는 예수 그리스도를 믿음으로 인한 생기, 구원, 다시 삶(영적 부활, 둘째 부활)의 가슴 벅찬 상황을 보게 된다.

다섯째, "올라가 떡을 떼어먹고 오랫동안 곧 날이 새기까지 이야기하고 떠나니라"는 말에서는 이 모든 일련의 과정을 통하여 하나님의 하나님 되심을 목격하게 되자 기뻐하고 감사하며 예배의 회복이 주어지게 됨을 볼 수 있다. 그리하여 지금 현재형 하나님나라를 누리게 되며 장차 미래형 하나님나라를 누리게 될 것을 보여주고 있다.

떨어지다(20:9)	엎드리다(20:10)
ἔπεσεν fell	ἐπέπεσεν fell upon
종말 파멸	무엇(생기, 창 2:7)인가를 밀어넣고 죄(옛 모습)를 덮어버리다 (구원, 새로운 피조물)
Πίπτω, v I fall, fall under (as under condemnation), fall prostrate	ἐπιπίπτω, v I fall upon, press upon, light upon, come over

한편 유두고의 졸음과 죽음에 대해 바울에게도 일말(一抹)의 책임이 있다라며 농조(弄調)로 말하는 이들이 제법 있다. 왜냐하면 바울은 아볼로에 비해 말이 졸하였기에(고후 11:6) 지치고 피곤한 젊은이의 졸음을 가중시켰다라는 것이다. 그러나 고린도후서(11:6, 10:10)의 표현인 "말에 부족하나(말에는 졸하나), 말이 시원치 않다 하니"라는 것에 해당하는 헬라어는 이디오

테스²¹⁶(ἰδιώτης, nm)인데 이는 '말에 잔 기술을 부리지 않는다'라는 의미이다. 결국 복음을 전하되 문화를 차용하거나 기교를 부리지 않고 '투박한 복음'을 진솔하게 전했음을 가리키는 것이다. 결국 바울에게 책임을 돌리려 하는 것은 헬라어 원어를 바르게 이해하지 못함 때문이다.

오늘날 한국교회와 성도들은 말에 뛰어나고 언변이 화려한 설교자(메신저)를 지나치게 환영하는 듯하다. 이 부분에 나와 공저자는 몹시 마음이 어렵다. '바른 복음', '하나님의 은혜의 복음'은 예수 그리스도를 '사실대로' '투박하나마 직설적으로' 전하는 것이 바람직하다.

10 바울이 내려가서 그 위에 엎드려 그 몸을 안고 말하되 떠들지 말라 생명이 저에게 있다 하고

"그 위에 엎드려 그 몸을 안고"라는 행동은 아주 낯익은 모습이기도 하다. 지난날 엘리야가 사르밧 과부의 아들을 살릴 때 그는 그 아이를 품에 안고 자기의 거처하는 다락에 올라가 자기 침상에 누이고 그 아이 위에 몸을 3번 펴서 엎드리고"라며 열왕기상(17:19-22)은 말씀하고 있다. 열왕

---

216 이디오테스(ἰδιώτης, nm)는 a private or unskilled person/(from 2398 /ídios, "own") - properly, of one's own self; used of a person who conspicuously lacks education or status - hence, easily misunderstood as being uninstructed (unrefined, "unlettered in speech"))와 수데네오(ἐξουθενέω, v, to despise, treat with contempt/(from 1537 /ek, "completely out from," which intensifies **outheneō**, "bring to naught, reduce to nothing") - properly, cast out as nothing; set at nought; "to count as nothing, to treat with utter contempt, i.e. as zero" (WP, 2, 281); "set at nought, despise utterly" (A-S); to regard something as lacking any standing (value)이다.

기하(34:32-35)에는 엘리사가 수넴 여인의 아이를 "자기 침상에 누이고 그 아이의 위에 올라 엎드려 자기 입을 그 입에, 자기 눈을 그 눈에, 자기 손을 그 손에 대고 그 몸에 엎드리니 아이의 살이 차차 따뜻하더라 이후 그 아이를 집 안에서 이리 저리 다니게 한 후 다시 아이 위에 엎드리니 일곱 번 재채기하고 눈을 뜨는지라"고 되어 있다. 베드로는 사도행전 9장(36-43)에서 그렇게 다비다를 살렸다. 그러나 이 모든 것의 주체는 창조주 하나님, 역사의 주관자 하나님이심을 알아야 한다.

"떠들지 말라"는 것은 마가복음(5:39)에서 말씀하셨던 죽은 야이로의 딸 앞에서 흐느끼던 사람들을 향해 "어찌하여 훤화하며 우느냐"라고 하신 말씀과 상통한다.

한편 "생명이 저에게 있다 하고"라는 말 때문에 일단의 학자들은 그 아이가 죽은 것이 아니라 단순히 기절한 것이라고 우기기도 한다. 그러나 이 말은 '생명은 하나님께 있으며 하나님은 죽은 자를 다시 살리신다'라는 바울의 믿음의 표현임을 알아야 한다.

11 올라가 떡을 떼어먹고 오랫동안 곧 날이 새기까지 이야기하고 떠나니라 12 사람들이 살아난 아이를 데리고 와서 위로를 적지 않게 받았더라

"떡을 떼어먹고"라는 것은 성찬식과 더불어 식탁공동체를 통한 지체로서의 교제를 의미하며 "이야기하고"라는 것은 강론과 더불어 자유로운 토론, 정담(情談)을 아우르는 것이다.

"살아난 아이"에 해당하는 헬라어는 파이스[217]($\pi\alpha\tilde{\iota}\varsigma$, nf, nm)인데 이는 나이 어린 소년(마 2:16, 17:18)뿐만 아니라 종(마 8:6, 눅 7:7)을 가리키기도 했다. 이 구절에서는 후자로 사용되었다.

13 우리는 앞서 배를 타고 앗소에서 바울을 태우려고 그리로 행선하니 이는 자기가 도보로 가고자 하여 이렇게 정하여 준 것이라

바울 일행은 드로아에서 배를 타고 먼저 앗소로 갔다. 그런 후 바울은 밤을 새워 강론과 교제를 한 후 도보행을 택했다. 당시 드로아에서 앗소까지는 약 32Km 정도였다. 왜 혼자 걸어갔을까라는 것에 대한 의견이 분분하다. 혹자는 지나가는 길에 지난 여정에서 만났던 지체들을 다시 만나 교제하기 위해, 밤에 배를 타는 것이 내키지 않아서, 유대인의 음모 때문에, 잠시 홀로 여행하고 싶어서 등등……

나와 공저자는 아마도 바울의 성정으로 보아 '혼자만의 시간을 통해 하나님과 조용히 독대하고 싶어서'였을 것이라고 생각한다. 더 나아가 이때 바울은 약 오십을 넘긴 나이였기에 지난날을 돌이켜보며 남은 여생을 하나님께 묻고 또 물으며 그 모든 길을 인도하실 성령님을 찬양하며 경배하며 '나 홀로 부흥회'를 하였을 듯하다.

---

217 파이스($\pi\alpha\tilde{\iota}\varsigma$, nf, nm)는 (a) a male child, boy, (b) a male slave, servant; thus: a servant of God, especially as a title of the Messiah, (c) a female child, girl/a child under training (strict oversight), emphasizing their ongoing development necessary to reach their highest (eternal) destiny. See 3813 (paidon)이다.

14 바울이 앗소에서 우리를 만나니 우리가 배에 올리고 미둘레네에 가서 **15** 거기서 떠나 이튿날 기오 앞에 오고 그 이튿날 사모에 들리고 또 그 다음날 밀레도에 이르니라

이 구절을 통하여는 드로아-앗소-미둘레네-기오-사모-밀레도에 이르는 여정을 볼 수 있다.

"앗소"에서 "미둘레네(Mitylene, '조개가 많은')"까지는 약 50km의 거리로 미둘레네는 레스보스(Lesbos) 섬의 주요 항구이자 휴양도시이다. 당시 로마 귀족들의 휴양지였으나 AD 181년경 지진이 일어나 완전히 파괴되어 버렸다.

"기오"는 오늘날의 '이즈미르' 섬 부근 미둘레네에서 약 80km에 있는 섬으로 시인 호머(Homer, 일리아스(Ilias, '일리오스(Ilios, 트로이의 별명)의 이야기'); 트로이와 그리스의 전쟁 대서사시/오디세이아(Odysseia, '오디세우스의 노래'); 오디세우스(별명, Ulysses), 페넬로페, 텔레마코스, 멘토르)의 고향이라고 한다. 또 다른 기오 출신으로는 이탈리아 탐험가인 콜롬버스(Christopher Columbus)가 있다.

"사모(Σάμος, Samothrace, an island in the Aegean sea off the coast of Asia Minor, near Ephesus and Miletus)"는 기오에서 80km떨어진 곳으로 피타고

라스(Pytagoras, 정치가, 수학자, 철학자, 피타고라스의 정리=직각삼각형의 a2+b2=c2)와 이솝 우화로 유명한 이솝(Aesop, 정직한 나무꾼(The Honest Woodcutter) 혹은 금도끼 은도끼, 토끼와 거북이, 개미와 베짱이, 개구리들의 임금님(황새 혹은 뱀), 곰과 두 친구, 닭의 목을 비틀어도 새벽은 온다(김영삼 대통령 잘못 인용))의 고향이다. 또한 17장의 에피큐로스(Epicurus, BC 342-270)의 고향이기도 하다.

"밀레도(miletus, '피난민', Μίλητος, nf, Miletus, a city on the coast of the Roman province Asia)"는 헬라 철학과 예술이 발달했던 곳으로 에베소 남쪽 45km 지점의 항구도시이며 최초의 철인(哲人) 탈레스(Thales, 기하학, 천문학, 유물론(자연적 물질의 근원-'물(水)'인 밀레토스학파의 시조)의 고향이다.

참고로 사도 요한의 유배장소였던 밧모(Patmos, '송진', 계 1:9, Πάτμος, nf, a small rocky island in the Aegean sea, south-west of Ephesus) 섬은 밀레도 남서쪽 56Km 지점에 있다.

16 바울이 아시아에서 지체치 않기 위하여 에베소를 지나 행선하기로 작정하였으니 이는 될 수 있는 대로 오순절 안에 예루살렘에 이르려고 급히 감이러라 17 바울이 밀레도에서 사람을 에베소로 보내어 교회 장로들을 청하니

바울은 드로아에서 육로로 앗소에 도착한 후 다시 배를 타고 미둘레네, 기오, 사모로 직항하여 항구도시 밀레도에 이르렀다.

사도행전 20장 3절에 의하면 바울은 고린도에서 겐그레아 항구를 통해 예루살렘에 도착하여 유월절을 보내길 원했으나 당시 유대인들의 음

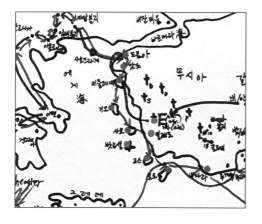

모로 해로(海路)는 포기했었다. 대신에 육로(陸路)를 선택하여 마게도냐로 올라가 빌립보에서 무교절을 지낸 후(행 20:6)에게 해를 지나 드로아로 건너갔다. 그리고는 이제 뱃길을 따라 밀레도까지 급히 내려온 것이다. 이는 예루살렘에서 오순절을 보내려고 일정을 급히 서둘렀기 때문이다. 또한 마게도냐와 아가야 지체들의 헌금을 예루살렘 교회에 빨리 전달하고픈 열망과 종국적으로 원했던 로마 전도를 준비하려고 했던 듯하다.

그럼에도 불구하고 에베소 교회를 향한 바울의 마음은 숨길 수 없었던 모양이다. 왜냐하면 그는 에베소 교회의 리더십들에게 전갈을 보내어 밀레도에서 말씀과 기도의 교제를 청했기 때문이다.

18 오매 저희에게 말하되 아시아에 들어온 첫날부터 지금까지 내가 항상 너희 가운데서 어떻게 행한 것을 너희도 아는 바니 19 곧 모든 겸손과 눈물이며 유대인의 간계를 인하여 당한 시험을 참고 주를 섬긴 것과 20 유익한 것은 무엇이든지 공중 앞에서나 각 집에서나 꺼림이 없이 너희에게 전하여 가르치고 21 유대인과 헬라인들에게 하나님께 대한 회개와 우리 주 예수 그리스도께 대한 믿음을 증거한 것이라

"첫 날부터 지금까지"라는 것은 에베소에서의 3년 기간(행 20:31)을 가리킨다. 결국 밀레도에서의 설교(18-35)는 지난 3년간의 에베소에서의 사역 회고(18-21), 예루살렘으로 가고자 하는 바울의 현재 계획(22-24)과 함께 장차 에베소에서 벌어질 일들에 대한 염려와 대책(25-35)에 대한 권면으로 이루어졌다. 참고로 비시디아 안디옥에서는 유대인 회당의 청중들에게(행 13:14-41), 아덴에서는 이방인들에게(행 17:22-31) 설교했었다.

"너희도 아는 바니"에서의 '알다'의 헬라어는 에피스타마이[218](ἐπίσταμαι, v)인데 이는 단순한 지식이 아닌 '경험적 지식'을 가리킨다. 곧 바울은 자신의 삶에 대한 에베소 장로들의 경험적 지식과 판단을 호소하고 있는 것이다.

"모든 겸손과 눈물(행 20:31, 고후 2:4, 빌 3:18)"은 사역자들의 올바른 자세이기도 하다. "유대인의 간계"라는 것은 유대인들의 비방(행 19)과 더불어 데살로니가에서 괴악한 사람들을 동원하여 힘들게 한 것(행 17:5-9), 베뢰아까지 쫓아와 선동한 것(행 17:13), 고린도에서 고소한 것(행 18:12-13) 등등을 가리킨다.

20절의 "공중 앞에서"라는 것은 회당이나 두란노 서원을 가리킨다(행 19:8-10). 그리고 "꺼림이 없이"에 해당하는 헬라어는 휘포스텔로[219]

---

218 에피스타마이(ἐπίσταμαι, v)는 to know, to understand/(from 1909 /epí, "fitting on," which intensifies 2476 /hístēmi, "stand") - properly, standing upon, referring to gaining knowledge by prolonged acquaintance, i.e. sustained, personal effort. For the believer, this careful study (observation) builds on taking a stand that Scripture is the Word of God (note the epi, "on")이다.

219 휘포스텔로(ὑποστέλλω, v)는 to draw in, let down, draw back/(from 5259 /hypó, "under" and 4724 /stéllō, "draw in") - properly, draw under, pulling back to retreat (go backwards); withdraw (shrink from); shun; "back off," especially due to compromise이다.

$(\dot{\upsilon}\pi o\sigma\tau\acute{\epsilon}\lambda\lambda\omega,$ v)인데 이는 '타협이 없이, 뒤로 물러나거나 주저함없이'라는 의미이다.

한편 "하나님께 대한 회개($\mu\epsilon\tau\acute{\alpha}\nu o\iota\alpha$, nf, change in the inner man, literally, "a change of mind" ("after-thought"); repentance)"와 "우리 주 예수 그리스도께 대한 믿음($\pi\acute{\iota}\sigma\tau\iota\varsigma$, nf, faith, faithfulness)"은 기독교의 근본 진리로서 '회개와 믿음'은 불가분의 관계이다. 왜냐하면 죄를 회개하고 진정으로 마음의 변화를 통한 구속주 예수 그리스도를 향한 바로 그 '믿음'만이 하나님과의 화평(롬 5:1), 죄 사함(행 10:43), 칭의(행 13:39), 구원에 이르게 하는 힘(요 11:25-26, 롬 10:9-10, 히 10:39)이기 때문이다.

22 보라 이제 나는 심령에 매임을 받아 예루살렘으로 가는데 저기서 무슨 일을 만날는지 알지 못하노라 23 오직 성령이 각 성에서 내게 증거하여 결박과 환난이 나를 기다린다 하시나 24 나의 달려갈 길과 주 예수께 받은 사명 곧 하나님의 은혜의 복음 증거하는 일을 마치려 함에는 나의 생명을 조금도 귀한 것으로 여기지 아니하노라

바울은 회심 후에 5차례 예루살렘을 방문하게 된다. 첫째는 다메섹에서 피신하여 간 것(행 9:26-30, 갈 1:18-20)이고 둘째는 예루살렘에 흉년이 들어 어려울 때 바나바와 디도와 함께 부조(봉사, 헌금)를 전달하기 위해 방문했고(행 11:27-30) 셋째는 예루살렘 공의회참석 차 방문했다(행 15:1-33). 즉 1차 전도여행(AD 46-48년) 후의 일이다. 넷째는 2차 전도여행(AD 50-52년)

을 마치고 잠시 예루살렘을 방문했고(행 18:22) 다섯째는 3차 전도여행(AD 53-57년) 후 예루살렘에서 "아시아로부터 온 유대인들(행 21:27, 24:18)"의 모함으로 간이 재판 후 로마에 가 황제의 재판을 받기 위해 대기하며 가이사랴의 헤롯궁 감옥에 갇혔던 때(행 20:17-24:27)였다.

"심령에 매임을 받아(δεδεμένος ἐγὼ τῷ πνεύματι, bound I in the Spirit, 성령에 매임을 받아)"라는 것은 '성령님의 인도하심을 따라, 성령님의 지시하심을 따라'라는 의미이다. 이는 지난날 사도 바울은 사도행전 16장 6절과 7절에서 2번씩이나 "성령이 아시아에서 말씀을 전하지 못하게 하시거늘", "무시아 앞에 이르러 비두니아로 가고자 애쓰되 예수의 영이 허락지 아니하는지라"는 성령님의 명령에도 불구하고 자신이 계획해 놓은 일을 하려고 했던 적이 있었다. 그러다가 성령님의 강권적인 힘에 막히곤 했다. 그렇기에 지금은 비록 예루살렘행(行)이 죽음을 요구한다고 할지라도 이제는 더 이상 성령님의 지시를 거스리지 않고 그냥 순전히 따르겠다는 결심을 하고 있는 것이다.

사실 22절의 '예루살렘에서 무슨 일을 만날는지 알지 못하나'라는 말은 팩트는 아니었다. 오히려 성령께서 각 성에서 결박과 환난이 기다린다고(행 20:23) 귀띔해 주셨으나 그럼에도 불구하고 그냥 순종하겠다는 결단이었던 것이다. 뒤이은 24절의 "나의 달려갈 길과 주 예수께 받은 사명 곧 하나님의 은혜의 복음 증거하는 일을 마치려 함에는 나의 생명을 조금도 귀한 것으로 여기지 아니하노라"는 결단과 선포는 너무나 장엄한 것이었다. 이는 마치 갈 바를 알지 못하고 고향을 떠나는 아브라함의 모습과 상통하고 있다(히 11:8-10).

Faith(Face) mission에는 3가지 전제가 있다. 첫째는 알고도 믿고 가는 것이다(행 20:23, 21:11-13). 둘째는 몰라도 믿고 가는(행 20:22) 것이며 셋째는 하나님의 명령이라도 반드시 꽃길은 아님을 각오하고 가는 것이다. 마지막 세번째의 경우는 사역자들일지라도 제한된 육신을 가진 인간이기에 많이 아프고 힘든 것이 사실이다. 바울의 경우가 그렇다. 2번씩이나 성령님께서는 아시아 전도를 막으셨다. 더 나아가 마게도냐 환상까지 보여주시면서까지 가라고 하셨던 빌립보에 도착하여서는 실컷 두들겨 맞고 감옥에 갇히기까지 했다.

참고로 "환난(患難)과 결박"에 있어서 환난(患難)과 환란(患亂)의 표기에 대한 차이는 구태여 구분할 필요는 없으나 성경은 전자의 환난(患難)을 사용하고 있다. '환난'의 경우 '근심과 재난'을 가리킨다면 '환란(患亂)'은 '근심과 재앙'을 의미한다. 따라서 이 두 단어는 상통하고 있다. 굳이 차이를 보자면 환란이라는 '재앙(災殃, catastrophe)'이 '뜻하지 아니하게 생긴 불행한 변고'라면 환난이라는 '재난(災難, disaster)'은 '뜻밖에 일어난 고난'을 말한다. 결국 '환난'이 '환란'보다는 좀 더 넓고 쎈 뉘앙스를 담고 있는 듯하다.

한편 환난이 주는 복이 있다. 곧 환난은 인내를 이루며(롬 5:3) 하나님만 의뢰하게 하고(고후 1:8-9) 그리스도로 말미암는 위로와 구원을 얻게 하며 (고후 1:4-6) 칭찬과 영광과 존귀를 얻게 한다(벧전 1:5-7).

"나의 달려갈 길(빌 3:13-14)"의 구체적인 내용이란 "주 예수께 받은 사명"이다. 곧 "하나님의 은혜의 복음을 전하는 일"이다.

"나의 생명을 조금도 귀한 것으로 여기지 아니하노라"는 말은 로마서 14장 8절의 "살아도 주를 위하여, 죽어도 주를 위하여 (로마서 장편 주석 제목, 도서출판 산지)"라는 의미이다. 바울은 빌립보서(1:20-23)를 통하여는 "살든지 죽든지 내 몸에서 예수 그리스도가 존귀케 됨"을 원한다고 고백하기도 했다. 빌립보서 3장 7-16절에서는 그리스도를 위하여 유익하던 것을 다 해로 여기고 모든 것을 배설물로 여기며 하나님이 위에서 부르신 부름의 상을 위하여 좇아가겠다라고 고백했다. 오늘의 우리가 본받아야 할 자세이다(막 10:28, 눅 5:27-28).

25 보라 내가 너희 중에 왕래하며 하나님 나라를 전파하였으나 지금은 너희가 다 내 얼굴을 다시 보지 못할 줄 아노라 26 그러므로 오늘 너희에게 증거하노니 모든 사람의 피에 대하여 내가 깨끗하니 27 이는 내가 꺼리지 않고 하나님의 뜻을 다 너희에게 전하였음이라

25절은 바울이 자신의 순교를 예지하고 이별을 고한 말이기도 하나 어디에서 무엇을 하든지 "하나님 나라(현재형과 미래형)'를 전파(현재형 하나님나라의 확장과 미래형 하나님나라의 소망)하기 위해 순교조차 각오하겠다는 또 한번의 다짐이기도 하다.

"오늘"의 헬라어는 엔 테 세메론 헤메라(ἐν τῇ σήμερον ἡμέρᾳ, in this day)인데 이는 '마지막 이 날' 혹은 '오늘이라고 하는 이 날'을 가리킨다. "증거하노니(μαρτύρομαι, v, to summon as witness, to affirm)"라는 것은 '증인(μάρτυς, nm, a witness; an eye- or ear-witness)이 되다'라는 의미로 여기서는 '엄숙하고 단호하게 돌격하다, 선언하다'라는 말이다.

"모든 사람의 피에 대하여 내가 깨끗하니"라는 말에서 '피($\alpha\hat{\iota}\mu\alpha$, nn, blood (especially as shed)'는 히브리적 표현으로는 생명(마 27:24, 행 18:6)을 가리킨다. 곧 하나님의 은혜의 복음을 증거하는 일에 목숨을 걸었고 그렇게 목숨을 걸고 바른 복음을 전했다라는 의미이다.

28 너희는 자기를 위하여 또는 온 양떼를 위하여 삼가라 성령이 저들 가운데 너희로 감독자를 삼고 하나님이 자기 피로 사신 교회를 치게 하셨느니라

"너희는"이란 '에베소 교회의 장로들'을 가리킨다. 그들은 교회의 리더십으로서 먼저는 자신을 돌보고 그 다음에는 양떼들을 철저히 관리해야 한다. 그렇기에 자신을 향한 엄격한 관리와 더불어 철저한 절제가 있어야 한다. 그렇게 함으로 양떼의 본이 되는 것이다.

소경이 소경을 인도하는 것은 정말 곤란하다. 그렇기에 말씀에의 깊이나 삶의 태도에 있어서의 솔선수범은 너무나 귀하다. 최근에 점점 더 온갖 종류의 이단이나 신천지 등등의 이단들이 앞뒤 모르고 날뛰며 발호(跋扈, domination)하는 것에는 정통교단들의 책임 또한 묻지 않을 수 없다. 결국 정통교단들의 성경공부에의 미지근함이나 리더십들의 성경에의 무식이나 교리에의 무지와 무관하지 않아 보인다. 흔히 교회의 출입문에 '신천지 아웃'이라는 것으로 그들과의 대결에 최선을 다했다고 하는 것은 너무 유아틱(childish)하다. 우리 그리스도인들은 그들보다도 훨씬 더 심도있게 동시에 올바르게 말씀과 교리를 공부해야 한다.

"삼가라"의 헬라어는 프로세케테[220](Προσέχετε, V-PMA-2P, Take heed)인데 이는 '주의를 기울이라, 전심전력하라'는 말로서 명령법이기에 '지속적으로 영적인 각성과 더불어 긴장을 늦추지 말라'는 의미이다.

"감독자"의 헬라어는 에피스코포스[221](ἐπίσκοπος, nm)인데 이는 '조사자, 감시자, 수호자'로서 당시 초대교회에서는 '목사, 장로, 목자' 등등 약간 혼용하여 사용되었다. 그러나 확실한 것은 이들의 소명과 사명이 바로 '말씀과 교리 양육'이었다(살전 5:14, 딤전 5:17, 벧전 5:2)라는 것이다. 참고로 '감독자'라는 말에서 감독교회(Episcopal Church)가 나왔다.

"교회[222](ἐκκλησία, nf)"란 세상으로부터 불러냄을 받은, 하나님께서 예수

---

220 프로세케테(Προσέχετε, V-PMA-2P)는 Take heed이며 이의 동사 προσέχω는 (a) I attend to, pay attention to, (b) I beware, am cautious, (c) I join, devote myself to/(from 4314 /prós, "towards" and 2192 /éxō, "have") - properly, have towards, i.e. to give full attention; to set a course and keep to it이다.

221 이피스코포스(ἐπίσκοπος, nm)는 (used as an official title in civil life), a superintendent, overseer, supervisor, ruler, especially used with reference to the supervising function exercised by an elder or presbyter of a church or congregation/(a masculine noun, derived from 1909 /epí, "on/fitting contact," which intensifies 4649 /skopós, "look intently," like at an end-marker concluding a race) - properly, an overseer; a man called by God to literally "keep an eye on" His flock (the Church, the body of Christ), i.e. to provide personalized (first hand) care and protection (note the epi, "on")이다.

222 교회(ἐκκλησία, nf)는 an assembly, congregation, church; the Church, the whole body of Christian believers/(from 1537 /ek, "out from and to" and 2564 /kaléō, "to call") - properly, people called out from the world and to God, the outcome being the Church (the mystical body of Christ) - i.e. the universal (total) body of believers whom God calls out from the world and into His eternal kingdom이다.

그리스도의 보혈의 피로 값을 치르시고 사신 회중 곧 하나님께 부르심을 입은 백성(고전 12:28)들을 가리킨다. 그리스도인이라 불리는 교회가 있고 그런 그리스도인들이 모인 회중 곧 교회공동체가 있다.

"치게 하셨느니라"의 헬라어는 포이마이노[223](ποιμαίνω, v)인데 이는 '돌보다'라는 의미로 감독자는 그리스도께서 위탁한 양떼를 돌보아야 한다라는 말이다(히 13:20, 벧전 5:2-3).

29 내가 떠난 후에 흉악한 이리가 너희에게 들어와서 그 양떼를 아끼지 아니하며 30 또한 너희 중에서도 제자들을 끌어 자기를 좇게 하려고 어그러진 말을 하는 사람들이 일어날 줄을 내가 아노니

"흉악한 이리"라는 것은 '다른 복음 혹은 왜곡된 복음을 전하는 자', 또는 '거짓된 교의(dogma, 敎義, 교리)를 가지고 기독교를 틀어버리는 자'를 가리킨다. 당시에는 영지주의자(Gnostics), 유대주의자, 그 밖의 거짓 선지자들이 아주 많았다(Brice, Lumby). 또한 내부적으로는 니골라(Νικολαΐτης, nm, from Νικόλαος, a Christian, probably not connected with the sect bearing the same name/ νῖκος, nn, victory+λαός, nm, (a) a people, characteristically of God's chosen people, first

---

223 포이마이노(ποιμαίνω, v)는 to act as a shepherd/properly, to shepherd, caring for (protecting) the flock/4165 /poimaínō ("shepherding, pastoring") is distinct from "feeding" (1006 /bóskō). 4165 (poimaínō) focuses on "tending" ("shepherding") (WS, 274), which includes guarding, guiding, and folding the flock and is only provided (ultimately) by Jesus Christ - the Shepherd, who calls under-shepherds (such as elder-overseers) to guard and guide His people by His direction (1 Pet 5:1-5). See 4166 (poimēn)이다.

the Jews, then the Christians, (b) sometimes, but rarely, the people, the crowd) 당이
나 발람(Βαλαάμ, an unrighteous prophet, son of Beor of Pethor on the Euphrates, a
soothsayer in the Old Testament/Hebrew origin, בִּלְעָם)의 무리들이 분열을 획책하
기도 했다(딤후 1:15, 2:17, 계 2:6, 14, 15).

"어그러진 말(διεστραμμένα)"에서의 '어그러지다'의 헬라어는 디아스트
레포[224](διαστρέφω, v)인데 이는 '구부러뜨리다, 왜곡하다'라는 의미이다.
당시 교회 내의 일부 지도자 중에는 교묘한 논리를 가지고 복음의 진리를
왜곡시키기도 했다. 오늘날의 이단 사이비 또한 비슷한 수법을 사용하고
있음을 볼 수 있다.

31 그러므로 너희가 일깨어 내가 삼 년이나 밤낮 쉬지 않고 눈물로 각 사람을
훈계하던 것을 기억하라 **32** 지금 내가 너희를 주와 및 그 은혜의 말씀께 부탁하
노니 그 말씀이 너희를 능히 든든히 세우사 거룩케 하심을 입은 모든 자 가운데
기업이 있게 하시리라

에베소에서의 3년 중 3개월은 회당에서 강연을, 2년은 두란노 서원에
서 집중적인 양육을 했고 나머지 9개월은 주변의 지역을 다니며 말씀을

---

224 디아스트레포(διαστρέφω, v)는 to distort, misinterpret, corrupt/(from 1223 /diá,
"through, thoroughly," which intensifies 4762 /stréphō, "turn") - properly, turned through
(thoroughly), into a new shape which however is "distorted, twisted; perverted" (Abbott-Smith)
- i.e. "opposite" from the shape (form) it should be. "Note the intensifying force of the prefix, dia
meaning, "distorted, twisted in two, corrupt" (WP, 1, 142)이다.

전했다.

"일깨어"에 해당하는 헬라어는 그레고레오[225](γρηγορέω, v)인데 이는 '깨어 있으라'는 의미이다. 이 단어의 헬라음을 딴 것이 그레고리(Gregory)인데 고대 교부들이나 법왕들의 이름에 흔히 사용되었다.

"주와 그 은혜의 말씀께 부탁하노니"라는 것은 모든 안전의 원천은 '전능하신 하나님'과 '오직 말씀뿐이다'라는 말이다. 여기서 "부탁하노니"에 해당하는 헬라어는 파라티데미[226](παρατίθημι, v)인데 이는 '~에게 맡기다, 위탁하다, 넘겨주다, 소개하다'라는 의미이다. 여기서 파생된 무시무시한 말이 로마서 1장의 "내어 버려두사(παραδίδωμι, v, 다른 사람의 권세에 내어주다)"라는 말이다. 그리스도인은 '주와 그 은혜의 말씀께 부탁'을 해야지 악한 영들에게 부탁하는 우(愚)를 범하여서는 안 된다. 그렇기에 매년 정초(正初, the beginning of January)에 재미로 점을 본다며 점집을 찾는 사람들이 새겨들을 말이다. 오히려 정초에 기도원이나 교회를 찾아 철야기도함이 마땅하다.

"기업"의 헬라어는 클레로노미아[227](κληρονομία)인데 이는 구원의 은총

---

225 그레고레오(γρηγορέω, v)는 (a) I am awake (in the night), watch, (b) I am watchful, on the alert, vigilant/literally, "stay awake"; (figuratively) be vigilant (responsible, watchful)이다.

226 파라티데미(παρατίθημι, v)는 (a) I set (especially a meal) before, serve, (b) act. and mid: I deposit with, entrust to, (c) I bring forward, quote as evidence/(from 3844 /pará, "right close beside" and 5087 /títhēmi, "to place, put") - properly, to set close beside (right next to); (figuratively) entrust; commit to in a very up-close-and-personal way (note the force of the prefix para)이다.

227 클레로노미아(κληρονομία)는 an inheritance, an heritage, regularly the gift of God to His chosen people, in the Old Testament: the Promised Land, in NT a possession viewed in one

과 천국에서의 상급(고전 3:12-15, 미래형 하나님나라에의 입성과 영생)을 가리킨다.

33 내가 아무의 은이나 금이나 의복을 탐하지 아니하였고 **34** 너희 아는 바에 이 손으로 나와 내 동행들의 쓰는 것을 당하여 **35** 범사에 너희에게 모본을 보였노니 곧 이같이 수고하여 약한 사람들을 돕고 또 주 예수의 친히 말씀하신 바 주는 것이 받는 것보다 복이 있다 하심을 기억하여야 할지니라 **36** 이 말을 한 후 무릎을 꿇고 저희 모든 사람과 함께 기도하니 **37** 다 크게 울며 바울의 목을 안고 입을 맞추고 **38** 다시 그 얼굴을 보지 못하리라 한 말을 인하여 더욱 근심하고 배에까지 그를 전송하니라

말년의 사무엘이 했던 말과 상통하고 있다(삼상 12:1-5). 더 나아가 바울은 Tentmaker로서 스스로 벌어 자신과 동료들의 쓸 것을 충당했노라고 말하고 있다(행 18:3, 고전 4:12, 살전 2:9).

"당하여"에 해당하는 헬라어는 휘페레테오[228](ὑπηρετέω, v)인데 이는 '아래 사람의 위치에 서서 남을 섬기는 것'으로 '~의 권위 아래에서 봉사하다'라는 의미인데 공동번역은 '일해서 장만하다'라고 번역되었다. 고린도전서 4장 1절의 '그리스도의 일꾼'에서의 '일꾼'에 해당하는 헬라어가 휘

---

sense as present, in another as future; a share, participation/(a feminine noun derived from 2818 /klēronómos, "an heir, apportioned inheritance by the casting of lots") - inheritance, awarded by divine lot, i.e. the portion God assigns (selects) (cf. the cognate used in Eph 1:11, Gk text). See 2818 (klēronomos)이다.

228 휘페레테오(ὑπηρετέω, v)는 to serve as a rower, to minister to, serve/to serve as a rower, to minister to, serve이다.

페레타스(ὑπηρέτης)이다. 한편 "주는 것이 받는 것보다 복이 있다"라는 것은 예수님께서 하셨던 말씀(눅 6:38)이다.

당시 유대인들의 기도는 '서서 하늘을 향해 눈을 들고' 했다. 한편 무릎을 꿇고 기도했던 것은 간절한 간구의 자세였다. 이 구절을 통해 모든 그리스도인들이 배워야할 것은 '기도로 작별'하고 '기도로 새로운 여정을 시작하는 태도'이다.

"목을 안고 입을 맞추는 것"은 유대인들의 인사법이다. '입을 맞추다'라는 헬라어는 카타필레오[229](καταφιλέω, v)인데 이는 '격정이 가득한 감정으로 격렬하게 여러 번 입맞춤한 것'을 의미한다.

"배에까지(εἰς τὸ πλοῖον, to the ship)"라는 것은 '항구에까지 나왔다'라는 것으로 진정한 존중과 사랑의 모습을 보여주고 있는 장면이다. "전송하다"의 헬라어는 프로펨포[230](προπέμπω, v)인데 이는 프로(πρό, prep)와 펨포(πέμπω, v)의 합성어로서 '앞서서 잘 준비하여 보내다'라는 의미이다.

---

229 카타필레오(καταφιλέω, v)는 to kiss fervently/(from 2596 /katá, "down," intensifying 5368 /phileō, "to kiss") - properly, kiss down, i.e. "kiss passionately and fervently" (with the same in the papyri, MM); "kiss repeatedly" (A. T. Robertson, WP at Lk 7:38)이다.

230 프로펨포(προπέμπω, v)는 to send before, send forth, equip for a journey)로서 이는 프로(πρό, prep, (a) of place: before, in front of, (b) of time: before, earlier than)와 펨포(πέμπω, v, I send, transmit, permit to go, put forth)의 합성어이다.

괴짜의사 Dr. Araw의
쉽고 바르게 읽는 사도행전 장편(掌篇)강의

오직 성령이 너희에게 임하시면
성령행전(Πράξεις Πνεύματος)

레마이야기 21

주의 뜻대로 이루어지이다(14), 가이사랴 헤롯궁감옥(AD 58-59)

"나의 달려갈 길과 주 예수께 받은 사명 곧 하나님의 은혜의 복음 증거하는 일을 마치려 함에는 나의 생명을 조금도 귀한 것으로 여기지 아니하노라"_행 20:24

이 바울의 고백은 2,000년을 넘어 지금까지도 모든 사역자들의 마음을 뒤흔들며 가슴을 쿵쾅거리게 만드는 크나큰 울림이다.

나와 공저자는 사도 바울을 생각하며 '복음에 대한 그 고백과 복음에 대한 정확한 그 지식이 지금 우리의 것과 동일한가'를 되돌아보곤 한다.

더하여 믿음[231]의 유무를 점검할 때마다 우리가 알고 또 믿고 있는 복음을 되돌아보며 깊은 생각에 잠기곤 한다. 동시에 죽음과 삶을 진지하게 생각하곤 한다.

20장에서 바울은 에베소의 리더십들을 밀레도에서 만나 교제한 후에 특별히 이단이나 거짓 선지자들을 조심하라(행 20:29-30)고 신신당부를 했다. 더하여 그들을 대할 때 "예수 믿음과 하나님의 계명"을 붙들고 "주와 그 은혜의 말씀(행 20:32)"에 의지하여 대적하라고 명했다. 그런 후에 바울은 성령의 인도하심을 따라 밀레도를 떠나 예루살렘으로 갔다.

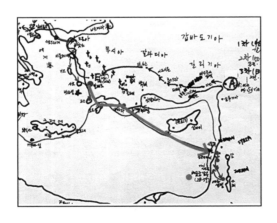

뱃길은 험하고 멀었다. 밀레도에서 고스로, 다시 로도, 바다라를 거쳐 베니게로 가는 배를 타고 두로에 상륙했다. 거기서 이레(7일)를 머물며 제자들과 교제했다. 이때 성령의 감동으로 다음 여정의 위험을 알게 된 그의 제자들이 예루살렘에 들어가지 말 것을 강권했다. 그러나

---

231 믿음의 핵심 콘텐츠는 첫째, 삼위하나님의 태초(영원, 올람)로부터의 존재, 둘째, 태초(역사의 시작점, 레쉬트)에 삼위하나님의 공동 천지창조, 셋째, 초림의 에수님, 넷째, 재림의 예수님으로서 이를 믿는 것이다.

바울은 아랑곳하지 않았다. 오직 또 다른 섭리 하 경륜으로 인도하시는 성령님을 기대할 뿐이었다.

수로를 따라 돌레마이를 거쳐 예루살렘에 들어가기 전 가이사랴 항구에 들렀다. 이때 근처에 살고 있던, 처녀로 예언하던 딸 넷을 가진(행 21:9) 빌립의 집에 잠시 머물게 된다. 우리가 잘 알다시피 빌립은 초대교회 일곱 집사 중 하나이자 귀한 전도자였다. 또한 설교 한 편을 마치고 순교했던 스데반의 절친이었다. 그러기에 당시 바울이 가이사랴에 있던 빌립의 집에 머물렀던 것은 전혀 어울리지 않는 생뚱맞은 그림이다. 왜냐하면 바울은 지난날 스데반의 죽음에 있어 주동적 역할을 담당했던 인물이기 때문이다. 그 스데반의 친구가 바로 빌립이었는데 그 친구를 죽인 원수가 제 발로 찾아오다니……. 바울이 아무리 그 후에 예수를 믿었기로 서니 말이다.

이로 미루어 볼 때 아마도 성령님은 그들의 개인적인 화해를 원하셨던 것 같다. 나와 공저자는 이들 두사람의 상봉에 대한 그림을 상상해볼 때마다 성령님의 인도하심을 따라 빌립의 집을 방문한 바울도 멋있어 보이고 바울은 맞이하는 빌립의 모습도 멋져 보인다. 그리하여 주인 되신 성령님의 뜻을 따라 당시 두 사람은 개인적으로도 화해한 것으로 보인다. 과연 그러한지는 천국에 가면 물어볼 여러가지 궁금한 일들 중의 하나이다. 특별히 나는 천국에 가면 물어볼 것들이 너무 많다. 그렇기에 천국에 반드시 들어가야 할 당위성이 많아서 행복하기도 하다.

이후 바울은 아가보 선지자의 예언(행 21:10-11)에도 불구하고 가이사랴에서 예루살렘으로 올라가게 되고 당시 대제사장이었던 '사악한 아나니아(부정축재, 전임 대제사장 살인 교사, 성직 매매 등등)'를 비롯한 유대인들의 괴롭힘에 시달리게 된다.

앞에서 '아나니아(Aνανίας)'라는 동명이인 3명을 언급했었다. 그 이름 뜻은 '하나님은 은혜로우시다'라는 것이라고 했다. 그때에도 강조했지만 우리는 한 번 인생을 이름에 걸맞게 살다가 멋진 죽음을 맞이해야 한다.

참고로 또 다른 동명이인으로는 둘 다 베냐민 지파였던 왕 사울과 힐렐 학파였던 바리새인 사울이 있다. 왕 사울은 용두사미(龍頭蛇尾)의 대표다. 이와는 달리 바리새파였던 사울은 훗날 바울로 개명하여 예수님을 만난 후 시종일관(始終一貫) 복음과 십자가로 살다가 복음과 십자가로 죽었던 인물이다.

한 번 인생! 어떻게 살다가 죽을 것인가?

아무튼 제대로 이름값도 못하던 대제사장 아나니아는 바울을 죽이는 일에 앞장서게 된다. 바울은 대제사장에게 선동된 유대인들에게 죽을 뻔하지만 그 일에도 성령님은 세미하게 개입하셔서 당시 가이사랴에 있던 유대를 다스리던 로마의 총독 벨릭스에게 넘겨지게 하셨다.

21-1 우리가 저희를 작별하고 행선하여 바로 고스로 가서 이튿날 로도에 이르러 거기서부터 바다라로 가서

"우리"란 바울과 동행했던 일행으로 누가 외에도 사도행전 20장 4절의 여러 지체들을 가리킨다. 반면에 "저희"란 '밀레도의 형제들과 에베소의 장로들'을 가리킨다(행 20:17).

"작별하다"의 헬라어는 아포스파오[232](ἀποσπάω, v)인데 이는 아포(ἀπό, prep, from, away from)와 스파오(σπάω, v, to draw (a sword))의 합성어로 '헤어지기 싫어하는 사람들을 억지로 떼어놓는 것'을 의미한다. 이로 미루어 보아 그들의 하나님 안에서의 친밀한 교제를 짐작할 수가 있다.

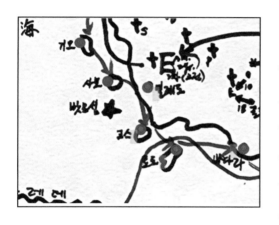

"고스(Κῶς, Cos, an island in the Aegean Sea, southwest of Asia Minor)"는 밀레도 남쪽 70km의 길고 좁은 섬으로 고대 세계에서 가장 아름다운 항구 중 하나이며 히포크라테스(Hippocrates, BC 460-377, 대대로 성직자 집안, 의사의 아버지)의 고향으로 큰 의학교가 있었다고 한다. 또한

---

232 아포스파오(ἀποσπάω, v)는 lit: I wrench away from, drag away, but perhaps sometimes in the well-attested weakened sense: I am parted or withdrawn)인데 이는 아포(ἀπό, prep, from, away from)와 스파오(σπάω, v, to draw (a sword))의 합성어이다.

의학(치료)의 신 아스클레피오스(Ἀσκληπιός)의 신전이 있다.

"로도(Ρόδος, an island in the Aegean sea, south-west of Asia Minor)"는 그리스의 가장 큰 섬으로 일명 '장미의 섬'이라고 불렸다. 이곳에는 세계 7대 불가사의 중 하나인 크로이소스(Colossus)의 거상(거대한 그리스 태양신 헬리오스의 조각상, 로도스의 거상)이 있다. 참고로 '고대 세계 7대 불가사의"는 첫째, 이집트 기자(Gizza) 지역의 쿠푸왕 피라미드(대 피라미드, BC 2584-2561, 유일하게 현존, 2022년 2월 김정숙 여사가 방문했던 유명 관광지), 둘째, 바빌론의 공중 정원(BC 600?), 셋째, 올림피아의 제우스 신상(BC 435), 넷째, 에베소의 아르테미스 신전(BC 550?, 재건 BC 323), 다섯째, 할리카르나소스의 마우솔레움(무덤유적지, BC 351), 여섯째, 로도스의 거상(BC 292-280), 일곱째, 알렉산드리아의 등대(BC 280?)이다.[233]

"바다라(Πάταρα, Patara, a town on the coast of the Roman province Lycia)"는 로도에서 85km 떨어진 곳으로 당시 이곳에는 배가 하루에도 수백 척이나 지나다녔다고 한다(Ramsay). 이곳에 아폴로(Apollo)의 유명한 신탁소가 위치하고 있었다.

2 베니게로 건너가는 배를 만나서 타고 가다가 3 구브로를 바라보고 이를 왼편에 두고 수리아로 행선하여 두로에서 상륙하니 거기서 배가 짐을 풀려 함이러라

233　두산백과, 지식백과

"베니게(Phoenicia, Φοινίκη, Phoenicia, a northern coast strip of the Roman province Syria)"는 지중해 연안지역으로 오늘날의 레바논 지역인데 이곳에는 시돈과 두로라는 주요 항구가 있다. 한편 "구브로를 바라보고 이를 왼편에 두고"라는 것은 구브로 섬의 서남단을 지나며 순항했다는 말이다.

"수리아로 행선하여"에서의 수리아는 페니키아의 북쪽으로 '아람' 지역을 말한다. 바로 이 지역의 남쪽에 두로가 있었다. 그곳은 비즈니스가 활발했다. 그러다 보니 사치와 향락이 만연했고 우상숭배와 부패의 온상이었기에 특별히 선지자들의 책망이 아주 많았던 곳(사 23:1, 겔 26:3, 암 1:9, 눅 10:13) 중의 하나였다.

4 제자들을 찾아 거기서 이레를 머물더니 그 제자들이 성령의 감동으로 바울더러 예루살렘에 들어가지 말라 하더라

"제자들을 찾아"에서의 제자들이란 바울과 실라의 2차 전도여행에서의 열매들을 말한다. 이곳 두로에서 7일을 머물렀는데 그 기간은 두로에서 가이사랴로 들어갈 배가 먼저 두로에 실어왔던 짐을 풀고 다시 그 배에 새로운 짐을 싣는데 걸리는 시간이었다고 한다(Bruce). 6절을 보면 "배(τὸ πλοῖον, the boat)에 오르고"에서의 '배' 앞에 정관사가 붙어있는 것을 보면 이런 사실을 알 수 있다.

제자들은 "성령의 감동으로 바울더러 예루살렘에 들어가지 말라"고 간청했다. 이는 마치 베드로가 예수님께 '십자가의 길을 걷지 말라'던 그 상황과 비슷하다(마 16:22). 이는 성도 간의 따스한 마음이기는 하나 그럼에도 불구하고 인간적인 생각에서 우러나온 연약한 인간의 정(人情)이었다. 그렇다고 하여 그랬던 제자들의 만류에 대해 '하나님의 뜻에 대한 성령님의 역사와 충돌된다'라는 관점으로만 마구 몰아부치는 것은 일종의 '신앙폭력'에 해당한다.

소중한 주변의 지체가 어느 날 자신이 하던 일을 접고 선교를 떠나겠다고 하면 우리는 종종 만류하곤 한다. 이때 '그 만류'에 대해 '하나님의 뜻을 막는다'라고 하지 말라는 것이다. 그렇다고 하여 너무 쉽게 '너의 가는 길에 주의 축복있으리'라는 유의 엉뚱한 파송도 심사숙고할 필요가 있다. 모든 일에는 기도와 간구로 먼저 성령님의 인도하심을 기다리며 순종함이 마땅하다.

5 이 여러 날을 지난 후 우리가 떠나갈새 저희가 다 그 처자와 함께 성문 밖까지 전송하거늘 우리가 바닷가에서 무릎을 꿇어 기도하고 6 서로 작별한 후 우리는 배에 오르고 저희는 집으로 돌아가니라

"처자와 함께 성문 밖까지 전송하거늘"이라는 말로 보아 두로 공동체의 규모를 짐작할 수 있고 그들의 따스한 환대, 서로를 향한 예수 그리스도 안에서의 유대감 등등을 짐작할 수가 있다.

"무릎을 꿇어 기도하고"라는 그리스도인들의 태도는 밀레도(행 20:36-38)에서도, 가이사랴(행 21:8-14)에서도, 그리고 이곳 두로에서도 동일해 보인다. 이런 일관된 태도야말로 순수한 마음에서 우러나온 '진정한 기도'임을 잘 알 수 있다.

7 두로로부터 수로를 다 행하여 돌레마이에 이르러 형제들에게 안부를 묻고 그들과 함께 하루를 있다가 8 이튿날 떠나 가이사랴에 이르러 일곱 집사 중 하나인 전도자 빌립의 집에 들어가서 유하니라 9 그에게 딸 넷이 있으니 처녀로 예언하는 자라

"돌레마이(악고, 삿 1:31, Πτολεμαΐς, a coast city of Phoenicia, midway between Tyre and Caesarea)"에 이르러는 하루를 머물며 "형제들"과 교제를 했는데 4절의 "제자들"이라는 단어와는 대조되는 말이다.

"가이사랴(Καισάρεια, Two cities of Palestine: one in Galilee (Caesarea Philippi), the other on the coast of the Mediterranean)"는 헤롯 대왕이 인조항구를 만들어 가이사 아구스도에게 헌상한 지중해 연안도시(행 10:1)이다. 예루살렘 북서부 105Km 지점이다. 이곳의 헤롯궁 감옥에 2년간 갇혀 총독 벨릭스, 베스도, 아그립바 2세 앞에서 변론을 했고(행 23:23, 25:12) 로마로 압송 시 이곳에서 출발했다(행 25:13-27:1).

8절의 "전도자 빌립"이라고 기록된 것은 사도 빌립(Philip the apostle, 요 6:5, AD 60히에라볼리에서 순교)과 혼동하지 말라는 의도이다.

10 여러 날 있더니 한 선지자 아가보라 하는 이가 유대로부터 내려와 **11** 우리에게 와서 바울의 띠를 가져다가 자기 수족을 잡아매고 말하기를 성령이 말씀하시되 예루살렘에서 유대인들이 이같이 이 띠 임자를 결박하여 이방인의 손에 넘겨주리라 하거늘

"여러 날"에 해당하는 헬라어는 헤메라스 플레이우스[234](ἡμέρας πλείους, days many)이다. 참고로 9장 23절의 "여러 날(많은 날)"에 해당하는 헬라어는 헤메라이 히카나이[235](ἡμέραι ἱκαναί, days many)인데 이는 관용구로서 '3년'이라는 의미이다.

"아가보(Agabus, 사랑하는 자, Ἀγαβος) 선지자"는 예루살렘 출신으로 안디옥에서 "천하가 흉년들리라(행 11:28)"고 예언했었다. 그때가 글라우디오 황제 때(AD 41-54중 44-47년)였다. 이번에는 바울이 예루살렘에서 체포될 것을 예언하고 있는 것이다.

10절의 "유대로부터 내려와"에서의 '유대'란 '예루살렘'을 가리킨다. 예루살렘은 항상 중심이었기에 예루살렘을 제외한 모든 지역은 '내려가다'라고 표현을 했다.

그리고 당시 가이사랴는 행정구역상 유대에 속했다. 그러다 보니 '유대

---

234 헤메라스 플레이우스(ἡμέρας πλείους)는 days many이고 플레이온(πλείων, adj)은 more excellent, very great, many, of higher value/the comparative ("-er" form) of 4183 /polýs ("great in number") meaning "greater in quantity" (comparatively speaking); more than (numerically); abundant (greater in number)이다.

235 헤메라이 히카나이(ἡμέραι ἱκαναί)는 days many/ἱκανός, adj, 롬 15:23, (a) considerable, sufficient, of number, quantity, time, (b) of persons: sufficiently strong (good, etc.), worthy, suitable, with various constructions, (c) many, much/(an adjective, derived from the root, hikō, "arrive, come to") - "properly, reach to (attain); hence, adequate, sufficient" (J. Thayer)이다.

에서 가이사랴로 내려왔다'고 한 것은 뭔가 어색하다. 그러나 이 구절에서 유대는 북쪽의 유대를 가리키는 말이 아니라 앞서 언급했듯이 '예루살렘'을 가리킨다. 마치 작금의 한국 상황이 옛 주소와 새 주소를 혼용함으로 복잡하듯이, 이 구절에서 누가는 옛 주소를 인용한 듯하다.

11절은 아가보의 상징적인 행동이다. 이와 유사한 퍼포먼스는 지난날 아히야 선지자(왕상 11:29-40), 이사야 선지자에게서도 있었다.

12 우리가 그 말을 듣고 그 곳 사람들로 더불어 바울에게 예루살렘으로 올라가지 말라 권하니 **13** 바울이 대답하되 너희가 어찌하여 울어 내 마음을 상하게 하느냐 나는 주 예수의 이름을 위하여 결박 받을 뿐 아니라 예루살렘에서 죽을 것도 각오하였노라 하니 **14** 저가 권함을 받지 아니하므로 우리가 주의 뜻대로 이루어지이다 하고 그쳤노라

"예루살렘으로 올라가지 말라 권하니"라는 말은 바울에 대한 애정이자 안쓰러움의 표현이다. 그렇다고 하여 "사람을 기쁘게 하랴 하나님을 기쁘게 하랴"는 말씀을 인용하면서 '그래, 가서 목숨을 걸고 사역하라'든지 '그곳에 가서 뼈를 묻어라' 등등의 말을 쉽게 내뱉는 것은 곤란하다. 이는 우리 주변에서 종종 듣는 말로서 앞서 언급했듯이 그것은 언어폭력일 뿐이다.

그러면 어떻게 할 것인가? 상대의 말을 집중하여 듣고 일정 기간 기도를 한 후에 다시 상대의 의견을 경청하는 것이다. 그런 후에 '당신과 함께

하겠다'거나 물질 등으로 후방지원의 대책을 세워주며 그를 축복하며 파송하되 끊임없이 교제하며 그와 연결하면서 그의 필요를 채워주는 것이 바람직한 태도이다. 그러므로 그리스도인들은 어느 날 갑자기 충동적인 감정으로 어디론가 떠나겠다며 섣불리 말하는 것은 바람직하지 않다. 기도하며 철저하게 준비 후 성령님의 인도하심을 따라 자연스럽게 기회를 주실 때 주변에 공표(公表, announce publicly)하는 것이 좋다.

13절의 "마음을 상하게 하다"의 헬라어는 쉰드륖토(συνθρύπτω, v, to break in pieces, crush, thoroughly weaken)인데 이는 "두들겨 부수다, 함께 깨뜨리다'라는 의미이다. Findlay는 너희가 마치 '세탁부가 빨래를 두들기듯이 나의 의지를 두들겨 약하게 하느냐'라고 해석했다. 한편 Bruce와 Toussaint는 바울이 기어이 예루살렘에 가려고 했던 이유가 예루살렘에 마게도냐와 아가야 성도들의 연보를 전달하기 위함이라고 했으며 Longeneker는 예루살렘에 있는 유대계 성도와 이방인 성도들 사이의 어색한 관계의 회복을 도모하기 위함이었다고 했다.

"주의 뜻대로 이루어지이다"라는 예수 그리스도 안에서 한 지체된 형제들의 말은 마치 우리에게 본을 보여주셨던 예수님의 기도와 흡사하다 (마 6:10, 눅 22:42).

15 이 여러 날 후에 행장을 준비하여 예루살렘으로 올라갈새 **16** 가이사랴의 몇 제자가 함께 가며 한 오랜 제자 구브로 사람 나손을 데리고 가니 이는 우리가 그의 집에 유하려 함이라

"행장을 준비하여"에 해당하는 헬라어는 에피스큐아사메노이 (ἐπισκευασάμενοι, having packed the baggage, V-APM-NMP/ἀποσκευάζομαι, v, prepare, equip)인데 이는 '마차를 준비하다(took up our carriage)' 혹은 '짐을 꾸리다, 말의 안장을 꾸리다'라는 의미이다. 가이사랴에서 예루살렘까지는 100km 정도의 거리였기에 걸어가기에는 무리가 있어 말을 준비했던 듯하다(Ramsay).

"구브로 사람 나손(Μνάσων, an early Christian, native of Cyprus, resident at a place between Caesarea and Jerusalem)"은 "오랜 제자"라는 것 외에는 알 수가 없는 인물이다. Bruce에 의하면 그는 오순절 성령강림 다락방에 있었던 120문도 중 하나(행 1:15)였을 것으로 추정한다. "나손을 데리고 가니"에 해당하는 헬라어는 아곤테스 파르 호 크세니스도멘 므나소니 (ἄγοντες(bringing one) παρ'(with) ᾧ(whom) ξενισθῶμεν(we would lodge), Μνάσωνί)인데 이는 '우리를 나손에게 데리고 가니(bringing us to the house of Mnason, RSV)'로 번역할 수 있다(Bruce).

17 예루살렘에 이르니 형제들이 우리를 기꺼이 영접하거늘 18 그 이튿날 바울이 우리와 함께 야고보에게로 들어가니 장로들도 다 있더라

"형제들이"란 말이 가리키고 있는 것은 예루살렘의 유대계 기독교인이 아니라 '바울의 동료나 친구들'을 의미하는 것이었을 가능성이 크다.

이 구절에서의 "야고보"는 예수의 제자가 아닌 예수님의 동생 야고보(행

12:17, 15:13, 갈 2:9)로서 그는 당시 베드로와 더불어 예루살렘 교회의 수장이었다. 유세비우스(Eusebius)는 야고보 장로의 경우 '의인 야고보'로 칭함을 받았다고 전하고 있다(Bruce).

당시 "장로들(호이 프레스뷔테로이, οἱ πρεσβύτεροι, the elders)"의 수는 예루살렘 교회의 규모로 보아(행 21:20) 제법 많았을 것으로 추측되며 Bruce나 Longeneker는 산헤드린 공회원의 수(70명) 정도였을 것으로 추정하고 있다.

19 바울이 문안하고 하나님이 자기의 봉사로 말미암아 이방 가운데서 하신 일을 낱낱이 고하니 **20** 저희가 듣고 하나님께 영광을 돌리고 바울더러 이르되 형제여 그대도 보는 바에 유대인 중에 믿는 자 수만 명이 있으니 다 율법에 열심 있는 자라

이 구절에서는 그리스도인의 7대 의식을 잘 볼 수가 있다. 곧 청지기 의식(Stewardship), 섭리 의식(Providence), 면전 의식(Coram Deo), 적신 의식(Come empty, Return empty), 지체 의식(Kindred Spirit), 미래 의식, 나그네 의식이다. "하나님이 자기의 봉사로 말미암아 이방 가운데서 하신 일"이라는 말씀을 통하여는 상기 그리스도인의 7대 의식 중 '청지기 의식'을 잘 볼 수 있다.

한편 하나님의 영광만을 구하면서 자신을 잘 드러내지 않는 모습이야말로 진정한 사역자의 모습이다. 사역의 결과에 대해 자신을 은근히 드러

내는 것은 하나님의 영광을 가로채는 또 다른 얼굴이다.

20절의 "형제여"라는 말 속에는 예루살렘 장로들의 바울에 대한 격려와 함께 친절하고도 우호적인 분위기가 잘 감지된다. 결국 8절에서는 바울이 스데반의 절친이었던 가이사랴의 빌립과 오랜 앙금을 털어내고 '복음 앞에서 개인적인 화해'를 이루었다면 이곳 20절에서는 예루살렘의 사도와 장로들이 이방인들의 연보를 받아들임으로 전 세계적이면서 인종을 초월한 '복음 앞에서의 역사적인 화해'를 이루었던 것이다. 더 나아가 바울더러 "형제여"라고 천명함으로 그의 사도권을 분명하게 인정하고 있음을 볼 수 있다.

한편 "유대인 중에 믿는 자 수만 명이 있으니 다 율법에 열심있는 자라"는 것은 기독교로 개종하기는 했으나 아직은 율법(의식법, 도덕법, 시민법)에 우호적이며 자기들만의 삶의 방식을 고집하는 상당수의 무리가 있다는 의미이다.

21 네가 이방에 있는 모든 유대인을 가르치되 모세를 배반하고 아들들에게 할례를 하지 말고 또 규모를 지키지 말라 한다 함을 저희가 들었도다

당시 초대교회는 구약의 율법과 신약의 복음과의 관계 정립이 명확하게 되지 않은 때였다. 그러다 보니 바울이 복음 안에서 구약 율법의 문자적 조항(의식법 포함)에 대해 얽매일 필요가 없다고 한 것을 곡해함으로 거짓 선동꾼들은 바울이 율법은 물론이요 하나님을 거부했다고 하며 모함을

할 뿐만 아니라 거짓 선동까지 했던 것이다.

바울이 전한 복음이 '믿음으로만 구원을 얻는다'라는 것이었다면 거짓 선동꾼들은 '믿음과 할례가 온전한 구원을 이룬다'라며 왜곡된 복음, 곧 다른 복음(갈 1:6-9)을 전했다.

22 그러면 어찌할꼬 저희가 필연 그대의 온 것을 들으리니 23 우리의 말하는 이대로 하라 서원한 네 사람이 우리에게 있으니 24 저희를 데리고 함께 결례를 행하고 저희를 위하여 비용을 내어 머리를 깎게 하라 그러면 모든 사람이 그대에게 대하여 들은 것이 헛된 것이고 그대로 율법을 지켜 행하는 줄로 알 것이라

"그대의 온 것을 들으리니"라는 것은 가는 곳(루스드라, 행 16:19, 베뢰아, 행 17:4, 고린도, 행 18:12, 에베소, 행 19:26)마다 유독 바울만 엄청나게 심한 박해를 받았음을 간접적으로 드러내는 말이다.

"서원한 네 사람이 있으니"라는 것에서의 '서원'은 '나실인의 서원(민 6:1-12)'을 가리키는 것으로 '이들을 활용할 기회가 있으니 그들의 결례 비용을 대고 그들과 함께 바울 너도 결례를 행하라'는 것이었다. 참고로 결례 시 드리는 예물(민 6:14-15)은 '번제물'로서 일 년 된 흠 없는 수양 하나, '속죄제물'로 일 년 된 흠 없는 어린 암양 하나, '화목제'로 흠 없는 수양 하나, 기타 무교병 한 광주리, 고운 가루에 기름 섞인 과자들, 기름 바른 무교전병들이었다. 한편 '나실인의 서원'은 적어도 30일 동안 지속되어야 했다.

24절의 "함께 결례를 행하고 저희를 위하여 비용을 내어"에서의 '결례 [236] (purification, ἀγνός, adj)'는 하나님의 법을 어겨 부정함을 입은 것을 정결케 하는 레위기 정결규례(레 14:23)인데 서원기도 전후에 자신의 영육을 성결케 하기 위해 드렸던 것이다. 이는 출산 후(레 12:6-8), 월경 후(레 15:19-33), 부부관계 후(레 15:16-18), 유출병에서 회복된 후(레 15:4-15), 나병에서 회복된 후(레 14:8-9), 사체에 접촉한 경우(레 17:15), 전쟁에서 귀환한 경우(민 31:19-24), 제사장의 성직수행을 위해(출 29:4), 나실인의 서원 후(행 21:24, 26)에 행해졌다. 결례의 마지막 날에는 제사의 예물이나 비용을 대납(민 6:13-20)하는 것이 당시의 미덕이었다.

참고로 구약 율법 중 예수 그리스도의 구속사역을 예표했던 의식법은 신약에서는 이미 성취되었고 도덕법과 시민법은 복음으로 계승 확장되었기에 더 이상 율법에 얽매일 필요가 없는 것이 맞다.

"머리를 깍게 하라"는 것은 '나실인의 법(민 6:1-21)'에 의하면 서원을 하고 구별하는 모든 날 동안은 자기 몸을 구별하여 "포도주와 독주를 멀리하며 포도주의 초와 독주의 초를 마시지 말며 포도즙도 마시지 말며 생포도나 건포도도 먹지 말지니~포도나무 소산은 씨나 껍질이라도 먹지 말라(민 6:3-4)"고 했고 "삭도를 도무지 그 머리에 대지 말 것이라~그 머리털을

---

236 결례(purification, ἀγνός, adj)는 (originally, in a condition prepared for worship), pure (either ethically, or ritually, ceremonially), chaste/(an adjective, which may be cognate with 40 / hágios, "holy," so TDNT, 1, 122) - properly, pure (to the core); virginal (chaste, unaltered); pure inside and out; holy because uncontaminated (undefiled from sin), i.e. without spoilation even within (even down to the center of one's being); not mixed with guilt or anything condemnable 이다.

길게 자라게 할 것(민 6:5)"이며 "시체를 가까이하지 말 것이요 그 부모 형제 자매가 죽은 때에라도 그로 인하여 몸을 더럽히지 말 것(민 6:6-7)"이라고 했다.

결국 '나실인의 법'은 자기 몸을 구별할 날(7일, 30일)이 차면 회막문으로 가서 거기서(민 6:13) 여호와께 예물(민 6:14-17)을 드려야 했다. 이후 '나실인의 법을 해지'한 후에는 머리털을 밀 수 있었다(민 6:18). 즉 바울이 '나실인의 서원'을 한 4명과 함께 결례를 행하고 '나실인의 서원'을 한 4명이 자기의 몸을 구별할 날이 꽉 차게 되면 그들의 예물 비용을 댄 후 그들로 하여금 머리털을 깎을 수 있게 하라는 의미였다. 당시에는 자신의 돈으로 나실인의 비용을 지불하면 경건한 자로 여겨졌다(아그립바 1세처럼).[237]

참고로 두 종류의 나실인이 있는데 평생 나실인과 일정 기간 나실인이 있다. 후자의 경우 기간이 종료되면 머리카락을 잘라 하나님 앞(화목제물 밑에 있는)에서 불태웠다(민 6:18-20). 이를 가리켜 '나실인의 서원 해지'라고 했다.

25 주를 믿는 이방인에게는 우리가 우상의 제물과 피와 목매어 죽인 것과 음행을 피할 것을 결의하고 편지하였느니라 하니 **26** 바울이 이 사람들을 데리고 이튿날 저희와 함께 결례를 행하고 성전에 들어가서 각 사람을 위하여 제사 드릴 때까지의 결례의 만기된 것을 고하니라

---

237   성경배경주석(신약), 크레이그 키너, IVP, 1999. P449

굳이 이 구절을 장로들이 인용한 것은 예루살렘 총회에서의 결의사항(행 15:20)에도 위배되지 않음을 바울에게 이해시키기 위함이었다.

한편 바울은 장로들의 의견에 동의하여 그렇게 실행에 옮겼다. 이는 언뜻 지금까지의 바울의 태도나 삶의 방식과는 달리 세상과 적당하게 타협하는 듯이 보이기도 한다. 그러나 고린도전서 9장 20절의 말씀에 의하면, 바울은 본질에 어긋나지 않는 경우 복음 전파를 위해서라면 자신의 자존심은 아무것도 아닌 듯이 던지곤 했다(빌 3:7-16). 즉 그는 유대인을 얻기 위해 유대인과 같이 되고 율법 아래 있는 자들을 얻기 위해 율법 아래 있는 자같이 되려고 했다(롬 14:6, 8, 고전 9:20-22).

27 그 이레가 거의 차매 아시아로부터 온 유대인들이 성전에서 바울을 보고 모든 무리를 충동하여 그를 붙들고 **28** 외치되 이스라엘 사람들아 도우라 이 사람은 각처에서 우리 백성과 율법과 이곳을 훼방하여 모든 사람을 가르치는 그 자인데 또 헬라인을 데리고 성전에 들어가서 이 거룩한 곳을 더럽게 하였다 하니

"이레가 차매"라는 것은 '결례의 7일이 지나매'라는 의미이다.

"아시아로부터 온 유대인들(24:18)"이란 에베소와 그 주변의 디아스포라 유대인들이다. "성전에서 바울을 보고"에서의 '성전'이란 '유대인의 뜰'을 가리킨다. 당시 성전은 성막을 중심으로 제사장의 뜰, 유대인의 뜰, 여인의 뜰, 이방인의 뜰, 성전 외벽으로 이루어져 있었다. 이방인들의 경우 성전의 이방인의 뜰까지만 들어갈 수 있었다. 이 규정을 어기면 사형을

당했고 로마인도 예외는 아니었다(Bruce). 그리하여 드로비모(Τρόφιμος, 에베소 출신, 딤후 4:20)를 빌미로 삼아 30절에 의하면 바울을 잡아 죽이려고 했던 것이다.

한편 28절에 의하면 유대인들의 3가지 삶의 근간을 알 수 있다. 첫째는 선민(選民)이라는 자부심이요. 둘째는 모세가 신탁받은 율법이 그들에게 있음이요. 셋째는 하나님의 임재의 상징인 성전이 있다는 것이다.

29 이는 저희가 전에 에베소 사람 드로비모가 바울과 함께 성내에 있음을 보고 바울이 저를 성전에 데리고 들어간 줄로 생각함일러라 **30** 온 성이 소동하여 백성이 달려와 모여 바울을 잡아 성전 밖으로 끌고 나가니 문들이 곧 닫히더라

신실했던 "에베소 사람 드로비모"는 바울이 3차 선교여행을 마칠 즈음 드로아에서 합류하여 예루살렘에까지 동행했다. 다시 로마에로의 압송 과정에도 동행했는데 병이 들어 고향 가까운 밀레도에 남겨두었던 인물(딤후 4:20)이다.

"문들이 곧 닫히더라"에서의 '문'이란 유대인의 뜰과 이방인의 뜰 사이의 문으로서 닫은 자는 레위인이었을 것으로 추정한다. 혹시라도 바울이 군중들에게 맞으면 성전 안으로 피신하여옴으로 그 피가 성전을 더럽히지 못하도록 황급히 문을 닫았던 것이다.

31 저희가 그를 죽이려 할 때에 온 예루살렘의 요란하다는 소문이 군대의 천부장에게 들리매 32 저가 급히 군사들과 백부장들을 거느리고 달려 내려가니 저희가 천부장과 군사들을 보고 바울 치기를 그치는지라 33 이에 천부장이 가까이 가서 바울을 잡아 두 쇠사슬로 결박하라 명하고 누구며 무슨 일을 하였느냐 물으니 34 무리 가운데서 어떤 이는 이 말로, 어떤 이는 저 말로 부르짖거늘 천부장이 소동을 인하여 그 실상을 알 수 없어 그를 영문 안으로 데려가라 명하니라

당시 천부장은 글라우디오 루시아(행 23:26)였고 그는 헤롯 성전 서북쪽 언덕 위 안토니아 요새에 있었다. 그는 로마 군대의 지휘관으로 그의 휘하에는 760명의 보병과 240명의 기병이 있었으며 식민 지역에서 천부장의 권력은 막강했다.

결과적으로 보면 바울은 로마 군대의 지휘관에 의해 보호를 받게 되었다. 이런 일련의 모든 과정은 하나님의 섭리 하 경륜으로 결국 성령님은 바울을 로마로 보내시려는 계획을 갖고 있었던 것이다. "영문"이란 안토니아 요새(Antonia Fortress)를 말한다.

35 바울이 층대에 이를 때에 무리의 포행을 인하여 군사들에게 들려가니 36 이는 백성의 무리가 그를 없이 하자고 외치며 따라 감이러라 37 바울을 데리고 영문으로 들어가려 할 그 때에 바울이 천부장더러 이르되 내가 당신에게 말할 수 있느뇨 가로되 네가 헬라말을 아느냐 38 그러면 네가 이전에 난을 일으켜 사천의 자객을 거느리고 광야로 가던 애굽인이 아니냐

"층대"란 성전 바깥뜰에서 군대 주둔지인 안토니아 요새까지 올라가는 돌계단을 가리킨다. "내가 말할 수 있느뇨"라는 것은 일촉즉발(一觸卽發)의 상황에서도 복음을 전하려는 열망을 보여주는 것이다.

참고로 "헬라 말"이란 당시 세계적 공용어로 사용되던 '코이네 헬라어'였다. 이는 BC 4세기 후반에 이루어진 그리스의 공통어(헬레니즘과 고대 로마 시기의 고대 그리스어)로서 '신약성경의 언어'이며 현대 그리스의 근원이다. 이 외에도 BC 5세기의 아테네 방언인 아티카 방언, 산문에 뛰어난 이오니아 방언이 있다.

'사천의 자객을 거느린 애굽인'이란 요세푸스(Josephus)에 의하면 한 애굽인 거짓 선지자에 의해 속았던, 그리하여 감람산에 칩거하던 30,000여 명(혹은 4,000여 명)의 신도를 거느렸던 자를 가리킨다. 그는 AD 54년에 총독 벨릭스에 의해 진압되었다고 한다. 참고로 거짓 선지자에는 사도행전 5장 36-37절(참고)에 자칭 메시야(혹은 제2의 엘리야) 드다(로마 총독 파두스(Cuspius Fadus)가 진압)와 갈릴리 유다(Judas of Galilee)가 있다.

39 바울이 가로되 나는 유대인이라 소읍이 아닌 길리기아 다소 성의 시민이니 청컨대 백성에게 말하기를 허락하라 하니 **40** 천부장이 허락하거늘 바울이 층대 위에 서서 백성에게 손짓하여 크게 종용히 한 후에 히브리 방언으로 말하여 가로되

길리기아 다소는 당시 소아시아 헬레니즘의 중심지였고 문화 수준이

상당히 높았던 교육 도시였다.

"층대 위에 서서"라는 것은 '안토니아 요새로 향하는 계단 위에 서서 복음을 전했다'라는 의미이다. "히브리 방언"이란 구약시대의 '고전 히브리어'가 아닌 바벨론 포로기 이후 아람어의 영향을 받아 '아람어화(化)된 히브리어'를 가리킨다.

괴짜의사 Dr. Araw의
쉽고 바르게 읽는 사도행전 장편(掌篇)강의

오직 성령이 너희에게 임하시면
성령행전(Πράξεις Πνεύματος)

레마이야기 22

보고 들은 것에 증인이 되라(15)

믿음은 들음에서 나고 들음은 그리스도의 말씀으로 말미암게 된다(롬 10:17). '그리스도의 말씀'이란 로고스이신 예수님을 가리킨다. 그분은 태초부터 계신 하나님이시고 태초부터 계신 말씀이셨다.

결국 '말씀이신 예수님'은 태초(영원, 올람)부터 삼위하나님으로 함께 계셨고 태초(레쉬트, 역사의 시작점)에 천지만물은 '예수 그리스도로 말미암아' 성부하나님과 함께 성령님께서 공동으로 창조하시고 운행하셨다(창 1:1-2, 요 1:1-3).

예수님 안에는 생명(영생)이 있다. 그렇기에 그 예수님을 믿고 그 예수님을 모신 사람(그리스도인, 하나님의 자녀) 안에는 동일한 생명이 있게 된다(요 1:4). 그 예수님은 참 빛 곧 세상에 와서 각 사람에게 비취는 빛으로 세상의 빛이요 생명의 빛이시다(요 1:5, 9, 8:12).

우리는 믿음으로 모든 세계가 하나님의 말씀으로 지어진 줄을 안다. 보이는 것은 나타난 것으로 말미암아 된 것이 아니기 때문이다(히 11:3). 그러나 '지금' 바라는 것들, 보지 못하는 것들이 '그날(하나님의 때)'에는 반드시 '실상(증거)'으로 나타날 것을 믿는다. 종국적으로 '믿음은 바라는 것들의 실상이요 보지 못하는 것들의 증거'가 되어 모든 그리스도인들이 믿음으로 보고 듣게 되는 것이다. 우리는 그 일에 증인이다.

'증인으로서의 삶'이란 복음과 십자가로 살아가고 복음과 십자가를 자랑하는 것이다. 전자를 증인(순교자)의 삶이라고 한다면 후자는 그들이 듣든지 아니 듣든지 때를 얻든지 못 얻든지 예수는 그리스도라고 선포하는 복음 전파의 삶(복음전도자)을 말한다.

이곳 22장에서는 한 번 더 반복되어 9장에서 있었던 바울의 회심 사건(다메섹 도상) 이야기가 주어진다. 비슷한 듯 아닌 듯 약간의 미묘한 차이를 찾아내며 이 두 부분을 대조하면서 묵상하면 하나님의 은혜를 훨씬 더 풍성하게 누릴 수 있게 될 것이다.

특이하게 바울은 부활의 주님을 만난 것에 대해 논리나 상식, 지식, 철학 등등으로 설명하거나 설득하려 하지 않는 것을 볼 수 있다. 그저 담담하게 팩트(사실)만을 전하고 있음을 볼 수 있다. '오직 말씀'인 것이다. 그런 기독교를 가리켜 '말씀종교', '계시종교', '은혜종교', '특별종교'라고 한다.

또 하나 바울은 "주여 무엇을 하리이까(22:10)"라는 질문에 앞서서 "주여 뉘시니이까(22:8)"라고 질문을 하는 것을 볼 수 있다. 우리 그리스도인들은 이런 사실에 집중해야 한다. 사역을 하길 원하는가? 그렇다면 먼저 'Who am I'와 'Who are You'를 묻고 자신의 정체성(Identity)에 따른 소명(Calling, 부르심)과 사명(Mission, 보내심)을 바르게 정립해야 한다. 그런 다음에 주님 주시는 사명을 따라 어디에서, 무엇을 하건 간에 상관없이 충성되게 성령님의 능력으로 그 사명을 감당하면 된다.

한편 "주여 뉘시니이까(22:8)"라는 질문에 대해 예수님은 "나는 네가 핍박하는 나사렛 예수라"고 선명하게 동시에 직설적으로 대답하셨다. 여기서 '나사렛'은 문자적인 지명이라기보다는 상징적 의미 곧 '멸시와 천대, 경멸, 가난, 저주, 버림받고 소외된, 보잘 것 없는'이라는 의미이다.

이후 바울은 사도행전 22장 17-21절에 의하면 예수님의 직접적인 명령을 듣게 된다. 곧 "예루살렘에서 나가라(18), 떠나가라 내가 너를 멀리 이방인에게로 보내리라(21)"고 하셨다.

당시 예루살렘은 종교의 본산이었고 화려함과 모든 것을 갖춘 도시였기에 그곳을 떠나 이방 땅(나사렛의 상징적 의미)으로 가라고 하셨던 것이다. 이런 바울의 삶을 가리켜 '계시 의존적 삶'이라고 하며 이런 기독교를 가리켜 "계시종교, 말씀종교'라고 한다.

오늘을 살아가는 우리 또한 보고 들은 것에 증인이 되어 어디에서 무엇을 하건 간에 '오직 말씀' 곧 '계시 의존적 삶'을 기꺼이 살아가야 할 것이다.

22-1 부형들아 내가 지금 너희 앞에서 변명하는 말을 들으라 하더라

"부형들아"는 말은 바울의 겸손하고 공손한 동시에 최선을 다한 예의 바른 표현이다. 공동번역은 '형제들과 선배 여러분'이라고 했다. 한편 이 호칭은 "우리 조상들의 하나님, 저 의인(행 22:14)" 등과 같이 유대적 풍취를 잘 드러내는 말이다(Longeneker).

"변명"의 헬라어는 아폴로기아[238](ἀπολογία, nf)인데 이는 '말로 방어하는 것'을 의미한다. '변명'의 내용은 첫째, 유대인인 바울이 어떻게 이방인의 사도가 되었는가(2-5)이고 둘째는 하나님의 아들 예수 그리스도를 증거하게 된 회심의 과정(6-16)을, 세째는 유대인과 이방인들에게 복음을 전하기 위해 보냄을 받은 것(7-21)을 가리킨다.

2 저희가 그 히브리 방언으로 말함을 듣고 더욱 종용한지라 이어 가로되 **3** 나는 유대인으로 길리기아 다소에서 났고 이 성에서 자라 가말리엘의 문하에서 우리 조상들의 율법의 엄한 교훈을 받았고 오늘 너희 모든 사람처럼 하나님께 대하여 열심하는 자라 **4** 내가 이 도를 핍박하여 사람을 죽이기까지 하고 남녀를 결박하여 옥에 넘겼노니

---

238 아폴로기아(ἀπολογία, nf)는 a speech in defense, a verbal defense (particularly in a law court)/ (from 575 /apó, "from" and 3056 /lógos, "intelligent reasoning") - properly, a well-reasoned reply; a thought-out response to adequately address the issue(s) that is raised이다.

"히브리 방언"이란 '아람어화된 히브리어'를 말하는데 이는 '바벨론 포로기 이후부터 유대인들이 사용했던 말'이다. 바울은 히브리 방언을 통해 당시의 유대인들에게 민족적 동질성을 일으켜 자신의 말에 집중케 하려고 했다. '공감'을 불러 일으키기 위한 지혜로운 처사가 아닐 수 없다.

"가말리엘(Γαμαλιήλ)"은 '하나님의 상급'이란 의미로 랍비 힐렐의 손자이다. 그는 '라반(Rabban Gamaliel I)'으로 불렸고 율법 해석을 유연하게 했던 바리새파의 진보, 개혁주의자였다. 그의 교훈들은 랍비의 율법 해설서인 미쉬나(Mishnah)에도 인용되어 있다. 참고로 당시 유대인들은 선생을 랍비(나의 선생)라고 불렀으며 극존칭의 경우 라반(우리의 선생)이라고 불렀다.

"이 도를 핍박하여"라는 것에서의 '도'는 '예수 그리스도의 은혜의 복음' 혹은 '하나님의 은혜의 복음'을 가리킨다. 그는 회심 이전에 행했던 자신의 행동(행 7:58-8:3)들에 대해 "죄인 중에 내가 괴수니라(딤전 1:15)"라고 고백하기도 했다.

5 이에 대제사장과 모든 장로들이 내 증인이라 또 내가 저희에게서 다메섹 형제들에게 가는 공문을 받아 가지고 거기 있는 자들도 결박하여 예루살렘으로 끌어다가 형벌 받게 하려고 가더니 6 가는데 다메섹에 가까웠을 때에 오정쯤 되어 홀연히 하늘로서 큰 빛이 나를 둘러 비취매 7 내가 땅에 엎드러져 들으니 소리 있어 가로되 사울아 사울아 네가 왜 나를 핍박하느냐 하시거늘 8 내가 대답하되 주여 뉘시니이까 하니 가라사대 나는 네가 핍박하는 나사렛 예수라 하시더라 9 나와 함께 있는 사람들이 빛은 보면서도 나 더러 말하시는 이의 소리는 듣지 못

하더라

"대제사장들과 장로들"이란 산헤드린 공회의 공회원(의장인 대제사장과 70명의 공회원인 장로들)들을 가리킨다.

"다메섹(Damascus, Δαμασκός, (Hebrew דַּמֶּשֶׂק))"은 헤르몬 산(Mount Hermon, 2,814m, 눈의 산(mountain of snow)이라는 별명답게 꼭대기의 만년설이 유명하다) 북동쪽에 위치한 세계에서 가장 오래된 고도(古都) 가운데 하나(창 14:15, 15:2)이다.

6-9절은 사도행전 9장의 회심 때와 같은 내용이다. 9절의 "빛은 보면서도 나더러 말하시는 이의 소리는 듣지 못하더라"는 말씀과 9장 7절의 "소리만 듣고 아무도 보지 못하여"와 26장 13절의 "하늘로서 해보다 더 밝은 빛이 나와 내 동행들을 둘러 비추는지라"는 말들은 서로 다르게 묘사되어 있어 일견 충돌되는 듯 보이나 사실은 서로가 서로를 보완하여 설명하고 있는 것이다.

7절의 "땅에 엎드러져"라는 것이 공동번역에는 "땅에 거꾸러져"로 되어 있어 강권적인 하나님의 역사하심을 함의하고 있다.

"사울아 사울아"라고 거듭 부르신 것은 지난날 아브라함(창 22:11)이나 사무엘(삼상 3:10)에게서도 동일하게 볼 수 있었던 것이다. 사울(Σαούλ, (שָׁאוּל, ('asked for'))은 바울의 히브리식 이름이고 바울(Παῦλος)은 사울의 로마식 이름인데 이는 '하나님께 간구하다'라는 의미이다

"나사렛 예수"에서의 '나사렛'은 문자적인 의미의 지명을 나타내는 것이라기보다는 '멸시, 천대, 가난, 저주, 버림받고 소외된, 보잘 것 없는'이라는 상징적 의미를 갖고 있는 단어이다.

10 내가 가로되 주여 무엇을 하리이까 주께서 가라사대 일어나 다메섹으로 들어가라 정한 바 너희 모든 행할 것을 거기서 누가 이르리라 하시거늘 **11** 나는 그 빛의 광채를 인하여 볼 수 없게 되었으므로 나와 함께 있는 사람들의 손에 끌려 다메섹에 들어갔노라

"주여 무엇을 하리이까"라는 말에서는 바울이 진정으로 회개하였음을 짐작케 한다. 왜냐하면 이는 바울 스스로가 과거에의 잘못을 회개함은 물론이요 앞으로의 사명을 보다 더 충성되게 감당하겠다는 저의(底意)에서 나온 말이기 때문이다.

"일어나 다메섹으로 들어가라"는 것은 다메섹에서의 바울의 회심이 우연이 아니라 하나님의 섭리와 경륜 아래 이루어졌음을 의미하는 것이다.

12 율법에 의하면 경건한 사람으로 거기 사는 모든 유대인들에게 칭찬을 듣는 아나니아라 하는 이가 **13** 내게 와 곁에 서서 말하되 형제 사울아 다시 보라 하거늘 즉시 그를 쳐다보았노라 **14** 그가 또 가로되 우리 조상들의 하나님이 너를 택하여 너로 하여금 자기 뜻을 알게 하시며 저 의인을 보게 하시고 그 입에서 나오는 음성을 듣게 하셨으니 **15** 네가 그를 위하여 모든 사람 앞에서 너의 보고 들은 것에 증인이 되리라

"아나니아(Ανανίας)"는 히브리어 하나냐(חֲנַנְיָה, from חָנַן to be gracious, and

יה Jehovah (cf. Meyer on Acts 5:1))의 헬라식 음역으로 '여호와는 은혜로우시다'라는 의미이다.

"우리 조상들의 하나님"이란 아브라함과 이삭과 야곱의 하나님을 가리킨다. "너를 택하여"라는 말에서 '택하다'의 헬라어는 프로케이리조마이[239](προχειρίζομαι, v)인데 이는 '무엇을 미리 준비시켜 놓다, 미리 선정해 두다, 쓸 수 있게 준비해 두다'라는 의미로 신약에서 이곳과 사도행전 3장 20절, 26장 16절에만 사용되었다. 즉 바울의 소명은 하나님의 전적인 작정에 의한 것이라는 의미이다. 그렇기에 하나님은 바울에게 "당신의 뜻을 알게 하셨고 당신을 알게 하셨고 당신의 음성을 듣게 하셨던 것"이다.

"저 의인을"에서의 '의인'이란 공동번역에서는 '죄 없으신 분'이라고 했다. 곧 '예수 그리스도'를 가리킨다. 한편 "모든 사람"이란 사도행전 9장 15절의 "이방인과 임금들과 이스라엘의 자손들"을 가리킨다.

"보고 들은 것"이란 '하나님의 뜻'과 '예수님은 메시야 그리스도이시다'라는 것과 '하나님의 말씀' 모두를 가리킨다. 결국 모든 그리스도인들은 이런 보고 들은 것에 증인이 되어야 한다. 더 나아가 결코 말씀보다 앞서서는 안 될 뿐만 아니라 자신의 사상이나 신념을 가르쳐서도 안 된다.

---

239 프로케이리조마이(προχειρίζομαι, v)는 to put into the hand, to take into one's hand, to determine/(from 4253 /pró, "before" and 5495/xeir, "hand") - properly, "hand-picked before." 4400/proxeirizomai ("divinely hand-picked") refers to God's sovereign hand choosing people to be His agents (like the apostle Paul)이다.

16 이제는 왜 주저하느뇨 일어나 주의 이름을 불러 침례를 받고 너의 죄를 씻으라 하더라

이 구절에서 아나니아 선지자는 바울에게 신앙적 결단을 촉구하고 있다. 그렇기에 '왜 이제 머뭇거리느냐'라며 말하고 있는 것이다. 결국 아나니아는 신앙고백적 의식으로서의 '세례를 받으라'고 권했던 것이다.

'세례(βαπτίζω, chemical change/from βάπτω, physical change)'란 예수 그리스도의 보혈로 죄 씻음, 예수를 나의 구주 나의 하나님으로 영접하고 그 예수와 연합 곧 하나 됨, 그 예수를 나의 주인(주권 이양)으로 모시고 그분의 통치, 질서, 지배 하에 살아가기를 결단하는 것으로 구원받은 자라면 반드시 거쳐야 할 필수 관문이다. 그렇다고 하여 세례가 구원의 조건이라는 말은 어불성설(語不成說)이다.

17 후에 내가 예루살렘으로 돌아와서 성전에서 기도할 때에 비몽사몽간에 18 보매 주께서 내게 말씀하시되 속히 예루살렘에서 나가라 저희는 네가 내게 대하여 증거하는 말을 듣지 아니하리라 하시거늘

"후에 내가 예루살렘으로 돌아와서"라는 것은 회심 후 다메섹에서의 3년이 지나 당시 나바티아 왕국의 아레다 왕과 동족인 유대인들의 박해가 심해지자 예루살렘으로 피해왔던 첫번째 예루살렘의 방문을 가리킨다(행 9:26, 갈 1:17-19, Longeneker, Tuossaint, Bruce).

당시 바울은 이 구절에서 환상을 보았다고 고백했다. 이전에도 그는 중요한 결정을 할 때에 종종 환상을 보곤 했었다(행 16:6-10, 18:9-10).

18절에 의하면 당시 바울은 자신의 생명을 부지하려고 예루살렘을 떠났던 것이 아님을 드러내고 있다. 결국 그가 예루살렘을 떠났던 것은 '이방인의 사도'였기에 이제 후로는 이방 땅에 복음을 전하라는(행 9:15) 하나님의 인도하심 때문이라고 밝혔다. 이후 21절에서 하나님은 바울더러 다시 한번 더 확인을 시켜주시며 떠나라고 말씀하셨다.

19 내가 말하기를 주여 내가 주 믿는 사람들을 가두고 또 각 회당에서 때리고 20 또 주의 증인 스데반의 피를 흘릴 적에 내가 곁에 서서 찬성하고 그 죽이는 사람들의 옷을 지킨 줄 저희도 아나이다 21 나더러 또 이르시되 떠나가라 내가 너를 멀리 이방인에게로 보내리라 하셨느니라

이 구절에는 사도 바울이 과거에 대한 참회와 더불어 눈물 어린, 가슴 시린 아픈 고백을 하고 있다. 지난날 그는 실제로 교회를 잔멸하고 남녀를 끌어다가 옥에 가두었다(행 8:3). 종국적으로는 스데반의 죽음을 이끈 책임자로서의 역할을 했다. 그런 그였기에 '예루살렘의 유대인들에게 빚진 자'로서 어떻게든지 그곳에서 동족들에게 '하나님의 은혜의 복음'을 전하려고 했다. 그러나 하나님은 그런 바울의 속마음과는 달리 재차 바울에게 예루살렘을 떠나 이방인에게로 향하라고 명령하셨던 것이다.

22 이 말 하는 것까지 저희가 듣다가 소리질러 가로되 이러한 놈은 세상에서 없이 하자 살려둘 자가 아니라 하여 **23** 떠들며 옷을 벗어 던지고 티끌을 공중에 날리니

"이 말 하는 것까지"에서의 '이 말'이란 '이방선교(이방인에 대한 하나님의 구원 계획)'와 '그것이 하나님의 뜻'이라고 밝혔던 말을 가리킨다. 이는 선민의 자존심과 더불어 유다 메시야 사상을 정면으로 부정하는 것이었다. 그러다 보니 듣고 있던 배타적이고 완고하며 우월의식으로 가득찼던 유대인들을 격노케 만들었던 것이다.

이 구절에서 옷을 찢거나 벗는 것, 티끌이나 재를 덮어쓰거나 티끌을 날리는 것 등등에서는 유대인들의 극한 감정 상태를 잘 보여주고 있다. 구약에서 이런 행동들은 '수치, 비통, 울분, 애통함' 등을 나타내는 표현이었다(창 37:29, 수 7:6, 삼하 16:13, 욥 2:12, 겔 27:30, 계 18:19).

24 천부장이 바울을 영문 안으로 데려가라 명하고 저희가 무슨 일로 그를 대하여 떠드나 알고자 하여 채찍질하며 신문하라 한대 **25** 가죽줄로 바울을 매니 바울이 곁에 섰는 백부장더러 이르되 너희가 로마 사람 된 자를 죄도 정치 아니하고 채찍질할 수 있느냐 하니

참고로 플라겔룸(flagellum, 마 27:26, 요 2:15, φραγέλλιον, nn, a scourge, lash, whip)이란 태형(笞刑), 채찍, 편태(鞭笞)를 말하는 것으로 노예들과 비 로마인들의 범죄에 행해졌던 벌이다. 그러나 로마 시민권자는 그 죄가 확정

될 때까지는 가혹행위가 금지되었었다. 이는 당시 아구스도 칙령(Edicts of Augustus)에 의한 것이었다.

이후 더욱 발전되어 발레리안과 포르시안 법(Laws of Valerian & Porcian)에는 로마 시민의 소송에 있어서는 반드시 고소가 상정된 후에야만 형벌을 가할 수 있도록 명시되었다.[240]

26 백부장이 듣고 가서 천부장에게 전하여 가로되 어찌하려 하느뇨 이는 로마 사람이라 하니 **27** 천부장이 와서 바울에게 말하되 네가 로마 사람이냐 내게 말하라 가로되 그러하다 **28** 천부장이 대답하되 나는 돈을 많이 들여 이 시민권을 얻었노라 바울이 가로되 나는 나면서부터로라 하니 **29** 신문하려던 사람들이 곧 그에게서 물러가고 천부장도 그가 로마 사람인 줄 알고 또는 그 결박한 것을 인하여 두려워하니라 **30** 이튿날 천부장이 무슨 일로 유대인들이 그를 송사하는지 실상을 알고자 하여 그 결박을 풀고 명하여 제사장들과 온 공회를 모으고 바울을 데리고 내려가서 저희 앞에 세우니라

"네가 로마 사람이냐(σὺ Ῥωμαῖος εἶ, you a Roman are?)"라는 말에서 쉬(σὺ, 네가)가 강조의 위치에 있는 것과 더불어 천부장이 직접 피의자에게 와서 심문하는 것을 보면 당시 천부장은 놀라고 당황했던 듯하다. 한편 바울의 대답은 너무 간단했다.

---

240   그랜드종합주석 14, p498

"그러하다"

이 간결한 대답은 오히려 천부장으로 하여금 현행법을 위반한 것에 대한 찔림을 더하게 했으며 자신의 위법에 대한 중압감을 가중시켰을 것이다.

29절을 통해 알 수 있는 것은 천부장의 명백한 실정법 위반에 대한 두려움이다. 결국 그는 로마 중앙정부의 문책이 두려워 허위보고서를 올리게 된다(행 23:26-30). 또한 천부장은 그 다음 날 산헤드린 공회를 소집하여 예루살렘의 치안 유지에 신경쓰는 모습을 보여줌과 동시에 저들 자체의 종교적인 문제까지도 해결하려고 한다. 당시 유대인들의 자치 의결기구인 산헤드린 공회는 대제사장, 서기관, 장로들 등 71명으로 구성되어 있었다.

참고로 예수님도(마 27:1) 산헤드린 공회에서 심문을 받으셨고 베드로(행 4:5)나 스데반도(행 6:12) 산헤드린 공회에서 심문을 받았다.

괴짜의사 Dr. Araw의
쉽고 바르게 읽는 사도행전 장편(掌篇)강의

오직 성령이 너희에게 임하시면
성령행전(Πράξεις Πνεύματος)

레마이야기 23

담대하고 또 담대하라(11)

22장에서 천부장은 처음에 바울이 로마 시민권자인 줄 모르고 실정법을 위반했다가 화들짝 놀란 후 얼른 산헤드린 공의회를 소집한다. 그리고는 자치적으로 종교적인 문제를 해결하라고 청원한다.

23장은 그렇게 시작된 공회에서 바울은 당당하게 "여러분 형제들아 오늘날까지 내가 범사에 양심을 따라 하나님을 섬겼노라"며 담대히 주장하고 있다.

당시 산헤드린 공의회 회원들은 대제사장, 서기관, 장로들로 구성되어 있었다. 그런 그들이 바울의 경우 히브리인이요 이스라엘인이요 아브라함의 씨로서(고후 11:2) 바리새파 중의 바리새파요(행 23:6) 힐렐 학파의 라반 가말리엘 문하에서 수학했던(행 22:3) 경력을 모를 리 없었다. 더 나아가 바울은 초창기에 예수님이 메시야인 줄 모르고 스데반의 죽음(AD 32년)에 주동이 된 이후로 3년여 동안 예루살렘과 온 유대와 사마리아에 이르기까지 그렇게나 기독교를 핍박함으로 그리스도인들을 잔멸하려 했던 장본인이었다.

심지어는 AD 35년이 되자 대제사장으로부터 다메섹 여러 회당에 갈 공문을 얻어서 먼 이방 땅에까지(예루살렘에서 다메섹까지의 거리는 약 240km) 가서 남녀노소 그리스도인들을 핍박하려 했던 인물이었다. 그러니 공회원들의 경우 바울을 모를 리 만무(萬無)했다.

그런 과거의 전력을 지녔던 바울이었기에 "오늘날까지 내가 범사에 양심을 따라 하나님을 섬겼노라"고 당당하게 말을 하자 그들은 더 이상 토를 달 수 없어 속으로 부글부글 끓어올랐을 것이다.

그들 앞에 선, 회심 후의 바울은 변함없이 당당했다.

나는 '하나님'만을 섬겨 왔노라고.

당신들이 그렇게나 섬겼던, 메시야를 보내주시마 약속하셨던 '그 하나님'을.

그러면서,

바울은 확신을 가지고 당당하게 그리고 담대하게 '그 하나님이 바로 예수님'이심을 전했다.

'담대하고 또 담대하라'

오늘을 살아가는 그리스도인인 우리가 취해야할 바른 태도이다. 동시에 순간순간 그렇게 살아가야 할 삶의 모범(模範)이기도 하다.

그러므로 이제 후로는 상황과 환경을 뛰어넘어 언제 어디에서나 '하나님의 은혜의 복음' 곧 '예수, 그리스도, 생명'을 전해야 할 것이다. 오직 예수님을 통해 하나님나라에 들어갈 수 있음을 그들이 듣든지 아니 듣든지 때를 얻든지 못 얻든지 외치고 또 전해야 할 것이다.

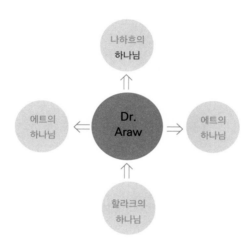

앞서가시며 인도하시는 나하흐의 하나님, 곁에서 든든히 잡아주시는 에트의 하나님, 뒤에서 밀어주시며 동행하시는 할라크의 하나님! 그렇다. 삼위하나님은 언제나 우리와 함께하신다. 그렇기에 항상 담대하고 또 담대할 수 있는 것이다.

23-1 바울이 공회를 주목하여 가로되 여러분 형제들아 오늘날까지 내가 범사에 양심을 따라 하나님을 섬겼노라 하거늘 **2** 대제사장 아나니아가 바울 곁에 섰는 사람들에게 그 입을 치라 명하니

"공회"란 산헤드린 공의회를 가리키며 회원으로는 의장인 대제사장과 70인의 공회원이 있었다. 이들은 주로 서기관과 장로들이었고 구약의 율법과 장로들의 유전(미드라쉬와 탈무드)을 해석하고 그것을 적용하며 위반한 사람들을 심판하는 일을 했다.

"주목하여 가로되"에서의 '주목하다'의 헬라어는 아테니조[241]($\dot{\alpha}\tau\epsilon\nu\dot{\iota}\zeta\omega$, v)인데 이는 '노려보다'라는 의미로 바울의 당당한 태도를 가감없이 보여주고 있다.

당시 "여러분 형제들아"라는 호칭은 공식적인 존칭어가 아니라 일반 유대인 회중들 가운데 사용되었던 통상적인 호칭(행 1:16, 2:37, 6:3)이었다. "범사에 양심을 따라($\dot{\epsilon}\gamma\dot{\omega}$ $\pi\dot{\alpha}\sigma\eta$ $\sigma\upsilon\nu\epsilon\iota\delta\dot{\eta}\sigma\epsilon\iota$ $\dot{\alpha}\gamma\alpha\theta\tilde{\eta}$, I, in all, conscience, good)"에서 '양심'에 해당하는 헬라어는 쉬네이데시스[242]($\sigma\upsilon\nu\epsilon\dot{\iota}\delta\eta\sigma\iota\varsigma$, nf)인데 이

---

241 아테니조($\dot{\alpha}\tau\epsilon\nu\dot{\iota}\zeta\omega$, v)는 to look fixedly, gaze, I direct my gaze, look steadily/(from tein☒, "to stretch, strain," prefixed by "intensive alpha," 1 /A) - properly, completely fixed (fixated); to stare at because fully occupied with ("taken by"); to observe with great interest and a fastened (fixed) gaze; "to fix one's eyes on some object continually and intensely - 'to look straight at, to stare at, to keep one's eyes fixed on' " (L & N, 1, 24.49)이다.

242 쉬네이데시스($\sigma\upsilon\nu\epsilon\dot{\iota}\delta\eta\sigma\iota\varsigma$, nf)는 consciousness, conscience/(from 4862 /sýn, "together with" and 1492 /eídō "to know, see") - properly, joint-knowing, i.e. conscience which joins moral and spiritual consciousness as part of being created in the divine image. Accordingly, all people have this God-given capacity to know right from wrong because each is a free moral agent (cf. Jn 1:4,7,9; Gen 1:26,27)이다.

는 '함께 안다'라는 의미이다. 곧 '양심은 마음 속의 재판관 혹은 증인 (롬 2:5)의 역할을 한다'라는 의미이다. 애석하게도 아담의 타락 이후로 인간의 양심은 '화인맞은 양심(딤전 4:2)', '악한 양심(히 10:22)', '더러운 양심(고전 8:7)'이 되어 버렸다. 그 가운데 바울도 있었다. 그러나 그는 예수 그리스도로 말미암아 의롭다 칭함을 받은(롬 3:21-24, AD 35년 다메섹에서의 회심) 이후 선한 양심을 소유하고 복음의 가르침을 따라 살아왔다(섬겨왔다, πολιτεύομαι, 폴리튜오마이, to live as a citizen, 빌 3:6-9, 딤후 4:7).

"대제사장 아나니아(AD 48-58년까지)"는 난폭하고 거만하며 약탈적인 성향의 사람이었다(Josephus). 친 로마 정책에 앞장섰던 그는 유대전쟁(AD 66-70) 초기에 살해당하고 말았다. 당시 '뺨이나 입술'을 치는 것은 '사람의 인격을 치는' 것이기에 비인도적일 뿐만 아니라 불법이었다. 한편 대제사장이 시켜 하속에게 맞았던 경우는 바울뿐만이 아니다. 요한복음 18장 22절에서는 예수님도 그랬다(미 5:1).

3 바울이 가로되 회칠한 담이여 하나님이 너를 치시리로다 네가 나를 율법대로 판단한다고 앉아서 율법을 어기고 나를 치라 하느냐 하니 **4** 곁에 선 사람들이 말하되 하나님의 대제사장을 네가 욕하느냐 **5** 바울이 가로되 형제들아 나는 그가 대제사장인 줄 알지 못하였노라 기록하였으되 너희 백성의 관원을 비방치 말라 하였느니라 하더라

"회칠한 담이여"라는 말은 '흙으로 만든 벽돌 담 위에 회를 칠한 겉모

양만 번드르한 담'이라는 말로서 예수님께서 바래새인과 서기관들을 향하여 질책할 때 자주 사용하셨던 말(마 23:27)이다.

한편 아나니아 대제사장은 친로마 정책에 호응했기에 AD 66년 유대인들이 로마에 대항하여 반란을 일으켰을 때 살해당하고 말았다고 한다.[243]

"나는 그가 대제사장인 줄 알지 못하노라"는 것은 바울의 경우 정말 몰랐을 수도 있으나 나와 공저자는 '이런 사람이 어떻게 대제사장일 수 있나'라는 비아냥(Calvin, Zahn, Meyer)으로 해석한다.

참고로 바울이 아나니아가 대제사장이라는 것을 정말 몰랐을 것이라고 생각하는 견해도 있다. 첫째, 바울이 예루살렘에 머문 기간이 너무 짧아서(Chrysostoom), 둘째는 아나니아는 자신에 의해 긴급 소집되었던 산헤드린 공의회에서 자신의 신분을 알리는 대제사장의 옷을 입고 있지 않아서(Bruce), 세째는 아나니아가 로마로 송환된 시기에 대제사장의 직무를 중단했기에(Lightfoot, Eichhorn), 넷째는 바울이 변론에 열중하여 그를 미처 몰라보아서(Bengel, Olshausen), 다섯째는 안질 때문에 잘 볼 수 없었기 때문이라고 했다(Plimpter).

6 바울이 그 한 부분은 사두개인이요 한 부분은 바리새인인 줄 알고 공회에서 외쳐 가로되 여러분 형제들아 나는 바리새인이요 또 바리새인의 아들이라 죽은 자의 소망 곧 부활을 인하여 내가 심문을 받노라 **7** 그 말을 한즉 바리새인과 사

---

243 그랜드종합주석 14, p511

두개인 사이에 다툼이 생겨 무리가 나누이니 8 이는 사두개인은 부활도 없고 천사도 없고 영도 없다 하고 바리새인은 다 있다 함이라

사두개파(Sadducees)와 바리새파(Pharisees)는 특히 '부활'의 교리에 대해 첨예한 대립을 보였다. 또한 본문의 내용처럼 천사와 영의 존재유무에서도 서로 대립했다. 결국 사두개파는 하나님의 구원 역사와 인생의 영원함(영혼불멸사상, 육체의 부활 교리를 무시함)을 무시했고 개인의 자유 및 현실의 삶에 치중했다.

"죽은 자의 소망 곧 부활(ἐλπίδος καὶ ἀναστάσεως νεκρῶν, the hope & resurrection of the dead, 소망과 죽은 자의 부활)"이란 중언법(重言法, hendiadys, 이사일의(二詞一意), nice and warm처럼 and로 두 단어를 연결하여 하나의 뜻을 나타낸 것)으로서 '죽은 자의 부활의 소망'이라는 의미이다. 왜냐하면 '소망'이란 '부활'을 가리키는 것이기 때문이다(Hendriksen). 이는 바울이 예수 그리스도의 부활을 의도적으로 드러내려는 목적이었다(고전 15:12-33).

9 크게 훤화가 일어날새 바리새인 편에서 몇 서기관이 일어나 다투어 가로되 우리가 이 사람을 보매 악한 것이 없도다 혹 영이나 혹 천사가 저더러 말하였으면 어찌 하겠느뇨 하여 10 큰 분쟁이 생기니 천부장이 바울이 저희에게 찢겨질까 하여 군사를 명하여 내려가 무리 가운데서 빼앗아 가지고 영문으로 들어가라 하니라

"훤화'의 헬라어는 크라우게²⁴⁴(κραυγή, nf)인데 이는 '원통해하며 크게 소리내어 울다'라는 의미로 바리새인들과 사두개인들 간의 격렬한 다툼을 가리킨다.

"서기관²⁴⁵(γραμματεύς, nm)"은 율법사 혹은 교법사로도 불리우는데 대부분 바리새파에서 배출되었다.

"영문"이란 안토니아 요새(Antonia Fortress)를 가리킨다.

11 그 날 밤에 주께서 바울 곁에 서서 이르시되 담대하라 네가 예루살렘에서 나의 일을 증거한 것 같이 로마에서도 증거하여야 하리라 하시니라

안토니아 요새에 감금된 바울에게 그날 밤 주님은 고린도에서 나타나신 것처럼(행 18:9-10) 찾아오셔서 따스함으로 격려해 주셨다. 바울의 경우 마태복음 28장 20절의 말씀처럼 "볼지어다 내가 세상 끝날까지 너희와 항상 함께 있으리라"고 하셨던 말씀 그대로 사역에 있어 절박한 순간순간마다 나타나곤 하셨다(행 9:4, 16:9, 18:9, 22:17, 27:23).

---

244 크라우게(κραυγή, nf)는 (a) a shout, cry, clamor, (b) outcry, clamoring against another/ (from 2896 /krázō, "cry out") - loud crying, done with pathos (great emotion); clamorous screaming (shrieking) that is extremely boisterous, like a wounded person emitting "unearthly" (non-human) types of sounds이다.

245 서기관(γραμματεύς, nm)은 (a) in Jerusalem, a scribe, one learned in the Jewish Law, a religious teacher, (b) at Ephesus, the town-clerk, the secretary of the city, (c) a man of learning generally이다.

"담대하라(Θάρσει, Take courage)"의 헬라어는 다르세오[246](θαρσέω, v)인데 이는 '용기를 내라'는 의미이다. 이때쯤 바울은 사도행전 22장 21절의 말씀 곧 "내가 너를 멀리 이방인에게로 보내리라"는 말씀이 비로소 이해가 되었을 듯하다.

12 날이 새매 유대인들이 당을 지어 맹세하되 바울을 죽이기 전에는 먹지도 아니하고 마시지도 아니하겠다 하고 **13** 이같이 동맹한 자가 사십여 명이더라 **14** 대제사장들과 장로들에게 가서 말하되 우리가 바울을 죽이기 전에는 아무것도 먹지 않기로 굳게 맹세하였으니 **15** 이제 너희는 그의 사실을 더 자세히 알아볼 양으로 공회와 함께 천부장에게 청하여 바울을 너희에게로 데리고 내려오게 하라 우리는 그가 가까이 오기 전에 죽이기로 준비하였노라 하더니

"당을 지어(ποιήσαντες συστροφὴν, having made, a conspiracy)'라는 것은 '공모하여, 작당하여'라는 의미이다. 한편 "맹세하되(ἀνεθεμάτισαν ἑαυτούς, put under an oath, themselves)"라는 것은 '자신들을 저주 아래에 두다(Robertson)'라는 의미이다. 참고로 당시의 단식 서약은 유대인 사회에서는 일찍부터 종종 있어왔던 관습이었다(삼상 14:24).

"동맹(συνωμοσία, nf, a swearing together, a conspiracy)"이란 '모함하는 일에

---

246 다르세오(θαρσέω, v)는 to be of good courage/(from the root thar-, "bolstered because warmed up," derived from 2294 /thársos, "emboldened from within") - properly, bolstered within which supports unflinching courage - literally, to radiate warm confidence (exude "social boldness") because warm-hearted이다.

있어 맹세로 굳게 결합하는 것'을 의미한다.

15절의 경우를 Longeneker는 바울이 감금되어 있는 북쪽의 안토니아 요새로부터 성전의 남쪽에 있던 산헤드린 공회로 내려오는 좁은 길목에서 잠복했다가 죽이기로 했다라고 해석했다.

16 바울의 생질이 그들이 매복하여 있다 함을 듣고 와서 영문에 들어가 바울에게 고한지라 **17** 바울이 한 백부장을 청하여 가로되 이 청년을 천부장에게로 인도하라 그에게 무슨 할 말이 있다 하니 **18** 천부장에게로 데리고 가서 가로되 죄수 바울이 나를 불러 이 청년이 당신께 할 말이 있다 하여 데리고 가기를 청하더이다 하매

이때 역사의 주관자 하나님은 바울의 생질을 사용하셨다. 그에 대하여는 자세히 알려진 바는 없으나 이는 한 치 오차가 없으신 하나님의 섭리와 경륜을 잘 볼 수 있는 구절이다. Bruce는 바울의 생질이 다소에서 예루살렘으로 유학 와 있었다고 했고, Lenski는 바울의 누이가 출가해 예루살렘에 살고 있었다라고 했다. 그렇다면 바울이 자신의 생질을 가리켜 "청년(νεανίας, nm, a young man)"이라고 했던 것으로 보아 대략 20-30대 남자였던 듯하다(Toussaint).

"죄수 바울"이라는 말에서 '죄수'라고 지칭한 것은 아직 유죄 평결이 나지 않은 상태이기에 무죄추정의 원칙 상 상당히 부적절한 용어였다. 그러나 당시에는 '감금되어 있는 자들'을 지칭하기도 했기에 그렇게 불리어

지기도 했다(Lenski). 이때 감옥은 '군영 감옥 혹은 영창(custodia militaris)'으로서 한 사람의 군사에게 책임을 지워 지키게 했다. 곧 군사의 왼손을 죄수의 오른손과 같이 결박하여 감시했던 것이다.

참고로 28장 30절의 '셋집에 살았다'라는 것의 '셋집'은 전세집이라기보다는 비교적 자유롭게 왕래한 로마의 감옥 중 '상옥' 곧 '자유 감옥(custodia libera)'을 가리키는 것으로 나와 공저자는 해석한다. 당시 사형수가 갇히는 캄캄한 지하실인 '하옥'에 해당하는 것을 '공중 감옥(custodia pubilica)'이라고 했다.[247]

19 천부장이 그 손을 잡고 물러가서 종용히 묻되 내게 할 말이 무엇이냐 **20** 대답하되 유대인들이 공모하기를 저희들이 바울에 대하여 더 자세한 것을 묻기 위함이라 하고 내일 그를 데리고 공회로 내려오기를 당신께 청하자 하였으니 **21** 당신은 저희 청함을 좇지 마옵소서 저희 중에서 바울을 죽이기 전에는 먹지도 않고 마시지도 않기로 맹세한 자 사십여 명이 그를 죽이려고 숨어서 지금 다 준비하고 당신의 허락만 기다리나이다 하매

19절로 보아 당시 천부장은 바울에 대하여 좋은 감정을 가지고 있었던 듯하다(행 24:23, 27:3).

한편 20-21절을 보면 바울의 생질의 지혜로운 처신을 잘 볼 수 있다.

---

247   그랜드종합주석 14, p515

그는 천부장에게 은근한 압력을 넣으면서 만약 로마 시민권자인 바울에게 변고가 생기면 사전에 그 일을 대처하지 못한 당신에게도 일말(一抹)의 책임이 있지 않겠냐라며 넌지시 그의 신분을 알려주고 있다.

22 이에 천부장이 청년을 보내며 경계하되 이 일을 내게 고하였다고 아무에게도 이르지 말라 하고 **23** 백부장 둘을 불러 이르되 밤 제 삼 시에 가이사랴까지 갈 보병 이백 명과 마병 칠십 명과 창군 이백 명을 준비하라 하고 **24** 또 바울을 태워 총독 벨릭스에게로 무사히 보내기 위하여 짐승을 준비하라 명하며 **25** 또 이 아래와 같이 편지하니 일렀으되 **26** 글라우디오 루시아는 총독 벨릭스 각하에게 문안하노이다

천부장은 대제사장 아나니아의 성격과 이중성, 유대인들의 난폭함을 이미 알고 있었던 듯하다. 한편 "밤 제 삼시"란 오늘날의 밤 9시를 가리킨다. 역사의 주관자 하나님은 천부장을 사용하셨고 안토니아 요새의 거의 절반에 해당하는 군사 470명을 동원하셨다. 당시 창군의 무기는 투창과 긴 창이었다. 이 구절에서는 하나님의 세미한 인도하심을 볼 수 있다.

참고로 총독이었던 벨릭스(Antonius Felix)는 노예 출신으로 그 형은 팔라스였다. 둘 다 글라우디오(Claudius) 황제의 모친 안토니아(Antonia)에 의해 자유인이 된 후 간사한 꾀로 승승장구하여 로마의 총독까지 되었던 인물이다. 벨릭스의 아내는 전 남편과 이혼 후 자신과 결혼했던 드루실라(행 24:24, 헤롯 아그립바 2세, 버니게와 남매간)이다. 로마의 역사가 타키투스(Tacitus)는

벨릭스를 가리켜 '포악하고 음흉하며 노예같은 성격을 가지고 국왕의 권한을 행사한 자'라고 했다.

"짐승"이란 짐을 나르는 짐승과 탈 수 있는 짐승을 가리킨다 (Longeneker). 짐승을 준비한 것은 가이사랴까지 약 100km의 거리였기 때문이다.

참고로 대제국을 거느렸던 로마는 AD 1세기경 황제 관할 지역과 원로원 관할 지역으로 나누어 제국을 통치했다. 전자의 경우 애굽, 유대, 수리아, 갈라디아 지역이었고 후자의 경우 마게도냐, 아가야, 아시아, 비두니아, 구브로, 그레데 등이었다. 총독의 명칭 또한 전자는 헤게몬(ἡγεμών, NM, a leader, governor, 행정장관, 재무관)으로 본디오 빌라도(마 27:2)와 벨릭스가 이에 해당하고 후자는 안뒤파토스(ἀνθύπατος, nm, a consul, proconsul)였는데 서기오 바울(행 13:7-8)과 갈리오(행 18:12)가 이에 해당한다.

로마 대제국(AD 1세기경 제국 통치 방법)	
황제 관할 지역	원로원 관할 지역
애굽, 유대 수리아, 갈라디아지역	마게도냐, 아가야 아시아, 비두니아 구브로, 그레데
총독의 명칭: 헤게몬(ἡγεμών, NM, a leader, governor, 행정장관, 재무관)	총독명칭: 안뒤파토스(ἀνθύπατος, nm, a consul, proconsul)
본디오 빌라도(마 27:2) 벨릭스	서기오 바울(행 13:7-8, 구브로) 갈리오(행 18:12, 아가야)

27 이 사람이 유대인들에게 잡혀 죽게 된 것을 내가 로마 사람인 줄 들어 알고 군사를 거느리고 가서 구원하여다가 **28** 유대인들이 무슨 일로 그를 송사하는지 알고자 하여 저희 공회로 데리고 내려갔더니 **29** 송사하는 것이 저희 율법 문제에 관한 것뿐이요 한 가지도 죽이거나 결박할 사건이 없음을 발견하였나이다 **30** 그러나 이 사람을 해하려는 간계가 있다고 누가 내게 알게 하기로 곧 당신께로 보내며 또 송사하는 사람들도 당신 앞에서 그를 대하여 말하라 하였나이다 하였더라

이 구절에서 천부장 루시아는 사실을 교묘하게 왜곡하여 말하고 있는 것을 볼 수 있다. 그는 바울이 로마 시민권자인 줄 알지 못하여 처음에는 "채찍질하며 신문하라(행 22:24)"고 했었다. 가만히 보면 모든 인간들의 행태는 대동소이(大同小異)해 보인다. 왜냐하면 당시 천부장이었던 루시아뿐만 아니라 오늘날에도 대부분의 사람들 또한 사실을 왜곡하면서 자신의 불리함을 덮기 때문이다. 이런 부분에 대해 그리스도인들의 정직함은 세상의 빛이 된다.

"율법문제에 관한 것뿐이요(행 18:15)"라는 것은 로마법과는 무관하다는 것을 드러내고자 함이다. 이 말은 결국 '바울은 무죄'라는 자신의 판단을 드러내고 있는 것이다

한편 12-15절을 통해 유대인들의 음모에 대해 슬쩍 밝히면서 가이사랴의 법정에서 총독이 바로잡아줄 것을 요청하고 있다. 이런 일련의 과정을 가만히 보면 역사의 주관자 하나님의 세미하신 손길을 잘 볼 수 있다. 이런 하나님에 대해 성 어거스틴(Augustinus)은 '과거는 하나님의 긍휼에,

현재는 하나님의 사랑에, 미래는 하나님의 섭리에 맡기라'고 했다.

　　결국 모든 그리스도인들은 하나님의 뜻을 따라 살아가되 신실하신 하나님을 믿고 신뢰하며 순복함이 마땅하다. 그리하여

　　과거는 무한하신 하나님의 긍휼에,

　　현재는 지극하신 하나님의 사랑에,

　　미래는 한 치 오차가 없으신 하나님의 섭리 하 경륜에,

　　철저히,

　　그리고 자연스럽게 인도되어지는 훈련만이 필요할 뿐이다.

31 보병이 명을 받은 대로 밤에 바울을 데리고 안디바드리에 이르러 32 이튿날 마병으로 바울을 호송하게 하고 영문으로 돌아가니라

　　"안디바드리(Antipatris, 안디바에 속한, 구약의 아벡, 수 12:18)"는 예루살렘과 가이사랴의 중간 도시로서 본래 '카파르 사바(Kaphar-Saba)'라 불렸다. 헤롯대왕이 자신의 아버지 헤롯 안티파터(Antipater)를 기념하여 건설한 도시이다 (Alford). 바로 이곳에서 보병과 창군 400명은 안토니아 요새로 돌아가고 마병 70명만이 가이사랴로 이동했다.

33 저희가 가이사랴에 들어가서 편지를 총독에게 드리고 바울을 그 앞에 세우니 34 총독이 읽고 바울더러 어느 영지 사람이냐 물어 길리기아 사람인 줄 알고 35 가로되 너를 송사하는 사람들이 오거든 네 말을 들으리라 하고 헤롯 궁에 그

를 지키라 명하니라

"어느 영지 사람이냐"라는 것은 26절의 로마 제국 내의 황제 관할 지역(애굽, 유대, 수리아, 갈라디아지역)인지 원로원 관할 지역(마게도냐, 아가야, 아시아, 비두니아, 구브로, 그레데)인지를 묻고 있는 것이다. 바울의 경우 길리기아의 다소는 수리아령이므로 벨릭스 총독이 재판하는 것이 맞는 것이다.

참고로 지난날 빌라도가 예수님을 재판할 때 갈릴리 사람인 것을 알고는 헤롯에게로 보냈었다(눅 23:6-7).

35절의 "헤롯 궁"이란 헤롯 대왕이 자신의 위상을 과시하기 위해 가이사랴에 세웠던 궁전으로 '브라이도리온[248](막 15:16, πραιτώριον, nn)'은 장군의 본부이다. 라틴어로는 프라에토리움(praetorium)이라고 하는데 '총독의 관저'였다(Robertson). 이는 요새와 재판정으로 사용되었으며 지하에는 영창(營倉)이 있었다. 참고로 가이사랴와는 달리 예루살렘에는 성전 뜰의 북편 안토니아 요새가 있던 곳에 위치해 있었다.

---

248 브라이도리온(막 15:16, πραιτώριον, nn)은 the palace at Jerusalem occupied by the Roman governor, or the quarters of the praetorian guard in Romem로서 장군의 본부를 말하며 라틴어로는 프라에토리움(praetorium)이다.

괴짜의사 Dr. Araw의
쉽고 바르게 읽는 사도행전 장편(掌篇)강의

오직 성령이 너희에게 임하시면
성령행전(Πράξεις Πνεύματος)

레마이야기 24

하나님을 향한 소망(15),
그리고 그 결과

역사에 등장했던 여러 독특한 인물 중 하나가 벨릭스[249](Φῆλιξ, nm, "fortunate")이다. 그의 아내는 헤롯 아그립바 2세의 누이였던 유대 여자 드루실라(행 24:24, '이슬', Δρούσιλλα, nf, Drusilla (born A.D.), daughter of Herod Agrippa I)인데 버니게(행 25:13, Βερνίκη, nf, '승리자', 헤롯 아그립바 1세의 맏딸, 남동생은 헤롯 아그립바 2세, 여동생은 드루실라)가 바로 드루실라의 언니이다. 버니게는 남동생인 헤롯 아그립바 2세와 근친상간(近親相姦)을 하기도 했다(행 25:13, 26:30).

앞서도 언급했지만 요세푸스에 의하면, 벨릭스는 천민노예로서 그에게

249　벨릭스(Φῆλιξ, nm, "fortunate", Felix)는 third name of (Marcus) Antonius Felix, procurator of the Roman province Judea from an uncertain date (before A.D. 52 ?) till A.D. 59이다.

는 형이 하나 있었는데 팔라스(Pallas)였다. 그들 형제는 당시 로마의 4대 황제였던 글라우디오 황제 어머니 안토니아(Antonia, 행 23:24)의 종이었다. 그들 형제는 황궁에 살면서 사이코이자 기괴한 성질의 소유자였던 글라우디오 황제의 비위를 잘 맞추어 자유인이 되었다. 나중에는 최측근이 되어 온갖 못할 짓들을 하며 엄청난 축재(蓄財, accumulated wealth)를 했다. 그런 후 그 돈으로 동생 벨릭스를 유대 총독으로 보냈던 것이다.

한편 예루살렘에 있던 천부장은 '아나니아 대제사장에게 선동된 유대인들이 로마 시민권자인 바울을 살해하려 한다'는 소식을 전해 듣고 백부장 둘과 함께 호위병 470명(보병 200명, 마병 70명, 창군 200명)을 동원하여 가이사랴의 벨릭스 총독에게 갈 때까지 안전한 이송을 했다.

가만히 살펴보면 바울은 가는 곳마다 성령님이 동행하셔서 개입하시고 인도해주시고 특별히 상황과 환경, 사람을 동원하면서까지 보호해주심을 알 수가 있다. 어느 때는 바울이 처한 상황만을 가지고 볼 때 죄수인지 귀빈(VIP)인지 헷갈릴 때도 있다. 왜냐하면 필자의 눈에는 호위병 470명이 '황제의 보디가드'처럼 보이기 때문이다.

이렇듯 성령행전은 교회가 태동되는 사도행전의 처음 시작부터 바울이 압송되어 로마에 들어가는 순간까지, 아니 바울의 전 생애가 그분의 세미한 인도하심임을 자세히 드러내고 있는 것이다.

세월이 흘러 로마 시민권자였던 바울은 전임 벨릭스에 이어 새로 부임한 로마 총독 베스도 앞에 이르게 되고 가이사 황제에게 가서 재판을 받겠다고 함으로 드디어 꿈에 그리던 로마로 들어가게 된다. 당시 예루살렘에서 로마까지는 엄청나게 먼 길이었고 특별히 바울을 죽이려는 유대인들이 많았음을 볼 때 정말 위험한 길이기도 했다.

그러나 사도행전 23장 11절에 의하면, 성령님께서는 밤중에 바울에게 나타나셔서 "담대하라! 네가 예루살렘에서 나의 일을 증거한 것 같이 로마에서도 증거하여야 하리라"고 하시며 용기를 북돋워 주시기도 했다. 그리고 바울의 소원대로 로마에 들어가게 하시되 군인들의 안전한 호위까지 받으며 가게 하셨다. 그뿐 아니라 그 먼 곳 로마까지 돈 한 푼 들이지 않고 매일 먹고 자고 하는 일체의 경비를 나랏돈으로 부담하게 하셨다. 성령님의 해학(諧謔, Humour)이 느껴진다.

멋진 성령님의 해학은 그후로도 계속 이어졌다. 그것은 지중해를 통한 로마까지의 뱃길 등등 모든 여정에서 일어났다. 그 항해의 초기에 바울의 신분은 명백한 죄수였다. 그러나 항해가 길어질수록 그 지위는 격상되기 시작하더니 종국적으로 지중해의 배 위에서는 바울로 하여금 예배(성찬)의 집례자가 되게 하셨고(행 27:35) 배에 탔던 276명 모두를 그의 권위에 복종하게끔 만드시기도 했다.

성령님은 그 정도로 끝내지 않으셨다. 유라굴로[250] 광풍을 사용하셔서 바울이 탔던 배를 남쪽으로 밀어 버리셨고 14일 동안이나 표류하다가 멜리데 섬[251]으로 가게 하셨다. 그 섬에 머무는 3개월 동안에도 역사의 주관

---

250 헬라어 유로스(동풍)와 라틴어 아퀼로(aquillo, 북동풍)의 합성어로 폭풍의 한 명칭이다. 유라퀼론(Εὐρακύλων, Euraquillo, northeaster, 행 27:14)이라고 한다.

251 멜리데(Μελίτη)는 피난처라는 뜻으로 지금의 몰타(malta)섬을 말한다.

자이신 하나님은 바울을 통해 당신의 하나님 되심을 더욱 드러내셨다. 독사 뱀구이 사건(행 28:5, 마 16:15-18), 추장 보블리오 아버지의 열병과 이질 치유 사건, 그 섬의 많은 병자 치유 사건 등등을 통해서 말이다.

24-1 닷새 후에 대제사장 아나니아가 어떤 장로들과 한 변사 더둘로와 함께 내려와서 총독 앞에서 바울을 고소하니라 **2** 바울을 부르매 더둘로가 송사하여 가로되 **3** 벨릭스 각하여 우리가 당신을 힘입어 태평을 누리고 또 이 민족이 당신의 선견을 인하여 여러 가지로 개량된 것을 우리가 어느 모양으로나 어느 곳에서나 감사무지하옵나이다 **4** 당신을 더 괴롭게 아니하려 하여 우리가 대강 여짜옵나니 관용하여 들으시기를 원하나이다

"변사"의 헬라어는 레토르[252](ῥήτωρ, nm)인데 이는 '공적인 연설자, 웅변가'라는 의미로 더둘로(Tertullus, 헬라파 유대인, 행 6:1, 9:29)는 법리사 혹은 변호사였을 것으로 추측한다. 그는 열렬한 유대주의자였다고 한다 (Longeneker).

---

252 레토르(ῥήτωρ, nm)는 an orator, public speaker, advocate/ἐρεῶ, v, (denoting speech in progress), (a) I say, speak; I mean, mention, tell, (b) I call, name, especially in the pass. (c) I tell, command이다.

참고로 유대의 역사가 요세푸스(Josephus)나 로마의 역사가 타키투스(Tacitus)에 의하면 벨릭스는 온갖 악정과 상습적인 폭정을 일삼았던 인물이라고 했다. 그리고 보면 벨릭스에 대한 더둘로의 극에 달한 아첨은 인간의 간사함을 처절하게 느끼게 한다. 더 나아가 "선견을 인하여"라는 것은 바른 분별력과 통찰력을 함의하는 신(神)의 예지(豫知)를 가리키는 단어로서 이 또한 벨릭스라는 인물의 사실적인 평가와는 전혀 다른 것이었다. 또한 "개량(올바르게 놓다, διόρθωσις, nf, amendment, improvement, reformation)된 것을"이라고 한 부분에서는 더둘로의 촉새 같은 입만 보일 뿐이다.

"괴롭게 아니하려 하여"라는 것은 '끼어들거나 방해하지 않으려 하여'라는 의미이다. "대강(συντόμως, adv. concisely, briefly)"이란 '핵심만 진술하겠다'라는 의미이다. "관용하여(τῇ σῇ ἐπιεικείᾳ, inyour kindness)"라는 것은 '듣기 거북한 부분이더라도 너그럽게 들어달라'는 의미이다.

5 우리가 보니 이 사람은 염병이라 천하에 퍼진 유대인을 다 소요케 하는 자요 나사렛 이단의 괴수라

"염병"의 헬라어는 로이모스(λοιμός, nm, (a) a pestilence, (b) a pestilent fellow, a pest)인데 이는 장티푸스나 콜레라 같은 전염병을 가리킨다.

"이단"의 헬라어는 하이레시스[253](αἵρεσις, nf)인데 이는 종파(宗派, sect), 당파(黨派, party)라는 의미(Bruce)이다. 원래는 '사이비'라는 말과 달리 교단이나 교파가 다른 것을 의미했다. 그러나 한국의 이단은 사이비이기에 어느새 이단=사이비라는 등식이 성립되고 말았다.

"괴수"의 헬라어는 프로토스타테스[254](πρωτοστάτης, nm)인데 이는 프로토스(πρῶτος, adj)와 히스테미(ἵστημι, v)의 합성어로 '주모자, 장본인'을 의미(Robertson)한다.

바울에 대한 더둘로의 3가지 고소는 다음과 같다. 첫째, 유대인들을 소요케 한 것, 둘째는 나사렛 이단의 괴수 곧 예수를 따르도록 사람들을 부추긴 것과 더불어 6절의 성전모독죄를, 그리고 마지막 셋째는 둘 다를 교묘하게 엮어 로마 제국의 평화를 깨는, 소위 내란 음모죄로 엮으려 했던 것이다.

6 저가 또 성전을 더럽게 하려 하므로 우리가 잡았사오니 **7** 당신이 친히 그를

---

253 하이레시스(αἵρεσις, nf)는 a self-chosen opinion, a religious or philosophical sect, discord or contention/(a feminine noun derived from 138 /hairéomai, "personally select, choose") - properly, a personal (decisive) choice이다.

254 프로토스타테스(πρωτοστάτης, nm)는 one who stands in the front rank, hence: a leader, ringleader, chief)인데 이는 프로토스(πρῶτος, adj, 첫째, first, chief, before, principal, most important/(an adjective, derived from 4253 /pró, "before, forward") - first (foremost). 4413 / prŏtos ("first, foremost") is the superlative form of 4253 /pró ("before") meaning "what comes first" (is "number one"))와 히스테미(ἵστημι, v, 서다, trans: (a) I make to stand, place, set up, establish, appoint; mid: I place myself, stand, (b) I set in balance, weigh; intrans: (c) I stand, stand by, stand still; met: I stand ready, stand firm, am steadfast)의 합성어이다.

심문하시면 8 우리의 송사하는 이 모든 일을 아실 수 있나이다 하니 9 유대인들도 이에 참가하여 이 말이 옳다 주장하니라

6절의 주장은 '성전모독죄'에 해당한다. 이는 유대인들에게는 사형에 해당되는 중죄였다(행 21:28-29, 막 11:15-19). 그러나 유대인들과 달리 로마인들에게 그것은 그리 중요한 죄목은 아니었다. 그리하여 더둘로는 세가지 죄목을 들먹인 후 로마에 반역을 한 것이라고 하며 교묘하게 프레임을 씌웠던 것이다.

7절에서의 "그"를 바울로 생각하는 학자들이 대부분이다. 그러나 공인본문(Textus Receptus)에는 '우리가 그를 우리 율법대로 재판하려고 했지만 천부장 루시아가 와서 그를 우리 손에서 강제로 빼앗아갔습니다. 그리고 그를 고소하는 사람들에게 각하께 가라고 명하였습니다(공동번역)'이라는 말이 첨가되어 있다. 그렇다면 '그'는 루시아가 된다. 참고로 '사본 비평 원칙'에서는 '보다 짧은 본문이 원본과 더 가깝다'라는 원칙이 있다. 그렇다면 '그'는 바울을 지칭한다.

한편 더둘로의 변명은 처음에는 그럴싸했으나 점점 더 총독에 대한 아첨으로만 일관함으로 논리가 무너지는 것을 볼 수 있다.

10 총독이 바울에게 머리로 표시하여 말하라 하니 그가 대답하되 당신이 여러 해 전부터 이 민족의 재판장 된 것을 내가 알고 내 사건에 대하여 기쁘게 변명하나이다 11 당신이 아실 수 있는 바와 같이 내가 예루살렘에 예배하러 올라간 지 열이틀밖에 못되었고 12 저희는 내가 성전에서 아무와 변론하는 것이나 회

당과 또는 성중에서 무리를 소동케 하는 것을 보지 못하였으니 13 이제 나를 송사하는 모든 일에 대하여 저희가 능히 당신 앞에 내세울 것이 없나이다 14 그러나 이것을 당신께 고백하리이다 나는 저희가 이단이라 하는 도를 좇아 조상의 하나님을 섬기고 율법과 및 선지자들의 글에 기록된 것을 다 믿으며

"머리로 표시하여"라는 것은 '고갯짓으로 지시하며'라는 의미로 오만한 자들이 보이는 일반적인 태도이다. 총독 벨릭스가 이곳에 부임한 해는 AD 52년경이고 바울이 가이사랴 감옥(헤롯궁 감옥, 행 23:35)에 갇힌 것은 AD 58-59년이기에 6여 년이 지난 시점이다. 그렇기에 "여러 해 전부터"라고 기록된 것이다.

11절은 예루살렘에 정치적 목적으로 선동하러 간 것이 아니라 종교적 목적으로 예배를 드리러 간 것임을 밝히고 있다. 또한 예루살렘에 올라간 지 12일에 대하여는 타임라인(time-line, 시각표)을 따라가보면 금방 알 수 있다.

바울은 예루살렘에 도착 후(24:17) 바로 그 이튿날 야고보 및 장로들을 찾아갔고(24:18) 4명의 서원자들과 함께 7일간의 결례를 행하였으며(21:23-27) 체포되어 10일째에 산헤드린 공의회에서 증언(21:27-23:11) 했다. 그리고 그 다음날에는 살해 음모를 듣고는 (23:12-22) 천부장의 명으로 470명의 호위 하에 가이사랴로 이송되어 벨릭스 앞에 서게 되었던 것이다(23:32-35).

12절의 경우 더둘로와 달리 바울은 냉철하게 논리적으로 설명하는 것을 볼 수 있다. 13절을 통하여는 말을 맺으며 더둘로의 거짓 고소를 폭로

하면서 자신의 무죄와 무혐의를 주장하고 있는 것을 볼 수 있다.

이어 바울은 '저희가 이단이라고 하는 것'을 믿는 것은 사실이지만 그것은 "도(τὴν Ὁδὸν, the Way)"로서 '사람이 마땅히 따라야 할 참된 가르침'이라고 강조하기도 했다. 더하여 유대교와 기독교가 "조상의 하나님을 섬기고 율법과 및 선지자의 글에 기록된 것을 다 믿으며"라고 말함으로 기독교는 유대교의 이단이 아님을 증언하고 있다. 오히려 예수 그리스도만이 길이요 진리요 생명임을 강조하고 있다.

한편 14절의 "율법과 선지자의 글"이란 제유법으로 '구약'을 가리킨다. 참고로 사물의 명칭을 직접 쓰지 않고 사물의 일부분이나 특징으로 전체를 나타내는 것을 대유법(代喩法)이라 한다. 대유법은 다시 제유법(提喩法, 같은 종류의 사물 중에서 어느 한 부분을 들어 전체를 나타냄)과 환유법(換喩法, 표현하고자 하는 사물의 특징으로 전체를 나타냄)으로 나눈다. 예를 들면 제유법의 경우 '빵만으로 살 수 없다'에서 '빵'은 모든 음식물을, '빼앗긴 들에도 봄은 오는가'에서 '들'은 국토를, 강태공은 낚시꾼을 가리키는 것이다. 그러나 환유법의 경우 '삼천리 반도 금수강산'에서 '금수강산'은 대한민국을, '요람에서 무덤까지'에서 요람은 탄생을, 무덤은 죽음을 가리킨다.

15 저희의 기다리는 바 하나님께 향한 소망을 나도 가졌으니 곧 의인과 악인의 부활이 있으리라 함이라

'한 번 죽는 것은 사람에게 정하신 것(히 9:27)'이기에 모든 사람에 있어

육신적 죽음은 결코 피할 수 없다. 문제는 '그 죽음'을 '어떻게 정의하느냐'이다. 모든 인간에게 죽음이란, 그 죽음 후의 미지의 세계에 대한 불확실함 때문에 두려운 것이 사실이다. 그러나 죽음에 관한 명확한 개념 정립이 있거나 죽음 후의 즉각적인 부활에 관한 확신이 있다면, 더 나아가 미래형 하나님나라에의 입성과 영생을 확신한다면 '육신적 죽음'을 제법 깔삼하게 맞을 수 있게 된다.

'죽음'에 관하여는 미래형 하나님나라에로의 '이동(옮김, 딤후 4:6, 아날뤼오)' 혹은 미래형 하나님나라에의 '첫 관문'이라는 바울신학을 이해한다면 죽음에 대한 은근한 기대마저 있을 수가 있게 된다. 지금까지 '육신적 죽음'에 관하여는 나의 주석들에 줄기차게 반복하여 기술해왔기에 더 이상의 언급은 자제하려 한다.

한편 이 구절에서의 '의인'이란 선한 일을 행한 자로서 유일한 '선'이신 예수를 믿은 사람을 말한다. 반면에 '악인'이란 예수를 믿지 않은 사람을 가리킨다. 그러므로 요한복음 5장 29절에 의하면 의인은 생명의 부활로, 악인은 심판의 부활이 있을 것을 말씀(요 5:29)하셨다. '의인의 부활'에 관하여는 성경의 여러 곳에서(고전 15:12-58, 살전 4:13-5:11, 살후 2:1-12) 언급되었다. 그러나 상대적으로 '악인의 부활'에 관하여는 언급이 적다(요 5:29, 계 20:12). 그럼에도 불구하고 언급이 적다고 하여 악인의 부활이 부정되는 것은 아니다.

16 이것을 인하여 나도 하나님과 사람을 대하여 항상 양심에 거리낌이 없기를 힘쓰노라

"이것을 인하여"라는 것은 '부활로 말미암는 소망을 인하여'라는 의미이다. '소망(엘피스)'이란 예수를 믿어 영적 부활 후 현재형 하나님나라를 누리는 것과 장차 육신적 죽음 후 곧장 부활체로 변하여 미래형 하나님나라에로의 입성과 영생을 누리게 되는 것을 말한다.

소망(엘피스, ἐλπίς)	
1	예수를 믿어 영적 부활 후 현재형 하나님나라를 누리는 것
2	육신적 죽음 후 곧장 부활체로 부활하여 미래형 하나님나라에로의 입성
3	미래형 하나님나라에서 삼위하나님과 더불어 영생

"거리낌이 없기를"이라는 말은 '~에 대하여 넘어지지 않기를'이라는 의미이다. 곧 '양심으로 인해 넘어지는 일이 없기를'이라는 말이다. "힘쓰노라"의 헬라어는 아스케오(ἀσκέω, v, to practice, endeavor, train)인데 이는 '늘 습관적으로 연습하고 훈련하다'라는 의미로 바울의 일관된 삶의 태도를 가리킨다.

17 여러 해 만에 내가 내 민족을 구제할 것과 제물을 가지고 와서 18 드리는 중

에 내가 결례를 행하였고 모임도 없고 소동도 없이 성전에 있는 것을 저희가 보았나이다 그러나 아시아로부터 온 어떤 유대인들이 있었으니 19 저희가 만일 나를 반대할 사건이 있으면 마땅히 당신 앞에 와서 송사하였을 것이요 20 그렇지 않으면 이 사람들이 내가 공회 앞에 섰을 때에 무슨 옳지 않은 것을 보았는가 말하라 하소서

"여러 해 만에"라는 것은 2차 전도여행을 마치면서 예루살렘을 방문한 후 수리아 안디옥으로 돌아갔던 때(AD 50-52)와 지금 3차 전도여행(AD 53-57)을 마친 후 가이사랴의 헤롯궁 감옥에 갇힌 때(AD 58-59)를 연결해 보면 약 5년여를 가리킨다.

"제물을 가지고 와서"라는 것은 바울의 경우 무교절(유월절)은 빌립보 교회에서 드렸다(행 20:6). 반면에 예루살렘 교회에는 오순절에 참여할 수 있었다. 그리하여 바울은 율법에 의거한대로 제물을 드렸던 것이다(Robertson). 또한 서원한 4명과 함께 7일간 결례를 행하기도 했다(행 21:24-26).

상기의 구절을 통해 바울은 '나의 일거수일투족(一擧手一投足)은 이곳 유대인들이 목도했으므로 잘 알고 있을 것'이라고 말하고 있는 것이다. 더 나아가 고소의 당사자인 "아시아로부터 온 어떤 유대인들"이 있으니 그들이 고소인의 자격으로 자신을 고소하든지 아니면 그들이 법정에 출두하여 내 앞에서 나의 죄 될 만한 행동을 지적하라는 것이다.

21 오직 내가 저희 가운데 서서 외치기를 내가 죽은 자의 부활에 대하여 오늘 너희 앞에 심문을 받는다고 한 이 한 소리가 있을 따름이니이다 하니 **22** 벨릭스가 이 도에 관한 것을 더 자세히 아는 고로 연기하여 가로되 천부장 루시아가 내려오거든 너희 일을 처결하리라 하고 **23** 백부장을 명하여 바울을 지키되 자유를 주며 친구 중 아무나 수종하는 것을 금치 말라 하니라

이 구절을 통해 바울은 자신에게 잘못이 있다고 굳이 지적한다면 "죽은 자의 부활"을 외친 것뿐이라고 강변했다. 그리고 그렇게 외쳤던 일차적인 이유는 '죽은 자 가운데서 다시 사신 예수 그리스도의 부활'을 드러내려는 의도였다. 또한 부활신앙은 유대교의 전통적인 신앙과도 일치했기에 종교적인 문제라면 몰라도 '부활신앙'에 관한 것은 로마 법정에서는 소송거리조차 아니었기 때문이다.

한편 벨릭스가 재판을 연기한 이유는 분명치 않으나 돈과 관계있는 것만은 확실해 보인다(행 24:17, 26). 또한 바울을 구금함으로 유대인들의 반발을 누그러뜨리려는 일거양득(一擧兩得)의 의도도 있었던 것으로 보인다.

23절의 "자유를 주며"라는 것은 '활동의 자유와 함께 사람들의 왕래를 허용했다'라는 의미이다.

24 수일 후에 벨릭스가 그 아내 유대 여자 드루실라와 함께 와서 바울을 불러 그리스도 예수 믿는 도를 듣거늘 **25** 바울이 의와 절제와 장차 오는 심판을 강론하니 벨릭스가 두려워하여 대답하되 시방은 가라 내가 틈이 있으면 너를 부르리라 하고

"드루실라(Drusilla, '이슬')"는 헤롯대왕의 손녀이자 헤롯 아그립바 1세의 막내딸로서 헤롯 아그립바 2세의 여동생이였고 언니 버니게와 자매였다. 벨릭스와는 3번째 결혼이었고 이때의 나이가 18세경이었다고 전해진다.[255]

25절에서는 바울이 "의와 절제와 장차 오는 심판"을 강론하자 벨릭스는 그만두게 했다. 이는 마치 헤롯 안디바가 자기의 배 다른 동생 헤롯 빌립 1세(갈릴리 동편을 다스렸던 헤롯 빌립이 아님)의 아내 헤로디아(아들, 헤롯 아그립바 1세, 딸, 살로메)를 빼앗아 결혼하자 세례 요한이 지적했을 때에 반응했던 그때와 유사한 행동 패턴이었다(마 14:3-4, 막 6:14-29, 눅 9:7-9).

"의[256](디카이오쉬네, δικαιοσύνη, nf)"를 강론했다 라는 것은 벨릭스를 향한 지난날의 총독이 되는 과정과 총독이 된 후 저질렀던 폭정과 억압에 대한 폭로였다.

"절제[257](엥크라테이아, ἐγκράτεια, nf)"를 강론한 이유는 드루실라와의 불법적 결혼을 폭로하기 위함이었다.

"장차 오는 심판(τοῦ κρίματος τοῦ μέλλοντος, the judgement coming)"이란 그

---

255 그랜드종합주석 14, p535

256 "의(디카이오쉬네, δικαιοσύνη, nf)는 (usually if not always in a Jewish atmosphere), justice, justness, righteousness, righteousness of which God is the source or author, but practically: a divine righteousness/(from 1349 /díkē, "a judicial verdict") - properly, judicial approval (the verdict of approval); in the NT, the approval of God ("divine approval")이다.

257 "절제(엥크라테이아, ἐγκράτεια, nf)는 self-mastery, self-restraint, self-control, continence, mastery/(from 1722 /en, "in the sphere of" and 2904 /krátos, "dominion, mastery") - properly, dominion within, i.e. "self-control" - proceeding out from within oneself, but not by oneself)"이다.

들의 행위에 따른 심판으로 '회개치 않음'과 '불신'에 관한 예수님의 백보좌 심판을 가리킨다.

26 동시에 또 바울에게서 돈을 받을까 바라는 고로 더 자주 불러 같이 이야기하더라

벨릭스는 자신의 불의와 불법에 대해 잠시 두려워하다가 다시 자신의 주 관심사인 '돈'으로 돌아감으로 곁길로 빠지고 만다. 결국 탐욕에 눈이 어두운 인간의 모습을 다시 보게 된다. '돈을 사랑함이 일만 악의 뿌리(딤후6:10)'임을 목도케 된다. 어쩌면 벨릭스는 바울에게 돈이 있다(행 24:17, 23)는 냄새를 맡았을지도 모르겠다. 물론 있었다고 하더라도 그것은 지체를 위한 연보였을 것이다.

27 이태를 지내서 보르기오 베스도가 벨릭스의 소임을 대신하니 벨릭스가 유대인의 마음을 얻고자 하여 바울을 구류하여 두니라

"이태를 지나서"라는 것은 '헤롯궁 감옥에 2년을 있었다'는 말이다. 한편 벨릭스가 의도적으로 2년간이나 자유로운 상황 속에서 사람과의 왕래를 허락하면서 구금한 것은 바울에게는 돈을 뜯어내려는 수작이었고 유대인으로부터는 비난과 반감을 덜려는 속셈이었다. 중요한 것은 이런 애매한 상황조차도 하나님의 허락 하에서 하나님의 섭리와 경륜 아래에 있다는 것이다. 곧 '섭리의식(Providence)'을 말한다. '섭리의식'이란 인생에서 일어나는 크고 작은 모든 일은 다 하나님의 허락 하에 일어난다는 것이다.

바울의 편에서 보면 처음 다메섹에서 회심(AD 35년) 이후 지금까지 3차 전도여행(1차, AD 46-48, 2차 AD 50-52, 3차 AD 53-57)을 마무리하며 줄기차게 달려왔다. 그러다 보니 쉴 틈이 거의 없었다. 하나님은 헤롯궁 감옥의 2년이라는 비교적 자유로웠던 이 기간을 통해 바울에게 다시 '쉼'을 허락하셨던 것이라고 나와 공저자는 해석한다. 그리고 로마행을 앞두고는 새로운 준비를 할 수 있게 하셨던 것이다. 더 나아가 2년 동안 하나님과의 개인적인 독대를 통해 올바른 관계 정립과 친밀한 교제를 할 수 있게 하셨던 것이다.

세월이 흘러 벨릭스 대신에 보르기오 베스도(Porcius Festus, '기쁨, 즐거움, 명절')가 부임했다. 그는 행정처리 능력이 뛰어났으며 바울로 하여금 로마의 가이사 황제에게 재판을 받도록 주선해주었다. 한편 그는 유대인들과의 사이도 원만했는데 당시 헤롯 아그립바 2세가 누이 버니게와 함께 그곳을 방문했을 때 바울의 이야기를 했고 아그립바 왕 앞에서 바울이 변론할 수 있도록 기회를 주기도 했다(행 25:13-27, 26:1-32).

카리스님 Me자기,나

괴짜의사 Dr. Araw의
쉽고 바르게 읽는 사도행전 장편(掌篇)강의

오직 성령이 너희에게 임하시면
성령행전(Πράξεις Πνεύματος)

레마이야기 25

그리스도 예수의 부활을
주장하는 이들(19)

  20-21장을 지나며 바울은 3차 전도여행을 마무리 지은 후 빌립이 살던 가이사랴를 거쳐 예루살렘으로 들어왔다. 이후 아시아로부터 온 유대인들의 거짓 선동(21:27)에 의해 바울은 재판을 받게 된다. 그리하여 그들의 모함 등등 우여곡절(迂餘曲折) 끝에 예루살렘에서 가이사랴의 헤롯궁 감옥(23:35)으로 옮겨져 비록 자유롭기는 했으나 2년 동안(24:27)이나 구금 상태에 있었다. 그러던 중 로마의 총독이 벨릭스에서 베스도로 바뀌게 되었다(24:27).

  감사하게도 후임 베스도는 전임자였던 벨릭스에 비해 온건했으며 판단과 행정처리 능력도 훨씬 뛰어났다. 그리하여 2년간이나 지루하게 미루어져 왔던 바울에 대한 재판을 신속하게 처리해 주었다. 이후 25장 12절에서는 로마의 가이사 황제에게 재판을 받도록 허락 후 이송을 하게 된다.

한편 새 총독으로 부임해 온 자신을 만나러 헤롯 아그립바 2세와 그의 누이이자 정부(情婦)였던 버니게가 찾아온다. 그리하여 로마의 시민권자인 바울의 이야기를 들려주며 그가 로마의 황제에게 판결받기로 허락했다고 말한다. 베스도가 자랑하듯이 내뱉은 말이다.

참고로 당시 이스라엘은 로마의 총독과 분봉왕이 다스렸다. 이스라엘은 헤롯 대왕의 세 아들이 분봉왕으로 3분하여 통치되고 있었는데 갈릴리 서쪽이 헤로디아(H. 아그립바 1세가 그의 오빠, 헤롯 빌립 1세의 아내)와 결혼했다가 세례 요한으로부터 질책을 받은 헤롯 안디바였고 동쪽이 헤롯 빌립 2세였다. 헤롯 빌립 1세의 아내가 헤로디아이며 딸이 살로메(헤롯 빌립 2세와 결혼)이다. 예루살렘을 포함한 남쪽(유대, 사마리아)은 헤롯 아켈라오(마 2:22-23)였다.

한편 헤롯 대왕의 또 다른 아들 아리스토블루스의 아들이 헤롯 아그립바 1세(행 12:1-2, 사도 야고보를 죽임, 12:23, 충이 먹어 죽음, 헤로디아의 오빠)이고 그의 아들이 이곳 25장에 나오는 헤롯 아그립바 2세(행 25:13, 누이 버니게와 근친상간, 누이 드루실라는 벨릭스와 재혼)이다.

이렇듯 복음서에 나오는 헤롯 가문은 너무 얽히고설키어(tangle, entwine) 있어 정말 복잡하고 난해하며 중복되어 있지만 그냥 피하여 갈 수도 없는 소위 '뜨거운 감자(hot potato)' 중 하나이다. 저자인 나는 이 가계도를 수십

번 아니 50번 이상은 그렸던 것 같다. 가계도를 그려가다 보면 점점 더 미궁에 빠져들기에 불륜과 근친상간(近親相姦)으로 뒤얽힌 복잡한 집안이라는 사실과 성경에 나오는 인물 정도만 대략 이해하면 될 듯하다.

아무튼 당시 바울이나 그리스도인들의 죄명은 '오직 자기들의 종교를 신봉한 것'과 '예수라 하는 이의 죽은 것을 살았다고 주장한 것'뿐이었다. 결국 그들은 예수님의 그리스도 메시야이심을 믿는 사람들이었고 예수님의 대속죽음과 십자가 부활을 믿는 사람들이었던 것이다.

예수 그리스도(메시야)! – 대속제물, 화목제물 되심!

"그리스도 예수의 부활!"

복음과 십자가 보혈-믿음-구원-새 생명-은혜-하나님 나라!

우리는 '성부하나님의 유일한 기름부음 받은 자이신 구원자 예수'를 믿는 자들인데 이런 우리를 가리켜 '그리스도인258(행 11:26, Χριστιανός, nm)'이라고 한다. 유한된 한 번 인생을 구별되게 살아가는, 동시에 알차게 살아가는 우리를 가리켜 '성도(聖徒)'라 칭한다.

---

258 그리스도인(행 11:26, Χριστιανός, nm)이란 a follower of Christ; Χριστός, the Anointed One, Messiah, Christ/(from 5548 /xríō, "anoint with olive oil") - properly, "the Anointed One," the Christ (Hebrew, "Messiah")이다.

25-1 베스도가 도임한 지 삼 일 후에 가이사랴에서 예루살렘으로 올라가니 **2** 대제사장들과 유대인 중 높은 사람들이 바울을 고소할새 **3** 베스도의 호의로 바울을 예루살렘으로 옮겨 보내기를 청하니 이는 길에 매복하였다가 그를 죽이고자 함이러라

전임자인 벨릭스에 비해 정치적 장악력이나 행정력에 있어 발 빠른 베스도의 모습을 볼 수 있다. 실제로 요세푸스(Josephus)에 의하면 '그는 행정처리 능력이 뛰어났다'라고 전해진다. 한편 "도임한지 삼 일 만에"라는 말로 보아 그는 예루살렘으로 가서 산헤드린 공의회와 유대인 장로들과의 소원해진 관계를 회복하고자 노력했던 듯하다.

원래 대제사장은 아론의 자손들만이 자격이 있었고 종신직이었다. 그러나 로마 정부는 종교를 정치적으로 이용하려고 대제사장들을 임면(任免, appointment & dismissal)하곤 했다.

"유대인 중 높은 사람들"이란 산헤드린 공의회 회원으로서 '장로들(행 25:15)' 혹은 '유대인 중 유력한 자들(요세푸스)'을 가리킨다. 이들은 나쁜 사람들을 사서 전임자인 벨릭스 때 했었던 악한 일들(매복했다가 살해하기로 모의했던 것)을 그대로 답습하면서 후임자인 베스도가 아직 전체 행정을 파악하지 못할 때를 틈타 바울을 죽이고자 간계를 부리고 있었던 것이다.

4 베스도가 대답하여 바울이 가이사랴에 구류된 것과 자기도 미구에 떠나갈 것을 말하고 **5** 또 가로되 너희 중 유력한 자들은 나와 함께 내려가서 그 사람에게 만일 옳지 아니한 일이 있거든 송사하라 하니라 **6** 베스도가 그들 가운데서 팔

일 혹 십 일을 지낸 후 가이사랴로 내려가서 이튿날 재판 자리에 앉고 바울을
데려오라 명하니 7 그가 나오매 예루살렘에서 내려온 유대인들이 둘러서서 여
러 가지 중대한 사건으로 송사하되 능히 증명하지 못한지라

25장 4절의 앞에는 호 멘 운(Ὁ μὲν οὖν(indeed therefore, 그럼에도 불구하고)이라
는 말이 생략되어 있다.

예루살렘에서 재판해달라는 유대인들의 요구에도 불구하고 베스도는
그에 응하지 않고 가이사랴에서 송사를 시작하겠다고 선포하고 있다. 대
제사장들과 산헤드린 공회원들에게 주도권을 빼앗기지 않겠다는 의도를
드러내고 있다. 그의 행정력을 볼 수 있게 한다.

"자기도 미구에 떠나갈 것을 말하고"에서의 '미구에(ἐν, τάχει, in
quickness)'라는 것은 '빨리, 속도를 내어'라는 의미이다(눅 18:8 속히(in
quickness), 행 12:7 급히(in haste), 22:18 속히(with speed)).

결국 바울은 공식적으로 3번이나 재판을 받게 된다(행 22:30-23:10, 24:1-
22). 한편 "여러가지 중대한 사건(행 21:27-30, 24:5-6)"에 대해 그들은 증인
도 세우지 못했고 증거도 제출하지 못했다. 이의 구체적인 내용이 바로
뒤이어 나오는 8절이다.

8 바울이 변명하여 가로되 유대인의 율법이나 성전이나 가이사에게나 내가 도
무지 죄를 범하지 아니하였노라 하니 9 베스도가 유대인의 마음을 얻고자 하여
바울더러 묻되 네가 예루살렘에 올라가서 이 사건에 대하여 내 앞에서 심문을
받으려느냐

7절의 "여러가지 중대한 사건"의 내용이란 '율법모독(행 24:5-7, 11-21)', '성전모독(행 21:27-29, 24:6)', '가이사(행 24:5)에 관련된 죄' 등등에 관한 것을 가리킨다. 그러나 이 모든 것들은 사실과 전혀 다른 중상모략(中傷謀略)이었다.

"가이사(Caesar)"란 단어는 로마의 원로 공화정치를 제1차 삼두정치로 바꾼 율리어스 시이저(Gaius Julius Caesar)의 이름이다. 그의 조카이자 양자였던 옥타비아누스(Gaius Julius Caesar Octavianus)가 로마의 초대황제로 등극한 이래 '로마 황제의 칭호'로 고유명사(固有名詞, proper noun)화되어 사용되었다.

"내가 도무지 죄를 범하지 아니하였노라"는 것은 '나도 하나님과 사람을 대하여 항상 양심에 거리낌이 없기를 힘쓰노라(행 24:16)'는 말씀과 상통한다.

한편 9절에서의 베스도의 제안은 일거양득(一擧兩得)을 노린 꼼수이기도 했다. 로마 시민권자인 바울에게 기회를 주는 척하면서 동시에 유대인들의 처음 제안(행 25:2-3)에 응하는 척하며 배려를 한 것이다.

10 바울이 가로되 내가 가이사의 재판 자리 앞에 섰으니 마땅히 거기서 심문을 받을 것이라 당신도 잘 아시는 바에 내가 유대인들에게 불의를 행한 일이 없나이다

이 구절에서의 가이사는 로마의 5대 황제 네로(Nero, AD 54-68)를 가리킨다. 로마 시민권자였던 바울은 로마 총독이 주관하는 로마 법정에 섰음을 천명한 후 로마의 가이사의 법정에 서겠다고 말하고 있다. 당시 로마인의 경우 재판관은 피고의 동의없이 다른 법정으로 옮길 수 없었다. 그러므로 당연히 바울은 산헤드린 공의회에 출두할 필요가 없었던 것이다.

바울은 아마도 이런 생각을 한 것 같다. 다시 예루살렘으로 올라가 재판을 받느니 차라리 그토록 원하던 로마에 가기를 원했으며 이미 로마행은 성령님께서 자신에게 말씀해 주셨던 것이기도 했다(행 23:11). 또한 유대인들의 음모를 들었기에 예루살렘으로 올라가는 가는 도중에 살해의 위협도 느꼈던 듯하다.

11 만일 내가 불의를 행하여 무슨 사죄를 범하였으면 죽기를 사양치 아니할 것이나 만일 이 사람들의 나를 송사하는 것이 다 사실이 아니면 누구든지 나를 그들에게 내어줄 수 없삽나이다 내가 가이사께 호소하노라 한대 12 베스도가 배석자들과 상의하고 가로되 네가 가이사에게 호소하였으니 가이사에게 갈 것이라 하니라

"불의"가 가리키는 것은 로마법에 의한 정치적인 선동죄와 유대의 종교법에 따른 성전 모독죄를 말한다. 이는 둘 다 사형에 해당하나 바울은 둘 다 행하지 않았노라고 증언하고 있다.

"호소하노라, 호소하였으니"에서의 호소는 '상소'를 가리키는 것으로

이의 헬라어는 에피칼레오[259]($\dot{\epsilon}\pi\iota\kappa\alpha\lambda\dot{\epsilon}\omega$, v)이다. 여기서는 '출정하다'라는 의미인데 가이사가 있는 로마에로의 출정을 선포하고 있는 것이다. 이는 그토록 가기를 원했던 로마에로의 길이 열리게 된 것이다. 그곳이 어떠하든, 그곳에서의 상황이 어떻든 간에 복음 전파에 대한 그의 열정은 말릴 수가 없는 것이다.

13 수일 후에 아그립바 왕과 버니게가 베스도에게 문안하러 가이사랴에 와서

여기서 아그립바 왕이란 H. 아그립바 2세를 가리킨다. 앞서도 언급했지만 헤롯 가문을 대충 살펴보면 다음과 같다. 너무 복잡하여 성경을 이해하는 데 꼭 필요한 부분만 다시 나누려고 한다.

헤롯 안티파터(헤롯가문의 원조, 이두매($\mathrm{I}\delta o\upsilon\mu\alpha\acute{\iota}\alpha$, nf, Idumea, Edom, a district of Arabia, immediately south of Judea) 곧 에돔(אֱדֹם) 출신이었던 그에게는 파사엘루스와 헤롯대왕이라는 두 아들이 있었다. 형은 동생을 살리기 위해 목숨을 바친다. 그렇게 살아난 이가 바로 우리가 익히 알고 있는 그 못된 헤롯대왕이다. 당시 그에게는 갈릴리 동쪽을 다스렸던 H. 빌립 2세, 서쪽을 다스렸던 H. 안디바(H. 빌립 1세의 처 헤로디아를 빼앗음), 나머지 지역의 분봉왕인 H. 아켈라오라는 세 아들이 있었다.

세례 요한이 참수된 후 H. 대왕의 손자, 곧 아리스토블루스의 아들인

---

259 에피칼레오($\dot{\epsilon}\pi\iota\kappa\alpha\lambda\dot{\epsilon}\omega$, v)는 (a) I call (name) by a supplementary (additional, alternative) name, (b) mid: I call upon, appeal to, address)이다.

H. 아그립바 1세[260](행12:23, 충이 먹어 죽음을 당했던 왕)가 H. 빌립 2세의 지역을 다스렸다. 그 다음으로 분봉왕이 된 헤롯왕가는 H. 아그립바 2세인데(행 25:13) 그의 누이가 바로 드루실라(벨릭스의 아내)와 버니게이다.

참고로 H. 아그립바 1세는 요세푸스에 의하면 "심한 통증이~그의 배에서 일어났으며 5일 후에 죽었다"라고 기술하고 있다. 브리스톨(Bristol) 대학의 외과교수 랜들 쇼트(Rendle Short) 박사는 그의 저서 〈성경과 현대의 약(The Bible and Modern Medicine)〉이라는 책에서 헤롯 아그립바 1세는 회충이 장에서 단단한 공 모양으로 뭉쳐 급성 장폐색증으로 죽었다고 했다(사도행전 강해(땅 끝까지 이르러), 존 스토트 지음/정옥배 옮김, IVP, 2017, p322-324).

14 여러 날을 있더니 베스도가 바울의 일로 왕에게 고하여 가로되 벨릭스가 한 사람을 구류하여 두었는데 **15** 내가 예루살렘에 있을 때에 유대인의 대제사장들과 장로들이 그를 고소하여 정죄하기를 청하기에 **16** 내가 대답하되 무릇 피고가 원고들 앞에서 고소 사건에 대하여 변명할 기회가 있기 전에 내어주는 것이 로마 사람의 법이 아니라 하였노라

당시 베스도는 아그립바 2세가 대제사장의 파면과 임명, 성전 창고와

---

260   요세푸스는 "심한 통증이~그의 배에서 일어났으며 5일 후에 죽었다"라고 기술했다. 브리스톨 (Bristol)대학의 외과교수 랜들 쇼트(Rendle Short) 박사는 그의 저서 <성경과 현대의 약(The Bible and Modern Medicine)>이라는 책에서 헤롯은 회충이 장에서 단단단 공 모양으로 뭉쳐 급성 장폐색증으로 죽었다고 했다. 사도행전 강해(땅 끝까지 이르러), 존 스토트 지음/정옥배 옮김, IVP, 2017, p322-324

제사장의 예복 관리라는 막강한 권한이 있었기에 유대인들의 종교 문제에 정통하다라고 생각하여 그의 조언을 바랐던 듯하다.

"정죄하기를 청하기에"라는 말에서 베스도는 유대인의 대제사장들과 장로들이 무고죄(誣告罪, false charge, defamation)를 저지르고 있는 것을 알았던 듯하다. 그러나 유대인과의 마찰을 피하고 싶어 바울을 석방하지 않았을 뿐만 아니라 전임자인 벨릭스가 감금한 이래 그때까지 2년간이나 잡아 두었던 것이다.

16절에서 베스도는 자신의 처신에 대한 정당성을 드러내며 합리화시키는 모습을 보여주고 있다.

17 그러므로 저희가 나와 함께 여기 오매 내가 지체하지 아니하고 이튿날 재판 자리에 앉아 명하여 그 사람을 데려왔으나 18 원고들이 서서 나의 짐작하던 것 같은 악행의 사건은 하나도 제출치 아니하고 19 오직 자기들의 종교와 또는 예수라 하는 이의 죽은 것을 살았다고 바울이 주장하는 그 일에 관한 문제로 송사하는 것뿐이라 20 내가 이 일을 어떻게 사실할지 의심이 있어서 바울에게 묻되 예루살렘에 올라가서 이 일에 심문을 받으려느냐 한즉 21 바울은 황제의 판결을 받도록 자기를 지켜주기를 호소하므로 내가 그를 가이사에게 보내기까지 지켜두라 명하였노라 하니

"원고들이"란 '예루살렘에서 온 대제사장들과 장로들'을 가리킨다.

"나의 짐작하던 것 같은 악행의 사건"이라는 말에서는 베스도의 심중

(心中)이 그대로 노출되고 있다. 이런 의중은 이어지는 19절의 "오직"으로 시작하는 말에서 더욱 완연하게 드러나고 있다.

"자기들의 종교(τῆς ἰδίας δεισιδαιμονίας, the own religion)"라고 지칭한 것은 '자기들의 미신(their own superstition, KJV, RSV, Vulgate)'이라는 의미로 베스도가 이 송사의 쟁점이 되고 있는 것을 두고 '저급한 차원의 종교성'이라고 치부한 것이었다. 결국 베스도는 유대인들의 송사가 '유대종교 내의 견해 차이'에 관한 것이라는 말을 하고 있는 것이다. 그것은 '예수의 부활'에 관한 것으로 '성전 모독죄'와는 전혀 다른 것임을 드러내고 있다.

"사실할는지"에 해당하는 헬라어는 제테시스[261](ζήτησις, nf)인데 이는 '조사'라는 의미이다. "가이사"란 앞서 언급했지만 로마의 네로 황제를 가리킨다.

22 아그립바가 베스도더러 이르되 나도 이 사람의 말을 듣고자 하노라 베스도가 가로되 내일 들으시리이다 하더라 23 이튿날 아그립바와 버니게가 크게 위의를 베풀고 와서 천부장들과 성중의 높은 사람들과 함께 신문소에 들어오고 베스도의 명으로 바울을 데려오니

헤롯 아그립바 2세(조부는 아리스토블루스, 증조부는 헤롯대왕)는 '예수 그리스도의 부활'에 관해 호기심을 가지고 있었다. 본서의 기록자 누가는 족보상 그

---

261 제테시스(ζήτησις, nf)는 a search, questioning/(a feminine noun) - a meaningless question to investigate a specific practice (as the outgrowth of a principle). See 2212 (zēteō)이다.

의 조부에 해당하는 헤롯 안디바(눅 9:9, 23:7-9) 역시 예수를 보고자 했다라고 하였다.

"크게 위의를 베풀고(μετὰ πολλῆς φαντασίας, with great pomp)"에서의 '위의'의 헬라어는 판타시아(φαντασία, nf, imagination, show, display, pomp)인데 이는 '나타냄, 외관, 과시'라는 의미이다. 즉 그 둘은 지위, 화려한 의복, 웅장한 의식을 통해 자신들의 위세를 드러내려 했으나 실상은 불륜과 부도덕으로 어우러진 죄인일 뿐이었다. 놀랍게도 헤롯 아그립바 2세의 아버지 아그립바 1세도 가이사랴에서 이와 비슷한 짓을 벌이다가 충이 먹어 죽었던 사실(행 12:21-23)이 있다.

"천부장들"이란 당시 가이사랴에는 5개의 보병부대가 있었다고 하는데 아마 5명의 천부장을 가리키는 것으로 보고 있다(Meyer).

한편 이 구절에서는 초라한 죄수의 역할인 바울과 로마 총독, 분봉왕, 천부장, 그리고 성중의 높은 사람들 등등의 극명한 대조가 흥미롭다. 결국 보이는 것이 전부가 아니며 어떤 치장을 하든 간에 모두가 다 유한된 인간이자 죄인일 뿐인 것이다. 더 나아가 겉사람보다는 가치(인생의 목적)와 우선순위(인생의 목표와 방향)를 잘 정립한 속사람의 중요성을 다시 느끼게 한다.

분명한 것은 역사의 주관자 하나님의 섭리와 경륜은 한 치 오차 없이 정확하게 이루어진다(행 9:15)라는 사실이다.

"주께서 가라사대 가라 이 사람은 내 이름을 위하여 이방인과 임금들과 이스라엘 자손들 앞에서 전하기 위하여 택한 나의 그릇이라"_행 9:15

24 베스도가 말하되 아그립바 왕과 여기 같이 있는 여러분이여 당신들의 보는 이 사람은 유대의 모든 무리가 크게 외치되 살려두지 못할 사람이라고 하여 예루살렘에서와 여기서도 내게 청원하였으나 **25** 나는 살피건대 죽일 죄를 범한 일이 없더이다 그러나 저가 황제에게 호소한 고로 보내기를 작정하였나이다

베스도의 판결은 유대인들의 원성을 줄였을 뿐만 아니라 로마 시민권 자인 바울의 무죄를 알고서도 엉터리로 판결하는 우(愚)를 피하게 되는 상책(上策)이었다.

그러나 역사의 주관자 하나님은 이 모든 일을 통하여, 심지어는 베스도를 사용해서라도 바울이 로마에 가기를 원하셨던 것이다. 결국 상황과 환경을 통해 바울의 로마행을 진행시키셨던 것이다.

26 그에게 대하여 황제께 확실한 사실을 아뢸 것이 없으므로 심문한 후 상소할 재료가 있을까 하여 당신들 앞 특히 아그립바 왕 당신 앞에 그를 내어 세웠나이다 **27** 그 죄목을 베풀지 아니하고 죄수를 보내는 것이 무리한 일인 줄 아나이다 하였더라

26절에서 "황제"의 헬라어는 퀴리오스(κύριος, nm, lord, master)인데 반하

여 21절의 '황제'는 세바스토스[262](Σεβαστός, adj)이다. 이는 라틴어 아우구스투스(Augustus) 곧 '존경스러운, 경외하는'이라는 의미로 옥타비아누스가 초대 황제였을 때의 칭호이다. 곧 로마 황제를 가리키는 고유칭호에는 '가이사, 세바스토스, 아우구스투스'가 있다.

3대 황제 칼리큘라 때부터 황제는 '주(Lord)'라 칭하게 되었고 15대 황제인 안토니우스 피우스(Antoninus Pius)는 자신의 얼굴이 그려진 동전에 이 칭호를 새겨 넣었다고 한다(Robertson). 서머나 교회의 감독이었던 폴리갑은 '황제 더러 주(主)라 부를 수 없다'라고 하며 죽음을 자처하기도 했다.

베스도 총독은 바울에게서 죄를 찾지 못했기에 로마 황제에게 보낼 '상소의 재료'를 아그립바로부터 얻기 원했던 것이다. 자기의 체면과 정치적 입지를 위해 동분서주(東奔西走)하는 인간 군상의 모습을 잘 보여주고 있다.

'사람이 마음으로 자기의 길을 계획할지라도 그 걸음을 인도하시는 분은 여호와시니라(잠 16:9)"는 말씀처럼 우리는 매사 매 순간의 결과에 대해 하나님의 뜻이 무엇인지를 분별하고 그에 순복함이 필요할 뿐이다(고전 10:31, 벧전 3:13-17, 롬 8:28).

"무리한 일"이란 '이성이 없는'이라는 의미이다.

---

262 세바스토스(Σεβαστός, adj)는 (official Greek equivalent of Augustus), venerated, august, a title of the Roman emperors; hence secondarily: Augustan, imperial/reverend, august, Augustus, a Roman emperor이다.

괴짜의사 Dr. Araw의
쉽고 바르게 읽는 사도행전 장편(掌篇)강의

오직 성령이 너희에게 임하시면
성령행전(Πράξεις Πνεύματος)

레마이야기 26

나와 같이 되기를(29)

24-25장에서는 로마 총독이었던 벨릭스가 소임을 다한 후 베스도가 새로 부임하여 통치를 시작했다(24:27). 그는 예루살렘에 와서 전임자가 미루어 온 송사사건을 가이사랴에서 마무리 짓겠다고 공언한다.

이는 유대인들의 간계를 알고 미리 차단한 것이자 주도권 싸움이기도 했다. 이후 가이사랴에 내려온 유력한 유대인들이 참석한 가운데 바울에 관한 재판이 열리고 그들은 송사사건에 대해 능히 증명하지 못하게 된다. 그리하여 재판을 마무리지으려다가 베스도는 한가지 제안을 한다. 그것은 바울에게 '예루살렘에 가서 다시 재판을 받으려느냐(25:9)'라고 물은 것이다. 이는 바울에게 한번 더 기회를 주려는 것이기도 하나 사건을 곧장 종결하지 않음으로 인해 유대인들의 마음을 사려는 의도도 있었다.

바울은 그 기회를 놓치지 않고 자기는 '로마의 가이사 황제에게 가서 호소하겠다(25:11)'라고 답한다. 이리하여 베스도는 유대인들에게도 타당한 근거를 제시하였고 로마 시민권자인 바울에게도 공정하게 대했던 것이다. 베스도는 "네가 가이사에게 호소하였으니 가이사에게 갈 것이라"는 선고를 내리고는 드디어 2년여 끌어왔던 사건을 마무리지었다. 돌이켜보면 전임자 벨릭스에 비해 빠른 판단과 원숙한 행정처리를 잘 보여주고 있다.

이후 헤롯 아그립바 2세와 그의 누이이자 정부였던 버니게가 로마총독 베스도에게 문안하러 가이사랴에 왔다. 이때 베스도가 자초지종(自初至終) 바울의 일을 그에게 고했다. 그러자 아그립바와 버니게는 바울의 송사에 관심을 가진다.

드디어 신문 당일이 되었다. 아그립바 2세와 버니게가 크게 위의를 베푼(with great pomp) 가운데 아그립바는 바울에게 변명할 기회를 준다. 이리하여 바울은 다시 한번 더 다메섹에서의 회심 사건을 시작으로 지난날의 치열했던 삶들을 증언한다. 곧 AD 35-38년까지의 다메섹에서의 복음 전파와 함께 밤에 아레다 왕의 핍박과 유대인들의 박해를 피해 예루살렘으로 도망갔던 일, 길리기아 다소에서의 준비 기간이 지나자 수리아 안디옥 교회를 기점으로 시작되었던 AD 46-57년까지의 1, 2, 3차 전도여행, 그리고 지난 2년간(AD 58-59)의 헤롯궁 감옥에 머물렀던 긴긴 이야기를 요약하여 짧게 간증했다.

자초지종(自初至終)을 다 듣고 난 아그립바는 상식을 뛰어 넘은 바울의 행보에 대해 "바울아 네가 미쳤도다 네 많은 학문이 너를 미치게 한다 (26:24)"라고 말하며 놀란다. 그러자 바울은 "참되고 정신차린 말을 하나이다(26:25)"라는 말로 응수한다. 더 나아가 "이렇게 결박한 것 외에는 나와 같이 되기를 하나님께 원하노이다(26:29)"라고 결론을 맺는다.

"나와 같이 되기를"

"이렇게 결박한 것 외에는 나와 같이 되기를!"

이런 자신만만한 태도가 오늘을 살아가는 나를, 그리고 우리를 부끄럽게 한다. 언제 어디에서나 이런 말을 할 수 있을까? 이런 일관된 태도를 보일 수 있을까?

당연히 그럴 수 있다.

하나님을 알고 나를 알게 되면 그럴 수 있다.

그러면,

이런 말과 태도는 당연한 일이 될 것이다.

삼위하나님을 사랑하고 삼위하나님께만 영광을 돌리겠다는 그런 결심을 할 수 있다면 아주 쉽고도 가능한 일이다.

Soli Deo Gloria.

26-1 아그립바가 바울더러 이르되 너를 위하여 말하기를 네게 허락하노라 하니 이에 바울이 손을 들어 변명하되 **2** 아그립바 왕이여 유대인이 모든 송사하는 일을 오늘 당신 앞에서 변명하게 된 것을 다행히 여기옵나이다 **3** 특히 당신이 유대인의 모든 풍속과 및 문제를 아심이니이다 그러므로 내 말을 너그러이 들으시기를 바라옵나이다

그동안 바울은 네 번이나(행 22:1-21, 23:1-6, 24:10-21, 25:6-12) 자신을 변호했다. 이제 다섯 번째이다. 이미 무죄임에도 불구하고 계속하여 법정에서 혹은 공개 장소에서 변론을 하게 되는 것이 바울의 편에서는 억울함이지만 하나님의 편에서는 사도행전 9장 15절의 말씀을 이루려 함이다.

"주께서 가라사대 이 사람은 내 이름을 이방인과 임금들과 이스라엘 자손들 앞에 전하기 위하여 택한 나의 그릇이라"_행 9:15

"변명하다"의 헬라어는 아폴로게오마이[263](ἀπολογέομαι)인데 이는 '항변하다'라는 의미이다.

한편 당시 아그립바 2세는 유대인들과 그리스도인들 간의 대립과 갈등에 있어 베스도보다는 훨씬 더 잘 알고 있었다. 그렇기에 바울은 아그립바 왕이 바울 자신을 더 잘 이해하리라 믿었다.

"너그러이 들으시기를(διὸ δέομαι μακροθύμως ἀκοῦσαί μου, therefore, I implore you, patiently, to hear, me)"이라는 것은 '끝까지 경청해 달라'는 신중한

---

263 아폴로게오마이(ἀπολογέομαι)는 I give a defense, defend myself (especially in a law court): it can take an object of what is said in defense/properly, to reason from solid proof (sound logic); to make a compelling defense with sound logic (argumentation). See 627 (apologia)이다.

부탁이었다.

4 내가 처음부터 내 민족 중에와 예루살렘에서 젊었을 때 생활한 상태를 유대인이 다 아는 바라 **5** 일찍부터 나를 알았으니 저희가 증거하려 하면 내가 우리 종교의 가장 엄한 파를 좇아 바리새인의 생활을 하였다고 할 것이라

　바울의 성장 배경 및 생활 양식은 바리새적 배경과 유대교적 열정이었다. 그는 길리기아 다소에서 출생했고 10대 때 예루살렘으로 유학을 와서 가말리엘 문하에서 그의 수제자로 있었으며 그 당시 이미 뛰어난 구약학자이자 율법학자로 소문이 자자했었다.
　"유대교의 가장 엄한 파를 좇아 바리새인의 생활을 하였다"라는 것은 빌립보서 3장 5-6절에 기록되어 있다.
　"내가 팔일만에 할례를 받고 이스라엘의 족속이요 베냐민의 지파요 히브리인 중의 히브리인이요 율법으로는 바리새인이요 열심으로는 교회를 핍박하고 율법의 의로는 흠이 없는 자로라"_빌 3:5-6

6 이제도 여기 서서 심문받는 것은 하나님이 우리 조상에게 약속하신 것을 바라는 까닭이니 **7** 이 약속은 우리 열두 지파가 밤낮으로 간절히 하나님을 받들어 섬김으로 얻기를 바라는 바인데 아그립바 왕이여 이 소망을 인하여 내가 유대인들에게 송사를 받는 것이니이다

"하나님이 우리 조상에게 약속하신 것"이란 아브라함(창 17:2-4, 22:8)과 다윗(삼하 7:12-16)에게 오시마 약속하신 메시야에 대한 소망 곧 아브라함 언약, 다윗 언약을 말한다. 바울은 그런 약속이 예수 그리스도 안에서 성취되었다라고 증언하고 있는 것이다. 곧 바울은 유대인들과 마찬가지로 궁극적으로 동일한 소망 곧 그리스도 메시야이신 예수님을 바라고 있는데 아이러니컬하게도 이런 소망 때문에 유대인들로부터 고소를 받게 되었다라고 말하고 있다.

"열두 지파"란 북 이스라엘 10지파와 남 유다 2지파를 말한다. 즉 이스라엘 전 민족은 장차 메시야의 통치 아래 통합될 것을 말씀하고 있다. 여기서 '이스라엘'이란 영적 이스라엘을 가리킨다.

8 당신들은 하나님이 죽은 사람 다시 살리심을 어찌하여 못 믿을 것으로 여기나이까 9 나도 나사렛 예수의 이름을 대적하여 범사를 행하여야 될 줄 스스로 생각하고 10 예루살렘에서 이런 일을 행하여 대제사장들에게서 권세를 얻어 가지고 많은 성도를 옥에 가두며 또 죽일 때에 내가 가편 투표를 하였고

당시 로마인과 헬라인, 사두개인은 부활을 믿지 않았다. 반대로 그리스도인들이나 대부분의 유대인들, 특히 바리새인들은 부활을 믿었다.

9절의 "나도"란 '그때에는 나 자신의 생각에도(Ἐγὼ μὲν οὖν ἔδοξα ἐμαυτῷ, I indeed therefore thought in myself)'라는 의미로 유대인들이 지금 그리스도인들을 핍박하는 것처럼 나 역시 과거에는 그들을 핍박하는 것이 마땅하다라고 생각했었음을 가리킨다.

"가편투표를 하였고"라는 것은 '돌을 던졌다'라는 의미이다. 고대 헬라사회(Robertson)에서는 배심원들이 유죄라고 생각되면 검은 돌을, 무죄의 경우 흰 돌을 던졌다(계 2:17). 이런 연유로 인해 원래 바울은 산헤드린 공회원이었을(Meyer, Alford, Holtzmann) 것이라고하나 아닌 듯하다. 왜냐하면 당시 공회원이 되려면 기혼이어야 하고 30세 이상이어야 했다. 바울은 AD 5년 출생으로 스데반의 순교는 AD 32이었고 다메섹에서의 회심은 AD 35년이었다. 그러면 년도에 있어 뭔가 아닌 듯 보인다. 분명한 것은 예수님이 그리스도 메시야임을 몰랐을 때 하나님에 대한 그릇된 열심으로 그리스도인들을 무지막지하게 박해했었다는 것이다.

11 또 모든 회당에서 여러 번 형벌하여 강제로 모독하는 말을 하게 하고 저희를 대하여 심히 격분하여 외국 성까지도 가서 핍박하였고 12 그 일로 대제사장들의 권세와 위임을 받고 다메섹으로 갔나이다

"모든 회당"이란 '회당마다'라는 의미이며 "형벌"이란 당시 보편적으로 행하여졌던 '비교적 가벼운 채찍질'을 말한다. 바울의 "저희를 대하여 심히 격분하여"라는 것은 "교회를 잔멸할쌔(행 8:3)", "위협과 살기가 등등하여(행 9:1)"라는 말의 또 다른 표현이다. "핍박하였고"의 헬라어는 디오코

²⁶⁴ (διώκω, v)인데 이는 '적의 뒤를 쫓다, 사냥감을 쫓다'라는 의미이다.

뒤이어 다메섹의 회심 사건을 다시 반복하고 있는바 사도행전에서는 9장, 22장, 26장에서 3번이나 반복 기록되어 있다. 이는 기록자인 누가에게도 '바울의 다메섹 회심 사건'은 엄청 주요한 전환점이었음을 의도하고 있는 것이다. 왜냐하면 의사였던 누가는 수리아 안디옥 출신으로 이방인이었다가 바울을 통해 예수를 믿게 되어 2차 전도여행부터 합류하여 3차 전도여행, 로마 1차 투옥, 2차 투옥 후 순교 직전까지 동행했던 사람이었기 때문이다.

13 왕이여 때가 정오나 되어 길에서 보니 하늘로서 해보다 더 밝은 빛이 나와 내 동행들을 둘러 비추는지라 **14** 우리가 다 땅에 엎드러지매 내가 소리를 들으니 히브리 방언으로 이르되 사울아 사울아 네가 어찌하여 나를 핍박하느냐 가시채를 뒷발질하기가 네게 고생이니라 **15** 내가 대답하되 주여 뉘시니이까 주께서 가라사대 나는 네가 핍박하는 예수라 **16** 일어나 네 발로 서라 내가 네게 나타난 것은 곧 네가 나를 본 일과 장차 내가 네게 나타날 일에 너로 사환과 증인을 삼으려 함이니 **17** 이스라엘과 이방인들에게서 내가 너를 구원하여 저희에게 보내어 **18** 그 눈을 뜨게 하여 어두움에서 빛으로, 사단의 권세에서 하나님께로 돌아가게 하고 죄사함과 나를 믿어 거룩케 된 무리 가운데서 기업을 얻게 하리

---

264 디오코(διώκω, v)는 to put to flight, pursue, by implication to persecute/properly, aggressively chase, like a hunter pursuing a catch (prize). 1377 (diṓkō) is used positively ("earnestly pursue") and negatively ("zealously persecute, hunt down"). In each case, 1377 (diṓkō) means pursue with all haste ("chasing" after), earnestly desiring to overtake (apprehend)이다.

라 하더이다

이 구절(13-18)은 3번째 반복되는 말씀이다. AD 35년 바울의 다메섹 회심 사건에서 있었던 일을 3번 반복하여 말씀하셨는데 각각에는 약간의 미묘한 차이가 있다. 이는 성경의 오류를 말하는 것이 아니라 각각의 강조점이 다른 것이며 셋 다를 우리가 깊이 묵상해보면 성령님의 세미한 인도하심 가운데 말씀에 있어서 더욱더 풍성함을 더하여 주시려는 의도를 발견할 수가 있다. (뒷면 표 참고)

"때가 정오나 되어"라는 것은 한낮의 뜨거움조차도 사울의 그릇된 열심(열정)에는 못 미치는 정도였다라는 것을 드러내고 있다.

"해보다 더 밝은 빛"이란 초자연적인 빛으로 하나님의 현현인 영광의 광채를 말한다. 놀라운 것은, 이 빛은 바울의 육신적인 눈은 멀게 했으나 영적인 눈은 오히려 뜨게 했다라는 것이다. 이때 "빛"의 헬라어는 포스[265] ($\varphi\tilde{\omega}\varsigma$, nn)로서 '하나님의 영광의 빛, 세상의 빛, 생명의 빛(요 8:12, 사 49:6)'을 가리킨다. 반면에 이 빛을 받아 발광하는 빛의 경우는 포스테르[266]($\varphi\omega\sigma\tau\acute{\eta}\varrho$, nm)라고 한다.

---

265 포스($\varphi\tilde{\omega}\varsigma$, nn)는 (a neuter noun) - properly, light (especially in terms of its results, what it manifests); in the NT, the manifestation of God's self-existent life; divine illumination to reveal and impart life, through Christ이다.

266 포스테르($\varphi\omega\sigma\tau\acute{\eta}\varrho$, nm)는 a light, an illuminator, perhaps the sun; a star; brilliancy, 계 21:11 이다.

9장	22장	26장
사울이 행하여 다메섹에 가까이 가더니	가는데 다메섹에 가까왔을 때에 오정쯤되어	왕이여 때가 정오나 되어 길에서 보니
홀연히 하늘로서 빛이 저를 둘러 비추는지라	홀연히 하늘로서 큰 빛이 나를 둘러 비취매	하늘로서 해보다 더 밝은 빛이 나와 내 동행들을 둘러 비추는지라
땅에 엎드러져 들으매 소리있어 가라사대	내가 땅에 엎드러져 들으니 소리있어 가로되	우리가 다 땅에 엎드러지매 내가 소리를 들으니 히브리방언으로 이르되
같이 가던 사람들은 소리만 듣고 아무도 보지 못하여 말을 못하고 섰더라	나와 함께 있는 사람들이 빛은 보면서도 나더러 말하시는 이의 소리는 듣지 못하더라	
사울아 사울아 네가 어찌하여 나를 핍박하느냐 하시거늘	사울아 사울아 네가 왜 나를 핍박하느냐 하시거늘	사울아 사울아 네가 어찌하여 나를 핍박하느냐 가시채를 뒷발질하기가 네게 고생이니라
대답하되 주여 뉘시오니이까 가라사대 나는 네가 핍박하는 예수라	내가 대답하여 주여 뉘시니이까 하니 가라사대 나는 네가 핍박하는 나사렛 예수라 하시더라	내가 대답하되 주여 뉘시니이까 주께서 가라사대 나는 네가 핍박하는 예수라
네가 일어나 성으로 들어가라 행할 것을 네게 이를 자가 있느니라 하시니 사울이 땅에서 일어나 눈은 떴으나 아무 것도 보지 못하고 사람의 손에 끌려 다메섹으로 들어가서 주께서 가라사대 이 사람은 내 이름을 이방인과 임금들과 이스라엘 자손들 앞에 전하기 위하여 택한 나의 그릇이라 그가 내 이름을 위하여 해를 얼마나 받아야 할 것을 내가 그에게 보이리라 하시니	내가 가로되 주여 무엇을 하리이까 주께서 가라사대 일어나 다메섹으로 들어가라 정한 바 너의 모든 행할 것을 거기서 누가 이르리라 하시거늘 나는 그 빛의 광채를 인하여 볼 수 없게 되었으므로 나와 함께 있는 사람들의 손에 끌려 다메섹으로 들어갔노라 그가 또 가로되 우리 조상들의 하나님이 너를 택하여 너로 하여금 자기 뜻을 알게 하시며 저 의인을 보게 하시고 그 입에서 나오는 음성을 듣게 하셨으니 네가 그를 위하여 모든 사람 앞에서 너의 보고 들은 것에 증인이 되리라 이제는 왜 주저하느뇨 일어나 주의 이름을 불러 세례를 받고 너의 죄를 씻으라 하더라	일어나 네 발로 서라 내가 네게 나타난 것은 곧 네가 나를 본 일과 장차 내가 네게 나타날 일에 너로 사환과 증인을 삼으려 함이니 이스라엘과 이방인들에게서 내가 너를 구원하여 저희에게 보내어 그 눈을 뜨게 하여 어두움에서 빛으로, 사단의 권세에서 하나님께로 돌아가게 하고 죄사함과 나를 믿어 거룩케된 무리가운데서 기업을 얻게 하리라 하더이다

"나와 내 동행들을 둘러 비추는지라"는 것은 사도행전 9장 3절, 22장 6절과 다르다. 결국 초자연적인 빛의 실체가 주관적이었다는 것이 아니라 객관적이라는 것을 증명하고 있는 것이다.

"가시채"의 헬라어는 켄트론(κέντρον, nn, a sharp point, a sting, goad; met: of death)인데 이는 '끝에 뾰족한 쇠로 된 가시가 달려있는 소몰이 채'로서 짐승의 채찍에 사용되었다. 결국 "가시채를 뒷발질하기가 네게 고생이니라"는 것은 바울이 계속하여 그리스도인들을 핍박하면 할수록 더 많은 채찍질이 네게 돌아오게 될 것이라는 의미이다.

"가시채"가 의미하는 것은 그리스도인들을 핍박함으로 인한 죄의식과 양심의 가책(Toussaint)이라고 하지만 디모데전서 1장 13절에 의하면 당시 바울은 하나님에 대한 그릇된 열심으로 행한 것이어서 죄의식도 양심의 가책도 느끼지 않았을 것이다. 그렇다면 "가시채'는 구체적으로 무엇일까? 그것은 스데반의 순교 현장에서 보았던 생생한 충격, 그리스도인들을 잔멸할 때마다 그들에게서 보였던 온화한 표정과 당당한 태도, 그로 인해 자주자주 자신이 믿는 유대교에서 나타났던 무력함, 나약함, 허무함, 공허함, 무능함 등등일 것으로 해석하는 것에 나와 공저자는 줄을 섰다.[267]

한편 바울의 눈이 다시 밝아진 이야기나 아나니아 선지자의 언급이 빠진 이유는 아그립바 왕에게 자신이 바로 부활하신 예수 그리스도의 부름

---

267 그랜드종합주석 14, p566-567

받은 사도가 되었다라는 것과 예수님만이 주(Lord) 되심을 강조하려는, 초점을 흐리지 않기 위함이었을 것이다. 사실 당시 아그립바 왕은 예수에 관해 흥미를 느끼고 있던 터였다(행 25:19, 22-23, 26). 그러하던 차에 제3의 인물인 아나니아를 언급하지 않은 것은 초점이 흐려지는 것을 막고 바울을 향한 예수 그리스도의 직접 소명을 강조했던 것이다.

"내가 네게 나타난 것 곧 네가 나를 본 일"이란 부활의 주님이 다메섹 도상에서 바울에게 나타난 것을 말하며 "장차 네게 나타날 일"이란 사도로 부름 받은 후 바울에게 여러 모양으로 나타나셔서(행 16:6-7, 18:9-10, 22:17-21, 23:11, 27:23-24, 고후 12:1, 딤후 4:17) 말씀하신 것들을 말한다.

"사환[268](ὑπηρέτης, nm)과 증인(μάρτυς, nm, a witness; an eye- or ear-witness)" 이라는 말은 예수 그리스도의 증인으로서 사환(배 아래에서 북소리에 맞추어 노를 젓는 노예)의 소명과 사명에 목격자로서 충성하겠다는 바울의 겸손한 표현이다.

17절의 "내가 너를 구원하여 저희에게 보내어"라는 말에서 '구원하다'의 헬라어는 엑사이레오[269](ἐξαιρέω, v)인데 이는 구원한 후에 선택하여 저

---

268 사환(ὑπηρέτης, nm)은 a servant, an attendant, (a) an officer, lictor, (b) an attendant in a synagogue, (c) a minister of the gospel/(from 5259 /hypó, "under" and ēressō, "to row") - properly, a rower (a crewman on a boat), an "under-rower" who mans the oars on a lower deck; (figuratively) a subordinate executing official orders, i.e. operating under direct (specific) orders 이다.

269 사이레오(ἐξαιρέω, v)는 I take out, remove; sometimes (mid): I choose, sometimes: I rescue/(from 1537 /ek, "completely out from," intensifying 138 /hairéomai, "personally choose, prefer") - properly, remove completely ("totally out from"), i.e. bring into a "complete rescue (full removal)."이다.

희에게 보내었다는 의미이다.

18절은 메시야의 사역을 말씀하신 이사야서(35:5, 42:7, 16)를 연상케 한다. 그러므로 "눈을 뜨게 하여 어두움에서 빛으로"라는 것은 하나님의 은혜의 복음을 전함으로 세상의 빛, 생명의 빛이신 예수 그리스도께로 인도(요 3:19, 12:36, 고후 4:4, 6, 엡 4:18, 5:8, 골 1:12-13, 살전 5:5)하는 전도자의 사명을 함의하고 있다.

동시에 복음을 통해 사단의 권세에서 놓임을 받아 하나님께로 돌아가게 하고(요 8:44, 히 2:14) 생명의 성령의 법으로 죄사함을 통한 자유함을 얻게 하며(롬 5:1, 8:1-2, 갈 5:1, 엡 1:21, 2:2, 골 2:15) 예수를 믿어 거룩게 된 하나님의 자녀로 기업을 얻게 하는 것이다(요 1:12, 롬 8:15).

19 아그립바 왕이여 그러므로 하늘에서 보이신 것을 내가 거스리지 아니하고 20 먼저 다메섹에와 또 예루살렘에 있는 사람과 유대 온 땅과 이방인에게까지 회개하고 하나님께로 돌아가서 회개에 합당한 일을 행하라 선전하므로

"하늘에서 보이신 것"이란 다메섹 도상에서의 부활의 주님을 목격한 것을 가리킨다. 회심(AD 35) 후 바울은 다메섹에서 3년간 복음을 전했고 이후 예루살렘에서, 그리고 다소에 있다가(AD 38-45) 수리아 안디옥에서 1년간 말씀을 가르쳤다. 이후 그곳을 기점으로 1차(AD 46-48), 2차(AD 50-52), 3차 전도여행(AD 53-57) 후 지금 이곳 가이사랴 감옥에까지(AD 58-59) 와 있었던 것이다.

바울은 사도들의 일관된 메시지와 동일하게 '회개', '예수 그리스도의 죽으심', '부활과 승천', '재림', '하나님나라'에 관해 충성되게 목숨을 걸고 증언했다. 한편 '회개에 합당한 일을 행하라"는 것은 '성령의 열매(갈 5:22-24)를 풍성하게 맺으라'는 말이다.

21 유대인들이 성전에서 나를 잡아 죽이고자 하였으나 **22** 하나님의 도우심을 받아 내가 오늘까지 서서 높고 낮은 사람 앞에서 증거하는 것은 선지자들과 모세가 반드시 되리라고 말한 것밖에 없으니 **23** 곧 그리스도가 고난을 받으실 것과 죽은 자 가운데서 먼저 다시 살아나사 이스라엘과 이방인들에게 빛을 선전하시리라 함이니이다 하니라

바울은 그들이 "성전에서 나를 잡아 죽이고자 하였으나"라고 말하며 그들이 모함을 통해 '성전 모독죄를 뒤집어 씌워 죽이고자 했다'라는 것을 폭로하고 있다.

당시 성전은 중심에서부터 성막, 제사장의 뜰, 유대인의 뜰, 여인의 뜰, 이방인의 뜰로 되어있어 이방인이 유대인의 뜰에 들어갈 수가 없었다. 또한 이방인을 성전에 데려오면 '성전 모독죄'에 해당하기도 했다.

당시 바울은 논점을 달리하면서 설명하기를, 자신은 유대인과 이방인에게 일관되게 복음을 전하였는데 그 일로 인해 유대인으로부터 핍박과 고소를 당하게 되었음을 말하고 있다.

22절의 "하나님의 도우심을 받아"라는 말은 17절의 말씀 곧 "이스라엘

과 이방인들에게서 내가 너를 구원하여 저희에게 보내어"라는 말씀과 상통하고 있다.

"선지자들과 모세가"라는 것은 네비임(선지서)과 토라(율법)를 가리키는 것(행 13:15)으로 히브리 정경인 타나크(TNK), 곧 구약을 가리킨다. 결국 바울 자신이 전한 복음은 구약정경 곧 모세와 선지자들이 전했던 것이라는 말이다.

"그리스도가 고난을 받으실 것"이란 구약에 예언된 말씀을 따라 십자가 수난과 죽음, 부활을 말한다(시 22:6-8, 69:4-8, 사 50:6, 53:3, 7).

"죽은 자 가운데서 먼저 다시 살아나사(시 16:10)"라는 것은 거짓 증인들의 모함 속에(마 26:60-61) 모욕과 천대, 멸시를 당한 후(마 27:28-31, 막 14:65) 십자가에 죽으시고(마 27:38, 50, 사 53장) 3일 만에 부활하셔서(마 28:9, 눅 24:26, 고전 15장) 잠자는 자들의 첫 열매가 되셨다(고전 15:20)라는 것이다. 여기서 "먼저"의 헬라어는 첫번째[270](πρῶτος, adj)라는 말인데 이는 '그리스도인들보다 먼저 시간적 순서로 부활했다'라는 의미보다는 '부활에 있어서의 보증, 증거, 근거가 되셨다'라는 것을 가리킨다. 결국 '잠자는 자들의 첫 열매가 되셨다'라는 것은 다시 죽음이 없는 '영원한 부활'이라는 의미와 예수님과 연합함으로 '부활의 확실한 보증'이 된다라는 이중적 의미이다.

---

270 첫번째(πρῶτος, adj)는 first, chief, before, principal, most important/(an adjective, derived from 4253 /pró, "before, forward") - first (foremost). 4413 /protos ("first, foremost") is the superlative form of 4253 /pró ("before") meaning "what comes first" (is "number one")이다.

잠자는 자들의 첫 열매가 되심(고전 15:20)		
죽은 자 가운데서 먼저 다시 살아나사(시 16:10)		
1	다시는 육적 죽음이 없는 영원한 부활이 되심
2	예수님과 연합함으로 부활의 확실한 보증이 됨

그렇기에 그리스도의 부활이 없다면 우리의 믿음도 헛것이며 전파하는 것도 헛되며 우리는 여전히 죄 가운데 있게 되는 것이다(고전 15:13-19).

그리스도 메시야이신 예수님은 온 인류의 빛(사 42:1-7, 49:6, 60:3, 행 26:13)이시고 잠자는 자들의 첫 열매가 되셔서 모든 믿는 자들의 생명의 빛(요 1:4, 8:12, 고후 4:6, 엡 5:15, 계 21:23)이 되셨다.

"선전하시리라"의 헬라어는 카탕겔로[271](καταγγέλλω, v)인데 이는 '선언하다, 전도하다(약 1:17, 요일 1:5)'라는 의미이다. 바울서신은 물론이요 우리 그리스도인들은 복음의 정의(definition)와 핵심 콘텐츠(6 contents)를 정확하게 기억한 후에 육신의 장막을 벗는 그날까지 복음과 십자가로 살아가며 복음과 십자가만을 자랑해야 할 것이다.

24 바울이 이같이 변명하매 베스도가 크게 소리하여 가로되 바울아 네가 미쳤도다 네 많은 학문이 너를 미치게 한다 하니 **25** 바울이 가로되 베스도 각하여

---

271 카탕겔로(καταγγέλλω, v)는 to proclaim/(from 2596 /katá, "according to, down to a point," intensifying **aggellō**, "declare, announce") - properly, exactly, decisively announce; to herald (proclaim) a message in a definite (binding) way이다.

내가 미친 것이 아니요 참되고 정신차린 말을 하나이다

"미쳤도다"의 헬라어는 마이노마이[272]($\mu\alpha\acute{\iota}\nu o\mu\alpha\iota$, v)인데 이는 논리적이고 열정적인 바울의 변론에 대해 베스도는 그가 어떤 일에 꽂혀 환상을 봄으로 인해 '광인(狂人)이 되었다'라고 외친 것이다.

사실 바울의 경우 세상적인 관점으로 볼 때 집안 배경이나 학문적 성취는 대단한 것(행 22:3, 빌 3:5)이었다. 또한 성경뿐만 아니라 철학(행 17:16-18)적 배경 또한 만만치 않았다. 그랬던 바울은 부활의 주님을 만난 뒤 인생에서의 가치(Core value)와 우선순위(Priority)에서 완전히 바뀌어 버렸던 것이다. 그리고는 예수의 흔적을 지닌 자(갈 6:17)로서 하나님을 위해 스스로 미친 자로 자처하며(고후 5:13) 예수님 외의 모든 것을 배설물로 여기며(빌 3:7-9) 살았던 사람이다.

"참되고 정신차린 말($\dot{\alpha}\lambda\eta\theta\epsilon\acute{\iota}\alpha\varsigma$ $\kappa\alpha\grave{\iota}$ $\sigma\omega\varphi\rho o\sigma\acute{\upsilon}\nu\eta\varsigma$ $\dot{\rho}\acute{\eta}\mu\alpha\tau\alpha$, of truth and sobriety words)"이란 '참되고 이성적인 말, 술에 취하지 않은 맨 정신의 진지한 말'을 의미한다.

26 왕께서는 이 일을 아시기로 내가 왕께 담대히 말하노니 이 일에 하나라도 아시지 못함이 없는 줄 믿나이다 이 일은 한편 구석에서 행한 것이 아니로소이다 **27** 아그립바 왕이여 선지자를 믿으시나이까 믿으시는 줄 아나이다

---

272 마이노마이($\mu\alpha\acute{\iota}\nu o\mu\alpha\iota$, v)는 to rage, be mad/(the root of the English terms, "maniac" and "mania") - to rave, full of inner rage (fury); to act as though out of one's senses - getting so mad (angry) it amounts to acting "mad" (temporarily deranged), 요 10:20, 행 12:15, 고전 14:23이다.

아그립바 왕은 유대인이었기에 유대인의 풍속과 구약의 예언에 관해 잘 알고 있었다. 더 나아가 예수님의 십자가 죽음과 부활에 관한 소문은 이미 유대와 온 이방인들에게까지 공공연히 알려진 사실이었다(마 2:3, 4:24, 24:25, 28:9-11, 막 16:12, 14, 눅 24:18, 24:35-43, 행 1:3).

"선지자를 믿으시나이까"라는 바울의 말은 아그립바 왕에게는 상당히 도발적인 질문이었다. 유대인인 아그립바 왕이 선지자를 믿지 못하면 조상들을 배반하고 유대인으로서의 전통신앙을 부인하는 것이 된다. 선지자를 믿는다고 하면 구약의 선지자들이 예언한 예수 그리스도를 믿는다고 인정하는 셈이 된다. 오도 가도 못하는 진퇴양난(進退兩難)의 상황이 된 것이다.

28 아그립바가 바울더러 이르되 네가 적은 말로 나를 권하여 그리스도인이 되게 하려 하는도다 **29** 바울이 가로되 말이 적으나 많으나 당신뿐 아니라 오늘 내 말을 듣는 모든 사람도 다 이렇게 결박한 것 외에는 나와 같이 되기를 하나님께 원하노이다 하니라

애매한 상황에 몰리게 된 아그립바는 "네가 적은 말로 나를 권하여 그리스도인이 되게 하려 하는도다"라고 맞받아쳤다. 가만히 보면 이 청문회는 아그립바와 버니게의 호기심으로 시작(25:22)하였다가 바울의 소명(행 9:15) 곧 "이방인과 임금들과 이스라엘 자손들 앞에 전하기 위하여 택한 나의 그릇이라"는 말이 그대로 이루어지는 현장으로 변하고 말았다.

그 다음 장면에서의 바울의 고백은 우리의 심금을 여지없이 강타한다. "나와 같이 되기를."

30 왕과 총독과 버니게와 그 함께 앉은 사람들이 다 일어나서 **31** 물러가 서로 말하되 이 사람은 사형이나 결박을 당할 만한 행사가 없다 하더라 **32** 이에 아그립바가 베스도더러 일러 가로되 이 사람이 만일 가이사에게 호소하지 아니하였더면 놓을 수 있을 뻔하였다 하니라

31절은 바울에 대한 3번째 무죄판결이기도 하다. 첫째는 천부장에 의해(행 23:26-29), 둘째는 베스도 총독에 의해(행 25:25) 무죄를 받았었다.

한편 이러한 무죄 판결은 정치적으로나 종교적으로 기독교의 무죄를 선언한 것이어서 상당히 의미가 크다. 더 나아가 이후 아그립바 왕의 예수 그리스도에 관한 인식 세계 또한 넓어졌을 것이다.

더욱 감사한 것은 로마에 가서 가이사 황제에의 재판이 수락됨으로 그곳 로마에까지 안전하게 무료로 갈 수 있게 됨은 물론이요. 과정에서 종착지까지 이르는 동안 바울은 때를 얻든지 못 얻든지 그들이 듣든지 아니 듣든지 복음을 전할 수 있게 된 것이다.

가정이 무의미하지만, 그때 만약 바울이 무죄판결을 받아 예루살렘에 남았다면 유대인들의 집요한 술책에 의해 암살을 당했을 수도 있었을 것이다. 물론 그것조차도 성령님의 허락하심이 없으면 결코 일어날 수 없는 일이지만⋯⋯.

괴짜의사 Dr. Araw의
쉽고 바르게 읽는 사도행전 장편(掌篇)강의

오직 성령이 너희에게 임하시면
성령행전(Πράξεις Πνεύματος)

레마이야기 27

나는 내게 말씀하신 그대로
되리라고 하나님을 믿노라(25)

　새로 부임했던 로마 총독 베스도의 가이사랴 판결 이후 성령님의 강권적인 인도하심 하에 그토록 소망했던 로마행이 주어지게 된다. 바울은 다른 죄수 몇 명과 아구사도대의 백부장 율리오와 함께 떠나게 되었다.

　아시아 해변 각처로 가는 작은 배, 아드라뭇데노(Adramyttium, '죽음의 공회', 무시아의 옛 항구도시)행(行) 배를 타고 지중해 연안을 따라서 갔다. 이때 아리스다고(몬 1:24)가 동반한다. 의리가 좋았던 그는 마게도냐인으로서 데살로니가 출신의 귀한 형제였다. 그는 에베소의 데메드리오 소동 때 바울과 함께 연행되기도 했다(행 19:29). 더 나아가 빌립보를 돌아 아시아까지 동행하며 드로아에 먼저 가서 기다렸던 일행 중에도 있었다(행 20:4-5). 골로새 감옥에도 함께 갇혔었다(골 4:10). 가만히 보면 아리스다고는 초지일관 (初志一貫)된 사람이었던 듯하다. 나와 공저자는 이런 사람을 가리켜 신앙이 좋은 사람이라고 평하며 '신앙은 의리다'라고 생각하고 있다. 결국 '신앙이 좋은 사람'은 하나님과 사람에 대하여 쉽게 조변석개(朝變夕改)하지 않는 사람이다. 그들의 특징은 꾸준하다. 처음과 끝이 똑 같다. 왜냐하면 이런 사람은 굳건한 반석 위에 기초를 두기 때문이다. 그 '반석'이 바로 예수 그리스도이다.

'아드라뭇데노행(行) 배'는 작았기에 연안을 따라 항해했다. 시돈에 잠시 들렀다가 구브로 해안을 의지하고 길리기아와 밤빌리아 바다를 건너 루기아의 무라성에 이르렀다. 거기서 이달리야로 가는 좀 더 큰 알렉산드리아 배를 갈아타게 된다.

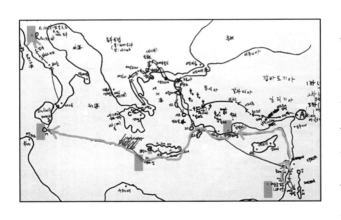

니도(Cnidus) 맞은 편에 이르러 바람이 허락지 아니하므로 살모네 앞을 지나 그레데 해안을 의지하고 행선하여 가까스로 라새아 성에서 가까운 미항(美港, Fair Havens)에 이르렀다(27:8). 거기는 작은 섬들이 있어 계절풍을 피할 수는 있으나 겨울에 심한 바람이 있어 정

박하기는 적절치 않았다.

바울은 이곳에 머물기를 제안했다. 그러나 백부장과 선장, 선주는 말을 듣지 않았다. 그래서 65Km 서쪽에 있는, 일년 내내 안전한 항구로 알려진 뵈닉스에 가서 과동하기로 작정하고 그곳을 떠났다. 이때 하필이면 남풍마저 순하게 불었다(27:13). 그러자 저희는 "득의한 줄 알고" 자신만만했다. 누가 보더라도 하늘의 뜻처럼 여겨졌을 것이다.

한편 바울의 '미항에 머물자'는 주장은 당시 누가 보더라도 항해의 기본지식에 맞지 않았다. 우리는 여기서 '하나님의 뜻은 우리가 알고 있는 지식이나 상식을 훨씬 초월한다'라는 사실을 배워야 한다. 그러므로 인간의 선택이 어떠하든 간에 하나님의 섭리와 경륜은 그대로 이어지며 이를 시행하는 과정에서 인간은 보다 더 혹독한 과정을 거치게 됨을 알 수 있다. 요나서 1장 3절의 "욥바로 내려갔더니 마침 다시스로 가는 배를 만난지라"는 말씀이 연상되기도 한다.

놀라운 상황은 그 다음에 일어났다. 처음 출발 시의 남풍은 온데 간데 없어지고 북동풍(northeaster)인 유라굴로(27:14) 광풍만이 배를 뒤흔들기 시작했다. 급기야는 배에 있는 모든 사람들의 정신줄을 완전히 뒤흔들어 버리고야 말았다.

그레데(Creta) 섬의 남쪽 37km 지점에 있던 가우다(Cauda, 24:16)라는 작은 섬을 겨우 지났다. 계속하여 풍랑이 지속되자 이튿날 짐을 바다에 풀어버렸고 사흘째 되는 날에는 배의 기구들을 저희 손으로 풀어버렸다. 여러 날 동안 해와 별이 보이지 아니하였고 큰 풍랑은 줄어들 기미가 보이지 않았다(27:20).

그러자 배에 탄 모두는 급기야 살 소망마저 잃게 되었다. 이때 바울은 분연히 일어나 "안심하라 생명에는 지장이 없다. 나의 섬기는 하나님의 사자가 지난 밤에 말씀해 주셨다. 나는 내게 말씀하신 그대로 되리라고 하나님을 믿노라(27:25)"고 외치며 "우리가 한 섬에 걸리리라(27:26)"는 말을 전했다

14일째 밤에 아드리아 해(adriatic sea)에서 표류하다가 사공들이 육지에 가까운 줄을 알고 거루(σκάφη, nf, anything scooped out, a light boat)를 내려 도망치려는 것을 눈치챈 바울은 백부장과 군사들에게 명령을 했다(27:30-31).

감히 죄수가 간수에게……

놀라운 반전은 계속되었다. 이후 바울은 배 위에서 성찬식을 거행하게 된다(27:34-35). 죄수였던 바울의 신분이 수직상승하는 것을 볼 수 있다. 이리하여 배에 타고 있던 276명 전부가 살아나게 된다.

42-43절에는 슬쩍 스치듯 지나가는 중요한 내용이 있다. 죄수들이 도망할 것을 염려한 군사들이 그들을 모조리 죽이자고 건의를 하였으나 백부장은 바울을 살리려고 그들의 뜻을 막는다. 역사의 주관자 하나님의 세미하심은 너무 생생하고 놀랍다. 바람을 이용하셨고 심지어 로마의 백부장까지도 사용하셨다. 사건과 상황, 환경, 사람을 동원하여서라도 역사하시는 하나님의 손길이 너무나도 흥미진진하다. 그런 의미에서 성령행전은 기대가 더욱 큰 것이다.

그때도 지금도 앞으로도 영원히……

27-1 우리의 배 타고 이달리야로 갈 일이 작정되매 바울과 다른 죄수 몇 사람을 아구사도대의 백부장 율리오란 사람에게 맡기니

"우리"라고 기록(행 16:10-17, 20:5-15, 21:1-18)된 4곳을 통하여는 사도행전의 기록자 누가가 동행했음을 알 수 있다. 곧 주치의가 누가였다면 비서실장은 2절의 아리스다고라고 할 수 있겠다(행 24:23).

"다른 죄수(τινας ἑτέρους δεσμώτας, certain other prisoners)"란 다른 유(類)의 죄수라는 의미이다. 왜냐하면 "다른"의 헬라어는 헤테로스[273](ἕτερος, adj)이기 때문이다.

"아구사도대(σπείρης Σεβαστῆς, of the cohort of Augustus)"란 아우구스투스의 군대(황제 친위대)라는 의미로 '존경하는, 위엄있는 황제(주, Lord, 퀴리오스 혹은 황제 폐하)'라는 말이다. "백부장"의 헬라어는 헤카톤타르케스(ἑκατοντάρχης, nm, a centurion, a captain of one hundred men)인데 이는 100명의 군사를 거느

---

273 헤테로스(ἕτερος, adj)는 (a) of two: another, a second, (b) other, different, (c) one's neighbor/another (of a different kind). 2087 /héteros ("another but distinct in kind") stands in contrast to 243 /állos ("another of the same kind"). 2087 /héteros ("another of a different quality") emphasizes it is qualitatively different from its counterpart (comparison)이다.

린 장교(행 10:1, 21:32)로 '관원'으로도 해석할 수 있다(행 22:25-26, 23:17, 23, 24:23, NIV).

2 아시아 해변 각처로 가려 하는 아드라뭇데노 배에 우리가 올라 행선할새 마게도냐의 데살로니가 사람 아리스다고도 함께 하니라

"아드라뭇데노(Adramyttium)"는 소아시아 북쪽 무시아(Mysia) 지방의 중요 무역항으로 앗소의 동쪽에 있었다. 이 배는 아시아 지역의 연안을 항해하는, 폭풍이 오는 겨울이 오기 전에 주로 무역을 했던 항로였다.

"아리스다고"는 이방인(데살로니가 사람)으로 누가(수리아 안디옥 사람)와 함께 바울과 로마에까지 동행했던 인물이다(골 4:10, 몬 1:23-24).

골로새서 4장 10절에는 "나와 함께 갇힌"이라는 말이 나오고 로마서 16장 7절에도 "나와 함께 갇혔던"이라는 말이 나온다. 전자는 아리스다고와 마가를, 후자는 안드로니고와 유니아를 말한다. 후자의 경우 실제로 감옥에는 갇히지 않았다. 그렇다면 '갇히다'라는 말의 의미는 무엇일까? 나와 공저자는 두 가지로 해석한다.

첫째는 문자적으로 '실제로 갇힌 것'으로 해석할 수 있다. 당시 로마의 상옥은 자유롭게 왕래가 가능했다. 로마 시민권자가 투옥될 경우 4명의 노예로부터의 시중을 받을 수 있었고, 1명과의 투옥이 가능했기 때문이다. 둘째, 상징적으로 사도 바울을 돌보는 그 일에 파트타임이 아닌 풀타임으로 자신의 개인적 생활은 포기한 채 감옥에 갇힌 바울에게 올인했기

에 '나와 같이 갇힌'이라고 한 것으로 생각된다.

3 이튿날 시돈에 대니 율리오가 바울을 친절히 하여 친구들에게 가서 대접받음을 허락하더니

"시돈(Sidon)"은 두로와 함께 베니게의 중요 항구로서 가이사랴에서 북쪽 122km 지점이다.

그 이유를 정확하게 알 수 없지만 백부장인 율리오가 바울에게 친절히 대한 것을 보면 바울의 귀한 성품의 한 단면을 볼 수 있다. 나와 공저자는 '성령에 사로잡힌 사람'에게는 뭔가 구별되는 동시에 근접할 수 없는 그 무엇이 있다라고 생각한다.

4 또 거기서 우리가 떠나가다가 바람의 거스림을 피하여 구브로 해안을 의지하고 행선하여 **5** 길리기아와 밤빌리아 바다를 건너 루기아의 무라 성에 이르러 **6** 거기서 백부장이 이달리야로 가려 하는 알렉산드리아 배를 만나 우리를 오르게 하니 **7** 배가 더디 가 여러 날만에 간신히 니도 맞은 편에 이르러 풍세가 더 허락지 아니하므로 살모네 앞을 지나 그레데 해안을 의지하고 행선하여 **8** 간신히 그 연안을 지나 미항이라는 곳에 이르니 라새아 성에서 가깝더라

"바람의 거스림"이란 지중해에서 가장 흔히 부는 바람인 서풍으로 '맞바람'을 가리킨다. 바울은 먼저 연안을 항해하던 작은 배를 타고 구브로

섬의 동쪽 해안을 따라 루기아의 무라(Myra) 성까지 항해한 듯 보인다. "무라"는 로마와 애굽 사이의 곡물선이 왕래하던 중요도시로 당시 안드리카 항구가 있었다. 그러므로 율리오는 이 노선을 항해하는 곡물선을 타고 죄수들을 로마로 데려가려고 했던 것이다.

6절을 통하여는 무라에서 로마로 가는 알렉산드리아 배를 갈아탔음을 알 수 있다. 이후 니도, 살모네 앞을 지나 그레데 해안을 의지하고 라새아 성에서 가까운 미항에 이르렀다.

"간신히"의 헬라어는 몰리스[274](μόλις, adv)인데 이는 모기스(μόγις, 고생, 고통)에서 파생되었다. "여러 날 만에(Ἐν ἱκαναῖς δὲ ἡμέραις, fot many now days)"라는 것은 '꽤 오랫동안의 날이 지난 후에'라는 것으로 무라에서 니도까지는 208km나 떨어져 있었다.

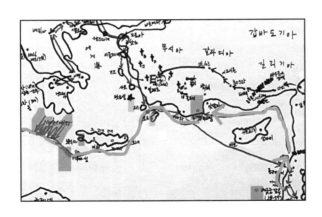

"니도 맞은 편에"라는 것은 '니도를 따라 아래로'라는 의미인데 니도(Cnidus, 로도와 고스 사이 빨간점)는 소아시아 서

---

274 몰리스(μόλις, adv)는 with difficulty, hardly, scarcely/(from mogos, "toil) - properly, something happening with great difficulty, i.e. hardly ("scarcely")/[3425 /mógis (from mogos, "laborious toil") focuses on the prolonged nature of a difficulty.]이다.

해 남부의 항구도시로 유명 연회장과 황금으로 꾸민 가옥이 있었다.

"살모네(Salmone, 흘러가다)"는 그레데 섬의 동북쪽 끝에 있는 해협이다. 그레데(Crete) 섬은 동서 260Km, 남북 60Km의 크기로 '크레타 문명'의 발상지이며 구약에서는 '갑돌(신 2:23)'로 불렸던 곳이다. 블레셋 일파의 원거주지(렘 47:4)로서 그들은 '그렛 사람(삼상 30:14, 겔 25:16)'이라 불렸다. 그들은 게으르고 거짓말을 잘하여(딛 1:12) '크레티조(그레데인처럼 말하다)'라는 조롱을 듣기도 했다.

미항(Fair Havens, 美港, '아름다운 항구', 현, Limeonas Kalous(리메오나스 칼루스))은 라새아(Lasea) 성에서 서쪽으로 8km 지점에 있었다.

9 여러 날이 걸려 금식하는 절기가 이미 지났으므로 행선하기가 위태한지라 바울이 저희를 권하여 **10** 말하되 여러분이여 내가 보니 이번 행선이 하물과 배만 아니라 우리 생명에도 타격과 많은 손해가 있으리라 하되 **11** 백부장이 선장과 선주의 말을 바울의 말보다 더 믿더라

"금식하는 절기"라는 것은 속죄일(Day of Atonement, 레 16:29, 혹은 대속죄일, 유대력 7월 10일, 태양력 10월 10일)을 가리킨다. '하나님께 속죄의 은총을 덧입는 날'로서 초막절(장막절) 5일 전에 지켰다.

당시 지중해의 항해는 9월 14일-3월까지는 불가(不可)였고 특히 11월 11일 이후에는 아예 금지였다고 한다(Longeneker).

"내가 보니(θεωρῶ, I understand)"라는 것은 '주의깊게 보다(I perceive, KJV,

RSV)'라는 의미로 이미 1, 2, 3차 전도여행을 했던 바울의 오랜 경험(고후 11:25)의 결과였다.

결국 미항이냐 뵈닉스항에서의 정박이냐의 결정에서 백부장은 항해술의 전문가라고 여겼던 선장과 선주의 의견을 따랐다. 그러나 백부장은 그들 속에 있는 탐심이나 영적 허전함, 빈약함은 보지 못했다. 동시에 바울 속에 있는 영적 충만함, 특히 성령충만을 보지 못한 영적 무지가 앞으로 있을 항해를 그르치게 했던 것이다. 물론 이 조차도 성부하나님의 섭리와 경륜이기는 하지만……

12 그 항구가 과동하기에 불편하므로 거기서 떠나 아무쪼록 뵈닉스에 가서 과동하자 하는 자가 더 많으니 뵈닉스는 그레데 항구라 한 편은 동북을, 한 편은 동남을 향하였더라

"뵈닉스(Phoenix, '종려나무', '대추야자')"는 미항에서 서쪽으로 65km 지점에 있으며 1년 내내 안전한 항구로 알려져 있다. 그러다 보니 약간은 무리하더라도 백부장은 뵈닉스로 가려고 했던 것 같다. 오늘날 포르토 루트로(Porto Routro)라고 불린다.

한편 상식이나 전문지식으로 본다면 바울이 말한 미항보다는 선장이나 선주가 말한 뵈닉스에서 과동(過冬)하는 것이 훨씬 이치에 맞다. 왜냐하면 뵈닉스 항은 한쪽은 서남쪽을, 한쪽은 서북쪽을 향해 있는 움푹 파인 해변이어서 과동하기에 적당했기 때문이다. 신앙이란 상식과 지식을 존중

해야 하는 것이지만 때로는 그 상식이나 지식을 초월해야 함을 가르쳐 주신 것이다.

13 남풍이 순하게 불매 저희가 득의한 줄 알고 닻을 감아 그레데 해변을 가까이하고 행선하더니 14 얼마 못되어 섬 가운데로서 유라굴로라는 광풍이 대작하니

백부장 율리오가 선장과 선주의 말을 듣고 뵈닉스로 결정하자 때마침 "남풍이 순하게 불매 저희가 득의한 줄 알고"라는 13절이 이어진다. 이는 요나서(1:3, 욥바로 내려갔더니 마침 다시스로 가는 배를 만난지라)의 말씀이 연상되는 부분이다. 여기서 우리 그리스도인들이 주의해야 할 일이 있다. 어떤 일을 하려할 때 모든 것이 순조롭다고 하여 무조건 하나님의 뜻이다라고 생각해서는 안 된다는 것이다. 인간적으로는 속상하지만 일이 꼬이는 것 또한 하나님의 뜻일 수도 있다.

"광풍(ἄνεμος τυφωνικὸς, a wind tempestuous)"이란 거센 회오리 바람과 더불어 돌풍까지 동반한 것을 말한다. "유라굴로[275](Εὐρακύλων, the Northeaster)"라는 것은 '동북풍'으로서 유로스(εὖρος, broad)와 클뤼돈(κλύδων, wave)의 합성어이다. 이다(Ida, Idhi Oros, 2,100m) 산맥에서 형성된 두 반대 기류가 부딪혀 순한 남풍이 돌풍과 함께 북풍으로 변한 광풍을 가리

---

275 유라굴로(Εὐρακύλων)는 the Northeaster, Αὖρος the southeast wind, and κλύδων a wave, a southeast wind raising mighty waves, εὐρύς broad, and κλύδων, a wind causing broad waves이다.

킨다.

15 배가 밀려 바람을 맞추어 갈 수 없어 가는 대로 두고 쫓겨가다가 **16** 가우다 라는 작은 섬 아래로 지나 간신히 거루를 잡아 **17** 끌어 올리고 줄을 가지고 선체를 둘러 감고 스르디스에 걸릴까 두려워 연장을 내리고 그냥 쫓겨가더니

15절을 가리켜 한 단어로 '표류(漂流, drift, float)'라고 한다. 배가 바다 위를 지날 때 방향이나 목적지를 잃은 상태를 표류라고 하며 때로는 표류하는 듯 보이나 방향이나 목적지를 향해 나아갈 때를 '항해'라고 한다. 우리는 한 번 인생을 가치와 우선순위에 따라 올바른 방향으로 '항해'를 해야 한다.

"가우다(Cauda)"는 뵈닉스의 남서쪽 35km지점에 있는 작은 섬이다. "아래로 지나(ὑποδραμόντες, having run under)"라는 것은 '사이로 지나'라는 것으로 '~을 바람막이로 하여'라는 의미이다.

"간신히 거루를 잡아"에서의 '거루'의 헬라어는 스카페(σκάφη, nf, anything scooped out, a light boat)인데 이는 배 고물에 매달아 끌고 다니는 작은 배를 가리킨다. 이 구절에서는 가우다 섬을 바람막이로 삼아 선체가 파괴되지 않도록 밧줄로 거루를 동여 매고 있다. "스르디스(τὴν Σύρτιν, the sandbars of Syrtis)"는 트리폴리 부근의 대사주(大砂洲, 모래톱)를 가리킨다 (Robertson).

"쫓겨가더니"의 헬라어는 에피디도미(ἐπιδίδωμι, v, (a) trans: I hand in, give up, (b) intrans: I give way (to the wind))인데 이는 '포기하다, 누군가의 손에 넘겨주다'라는 의미로 선원들의 온갖 조치가 무용(無用)했을 뿐만 아니라 그냥 떠내려갔음(표류)을 말한다. 지난 2022년 대선을 앞둔 '대한민국호'라는 배는 방향을 잃고 표류했었다. 지금은 대선 후 정권이 바뀐 2023년임에도 불구하고 '대한민국호'는 방향을 잃고 표류하고 있다. 파도와 바람에 휩쓸려 이리 저리 표류하고 있는 대한민국호를 물끄러미 바라보아야만 하는 것이 못내 안타깝다.

18 우리가 풍랑으로 심히 애쓰다가 이튿날 사공들이 짐을 바다에 풀어 버리고 19 사흘째 되는 날에 배의 기구를 저희 손으로 내어 버리니라

"풍랑으로 심히 애쓰다가"라는 것은 '파도로 심히 흔들려 지치고 힘들고 괴롭힘을 당하다가'라는 의미이다. 이후 사공들은 배를 가볍게 하려고 짐을 바다에 몽땅 버렸다. 요나서(1:5)의 말씀이 연상된다. 그러나 인간들의 모든 노력에도 불구하고 아무 소용이 없게 되자 배에 있는 기구마저 저희 손으로 버리고 있다. 인간의 교만과 무력함이 잘 대조되고 있다.

20 여러 날 동안 해와 별이 보이지 아니하고 큰 풍랑이 그대로 있으매 구원의 여망이 다 없어졌더라 21 여러 사람이 오래 먹지 못하였으매 바울이 가운데 서서 말하되 여러분이여 내 말을 듣고 그레데에서 떠나지 아니하여 이 타격과 손상을 면하였더면 좋을 뻔하였느니라

"해와 별이 보이지 아니하고"라는 것은 나침반이 있기 전 당시의 항해는 해, 달, 별을 보고 방향을 정했다. 그러나 지금은 배가 가는 방향을 알 수 없이 표류하고 있다라는 말이다.

"그레데에서 떠나지 아니하여"라는 것은 그레데의 '미항에서 뵈닉스로 가지 않았더라면'이라는 말로서 백부장이나 선장, 선주의 실책을 지적하기 보다는 이후로 하나님의 말씀에 더 귀를 기울여야 된다라는 것을 주지시키고 있다.

22 내가 너희를 권하노니 이제는 안심하라 너희 중 생명에는 아무 손상이 없겠고 오직 배뿐이리라 **23** 나의 속한 바 곧 나의 섬기는 하나님의 사자가 어제 밤에 내 곁에 서서 말하되 **24** 바울아 두려워 말라 네가 가이사 앞에 서야 하겠고 또 하나님께서 너와 함께 행선하는 자를 다 네게 주셨다 하였으니 **25** 그러므로 여러분이여 안심하라 나는 내게 말씀하신 그대로 되리라고 하나님을 믿노라 **26** 그러나 우리가 한 섬에 걸리리라 하더라

"권하노니"의 헬라어는 파라이네오[276](παραινέω, v)인데 이는 '조언하다'라는 의미로 갈피를 못 잡고 있는 사람에게 뚜렷한 목표를 제시하다라는 말이다.

---

276 파라이네오(παραινέω, v)는 I admonish, advise, exhort/(from 3844 /pará, "from close-beside" and 134 /ainéō, "to praise") - properly, to urge acknowledging what is praiseworthy, i.e. "recommend, advise, urge" (BAGD). This is an emphatic compound which means "to admonish in a personal way" (note the force of the prefix, 3844 /pará) - i.e. as "up-close-and-personal."이다.

"안심하라"의 헬라어는 유뒤메오[277](εὐθυμέω, v)인데 이는 낙심이나 불안 중의 사람에게 용기를 주고 있는 말이다.

23절의 "하나님의 사자"란 '만군의 여호와'를 가리킨다(호 12:4-5). 또한 하나님의 피조물인 '천사'로 해석하기도 한다. 중요한 것은 바울의 사사로운 이야기가 아니라 하나님의 뜻을 대신 전하고 있음을 의미하는 것이다. 역사의 주관자 하나님은 세미하게 우리를 인도하시되 때마다 시마다 나타나셔서 말씀하시고 위로해 주신다. 바울에게도(행 18:9-10, 22:17-21, 23:11) 그러하셨지만 오늘의 우리에게도(사 41:10, 43:1-5, 롬 15:4) 마찬가지이다.

24절에서 하나님은 바울에게 두 가지 말씀을 하셨다. 첫째, 가이사 앞에 서리라는 것과 둘째는 배에 타고 있는 모든 사람의 생명을 보존해 주시되 바울이 전하는 복음(하나님을 믿어 구원을 얻게 하심)을 듣게 하시겠다는 것이었다.

한편 당시의 상황을 상상해보면, 모두가 다 동일한 상황 곧 구원의 여망이 끊어진 상태에 놓여있었다. 그러나 바울만큼은 당당하게 앞에 나서서 하나님의 말씀을 전달하며 "나는 내게 말씀하신 그대로 되리라고 하나님을 믿노라"고 조금도 두려움 없이, 흔들림 없이 당당하게 하나님의 말씀을 확신함으로 전하고 있다. 이를 보고 있던 배에 탄 모든 사람들은

---

277 유뒤메오(εὐθυμέω, v)는 to be of good cheer, I keep up spirit, am cheerful, am of good courage/(from 2095 /eú, "good" and 2372 /thymós, "passion") - properly, to show positive passion as it proceeds from a sound disposition (temper); hence, "be of good cheer, in good spirits" (high morale)이다.

그들의 지위나 상태에 관계없이 어떤 전율을 느꼈을 것이다. 동시에 바울을 움직이며 다스리시는 하나님에 대한 경외감이 들었을 것 같다.

그 다음에 했던 바울의 마지막 말은 더욱더 놀랍다.

"우리가 한 섬에 걸리리라."

"멜리데(Μελίτη, nf, Melita (Malta), an island in the Mediterranean, 피난처)."

27 열나흘째 되는 날 밤에 우리가 아드리아 바다에 이리저리 쫓겨 가더니 밤중쯤 되어 사공들이 어느 육지에 가까워지는 줄을 짐작하고 **28** 물을 재어보니 이십 길이 되고 조금 가다가 다시 재니 열다섯 길이라

"열나흘째"란 미항에서 유라굴로 광풍에 의해 표류한 날이 14일 째라는 것으로 미항에서 멜리데 섬까지 약 800km 정도를 표류했음을 알 수 있다.

"아드리아 바다"라는 것은 아드리아 해(Adriatic Sea)를 가리키는 것으로 오늘날의 이오니아 해(Ionian Sea)에 해당한다.

"길"의 헬라어는 오르귀이아[278](ὀργυιά, nf)인데 이는 양팔을 벌린 간격(6척, 1.8m)을 말한다. '20길(36m)이 되고 조금 가다가 다시 재니 15길(27m)이라'는 것은 수심이 얕아짐을 의미하는데 이는 곧 육지가 가까워져옴을 가

---

278 오르귀이아(ὀργυιά, nf)는 a fathom (the length of the outstretched arms), about five or six feet/("from **oregō**, 'to stretch out,' " J. Thayer) - properly, outstretched - originally the distance between the tips of the left and right hands when outstretched; a fathom, the unit of measure (roughly) five to six feet long이다.

리키는 말이다.

29 암초에 걸릴까 하여 고물로 닻 넷을 주고 날이 새기를 고대하더니 **30** 사공들이 도망하고자 하여 이물에서 닻을 주려는 체하고 거루를 바다에 내려놓거늘 **31** 바울이 백부장과 군사들에게 이르되 이 사람들이 배에 있지 아니하면 너희가 구원을 얻지 못하리라 하니 **32** 이에 군사들이 거룻줄을 끊어 떼어 버리니라

"고물"은 배의 후미(後尾)를, "닻"이란 배를 한 곳에 머물게 할 때 쇠줄에 무거운 쇳덩이나 갈고리를 매어 단것을 말한다. 일반적으로는 닻은 배의 앞부분(뱃머리, 이물)에 내린다고 한다.

한편 고물에서 네 군데에 닻을 내리고 배를 정박시키는 것은 일단 밤이 지난 후 아침에 상황을 보고 이동하려는 계획이었다. 어두운 가운데 섣불리 움직이다 보면 암초에 부딪혀 좌초할 수도 있기 때문이다. 이런 와중에 이기적인 사공들은 자신들만 살려고 도망하려 했다. 인간의 죄성과 악함, 비겁함, 야비함은 말로 다 표현할 수가 없다.

이때 바울은 백부장과 군사들에게 명하여 선원들이 도망치지 못하도록 했다. 그리고는 거룻줄을 끊어버렸다. 어떻게 보면 하나님께서 배에 탔던 모든 사람을 살려주신다고 했으니 바울은 그 말씀을 믿고 선원들의 탈출을 그냥 두어도 되었을 법한데…….

우리는 여기서 다시 한번 더 '믿음(하나님의 허용(주권)+인간의 노력(땀과 눈물))'에 대해 깊은 묵상을 해 보아야 한다. 〈오직 믿음, 믿음 그리고 믿음,

히브리서 장편주석, 도서출판 산지〉을 참고하라.

33 날이 새어 가매 바울이 여러 사람을 음식 먹으라 권하여 가로되 너희가 기다리고 기다리며 먹지 못하고 주린 지가 오늘까지 열나흘인즉 **34** 음식 먹으라 권하노니 이것이 너희 구원을 위하는 것이요 너희 중 머리터럭 하나라도 잃을 자가 없느니라 하고

"날이 새어 가매~음식을 먹으라"는 것에서 바울은 사람들에게 하나님께서 그 다음에 행하실 일을 위해 기대하며 소망을 가질 것을 권고하고 있다. 이는 사도행전 9장에서 다메섹에서 부활의 주님을 만난 후 눈이 멀게 되었고 다시 보게 되자 "음식을 먹으매 강건하여진지라(9:19)"고 했던 것과 상통하고 있다. 이후 바울은 "즉시로" 다메섹에서 복음을 전했다. 바울은 이를 회상했던 것은 아닐까 싶다.

"머리터럭 하나라도 잃을 자가 없느니라"는 것은 히브리인의 격언 양식의 문구로 '완전한 보호'라는 의미이다(삼상 14:45, 삼하 14:11, 왕상 1:52, 눅 21:18).

35 떡을 가져다가 모든 사람 앞에서 하나님께 축사하고 떼어먹기를 시작하매 **36** 저희도 다 안심하고 받아먹으니 **37** 배에 있는 우리의 수는 전부 이백 칠십 륙인이러라 **38** 배부르게 먹고 밀을 바다에 버려 배를 가볍게 하였더니

"떡을 가져다가 모든 사람 앞에서 하나님께 축사하고"라는 것에서 바울의 권위와 주도권에 대한 그들의 순종을 볼 수 있다. 당시 배 안에는 이방인, 유대인, 죄수, 로마인 등등 온갖 부류의 사람들이 있었음에도 불구하고 어느 한 사람 예외없이 바울이 지시한 한 곳에 모였음은 물론이요 하나님께 기도 후 "저희도 다 안심하고 받아" 먹었다는 것을 보면 바울에 대한 신뢰와 그의 권위, 그로부터 나오는 힘의 흐름을 따라 전체적인 분위기가 완전히 뒤집어졌음을 알 수 있다.

한편 식탁공동체란 모두가 다 '한 가족, 하나'라는 유대감의 또 다른 모습이었다. 그들 모두는 함께 사투를 벌였고 죽다가 살아났다. 그런 일련의 과정에서 보여준 바울의 의연한 모습은 저들에게 하나님에 대한 놀라움과 경외감을 한층 고조시켜 주었을 것이다.

39 날이 새매 어느 땅인지 알지 못하나 경사 진 해안으로 된 항만이 눈에 띄거늘 배를 거기에 들여다 댈 수 있는가 의논한 후 40 닻을 끊어 바다에 버리는 동시에 킷줄을 늦추고 돛을 달고 바람을 맞추어 해안을 향하여 들어가다가 41 두 물이 합하여 흐르는 곳을 당하여 배를 걸매 이물은 부딪혀 움직일 수 없이 붙고 고물은 큰 물결에 깨어져 가니 42 군사들은 죄수가 헤엄쳐서 도망할까 하여 저희를 죽이는 것이 좋다 하였으나 43 백부장이 바울을 구원하려 하여 저희의 뜻을 막고 헤엄칠 줄 아는 사람들을 명하여 물에 뛰어내려 먼저 육지에 나가게 하고 44 그 남은 사람들은 널조각 혹은 배 물건에 의지하여 나가게 하니 마침내 사람들이 다 상륙하여 구원을 얻으니라

"어느 땅인지 알지 못하나"라는 것에서 멜리데 섬의 주요항구인 발레타(City of Valletta)에는 아직 멀었음을 의미한다(Ramsay, Smith). 그들이 도착했던 곳은 오늘날 몰타 섬의 북쪽 지역인 '성 바울만(Saint Paul's Bay, Maltese: San Pawl il-Bahar)'이라 불리는 곳이었을 것으로 추측한다(Bruce).

41절의 "두 물이 합하여 흐르는 곳"이란 육지에서 흘러내리는 물과 바닷물이 합류하는 곳으로 이곳에는 진흙 갯벌이 있어 배 앞부분(이물)이 갯벌 진창에 박혀 꼼짝 못하게 되었다는 것이다. 합쳐진 곳의 물의 흡인력과 진흙 갯벌 진창과 뒤에서 불어오는 바람으로 배는 점점 더 깨어져 갔던 것이다.

42-43절을 보면 바울 한 사람으로 인해 자칫 죽을 뻔했던 다른 죄수들까지도 살아나게 됨을 볼 수 있다. 여기서 우리는 대조적으로 백부장 한 사람의 오판으로 인해 모든 사람이 죽을 뻔했음을 보았다. 반면에 바울 한 사람 때문에 모든 사람이 살 소망과 더불어 살아나게 된 것을 볼 수 있다.

그렇다면,

한 번 인생을 살아가는 동안 나는 어느 부류에 속할 것인가? 그것은 오로지 당신의 선택이다.

괴짜의사 Dr. Araw의
쉽고 바르게 읽는 사도행전 장편(掌篇)강의

오직 성령이 너희에게 임하시면
성령행전(Πράξεις Πνεύματος)

레마이야기 28

이방인들 또한 하나님의 구원을
보고 들으리라(28),
로마 1차 감옥(AD 61-63)

드디어 사도행전 곧 성령행전 대단원의 막을 내리게 되었다. 나와 공저자는 지금까지 사도행전을 함께 연구해 오며 성령님의 자상하신 인도하심과 세미하신 간섭을 보았다. 그만큼 그 오묘함과 가슴 벅찬 감동을 정말 많이 느끼고 또 느꼈다.

가만히 되돌아보니 필자의 인생에도 그렇게 동일하게 역사해오셨음이 느껴진다. 비록 모든 인생을 많은 부분에서 바울처럼 살아오지는 못하였으나 복음에 합당하게 살기 위해 나름대로 매사 매 순간 치열하게 몸부림을 치며 살아왔다. 한동안은 일천한 성경지식 때문에 괴로워했다. 어느 때는 올바로 가르쳐주는 사람이 없어 힘들 때도 있었다. 그러다가 하나님께서 허락하신 소중한 분을 만나게 되면 가까이 먼저 다가가 교제하면서 복음의 진수를 하나씩 습득해 나갔다. 그리고는 비록 투박하나 순수한 복음을 청년들에게 전하기 위해 안간힘을 썼다. 청년사역자로서, 성경교사로서, 의료선교사로서 최선을 다해 살려고 몸부림쳤던 그 많은 순간들은 그저 그냥 된 것이 아니었다. 이 모든 것들은 전적으로 '성령님의 포용하심과 세미한 인도하심'이었다. 이쯤에서 저자도 사도 바울의 말을 한 번 흉내 내고 싶다.

"사람이 마땅히 우리를 그리스도의 일꾼이요 하나님의 비밀을 맡은 자로 여길찌어다 그리고 맡은 자들에게 구할 것은 충성이니라"_고전 4:1-2

"내가 선한 싸움을 싸우고 나의 달려갈 길을 마치고 믿음을 지켰으니 이제 후로는 나를 위하여 의의 면류관이 예비되었으므로 주 곧 의로우신 재판장이 그 날에 내게 주실 것이니 내게만 아니라 주의 나타나심을 사모하는 모든 자에게니라"_딤후 4:7-8

지금까지 상기 구절들을 깊이 그리고 자주 묵상해왔다. 그때마다 성령 하나님께서는 특별히 저자에게 놀라운 은혜들을 베푸시곤 하셨다. 더 나아가 성경의 구절 구절들을 연결시켜 주셔서 더 많이 알게 하셨다. 길다면 길었던 지난 30여 년의 세월을 설교 목사로서, 파트타임 사역자로서, 청년사역자요 성경교사로, 의료선교사로 한 번의 외도 없이 살아오게 하셨다.

때로는 방향을 잃고 헤매기도 했으나 이내 곧 되돌아왔다. 때로는 성경과 교리에 무식하여 청년들을 엉터리로 인도하며 함께 진흙 구덩이에서 뒹굴던 때도 있었다. 어느 시기에는 너무 답답하여 많이 울었다. 그럼에도 불구하고 늘 함께하셨던 신실하신 성령님은 매 순간마다 저자에게 말씀을 가르쳐 주시고 생각나게 하셨고 일일이 하나씩 깨우쳐 주셨다. 주인되신 성령님은 한 번도 나를 놓지 않으셨으며 매 순간마다 나를 신실하게 붙들어 주셨다. 할렐루야!

주님은 나의 보잘것없고 어설픈 청년사역을 시마다 때마다 격려해 주셨다. 때로는 무지막지하게 달려가며 땀과 눈물을 자랑하려 할 때에도 '자기 의를 드러내는 것'이라고 야단치지 않으셨다. 오히려 히브리서 4장 말씀을 통해, 동시에 창세기 2장 2-3절과 요한복음 5장 17절을 통해 '네가 지금껏 해왔던 그 사역들이야말로 생명 살리는 일이었다'라고 하시며 늘 다독여 주셨고 인정해 주셨다.

종종 나는 말씀을 전하고 가르치며 나 스스로 우쭐거리며 까불던 순간이 있었다. 그때마다 나의 주인 되신 성령님은 그것이 탐욕과 욕심으로부터 나온 '자기 의'라고 깨닫게 해 주셨다. 아울러 그것은 '헛된 땀'이라고 깨우쳐 주셨다. 그때마다 필자는 눈물로 회개하고 얼른 돌아오곤 했다. 나는 결코 머뭇거리지 않았다.

부족하고 연약한 필자에게 그렇게 다가오셨던 성령님은 어설픈 나의 모든 것들을 포용해 주셨다. 그런 나는 하나님의 은혜에 빚진 자이다. 하나님의 사랑에 빚진 자이다. 그저 감사할 것뿐이다.

사도행전을 마무리하며 다시 한번 더 지난날의 율법적인 행동이나 자기 의를 회개하고 또 회개한다. 수많은 실수와 허물을 회개하고 또 회개한다. 지금까지 기다려 주시고 인내해주셨던 좋으신 하나님을 찬양하고 또 찬양한다. 남은 인생 동안 진정 삼위 하나님 한 분 만으로 만족하며 그 분께만 영광 돌리며 살아가련다.

나로 인해 조국 대한민국의 청년들과 전문인들, 그리고 이방인들에 이르기까지 하나님의 은혜의 복음이 들려지기를…….

나의 아내인 작가 김정미 선교사는 일러스트와 더불어 때마다 시마다 용기와 격려를 아끼지 않았다. 그윽한 애정을 전한다. 아빠이자 멘토인 나를 끝까지 지지해주고 함께해준 공저자인 나의 막내 아들 이성준에게 사랑을 전한다. 요한복음 〈은혜 위에 은혜러라〉, 요한계시록 〈예수 그리스도 복음의 계시라〉의 공저자인 큰 아들 이성진과 히브리서 〈오직 믿음, 믿음, 그리고 믿음〉의 공저자인 큰 딸 이성혜, 갈라디아서 〈예수 믿음과 하나님의 계명을 붙들라〉의 공저자인 나의 멘티이자 사위 황의현과 함께 아름답게 동역하며 서로를 격려하고 세워줌으로 자자손손 Spiritual Royal Family로 만들어 가길!

오직 하나님께만 영광(Soli Deo Gloria)!

28-1 우리가 구원을 얻은 후에 안즉 그 섬은 멜리데라 하더라 **2** 토인들이 우리에게 특별한 동정을 하여 비가 오고 날이 차매 불을 피워 우리를 다 영접하더라

"멜리데(Melita, Μελίτη, Melita (Malta), an island in the Mediterranean)"는 '피난처'라는 의미로 30×16km의 섬으로 시실리에서 100km, 아프리카 북동쪽 해안에서 340km에 위치해 있으며 현재의 몰타(Malta) 섬을 말한다.

짧은 1절에서 우리는 '멜리데'라는 피난처에 안김으로 '구원을 얻었다'라는 것에 주목해야 한다. 거친 폭풍우와 풍랑이는 칠흑같이 어두운 캄캄한 세상을 살아가는 모든 인간은 모진 고생을 겪으며 거친 세상 속에서 표류하다가 '구원자이신 예수'라는 확실한 '피난처'를 만나게 되면 구원을 얻을 수 있다 라는 '하나님의 은혜의 복음'을 붙잡아야 한다.

2절의 "토인들이"에 해당하는 헬라어는 호이 바르바로이(οἵ τε βάρβαροι)인데 이는 '바르(Bar) 바르(Bar) 하는 자들'이라는 의미이다(Robertson). 여기서 바바리안[279](Barbarian, 미개인, 야만인, βάρβαρος)이라는 단어가 나왔다. 공동번역은 '섬 사람들(islanders)', RSV는 '원주민들(natives)'로 번역했다.

"비가 오고 날이 차매"라는 것은 곧 겨울이 다가옴을 드러내고 있다.

---

[279] 바바리안(Barbarian, 미개인, 야만인, βάρβαρος)은 a foreigner, one who speaks neither Greek nor Latin; as adj: foreign/properly, a barbarian; generically, anyone "lacking culture" (an "uncivilized" person, cf. Ro 1:14). 915 (bárbaros) is specifically used for all non-Greeks (non-Hellenists), i.e. anyone not adopting the Greek language (culture); a non-Hellēn이다.

"불을 피워 우리를 다 영접하더라"는 것은 역사의 주관자 하나님께서 세미하게 간섭하셔서 당신의 섭리와 경륜 가운데 그 섬 원주민들로 하여금 준비하게 하셨다라는 의미이다.

한편 섬의 원주민들은 바울 일행이 전혀 일면식도 없는 이방인이었음에도 불구하고 표류되어 떠밀려온 그 낯선 사람들을 따스하게 맞이했다. 그리고 보면 같은 동족인 유대인들은 바울을 그렇게나 죽이려고 온갖 모함과 누명을 씌워 고소를 했고 그것도 모자라 돌로 쳐 죽이기까지 했었다.

이 두 부류의 묘한 대조가 우리의 눈길을 끈다. 21세기를 살아가는 오늘의 그리스도인들에게 시사하는 바가 크다.

3 바울이 한뭇 나무를 거두어 불에 넣으니 뜨거움을 인하여 독사가 나와 그 손을 물고 있는지라 4 토인들이 이 짐승이 그 손에 달림을 보고 서로 말하되 진실로 이 사람은 살인한 자로다 바다에서는 구원을 얻었으나 공의가 살지 못하게 하심이로다 하더니

"한뭇 나무(φρυγάνων τι πλῆθος, of sticks a quantity)"란 '마른 막대기들, 불 붙이는 것들'이라는 의미로 '연소되기 쉬운 물질'을 가리킨다. 70인역에는 '짚, 초개'로 번역(사 40:24, 41:2)되었다(Hervey).

한편 풍랑으로 인해 죽도록 고생하다가 겨우 목숨을 부지한 후에 지치고 힘든 상태임에도 불구하고 나뭇가지를 들어 불을 짚이는 바울의 이러한 모습은 솔선수범과 아울러 겸손하고 참된 그리스도인의 섬김의 자세를 잘 보여주는 멋진 태도이다.

"독사"의 헬라어는 에키드나[280](ἔχιδνα, nf)인데 이는 '맹독성 뱀'을 의미한다.

"공의가 살지 못하게 하심이로다"에서의 '공의[281](Δίκη, nf)'는 헬라 신화에 나오는 '정의와 복수의 여신'으로서 당시 멜리데 섬 사람들은 반드시 인과응보(因果應報)를 거친다는 미신적 사고를 가졌던 듯하다. 그렇기에 바다에서는 어쩌다가 살아났으나 이곳에서는 결국 죄의 대가를 받게 되었다 라는 말이다.

5 바울이 그 짐승을 불에 떨어버리매 조금도 상함이 없더라 **6** 그가 붓든지 혹 갑자기 엎드러져 죽을 줄로 저희가 기다렸더니 오래 기다려도 그에게 아무 이상이 없음을 보고 돌려 생각하여 말하되 신이라 하더라

성경에서의 모든 기적들은 성령님에 의해 일어난, 그리고 '당신의 뜻'을 따라 일어나게 될 초현실적인 사건들이다. 그러므로 그 기적 자체에 초점을 두지 말고 그 일을 이루신 성령님을 바라보며 그 일을 이루신 그

---

280 에키드나(ἔχιδνα, nf)는 a serpent, snake, viper/properly, a poisonous snake; (figuratively) incisive words that deliver deadly venom, with the use of blasphemy. This switches the bitter for the sweet, light for darkness, etc. 2191/exidna ("viper") then suggests the venomous desire to reverse what is true for what is false이다.

281 공의(Δίκη, nf)는 (a) (originally: custom, usage) right, justice, (b) process of law, judicial hearing, (c) execution of sentence, punishment, penalty, (d) justice, vengeance/properly, right, especially a judicial verdict which declares someone approved or disapproved; a judgment (just finding) that regards someone (something) as "guilty" or "innocent." See 1343 (dikaiosynē)이다.

분의 뜻을 분별해야 한다. 곧 모든 성경의 기적은 '복음의 참됨을 반증하기 위함'이기에 복음 전파(선교)와 관계가 있다. 마가복음 16장 15-18절에서의 기적 또한 마찬가지이다.

6절의 "신이라 하더라"에서 멜리데 섬 원주민들과 오늘날의 우리들의 유사한 모습을 볼 수 있다. 곧 현실에서 일어난 기적을 보며 창조주와 피조물의 관계를 뒤바꾸는 것이다. 우리는 이를 가리켜 '우상숭배'라고 한다. 이러한 일은 루스드라에서도 있었던 것으로(행 14:8-13) 우리는 로마서 1장 23절의 말씀을 기억해야 할 것이다.

"썩어지지 아니하는 하나님의 영광을 썩어질 사람과 금수와 버러지 형상의 우상으로 바꾸었느니라"_롬 1:23

7 이 섬에 제일 높은 사람 보블리오라 하는 이가 그 근처에 토지가 있는지라 그가 우리를 영접하여 사흘이나 친절히 유숙하게 하더니 8 보블리오의 부친이 열병과 이질에 걸려 누웠거늘 바울이 들어가서 기도하고 그에게 안수하여 낫게 하매 9 이러므로 섬 가운데 다른 병든 사람들이 와서 고침을 받고

"이 섬의 제일 높은 사람(τῷ πρώτῳ τῆς νήσου)"이란 추장이나 로마에서 파견된 최고 행정관이었을 것이라고 한다. 그러나 Ramsay, Alford, Knowling에 의하면 '보블리오'는 로마식 이름을 가진 라틴명(Of Latin origin; apparently "popular"; Poplius (i.e. Publius), a Roman – Publius)이기에 그는 이 섬에 파송된 로마의 행정관이라고 했다.

가만히 보면 흥미로운 사실이 하나 있다. "열병(πυρετός, nm, Typhus, 1887년 상한 염소의 젖, Mycrococcus melitensis)"과 "이질(δυσεντερία, nf. 설사, 탈수)"의 진단은 바울과 동행한 의사였던 누가가 했지만 치료는 바울의 안수와 기도로 이루어졌다는 점이다. 이는 마가복음(16:18)의 말씀이 그대로 이루어진 것이다. 그렇다고 하더라도 바울의 치유행위에 의사였던 누가의 도움이 있었을 것이다. 그러나 사도행전의 기록자인 누가는 하나님의 말씀의 성취(막 16:18)와 하나님의 은혜의 복음에만 관심이 있어 아예 기록을 하지 않은 듯하다. 이런 누가의 태도가 바로 '모든 영광을 하나님께(Soli Deo Gloria)'이다.

참고로 멜리데 섬(몰타)에는 아직도 카타콤(catacomb)이 많이 남아 있는 것으로 보아 이곳에 복음 전파가 활발했음을 알 수 있다.

10 후한 예로 우리를 대접하고 떠날 때에 우리 쓸 것을 배에 올리더라 **11** 석 달 후에 그 섬에서 과동한 알렉산드리아 배를 우리가 타고 떠나니 그 배 기호는 디오스구로라

"후한 예"에서의 '예'의 헬라어는 티메[282](τιμή, nf)인데 이는 '가격, 사례금, 보상금, 존경(딤전 5:17)'이라는 의미가 있어 그들이 바울과 그 일행에게

---

282 티메(τιμή, nf)는 a price, honor/(from tiō, "accord honor, pay respect") - properly, perceived value; worth (literally, "price") especially as perceived honor - i.e. what has value in the eyes of the beholder; (figuratively) the value (weight, honor) willingly assigned to something이다.

존경과 감사를 표했음을 가리킨다. 이는 사실상 거꾸로 된 상황이다. 복음의 선한 영향력을 보게 한다.

"석달 후에"라는 것은 속죄일(유대력 7월 10일, 태양력 10월)이 지난 때(행 27:9) 미항을 출발하였다가 유라굴로 광풍에 의해 14일을 표류했다가 멜리데 섬에 도착 후 3개월이 지났다라는 것이다. 태양력으로는 2-3월경이므로 항해하기가 비교적 쉬웠을 것이다. 한편 이 섬에서의 3개월 동안은 매일 매일이 바울과 그 일행에게도 또한 멜리데 섬 사람들에게도 역사의 주관자 하나님께서 허락하신 엄청난 수련회 혹은 부흥회였을 것이다.

한편 알렉산드리아 배는 유라굴로 광풍을 만났던 동일한 배(행 27:6)였다. 이 배 이름은 "디오스구로[283](Διόσκουροι, nm, Castor and Pollux, the twin gods, 제우스와 레다 사이에 태어난 쌍둥이 신)"였는데 이는 '제우스(디오스)의 쌍둥이 아들 곧 쌍둥이 형제들(큐로스)'이라는 의미이다. 당시 선박들은 이 두 신(Castor and Pollux)의 형상을 뱃머리에 부착하고 다녔다.

참고로 그리스 신화에 나오는 카스토르(Castor)와 폴룩스(Pollux)는 천상의 신 제우스와 스파르타의 황후 레다(Leda, 달신)사이에 태어난 쌍둥이 형제였다. 제우스는 카스토르에게 바다를, 폴룩스에게 땅을 다스리게 했다고 한다. 그 둘은 사공들의 수호신으로 여겨졌다. 이 둘은 '디오스구로'라는 이름으로 불리면서 신으로서의 예우를 받았다.

---

283 디오스구로(Διόσκουροι, nm, Castor and Pollux)는 sons of Zeus and Leda, and patrons of sailors/(from Διός of Zeus, and κοῦρος; or κόρος, boy, as κόρη, girl), Dioscuri, the name given to Castor and ((Polydeuces, the Roman)) Pollux, the twin sons of Zeus and Leda, tutelary deities of sailors: Acts 28:11 (R. V. The Twin Brothers; cf. B. D. under the word)이다.

누가가 구태여 이렇게 언급한 것은 멜리데, 그리스, 로마, 애굽의 미신적 신앙과 기독교 신앙을 대조하려는 의도였다.

12 수라구사에 대고 사흘을 있다가 **13** 거기서 둘러가서 레기온에 이르러 하루를 지난 후 남풍이 일어나므로 이튿날 보디올에 이르러

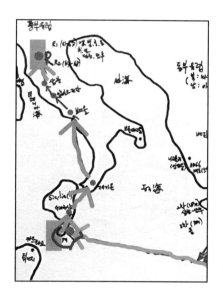

멜리데 섬에서 출발하여 수라구사(Syracuse)로, 그리고 레기온(Rhegium)까지는 배를 이용했다. 수라구사는 아르키메데스(Archimedes, 고대 그리스의 수학자, 물리학자, 아르키메데스의 원리)의 고향이다. 멜리데 섬에서 수라구사까지는 160km이고 레기온에서 로마로 들어가는 첫 육지인 보디올까지는 340km였다. 이후 약 220km의 도보가 바로 아피아 가도(Via Appia, Brundisium)이다. 이 길을 통해 압비오 저자(광장, ~로마: 70km)와 삼관(~로마: 50km)을 거쳐 드디어 로마에 입성하게 되었다.

"남풍이 일어나므로 이튿날"이라는 말에 함의된 뜻은 성령님께서 남풍을 사용하셔서 먼 거리(340여km, 레기온~보디올)를 2일만에 가게 하셨으며 그리하여 로마로 향하게 하셨음을 드러낸 것이다. 곧 로마를 향한 아버지

하나님의 급한 마음을 보여주신 것으로 복음에 대한 하나님의 애타는 마음을 드러내고 있다. 비슷한 예가 드로아에서 마게도냐 환상(행 16:9-10)을 보여 주신 후 이틀만에 에게 해를 건너 빌립보의 네압볼리 항구에 도달하게 하셨던 것(행 16:11)이다.

14 거기서 형제를 만나 저희의 청함을 받아 이레를 함께 유하다가 로마로 가니라

"거기서"라는 것은 보디올을 가리키며 바울은 이곳에서 7일간 머물 수 있도록 백부장으로부터 허락을 받았다. 한편 "형제(로마에서 마중 나온)를 만나"라는 것으로 보아 3차 전도여행 시 고린도에서 3개월 머물면서 기록하여 보냈던 로마서를 통해 비록 바울과 그들은 초면이었으나 이미 아는 사이가 되었음을 알 수 있다. 또한 로마서 이전에도 이미 로마에 복음이 전해졌던 것을 알 수 있다. 참고로 항구도시 보디올 근처의 유명한 도시가 바로 폼페이(나폴리만 연안 베수비오산 남쪽, AD 79년에 화산 폭발)이다.

"로마로 가니라"에서는 사도행전 23장 11절의 말씀이 드디어 이루어지는 것을 보게 된다. 되돌아보면 로마에 이르기까지 바울은 험난한 과정을 거쳐 왔다. 헤롯궁 감옥의 2년(23:35, 24:27), 험난한 항해와 더불어 목숨이 경각에 달했던 표류, 파선의 위험(27:20, 27:1-28:10) 등등……

15 거기 형제들이 우리 소식을 듣고 압비오 저자와 삼관까지 맞으러 오니 바울

이 저희를 보고 하나님께 사례하고 담대한 마음을 얻으니라

"거기 형제들이 우리 소식을 듣고 압비오 저자와 삼관까지 맞으러 오니"라는 것은 예수 그리스도 안에 있는 로마의 지체들이 그곳까지 마중을 나왔음을 가리킨다. 사실 바울은 로마에 난생 처음으로 가는 길이었다. 그러나 앞서 14절에서 언급했듯이 로마서를 통해 이미 서로가 아는 사이가 되었음을 알 수 있다(행 20:3).

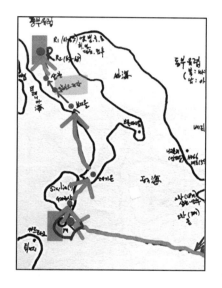

"맞으러 오니"의 헬라어는 아판타오(ἀπαντάω, v, to meet)이며 그 명사는 아판테시스[284](ἀπάντησις, nf)인데 이는 '개선장군을 맞이할 때 사용하는 단어'로 사도행전의 기록자인 누가는 바울을 하나님나라에 개선하는 장군의 모습으로 표현하고 있다.

"압비오 저자(광장)"에 해당하는 헬라어는 아피우 포루(Ἀππίου Φόρου)인데 이는 압비오(Appius) 시(市)의 시장(market)이라는 말로서 압비오 가도(Via Appia, Rome~Brundisium, 560km, '모든 길은 로마로 통한다')가 이곳 광장을 통과했으며 바로 이곳에서 개선장군을 환영하곤 했다. 지금은 포로 압비

---

284 아판테시스(ἀπάντησις, nf)는 the act of meeting, to meet (a phrase seemingly almost technical for the reception of a newly arrived official이다.

오(Poro Appio)로 불리는데 이는 압비우스 글라우디오(Appius Claudius)의 이름을 본 따 지었다.

압비오 저자에서 약 20km를 올라가면 삼관이 나온다. "삼관"의 헬라어는 트리온 타베르논(Τριῶν Ταβερνῶν, three taverns)으로 '세 여관'이라는 의미이다.

16 우리가 로마에 들어가니 바울은 자기를 지키는 한 군사와 함께 따로 있게 허락하더라

이 구절 이후 "우리"라는 단어는 나오지 않는다. 당시 로마법은 죄수와 간수를 하나로 묶도록 규정했다. 그렇기에 바울의 손목과 간수의 손목이 하나로 묶였을 것으로 생각된다. 자유 왕래와 더불어 사람들을 만날 때마다 함께 묶여 있던 간수는 싫든 좋든 간에 복음을 들어야만 했다. 결국 교대 근무자들은 얼떨결에 지속적으로 복음을 들어야만 하는 강권적(?)인 복을 누리게 되었던 것이다.

"그러므로 믿음은 들음에서 나며 들음은 그리스도의 말씀으로 말미암았느니라"_롬 10:17

17 사흘 후에 바울이 유대인 중 높은 사람들을 청하여 모인 후에 이르되 여러분 형제들아 내가 이스라엘 백성이나 우리 조상의 규모를 배척한 일이 없는데 예루살렘에서 로마인의 손에 죄수로 내어준 바 되었으니 18 로마인은 나를 심문

하여 죽일 죄목이 없으므로 놓으려 하였으나 19 유대인들이 반대하기로 내가 마지 못하여 가이사에게 호소함이요 내 민족을 송사하려는 것이 아니로라 20 이러하므로 너희를 보고 함께 이야기하려고 청하였노니 이스라엘의 소망을 인하여 내가 이 쇠사슬에 매인 바 되었노라

　"유대인 중 높은 사람들"이란 로마에 있던 회당의 인사들이나 유대의 지도층 인사들을 가리킨다. 그들을 향해 자신의 무죄와 더불어 예수 그리스도의 부활, 하나님의 은혜의 복음을 전하기 위해 청했던 것이다.
　"조상의 규모"란 '조상들이 전해준 관습(공동번역)' 곧 율법과 규례들을 가리킨다. 한편 18절의 "로마인"이란 천부장 루시아(행 23:26)와 유대의 총독이었던 벨릭스와 베스도(행 24:27)를 가리킨다.
　19절에 의하면 바울은 마지 못하여 가이사에게 호소한 것이지 동족인 유대인을 송사하려는 것이 아님을 밝히고 있다. 20절의 "이스라엘의 소망"이란 죽은 자의 부활 곧 예수 그리스도의 부활(고전 15:12-20)이나 메시야에 관한 소망을 말한다(행 26:6).

21 저희가 가로되 우리가 유대에서 네게 대한 편지도 받은 일이 없고 또 형제 중 누가 와서 네게 대하여 좋지 못한 것을 고하든지 이야기한 일도 없느니라 22 이에 우리가 너의 사상이 어떠한가 듣고자 하노니 이 파에 대하여는 어디서든지 반대를 받는 줄 우리가 앎이라 하더라

　"고하든지 이야기한 일도 없느니라"는 것은 공식적인 통보(ἀπαγγέλλω,

v, 아팡겔로, 고하다)나 사적인 통보(λαλέω, v, 랄레오, 이야기하다)도 없었다라는 의미²⁸⁵이다.

"이 파(τῆς αἱρέσεως ταύτης, the sect this)"란 사도행전 24장 5절에서 언급된 '이단²⁸⁶(αἵρεσις, nf)'과 같은 말이다.

23 저희가 일자를 정하고 그의 우거하는 집에 많이 오니 바울이 아침부터 저녁까지 강론하여 하나님 나라를 증거하고 모세의 율법과 선지자의 말을 가지고 예수의 일로 권하더라

"일자를 정하고"라는 말에는 저희들이 '바울에 대해 관심을 가졌다'라는 뜻이 함의되어 있다.

"그의 우거하는 집"이란 상옥(上獄)으로서 이는 마치 셋집과 같은 자유롭게 왕래가 가능했던 감옥을 가리키는 듯하다. 일부 학자는 렌트한 집이라고 하지만 나와 공저자는 관심이 없다. 이 구절을 통하여는 바울이 감옥에서도 복음을 전할 수 있었다는 것에 방점이 있다. 한편 바울이 전한 핵

---

285 아팡겔로(ἀπαγγέλλω, v)는 to report, announce/(from 575 /apó, "from" intensifying angellō, "announce") - properly, to declare (report) from, which focuses on the original source (context) shaping the substance of what is announced)이고 랄레오(λαλέω, v)는 (I talk, chatter in classical Greek, but in NT a more dignified word) I speak, say이다.

286 이단(αἵρεσις, nf)은 a self-chosen opinion, a religious or philosophical sect, discord or contention/(a feminine noun derived from 138 /hairéomai, "personally select, choose") - properly, a personal (decisive) choice/139 /haíresis ("a strong, distinctive opinion") is used in the NT of individual "parties (sects)" that operated within Judaism. The term stresses the personal aspect of choice - and hence how being a Sadducee (Ac 5:17) was sharply distinguished from being a Pharisee (Ac 15:5; 26:5)이다.

심적인 말씀은 '하나님나라'와 '예수, 그리스도, 부활'이었다. 그는 모세의 율법과 선지자 곧 구약성경에서 말씀하시던 메시야가 바로 예수님임을 명확하게 밝혔다.

24 그 말을 믿는 사람도 있고 믿지 아니하는 사람도 있어

"믿는 사람(οἱ μὲν ἐπείθοντο, some indeed were persuaded of, V-IIM/P-3P)"은 미완료시제로 쓰여 있는데 이는 '믿어지기 시작한 자들'이라는 의미이다.

우리가 복음을 전할 때 믿는 자들과 믿지 않는 자들이 양분됨을 늘 보아왔다. 그럼에도 불구하고 우리는 그 결과에 상관없이 복음과 십자가를 자랑하고 복음과 십자가로 살아가야 한다. 자라게 하시고 열매를 맺게 하시는 분은 하나님이시기 때문이다(고전 3:6-7).

25 서로 맞지 아니하여 흩어질 때에 바울이 한 말로 일러 가로되 성령이 선지자 이사야로 너희 조상들에게 말씀하신 것이 옳도다 **26** 일렀으되 이 백성에게 가서 말하기를 너희가 듣기는 들어도 도무지 깨닫지 못하며 보기는 보아도 도무지 알지 못하는도다 **27** 이 백성들의 마음이 완악하여져서 그 귀로는 둔하게 듣고 그 눈을 감았으니 이는 눈으로 보고 귀로 듣고 마음으로 깨달아 돌아와 나의 고침을 받을까 함이라 하였으니

바울은 믿지 아니하는 자들에게 이사야 선지자의 말(사 6:9-10)을 빌어

저들의 영적 무지(영적 소경) 상태를 지적하고 있다. 이의 배경은 이스라엘 왕국 최고의 전성기였던 웃시야(아사랴(왕하 14:21), 여호와는 나의 힘, 10대, 52년 통치, 선(善) 왕, 교만 후 나병) 시대를 두고 한 말이다. 결국 그때의 패역한 유대인들의 모습이나 지금의 유대 지도자들이나 매한가지라고 지적하는 것이다.

"성령이 선지자 이사야로"라는 것에서 "성령이"라는 말은 '성령의 영감으로'라는 의미로 바울 자신의 말에 '신적 권위'를 두기 위함이었다. 한편 그들의 상태에 대해 바울은 완악한 마음에 더하여 영적 소경 상태, 영적 귀머거리 상태라며 적나라하게 지적하고 있다.

28 그런즉 하나님의 이 구원을 이방인에게로 보내신 줄 알라 저희는 또한 들으리라 하더라

하나님의 구원은 순서상 유대인에게 먼저 주어졌으며 그들의 완악함으로 인해 순차적으로 이방인에게 복음이 전해진 것임을 드러내고 있다. 결국 인간을 향한 하나님의 구원은 만세 전에 당신의 은혜로 택정함을 입은 자가 때가 되매 아무 대가 없이, 아무 공로 없이 믿음으로 은혜로 구원을 얻게 되는 것이다. 이후 구원을 얻은 모두가 다 '영적 이스라엘' 자손이 된다(롬 9:6-13, 갈 3:7).

결국 복음은 먼저 유대인에게서부터 이방인에게로, 예루살렘에서 온 유대와 사마리아, 그리고 로마를 비롯한 땅끝까지로 전해졌음을 말하고 있다. 이는 이방인의 수가 충만함에 이를 때까지 곧 하나님의 택정함을 입은 자가 다 돌아오기까지 계속될 것이다(롬 11:19-36, 벧후 3:9, 롬 11:26). 이것이 바로 하나님의 섭리 하 경륜이다.

29 [없음]

알렉산드리아 사본, 시내 사본, 바티칸 사본 등 권위있는 사본에서는 본절이 빠져 있으나 일부 서방 사본에는 "그가 이렇게 말하자 유대인들은 서로 격렬한 논쟁을 하며 떠났다"라고 첨가되어 있다.

30 바울이 온 이태를 자기 셋집에 유하며 자기에게 오는 사람을 다 영접하고

"온 이태(διετίαν ὅλην, 2 years whole)"라는 것은 대략 AD 61-63년경으로 로마 1차 투옥의 2년 동안의 연금 상태에 있었던 기간을 말한다(Godet).

"자기 셋집에(ἰδίῳ μισθώματι, his own rented house)"에서의 '셋집'의 헬라어는 미스도마(μίσθωμα, nn, a rented house, hired dwelling)이다. 여기서 셋집이란 로마의 감옥 중 상옥을 가리킨다. 혹자는 렌트한 전세집이라고 한다. 어느 것이든 관계없이 가장 중요한 초점은 어디에서 무엇을 하건 간에 바울은 이 기간을 통해 "주 예수 그리스도"와 "하나님나라"를 전했다(28:31)라는 것이다. 또한 나와 공저자는 이 시기에 옥중서신을 기록하여 보냈을 것으로 해석하는 것에 줄을 섰다.

31 담대히 하나님 나라를 전파하며 주 예수 그리스도께 관한 것을 가르치되 금하는 사람이 없었더라

"하나님나라"에는 현재형 하나님나라와 미래형 하나님나라가 있다. 전자는 주권, 통치, 질서, 지배 개념으로 장소 개념이 아니다. 후자는 지금은 볼 수 없지만 반드시 존재하는 장소 개념의 하나님나라이다. 곧 육신적 죽음(히 9:27, 딤후 4:6) 이후에 곧장(벧후 3:8, 요 5:29, 행 24:15) 부활체로 부활(고전 15:42-44)하여 우리가 삼위하나님과 더불어 영생을 누리게 될 영원한 하나님나라(계 21-22장)이다.

"주 예수 그리스도"라는 것은 요한복음 20장 31절의 '예수, 그리스도, 생명'이신 바로 그 예수님만이 나의 구주 나의 하나님이라는 의미이다.

한편 사도행전의 대단원을 끝내는 이곳 28장 31절의 경우 뭔가 마무리 글로서는 영 개운치가 않다. 뒤의 내용이 생략된 것인지 아니면 사본이 떨어져 나간 것인지 제법 어색한 것이 사실이다.

놀랍게도 우리는 성경전체를 통해 종종 이런 부분을 접하게 된다. 이러한 때 우리의 태도는 분명해야 한다. 왜냐하면 '하나님의 말없음(······)이나 침묵(沈默)'에는 '당신의 분명한 뜻'이 있기 때문이다.

그럴 때마다 하나님의 뜻에 대해 묻는 습관을 들이라는 것이다. 실제로 이 구절의 배경적 시기를 보면 대략 AD 61-63년경 로마 감옥의 1차 투옥 때의 일이다. 이후 바울은 AD 63년경에 석방되어 2차로 다시 투옥되기까지는 약 4년간의 기간이 있었다.

그리하여 AD 63-64년경에는 티레니아 해(Tyrrhenian sea)를 거쳐 코르시카 섬(나폴레옹 고향, 프랑스령)과 사르데냐 섬(지중해 제 2의 섬, 이탈리아령/시칠리아 제 1의 섬, 구브로가 3번째) 사이의 보니파시오(Bonifacio) 해협을 지나 발레아레스 해(Balearic sea)를 통해 서바나를 방문(롬 15:23-24, 28)했다.

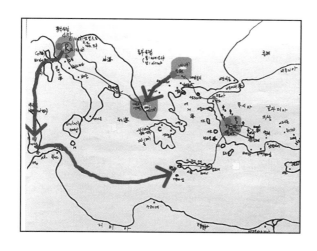

AD 64-65년 경에는 스페인 남부의 다시스(욘 1:3, Tarshish, 현 지브롤터 인근의 타르테소스(Tartessus))를 거쳐 북 아프리카를 끼고 지중해를 건너며 그레데를 방문하여 디도를 만났던 것 같다(딛 1:5).

이후 AD 65년경 밀레도를 방문(딤후 4:20)하여 드로비모를, 다시 AD 66년경 에베소, 골로새, 버가모, 드로아를 거쳐 빌립보에 도착했다. 그때가 마침 추운 겨울인데다 노년의 여러가지 육체적인 어려움, 질병 등등으로 과동(過冬)하기 위해 휴양도시 니고볼리(Νικόπολις, "victorious city", Nicopolis, a city in Achaia, '승리의 도시', 악티움 해전에서 승리한 옥타비아누스가 건설)로 내려가게 된다 (딤전 1:3, 빌 2:23-24, 딛 3:12).

마침 로마의 5대 황제였던 네로는 AD 64년 7월 19일에 로마 구시가지에 불을 지른 후 로마 시민들의 원성이 자자해지자 기독교인들에게 뒤집어씌웠다. 이때 희생양으로 베드로가 처형(AD 65)되었고 그것으로 진정되지 않자 또 다른 희생양을 찾았는데 바로 니고볼리의 바울이었던 것이다(AD 66년경). 로마 대화재 사건 전후에 베드로에 의해 기록되었던(실루아노의 대필, 벧전 5:12) 정경이 베드로전후서이다. 참고로 베드로전서(AD 63-64)가 외부의 핍박이나 환난의 때를 잘 대비하되 산 소망이신 예수 그리스도를 붙들고 소망(미래형 하나님나라에의 입성과 영생)을 바라보며 살아가라는 것이라면 베드로후서(벧전 후 3년뒤 AD 67)는 교회 내의 거짓 교사들을 경계하고 예수님의 재림을 대망하라는 것이었다.

한편 네로의 엄명에 의해 니고볼리에서 체포된 바울은 아드리아 해를 건너 로마의 감옥에 2차로 투옥(AD 67-68)된다. 이때는 중범죄를 저지른 사형수가 갇히는 하옥(下獄)이었다. 그러다 보니 지중해로부터 불어오는 바람이 몹시 차가웠을 것이다. 그리하여 드로아의 가보 집에 있던 겉옷과 가죽종이에 쓴 것을 가져오라(딤후 4:13)고 디모데에게 명하기도 했다. 그리고 이듬해인 AD 68년에 바울은 순교의 제물이 되었다.[287]

'사도행전'이란 성령님께 사로잡혀 인도하심을 받았던, 성령님에 의해 선택된 사도들의 이야기(발자취)이기에 '성령행전'이라고 한다. 이를 빗대어 나는 'Dr. Araw의 작은 이야기(Dr. Araw행전)'라는 글을 썼고 시리즈 설교를 한 적이 있다. 그런 나는 성령님께 사로잡힌 자이다. 유추해 보건대

---

287 그랜드종합주석 14, p 618참조

이곳 사도행전이 28장으로 끝난 것은 그 다음 이야기를 나와 공저자 그리고 독자 여러분들이 써 내려가라(~행전)는 하나님의 뜻이 아닐까 생각된다.

에필로그 (나가면서)

사도행전(ACTS, The Acts of the Apostles 프락세이스 아포스톨론, Πράξεις Αποστόλων).

성령행전(The Acts of the Holy Spirit, 프락세이스 프뉴마토스, Πράξεις Πνεύματος).

Dr. Araw의 작은 이야기, 그리고 우리들의 작은 이야기. 프락세이스(Πράξεις, 행동들, 발자취들) 곧 '~의 작은 이야기'이다.

Dr. Araw의 지난 발자취, 그리고 우리들의 지난 발자취.

사도행전을 떠올릴 때마다 회심 후 사도 바울이 남겼던 그의 발자취가 나의 환상 속에는 생생하게 그려지곤 한다. 더하여 1차 전도여행을 시작으로 4차 전도여행에 이르기까지 산 넘고 물 건너 그 험한 곳곳에서 만나는 사람들마다 그들이 듣든지 아니 듣든지 때를 얻든지 못 얻든지 '복음과 십자가'로 살아가고 '복음과 십자가'만을 자랑하는 바울이 면전에 있음을 보곤 한다.

각 지역에서 일어났던 다양한 사건이나 사고, 위험천만했던 상황들이 파노라마처럼 지나가곤 한다. 고함치는 소리, 욕지거리, 그러면 안 된다라고 말리는 소리, 비명소리, 채찍질하는 소리, 돌 던지는 소리 등등…….

그때마다 매일 매 순간의 삶 속에서 허우적거리며 떠내려가고 있는 나를 발견하고는 울부짖곤 했다. 동시에 다시 안간힘을 다해 격랑을 빠르게 헤엄쳐 나왔다. 이런 내게 도움을 주는 곳이 양산에 있는 감림산 기도원의 기도처(승리제단)이다. 내가 힘들고 어려울 때마다 밤낮 가리지 않고 찾는 하나님과의 독대 장소이다. 학생시절에는 무척산 기도원의 동굴이었다면 성인이 된 후 지금까지는 감림산 기도원의 승리제단이다.

사도행전의 원고(초고)를 마칠 즈음에 대한민국의 대선이 있었다. 2022년 3월 4-5일 사전선거, 그리고 3월 9일 본 투표를 거쳤는데 그 전후를 지나며 수많은 외침과 악다구니들을 보았다. 어느새 한편으로 치우쳐 있는 필자도 마음이 복잡하고 아팠다. 부정과 불법에 대한 치밀어 오르는 분노가 일기도 했다. 물론 나는 중도보수이지만 철저히 '자유'와 '인권'을 중시할 뿐 좌도 우도 아니다. 나는 모든 것에의 가치와 우선순위를 신본(神本)에 둔다.

매일 쏟아지는 수많은 소식들이 홍수가 되어 나를 엄몰해왔다. 그 속에서 구정물, 흙탕물, 심지어는 오물을 마시며 떠내려가기를 반복했다. 그때 나는 역대하 말씀(7:14)을 되새기며 매달렸다.

"내 이름으로 일컫는 내 백성이 그 악한 길에서 떠나 스스로 겸비하고 기도하여 내 얼굴을 구하면 내가 하늘에서 듣고 그 죄를 사하고 그 땅을

고칠지라"__{대하 7:14}

로마서 말씀(15:13)을 붙들자 더욱 견고해졌다.

"소망의 하나님이 모든 기쁨과 평강을 믿음 안에서 너희에게 충만케하사 성령의 능력으로 소망이 넘치기를 원하노라"__{롬 15:13}

대선의 결과를 받아들이겠다고 기도했다. 그러면서도 "하나님의 공의(공법)가 물같이, 하나님의 정의(심판)가 하수같이(암 5:24)" 흐르기를 간구하고 또 간구했다. 그럼에도 불구하고 조금이라도 필자의 소망을 따라 소원 들어 주시기를 간구하며…….

지금까지 나는 늘 삼위하나님과 '함께'였다. 앞으로도 영원히 그럴 것이다. '다른 하나님, 한 분 하나님'이신 삼위하나님은 내게는 한없는 든든함이다. 나는 언제 어디서나 삼위하나님만을 찬양하고 경배한다. 육신의 장막을 벗는 그날까지 삼위하나님께만 영광 돌릴 것이다.

매사 매 순간 앞서가시며 인도하시는

나하흐(ἐξάγω, נָהָה)의 성부하나님!

매사 매순간 함께하시는

에트(אֵת, עִמָּנוּאֵל, "with us is God", the name of a child/Ἐμμανουήλ, "God with us", Immanuel, a name of Christ)의 성자하나님!

매사 매순간 뒤에서 밀어주시며 당신의 의도대로 가게 하시는
할라크(הָלַךְ)의 성령하나님!

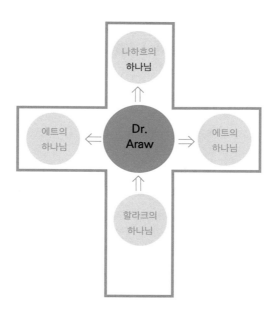

요한계시록과 요한복음, 갈라디아서, 로마서, 히브리서, 창세기의 장편
(掌篇)주석을 연이어 쓴 후 제법 지쳤다. 그때 대한민국의 대선이 있었던
것이다. 그래서 더욱 피곤했다. 무기력하게 축 늘어져버렸다. 마음 깊은
곳에서는 알지 못할 대상에 대한 분노가 쌓여갔다. 그때 성령님은 다가오
셔서 나를 재촉하셨다. 아직 갈 길이 남았다고……
마지막 일곱권째 사도행전 장편(掌篇)주석을 말씀하셨다. 그리고는 공저

자인 막내 아들을 주셨다. 그렇게 이제 사도행전을 마치게 되었다.

그동안 일천한 나를 써주셨음에 눈물, 그리고 또 눈물이다. 감격 그리고 또 감격이다. 여생을 기도하며 말씀을 전하며 그분의 음성에 귀를 기울일 것이다.

모든 것이 하나님의 은혜이다. 아멘, 할렐루야!

추·천·사

매일을 살아가는 청년들과 성도들에게 위로이자 큰 도전

김병삼 목사/분당 만나교회

이선일 박사님을 생각하거나 그를 뵈면 복음에 대한 소명을 품었던 사도 바울의 동역자 의사 누가의 모습이 떠오릅니다. 그래서인지 예수님의 말씀을 전하고 가르치는 데에 헌신해 온 이선일 박사와 공저자로 나선 그의 막둥이 아들 이성준 님의 사도행전 장편(掌篇) 주석 〈오직 성령이 너희에게 임하시면〉은 더 큰 감동으로 다가옵니다.

이선일 박사와 공저자가 저술한 본 저서 〈오직 성령이 너희에게 임하시면〉이라는 사도행전 장편(掌篇) 주석은 세심하게 전체를 아우름은 물론이요 하나님의 섭리를 아주 잘 전달하고 있습니다.

그들이 저술한 이 책은 오랜 기간의 말씀사역과 선교로 축적된 노하우로 인해 마치 독자로 하여금 흥미로운 강의를 듣고 있는 것처럼 자연스럽게 말씀에 빠져들도록 합니다. 특별히 이 책은 오직 성령님의 음성과 가르침에 의지하여 살았던 신앙 선조들의 삶과 복음이 잘 전해짐으로 하나님 나라가 확장되어가는 과정이 생생하게 눈앞에 펼쳐지는 듯합니다.

이처럼 성령으로 살아간 이들의 발자취를 담은 사도행전 장편(掌篇) 주석 〈오직 성령이 너희에게 임하시면〉은 영적 전쟁을 치르며 매일을 살아가는 청년들과 성도들에게 위로이자 큰 도전이 될 것입니다.

이 책을 통해 말씀을 더욱 심도있게 이해하려는 분들뿐만 아니라 성령이 임하실 때 우리 삶에 펼쳐질 하나님의 역사를 간구하며 소망하는 모든 분들에게 강력하게 일독을 권합니다.

제2의 종교개혁의 불씨가 피워지기를 기대한다

하상선 목사/GEM 세계교육선교회 대표, 마성침례교회

이선일 박사님과 공저자인 그의 막내 아들이 집필한 사도행전 장편(掌篇) 주석 〈오직 성령이 너희에게 임하시면〉의 원고를 요동치는 가슴을 부여안고 읽어 내려갔다.

이선일 박사는 그의 생전에 일곱 권의 장편(掌篇) 주석을 쓰겠다고 말씀하신 후 지금 마지막 일곱 번째의 주석에 이르렀다. 지난 만3년 동안 엄혹한 COVID-19 시대를 거치며 7권의 장편(掌篇) 주석과 10권의 책을 저술한 것이다. 7은 약속의 수, 언약의 수, 맹세의 수, 완전수이며 10은 완전수이자 만수이다. 지난날 그가 강의 사역과 설교를 통해 영향을 미쳤다면 이제는 저술 사역을 통해 선한 영향력을 확대해 가고 있다.

그런 그가 이번에는 막내 아들인 이성준 군과 함께 사도행전의 장편(掌篇) 주석을 쓴 것이다. 사도행전은 작금의 시대에 사도(아포스톨로스, ἀπόστολος)로 부르심을 받은 모든 그리스도인들이 성령님의 인도하심 아래 걸어가야 할 유한된 한 번 인생의 길이다. 그렇기에 사도행전이야말로 예수님의 제자로서의 삶을 살기를 바라는 그리스도인들에게는 더욱더 소중한 말씀이다

사도행전은 오순절 강림으로 시작하여 이방인의 사도로 부르심을 받은 바울이 당시 세계적 수도인 로마에서 2차 투옥(AD 67-68) 후 순교하기까지의 과정 중 1차 투옥(AD 61-63)까지를 기술하고 있다.

사도행전에는 성령의 강림과 더불어 어떻게 이 땅에 교회가 탄생했으며 처음 세워진 초대교회의 구조와 모습은 물론 초대교회 성도들의 활동들이 상세히 기록되어 있다. 예루살렘에서 시작된 선교가 유대와 사마리아를 거쳐 어떻게 땅끝까지 이르게 되었는지 그리고 그 선교를 위해 부름받은 지체들이 어떻게 헌신하였는지 등등 모든 기록들이 가감없이 기록되어 있다.

사도행전은 5가지 별칭이 있다. 곧 사도들의 행전이요 성령행전(2장)이며 교회행전(3장)이고 선교행전(12장-16장), 성도행전이다. 바로 그 이름(별칭) 속에 역사가 담겨있고 그 역사는 지금도 현재 진행형이다.

사도행전은 복음서와 서신서의 교량 역할과 함께 복음서의 연속으로서 서신서를 보다 더 잘 이해할 수 있도록 배경 설명을 하고 있다. 그런 의미에서 사도행전은 초대교회의 시작과 성장의 역사를 말해주는 최상의 권위를 가진 책이다

성령의 지배를 받으며 지상 명령을 이루어 가는 초대교회의 성도들을 향해 세상 사람들은 5가지의 별명을 붙였다. '새 술에 취한 자(행 2:13)',

'그리스도인(행11:26), '천하를 어지럽히는 자 (행17:6)', '전염병과 같은 자(행 24:5)', '예수에 미친 자 (행26:24)' 등등이다. 이는 세상 사람들 앞에서 드러 나야 할 예수쟁이들의 당연한 모습이기도 하다. 문제는 오늘날의 교인들 에게서 잘 볼 수 없음이 마음 아프기만 하다.

이러한 때 이선일 박사님과 공저자인 그의 막내 아들을 통해서 사도행 전 장편(掌篇) 주석 〈오직 성령이 너희에게 임하시면〉이라는 책이 전하여 져 기쁘기 한량없다. 책과 함께 동시에 지엄하신 주님의 명령을 받게 되 니 다시 결단을 하게 한다.

성령충만함으로 준비된 제자들이 세상에 나와 예수의 죽으심과 부활을 증거하며 순교의 제물이 되듯이, 핍박자 사울이 회개 후 아시아를 넘어 로마제국의 중심까지 복음을 전파하듯이, 부르심과 보내심을 받은 오늘 대한민국 땅의 모든 그리스도인들에게 그렇게 살 것을 명령하고 있다.

저자의 소망대로 본서를 통해 제2의 종교개혁의 불씨가 피워지고, 회 개운동, 성령운동, 말씀회복 운동이 곳곳에서 일어나길 소원한다.

금번에도 이선일 박사님과 공저자인 그의 막내 이성준 군을 사용하신 우리 주님께 감사드리며 희미해져가는 사도행전 28장 이후의 역사가 각 심령, 각 교회, 각 지역과 나라와 열방 속에서 쓰여지기를 기대하면서 기 쁨으로 이 책 사도행전 장편(掌篇) 주석 〈오직 성령이 너희에게 임하시면〉 을 추천한다.

신학적 관점의 밸런스를 지키려고 노력한 흔적

김범석 목사/시드니 순복음교회

나와 이선일 박사는 오랜 시간 동안 호형호제(呼兄呼弟)하며 예수 그리스도 안에서 형제로서의 우애를 다져왔던 사이이다. 그런 나는 영국 왕립 의과대학 외과 의사였던 마틴 로이드 존스를 신앙 선배로 생각하는 이선일 박사를 개인적으로 한국의 마틴 로이드 존스라고 생각하고 있다.

놀랍게도 그는 정형외과 의사로서, 신학자로서, 성경교사로서 전 세계를 다니며 강의는 물론이요 성경과 교리를 가르쳐왔다. 성경주석도 6권을 출간했다. 이제 그가 공언했던 마지막 7권째 사도행전 장편(掌篇) 주석 〈오직 성령이 너희에게 임하시면〉에 이르렀다. 그는 성경과 교리에 대한 폭 넓은 이해를 바탕으로 그동안 목회자들과 전문인들에게 엄청난 영향력을 끼쳐왔다.

지난날부터 지금까지 그는 나에게 늘 큰 도전과 신선한 충격을 주어왔다. 처음 그를 만났던 이십 수년 전에는 청년들을 어쩌면 그렇게 사랑할 수 있을까에 대해 궁금했다. 그러다가 어떻게 말씀을 그렇게 사랑할 수 있을까에 대한 호기심이 더해지며 충격을 받기에 이르렀다. 더 나아가 그의 자녀들은 하나같이 공저자로서 말씀과 교리에 해박하다. 그런 자녀교육에 철저한 그가 내게는 놀랍고 또 놀랍기만 하다.

사실 책을 쓰는 것도 대단하지만 자녀들(이성혜, 히브리서 장편(掌篇) 주석 〈오직 믿음, 믿음, 그리고 믿음〉, 이성진, 요한계시록 장편(掌篇) 주석 〈예수 그리스도 복음의 계시라〉, 이성진, 요한복음 장편(掌篇) 주석 〈은혜 위에 은혜러라〉, 이성준 〈오직 성령이 너희에게 임하시면〉)과 함께 진리를 탐구하고 연구한 후에 글로 남긴다는 것은 부럽다못해 입을 다물지 못하게 한다. 이런 모습이야말로 모든 그리스도인들과 가정이, 부모가 본받아야 할 모본(模本)이라고 생각한다. 더 나아가 이런 과정 속에 나오게 된 주석이야말로 살아 움직이는 귀한 저술이라고 생각된다.

저자의 말대로 사도행전은 성령행전이다. 그래서 저자는 성령님의 역사하심을 따라 초대교회의 모습을 있는 그대로 풀어냈다. 말씀을 중심으로 그리고 여러 주석들과 씨름하며 기도로 풀어냈다. 무엇보다 신학적 관점의 밸런스를 지키려고 노력한 흔적이 확연히 드러난다.

그래서 이 책 사도행전 장편(掌篇) 주석 〈오직 성령이 너희에게 임하시면〉은 말씀을 연구하고 전하는 사람이라면 꼭 간직해야 할 중요한 주석 중의 한 권이라고 강추하고 싶다.

어느 누구나 읽기에 편안하고 알기 쉽게 쓰여진 사도행전 주석

이현희 목사/유엔NGO 사)세계가나안운동본부(WCM)총재, 재)가나안농군학교(영남) 설립자, 샤론교회(양산)

코로나 이후의 세계 정세는 한 치 앞을 내다볼 수 없을 정도로 급변하고 있다. 세계의 경제는 러시아와 우크라이나의 오랜 전쟁과 튀르키예와 시리아의 대지진으로 불안을 넘어 위험 수위에 도달하고 말았다. 예측할 수 없을 정도의 엄청난 적자로 돌아선 무역수지와 대립된 정치 상황도 불안 불안하다.

가장 암울하게 여겨지는 것은 한국교회의 영적 회복의 기미가 보이지 않을 뿐만 아니라 이단들의 기세마저 등등하다는 것이다. 말세지말인 듯하다.

이런 시기에 이선일 박사는 짧은 기간에 7권의 장편(掌篇) 주석과 함께 10여 권의 책을 출간했다. 얼마 전에는 〈태초에 하나님이 천지를 창조하시니라〉는 창세기 장편(掌篇) 주석을 출간하여 하나님의 창조 역사의 중요성을 알리며 말세를 살아가는 그리스도인들에게 믿음으로 살라고, 성령이 이끄는 삶을 살아야 한다고, 그래서 천국의 주인공이 되는 그리스도인이 되어야 한다고 외쳤다.

그런 그가 이번에는 사도행전 장편(掌篇) 주석 일곱 번째 〈오직 성령이 너희에게 임하시면〉을 막내 아들인 이성준 군과 공저자로 출간했다.

도대체 그의 열정은 어디서 나오는 것일까? 그는 실력있는 의사요, 뛰어난 성경교사요, 많은 청년리더들을 길러낸 청년사역자요, 가정의 충실한 남편이요, 아이들의 아버지이다.

그의 말이 생각난다. '정형외과의사로서의 나는 하루 종일 수술을 해도 힘이 들지 않는다'고 했다. 동일하게 성경교사인 그는 '성경과 교리를 나누며 소명을 잘 감당하기 위해 배우려는 전도사들에게, 전문인 교수들에게, 목회자들 모임에, 열정적으로 배우려는 교회들에 다닐 때가 가장 행복하다'고 했다.

내가 아는 이선일 박사는 지난날부터 청년 리더들을 말씀으로, 삶으로 그렇게 멘토링하며 살아왔다. 그는 땀과 눈물로 벌었던 모든 물질과 시간을 총동원해 그들에게 투자하며 치열하게 살아왔다. 동시에 가정에 대하여도 하나님의 뜻을 이루는 가정이 되고자 아이들을 어려서부터 성경과 교리, 말씀암송에 목숨을 걸었다.

이선일 박사는 주어진 일에 최선을 다하며 좋아하는 것을 넘어 즐길 줄 아는 사람이다. 주어진 일을 하나님이 주신 사명으로 아는 것이다. 그러다 보니 섬김과 나눔의 삶은 그의 일상처럼 되었다.

호형호제하며 지내왔던 나는 지근거리에서 그런 그를 보아왔다. 그는 하나님의 사람이요, 성령에 이끌려 사는 사람이다. 그런 그는 하나님을 위한 일이라면 어떤 희생도 마다하지 않는다.

최근 들어 그는 많이 아파했다. 그와 함께했던 공저자 아들 이성준 군도 시간을 쪼개고 쪼개야 할 시기였다. 그럼에도 불구하고 공저자는 사도행전 장편(掌篇) 주석 〈오직 성령이 너희에게 임하시면〉에 참여하는 일에 조금도 주저함이 없었다. 기쁨으로 아버지의 뜻을 따르는 막내 아들을 보며 본이 되는 가장으로서 이선일 박사의 삶을 존경해 마지않는다.

그들은 사도행전 장편(掌篇) 주석 〈오직 성령이 너희에게 임하시면〉을 집필하기 위해 수십 권의 주석들을 읽고 또 읽으며 살폈다. 사도행전 전체를 파악하느라 밤잠을 설쳤다. 말씀이 상징하는 의미나 예표하는 바가 무엇인지 면밀하게 살폈다. 역사적 배경과 문화적 배경을 살피며 성령님께서 당시의 기록자들을 통해 하시고자 했던 뜻을 살피고 또 살폈다. 그들은 혼신을 다해 하나님아버지의 마음을 파악하면서 그들에게 주시고자 하는 영감을 놓치지 않으려고 안간힘을 썼다. 그런 그들을 보노라면 감탄이 저절로 나온다. 이후로 그들은 민감하게 들었던 성령님의 음성을 정성으로 다듬고 또 다듬었다. 그리하여 이 책을 출간하게 되었다.

이 책 사도행전 장편(掌篇) 주석 〈오직 성령이 너희에게 임하시면〉은 어느 누구나 읽기에 편안하고 알기 쉽게 되어 있다. 이 책은 말세지말에 '오직 믿음'으로 승리하도록 '말씀'만을 붙들게 하는 가이드이기도 하다.

저자와 공저자에게 하나님의 위로가 있기를 소망한다. 동시에 이 책 사도행전 장편(掌篇) 주석 〈오직 성령이 너희에게 임하시면〉으로 인해 많은 영혼들이 주님을 더 뜨겁게 만나는 놀라운 역사가 일어나길 바란다.

하나님의 말씀을 지극히 사모하는 모든 이들에게 분명한 소망이 주어지고 이 땅에서도 하나님의 자녀로 승리하는 삶을 누리길 바라며 사도행전 장편(掌篇) 주석 〈오직 성령이 너희에게 임하시면〉을 강력히 추천하는 바이다.

우리 신앙생활에 소중한 디딤돌이 되고 마중물이 될 것

정성철 목사/안양 하늘문교회 담임

할렐루야!

일곱 번째 장편(掌篇) 주석 사도행전 〈오직 성령이 너희에게 임하시면〉이 출간하게 되었다. 위대한 일을 행하신 하나님을 찬양한다. 윌리암 케리(William Carey, 영, 현대 선교의 아버지)의 말이 생각난다.

"Expect great things from God, Attempt great things for God(하나님의 위대한 일을 기대하고, 하나님을 위해 위대한 일을 시도하라)."

하나님께서는 이 위대한 일을 저자와 공저자에게 기대하게 하셨고 저자와 공저자는 하나님을 위해 이 위대한 일을 시도하고 이루었다.

사도행전 장편(掌篇) 주석 〈오직 성령이 너희에게 임하시면〉은

1) 각각의 장을 주석함에 앞서 친절하게도 앞 장의 주요 내용을 다시 상기시켜 주고 있으며 또 앞으로 무슨 내용을 다룰 것인지에 대해 설명해 준다. 같은 내용이 세 번 정도 반복된다고 보면 된다. 차근차근 읽기만 해도 내용이 그려지고 각인되어 진다.

2) 저자와 공저자는 용어와 개념을 명확하게 설명하므로 이해의 혼선을 막아 주었다. 예를 들면 '작정(decree)'이 성경적 세계관인 창조, 타락, 구속, 완성이라는 역사 전체의 청사진이라면 '예정(predestination)'은 하나님의 작정 속에 때가 되면 택정된 하나님의 백성들의 구원이 성취되는 것을 말한다. '섭리(providence)'란 작정과 예정이 성취되기 위한 하나님의 간섭과 열심이라면 '경륜(dispensation, administration)'은 섭리보다 작은 개념으

로 목적이 있는 특별한 섭리를 가리킨다라는 것이다.

'구원'의 헬라어는 소테리아(σωτηρία, nf)이며 '구속'의 헬라어는 아폴뤼트로시스(ἀπολύτρωσις, nf)이다. 두 단어는 비슷한 의미이나 엄밀히 구분하자면 '구속의 결과 구원이 주어진 것이다'라는 것이다.

3) 또한 저자와 공저자는 말씀을 통해서 깨달음과 감동을 진솔하게 나눔으로 우리에게 도전을 준다.

Dr. Araw's Recommendation(5 up's)이 바로 그것이다. 곧 listen up(경청), look up(존중), clean up(순수한 마음), shut up(침묵), wait up(기다림)이다.

4) 저자와 공저자는 반복해서 독자들에게 비본질적인 문제에 목숨 걸지 말 것을 권한다. 사실 우리 그리스도인들은 진리와 상관없는 문제에 헛된 시간을 낭비할 필요가 없다.

지금까지 이 위대한 일에 저자의 아내인 작가 김정미 선교사는 일러스트로 함께 했고, 사도행전 〈오직 성령이 너희에게 임하시면〉의 공저자 막내 아들 이성준, 요한복음 〈은혜 위에 은혜러라〉, 요한계시록 〈예수 그리스도 복음의 계시라〉의 공저자인 큰 아들 이성진, 히브리서 〈오직 믿음, 믿음, 그리고 믿음〉의 공저자인 큰 딸 이성혜, 그리고 갈라디아서 〈예수 믿음과 하나님의 계명을 붙들라〉의 공저자인 사위 황의현이 함께 했다. 이로서 우리에게 전정한 Spiritual Royal Family의 모델이 되어 주었다.

저자가 세운 기초와 골조 위에 그의 자녀들이 어떻게 풍성하고 아름다운 집을 만들어 갈지 더욱더 기대가 된다.

저자와 공저자의 사도행전 장편(掌篇) 주석 〈오직 성령이 너희에게 임하시면〉은 우리의 신앙생활에 소중한 디딤돌이 되고 마중물이 되어 우리를 더 깊은 믿음의 자리로 인도할 것을 믿어 의심치 않는다. 이에 저자와 오랜 기간 형제로서 지내온 나는 본서를 기쁨으로 추천한다.

나는 이제 어떻게 살아야하나' 를 고민케 한다

박상춘 목사/미국 미시건 앤아버대학촌교회 담임목사

본서 사도행전 장편(掌篇) 주석 〈오직 성령이 너희에게 임하시면〉은 뜨겁다. 너무 뜨거워 잠시 잠시 쉬어가며 읽어야 한다. 성령님이 이끄시는 교회 역사의 현장감 속에 벅찬 감동을 억누르기가 결코 쉽지 않다. 하나님의 경륜이 그대로 실감나게 그려져 있는 한 폭의 그림과 같다.

이 책 사도행전 장편(掌篇) 주석 〈오직 성령이 너희에게 임하시면〉을 보노라면 한폭의 그림을 그리고 화지에 옮기고 싶은 열정이 생긴다.

이 책 사도행전 장편(掌篇) 주석 〈오직 성령이 너희에게 임하시면〉은 꿈틀거린다. 어느덧 나를 성령님의 역사의 현장으로 마구 끌고 간다. 어느덧 "언제 내가 성령님의 도가니 속에 와 있었던고"라는 고백을 하게 한다. 너무나도 역동적이다. 눈을 그 현장에서 결코 뗄수가 없다. 그리고 왈칵 눈물이 쏟구친다. 마침내 이것을 알게 한 이가 바로 하나님이심을 깨닫게 된다.

마지막으로 본서 사도행전 장편(掌篇) 주석 〈오직 성령이 너희에게 임하시면〉에는 진한 열정이 있다. 조용한 침묵 속에 강한 우뢰와 같은 성령님의 소리가 마치 맑은 물소리처럼 들려온다. 고요한 하나님의 열정이 불의 혀같이 갈라지는 것처럼 독자의 마음을 훔친다.

이 책 사도행전 장편(掌篇) 주석 〈오직 성령이 너희에게 임하시면〉은 '내가 누구이며, 나는 이제 어떻게 살아야하나'를 고민케 하고 그에 대한 시원한 답을 준다. 살아있는 교회로서… 말이다

독자인 당신에게 삶의 선교사로 이 책 사도행전 장편(掌篇) 주석 〈오직 성령이 너희에게 임하시면〉을 간절히 권하고 싶다.

역동적인 성령님의 활동에 위로받으시길 간절히 소망

이종삼 목사/티엔미션 대표, 꿈의학교 명예교장, 성경통독 강사

먼저 이선일 박사와 이성준 군의 사도행전 장편(掌篇) 주석 〈오직 성령이 너희에게 임하시면〉의 출판을 축하드립니다. 언제나 드는 생각이지만 나는 이선일 박사가 의사로서 직임을 감당하는 중에도 이런 책을 출판할 수 있는 능력과 열정에 부러움을 갖게 됩니다.

이번에 꿈의학교 시절 나의 제자가 어느덧 커서 아버지와 함께 책을 낸

것에 적잖게 놀랐습니다. 이선일 박사가 이렇게 자녀들이나 제자들과 책을 같이 쓰는 이유를 전부는 모르지만, 이런 책을 같이 읽고 수정하면서 공저자들은 많은 성장이 있을 것이라는 생각이 듭니다.

신구약 성경을 기록한 사람 중 의사라는 직업을 가진 자는 누가입니다. 사도행전의 저자 누가는 의사이면서 동시에 역사가라 할 수 있을 만큼 해박한 지식을 가졌으며, 유창한 헬라어 실력으로 모든 정보를 소상하게 기록하고 있습니다. 사도행전은 사복음서와 많은 서신서들을 연결해 주는 다리 역할을 합니다. 저자의 표현대로 복음서는 기차의 기관차 같고, 서신서들은 기차의 객차와 같고, 사도행전은 기관차인 복음서와 객차인 서신서들을 연결해 주는 고리 역할을 합니다. 신약성경 전체를 구조화하는 데 매우 적절한 비유라고 생각됩니다. 사도행전 성경 본문과 저자들의 사도행전 장편(掌篇) 주석 〈오직 성령이 너희에게 임하시면〉을 읽으며 깨달은 것을 나누며 추천사를 쓰겠습니다.

첫째, "오직 성령이 너희에게 임하시면 너희가 권능을 받고 예루살렘과 온 유대와 사마리아와 땅 끝까지 이르러 내 증인이 되리라 하시니라(행 1:8)"는 말씀은 '예수님이 제자들에게 한 명령'입니다. 사도행전은 말씀대로 진행되었으며 어떤 어려움에도 불구하고 말씀이 앞서감으로 역사적 현실이 된 것을 알게 합니다. 신실하신 하나님은 약속을 하시고 지키시고 완성하십니다. 예수님께서 약속하신 그대로 오순절에 모든 사람에게 성령이 임하셔서 본격적인 활동이 시작되는 것을 보았고 그로 인해 새로운 시대가 열려 오늘의 내게까지 온 것에 감사하게 됩니다. 성령세례가 먼저 임하시니 물세례를 금할 이유를 찾지 못했다는 베드로의 고백에 깊이 공감이 됩니다. 예수님의 열두 제자 중 야고보의 순교로부터 시작하여 요한에 이르기까지 모든 사도가 사도행전 1장 8절의 명령대로 살았음에 하나님의 신실하심을 재차 확인하게 됩니다.

둘째, 베드로와 요한은 성령님을 통해 나면서부터 못 걷게 된 사람을 고쳤는데 그들이 고백한 말에서 큰 위로를 받았습니다.

"베드로가 이르되 은과 금은 내게 없거니와 내게 있는 이것을 네게 주노니 나사렛 예수 그리스도의 이름으로 일어나 걸으라 하고"_행 3:6

지난날 나는 언제나 내게 없는 것을 두고 불평했습니다. 성경을 묵상하던 중 하나님은 각자에게 주신 것으로 역사하는 것을 보게 되었습니다. '모세의 지팡이', '다윗의 물맷돌'처럼 말입니다. 하나님은 베드로와 요한 또한 당신의 이름 곧 '나사렛 예수'에 의지하여 그 사람이 원하는 것(돈)이 아니라 그에게 가장 필요한 것을 주셨습니다. 하나님의 뜻은 우리가 원하는 것보다 우리에게 가장 필요한 것을 주신다는 사실에 그저 은혜입니다.

셋째, 스데반이 순교한 자리에 바울이 세워지는 모습을 보며 하나님께서 악을 선으로 바꾸시는 것을 목도했습니다. 돌에 맞아 죽어가면서도 성령이 충만하여 하나님의 영광과 그 우편에 서신 예수님을 보며 황홀해하는 스데반, 예수님께 자신의 영혼을 드림과 동시에 저들의 죄를 용서해달라는 스데반, 이를 바라보았을 바울의 충격 또 충격은 오랫동안 내게도 남았습니다.

모르긴 해도 바울은 사역하는 평생 동안 스데반의 죽음이 자신의 뇌리에서 떠나지 않았을 것입니다. 처음에는 자신의 행동이 옳다고 생각했을 것입니다. 그런데 상대는 자신의 상상을 초월하는 모습으로 죽어가는 것이었습니다. 그런 바울은 '도대체 예수가 누구시기에 이런 일이 일어나는가'라고 생각했을 것입니다. 나는 스데반이 살아서 바울과 같이 사역했더라면 더 큰 열매가 있지 않았을까라는 상상을 한 적이 있습니다. 그러나 하나님의 생각은 저와 달랐습니다. 훗날 바울이 회심한 후 그의 사역을 보면서 나의 생각이 지극히 인간적인 것이었음을 깨달았습니다. 스데반은 스데반이 가졌던 것으로 하나님의 기쁨이 되었고 바울은 바울이 가졌던 것으로 하나님의 기쁨이 되었음을 알게 되었기 때문입니다.

넷째, 베드로가 고넬료에게 세례를 베푸는 장면에서 성령님의 주도면밀하심을 보았습니다. 지난날 베드로는 예수님과 함께 있었을 때 무슨 일이든 즉각 순종했습니다. 그런데 이번에는 주저하는 모습을 보였습니다. 그러자 하나님은 3번씩이나 반복하여 당신의 뜻을 가르치셨습니다. 그리하여 이방인에게 세례를 베푸는 첫 관문을 베드로를 통해 열게 하셨습니다. 이때 성령님은 고넬료에게도 동시에 임하셔서 당신의 뜻임을 깨닫게 하셨습니다. 이처럼 성령하나님의 하시는 모든 일은 언제나 자연스럽습니다.

다섯째, 사도행전과 주석에서 깨달은 결정적인 사건은 "내가 대답하되 주님 누구시니이까 하니(행 22:8), 내가 이르되 주님 무엇을 하리이까 주께서 이르시되 일어나 다메섹으로 들어가라 네가 해야 할 모든 것을 거기서 누가 이르리라 하시거늘(행 22:10)"이라는 바울의 고백입니다.

유한된 한 번의 인생을 살아가며 '예수님이 누구이신지', '예수님께서 내게 무엇을 하라고 하시는지'를 묻는 것보다 더 중요한 질문은 없다고 생각합니다. 바울의 이 질문은 제게도 아주 중요한 기준을 주었습니다. 내가 평생 기억하고 마음에 새기고 간직했던 것은 '주님이 내게 누구신가'와 '내가 주님 앞에서 무엇을 할 것인가'였습니다.

마지막으로 사도행전에서 발견한 것은 바울이 고백한 사명입니다.

"내가 달려갈 길과 주 예수께 받은 사명 곧 하나님의 은혜의 복음을 증언하는 일을 마치려 함에는 나의 생명조차 조금도 귀한 것으로 여기지 아니하노라"_행 20:24

성령님은 바울이 예루살렘에 가게 되면 붙잡혀 심한 어려움이 있을 것을 미리 말씀해 주셨습니다. 주변 사람들도 만류했습니다. 하지만 바울은 하나님의 은혜의 복음을 증언하는 사명을 감당하기 위해 자신의 생명도 귀한 것으로 여기지 않겠다고 외쳤습니다.

우리는 평소 성령님께 어려움을 피할 수 있는 방법을 알려 달라고 요청합니다. 그러나 바울은 정반대였습니다. 그는 환난이 있을 것이라는 성령님의 알려주심에도 불구하고 자신에게 주신 사명을 감당하기 위해 기꺼이 그 길로 들어섰습니다. 이 사건은 제게 자극을 넘어 큰 충격을 주었습니다. 이것이 바로 '사명자의 길'임을 느끼며 이 책 사도행전 장편(掌篇) 주석 〈오직 성령이 너희에게 임하시면〉을 통해 저의 사명을 다시 점검해 봅니다.

이선일 박사와 공저자는 내가 깨달은 것 외에도 사도행전에서 중요하게 여기는 바람직한 교회가 되려면 어떻게 해야 하는지를 가르쳐주고 있습니다.

지난 3년 동안 코로나 시대를 거치면서 한국교회에는 큰 어려움이 닥쳤습니다. 코로나 이전에는 상상치도 못했던 일들입니다. 하지만 사도행전에 기록된 초대교회의 어려움 또한 만만치는 않습니다. 내가 간절히 바라는 것은 사도행전 장편(掌篇) 주석 〈오직 성령이 너희에게 임하시면〉을 읽으며 사도행전에 대한 이해가 깊어져서 교회가 직면한 어려움을 이기고 승리하는데 도움이 되었으면 하는 것입니다. 나는 여러분이 성령행전과 바울행전으로 불리는 사도행전을 읽으시고 어려움을 이겨내시길 바랍니다. 역동적인 성령님의 활동에 위로받으시길 간절히 소망합니다. 그런 마음에서 나는 사도행전 장편(掌篇) 주석 〈오직 성령이 너희에게 임하시면〉이라는 책을 적극 추천합니다.

성서적 해석에 실천적인 자서전과도 같은 아주 특별한 책

안광복 목사/청주 상당교회

이 책은 목회자들의 흔한 설교집이나 평신도들의 감성을 담은 수필집이 아닙니다. 사도행전에 대한 신학적 주석인데 성서적 해석만이 아닌 삶의 실천적인 자서전과도 같은 아주 특별한 책입니다.

사도행전은 성령행전입니다. 교회의 출발을 알리고, 복음사역의 확장을 알립니다. 불처럼 바람처럼 임했던 성령님의 휘몰아치는 위대한 역사의 현장을 생생하게 보여줍니다. 그런 책을 장편(掌篇)의 주석으로 써내려간다는 것은 보통 용기와 능력이 아니고는 어려운 일입니다.

수영을 책으로만 배울 수 있겠습니까? 불의 뜨거움을 수치나 통계로 전달할 수 있겠습니까? 불가능하듯이, 적어도 '사도행전'의 올바른 주석적 해석은 그때의 사건을 명징(明澄)하게 조명할 뿐 아니라 시공간을 초월하시는 성령님의 역사에 대한 동일한 능력을 소망케 해야 할 것입니다.

책의 구석구석에서 복음의 증인들이 걸어왔던 도상에서의 한숨과 희열, 고뇌와 찬미의 소리를 들을 수 있었습니다. 또한 저자가 치열하게 살아왔던 찬란한 인생의 여정을 그림처럼 볼 수 있었습니다.

헌신된 복음전도자요, 전문 의료인으로서 경험했던 생생한 사역의 기록과 사진들, 목양의 귀한 열매들을 볼 수 있는 것도 큰 감동이었습니다.

저자의 열정은 모든 난관을 이겨내면서 여기까지 왔던 지치지 않는 영적 에너지였고, 영혼에 대한 그의 사랑은 모든 지체들을 품을 수 있는 십자가의 주님께서 맡겨주신 거룩한 소명이었습니다.

추천사를 위해 책을 읽으면서 특별히 '길'에 대한 생각을 많이 했습니다. 왜냐하면 사도행전이 사도들의 고단한 발자취이자 사도 바울의 영광스러운 여정을 담아두었기 때문입니다.

사람은 누구나 끊임없이 펼쳐진 길 위에 놓여있습니다. 가고 싶은 길과 가야만 하는 길 사이에서 우리는 고민하고 좌절하고 때론 기뻐합니다.

어떤 길을 걸어갈 것인가? 오늘도 우리 주변에는 이렇게 고민하며 질문하는 수많은 사람들이 있습니다.

식어진 가슴에 불을 붙이고, 구령의 열정으로 다시 타오르길 원하는 모든 분들에게 큰 선물이 될 것을 확신하며 사랑의 마음을 담아 이 귀한 책 사도행전 장편(掌篇) 주석 〈오직 성령이 너희에게 임하시면〉을 추천합니다.

성령하나님의 인도하심을 따라 복음전도자가 되기를

정야고보 목사/GBS신학원 원장, 포항성안교회 담임목사

우선 이선일 선교사님과 막내 아드님 이성준 군의 공저로 사도행전 장편(掌篇) 주석 〈오직 성령이 너희에게 임하시면〉이 출간된 것을 축복하며 동역자로서 친구로서 기쁘게 추천합니다.

신학 과정을 마친 정형외과 의사이신 이선일 선교사님은 생리학박사(PhD)이기도 합니다. 그는 지난날부터 성경과 교리를 가르쳐왔습니다. 설교목사로서 그의 말씀 묵상은 아주 깊기로 유명합니다. 특별히 성경말씀 중 핵심단어를 히브리어, 헬라어의 원어로 풀이하며 곰탕같이 우려내시는 맛은 타의 추종을 불허할 정도입니다.

그렇기에 이 책 사도행전 장편(掌篇) 주석 〈오직 성령이 너희에게 임하시면〉을 찬찬히 읽어가다 보면 선교사님의 묵상에 깊이 빠져들게 됩니다.

스데반의 순교 대목에서는 그 역시 순교자의 후손이신지라 순교할 때의 통증이나 디테일한 상황에 많은 공감을 가진다고 하셨습니다. 목사 초년 시절에 저 역시 한 인간으로서 순교에 대한 공포를 제법 느끼며 절실하게 기도했던 적이 있어 그의 표현에 절절한 공감을 할 수 있었습니다.

저자와 공저자는 사도행전을 가리켜 성령행전이라 힘주어 말합니다. 그렇습니다. 성령하나님은 사람을 부르시고 거듭나게 하시고 사명을 주시고 능력을 주셔서 땅 끝까지 선교를 할 수 있게 하십니다.

독자 여러분도 나도 이들이 집필한 이 책 사도행전 장편(掌篇) 주석 〈오직 성령이 너희에게 임하시면〉을 통해 성령하나님의 인도하심을 따라 복음전도자가 되었으면 좋겠습니다. 그렇기에 함께 강력한 도전받기를 바라며 이 책을 적극 추천하는 바입니다.

우리의 정체성을 다시 한번 흔들어 깨우는 성령님의 알람

김형남 목사/멜본 한마음장로교회 담임목사

이번에도 막내 아들 이성준 군과 공저한 이선일 박사의 사도행전 장편(掌篇) 주석 〈오직 성령이 너희에게 임하시면〉이 출간된 것을 축복하며 동역자로서 친구로서 너무 기쁘고 좋습니다.

지금까지 출간되었던 이선일 박사의 모든 장편(掌篇) 주석들은 읽을 때마다 '하나님의 말씀이 어떻게 은혜의 방편이 되는지'를 알게 합니다.

나의 친구이자 동역자인 저자는 참으로 특별한 사람입니다. 왜냐하면 역사적으로 복음에 매우 척박한 지역으로 여겨지던 울산에서, 오직 하나님의 영광만이 삶의 목적이고 수단인 것처럼 살아온, 그렇게 살아가는 사람이기 때문입니다.

저자는 하나님의 영광을 드러내는 유일한 길이 복음임을 알았기에 복음을 전하는 그 일에 자신의 생명조차 조금도 귀하게 여기지 않는 삶을 살아가고 있습니다. 이런 마음과 태도의 연장선상에서 이번의 책 사도행전 장편(掌篇) 주석 〈오직 성령이 너희에게 임하시면〉이 발간되었습니다.

이 책은 세상 속에서 바쁘게 살아가는, 그러느라고 정신없이 살아가는 우리의 정체성을 다시 한번 흔들어 깨우는 성령님의 알람이기도 합니다.

이 책을 통해 자본주의와 물질만능주의가 횡행하는 세상 속에서 바른 정체성대로 오직 성령님의 인도하심을 따라감으로 부르심과 보내심을 점검하고 하나님의 자녀로서 하나님나라의 소속에 합당한 삶을 살아가게 되길 간절히 바랍니다.

저자인 나의 친구 이선일 박사는 사도행전에 나오는 사도 바울과 같은 기질과 성향을 가진 인물이기도 합니다. 나는 오랜 세월동안 그를 지켜봐 왔습니다. 그는 하나님의 영광을 위해 달려왔고 복음에 빚진 자, 사랑에 빚진 자로서 오늘도 오직 복음만을 외치고 있습니다.

사도 바울 주위에는 복음을 위해 함께 생명을 나누며 동역했던 인물들이 많습니다. 이선일 박사 역시 주변에 그런 인물들이 많습니다. 특히 공저자로 함께 한 막내 아들이 그런 사람들 중 하나입니다.

이선일 박사는 주님 안에서 함께 한 사람들을 격려하고 세워주다가 종국적으로 그들을 전면에 내세우곤 합니다. 그렇게 하나님나라를 확장해왔습니다. 그러다 보니 그의 주변에는 말씀과 교리에 탁월한 멘티들이 많으며 동역자들 또한 많습니다. 특별히 저자의 삼남매는 말씀과 교리에 탁월한 멘티들이기도 합니다.

이번에 이 책 사도행전 장편(掌篇) 주석 〈오직 성령이 너희에게 임하시면〉을 출간하는데 막내 아들이 동참했습니다. 돌이켜보면 하나님의 은혜입니다. 개인적으로는 부럽기도 합니다. 아비로서, 멘토로서 이보다 더 큰 보람은 없을 것이라고 생각됩니다.

이번 사도행전 장편(掌篇) 주석 〈오직 성령이 너희에게 임하시면〉 또한 철저히 성경 본문에 뿌리를 내리고 있습니다. 인물과 지리 그리고 역사적 배경 등등 너무나도 방대한 분량임에도 불구하고 군더더기 없는 깔끔함을 느낍니다.

그동안 6권의 장편(掌篇) 주석을 출간했습니다. 그런 이선일 박사에게서는 개혁주의자로서의 깊은 내공이 느껴집니다.

그가 생전에 집필하고자 했던 마지막 일곱 번째 장편(掌篇) 주석 또한 성경에 대한 깊은 통찰력과 함께 풍성한 은혜를 통한 엄청난 도전을 주고 있습니다. 부디 많은 분들이 반드시 소장하는, 한 번씩은 꼭 읽는 사도행전 장편(掌篇) 주석 〈오직 성령이 너희에게 임하시면〉이 되면 좋겠습니다.

흥미진진한 긴장감을 놓치지 않고 풀어간 사도행전

이은호 목사/양산 감림산기도원 부원장

성경을 다양하게 설명할 수 있겠지만, 그 한면으로 성경은 크신 하나님께서 섭리를 이루시는 일에 동행한 사람들의 이야기라고 할 수 있습니다. 성경의 모든 인물들은 하나님이 인도하시는 그들의 삶(Acts)을 살았고, 하나님은 그들의 삶(Acts)의 이야기를 뽑으셔서 기록되게 하셨습니다. 하나님은 그 기록을 단지 인간의 삶(Acts)의 이야기가 아닌 "하나님의 말씀(ACTS)"이 되게 하셨지요. 하나님은 그 말씀을 지금 우리에게 읽게 하셨고, "성경"이 되어진 그 삶의 이야기들을 다시 우리의 삶(Acts)으로 풀어내라 하십니다.

성경 66권 중에 가장 생동감 있는 기록 중의 하나를 들라면 나는 단연 사도행전을 꼽을 것입니다. 사도행전은 영어 제목 "Acts"에서 볼 수 있듯이 생생한 현장의 이야기입니다. 이 기록은 사도들의 행전이기도 하지만, 성령하나님의 행전이기도 합니다. 또한 교회의 행전이기도 합니다. 당시 현장을 살았던 사람들은 이전에 한 번도 경험해 보지 못한 신앙의 체계, 믿음의 질서를 경험했기 때문입니다.

예수님께서 승천하신 후 제자들이 겪었던 혼돈의 시기, 두려움에 떨었던 그들이 극적으로 변화되어 사도가 되고, 성령님은 그들과 동행하시며 기적의 현장들을 보게 하셨습니다. 그 현장이 극적인 전환점이 되어 오늘날 우리가 있게 되었습니다. 그렇기에 사도행전은 긴장과 혼돈의 시대를 살아가는 우리에게 매우 중요하고도 흥미진진한 기록이지요.

본서의 저자는 이러한 흥미진진한 긴장감을 놓치지 않고 풀어갑니다. 저자의 삶의 이야기와 더불어 하나님의 말씀(ACTS)을 독자들의 삶(Acts)이 되도록 도전하고 있습니다. 또한 한절 한절 정성껏 곱씹어가며 독자들에게 친절한 안내자의 역할을 보여줍니다.

사도행전에는 그 전에 없었던 신앙의 체계가 세워져 가는 과정을 포함하고 있기에 중요한 교리적인 접근도 있습니다. 저자와 공저자는 독자가 놓치면 안 되는 중요한 원리들과 개념들을 보기 쉽게 정리했고 비교, 분석, 설명까지 더하여 편안하게 읽을 수 있도록 준비하였습니다.

아울러, 꼭 필요한 곳마다 지도를 보며 설명하는 것도 독자들에게는 더없는 유익이 됩니다. 현장을 보여주며 생동감을 더해주는 아주 좋은 방법이라고 생각합니다.

지금껏 저자의 많은 주석집들을 대하면서 그의 헌신이 얼마나 감사한지 모릅니다. 일반적인 성도님들은 물론이고, 목회자도 살펴보기 쉽지 않은 방대한 자료들을 섭렵하고 정성껏 선별하여 복음을 기둥 삼아 저술한다는 것은 참으로 귀한 헌신이 필요한 것입니다.

저자 이선일 박사와 공저자 이성준 군의 귀한 섬김에 거듭 감사드리며

본서 사도행전 장편(掌篇) 주석 〈오직 성령이 너희에게 임하시면〉을 기쁜
마음으로 추천하는 바입니다.

예수님의 주 되심, 성령님의 강권적인 역사하심이 강조

허임복 목사/나로도 중앙교회

먼저 막내 아들 이성준 군과 공저한 이선일 박사의 사도행전 장편(掌篇)
주석 〈오직 성령이 너희에게 임하시면〉이 출간된 것을 축복하며 동역자
로서 친구로서 너무 기쁘다.

지난 설 무렵, 책이 너무 좋아서 고린도전서 주석(앤서니 C. 티슬턴)을 선물
로 드렸던 목사님과 며칠 전 대화를 하며 우리가 가진 일천한 지식에 부
끄러워했던 기억이 있다. 나는 그렇게 부족한 사람이다. 지난 43년간을
목회자로만 살아왔다. 설교와 상담, 애경사를 심방하며 축하하고 위로했
다. 그러다 보니 이선일 박사가 그의 막내아들 이성준 군과 쓴 사도행전
장편(掌篇) 주석 〈오직 성령이 너희에게 임하시면〉의 추천사에 대해 무엇
부터 써야할지가 몹시 떨리기도 하고 설레기도 한다.

3년만의 대심방 틈틈이 추천사를 쓰는 도중에 소천하신 96세 최고령
집사님 댁에 잠시 다녀오기도 했다.

저자인 이선일 박사가 보내온 원고는 처음부터 영적 싸움이 심해서인

지 열어지지도 않았다. 몇 차례의 과정을 지나 원고를 펼치고는 친구가 보내온 주석을 찬찬히 살폈다. 기도하며 간구하며 친구의 마음을 느끼려고 그를 불러내기도 했다. 인생의 노년을 지나며 시력도 체력도 떨어져 많은 분량의 원고를 읽기가 만만치 않았으나 이내 곧 적응이 되었다. 어느새 원고를 대충 훑을 수 있게 되었다.

가만히 보면 이선일 박사는 독특한 사람임에는 틀림이 없다. 의사이면서도 말씀과 교리에 빠짐이 없고 교육자로서의 리더 양육에도 손꼽을 정도이다. 그런 그의 주변에는 실력있는 멘티들이 많으며 자녀들에게는 특별히 성경과 교리, 성경암송에 목숨을 건다. 어쩌면 그의 집안 내력 때문일 것이다.

그런 그는 이미 큰 아들 이성진 전도사와 요한복음 〈은혜위에 은혜러라〉, 요한계시록 〈예수 그리스도 복음의 계시라〉를 공저했다. 그의 큰 딸 이성혜 대표와 히브리서 〈오직 믿음, 믿음, 그리고 믿음〉을 공저했다. 그의 사위 황의현 대표와는 갈라디아서 〈예수 믿음과 하나님의 계명을 붙들라〉를 공저했다. 그의 멘티인 이선호 원장, 윤요셉 원장과는 로마서 〈살아도 주를 위하여 죽어도 주를 위하여〉를 공저했다. 최용민 전도사, 이상욱 전도사와는 창세기 〈태초에 하나님이 천지를 창조하시니라〉를 공저했다.

이번에 사도행전의 공저자는 그의 막내 아들 이성준 군이다. 오래전 초등학생일 때 마지막으로 보았다. 그런 그가 이제는 성인이 되어 아버지와 함께 사도행전 장편(掌篇) 주석 〈오직 성령이 너희에게 임하시면〉을 공저한 것이다.

이선일 박사는 나의 친구이다. 그의 할아버지는 용현교회의 영수로서 순교자이시다. 그의 아버지는 목회자이시자 신학교수이셨다. 그는 의사이자 탁월한 성경교사이다. 그의 자녀들을 하나같이 말씀과 교리에 뛰어나다. 그런 그는 자자손손 Spiritual Royal Family를 꿈꾼다. 그가 부모로부터 그렇게 이어받은 것을 이제는 공저자로 세워 신앙의 가문을 일구며 이어가는 것이다.

중독성이 있는 사도행전 장편(掌篇) 주석 〈오직 성령이 너희에게 임하시면〉을 읽어가다 보니 어느새 나의 손에는 힘이 들어가고 주먹이 불끈 쥐어진다. 사자후로 강의하는 저자의 모습도, 눈물로 호소하는 영성가의 모습도 느껴진다. 나는 그런 친구가 부럽고 그런 친구가 자랑스럽다. 나 또한 목회를 곧 정리할 예정이며 친구가 갔던 그 길을 걷고 싶다. 감사하게도 나 또한 2022년 겨울 이곳 봉래산에 가득 핀 봄비 머금은 복수초를 보며 당시 좋은 강의록 한 권을 책상 위에 놓게 되었다.

저자와 공저자의 사도행전 장편(掌篇) 주석 〈오직 성령이 너희에게 임하시면〉에는 하나님의 철저한 주권, 예수님의 주 되심, 성령님의 강권적인 역사하심이 강조되어 있으며 이 책의 전편에 걸쳐 잘 드러나 있다. 그런 사도행전이야말로 성령행전인 것이다.

조국의 교회와 다음 세대에 하나님의 하나님 되심과 성령님의 온전한 통치가 지속되길 바라며 이 책 사도행전 장편(掌篇) 주석 〈오직 성령이 너희에게 임하시면〉을 강력하게 추천하고 싶다.

하나님의 섭리와 경륜, 성령님의 인도하심을 느끼게 됩니다

김철민 대표/CMF Ministries, LA, USA

막내 아들 이성준 군과 공저한 이선일 박사의 사도행전 장편(掌篇) 주석 〈오직 성령이 너희에게 임하시면〉이 출간된 것을 축복하며 동역자로서, 예수 그리스도 안에서 형으로서 너무 기쁘고 좋습니다.

저자 이선일 선교사는 의학박사, 성경교사 그리고 작가이십니다. 의사로서 풀타임 병원 근무하면서 수많은 환자들을 돌보는 시간 속에서 틈틈이 시간을 내어 집필한 10여 권 책들 중 장편(掌篇) 주석 책만도 이미 6권이나 됩니다.

그가 집필하게 된 배경에는 하나님의 부르심과 사명이 있습니다. 그는 지난날부터 선친을 비롯하여 여러 멘토들로부터 철저하게 성경과 교리를 배우며 훈련을 받았습니다. 두 차례에 걸쳐서 신대원에서 제대로 신학을 공부했습니다. 그러나 무엇보다도 매사 매 순간 앞서가시며 인도하시는 성부하나님, 함께 하시는 성자하나님, 방향을 제시하시고 뒤에서 밀어주시는 성령하나님이 계셨기 때문입니다.

그가 지녔던 평생의 꿈은 청년들과 다음세대의 양육이었습니다. 그랬던 그는 한 영혼이라도 복음으로 훈련받기 원하는 청년들이 있는 곳이면 어디든지 자비량으로 달려갔습니다. 지난날 그는 이곳 미국에 거주하는 CMF선교원에도 오셔서 복음의 열정으로 청년들에게 그리고 선교사들에게 성경말씀을 전했습니다.

6권의 주석에 이어 이번에는 일곱 번째 사도행전 장편(掌篇) 주석 〈오직 성령이 너희에게 임하시면〉이 출간된 것은 그저 하나님의 은혜입니다.

대부분의 주석들이 서로 성경지식을 공유하면서 비슷 비슷하지만 저자의 책은 '그리스도의 생명이 있느냐 없느냐'를 강조합니다. 이것은 저자 주변의 수많은 멘티들의 변화된 삶을 보면 쉽게 알게 됩니다.

저자는 사도행전을 집필하면서 한 구절 한 구절씩 순서대로 청년들에게 강의를 하듯 선명하게 주석을 달았습니다. 그렇기에 이 책 사도행전 장편(掌篇) 주석 〈오직 성령이 너희에게 임하시면〉을 읽게 되면 하나님의 섭리와 경륜, 성령님의 인도하심을 느끼게 됩니다.

이선일 박사와 공저자인 그의 막내 아들 이성준 군은 사도행전 장편(掌篇) 주석 〈오직 성령이 너희에게 임하시면〉을 통해 회심한 사도 바울과 동일하게 '복음과 십자가'로 살아가고 '복음과 십자가만' 자랑하며 삼위하나님께만 영광 돌리는 일을 그날까지 묵묵히 계속할 것이라고 선포하고 있습니다.

이 책 사도행전 장편(掌篇) 주석 〈오직 성령이 너희에게 임하시면〉을 통해 하나님이 온전히 영광 받으시고 많은 영혼들이 '오직 성령(Sola Spiritus)'으로 뜨겁게 예수 그리스도를 만나는 놀라운 역사가 일어나기를 축복하며 성경말씀을 사모하는 모든 청년 및 성도들에게 강추하는 바입니다.

'오직 복음'으로 살아가는 자의 삶을 보여주는 책

이홍남 목사/벧엘국제학교장

사도행전 29장!

상황과 환경을 뛰어넘어 감정에 동요되지 않고 믿음에 굳게 서려면 말씀을 붙들고 말씀에 온전히 서 있어야 한다.

21세기를 무서운 속도로 달리고 있는 오늘날은 그만큼이나 영적으로 혼탁하고 혼란스러운 세대이다. 이러한 때에 막내 아들 이성준 군과 공저한 나의 친구 이선일 박사의 사도행전 장편(掌篇) 주석 〈오직 성령이 너희에게 임하시면〉은 귀한 보석과도 같다. 왜냐하면 이 책은 문자적인 원어적 접근도 있으나 그만큼 균형을 갖추어 상징적으로 해석했으며 전후맥락과 함께 그 당시 역사적, 지리적, 문화적 배경을 담고 있기 때문이다.

이 책의 전반부에는 베드로를 통한 성령님의 역사하심을, 후반부에는 바울을 통한 성령님의 역사하심을 생동감있게 보여주고 있다. 그런 사도행전 장편(掌篇) 주석 〈오직 성령이 너희에게 임하시면〉을 통하여는 우리 안에 주인으로 계시는 성령님께서 우리의 삶에도 어떻게 역사하시는지를 생생하게 느끼게 할 것이다.

믿음과 행함은 함께 간다. 함께 가야만 한다. 그렇기에 믿음은 삶의 역사에서 펼쳐져야 한다.

사도행전 장편(掌篇) 주석 〈오직 성령이 너희에게 임하시면〉을 추천하고 싶은 것은 고통의 순간에도 '오직 복음'으로 살아가는 자의 멋진 삶을 당당하게 보여주고 있기 때문이다.

'왜' 그리고 '어떻게' 저자와 공저자는 '오직 말씀', '오직 복음'으로만 당당하게 살아가는 멋진 모습을 보여줄 수 있는 것일까?

나는 사도행전 장편(掌篇) 주석 〈오직 성령이 너희에게 임하시면〉을 통해 그 비결을 찾게 되리라 확신하고 있다. 그렇기에 비록 독자들의 삶의 현장이 만만치는 않을 것이나 이 책을 읽어가노라면 베드로, 바울, 저자와 공저자처럼 '오직 복음'으로 살아가게 되리라 확신하며 강추하는 바이다. 더 나아가 이제 후로는 추천자인 나도 그리고 독자 여러분들도 펼쳐나가게 될 사도행전 29장을 기대해 본다.

달고 오묘한 진리의 말씀을 먹는데 최고의 길잡이

이진욱 과장/좋은강안병원 소화기내과

의과대학 예과 2학년 여름방학 때 이선일 선생님을 처음 뵈었다. 당시 선생님은 40대 초중반쯤이었던 것으로 기억한다.

당시 선생님 나이가 지금의 나 정도인 것을 생각하니 시간의 흐름이 무섭게 느껴지기도 하지만 다른 한편으로는 긴 세월 흔들림 없이 복음전파와 청년사역을 묵묵히 감당해 오신 선생님의 사랑과 수고에 절로 머리가 숙여진다.

말씀을 향한 선생님의 진정성은 굳이 설명하지 않아도 그가 집필한 주석들과 그가 길러낸 멘티들을 보면 잘 알 수가 있다.

모태신앙인으로 어릴 때부터 말씀을 듣고 자라난 멘티인 나도 서른이 될 때까지는 말씀의 진면목을 잘 알지 못했다. 중학생 시절, 교회학교에서 2,000년 전 이 땅에 오셔서 십자가에서 죽으신 예수님은 나와 무관한 분이 아니라 나를 위해 죽으신 구원자이시다라고 했다. 그때 눈물을 흘리며 감동했던 그 기억이 새롭다. 이후 많은 말씀을 접하기도 하고 듣기도 하였으나 성경은 여전히 이해하기 힘든 암호처럼 느껴졌다.

이런 갈증을 해소시켜주신 분이 바로 나의 멘토 이선일 선생님이다. 멘토링과 더불어 성경공부 팀에서 함께하는 동안 정통교리를 배우며 모호한 성경말씀은 갈수록 선명해졌고 살아서 움직이기까지 했다. 특별히 선생님의 저서 중에 〈복음은 삶을 선명하게 한다〉라는 책이 있다. 나는 그 제목 자체에도 공감이지만 그 모든 내용들에는 실로 아멘이다.

그런 선생님과 함께하는 동안 나는 유한되고 제한된 일회 직선 인생에서의 영적 죽음과 육체적 죽음, 영원한 죽음, 첫째 부활과 둘째 부활, 그리스도인으로서 삶의 기준과 원칙, 최고의 가치와 우선순위, 복음과 십자가, 복음과 생명, 예수 그리스도 생명, 창조, 타락, 구속, 완성, 아담언약, 노아언약, 아브라함언약, 모세언약, 다윗언약, 예수 그리스도 새 언약, 초림과 재림으로 인한 새 언약의 성취와 완성, 믿음, 구원, 은혜, 하나님나라, 공의와 사랑, 유황 불못 심판, 삼위일체 하나님 등등 수많은 애매한 것들을 선명하게 알게 되었다.

이번에 일곱 번째로 출간하시는 막내 아들 이성준 군과 공저한 선생님의 사도행전 장편(掌篇) 주석 〈오직 성령이 너희에게 임하시면〉은 그간의 다른 주석서들과 마찬가지로 성경말씀 한 구절 한 구절을 강해했으므로 달고 오묘한 진리의 말씀을 먹는데 최고의 길잡이가 될 것이라 확신한다.

두 분은 사도행전을 가리켜 성령님의 인도하심으로 살아간 사도들의 발자취라고 했다. 그런 의미에서 사도행전을 성령행전이라고 했다.

예수님의 제자로 이 땅을 살아가며 성령의 인도하심 따라 살고자 하는가? 그렇다면 이 책, 사도행전 장편(掌篇) 주석 〈오직 성령이 너희에게 임하시면〉을 반드시 정독해 보길 권한다.

먼저 성경을 선명하게 이해하고 풍성하게 누리며 살아가는 신앙 선배의 원포인트 레슨을 받으며 이 책, 사도행전 장편(掌篇) 주석 〈오직 성령이 너희에게 임하시〉을 한 페이지씩 넘기다보면 어느덧 삶이 점점 더 명확해지는 놀라운 경험을 하게 될 것이다.

사도 바울이 다녔던 전도여행을 보다 더 실질적으로 체험

허정훈 교수/고신의대 부학장, 분자생물학, 면역학 교실

지금껏 살아오는 동안 하나님은 저에게 좋은 사람들을 만나는 복을 허락하셨습니다. 그분들은 제 삶에 이정표를 제시하셨던 고마운 분들입니다. 하나님께서는 제가 필요할 때마다 좋은 신앙의 사람들을 보내주셨습니다. 지난날 미국 유학길에서, 그곳에서 연구하고 살아갈 때, 신앙생활을 했던 교회공동체에서, 믿음으로 살려고 몸부림치다가 교회를 떠났을 때, 그러다가 다시 교회로 돌아왔을 때 등등입니다.

그런 가운데 이번에는 저자이신 이선일 선생님을 만나게 되었습니다. 할렐루야~.

저자와의 첫 만남은 저희 고신의대 부흥사경회였습니다. 그때 그의 목에 걸린 나무 십자가가 너무 강하게 제 눈에 들어왔습니다. 그의 목에 당당하고 자랑스럽게 걸린 나무십자가를 보면서 하나님을 향한 저자의 사랑과 복음에 대한 열정을 느낄 수 있었습니다. 저는 크리스천으로 살아가는 것을 세상 속에서 당당하게 자랑하지 못했던 제 자신이 부끄러웠습니다.

또 다시 저자를 만나게 되었습니다. 선생님과의 두 번째 만남에서는 하나님께서 저에게 새로운 인생의 이정표를 보여주셨음을 느낄 수 있었습니다. 그렇게 저자와 함께 시작된 수요 성경공부 모임과 교제 가운데 하나님 말씀에 대한 남다른 애정과 복음전파에 대한 열정이 삶 속에서 그대로 실천되고 있는 저자의 모습을 통해 저는 제 삶에 강한 도전을 받았고 지금도 계속되고 있습니다.

이번에 출간하게 되는 사도행전 장편(掌篇) 주석 〈오직 성령이 너희에게 임하시면〉에는 그러한 저자의 애정과 열정이 잘 드러나 있습니다. 특히 이 책의 구석구석에서는 정형외과 전문의, 성경교사, 청년사역자로서의 사명과 소명을 실천하며 살아가는 저자의 모습 또한 확연하게 느낄 수 있습니다.

저자 이선일 선생님은 의학과 신학, 어떻게 보면 이질적일 것 같은 두 영역을 모두 섭렵하셨습니다. 그는 해박한 지식과 능력에 더하여 저희와 성경공부를 진행할 때 보면 하나님 말씀을 좀 더 잘 이해할 수 있도록 쉽게 설명하는 탁월함까지 갖추고 있습니다.

공저자 이성준 군과 이선일 박사가 쓴 이 책 사도행전 장편(掌篇) 주석 〈오직 성령이 너희에게 임하시면〉은 구절 구절마다 필요에 따라 지도, 사진과 더불어 문화적 배경, 역사적 배경 등등의 설명들이 있습니다. 그러다 보니 책을 읽다 보면 마치 그 당시로 돌아가 사도 바울과 함께 전도여행을 하는 듯한 느낌을 받게 됩니다. 또한 참고문헌을 제시함으로써 성경 해석에 있어 어느 한쪽으로 치우치지 않고 중심을 잡으려는 세심함과 철저함도 느낄 수 있습니다.

의사로서 환자를 진료하시고 또 성경교사로서 말씀을 가르치기 위해 손수 먼 길을 운전하고 다니면서 1분 1초의 시간도 헛되이 사용하지 않고 오로지 복음을 위해 치열하게 살아가는 저자의 삶 자체가 이 사도행전 장편(掌篇) 주석 〈오직 성령이 너희에게 임하시면〉에 그대로 녹아있습니다. 무엇보다 이 거룩한 사역에 선생님의 막내아들이 공저자로 참여하여

하나님의 영광뿐만 아니라 가문의 영광까지 누리는 것을 보며 많이 부럽
기도 합니다.

　복음을 전파하는 사명을 가진 크리스천들이라면 이 책을 통해 사도 바
울이 다녔던 전도여행을 보다 더 실질적으로 체험할 수 있을 것입니다.
뿐만 아니라 참된 크리스천의 삶을 살아가는 저자의 열정이 녹아있는 이
보배로운 사도행전 장편(掌篇) 주석 〈오직 성령이 너희에게 임하시면〉을
읽어 보시고 실질적인 사도 바울의 전도여행과 성령체험을 꼭 해 보시기
를 강력하게 권합니다.

자신의 삶을 되돌아보게 하는 추억의 여행을 선사

김영호 교수/고신의대 의예과장, 분자생물학, 면역학 교실

　나의 선한 싸움을 싸우고…….

　저자는 하나님의 말씀을 지극히 사랑한다. 그렇기에 말씀을 전하는 선
교사로, 성경교사로 부르심을 받았다.

　말씀 한 구절 한 단어, 한 토씨까지도 사랑하는 저자는 삼위하나님이
주신 깨달음과 해박한 신학적 배경 지식을 통하여 독자들에게 읽기 좋은
책을 선사하는 타고난 능력을 지녔다.

　이번에 출간하는 사도행전 장편(掌篇) 주석 〈오직 성령이 너희에게 임하

시면〉은 저자의 일곱 번째 책이다. 나는 진심으로 그의 출간을 축하한다.

이 책에는 성령님께 인도된 사도들의 발자취가 소개되어 있고 동시에 저자가 걸어왔던 지난날의 '오직 말씀'에 대한 몸부림이 담겨있다. 동시에 여생에도 그러겠다는 결연한 각오도 들어있다. 독특하게도 이 책은 읽는 독자들로 하여금 마치 기차 안에서 아름다운 자연풍광을 파노라마처럼 바라보듯 자신의 삶을 되돌아보게 하는 추억의 여행을 선사한다. 동시에 모험을 동반한 설레는 새로운 여행을 기대하게 한다.

공저자인 그의 막내 아들 이성준 군과 함께 한 이 책은 우리의 인생길을 되돌아봄과 동시에 다시 새롭게 떠날 수 있는 여생에 대한 추억의 여행길을 미리 이야기하듯 말하고 있다. 그런 사도행전 장편(掌篇) 주석 〈오직 성령이 너희에게 임하시면〉은 나와 너, 그리고 우리의 모든 인생 여정이 매사 매 순간 오직성령님과 함께하게 되는 설레임 가득한 여정길임을 명시하고 있다. 그래서 이 책을 읽으면 즐겁다. 그래서 이 책이 더더욱 기대가 된다.

사도 바울의 비장함이 배어있는 "이렇게 결박된 것 외에는 나와 같이 되기를"에서의 "나와 같이 되기를"이라고 외치는 자신만만한 태도가 현재 저자의 모습과 자꾸 오버랩된다. 이런 태도가 오늘을 살아가는 나를, 그리고 우리를 부끄럽게도 하지만, 저자는 이런 삶을 즐기며 성령님께 인도되어지는 발자취를 하나 둘씩 차곡차곡 남기고 있다.

많은 사람들이 그런 그의 모습에 도전을 받아 따라가고자 한다. 저자는 그런 그들을 향해 큰 박수와 함께 응원을 보낸다. 그리하여 이번에도 그의 막내아들과 함께 사도행전 장편(掌篇) 주석 〈오직 성령이 너희에게 임하시면〉을 출간했다.

공저자와 저자는 큰 소리로 외친다. 성령님께 인도되어진 우리 모든 그리스도인들의 작은 발걸음, 그 발자취가 우리의 행전이 될 것이라고…….

지금 걷는 그 길이 '여러분들의 행전'이라고…….

삼위일체 하나님과 함께하는 모든 길이 사도행전적인 모험과 기쁨, 즐거움을 선사하는 진정한 성령행전이라고…….

사모함으로 첫 장을 펼치면서

김우미 교수/고신의대 학장, 약리학 교실

이 책, 사도행전 장편(掌篇) 주석 〈오직 성령이 너희에게 임하시면〉의 저자 이선일 박사님은 나보다 먼저 의학을 공부하신 선배이시며 수요 성경 공부 모임을 이끌어가는 우리의 스승이십니다. 동시에 동일한 목표를 향해 함께 나아가는 귀한 믿음의 동역자이기도 합니다.

여러 해 전, 저자이신 이선일 박사는 우리 대학의 행사 특강을 위해 방문하셨습니다. 그때 나는 저자이신 이선일 박사를 보며 남들이 가지 않는 길을 선택하신 좀 특별한 의사로만 생각했었습니다.

지난 해, 감림산 기도원에서 두 번째 뵈었습니다. 삶을 나누는 가운데 저자의 지나온 삶이 만만치 않음을 느낄 수 있었습니다. 놀라운 것은 그로 인한 주변의 변화였습니다. 그때 나는 빛과 소금의 역할을 감당하는 선한 영향력의 원천이 몹시 궁금했습니다. 동시에 그 길을 따라가고픈 갈망이 생겼습니다.

그렇게 코이노니아와 더불어 수요 성경공부 모임이 시작되었습니다. 갈급함에 더하여 소위 믿는 것과 아는 일에 하나가 되자 살아계신 하나님의 말씀의 능력을 조금씩 조금씩 더 깊이 진하게 느끼게 되었습니다.

원저자이신 성령님의 인도(성령행전) 하에 A.D. 65년경, 의사였던 누가에 의해 기록된 사도바울의 사역(발자취), 사도행전.

2023년! 그렇게 동일한 성령님의 감동으로 공저자인 그의 막내 아들 이성준 군과 함께 의사 이선일에 의해 사도행전 장편(掌篇) 주석 〈오직 성령이 너희에게 임하시면〉이 출간하게 되었습니다

사모함으로 첫 장을 펼치면서…….

동시에 28장 31절 이후를 채워갈 수 있도록 여백을 남겨주신 하나님께 감사를 드립니다.

성령님의 인도하심을 기대하며 담대함으로 한 줄 한 줄 읽어내려 갑니다. 그리고 발자취를 남기려 합니다.

References (참고도서)

1) 그랜드 종합주석, 성서교재간행사(14권), 1993. P17-640

2) 두란노 HOW주석 38, 목회와 신학 편집부, 두란노 아카데미, 2012(11쇄). P6-444

3) 사도행전 강해(땅끝까지 이르러), 존 스토트, IVP, 2017, p1-661

4) 사도행전 강해(1, 2, 3, 4, 5, 6), 박영선, 도서출판 엠마오, 1991

5) 강해로 푸는 사도행전, 에크하르트 J. 슈나벨, 디모데, 2018

6) 메시지 신약(유진 피터슨, 복 있는 사람, 2009

7) 게제니우스 히브리어 아람어사전. 이정의 옮김, 생명의 말씀사, 2007.

8) 스트롱코드 헬라어사전, 로고스편찬위원회, 로고스, 2009.

9) 로고스 스트롱코드 히브리어 헬라어사전(개혁개정4판), 로고스편찬위원회, 2011.

10) 핵심 성경히브리어, 김진섭, 황선우 지음, 2012.

11) 핵심 성경히브리어, 김진섭, 황선우 지음, 크리스챤출판사, 2013.

12) 직독직해를 위한 히브리어 400 단어장, 박철현, 솔로몬, 2016.

13) 직독직해를 위한 헬라어 400 단어장, 박철현, 솔로몬, 2017.

14) 성경 히브리어, PAGE H. KELLEY, 류근상, 허민순옮김, 크리스챤출판사, 1998.

15) 신약성경 헬라어 문법, S. M. BAUGH, 김경진옮김, 크리스챤출판사, 2003.

16)하나님나라, George Eldon Ladd, 원광연옮김, CH북스(리스천 다이제스트), 2018

17)하나님나라, 헤르만 리델보스, 오광만옮김, 솔로몬, 2012

18)하나님나라 복음, 김세윤, 김회권, 정형구 지음, 새물결플러스, 2017

19) 스펙트럼 성서지도, 이원희, 도서출판 지계석, 1999

20)기타 참고 도서

Oxford Learner's THESAURUS, A dictionary of synonyms, OXFORD, 2008. /아가페 성경사전, 아가페성경사전편찬위원회, 아가페출판사, 1991. / 네이버 지식백과(라이프성경사전) / 구글(위키백과) / Bible Hub app / 복음과 하나님의 의(로마서강해1), 존 파이퍼 지음, 주지현 옮김, 좋은 씨앗, 2013 / 복음과 하나님의 은혜(로마서강해2), 존 파이퍼 지음, 주지현 옮김, 좋은 씨앗, 2013 / 복음과 하나님의 구원(로마서강해3), 존 파이퍼 지음, 주지현 옮김, 좋은 씨앗, 2013 / 복음과 하나님의 사랑(로마서강해4), 존 파이퍼 지음, 주지현 옮김, 좋은 씨앗, 2013 / 복음과 하나님의 주권(로마서강해5), 존 파이퍼 지음, 주지현 옮김, 좋은 씨앗, 2013 / 복음과 하나님의 백성(로마서강해6), 존 파이퍼 지음, 주지현 옮김, 좋은 씨앗, 2013 / 복음과 하나님의 나라(로마서강해), 존 파이퍼 지음, 주지현 옮김, 좋은 씨앗, 2013 / 복음과 하나님의 나라, 그레엄 골즈워디, 김영철옮김, 성서유니온, 1988 / 복음과 하나님의 계획, 그레엄 골즈워디, 김영철옮김, 성서유니온, 1994 / 내가 자랑하는 복음, 마틴 로이드 존스, 강봉재 옮김, 복 있는 사람, 2008 / 바이블 키(신약의 키), 송영목 지음, 생명의 양식, 2015 / 바이블 키(구약의 키), 김성수 지음, 생명의 양식, 2015 / 최신 구약개론(제2판), 트렘퍼 롱맨,레이몬드 딜러드, 박철현 옮김, 크리스챤다이제스트, 2009. /구약 탐험, 찰스 H. 다이어 & 유진 H. 메릴 지음, 마영례 옮김, 디모데, 2001. /성경 배경주석(신약), 크레이그 키너, 정옥배외 옮김, IVP, 1998. /성경배경주석(창세기-신명기), 존 월튼, 빅터 매튜스, 정옥배 옮김, IVP, 2000. /한권으로 읽는 기독교, 앨리스터 맥그래스, 황을호, 전의우옮김, 생명의 말씀사, 2017/성경해석, 스코트 듀발-J.다니엘 헤이즈지음, 류호영 옮김, 성서유니온, 2009/성경을 어떻게 읽을 것인가?, 고든 D 피-더글라스 스튜어트지음, 오광만, 박대영 옮김,성서유니온, 2014 / 책별로 성경을 어떻게 읽을 것인가?, 고든 D 피-더글라스 스튜어트지음, 길성남옮김,성서유니온, 2016 / 성경 파노라마, 테리 홀 지음, 배응준 옮김, 규장, 2008 / 넬슨성경개관, 죠이선교회, 2012 / 이 책을 먹으라, 유진 피터슨, 양혜원 옮김, IVP, 2006. /성경통독(통박사 조병호의), 조병호, 통독원, 2004, 2017/성경해석학, 권성수 지음, 총신대학출판부, 1991/현대신학연구, 박아론 저, 기독교문서선교회, 1989. / 기독교강요(상,중,하), 존 칼빈 지음, 김종흡,신복윤,이종성,한철하 공역, 생명의 말씀사, 1986. /프란시스 쉐퍼전집(1-5), 기독교철학 및 문화관, 프란시스 쉐퍼, 생명의 말씀사, 1994. /바벨탑에 갇힌 복음, 행크 해네그래프 지음, 김성웅 옮김, 새물결플러스, 2010. /복음의 진수, 프란시스 쉐퍼 지음, 조계광 옮김, 생명의 말씀사, 2014 /첫째는 유대인에게, 대렐보크-미치 글래이저 공동편집, 김진섭 옮김, 이스트윈드, 2009 /한눈에 보는 성경 조직신학, 안명준 지음, 성경말씀사관학교, 2014 / 순례자의 노래, 스탠리 존스 지음, 김순현 옮김, 복있는사람, 2007 /영성을 살다, 리처드 포스터, 게일 비비 지음, 김명희,양혜원 옮김, IVP, 2009. / 하나님 나라를 욕망하라, 제임스 스미스지음/박세혁 옮김, IVP, 2016. / 성령을 아는 지식, 제임스 패커지음/홍종락 옮김, 홍성사, 2002. / 쉽게읽는 진정한 기독교, 윌리엄 윌버포스 지음/조계광 옮김, 생명의 말씀사, 2001.2009 / 세계개혁교회의 신앙고백서, 본문 및 해설, 이형기 교수, 한국장로교출판사, 1991, 2003 / 복음은 삶을 단순하게 한다. 이선일 지음, 더메이커, 2018 /살아도 주를 위하여 죽어도 주를 위하여, 이선일,윤요셉,이선호 지음, 도서출판 산지, 2022 / 예수 그리스도 복음의 계시라, 이선일,이성진 지음, 도서출판 산지, 2022 / 오직 믿음, 믿음, 그리고 믿음, 이선일,이성혜 지음, 도서출판 산지, 2021 / 예수믿음과 하나님의 계명을 붙들라, 이선일,황의현 지음, 도서출판 산지, 2022 / 은혜위에 은혜러라, 이선일,이성진 지음, 도서출판 산지, 2022 / 복음은 삶을 선명하게 한다. 이선일 지음, 더메이커, 2019 등등. /요한계시록 신학, 라챠드보쿰 지음, 이필찬 옮김, 한들출판사, 2013(7쇄). P15-133 /요한계시록 어떻게 읽을 것인가, 이필찬 지음, 성서유니온, 2019(개정 2판 2쇄). P7-198 /요한계시록 40일 묵상 여행, 이필찬 지음, 이레서원, 2018(4쇄) /신천지 요한계시록 해석 무엇이 문제인가?, 이필찬 지음, 새물결플러스, 2020(5쇄) / 내가 속히 오리라, 이필찬 지음, 이레서원, 2006 / 평신도를 위한 쉬운 요한계시록 1, 양형주 지음, 브니엘, 2020. P12-382 /요한계시록 Interpretation, 유진 보링 지음, 한국장로교출판사, 2011 / 요한계시록, 이달지음, 한국장로교출판사, 2008 / 만화 요한계시록 1, 2, 백금산 글/김종두 그림, 부흥과 개혁사

아내는 아프고 남편은 두렵다

이선일저 /도서출판 산지

유방암,
아내는 아프고
남편은 두렵다

오직
믿음으로 밤나

예수
그리스도

성취와
완성

창조론

오직 성령이 너희에게 임하시면

2023년 5월 20일 1판 1쇄 발행

지은이 이선일, 이성준
펴낸이 조금현
펴낸곳 도서출판 산지
전화 02-6954-1272
팩스 0504-134-1294
이메일 sanjibook@hanmail.net
등록번호 제309-251002018000148호

@ 이선일 2023
ISBN 979-11-91714-38-8 03230